도전과 영광의 길

단국스포츠 70년사

도전과 영광의 길

단국스포츠 70년사

스포츠사편찬위원회

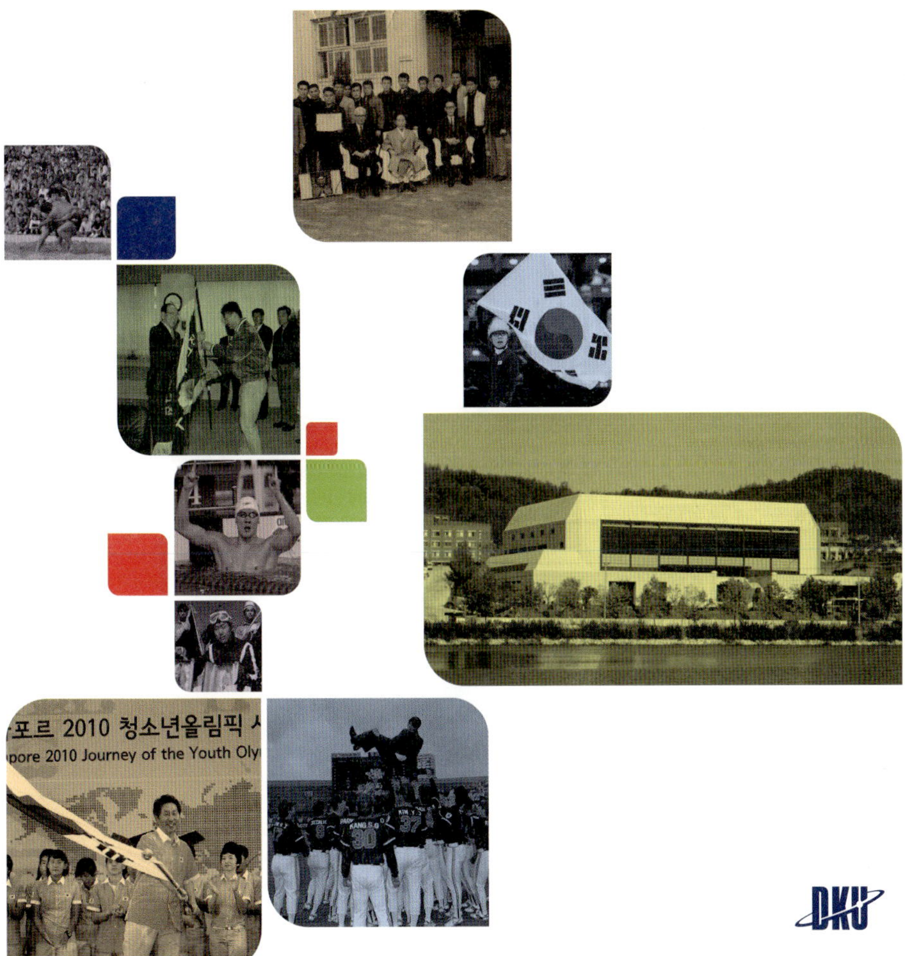

회고사

민족애와 인류애가 '단국스포츠'의 뿌리

저의 청년 시절은 대한민국의 건국기와 닿아 있습니다. 이념적으로는 좌와 우의 대립이 극심했습니다. 그 혼란과 갈등의 시대를 사는 젊은이로서 저 역시 마음속에 숱한 고민과 분노가 끊이지 않았습니다. 역사 공부를 하겠다 결심한 것은 그런 혼탁한 세상을 사는 우리 국민의 갈 길이 역사 속에 있을 것이라는 믿음 때문이었습니다. 그래서 대학에서 역사를 전공으로 택했습니다.

또 하나 마음먹은 것은 체육으로 내 육신을 단련한다는 것입니다. 신생 독립국인 조국을 지키려면 우선 내 육체를 강건하게 다듬어야 한다는 뜻이 있었습니다. 학창시절에 럭비를 즐겼던 것도 이런 용기와 단결, 그리고 체력이 있어야 가능한 운동이었기 때문입니다. 한국전쟁이 끝난 뒤라 세상은 비극과 가난이 가득했지만 학우들과 흙먼지를 무릅쓰고 몸을 부딪고 뒹굴다 보면 오히려 맑은 정신과 학업에 대한 열의를 되찾을 수 있었습니다.

본의 아니게 서른여섯의 나이에 대학 총장이 되어 역사학자의 길을 벗어나게 되었습니다. 좋아하던 럭비와도 멀어질 수밖에 없었습니다. 대학을 경영하는 일은 결국 나를 누르고 단국대학의 전통과 단국인의 희망을 북돋아 주는 일과 다름없습니다. 저는 새로운 결심을 했습니다. 나의 신체와 정신을 강건하게 만드는 대신에 스포츠를 통해 단국대학과 우리 대학의 학생들을 강하고 크게 길러내겠다고 마음을 굳혔습니다. 이를 위해 총장 취임 이후 다양한 종목에 걸쳐 운동부를 만들었습니다. 제도를 정비하고, 지도자들을 배치하고 자주 만나서 격려하고 응원을 했습니다. 물론 한정된 역량인 만큼 저의 스포츠 육성은 세 가지 원칙을 지켰습니다.

첫째는 국내 스포츠 선호도가 몇몇 구기종목에 편중된 만큼 우리 대학은 동계 스포츠나 비인기 종목에 더욱 힘을 기울이자는 것이었습니다.

둘째는 대학 스포츠는 교육의 일환인 만큼 성적에 매몰되어 순위 중심의 과열 경쟁이나 금전을 앞세운 선수 스카우트 경쟁에 휘말리지 않도록 한다는 것이었습니다.

셋째는 총장으로서 제 자신의 입지와 관련된 일인데 정치적 권력을 갖거나 그런 힘을 줄 정부, 국회의 어떤 자리도 탐하지 않는다는 것이었습니다. 대학 교수, 대학 경영인으로 내 삶과 역량을 바치겠다고 결심한 이상 정치적 권력은 비록 짧은 시간 동안은 단국대를 키우고, 저의 입지를 높게 해주겠지만 결국 대학과 저 자신을 무너뜨릴 것이라는 게 제 소신이었습니다.

이런 원칙 위에서 저는 빙상, 스키, 럭비, 씨름, 조정 등을 장기적으로 육성했습니다. 이후 대학의 교세가 성장하면서 농구, 축구, 야구 등의 인기 구기종목을 육성했습니다. 한편으로는 서울 및 천안캠퍼스 시대에는 캠퍼스 시설 투자에서 종합운동장이나 체육관을 서둘러 신축하도록 독려했습니다. 운동부만이 아니라 일반 학생들의 다양한 체육활동을 장려하기 위해서였습니다.

저는 총장 재임 기간 중에 국회의원이나 장관, 어떤 때는 총리 입각을 권유받기도 했습니다만 어떤 자리도 받아들이지 않았습니다. 다만, 스포츠를 통해 국위를 선양하거나 남북한 간의 화해와 평화를 북돋는 일이라면 기꺼이 모든 열정을 바쳐 일했습니다. 실향민으로서 남북한의 분단을 가슴 아프게 바라보던 애국 청년으로서 스포츠는 저의 인생관과 단국대학의 건학이념을 실현할 유일한 길이기도 했습니다.

이제 과거를 돌아보는 시간이 많아지면서 저는 제가 실천해온 원칙들이 대학 스포츠 현장에서 어떻게 실현되었는지 기록으로 남기고 싶다는 소망이 있었습니다. 최근 『단국스포츠 70년사』를 펴낸다는 체육대 교수들의 소식을 듣고 반가운 마음을 감출 수 없었습니다. 그리고 아무리 하찮은 기록이라 하더라도 스포츠에는 그 순간을 함께한 선수와 지도자, 응원관중들의 순수한 승리의 희망과 분투가 배어있습니다. 땀과 눈물, 도전과 영광은 이기고 지는, 순위를 다투어 우수 선수만이 갖는 결실은 아닙니다. 그런 견지에서 이 책은 '단국'이라는 뿌리를 함께 나누고 있는 단국인 모두의 영광을 기록한 또 하나의 자랑스러운 졸업앨범이라 할 것입니다.

긴 시간 동안 기록을 찾고, 정리하며 이를 사진과 글로 묶어준 편찬위원님들과 단대출판부, 단국역사관 실무자 여러분들에게 따듯한 격려와 위로의 박수를 보냅니다. 감사합니다.

2024. 12

범은장학재단 이사장 장 충 식

기념사

스포츠로 모교 발전시킨 단국인의 자서전

올해는 단국대학교 개교 77주년이 되는 해인 동시에 설립자이신 범정 장형 선생님의 서거 60주년이 되는 해였습니다. 따라서 단국대학교와 부속기관들의 역사와 정체성에 대한 행사들이 많이 있었습니다. 의과대학 부속병원 개원 30년사 발간, 범정 선생님의 육성 재현, 범정 선생님의 독립운동을 주제로 한 '박달나무의 꿈'이라는 전통무용 공연과 이에 대한 독후감 경진대회, 해외 독립운동 유적지 탐방, 개교기념식, 법인사 발간, 치과대학 부속병원 개원 40주년 행사 등이 이루어졌습니다.

2025년에는 운동부 설립 70주년을 맞이하여 단국스포츠 70년사를 발간하게 되었습니다. 재학생과 졸업생의 눈부신 업적과 중재 장충식 명예이사장님의 탁월한 스포츠외교의 업적도 재조명하기 위해 최종진 교수님께 집필을 부탁드렸었습니다. 김용만 교수님과 김남필 부위원장님을 비롯한 체육대학 교수진과 운동부 감독님 여러분의 도움으로 어렴풋이 자랑스럽게 느끼던 운동부의 활동과 구성원 여러분의 활약이 자세하게 표현되었습니다. 참여하신 모든 분께 감사드립니다.

인공지능과 과학기술이 급속도로 발전하고 여러 곳에서 전쟁이 일어나고 있으며 기후변화로 인한 재앙이 휘몰아치고 있습니다. 이 때문에 많은 나라가 경제적으로 어려움을 겪고 있고, 과학과 기술의 발전이 우리에게 편리를 제공해 주고 수명을 늘려 주기는 하지만 어딘가 우리의 삶이 삭막하다는 느낌이 들 때가 많습니다. 다행히 K-콘텐츠의 인기와 전파로 즐겁게 보내는 시간이 있기도 한 가운데 얼마 전 한강의 노벨문학상 수상 소식이 전해졌습니다. 어느 정도는 과학의 발전 속도를 따라가야 하지만 이제는 인문학과 음악, 미술, 스포츠에 더 신경을 써야 하는 시대가 아닌가 하는 생각도 해봅니다.

저는 초등학교를 졸업하면서 아버님에 이끌려 당시엔 매우 생소한 스키를 배우러 강원도 횡계를 방문하여 스키를 탔습니다. 겨울방학 내내 민박을 하며 동네의 선후배들과 스키를 탔고, 이들 중 일부가 단국대학교 스키부 일원이 되는 계기가 되었고 제가 대학을 졸업할 때까지 매년 합숙을 할 수 있었습니다. 이런 옛 추억이 단국스포츠 70년사 발간의 모티브가 되었다고도 할 수 있습니다. 또한 전 총장님이셨던 장충식 명예이사장님의 서울올림픽 유치 활동, 남북 단일팀 구성, 남북체육회담 수행, 서울올림픽 스포츠과학학술대회 개최, 대학스포츠에 대한 기여 등 수많은 업적들을 기록으로 남겨둘 필요가 있고, 운동부와 동문들의 자세한 기록과 은퇴 후의 활동도 알려야 하며, 모든 운동부 동문과 재학생에 대한 감사를 표해야 한다고 생각하여 집필을 부탁드린 것입니다.

70년의 역사를 한 권의 책으로 묶기에는 단국스포츠인 여러분의 피와 땀, 눈물이 차고 넘치기에 힘들기도 하고 아쉽기도 합니다. 70년 동안 자료를 정리하는 중간 과정 없이 이런 방대한 자료를 집대성하는 것은 매우 어려운 일입니다. 일부의 자료들을 정리하고 보관한 스포츠과학대학, 체육교육과, 체육부, 교사자료팀, 홍보팀의 구성원 여러분께도 감사의 말씀을 전합니다. 단국스포츠 70년사가 앞으로 단국대학교의 정체성 확립과 발전에 작은 도움이 되길 기원합니다.

다시 한 번, 『도전과 영광의 길: 단국스포츠70년사』를 집필하고 발간하시느라 수고하신 최종진 교수님, 김용만 교수님, 체육사편찬위원을 비롯한 단국인 여러분과 단국대학교출판부에 심심한 감사의 말씀을 전합니다.

2024. 12

학교법인 단국대학 이사장 장 호 성

단국인의 땀과 눈물이 담긴 70년 발자취 집대성

해방 후 최초의 4년제 사립대학으로 개교한 단국대학교는 개교 77주년을 맞이하여 한국 대학 스포츠의 역사를 이끌어온 자랑스러운 동문의 활약상을 집대성하여 『단국스포츠70년사』를 간행하게 되었습니다. 『단국스포츠70년사』의 간행은 비단 우리 대학뿐만 아니라 한국 현대사의 발전상을 새롭게 정립하는 매우 중요한 편찬 사업이기도 합니다.

우리 단국대학교는 독립운동가 범정 장형 선생님과 혜당 조희재 여사님께서 함께 세운 정통 민족 사학입니다. 독립운동가들은 항일 무장투쟁을 위한 군사훈련의 기초로 체육교육을 필수 교과목으로 운영하였습니다. 그런 까닭에 설립자 범정 선생님은 기회가 있을 때마다 학생들에게 "공부보다도 의식, 의식보다도 건강을 중시하는 학생이 돼라."고 훈시하셨습니다.

범정 선생님의 체육 입국 정신은 중재 장충식 명예이사장님에 의하여 계승되었습니다. 1967년 단국대학을 종합대학으로 승격시키면서 36세의 나이로 전국 최연소 총장에 취임하신 중재 선생님은 단국대학 부학장이던 1965년부터 대학배드민턴협회 회장을 시작으로 각종 대학 스포츠연맹의 회장을 두루 역임하시면서 대학 스포츠 발전을 이끄셨습니다.

그뿐만 아니라 대한민국올림픽위원회(KOC) 부위원장 겸 대학스포츠위원회(KUSB) 위원장으로 활동하시면서 대학 스포츠 발전뿐만 아니라 대한민국이 '86아시안게임과 '88서울올림픽을 개최할 수 있도록 공헌하신 숨은 공로자이셨습니다. 또한 1991년 포르투갈에서 개최된 제6회 세계청소년축구선수권대회에 단장으로서 남북 단일팀을 이끄시어 남북 화해 분위기 조성에도 크게 이바지하셨습니다. 이러한 공로를 인정받아 중재 선생님은 1996년 국제올림픽위원회(IOC) 훈장과 2024년 대한체육회 특별공로상을 수상하셨습니다.

장호성 이사장님 또한 대학스키연맹 부회장을 시작으로 대한대학스포츠위원회 상임위원, 이탈리아 동계유니버시아드 한국선수단 부단장, 오스트리아 동계유니버시아드 한국

선수단장, 싱가포르 세계청소년올림픽 한국선수단장, 중국 심천 하계유니버시아드 한국 선수단장, 아시아 대한스포츠연맹 부회장, 대한대학스포츠위원회 부위원장, 한국대학스포츠총장협의회 회장 등을 거쳐 현재 대한대학스포츠위원회 위원장과 국제대학스포츠연맹 집행위원을 역임하시면서 우리나라의 대학 스포츠 발전을 위해서 헌신하고 계십니다.

단국대학교는 6·25전쟁 직후부터 각종 운동부를 설치 운영하면서 대학 스포츠의 메카로 성장해 왔습니다. 그리하여 2023년 기준 한국대학스포츠협의회(KUSF) 가맹 130개 회원대학 중 가장 많은 15개 종목[농구(남), 농구(여), 럭비, 배구(여), 볼링, 빙상, 소프트볼, 연식정구, 스키, 씨름, 야구, 조정, 축구(남), 축구(여), 태권도]이 국고 지원을 받고 있을 만큼 그 실력과 가치를 인정받고 있습니다.

단국대학교는 그동안 국내 최초의 매스게임 연출, '86아시안게임과 '88서울올림픽의 핵심 이벤트인 국제스포츠과학학술대회의 개최 등 다른 대학보다 늘 한발 앞서 나가는 창의성과 도전정신을 보여주었습니다. 그리고 스키·빙상·축구·야구·조정·육상·수영·태권도·럭비·씨름 등 다양한 종목에서 여러 차례 전국대회를 제패하는 기염을 토했습니다. 그뿐만 아니라 다수의 국가대표를 배출하여 올림픽에서 금메달을 수상하는 영광을 이어왔습니다. 이처럼 단국대학교는 비단 우리나라의 대학 스포츠 발전뿐만이 아니라 대한민국 스포츠의 위상을 한 단계 제고시킨 우리나라의 소중한 자산입니다.

페어플레이를 중시하는 스포츠정신은 대학 교육의 현장에서뿐만 아니라 사회 통합과 인류 평화, 그리고 단합을 위해서도 매우 소중한 인류의 문화유산입니다. 이러한 스포츠정신을 가꾸고 유지해 온 전통 있는 명문 사학으로서의 자부심을 바탕으로 국가와 인류사회의 통합과 발전에 이바지하는 단국대학교로 우뚝 설 것입니다.

이와 같이 대학 설립 이후 현재까지 단국인들의 피와 땀으로 이루어낸 귀중한 스포츠 역사의 기록을 정리하고 또한 그것을 멋진 책으로 간행하느라 수고해 주신 단국스포츠사 간행위원회 최종진 위원장님을 비롯한 위원 여러분들의 노고에 깊은 감사를 드립니다.

2024. 12

단국대학교 총장 안 순 철

편찬사

'단국스포츠'의 전통, 미래 밝힐 나침반

제가 단국대에 입학하던 1966년만 해도 우리 대학은 참으로 어린 새처럼 연약한 신생 대학의 면모를 벗어나지 못했었습니다. 강물의 작은 파문에도 흔들리는 거룻배 같은 형세였습니다. 그러나 장충식 명예이사장님이 총장직에 취임 이후 그 취약했던 교세는 말 그대로 일취월장의 약진을 거듭했습니다. 저는 학생으로, 졸업 뒤에는 동문이자 체육교사로, 다시 모교의 교수로 재직하며 우리 대학의 성장을 목격하고, 또는 관련 업무에 종사하며 정년을 맞았습니다. 그 긴 시간 속에서 저는 장충식 명예이사장님께서 단국대를 발전시키기 위해 고심하고 열과 성을 다 기울이는 것을 비교적 가까운 거리에서 보고 배울 수 있었습니다.

대학의 재정이 풍부한 것도 아니었고, 연부역강한 동문들이 장충식 총장님을 넉넉히 돕지도 못했습니다. 그 척박한 환경 속에서 대학을 키우려는 장충식 총장님의 노력은 실로 눈물겨운 바가 적지 않았습니다. 역경 속에서도 장충식 총장님은 뚜렷한 대학경영철학을 갖고 이를 뚝심 있게 실천했습니다. 그 중 하나가 스포츠를 육성하고 스포츠과학을 중시한다는 것입니다. 스포츠 진흥에 대한 장충식 명예 이사장님의 주관은 단순히 운동부를 통해 대학을 알린다는 차원이 아니었습니다. 국가의 힘이 모자라 스포츠에 대한 투자가 미흡할 때 대학이 앞장서 비인기 종목이나 기초 종목의 선수들을 육성하는 것이 대학의 사명이라고 믿고 실천했습니다.

수십년 동안 일관되게 지켜온 스포츠 철학은 국가경제발전, 세계적 냉전체제의 해빙, 서울올림픽 개최, 남북한 화해와 협력강화 등과 같은 시대변화에 맞물려 국가적 과제를 풀어가는 모멘텀으로 작용했습니다. 더 의미심장한 일은 이 과정에서 단국대 발전에 필요한 에너지가 조성되고 이를 밑거름으로 대학이 한 단계 더 성장하는 기쁨도 누렸다는 것입니다.

한국 동계스포츠의 개화를 이끈 저력, 천안캠퍼스와 단국대병원의 설립, 생명과학 중심 캠퍼스 발전전략의 물적 기반, 충남지역 스포츠 문화의 핵심 기지와 같은 성과가 우리 대학의 스포츠 육성정책이 빚어낸 결실들입니다.

저는 이같은 진행과정을 학생이자 동문, 또는 교수이자 실무자로서 목격했기에 이를 한 권의 책으로 기술하고 정리해야 한다는 생각을 갖고 있었습니다. 시기적으로도 우리 대학에 학교 운동부가 처음 생긴 해가 1955년이어서 '단국스포츠'의 연륜이 70년을 눈앞에 두고 있다는 점도 발길을 서두르게 한 동기가 되었습니다. 비록 한 권의 책을 펴내는 일이지만 그것은 단국대의 역사를 스포츠의 시각에서 재조명하는 일이고 창학 80년을 맞이할 단국문화를 풍성하게 만드는 일이기도 합니다. 다행히 장호성 이사장님과 안순철 총장님이 이런 중대한 과업의 가치를 이해하고 지원을 해주어 편찬위원회를 구성하고 많은 이들의 조력으로 소기의 성과를 상재하기에 이르렀습니다.

제 견문이 넓지 않지만 우리나라의 숱한 대학이 내로라하는 체육부나 스포츠 육성의 성과를 과시하기는 하겠지만 이를 하나의 씨줄과 날줄로 묶어 체계화하고 책으로 편찬한 사례는 듣지 못했습니다. 이 점에서도 『도전과 영광의 길: 단국스포츠70년사』는 우리 단국의 숨은 저력을 상징하는 스포츠사가 되리라 자부합니다.

일일이 이름을 들어 위원들의 헌신과 깊은 노고를 치하하지 않고자 합니다. 또 숱한 밤을 밝혀 사진과 데이터를 정리하고, 편집과 교정에 애를 써준 편집팀에도 찬사를 보내지 않고자 합니다. 다만, 여러분들이 있어 누구도 만들어보지 않은, 앞으로도 만들기 힘든 이 책이 나올 수 있었다는 점을 분명히 기억할 것입니다.

이 책에 등장하거나 기록이 되지 않은 수많은 단국의 체육인들이 있습니다. 만약 우리 대학의 스포츠가 하나의 인간 승리의 기록이고, 척박한 대지를 일궈온 체육인 장충식과 그의 제자들의 투쟁기라 한다면 여러분은 모두 '단국스포츠 70년'의 자랑스런 무명용사이자 영웅들입니다. 여러분들이 쌓은 도전과 영광의 70년 전통에 뜨거운 박수를 보냅니다.

2024. 12

편찬위원장 최 종 진

Ⅰ. 초창기(1947-1982)

설립자 범정 장형 선생은 항일 독립운동을 하며 강인한 정신과 체력의 중요성을 느끼고, 대학의 창학정신을 구국·자주·자립으로 정했다. 이 같은 창학정신은 강한 신체와 정신력을 필요로 하는 것으로, 범정 선생은 학생들에게 "공부보다 의식, 의식보다도 건강을 중시하는 학생이 되라"고 강조했다.

설립자의 철학을 바탕으로 1955년 신당동 교사에서 농구부, 레슬링부, 럭비부가 창단되며 '단국대학교 체육부'의 역사가 시작되었다. 이후 대학은 교세 확장에 따라 1957년 한남동에 새로운 캠퍼스를 건설하였다. 그해 정구부(테니스부 전신), 공수부(태권도부 전신)가 창단된 것을 시작으로 1959년 럭비부가 최초로 전국대회에서 입상하며 '단국 체육'은 본격적으로 싹을 틔우기 시작했다.

중재 장충식 박사는 학생과장으로 대학 업무를 시작한 이래 부학장, 학장으로 대학을 운영하며 스포츠에 대한 각별한 관심과 학생 지원으로 각종 운동 종목의 창단과 대회 호실적을 이끌었다. 이러한 체육부 성과는 초창기 대학 구성원을 하나로 묶는 구심점이 되며 중재 선생이 1967년 우리 대학을 종합대학으로 승격시키는데 마중물 역할을 톡톡히 했다.

장충식 총장은 국내에선 불모지와 같았던 빙상, 스키 등 동계 스포츠 종목과 비인기 종목을 집중 육성하며 국가 스포츠 발전에 이바지하고 대학의 사회 공헌을 이끌었다. 이는 초창기 대학 발전의 중요한 원동력이 되었다.

개교 당시 낙원동 교사(1947). 해방 후 최초의 4년제 사립대학으로 '도전과 창조'의 서막이 열린 공간이다.

첫 단독 교사인 신당동 교사(1949). 이곳에서 1955년 농구부, 레슬링부, 럭비부가 창단되며 체육부의 요람이 되었다.

1957년 한남동에 새롭게 자리 잡은 서울캠퍼스 전경. 신축 건물이 들어서며

초창기 열악한 환경에서도 재학생들의 운동 열기는 뜨거웠다. 왼쪽부터 신당동 교사에서 배구를 즐기는 학생들(1956), 빙상 훈련을 하는 선수들(1959), 전국조정선수권대회에 참가한 조정부(1969)

1958년 럭비부는 체육부 역사에서 처음으로 대회 입상 실적을 남긴 후 승승장구해 나갔다. 1963년 대회에서 우승한 럭비부를 범정 장형 선생(앞줄 가운데)과 대학 관계자들이 격려하는 모습

대학의 기틀이 잡히기 시작했고, 체육 분야 성과도 싹트기 시작했다.

1967년 종합대학으로 승격한 후 서울캠퍼스는 새로운 교육시설 마련으로 분주했다. 캠퍼스 중앙에 운동장을 정비하며 학생들의 체육활동을 장려했다.

제6회 5월체전 성화 점화식(1968)

5월체전 우승팀에 수여한 범정배

범정기

혜당기

한천캠퍼스 정기체육대회(1981)

전국대회 개인 종목에서 우수한 성적을 낸 복싱부(1970)와 수영부(1971)

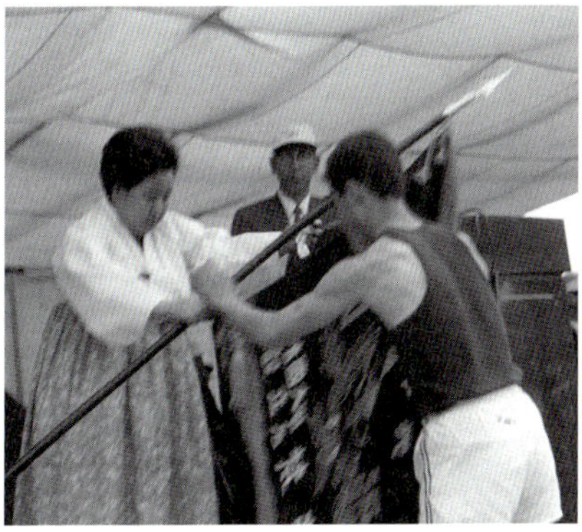

5월제전 우승팀에 범정기를 수여하는
박정숙 이사장(1968)

제24회 전국학생스키선수권대회에서 종합우승한
스키부(1972)

서울-천안캠퍼스 간 화합을 도모하는 행사였다.

제13회 한남축전 기계체조 시범(1976)

천한캠퍼스 정기체육대회(1982)

1976년 서울캠퍼스 전경. 우리 대학 스포츠 위상이 날로 높아지는 가운데 대학의 교세도 확장되기 시작했다.

중재 선생은 대학 스포츠에 대한 아낌없는 지원으로 우수한 성과를 이끌며 대학의 역량을 끌어올리고자 했다. 중재 선생이 럭비부와 테니스부를 격려하는 모습과 한강에서 훈련을 마친 조정부(윗쪽부터)

1978년 춘계대학농구연맹전에 참가한 농구부의 경기를 보기 위해 체육관 관중석을 가득 메운 학생들의 모습에서 당시의 농구 열기를 실감할 수 있다.

1977년 대통령기쟁탈전국장사씨름대회에서 우승한 씨름부가 서울캠퍼스에 신축된 범정체육관앞에서 기념촬영을 했다.

1968년 창설한 검도부는 1970년대 각종 대회에서 우수한 성적을 거뒀다. 사진은 1979년 모습

선수들의 단합이 승패를 결정짓는 특성상 단국대 조정팀은 국가대표팀으로 눈부신 활약을 했다.
사진은 여자 조정부 창단식(천안캠퍼스 안서호, 1980)

장충식 총장이 1981년 제17회 대학축구연맹전에서 우승한 축구부를 격려하는 모습

1977년 천안 지역에 제2캠퍼스가 설립되며 대학의 새로운 역사가 시작됐다. 장충식 총장은 체육대학을 설치하고 최신식 대운동장과 체육관을 신축하기로

동계 스포츠의 대명사인 스키 종목에서 스키부는 걸출한 선수를 끊임없이 배출하여 스키 단국의 명성을 드높이고 있다. 사진은 1977년 스키부 모습

1981년 야구부 창단식. 프로 출범을 앞두고 야구 열기가 높아지자 구성원들의 야구부 창단 열망도 달아올랐다. 야구부는 창단 3주 만에 전국대회 4강을 차지하며 야구계를 놀라게 했다.

하는 등 천안캠퍼스를 스포츠 중심지로 육성하고자 하였다. 사진은 1978년 개교 초기의 천안캠퍼스 전경

Ⅱ. 도약기(1983-2006)

1978년 천안캠퍼스 설립으로 제2캠퍼스 시대를 열며 지역 교육 인프라 확대에 나선 우리 대학은 천안캠퍼스를 스포츠 분야의 메카로 육성하고자 했다. 캠퍼스 설계 단계부터 최상급의 대운동장과 체육관을 조성하기로 하는 한편, 체육대학을 설치해 실기와 이론, 연구의 중심이 되도록 했다. 지속적으로 각종 운동부의 훈련장과 기숙사, 시설도 확충해 나갔다.

장충식 총장은 1986년 우리 대학 스포츠과학연구소 개소와 연계하여 '86서울아시안게임을 앞두고 스포츠과학학술대회를 열어 세간의 주목을 받았다. 그리고 1988년 천안캠퍼스에 국제 수준의 체육관을 개관하고 이곳에서 1988년 9월 서울올림픽 스포츠과학학술대회를 개최하여 서울올림픽 성공에 기여했다. 학술대회는 단국대학교와 천안캠퍼스가 세계의 중심으로 화려하게 비상하고 대학의 국제 역량을 만방에 알리는 행사였다.

장충식 총장은 '90베이징아시안게임 남북단일팀 구성을 위한 체육회담 수석대표, 1991년 세계청소년축구대회 남북단일팀 단장 등을 맡으며 스포츠외교를 통한 냉전체제 탈피와 남북 교류에 큰 업적을 남겼다.

이 같은 공헌으로 우리 대학은 각계로부터 공로를 인정받았고, 이는 대학의 교세가 크게 확장하는 절대적인 계기가 되었다. 서울캠퍼스와 천안캠퍼스 양 캠퍼스 체제로 대학 발전과 체육 분야 육성이 선순환 체제를 갖추며 대학의 발전을 이끌었다.

'88서울올림픽 스포츠과학학술대회가 열린 천안캠퍼스 체육관

'88서울올림픽 스포츠과학학술대회 조직위원장을 맡은 장충식 총장

'88서울올림픽 스포츠과학학술대회 개막 테이프 커팅식에 자리한 장충식 학술대회조직위원장, 박세직 서울올림픽대회조직위원장, 사마란치 IOC 위원장, 조상후 체육부장관(위 우측부터). 아래는 대회 관계자와 자원봉사자들

스포츠과학학술대회 기념 자료들. 왼쪽부터 현판, 감사패, 소식지, 심볼

천안캠퍼스에 건설된 국제 수준의 체육관과 대운동장. 1988년 개관한 체육관에서는 '88서울올림픽을 앞두고 역사적인 '88서울올림픽 스포츠과학학술대회가 개최됐다. 사마란치 IOC 위원장이 우리 대학에 방문하는 등 단국대학교에 세계의 이목이 집중됐다. 장충식 총장은 학술대회조직위원장으로서 행사를 성공적으로 치루며 서울올림픽 성공 개최에 기여했다.

2007년 개교 60주년과 죽전캠퍼스로 이전을 앞둔 서울캠퍼스 전경. 50 성상 동안 서울캠퍼스는 끊임없는 도전으로 빛나는 성과와 눈부신 발전상을 일궈 낸 터전이었다.

1983년 개교 36주년을 맞아 제2회 단국인마라톤대회가 열렸다.

1989년 소피아 동계유니버시아드대회에서 빙상부 김기훈, 모지수, 권영철이 빙상 종목에서 금메달을 획득했다.

1990년 백호기 종합야구선수권대회에서 야구부가 우승을 차지했다. 야구부는 1990년에만 전국대회 3관왕을 기록하며 전성기를 구가했다.

1993년 춘계전국남녀대학축구연맹 준결승전을 치루는 축구부. 관중석의 응원단도 열띤 응원을 펼쳤다.

장충식 총장은 서울올림픽 성공 개최와 스포츠 발전의 공로를 인정받아 1996년 IOC 올림픽훈장을 수훈했다.

각종 전국대회 우승 기념 트로피

1990년 동계아시안게임에서 역주하는 배기태. 이 대회에서 금메달을 차지하며 빙상계의 슈퍼스타로 떠올랐다.

1997년 춘계럭비대학리그전에서 우승한 럭비부가 장충식 총장을 예방해 우승기를 전달하고 있다.

2000년 세계스피드스케이팅선수권대회에서 우승한 최재봉을 축하하기 위한 현수막이 서울캠퍼스 정문에 걸려 있다.

2004년 제27회 회장기전국대학태권도대회 종합우승한 태권도부가 송하섭 부총장을 예방했다.

III. 발전기(2007-2024)

2007년 우리 대학은 서울캠퍼스를 죽전캠퍼스로 이전하며 새로운 도전에 나섰다. 협소한 서울캠퍼스의 한계를 벗어나 죽전캠퍼스의 넓은 부지를 활용해 더 적극적인 투자와 시설 개선으로 대학 발전을 꾀하고자 하였다. 스포츠 분야도 마찬가지였다. 최신식 실내체육관과 대운동장은 대학의 체육교육 환경을 획기적으로 개선했고 구성원들과 지역 주민들의 생활체육 진흥을 도모하는데 일익을 담당하고 있다.

2008년 장호성 박사가 총장으로 취임하며 대학의 장단기 발전계획을 새롭게 선포하였다. 핵심 분야 중 하나는 대학의 국제화였다. 장호성 총장은 세계 각국 대학들과 협력하고 대학의 국제 역량을 키우는 데 있어 스포츠를 적극 활용하였다.

스포츠를 매개로 세계 대학 및 국제 기관과 MOU를 체결해 나가는 한편, 토마스 바흐 IOC 위원장 등 세계적인 스포츠 인사에 명예박사학위를 수여하며 대학의 위상을 높이고 우리나라의 평창 올림픽 유치와 성공 개최에 적극적인 역할을 담당했다.

아울러 장호성 총장은 제1회 세계청소년올림픽 한국대표팀 선수단장, 아시아대학스포츠연맹 부위원장, 한국대학스포츠총장협의회 회장, 대한대학스포츠위원회 위원장, 국제대학스포츠연맹 집행위원 등 대학 스포츠 발전에 공헌하며 대학 스포츠 육성에 공헌하고 있다.

우리 대학은 불굴의 도전 정신을 바탕으로 역경을 극복하고 꿈과 희망을 전하며 성장해 왔다. 세계의 중심에서 지역 사회와 함께하고 있는 단국대학교는 스포츠가 전해주는 감동과 투혼, 환희처럼 대학인들의 마음속에 영원히 자리할 것이다.

충남 지역을 대표하는 대학으로 성장한 천안캠퍼스(2006년 전경)는 스포츠 분야

2007년 죽전캠퍼스 준공 및 이전 기념식. '도전과 창조'의 대학 역사에 큰 획을 그으며 세계로 도약하는 새로운 여정이 시작되었고, 스포츠 분야에서 올림픽

학술 연구 메카 및 인재 양성 산실로 자리 잡았다. 2027년에는 충청권 하계유니버시아드 경기가 열릴 예정이다.

메달리스트를 배출해 내고 있다.

2008 베이징올림픽 수영에서 금메달과 은메달을 딴 박태환(위)과 태권도에서 금메달을 딴 손태진(아래)이 장호성 총장을 예방하였다.

2010 밴쿠버 동계올림픽 쇼트트랙 2관왕 이정수와 은메달리스트 김성일이 최종진 대외협력부총장을 예방하였다.

이전 17년째를 맞은 죽전캠퍼스 전경. 세계 속에서 지역 사회와 함께하며 번영의 역사를 써 내려가고 있다. 개교 78주년과 체육부 창단 70주년을 맞은 대학은 숱한 역경 속에서 스포츠를 통해 희망과 활력을 찾고, 스포츠 정신으로 꿈을 현실로 만들어왔다.

2012 런던올림픽 레슬링 금메달리스트 김현우가 장호성 총장을 예방하였다.

장호성 총장은 제1회 청소년올림픽 단장으로 한국선수단을 이끌었다.

2014년 죽전캠퍼스는 지역 사회와 협력하며 마라톤대회를 개최했다.

2017년 전국추계대학축구연맹전에서 우승한 축구부

2021년 KUSF 대학농구 U-리그에서 우승한 여자농구부

2023년 KUSF 대학스포츠 U-리그에서 우승한 여자배구부

2023년 회장기전국소프트볼대회에서 우승한 소프트볼부

장호성 총장은 대한대학스포츠위원장으로 2027 충청권 하계유니버시아드 유치를 이끌었다.

목 차

제4장 스포츠인 장충식의 인간애 실천

제3부 단국을 빛낸 스포츠인 70

부록

제1부 통사

제1장

초창기(1947~1982)

대학 설립부터 천안 체육학과 개설 전까지

제1절 단국대학교의 스포츠 전통

1. 체육입국의 사상적 기반

단국대학교는 독립운동가에 의해서 설립된 민족사학이다. 항일 무장투쟁을 전개하기 위해서는 튼튼한 몸과 마음을 갖추는 일이 무엇보다 중요했기에 독립운동가들은 체육 활동을 중시했다. 그리하여 신흥무관학교를 포함해서 만주에 설립된 각종 민족교육기관에서는 군사훈련의 일환으로서 체육교육을 필수 교과목으로 운영하였다.

범정 선생과 함께 경교장으로 백범 김구 선생을 방문한 단국대 학생들(1948.06.25)

김구와 범정. 일제에 대한 항거를 통해 실천적인 애국애족주의를 체득한 범정 선생은 학생들에게 "공부보다 의식, 의식보다도 건강을 중시하는 학생이 되라."고 훈시하였다.

설립자 범정梵亭 장형張炯 선생은 1914년 일제 헌병대의 극비 정보 문건에서도 확인되는 것처럼 지혜와 담력과 체력을 두루 갖춘 유력한 청년 독립운동가였다. 공동 설립자인 혜당惠堂 조희재趙喜在 여사 또한 일제강점기 범정을 도와 군자금을 제공하던 인물로서, 혈연보다 진한 의리로 뭉친 조력자였다. 두 사람이 뜻을 모아 대한민국 임시정부의 법통을 계승하여 1947년 해방 후 최초의 4년제 정통 민족사학인 단국대학을 설립하였다.

범정은 본격적인 독립운동의 시발점에 해당하는 신민회 시절부터 백범 김구 선생과 가까운 사이였다. 두 사람은 해방 이후에도 새나라 건설의 역군을 양성하는 건국실천원양성소를 함께 운영하기도 했다. 백범이 소장이었고, 범정이 이사장을 맡았다. 김구 선생은 1948년 1월 18일 범정의 자택을 방문하여 단국대학 설립을 축하했다. 그때 그를 환영하기 위해 모여 있던 단국대 학생 대표들에게 "첫째도 둘째도 셋째도, 범정 아우의 애국애족 정신을 배우라."고 훈화하였다.

범정도 일찍이 단국대학의 창학정신을 구국·자주·자립으로 정하였는데, 세 가지 모두 강한 신체와 정신력을 필요로 하는 것이다. 그리하여 범정은 평소에 단국대학의 학생들에게 "공부보다도 의식, 의식보다도 건강을 중시하는 학생이 되라."고 훈시하였다.

악랄하고 무도한 일제에 맞서 싸웠던 독립운동가로서 범정은 부강한 국가를 만들기 위해서는 청년들의 체력이 무엇보다 중요하다는 사실을 일찍이 깨달았다. 실제로 근대 열강의 발전은 근대 체육의 발달에 기초하고 있었다. 체육은 지덕체의 조화, 도전과 감투정신敢鬪精神의 배양을 통한 청년 품성 수양에 더없이 적당한 과목이었기 때문이다. 따라서 단국대학은 출범 초기부터 체육을 학생 단합과 친목 강화를 위한 과목으로서 중시하였다.

단국대학의 설립자 범정 장형 선생의 3남으로 학교 경영을 물려받은 장충식 교수는 호가 중재中齋이다. 중재는 체육입국이야말로 부강한 나라를 건설하는 초석이 될 수 있다는 부친의 꿈을 실현하기 위해

初代總長에 張忠植學長就任

大學院長에는 朴鍾聲博士

法政大學長에 李榮珪교수

工科大學長에 孫仙官교수

圖書館長·各處·課長도 昇進發令

13日就任式

미국 유학 중 부친인 범정 장형 선생의 별세로 박사 학위 논문을 미루고 귀국한 중재는 학장으로 취임한다. 교세 확장을 위해서는 종합대학 승격이 시급하다는 결론을 내린 중재는 끝내 숙원 사업인 종합대학 인가를 실현한다. 박정숙 이사장은 이 같은 중재의 추진력을 신뢰해 중재를 총장으로 추천, 이를 관철한다. 이로써 중재는 학장으로 취임한 지 4개월 만에 36세라는 한국 대학 역사상 최연소의 나이로 총장에 오르는 기록을 갖게 된다.(단대신문 제231호, 1967.03.07)

서 부단히 노력하였다. 1966년에 제9대 학장에 취임한 후 1967년에는 단국대학을 종합대학으로 승격시키면서 36세의 나이로 전국 최연소 총장에 취임하였다.

중재는 1932년 7월 25일 중국 텐진[天津]에서 출생하였다. 독립운동가였던 부친 범정 장형 선생의 부탁으로 모친 양인식 여사가 중국 관내 지역에서 활동하던 독립운동가에게 군자금을 전달해 주기 위해서 만삭의 몸을 이끌고 중국에 들어갔다가 중재를 낳은 것이다. 이후 해방이 될 때까지 중재는 모친와 함께 압록강 철교를 건너 범정 선생의 은거지였던 중국 안둥현[安東縣, 현재 단둥시] 오룡배를 드나들면서 부친에게 군자금을 전달하는 임무를 수행하였다.

비록 어린 초등학생이었지만, 중재는 누구부다 중요한 역할을 담당했다. 일제는 조선인의 국경 이동을 철저히 감시하기 위해서 압록강을 건너는 기차의 승객들을 남녀불문 철저히 수색하였다. 양 여사는 이를 피하기 위해서 범정 선생에게 전달할 군자금을 어음으로 바꿔 어린 충식 소년의 교복 안감에 넣고 꿰매어 감쪽같이 일본 순사의

종합대학 승격 후 초대 장충식 총장 취임식 및 입학식(1967.03)

감시망을 피해서 압록강을 건널 수 있었다.

그러나 중국에 도착해서도 어린 중재는 꿈에도 그리던 부친의 얼굴을 보지 못했다. 혹여라도 예기치 못한 일이 발생하여 범정이 일경에 피체되지 않을까 하는 집안 어른들의 우려와 단속 때문이었다. 대신 어린 중재는 고모 댁에서 자신의 성까지 숨긴 채 고모부의 성씨를 따서 변성명을 한 채 중국인 학교에 다니는 일을 반복하다가 광복을 맞아 월남하였다. 독립운동가였던 부친을 지켜내기 위해서 중재는 어린 시절부터 이토록 비통한 일을 감내하면서 자신을 단련시키며 성장하였다.

그러나 중재는 하늘이 내린 효자여서 한 번도 부친의 명을 거역한 적이 없었다. 단국대 이사장이었던 범정은 1953년 대학교 2학년에 불과했던 중재에게 사회의 현실을 경험하라며 택시 조수일을 시켰고, 1955년 서울대학교 역사과 4학년이 된 중재의 학적을 범정 독단으로 단국대학 정법학부 정치학과로 학적을 바꿔 놓았을 때에도 이를 군말 없이 감내하였다. 그리고 1964년 미국에서 박사학위 과정을 밟던 도중 부친의 부름으로 귀국했다가 조희재 여사의 영애인 박정숙 이사를 도와 학교를 지키라는 유언을 받고는 단국대학의 경영에 참여하게 되었다. 그와 함께 설립자의 체육입국의 꿈도 그대로 유지될 수 있었다.

2. 중재의 체육입국 정신 계승

단국대학은 교명에서도 알 수 있듯이 단군을 시조로 하는 한민족이 마침내 하나가 되어야 한다는 염원을 담은 정통 민족사학이다. 중재는 이러한 민족사학을 설립한 부친의 공적에 누가 되지 않기 위해서 노력했다. 1983년 독립유공자 유족중앙회 고문으로 추대되어 독립유공자 유족 지원사업에 앞장섰고, 1991년부터는 백범김구선생기념사업협회 회장으로 취임해서 민족애를 선양하는 많은 활동들을 전개하였다.

그중에서도 중재는 체육 방면에 깊은 관심을 갖고 있었는데, 그것은 "단국대학의 학생들은 모름지기 공부보다도 의식, 의식보다도 건

백범 김구 선생 서거 43주기를 맞이하여 추모식에서 추모사를 하고 있는 중재(1992.06.26)

강이 우선"이라고 하셨던 설립자의 평소 말씀을 가슴에 새기고 있었기 때문이었다. 그리하여 중재는 부강한 나라를 만들기 위해서는 국민 건강이 우선이라는 생각으로, 단국대학의 학생뿐만 아니라, 열악한 사회환경 속에서 새로운 희망을 위해서 분투하고 있던 전국의 대학생들과 나아가 우리나라의 국민들을 위한 체육 진흥 사업에 매진하였다.

중재는 단국대학 부학장이던 1965년 대학배드민턴협회 회장을 시작으로, 1967년 대학육상경기연맹 회장, 1970년 대학스키연맹 회장, 1977년 대학축구연맹 회장, 1978년 대학태권도연맹 회장, 1979년 대학농구연맹 회장, 1981년 대학테니스연맹 회장 등을 역임하였다. 그리고 1977년부터 1983년까지 대한체육회 이사 겸 대학체육위원회 위원장, 1981년부터 1997년까지 대한올림픽위원회(KOC) 부위원장 겸 대학스포츠위원회(KUSB) 위원장으로 활동하면서, 대학 스포츠 발전을 위해서 많은 노고를 기울였다.

중재는 비단 학생 선수 육성뿐만 아니라 대학생들의 체육행사에

대학축구연맹 회장으로 취임 후 대학축구선수권대회 우승팀에게 우승기를 수여하고 있는 중재(1978)

제49회 전국체전에서 국내 최초로 매스게임을 연출한 단국대는 문교부장관 표창장을 수상했다.(1968.09.12)

대한 참여와 관심도를 제고시키기 위해서도 힘을 기울였다. 중재는 1968년 9월 12일 서울운동장에서 개최된 제49회 전국체육대회 개막식에서 단국대 학생들로 하여금 국내 최초로 매스게임을 연출하게 함으로써 사회적 주목을 받은 것이다. 이러한 이벤트를 계기로 중재는 전국체육대회 활성화에 기여한 공로를 인정받아 대통령 금일봉과 함께 문교부장관 표창장을 수상하였다. 당시 권오병 문교부 장관은 “단국대학교 전체 남녀학생으로 구성된 대학팀의 화려하고 힘찬 매스게임은 한국 대학생의 정신적 및 신체적인 단결과 조화를 만방에 빛낸 획기적인 것”이라는 찬사를 아끼지 않았다.

중재는 특히 ’86서울아시안게임, ’88서울올림픽의 핵심 이벤트인 국제스포츠과학학술대회를 천안시에서 개최함으로써 단국대학교 천안캠퍼스의 위상을 높이고, 천안시의 국제교류 역량을 세계화하였을 뿐만 아니라, 크게는 한국스포츠과학의 면모를 국제 수준으로 일신하는 데 큰 공헌을 하였다. 이후 꾸준히 천안캠퍼스 체육대학을 성장시켜 대한민국 스포츠의 경기력 향상에 선도적 역할을 하였고, 전국체전에서 충청남도의 위상을 제고하는 데 결정적인 기여를 하였다. 이와 같이 단국대학교 스포츠의 역사는 중재와 함께 발전하였다.

3. 범정종목과 혜당종목 그리고 일반 학생 스포츠활동

단국대학에서는 6·25전쟁의 어수선함이 가라앉으면서 곧바로 각종 운동부를 설치하여 청년 스포츠맨들을 본격적으로 육성하기 시작하였다. 거기에는 분명한 철학이 있었다. 운동부의 육성은 대중적 인기가 집중되는 특정 구기종목에만 편중되지 않고 럭비, 스키, 빙상, 씨름 등의 비인기 스포츠도 집중 육성하여 명실상부한 스포츠입국을 실현코자 한 것이다. 비인기 스포츠를 집중 육성해 학원스포츠의 본령인 아마추어리즘을 지키면서 한국스포츠의 기반을 전 사회 저변으로 확충하는 데 이바지할 것을 목표로 하였다.

단국대학교 학생들의 스포츠활동은 크게 세 가지 범주로 구분된다. 하나는 체육부를 통해서 대학에서 정책적으로 육성하는 8개 종목, 즉 ‘범정종목’과 스포츠과학대학에서 운영하는 10개 종목, 즉 ‘혜당종목’이 있다. 스포츠과학대학은 천안캠퍼스 체육대학이 1996년 스포츠과학부로, 2013년에 스포츠과학대학으로 명칭을 변경한 것이다. 범정종목과 혜당종목이 소위 엘리트체육이라면 일반 학생들이 취미삼아 즐기는 아마추어 스포츠 활동도 꾸준히 지속되어 왔다.

범정종목에는 남자축구, 야구, 남자농구, 럭비, 씨름, 조정, 스키, 빙상이 있는데, 창단 이후부터 지금까지 국내외 대회에서 좋은 성적을 유지하고 있는 종목이 많다. 뿐만 아니라 단국대학교 대표가 곧 국가대표라는 인식이 생겼을 만큼 국위선양에 한몫을 톡톡히 하고 있는 종목들도 있다. 혜당종목에는 소프트볼, 여자농구, 여자배구, 여자축구, 골프, 볼링, 승마, 연식정구, 태권도, 수영이 있다.

단국대학교는 2023년 기준 한국대학스포츠협의회(KUSF)에 참여한

「天熊大祭典」 18일부터 5일간

祝典·體育大會·學術祭 병행 실시

총 50여개 행사 준비중

總女學生會 「여성문화 큰 잔치」

天安캠퍼스「天熊大祭典」이 오는 18일 단업마라톤대회를 시작으로 22일까지 5일간의 막을 올린다. 總學生會와 각 단과대학생회 주최로 총50여개의 행사를 치르게 될 이번「天熊大祭典」은 체육대회와 學術祭및 지난번 치르지 못한 축전행사등을 병행하여 치루게 된다.

宋鮮允총학생회장은『本校도 전국의 모든 대학과 마찬가지로 대외적 압력으로 인해 학생활동이 크게 위축되어 왔다』며 이번 행사개최 목적을『이를 슬기롭게 극복하는 시점으로 한해를 마무리 짓는 한마당을 마련하게 되었다』고 밝혔다.

이번 행사에 총학생회는「초청 공연」,「안서 가요제」등과 초청강연회를 준비하고 있으며, 총여학생회는 20일「통바리」공연, 21일「여성문화 큰잔치」등을 개최할 예정이며.

人文大·社會大·理工大학생회는 22일 오후3시30분 대강당에서「연합페스티발」을 갖게되고, 人文大 國文學科는 20일 人文學館 116호에서 논문발표회를 가지며, 佛文科는 22일 오후 1시30분 人文學館004호에서「불란서 문화제」를, 歷史學科는 22일 오후12시 人文學館 116호에서「학술세미나」를 갖는다.

社會大 經營學科와 會計學科는 20일 오전11시「모의주총회」, 法學科는「모의형사재판」을 21일 오후 1시, 行政學科는 22일 오후 1시30분「모의국회」를 각각 人文學館대강당에서 개최한다.

理工大 建築工學科는 18일부터 22일까지 第2科學館로비에서「건축작품전」, 微生物學科는 22일 오전11시 第一科學館 516호에서「영화상영」을 실시한다.

齒科大는 20일 오후2시 人文學館대강당에서「齒牙祭典」을 개최하고, 農科大와 藝術大의 각 학과별, 써클에서도「강연회」,「학술논문발표회」,「전시회」등의 많은 행사를 준비하고 있다.

86학년도 모집요강 발표

모집인원 총 4천7백28명

司試 3명

천웅대제전이 축전, 체육대회, 학술제와 병행 실시되었음을 신문기사를 통해 알 수 있다.(단대신문 제719호, 1985.11.19)

제11회 한남축전 마라톤 (1973.05.29)

제12회 한남축전에서 격려사를 하는 장충식 총장 (1974.05.27)

130개 회원 대학 중 가장 많은 15개 종목[농구(남), 농구(여), 럭비, 배구(여), 볼링, 빙상, 소프트볼, 연식정구, 스키, 씨름, 야구, 조정, 축구(남), 축구(여), 태권도]이 국고 지원을 받고 있을 만큼 그 실력과 가치를 인정받고 있다. 이밖에 럭비, 골프, 승마, 수영 등 우리나라에서 가장 많은 스포츠 종목을 운영하면서 대한민국 대학 스포츠의 발전을 견인하고 있다.

범정종목과 혜당종목을 제외한 과외 활동으로서 일반 스포츠활동은 개교 초부터 시작되었다. 초기에는 학과 및 학년 대항 친선경기를 주로 하였고, 이후에는 타교 학생과의 친선경기도 개최하였다. 1970년부터는 교양학부 체육대회를 개최하여 왔고, 1971년 '한남축전'이 생긴 후에는 체육활동을 축전행사로, 한남축전이라는 이름이 생기기 전에는 5월 행사와 11월 개교기념행사로 개최하여 왔다.

학생들의 체육활동을 진작시키기 위해서 1958년에 이희승 작사, 김동진 작곡의 응원가가 만들어졌다. 1977년에는 이희승 작사, 김성태 작곡의 새로운 응원가가 제정되었다. 학생들은 1979년에 응원구호를 모집하고, 1981·82년에 단국인의 노래와 응원가를 현상공모하기도 하였다. 학생자치회에서는 스포츠 행사를 위해서 1977년부터 응원부를 설치하여 운영하였다. 그리고 이를 강화하기 위해서 한남캠퍼스는 1981년, 천안캠퍼스는 1982년에 응원부를 응원단으로 승격

제1회 천웅제 (1981.05.13)

제3회 단국인 마라톤 대회(1984.11.01)

제6회 5월체전 개회식에서 성화 점화하는 김원주(체 4) 군(1968.05.25)

제6회 5월체전에서 우승한 문리대 대표에게 범정기를 수여하는 박정숙 이사장(1968.05.25)

시켰다. 그리고 응원부원을 모집하여 보컬그룹 '블랙 베어'(한남동)와 '서웅들'(천안)을 육성하였다.

스포츠 행사와 함께 진행된 한남축전은 1985년에는 '한남대제전', 1986년에는 '한남대동제'라는 이름 아래 행사가 진행되었다. 그후에도 행사의 이름은 '구국단국 9월 평화통일 한마당'이나, '구국단국 5월 대동제'로 변화되었지만 스포츠 행사가 포함되어 진행되는 것은 변함이 없었다. 천안캠퍼스에서는 1981년 '천웅축전'이라는 이름 아래 스포츠 활동을 축전 행사로 진행하였다. 1985년에 '천웅대제전'이라고 명명한 적이 있었고, 1989년 '천웅대동제', 1990년 '안서체육대회'라는 이름으로 바뀌면서 행사가 지속되었다. 이후 죽전캠퍼스와 천안캠퍼스에서는 봄 축제, 가을 체육대회로 크게 양분되어 오다가 죽전캠퍼스에서는 2024년부터 과거의 전통을 살려 봄축제 때 체육대회를 함께 병행하고 있다.

제2절 체육부 설치와 각종 운동부 관리

1. 다양한 운동부의 탄생

단국대학에서는 1955년 12월 농구부, 레슬링부, 럭비부가 창단되면서 운동부의 본격적인 출발을 알렸다. 럭비부는 1955년 창단된 이래 대학의 전폭적인 지원과 체계적인 훈련을 통해 다수의 유능한 선수를 배출하여 한국 럭비 발전에 크게 기여하였다. 현재까지 국내외의 각종 럭비대회에서 우수한 성적을 일구어냈다. 농구부도 1955년 창단 이후 두 차례의 해체 끝에 1976년에 부활되었다. 중·고 우수선수를 확보하기 어려운 상황에서 해산과 재창단을 거듭하면서 명맥 유지에 급급했던 역경을 극복하고 국내외의 각종 농구대회에서 우수한 성적을 거두고 있다.

태권도부는 1957년 공수부로 창단하여 1966년 태권도부로 개칭한 후에 해체하였다. 이후 2002년 태권도학과가 신설되면서 자연스럽게 태권도부가 김영인 교수의 지도 아래 운영되기 시작하였다. 그리고 2005년에는 체육부 소속 태권도부를 별도로 구성하여 운영하였는데, 태권도학과와 이원화되어 문제점이 야기되었다. 그래서 2011년에 체육부 소속 태권도부를 폐지하고 태권도학과에서 운영하는 것으로 일원화하였다. 태권도부는 2008 베이징 올림픽 금메달리스트인 손태진을 비롯해서 여러 명의 국가대표를 배출하고 국내의 각종 태권도대회에서 우수한 성적을 거두고 있다.

스키부는 1968년 창단된 이래 1969년부터 전국학생스키대회 및

"러비蹴球部" 發足

冬休期利用合宿練習

럭비부·농구부·레슬링부 창단
(단대학보 제14호,
1956.02.15)

전국동계체육대회 여자 노르딕, 남자 노르딕, 노르딕 계주에서 각각 우승을 차지하며 한국 스키계에 두각을 나타내기 시작하였다. 그리하여 스키부는 단국대학교 대표가 곧 국가대표라는 자부심을 가지게 되는 전통이 수립되었다. 현재까지 스키부는 국내의 각종 스키대회에서 수백 개의 개인 메달과 십수 차례 종합우승의 성적을 거두었다.

조정부는 1966년에 창단되어 국내외 대회에서 좋은 성적을 올렸다. 창단 이후 처음으로 1968년 춘계조정선수권대회에서 종합우승을 차지하였다. 그후 한국 조정계의 패자로서 군림해 왔으나 침체기를 맞아 이렇다 할 성적을 내지 못하였다. 1980년에 여자 조정부까지 창단하여 힘찬 재기를 도모하였으나, 결국 1999년에 공식적으로 해체되었다. 그러나 2009년 조정부 동문들의 열화와 같은 요구와 지원

속에서 재창단하였다.

수영부는 1969년에 창단되어 창단 첫 해부터 한국 수영계의 패자로 등극하였다. 2008년에는 국가대표 박태환 선수가 우리 대학교에 영입되어 2012년 졸업할 때까지 좋은 실적을 올렸다. 박태환은 2008년 9월 베이징올림픽 수영 자유형 400m 종목에서 금메달을 획득했고, 10월 제89회 전국체육대회에서는 5관왕을 차지하여 대회 MVP상을 수상하기도 하였다. 박태환은 이후에도 각종 국내, 국제 대회에서 기염을 토하며 대한민국 수영에서 새로운 역사를 썼다.

씨름부는 1974년에 창단되어 최근까지 각종 씨름대회에서 화려한 수상 실적을 거두고 있다. 1982년부터는 전문 지도자인 허형욱 감독이 부임하면서 각종 국내대회에서 괄목할 만한 성적을 거두기 시작했고, 후임으로 주두식 감독이 바통을 이어받아 각종 전국대회를 석권하고 있다. 단국대학 씨름부는 '모래판의 신사'로서 국민적 사랑을 한몸에 받았던 천하장사 이준희 선수를 배출하였을 뿐만 아니라, 이후에도 많은 선수들이 프로씨름단에 입단하여 민속씨름 무대에서 중추적인 역할을 수행하고 있다.

빙상부는 1976년에 창단과 함께 본격적인 대외활동을 시작하였다. 1977년 회장기쟁탈 전국남녀 빙상경기대회에서 준우승을 시작으로 1979년에는 창단 3년 만에 첫 종합우승을 차지하며 한국 빙상계에서 두각을 나타내기 시작하였다. 이후 빙상부 선수들이 각종 국내·국제대회에 출전하여 화려한 수상 실적을 거두었고, 국가대표선수로도 활발하게 활동하면서 사실상 한국의 빙상 발전을 견인하였다.

축구부는 1976년 창단된 이래 학업에도 최선을 다하는 선수라는 단국대학교 운동부의 철학을 살려 수업과 운동을 병행하면서도, 국내외의 각종 축구대회에서 우수한 성적으로 학교의 명예를 드높여 왔다. 현재 고려대, 연세대, 용인대와 함께 전국대회 최다 우승팀이라는 타이틀을 보유하고 있다.

야구부는 1981년 창단 이후 우수한 성적을 거두며 야구 명문대학으로서 입지를 이어왔다. 특히 단국대학교 야구부는 오로지 순수한 아마추어 정신으로 가능성을 보고 선수를 선발하여 훌륭한 선수로 만들어 내었기 때문에 한국 대학야구에서 특별한 의미를 가진다.

이상에서 기술한 10개 종목 외에도 레슬링부, 체조부, 싸이클부, 필드하키부, 미식축구부, 배드민턴부, 검도부, 사격부, 펜싱부, 테니스부, 체조부, 육상부, 역도부, 복싱부, 요트부 등이 창단되었다가 폐지되었다.

2. 체육부의 설치와 체육위원회 규정 마련

청년 체육활동의 사회적 저변 확대를 통한 체육입국을 목표로 국내 최대 규모의 다양한 운동부를 지원해온 단국대학은 체육부를 설치하여 수많은 운동부를 체계적으로 관리하기 시작하였다. 개교 당시에는 학생처 체육과에서 각종 운동부를 관리하였으나, 체육부의 중요성이 커짐에 따라 1980년 5월 학생처 체육과에서 체육부를 부속기관으로 승격 독립시켜 직제를 개편하였다.

體育委員會 발족

체육부의 제반업무 관장

"4개 운동부 집중 지원"

체육활동 진작과 운동부 집중 지원을 위한 체육위원회 발족 관련 기사(단대신문 제584호, 1981.01.08)

그 목적은 "각 운동부서의 합리적인 운영을 기함으로써 과외활동과 본교 체육진흥에 이바지함"이라고 규정하였다. 각 종목별 운동부의 관리 및 대학체육의 정상화를 도모하기 위한 조직적이고 전문적인 기구로 출범한 것이다. 승격 당시 사무실은 서울캠퍼스 범정체육관 211호에 두었다가, 1981년 11월 21일에 제2교수회관 지하로, 1988년 제2공학관 1층으로, 1993년 운동부기숙사 108호로 이전해 사용하였다. 그리고 2007년부터는 천안캠퍼스 기숙사 1호관 204호를 사무실로 사용하였다.

체육부 부장은 선수 관리와 훈련, 기타 본부의 전체 업무를 관장하며 위원회에서 심의된 사항을 집행하는 역할을 맡았다. 학생처에서 분리되어 체육부로 승격된 1980년부터 1995년까지 윤원호가 체육부장직을 수행하다가 1990년 12월 1일 체육실로 개편되었으며, 그 후 정찬모가 1995년 3월 1일부터 체육부장을 맡으면서 다시 체육부로 환원되었다.

한편 단국대학은 체육활동 진작을 위한 중요 사항에 관한 총장 자문 기구를 마련하기 위해서 1964년 3월 「체육위원회규정」을 제정하고, 체육위원회를 구성한 바 있다. 체육위원회의 목적은 "본교 체육활동에 관한 전반적인 계획, 예산·결산의 통괄, 종목별 운동선수에 대한 자격심사, 종목별 감독 및 코치에 대한 추천, 신종목의 설치 및 기존 종목의 폐지권한, 선수의 출전정지 처분과 해제 등 총체적인 체육활동에 관한 통괄"이라고 명시하였다.

그리고 1972년 3월 규정 일부를 개정하였다. 개정의 핵심 내용은 위원회 구성에 관한 것이었다. 제4조 위원회는 총장, 학생처장, 사무처장, 체육담당 전임교원 및 총장이 임명하는 약간 명의 교직원으로 구성한다는 내용이 학생처장, 총장이 임명하는 약간 명의 교수 및 학생과장으로 구성한다는 것으로 개정되었다. 동시에 제5조 총장이 위원회의 위원장이 되며, 본회를 관장한다는 내용은 학생처장이 위원회의 위원장이 되며, 본회를 관장하는 것으로 개정되었다.

이 당시는 대학이 종합대학으로 승격되어 학사구조가 급속도로 확장되는 시기였기 때문에 총장이 직접 운동부를 관장하기가 어려우므로 학생처장이 관할하도록 현실화한 것이다. 이에 따라 체육위원회는 총장 자문기구에서 좀 더 현장에 밀착하여 운동부를 지원하는 실질적인 의결기구로 발전하였다.

3. 체육부 육성 종목의 성과

지금의 체육부는 대학에서 정책적으로 육성하는 8개 종목, 즉 범정종목인 남자축구, 야구, 남자농구, 럭비, 씨름, 조정, 스키, 빙상을 주로 관리하고 있지만 초창기에는 수영부, 육상부 등도 관리하였다. 대학 설립 이후부터 1982년까지는 단국 스포츠사의 관점에서 볼 때 초창기에 해당하지만, 그럼에도 불구하고 체육부에서 육성하는 운동

제44회 전국체육대회(전북)에서 우승한 럭비부의 늠름한 모습(1963.10)

1988년 캘거리 동계올림픽 쇼트트랙 1500m에서 금메달을 획득한 김기훈 환영식

제2회 삿포로 동계아시안게임 스피드스케이팅 1500m에서 금메달을 목에 걸고 시상대 중앙에 우뚝선 배기태(1990)

빙상부, 맹위 떨쳐

배기태 화려한 은퇴
김기훈 3관왕 영예

제2회 동계아시아경기 결과

지난 9일부터 14일까지 일본 삿보르에서 개최된 「제2회 동계 아시아경기대회」에서 본교 빙상부는 금메달 5개와 동메달 2개를 획득하는 쾌거를 거두었다.

이번 대회를 끝으로 은퇴를 선언한 배기태선수(대학원·4학기)는 스피드스케이팅 1천m와 1천5백m레이스에 출전, 각각 1분15초43과 2분48을 기록하며 금메달을 차지했다.

또한 쇼트트랙 부분에 출전한 김기훈선수(상경대·경영·90년졸)는 1천m와 1천5백m에 출전하여 1분43초26과 2분33초50을 기록하며 우승을 안았다.

이어 김선수는 5천m 계주에서도 모지수선수(사범대·수교·3)와 1천m에서 동메달을 따낸 권병철선수(사범대·한교·3)등과 함께 출전, 7분39초28로 우승, 3관왕의 영예를 차지하기도 하였다.

그러나 이번 경기를 대비해 서독, 스위스 등 5개국에서 전지훈련을 가진 오용석군(사범대·수학·3)과 제갈성열군(사범대·특교·2)은 스피드 부분에서 배기태선수의 뒤를 이을 선수로 기대를 모았으나 오군은 5천m에서 3위, 제갈군은 5백m부분에서 6위에 그치는 등 저조한 기록을 보여 아쉬움을 남겼다.

한국빙상에 금자탑을 세운 금번 결과에 대해 최재석 빙상부 감독은 「동계아시아 경기대회의 좋은 성과는 4、5전부터 실시해온 재학생들의 해외전지훈련을 통한 노력의 결과」라고 분석했다.

한편 레스링 그레고만형 68kg 부문 국가대표 선수인 문종식군(사범대·수교·3)은 1월22일부터 지난 14일까지 노르웨이 피어젠트 국제레슬링대회를 비롯한 소련, 불가리아, 헝가리등 4개국을 돌며 치뤄진 국제경기에서 은메달 3개, 동메달 1개를 차지하기도 했다.

▶날렵한 동작으로 코너를 질주하는 배기태선수.

제2회 삿포로 동계아시안게임에서 배기태는 스피드스케이팅 1000m와 1500m에서 금메달을 따서 2관왕에, 쇼트트랙에 출전한 김기훈은 1000m, 1500m 개인전과 5000m 계주에서 우승하여 3관왕에 올랐다.(단대신문 제823호, 1990.03.20)

부들은 전국체육대회를 비롯한 각종 주요 대회에서 우승을 차지하는 기염을 토하였다.

1955년에 창단된 럭비부는 1962년 춘계럭비축구리그전에서 우승하였고, 1963년에는 전국체육대회에서 우승을 차지하였다. 그리고 1972년에는 럭비부와 함께 수영부가 전국체전에서 우승을 거머쥐었으며, 1973년에도 럭비부, 수영부와 함께 육상부까지 전국체전에서 우승을 차지하는 쾌거를 달성하였다.

럭비부는 1962년부터 전국대회를 휩쓸었는데, 전국종별럭비선수권대회, 럭비리그전, 전국체전, 대학리그전 등 전국 규모 대회에서 매년 우승을 차지하는 기염을 토했다. 특히 1963년에만 제44회 전국체전, 전국춘계럭비리그전, 종합럭비선수권대회, 제3회 전국럭비축구종합선수권대회, 제16회 전국종별선수권대회에서 모두 우승을 휩쓸며 전성기를 구가하였다.

「제14회 동계올림픽」
2관왕
김기훈군
〈대학원·체육4 학기〉

무엇이든 최선다하는 신념으로

『관중석에 나풀거리는 태극기가 눈에 시리게 다가왔고 적막 속의 함성이 울려올 뿐이었다』라며 제14회 알베르빌동계올림픽에서 2관왕을 차지한 김기훈 선수(대학원·체교4학기)는 소감을 피력한다.

이번 동계올림픽에서 한국이 따낸 금메달 2개는 모두 본교생의 힘으로 차지. 김선수를 비롯한 5천 쇼트트랙계주에 출전한 모지수(사범대·수교·졸), 이준호(사범대·체육·4), 송재근(사범대·체교·1)선수가 모두 본교생으로 단국의 웅지가 세계만방에 울린 쾌거라 할 수 있다.

김선수는 국민학교 6학년때부터 전문적으로 선수생활을 시작해 큰 경기수상만도 88캘거리올림픽 우승(시범종목), 89년 소피아동계유니버시아드대회 3관왕, 91세계쇼트트랙선수권대회 2관왕 등의 경력을 갖고 있다.

그러나 김선수의 길이 순탄치만은 않았다. 89년 4월 세계선수권대회에서 발목 인대사이가 벌어지는 부상을 입고 선수생활을 다시 할 수 있을까라는 불안감으로 후유증에 시달렸지만 90년 삿뽀르아시안게임에서 3관왕을 차지하며 자신과의 싸움에 보기좋게 승리했다.

지난 2월27일 시범경기를 위해 태릉선수촌 스케이트장에 나온 김선수는 『내달 4일에 일본에서 국제시합이 있기때문에 오늘 입촌한다』며 근황을 밝히고 귀국 이틀동안 축하에 시달린 몸이지만 아랑곳 않는다.

『실업팀이 없어 대표선수 월수당 9만원의 비인기종목선수임을 감수하며 대학원에 다녔다』는 그는 스타로서 잘난체 하기보다 순수하고 아름다운 성품을 느끼기 해준다.

전설업을 하시는 아버님의 경제력 덕택에 여유있는 생활을 한 김선수이지만 「무엇이든지 최선을 다하자」는 그의 생활신조가 있었기에 오늘날 그가 있는 것이다.

『알베르빌에 어른거린 태극기가 전부는 아니다. 춤추는 태극기는 아직 남아 있다』는 그의 말 속에서 보여진다. 현실에 안주치 않는 노력하는 인간의 모습이 보여진다.

〈炅〉

1992년 알베르빌 동계올림픽 쇼트트랙 1000m 개인전과 5000m 계주에서 금메달을 따 2관왕에 오른 김기훈이 단대신문과의 인터뷰에서 '무엇이든 최선을 다하자'는 생활 신조를 밝히고 있다.(단대신문 제870호, 1992.03.03)

1969년에 창단된 수영부도 출범 당시인 1969년 제24회 전국남녀초중고대학별수영대회에서 개인 자유형, 개인혼영, 단체혼계영에서 1위를 차지한 이후부터 매년 전국체육대회, 전국남녀초중고대학별수영대회, 전국남녀수영대회, 아산기쟁탈전국수영대회에서 자유형, 접영, 평영, 개인혼영, 배영, 수구 등 개인 및 단체전을 포함한 각종 부문에서 1위를 차지하였다.

1970년에 창단된 육상부도 창단 당해연도부터 박수권이 제51회 전국체육대회에서 투창 종목 한국신기록을 수립한 것을 시작으로 1973년 제27회 전국남녀육상경기선수권대회, 제54회 전국체육대회, 1974년 제3회 전국종별육상경기선수권대회, 제28회 전국육상선수권대회, 1977년 제1회 한국대학대항육상경기대회, 1979년 제8회 전국종별육상경기선수권대회 등의 각종 경쟁 부문에서 1위를 차지하였다. 특히 1973년도에 시행된 각종 전국대회 100m 부문에서 1위를 차지했던 오세진이 1977년 제1회 서독 뒤셀도르프월드컵육상대회 계주 부문에 한국 대표로 출전한 것은 단국대학교 육상부의 위상을 보여주는 일화이기도 하다.

1966년에 창단된 조정부는 출범 당시부터 전국대회에서 상위 입상함으로써 주목을 끌었고, 창단 2년째인 1968년 춘계조정선수권대회에서 첫 종합우승의 위업을 달성하였다. 이후 조정부는 전국체육대회, 전국조정선수권대회, 전국시도대항조정선수권대회, 해군참모총장배쟁탈조정대회 등에서 해마다 종합우승이나 종목별 1위를 차지하여 발군의 실력을 입증하였고, 해외에서 열리는 조정대회에 한국을 대표해 출전을 계속했다.

1968년 창단된 스키부는 1969년 제50회 전국동계체육대회 노르딕 30㎞ 경주 우승을 시작으로 해마다 전국동계체육대회, 전국학생스키선수권대회 등 전국대회 각 부문에서 1위를 차지하는 기염을 토했다. 특히 1972년에는 제24회 전국학생스키선수권대회와 제24회 전국학생스키대회에서 각각 종합 우승을 차지하였고, 1974년에도 제26회 전국초중고대학스키대회 및 제26회 전국학생스키선수권대회에서 종합우승을 차지하면서 전성기를 구가하였다.

1974년에 창단된 씨름부는 창단된 지 불과 2년 만인 1976년 제6회 회장기쟁탈장사씨름대회에서 단체우승을 차지한 이후부터 줄곧 대학 씨름의 강자로 군림하였다. 1977년 제14회 대통령기쟁탈전국장사씨름대회 단체우승, 제6회 KBS배쟁탈전국장사씨름대회 대학단체 1위, 1978년 제59회 전국체전 금메달, 제32회 전국씨름선수권대회 1위, 1979년 제16회 대통령기쟁탈전국장사씨름대회 실업/대학 단체 1위, 1980년 제10회 회장기쟁탈전국씨름대회 실업/대학 단체 1위, 1981년 제18회 대통령기쟁탈전국장사씨름대회 대학단체 1위, 1982년 제36회 전국씨름선수권대회 대학단체 1위를 차지하였다.

1976년에 창단한 빙상부도 창단한 지 3년 만인 1979년 제9회 회장기쟁탈전국남녀빙상대회 남대부 단체전에서 우승을 차지하는 영광을 안았다. 특히 1976년과 1977년 개최된 제1회 및 제2회 공인기록대회에서 최재석이 3000m, 5000m 부문에서 연속 1위를 차지하면서 이 부분의 강자로 자리를 굳혔다.

1976년에 창단한 축구부는 초기에는 1, 2학년 선수 중심이어서 제대로 기량을 선보이지 못하다가 1981년 제17회 추계대학연맹전에서 첫 우승컵을 획득하였다. 그리고 설정현, 이용성, 박정선, 김영우, 윤희승 등이 청소년 국가대표 선수로 출전하였다. 1981년 창설된 야구부는 그해 3월에 제15회 대통령기쟁탈전국야구선수권대회에 출전하여 4강을 차지해 야구계를 놀라게 했다.

이와같이 체육부에서 집중 육성하던 각종 운동부는 짧은 역사에도 불구하고 초창기부터 전국체전을 비롯한 각종 대회에서 우승을 차지하는 쾌거를 달성함으로써 단국대학이 대학 스포츠의 강자임을 입증하였다.

제3절 체육교육과 개설과 대한민국 동계 스포츠 집중 육성

1. 종합대학 승격과 체육교육과의 발전

1962년 3월 19일 단국대학에 초급실업대학을 5과 400명 편제로 병설하였는데, 이때 체육과 2년제가 80명을 모집단위로 하여 신설되었다. 1964년 2월 10일 잠시 폐지되었던 1부대학이 부활하면서 초급대 체육과가 폐지되는 대신 80명을 정원으로 하는 체육과 4년제가 이공학부 소속으로 신설되었다.

그후 단국대학이 1967년 2월 10일자로 종합대학으로 승격되면서 문리과대학 체육학과가 인가되었다. 당시 종합대학교 승격으로 3개 대학 17개 학과, 정원 390명을 인가받았는데, 체육학과 정원은 20명이었다. 1971년 5월 문리과대학 체육학과를 체육교육학과로 개편하였고, 1972년 12월 26일 사범대학이 설치되면서 체육교육과의 소속을 사범대학으로 변경하였다. 이때 체육교육과 정원을 10명 증원하였다. 1973년 12월 28일에 다시 체육교육과 정원을 10명 증원하였다. 1973년 12월 29일 대학원에 10명 정원의 체육학과 석사과정을 신설하였다. 1981년 11월 25일 교육대학원에 체육교육 과정을 신설하였고, 1988년 11월 30일 대학원에 체육학과 박사과정을 신설하여 이듬해인 1989년부터 운영을 시작하였다.

1964년 2월 체육과가 신설되면서 전임교수로 초급대 체육과 교수로 재임하였던 조교수 유인현이 부임하였다. 이후 이병주·김유하·정병호 등이 전임교수로 재직했고, 전임강사로는 이관구·노득환·김

개교 30주년을 기념하여 열린 범정체육관 개관식에서 장충식 총장과 박정숙 이사장이 테이프 커팅을 하고 있다.(1977.11.03)

종선 등이 출강하였다. 지속적으로 교수진을 보강하여 1967년에 조교수 김지학, 1969년에 전임강사 임경순 등이 부임하였고, 1973년에 조교수 강용호, 1974년에 전임강사 오현환 등이 부임하였다. 이어 1978년에 전임강사 이종철, 1981년에 유태균이 부임하였다.

1977년 11월 3일 한남동에 체육교육과의 오랜 숙원이었던 체육관을 개교 30주년을 기념하여 개관하였다. 체육관은 1976년 6월 21일 기공하여 연건평 1,366평에 5,000명을 수용할 수 있는 콘크리트 건물로 1년 6개월여에 걸쳐 완공되었다. 설립자의 뜻을 새기기 위해 '범정체육관'이란 이름을 부여하였다.

개관식 후 체조부의 시범과 연세대와의 개관 기념 친선 농구경기대회를 진행하였다. 개관 후 첫 공식경기는 1978년 4월 춘계대학농구연맹전 예선전이었다. 단국대학과 성균관대학의 대전은 단국대학의 승리로 장식되었다. 1983년 3월 1일 체육관 명칭을 대학체육관으로 변경하였다. 2007년 죽전캠퍼스로 이전한 이후 새로운 체육관을 준공하여 사용하고 있다.

체육관은 주로 체육교육과 교수와 학생들의 연구 및 전공강의와

개관 당시 범정체육관의 위용. 범정체육관은 연건평 1,366평에 5,000명을 수용할 수 있는 최신식, 최고의 시설을 갖춘 체육관이었다.

서울캠퍼스 시절 체육관 전경(1986). 1977년 11월 3일 개교 30주년을 기념하여 개관한 '범정체육관'은 1983년 3월 1일에 명칭을 대학체육관으로 변경하였다.

실기, 1학년 학생들의 교양체육 실습장 등으로 사용되었다. 그리고 농구부와 스포츠동아리의 연습장으로 활용되었다. 그밖에도 체조·무용·투기경기 등의 실기 발표회나, 학술세미나·심포지엄·논문발표회·전시회 등 공개행사를 치르는 데 효율적으로 이용되었다.

체육교육과 학생들은 체육관을 충분히 활용하여 학생 자치 활동으로 축구(단웅) · 농구(가라말) · 배구(창공) · 수영(돌핀) · 태권도(태동) · 배드민턴(단내) · 탁구(단풍) · 야구(야왕) 등 총 8개의 동아리를 운영하며 실기 능력을 배양하면서 예비교사로서 갖추어야 할 자질을 함양하였다. 체육교육과는 1990년 교원 임용고시 법제화 이후 2024년 기준 264명의 초중등 교원과 48명의 국내외 대학 교수를 배출하였다.

2. 스키부 설치

단국대학교 스키부는 1968년 1월에 창단되었는데, 본격적인 육성은 중재의 후원에 의해서 시작되었다. 동계 스포츠의 불모지나 다름없던 1960년대 말부터 중재는 본격적으로 스키 선수 육성에 공을 들였다. 대부분의 선진국에서는 동계 스포츠에 대한 애호도가 높았는데 유독 한국은 그렇지 못한 현실을 안타까워했다. 빨리 인재를 육성하여 세계 무대에 진출시키면 선진국들이 한국을 다시 보게 될 것이라는 희망을 품고 동계 스포츠 육성에 매진하였다.

중재는 1968년에 단국공고에도 스키부를 창설하였다. 당시에는 대한체육회에 동계 스포츠를 전공한 인사들이 한 명도 없어서 세계 동계 스포츠의 실상과 그 중요성을 인식하거나 꿈나무를 키울 생각도 못하고 있던 시절이었다. 이런 열악한 상황이었지만, 중재는 본격적으로 어린 선수들을 교육시키기 위해서 과거 1세대 스키 선수로 동계 올림픽에 출전했던 명성여고 체육교사 임경순을 교수로 초빙하기까지 하였다.

1969년 제21회 전국학생스키대회에서 체육과 신인자가 여대부 노르딕 경주에서 우승하였고, 최선복·김병기·장래경·최장헌 등이 노르딕 40㎞ 계주에서 우승하였다. 또 제50회 전국체육대회 동계스키대회에서 김명기가 노르딕 30㎞ 경주에서 우승하였다. 1970년 제22회 학생스키대회에서 김윤희가 알파인 활강경기에서 우승하였고, 신인자가 여대부 노르딕 5㎞ 경주에서 우승하였다. 제51회 전국체육대회 동계스키대회에서 주흥섭이 노르딕 30㎞ 경주와 15㎞ 경주에서, 그리고 김명기·주관식·최임동·주흥섭 등이 노르딕 40㎞ 계주에서 각각 우승을 차지하였다. 1971년 제23회 전국학생스키대회 및 제23회 전국학생스키선수권대회에서 신인자가 여자 노르딕 10㎞ 경주에서 1위를 차지하였다.

1972년 제24회 전국학생스키선수권대회 종합 1위, 제24회 전국학생스키대회 종합 1위를 차지하였고, 그 이후 1975년까지 건축학과 김남응, 체육교육과 고태현이 알파인 종목을 그리고 최종복·함경희·

스키부의 동계 전지훈련장을 찾아가 선수들을 격려한 중재(우측에서 네 번째)

이성종 등이 노르딕 종목을 석권하여 4연패의 화려한 전적을 기록하였다.

또 당시 여러 가지로 미흡한 국내 환경을 고려하여 단국대학 선수뿐만 아니라 우수한 실력의 초등학생, 중학생까지 선발하여 해외 전지훈련의 기회를 제공했다. 이들을 동계 올림픽 개최지였던 나가노현[長野縣]의 스키장으로 보내 일본의 유명한 스키 지도자로부터 지도를 받도록 한 것이다. 그리고 일본에서 200대의 스키를 들여와 강원도에 스키부가 있는 초등학교와 중학교에 무상으로 보급하였다.

1977년은 스키부 창단 초기부터 지도를 담당해온 체육과 임경순 교수의 지도하에 전력을 쌓아온 스키부가 다시 전국의 패자로 두각을 나타내는 시기였다. 제29회 전국 초중고대학스키대회에서부터 1981년 제33회 전국 초중고대학스키대회에 이르기까지 연속 5회에 걸쳐 종합 1위를 차지하는 위업을 달성하였다.

이 사람

●××××× 世界頂上향해 全力

▽스키 國家代表선수 김남웅군

回轉은 自信 알파인 5年覇

◇회전경기에출전한 김남웅군

고1 때 최연소 스키 국가대표 선수가 된 김남응은 알파인 부분에서 5연패하는 등 70년대 초반 단국대와 대한민국 스키를 대표하는 간판 선수였다.(단대신문 제346호, 1972.03.20)

3. 빙상부 설치

단국대 스키부를 정상의 위치에 올려놓은 중재는 1976년 빙상부를 창단하였다. 1979년 빙상부가 제9회 회장기쟁탈 남녀빙상대회 남대부 단체전서 첫 우승을 차지한 이후 국내외 각종 대회에서 눈부신 활약을 펼쳐보였다. 그 영광은 후배들에게 이어져 1980년대와 1990년대의 각종 국내외 대회를 석권하였고, 2000년 이후에도 동계유니버시아드대회, 동계아시안게임, 동계올림픽의 우승을 휩쓸어 단국대학교 빙상부는 곧 국가대표의 산실이라고 인정받기도 했다.

빙상부는 1976년 창단 첫 해 제1회 공인기록대회에서 최재석이 3000m, 5000m 종목에서 각각 1위를 차지하였고, 같은 해 개최된 고(故)빙상인추모전국빙상대회에서도 역시 최재석이 5000m 경기에서 1위를 차지하였다.

스키부, 全大會席卷

지난해의 부진 말끔히 해소

高泰鉉·魚在石君 銀嶺누벼

冬季스포츠 銀嶺의 제전인 스키대회에 출전한 스키部는 금년도시즌의 전경기를 석권하여「스키王國」의 진가를 발휘했다.

지난8일 용평스키장에서 3일간의 경기를 끝낸 제29회 全國學生스키선수권대회 남대부에 出戰한 高泰鉉선수는 회전, 대회전, 신복합등 3종목을 휩쓸어 3관왕이 되었으며, 역시 남대부회전에 출전한 魚在石도 57초8을 기록 高泰鉉과 함께 나란히 우승했다. 魚在石은 첫날에 벌어진 남대부활강 1천4백m에서도 1분12초1로 우승하여 2관왕이 되었다.

또 남대부 40km거리경기에서도 本校가우승, 전종목을 휩쓸어 개가를 올렸다.

이로써 스키部는「全國體典동계 스키大會」를 비롯 올시즌에 벌어진 각종 스키대회 전 종목에서 宣周成, 魚在石, 高泰鉉등이 優勝, 지난해의 부진에서 벗어나「스키王國」의 진면목을 과시했다.

◇高泰鉉君 ◇魚在石君 ◇宣周成君

◇銀嶺의 曲藝師…魚在石君의 回轉모습.

1977년 스키부는 고태현, 어재석, 선주성 등의 활약에 힘입어 제29회 전국학생스키선수권대회, 전국체전 동계스키대회 등 그 해에 열린 각종 스키대회 전 종목에서 우승을 하여 '스키단국'의 금자탑을 쌓았다.(단대신문 제482호, 1977.03.10)

1977년 제2회 공인기록대회에서 최재석이 3000m, 5000m 종목에서 각각 1위를 차지하였다. 제58회 전국동계체육대회에서 최재석이 5000m에서 2위, 김영일이 1500m에서 2위, 여대부 오근복이 500m와 1000m 경기에서 2위를 차지하였다. 제7회 회장기쟁탈전국남녀빙상대회에서 단체 준우승을 차지하였는데, 최재석이 3000m와 5000m 2위, 김영일이 1500m 2위, 여대부 오근복이 500m 2위, 1000m 3위의 성적을 거두었다.

1979년 제9회 회장기쟁탈남녀빙상대회 남대부 단체전에서 첫 종합우승의 감격을 맛보았으며, 1982년 제9회 전국남녀빙상스프린터선수권대회에서는 남자종합 1위, 종합성적 3위의 성적을 거두었다.

초창기에 빙상부가 거둔 성적도 훌륭한 편이었지만, 그 이후에 후배들이 보여준 선전은 더욱 눈부셨다. 쇼트트랙 종목이 한국 동계 스포츠를 대표하는 효자 종목으로 부각된 데에는 먼 앞날을 위해서 준비했던 중재의 선견지명 덕분이었다.

중재는 비록 한국이 동계 스포츠의 후발 주자일망정 선진국들을 모방할 것이 아니라, 대한민국 특성에 맞는 쇼트트랙 선수를 길러 보고자 의지를 다졌고, 단국대에 쇼트트랙팀을 구성하여 큰 성과를 거둘 수 있었다. 초창기의 빙상팀이 다져 놓은 기반은 이후 우리나라를 대표하는 단국대학교 빙상팀의 발전에 초석이 되었다.

제2장

도약기(1983~2006)

천안 체육학과 개설 이후부터 죽전캠퍼스 설립 전까지

제1절 천안캠퍼스 체육대학의 신설

1. 천안캠퍼스 스포츠 인프라 확충

단국대학교는 대학 교육 효과의 지역 확산이라는 목표를 갖고 1978년 천안캠퍼스를 설립하였다. 스포츠 과학 측면에서도 이러한 취지를 살리고자 천안캠퍼스에 체육대학을 설치해 실기와 이론, 스포츠 과학의 무대를 마련하고, 전문인을 양성해 지역 스포츠문화와 스포츠관련 학술 수준의 향상을 이끄는 토대를 제공하였다.

가장 먼저 진행한 것은 1978년 9월 20일 천안캠퍼스 대운동장을 개장한 일이었다. 대운동장의 개장은 학생들의 스포츠활동을 담보하는 기본적인 교육환경이기도 했으며, 처음 개교하는 신 캠퍼스의 구심점 역할을 하기에 충분했다.

스포츠 분야가 발전하기 위해서 스포츠의 과학화가 중요함을 간파한 장충식 총장은 1982년 10월 문교부로부터 천안캠퍼스에 체육학과 설립을 인가받은 후 점진적으로 스포츠 관련 학과와 학생수를 늘려 1986년에 대한민국에 몇 없는 체육대학(college) 설립과 스포츠과학연구소를 설치하며 스포츠를 천안캠퍼스 특성화 분야로 육성하였다.

1986년 1월 4일 스포츠과학연구소를 설치하였고, 동월 운동부 전용 기숙사를 준공하였다. 1986년 9월 16일부터 '86아시안게임 스포츠과학학술대회를 개최하여 세간의 주목을 받았다. 1988년 8월 25일 천안캠퍼스 체육관을 개관하여 체육대학 학생들이 마음껏 실기를 연마할 수 있는 여건을 조성하였다.

1986 아시안게임 스포츠과학학술대회 개막식에서 환영사를 하고 있는 중재(1986.09.16)

천안캠퍼스 체육관은 1987년 3월 17일에 착공하여 1988년 8월 25일에 완공하였다. 철제 콘크리트 구조로 지하 1층, 지상 4층, 연면적 3,880평 규모이다. 지하층은 체력단련실, 투기실, 보조경기장, 강의실, 교수실, 1층은 교수실, 강의실, 학과사무실, 락카룸, 운동역학실험실, 2층은 체조실, 무용실, 학장실, 교수실, 락카룸, 3층은 주경기장, 선수실, 방송실, 회의실, 4층은 주경기장 상부, 고정 및 이동스탠드, 조깅트랙 등으로 구성되어 있다.

개관 이후 체육관은 대형 행사들을 성공적으로 개최하였고, 지역사회의 스포츠 문화 창달에도 중요한 역할을 담당하고 있다. 준공 후 '88서울올림픽 스포츠과학학술대회 개·폐회식 및 공개행사, 문화행사 등의 주요 시설로 이용되었다. 1997년에는 대전·충남 중소기업 채용박람회가 열리는 등 각종 지역 기반 대형 행사장으로도 활용되었다. 이외에도 국내외 스포츠행사 및 시합뿐만이 아니라 스포츠과

천안캠퍼스 체육관. '88스포츠과학학술대회를 알리는 애드벌룬이 행사장의 분위기를 한껏 고조시키고 있다.

학연구소를 중심으로 한 학술연구, 대학 당국의 각종 문화·스포츠행사, 학생 동아리활동의 장으로서 본래의 교육적 목적에 맞춰 활용되고 있다.

2. 천안캠퍼스 체육대학의 교육편제

1982년 10월 천안캠퍼스는 종래 인문학부, 사회과학부, 이공학부, 농학부, 치학부로 구성된 5개 학부제를 4개 단과대학으로 개편할 것을 결정하고 인문과학대학, 사회과학대학, 이공대학, 치과대학을 설치하였다. 그리고 이공대학 내에 정원 40명 규모의 체육학과를 설치하였다.

1982년 10월 체육학과의 신설 결정에 따라 1983년 3월 천안캠퍼스에 체육학과를 개설하고 사범대학 체육교육학과의 오종한 교수를 학과장으로 명하였다. 1985년 3월 이공대학에 경기지도학과를 신설하였다. 1986년 1월 스포츠과학연구소가 설립되었고, 운동부 전용 기숙사가 준공되었다. 1987년 3월 체육대학으로 승격함에 따라 40명 정원의 사회체육학과 설치 및 이공대학 소속의 체육학과와 경기지도학과를 체육대학으로 소속을 변경하였다. 1989년 3월에 대학원 체육학과 박사과정을 개설하였다.

교육부의 학부제 방침에 따라 1996년 3월 천안캠퍼스 체육대학이 스포츠과학부로 변경되었다. 스포츠과학부 안에는 생활체육전공·운동처방전공·스포츠경영전공을 두었는데, 운동처방전공은 운동처방재활전공으로 명칭을 변경하였다. 1998년 10월 체육대학 무용과를 예술대학으로 소속을 변경하였다.

1999년 11월 2일 정원 30명 규모의 천안캠퍼스 스포츠과학대학원 설립이 인가되어 2000년 3월 1일 천안캠퍼스 스포츠과학대학원을 개원하였다. 초대 대학원장에 스포츠경영 전공의 최종진 교수가 취임하였고, 생활체육학과·스포츠의학과·스포츠마케팅학과를 두었다. 2000년 7월 모집정원을 40명으로 증원하였고, 2001년 3월 생활체육학과를 스포츠레저지도학과로 명칭을 변경하였다. 2002년 10월 경호안전기획과를 신설하였고, 2006년 3월 스포츠의학과에 운동치료전공과 운동처방전공을 신설하였다.

2001년 6월 스포츠과학부에 태권도학전공 신설을 결정하고, 2002년 3월 태권도학전공을 개설하였다. 2003년 3월 부교수 김영인이 중부대학교에서 옮겨왔다. 2006년 3월 체육대학 태권도학과로 개편되면서 전임강사 이호성이 부임하였다. 김영인은 전문 경기인 출신으로서 선수 양성에 탁월한 능력을 발휘하였다. 2008년 베이징올림픽에서 태권도학과의 손태진이 남자 68kg급에서 금메달을 획득한 것이 대표적인 경우였다.

2002년 3월 학부제가 폐지되면서 체육대학 산하에 스포츠과학부와 태권도학과가 병설되었다. 스포츠과학부 내부는 스포츠경영학전공, 생활체육학전공, 운동처방재활전공으로 편제되었다. 2013년 3월 체육대학을 스포츠과학대학으로 개칭하고 2024년 현재 생활체육학과, 스포츠경영학과, 국제스포츠학부로 운영하고 있다. 천안캠퍼스 체육대학은 그동안 스포츠 현장과 스포츠산업 현장에서 필요로 하는 세계적인 선수와 지도자, 경영 관리자와 마케팅 전문가를 육성해 왔다.

3. 체육부의 변천과 체육부 육성 종목의 선전

체육부는 학생처에서 분리되어 체육부로 승격된 1980년부터 1995년까지 윤원호가 체육부장직을 수행하였다. 그 과정에서 1990년 12월 1일 체육실로 개편되었다가 정찬모가 1995년 3월 1일부터 체육부장을 맡으면서 다시 체육부로 환원되었다.

2000년 1월, 체육위원장으로 부임한 장호성 교수는 그해 10월 체육부를 체육위원회 체제로 변경하였다. 2001년 4월 체육교육과의 이종철 교수가 체육위원장으로 부임했고, 2002년 12월 1일 고태현 과장이 체육부장으로 승진하면서 다시 체육위원회를 체육부로 환원하였다.

1987년 당시만 해도 체육부는 럭비부 등 14개의 운동부를 관장하였으나, 현재는 축구부, 농구부, 럭비부, 야구부, 씨름부, 빙상부, 스키부, 조정부 등 8개의 운동부를 관리 육성하고 있다.

도약기에 체육부가 육성하는 운동부의 성적은 가히 눈부셨다. 1987년 2월 빙상부가 전국동계체육대회 첫 5개 부분 우승의 영광을 안았고, 1988년 2월에는 김기훈이 캘거리 동계올림픽 쇼트트랙 1500m 종목에서 1위를 차지하는 쾌거를 달성하였다. 역시 1989년 2월에도 빙상부가 전국동계체육대회에서 첫 2개 부문에서 우승을 차지하였다.

1990년 10월에는 야구부가 전국체육대회에서 우승을 차지하는 감격을 맛보았다. 같은 해 10월 빙상부 배기태가 세계스프린트선수권대회 종합 1위와 세계남자빙상선수권대회 500m에서 1위를 차지하였다. 1991년 2월 스키부와 빙상부가 전국동계체육대회 6개 부문에서 우승을 차지하였고, 그 해 4월 빙상부 김기훈이 세계쇼트트랙선수권대회 500m와 3000m에서 각각 1위를 차지하였다.

1992년 2월 스키부와 빙상부가 전국동계체육대회 4개 부문에서 우승을 차지하였다. 빙상부 김기훈이 알베르빌 동계올림픽 쇼트트랙 1000m에서 금메달, 김기훈, 모지수, 송재근, 이준호 등이 쇼트트랙 5000m계주에서 금메달을 거머쥐는 쾌거를 달성하였다. 1993년 2월 스키부와 빙상부가 전국동계체육대회 스키 7개 부문 우승, 1994년 2월 빙상부 김기훈이 릴레함메르 동계올림픽 쇼트트랙 1000m 금메달, 스키부와 빙상부가 전국동계체육대회 7개 부문 우승을 차지하였다. 1994년 10월 야구부 및 레스링부 박영욱이 전국체육대회 우승을 차지하였다.

2006년 토리노 동계올림픽 쇼트트랙에서 역주하고 있는 진선유. 진선유는 이 대회에서 쇼트트랙 여자 1000m, 1500m와 여자 3000m 계주에서 우승하여 3관왕을 차지하였다.

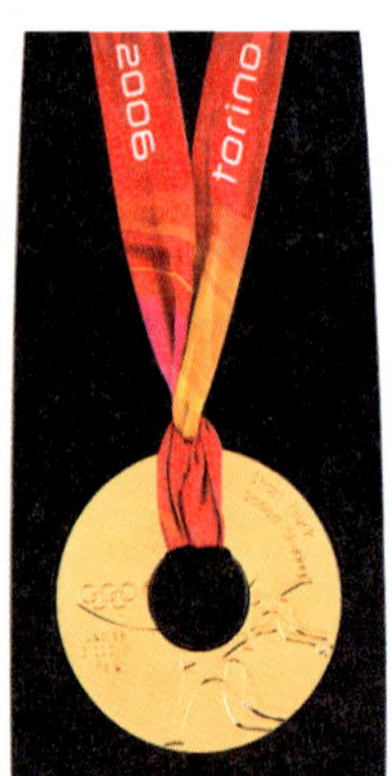

2006년 토리노 동계올림픽에서 진선유가 획득한 금메달(29.6x21cm)

1995년 2월 스키부와 빙상부가 전국동계체육대회 10개 부문에서 우승을 차지하였고, 10월에 야구부와 씨름부의 김영현이 전국체육대회 우승을 차지하였다. 1996년 1월 스키부와 빙상부가 전국동계체육대회 8개 부문 우승, 1997년 2월에는 스키부와 빙상부가 전국동계체육대회 11개 부문 우승, 1998년 2월에는 스키부와 빙상부가 전국동계체육대회 11개 부문 우승, 1998년 2월에는 빙상부 이호응이 나가노 동계올림픽 쇼트트랙 5000m 계주 은메달, 1999년 2월에는 스키부와 빙상부가 전국동계체육대회 9개 부문 우승, 2000년 2월에는 스키부 및 빙상부가 전국동계체육대회 5개 부문 우승, 빙상부 최재봉이 밀워키 세계남녀스피드선수권대회 스피드 500m 1위를 차지하였다.

2005년 ISU 쇼트트랙 월드컵 1차 대회에서 세계 신기록을 세웠던 진선유는 2006년 토리노 동계올림픽에서 쇼트트랙 사상 처음으로 3관왕을 차지하여 국민을 열광케 한 바 있다. 2007년 단국대학교에 입학한 이후로도 ISU 세계선수권대회 3년 연속 우승을 달성했다.

이 시기는 단국대학교가 한국 동계 스포츠의 발전을 이끌면서 국위 선양에 크게 이바지했다. 단국대학교 체육부의 국가대표급 활동은 당시 장충식 총장이 우리나라 대학 스포츠 발전을 위해서 수행하던 국내외 외교활동과 함께 한국 대학스포츠를 이끄는 쌍두마차의 역할을 하고 있던 시대였다고 해도 과언이 아니다.

제2절 서울올림픽 스포츠과학학술대회 주관

1. 국제스포츠과학학술대회 사전 준비

1981년 9월 30일 서독 바덴바덴에서 열린 국제올림픽위원회 제84차 총회에서 제24회 올림픽 개최지로 서울이 일본 나고야를 누르고 최종 확정되었다. 당시의 감격은 대한민국 국민이 모두 기억하지만, 그 과정에서 단국대학교의 장충식 총장이 얼마나 큰 공헌을 했는지를 자세히 아는 사람은 많지 않다.

대학 스포츠 발전을 위한 그 동안의 공헌을 바탕으로 한국 스포츠계의 중심 인물로 인정받은 중재는 1981년에 대한올림픽위원회 부

88올림픽 개최 확정 후 환호하는 유치위원들

위원장과 '88서울올림픽조직위원회 이사에 임명되어 서울올림픽 유치를 위한 실무를 담당하였다. 그는 단국대학교 총장으로서 천안캠퍼스에서 '86아시안게임과 '88서울올림픽 기념 국제스포츠과학학술대회를 연달아 개최하여 대한민국이 아시안게임과 올림픽을 성공적으로 운영할 수 있다는 믿음을 세계인들에게 각인시켰다.

1982년 11월 제9회 아시안게임 스포츠과학학술대회(11.10-12)가 인도 파티알라 국립스포츠연구소에서 개최되었을 때 참가했던 국내 학자들 사이에서 '86아시안게임과 '88올림픽 학술대회를 사전에 잘 준비해서 성공적으로 개최해야 한다는 목소리가 나왔다.

그 사전 준비를 위해서 1984년 7월 서울올림픽조직위원회(SLOOC)에서 '84 LA올림픽스포츠과학학술대회에 한국대표단을 파견하기로 결정하였다. 그 결과 7월 19일부터 26일까지 미국 오레곤주 유진시에서 개최된 1984년 올림픽스포츠과학학술대회에 장충식 단국대 총장이 KOC 부위원장의 자격으로 단장이 되어 17명의 한국대표단을 인솔하였다.

이 기간 동안 거둔 성과는 적지 않았는데, 사마란치 IOC집행위원장의 '88올림픽스포츠과학학술대회 참석 확약, 국제학술단체장들의 후원 약속, 저명 석학들의 '88올림픽스포츠과학학술대회 참가 약속 등을 받아내었고, 공산권 인사의 접촉 기회를 제공받았다. 이로써 LA올림픽이 냉전으로 인한 반쪽 올림픽에 그쳤다는 세계적 비판을 서울올림픽에서 씻어낼 수 있겠다는 자신감을 얻게 되었다.

2. 국제스포츠과학학술대회 수행 기관 지정

마침내 1984년 10월 서울올림픽조직위원회로부터 단국대학이 '86아시안게임과 '88서울올림픽의 스포츠과학학술대회 수행기관으로 지정되었다. 1984년 11월 14일 서울 프레지던트호텔에서 스포츠과학학술대회조직위원회가 발족되었다. 회의 내용은 학술대회 준비를 위한 조직위원회 구성 경과보고, 조직위 규정 통과, 백명기·선병기 양인의 감사 선임, 그리고 위원 선임 및 기본계획수립 등은 위원장에게 위임하고 '86·'88스포츠과학학술대회조직위원회 사무처를 설치한다는 것이었다.

1985년 1월 '86·'88올림픽스포츠과학학술대회조직위원회가 발족되었다. 위원장을 비롯하여 5명의 부위원장, 20명의 집행위원을 포함 50명의 조직위원으로 구성되었다. 장충식 단국대 총장이 위원장에 선임되었다. 부위원장에는 김상국 한국체육학회장, 김집 대한스포츠의학회 회장, 장주호 한국사회체육센터 회장, 정성태 서울대학교 교수, 한양순 한국여성체육회장이 선임되었다.

1986년 9월 16일 마침내 '86아시안게임 스포츠과학학술대회가 단국대학교 천안캠퍼스에서 개최되었다. 18일까지 3일 동안 천안캠퍼스 학생회관과 국제회의장에서 진행된 학술대회에 내국인 505명, 외국인 219명 등 총 724명이 참가하였다. 체육사, 스포츠철학, 스포츠사회학, 체육행정, 스포츠교육, 특수체육, 체육측정평가, 스포츠심리학, 운동생리학, 운동역학, 스포츠의학, 무용 등 12개 분야에서 175편의 논문이 발표되었다.

'86아시안게임 스포츠과학학술대회는 한국 학자를 비롯한 미국·

'86·'88 올림픽 스포츠과학학술대회 조직위원회 현판과 간행물

1986 아시안 게임 스포츠과학학술대회는 9월 16일부터 18일까지 3일 동안 단국대 천안캠퍼스 학생회관과 국제회의장에서 펼쳐졌으며, 사상 최다 국가가 참가하여 한국 스포츠과학사에 한 획을 그었다.

일본·서독·인도·벨기에·중국·타이·스웨덴·홍콩·대만·말레이시아·이란·오스트레일리아·필리핀 등 역대 아시안게임 학술대회 사상 최다국가 참가 기록을 세우면서 한국 스포츠과학의 획기적 진흥을 위한 계기가 되었다.

1988년 9월 9일부터 15일까지 '88서울올림픽 스포츠과학학술대회가 역시 천안캠퍼스에서 개최되었다. 이 행사를 위해서 단국대학교는 당시 대학 체육관 중 최대 규모의 체육관을 마련하였다. 내용면에서도 이 학술대회는 세계 각국의 저명한 스포츠과학자들이 주제 강연을 포함한 총 676편의 논문을 발표함으로써 역대 올림픽스포츠과학학술대회 중 수적으로나 질적으로 최고 수준이었다는 평가를 받았다.

특히 식전 행사에서는 장충식 단국대학교 총장이 조직위원회 위원장의 자격으로 개회사를 낭독하였고, 뒤를 이어 조상호 체육부장관의 치사와 사마란치 IOC 위원장, 박세직 SLOOC 위원장을 비롯한 각종 국제기구 회장들의 축사가 잇따랐다. 이날 IOC 위원장의 기념식수와 올림픽기념관 개관 테이프 커팅도 진행되었다.

서울 올림픽 스포츠과학학술대회 기념 테이프 커팅식_우측부터 장충식 대회조직위원장, 박세직 SLOC 위원장, 사마란치 IOC 위원장, 조상호 체육부 장관(1988.09.09)

서울 올림픽 스포츠과학학술대회 기념식수_우측 두 번째부터 박정숙 이사장, 박세직 SLOC 위원장, 사마란치 IOC 위원장, 조상호 체육부 장관, 장충식 대회조직위원장(1988.09.09)

3. '88서울올림픽 유치를 위한 공헌

'88서울올림픽 스포츠과학학술대회는 학술 참가국 58개국, 학술 참가자 1,670명, 참관인사 및 행사요원 1,915명 등 참가 인원이 총 3,585명에 달하는 국제적 규모의 초대형 행사였다. 특히 이 학술대회는 스포츠행사, 사교행사, 문화행사, 관광, 전시사업 등과 연계되어 진행됨으로써 한국의 저력을 세계에 알리는 좋은 계기가 되었다. 무엇보다도 단국대학의 위상이 국제적으로 선양되었고, 대회에 참가한 동독, 폴란드, 유고 등 동구권 대학들과 학술교류의 가능성도 마련되었다.

서울올림픽 성공을 위한 이런 행사의 이면에는 장충식 총장의 결정적인 공헌이 있었다. 그것은 영화보다도 더 긴박한 상황 속에서 전개되었다. 일본을 상대로 올림픽 유치 캠페인에 뛰어든 1981년 초반만 해도 상황은 한국에게 불리하였다. 한국은 후발국으로 스포츠 외교면에서 일본에 비해 매우 뒤진 편이었다. 특히 중동 지역의 국가나 아프리카 국가들은 일본 나고야에 많은 관심을 가지고 있던 반면 서울 올림픽 유치에 대해서는 매우 냉소적이었다.

중동의 강력한 스포츠계 지도자이자 아시아올림픽평의회(OCA) 위원장인 쉐이크 파하드는 쿠웨이트 국왕의 막내동생으로, 유명한 친북 인사여서 한국에 우호적이지 않았다. 한국은 당시 국제 정치적으로 이스라엘을 지지하고 있어서 아랍 국가들은 한국을 지지할 마음이 없었다. 이때 장충식 총장은 서울올림픽 유치를 위해 힘쓰고 있던 김운용 세계태권도연맹 회장과 뜻을 모아 쉐이크 파하드 왕자의 마음을 돌려놓기로 계획하였다.

그리하여 단국대에서 파하드 왕자를 초청하여 한국의 스포츠인들이 모인 자리에서 그에게 명예박사 학위를 수여하고 한국 답사를 통

중재는 중동의 강력한 스포츠계 지도자이자 아시아올림픽위원회 위원장인 쉐이크 파하드 왕자를 단국대로 초청하여 명예박사 학위를 수여하고, 쉐이크 파하드 IOC 위원을 통해 여러 아랍 국가의 IOC 위원들이 올림픽 개최지로 서울을 지지하게끔 이끌었다.(1986.10.02)

장충식 KOC부위원장 올림픽 훈장 전수식(1996.04.01)

해서 한국 스포츠의 발전상을 보여주고 태권도가 세계 청소년들에게 미치는 선한 영향력에 대해서 홍보하였다. 그 덕분에 쉐이크 파하드 왕자는 그동안의 반한 감정을 버리고 여러 아랍 국가의 IOC 위원들을 설득하고 지지를 호소하여 서울이 올림픽 개최지로 선정되는 데 결정적인 역할을 해주었다.

이와 함께 서울올림픽과 관련하여 장충식 총장은 1986년에 올림픽방송자문위원회 위원장도 맡아 봉사하였다. 그런 덕분에 올림픽에 끼친 공로를 인정받아 1989년 대한민국 정부로부터 체육훈장 맹호장, 1990년 대한민국 체육훈장 청룡장, 그리고 1996년에는 IOC로부터 올림픽 훈장을 수훈하였다. 뿐만 아니라 장충식 총장은 1990년 베이징아시안게임 선수단장으로서 국가대표 선수단을 이끌고 아시안게임에 참가하여 종합 2위의 쾌거를 달성하기도 하였다.

제3절 국제 스포츠 교류를 통한 민족화해 주도

1. 세계 유니버시아드대회와 외교적 성과

서울올림픽 유치를 위한 장충식 총장의 공헌은 여기에서 그치지 않았다. 그가 대학생들의 올림픽이라고 하는 유니버시아드대회의 단장을 맡은 것도 서울올림픽의 성공과 무관하지 않다. 더욱이 그는 유니버시아드대회의 한국 단장을 네 번씩이나 맡아서 수행하는 진기록을 세웠는데, 그것은 서울올림픽을 기필코 성공시키겠다는 무거운 책임감 때문이었다.

1981년 유니버시아드 선수 결단식(1981.07.10). 중재는 올림픽 대회 서울 유치를 위해 공산권 국가들에 대한 스포츠 외교 활동의 임무로 루마니아 수도 부쿠레슈티 하계 유니버시아드대회에 한국 단장으로서 한국대표 선수단을 이끌고 참가했다.

어떤 보상도 없는 대학생 스포츠대회의 선수단장을 본인의 시간과 돈을 들여가며 떠맡았던 것은 서울올림픽의 성공적인 개최를 위해서 총력을 기울이고 있던 정부의 노력과 요청에 호응하기 위해서였다.

유니버시아드(Universiade)는 대학(University)과 올림피아드(Olympiad)의 합성어로 국제대학스포츠연맹(FISU, International University Sports Federation)이 주관하는 세계 학생 스포츠 대회이다. 대학 스포츠의 발전과 각 나라 학생들의 밀접한 접촉 및 국제적인 대학 스포츠의 발전을 위한 협력 등을 목적으로 2년마다 열린다.

장충식 총장은 총 네 번에 걸쳐서 유니버시아드대회의 한국 단장직을 수행하였다. 1981년 루마니아 부쿠레슈티유니버시아드대회, 1983년 캐나다 에드먼턴유니버시아드대회, 1985년 일본 고베유니버시아드대회, 1987년 유고슬라비아 자그레브유니버시아드대회가 그것이다.

1981년 7월 19일부터 30일까지 루마니아 수도 부쿠레슈티에서 제11회 하계 유니버시아드대회가 개최되자 대한체육회는 장충식 총장을 한국선수단 단장으로 임명하였다. 이 대회는 종전과 다른 의미가 있었다. 우선 루마니아는 한국과 국교가 없던 동구권 사회주의 국가였다. 루마니아의 차우셰스쿠 대통령은 북한의 김일성과는 깊은 우정을 맺고 있었다. 치열한 냉전 시대였기 때문에 북한의 최우호국인 루마니아에 태극기를 휘날리는 일은 정치적으로 의미심장한 일이었다.

북한은 루마니아가 한국의 참가를 용인한 데에 불만을 품고 같은 사회주의 국가인 루마니아가 개최한 부쿠레슈티유니버시아드대회에 불참하였다. 루마니아 유니버시아드 조직위원회도 북한이 선수단을 파견하지 않는 것에 대해서 몹시 불쾌하게 생각하였다. 한국 정부가 장충식 총장을 한국선수단의 단장으로 임명하여 루마니아에 파견한 것은 서울올림픽 대회 유치를 위해 공산권 국가들에 대한 스포츠 외교활동을 적극적으로 펼쳐 달라는 임무 때문이었다. 일본 나고야와 서울이 '88 올림픽 유치를 위해서 경쟁을 하고 있는 상황이었기 때문에 정부로서는 대한올림픽위원회 부위원장이자 대학 총장이었던 중재와 같은 비중 있는 인사를 단장으로 특파하였던 것이다.

장충식 총장은 서울올림픽 유치를 위해서 최선을 다해서 스포츠 외교를 전개하였다. 한국과 루마니아는 국교가 없었기 때문에 대사와 같은 정부 대표가 아닌 스포츠 대표의 신분으로서 공산권 스포츠인은 물론 정치적 대표라 할 해당국 대사들도 마음대로 만날 수 있었다. 상대방도 부담이 덜했다. 장충식 총장은 선수단 환영회를 통해서 한국을 적성국으로 취급해 어떤 모임에서든 한국 정부와 관계 있는 인물은 접촉을 거부하고 피하고 있던 주 루마니아 중국대사와 중국 선수단장을 동시에 만나 서울올림픽 유치 협조를 부탁하였다.

중국 대표들은 장충식 총장이 독립운동을 위해 망명한 선친을 둔 덕에 중국에서 태어난 것을 알고, 또 장충식 총장이 유창한 중국말로 의견을 피력하자 마음을 열었다. 중국 선수단장과는 이내 친해져서 대회 기간 중 한국 선수단 테니스 대표팀과 중국 선수단 대표팀과의 친선 경기도 함께할 수 있었다. 이렇게 해서 처음으로 중국과 한국 테니스 선수단이 루마니아에서 친선 대회를 가졌는데, 그 자리에는 차우셰스쿠 대통령 아들이 약혼자와 같이 참석하였다. 이것은 루마니아가 한국에 대해서 전향적이고 우호적인 생각을 갖고 있음을 보여준 신호였다.

비록 루마니아 유니버시아드대회에서 한국 선수단이 좋은 성적을 거두지는 못했지만, 한국 정부에서 기대했던 소기의 목적은 달성한 셈이 되었다. 장충식 총장의 활발한 외교활동으로 스포츠 외교면에서 중국과 친선 대회를 갖는 등 공산권 국가들에게 한국이 스포츠 분야에서 종전과 달리 개방적으로 교류하겠다는 의지를 알리는 소득이 있었다.

그 후 두 달 뒤 서독 바덴바덴에서 열린 IOC 총회에서 한국은 일본을 물리치고 '88올림픽을 서울에 유치하는 데 성공하였다. 이 때 중국은 북한을 의식하여 적극적 지지를 보내지는 못했으나, 속내는 한국을 은근히 편드는 입장에 서 있었다고 한다. 한국 역시 1990년 북경 아시안게임 유치 경쟁에서 중국의 손을 들어주었다. 한국의 지지는 중국에 큰 도움이 되었다. 루마니아 유니버시아드 단장으로서 장충식 총장이 뿌려놓은 스포츠 외교의 씨앗이 결실을 맺은 것이다.

2. 남북단일팀 구성 회담

정전 상태에 놓여있는 한반도의 긴장 완화는 국내의 안정적인 경제발전뿐만 아니라 세계 인류의 평화를 위해서라도 반드시 해결해야 하는 매우 절실한 과제이다. 중재는 스포츠를 통해서 남북 간의 긴장을 완화하는 데에도 매우 중요한 역할을 수행하였다.

중재는 1985년 '88서울올림픽 남북단일팀 구성을 위한 로잔회담에 대한민국 차석대표로, 1989년 '90베이징아시안게임 남북단일팀 구성을 위한 남북체육회담에 대한민국 수석대표로 참석하여 남북단일팀 명칭, 영어 표기 방법, 선수단기, 선수단가 등을 합의한 장본인이었다. 그리고 1990년 베이징아시안게임 선수단장의 자격으로 1946년 이후 단절되었던 남북 축구 '경평전'을 2차례에 걸쳐서 평양과 서울에서 성공적으로 성사시킨 인물이기도 하다.

장충식 총장은 1991년 포르투갈 세계청소년축구대회의 단장을 맡아서, 광복 후 최초로 조직된 청소년축구 남북단일팀을 지휘하였다. 당시 남북축구단일팀은 우승 후보 아르헨티나를 꺾고 8강에 오르는 기적을 만들어 냈다. 손에 땀을 쥐게 하는 시합 내내 현지 남북 대사관 직원들과 언론 방송 기자들은 하나가 되어 취재에 열을 올렸고, 남북 관중들은 하나가 되어 단일팀 단가인 '아리랑'을 합창하는 가슴 뭉클한 장관을 연출하였다.

남한과 북한이 스포츠 단일팀을 꾸리려는 시도는 오래 전부터 있었다. 1963년 IOC의 중재로 최초의 남북 체육회담이 개최되었을 때 올림픽 단일팀 구성 등을 놓고 6개월 동안 세 차례나 회담을 실시한 적이 있었으나 아무런 성과도 없이 끝나 버렸다.

1984년 3월 김유순 북한올림픽위원장이 LA올림픽 및 국제경기 단일팀 파견 회담을 제의하여 4월 9일부터 5월 25일까지 3차례 회담이 진행되었으나 역시 성과 없이 끝났다. 그해 북한올림픽위원회는 LA올림픽 불참을 선언하였다.

1988년 1월 12일 북한의 정준기 부총리가 '88서울올림픽 공동주최를 주장하는 담화를 발표하였다. 이에 IOC의 중재로 스위스에서

'88서울올림픽 남북 단일팀 구성을 위해 스위스 로잔에서 열린 남북체육회담(1985.10.08)에 중재는 대한민국 차석대표로 참석하였다.(우측 두 번째부터 중재, 김종하, 김유순)

남측 김종하, 북측 김유순을 대표로 하는 로잔회담이 개최되었다. 북한의 주장은 조선올림픽경기대회라는 명칭을 사용하고, 개폐막식을 평양과 서울에서 개최하자는 것이었다. 4차에 걸쳐 회담이 진행되었으나 역시 아무 성과 없이 종료되었고, 결국 북한올림픽위원회는 서울올림픽의 불참을 선언하였다.

1989년 2월 김유순 북한올림픽위원장이 1990년 9월 22일부터 10월 7일까지 개최되는 베이징 아시안게임에 파견할 남북한 단일팀 구성을 위한 회담을 제의하였다. 김종하 대한올림픽위원장이 제의를 수락하여 정부에서는 남북체육회담 수석대표에 장충식 총장을 임명하였다. 북측 수석대표는 김형진이었다. 1989년 3월부터 1990년 2월까지 9차에 걸쳐서 회담이 진행되었으나 베이징대회 단일팀 구성은 성사되지 않았다.

그러나 남북체육회담은 베이징 대회 중에 재개되었다. 1990년 9월 23일 베이징에서 비밀리에 남북 체육장관 회담이 열렸다. 이후 장충식 한국대표단장이 정동성 체육부장관의 권한을 위임받아 북한의 김형진 선수단장과 비공개 회담을 갖고 '남북통일축구대회'를 개최할 것을 합의하였다. 그 결과 10월 11일에 남북통일축구 평양 경기가 능라도5.1경기장에서, 10월 23일에는 남북통일축구 서울 경기가 잠실 올림픽경기장에서 성황리에 개최되었다.

3. 남북단일팀 활약

1990년 11월 29일부터 1991년 2월 12일까지 장충식 한국 수석대표와 김형진 북한 수석대표가 4차에 걸친 남북체육회담을 판문점에서 개최하였다. 의제는 남북통일축구대회 정례화, 국제대회 단일팀 구성이었다. 그 결과 제41회 세계탁구선수권대회와 제6회 세계청소년축구선수권대회 단일팀 구성 합의가 최초로 성사되었다.

1991년 2월 12일 체결된 「국제대회 남북단일팀 구성 참가에 대한 합의서」에는 '호칭을 코리아(KOREA)로 하고, 단기는 흰색 바탕에 하늘색 한반도 지도를 그리며, 제주도 이외 섬은 생략한다. 그리고 단가는 1920년대 아리랑으로 한다'는 내용이 수록되었다.

드디어 1991년 4월 24일부터 5월 6일까지 일본 지바현에서 열린

세계 청소년 축구대회 코리아 선수단 결단식(1991.05.21)

세계청소년축구 코리아 선수단 결단식장에서 선전을 기원하며 한반도기를 흔드는 장충식 단장(우측)

제41회 세계탁구선수권대회에서 남북단일팀이 구성되었다. 그리고 최초로 한반도기가 공식 단기로 사용되었다. 이 대회에서 56명으로 구성된 단일팀 선수단은 여자 단체전 우승을 비롯하여 금메달 1개, 은메달 1개, 동메달 2개를 획득하여 종합 3위라는 우수한 성적을 거두었다.

이어서 1991년 6월 14일부터 6월 30일까지 장충식 단장을 필두로 72명의 남북한 임원들과 선수들이 단일팀을 구성하여 포르투갈 리스본에서 개최된 제6회 세계청소년축구선수권대회에 참가하였다. 이 대회에서 남북단일팀은 우승 후보로 손꼽히던 아르헨티나를 꺾고 8강에 진출하여 세계를 놀라게 했다.

7월 23일 장충식 한국 수석대표가 제5차 남북체육회담을 제의하였다. 의제는 바르셀로나올림픽 등 주요 국제 경기 단일팀 구성, 통일축구대회 개최, 남북체육 교류 협력 등이었다. 그러나 8월에 김유순 북한올림픽위원장이 북한 유도 선수 이창수 망명에 따른 제5차 남북체육회담 연기를 통보해 왔다. 1992년 8월 5일 장충식 한국 수석대표가 김형진 북한 수석대표에게 10월 18일부터 23일까지 대한체육회와 한양대 체육과학연구원이 주최하는 국제체육세미나의 초청장을 전달했으나 응답을 받지 못했다.

다만 2000년 9월 15일 개최된 시드니 올림픽 개막식에서 남북한 대표가 한반도기를 들고 KOREA 선수단이 동시에 입장하는 드라마가 연출되었다. 올림픽 주경기장에 아리랑이 웅장하게 울려퍼지는 가운데 '코리아'가 입장한다는 장내 멘트가 나오자 다른 나라 선수들과 관중들은 물론이고 사마란치 IOC 위원장과 귀빈들도 뜨거운 박수를 아끼지 않았다. 이것은 물론 그해 6월에 있었던 분단 이후 최초의 남북정상회담에 따른 훈풍 덕이었지만, 그때 남북 대표단이 사용한 단기, 단명, 단가 등이 모두 장충식 총장이 한국 수석대표 시절에 북한과의 실무협의를 통해서 만들어놓은 결과물이었다는 사실을 간과해서는 안 될 것이다.

2000년 시드니올림픽 개막식에서 남북한 대표 선수들이 한반도기를 들고 입장하는 감동적인 장면을 연출하였다.

제3장

발전기(2007~2024)

죽전캠퍼스 설립 이후부터 현재까지

제1절 체육부의 천안 이전과 새로운 도약 (2007~2012)

1. 체육부 한남동에서 천안으로

2007년은 단국대학교가 개교 60주년과 더불어 서울캠퍼스에서 용인 죽전캠퍼스로 이전이 이루어진 기념비적인 해이다. 이해 8월 최첨단 교육·연구 환경을 갖춘 죽전캠퍼스가 완공되면서 2학기부터 본격적으로 죽전캠퍼스 시대가 시작되었고, 이는 단국대학교의 새로운 출발을 알리는 신호탄이었다. 죽전캠퍼스로의 이전은 1994년 단국대학 법인 이사회에서 결정된 사항으로 서울캠퍼스 부지가 협소하고 고도 제한에 묶여 있어 개발이 어려운 상황에서 21세기 교육의 국제화 및 개방화 시대에 경쟁력 있는 선진 대학으로의 도약을 준비하기 위해 이루어진 대승적 결단이었다.

이를 위해 학교법인에서는 용인시 수지구 죽전동 및 용인시 기흥구 마북동 일대 107만 4,380㎡(약 32만 5천여 평)의 부지를 매입하였다. 다음 해 교육부로부터 '대학 이전계획 및 기본재산 처분 승인(대행 81400-1401호)'을 받은 이후, 1996년 7월에 기공식과 함께 신 캠퍼스 건설에 착수하였다. 그러나 이후 여러 가지 사정으로 인해 캠퍼스 조성 공사가 중단되었다가 10여 년이 지난 2007년에서야 완공되어 이전을 완성할 수 있었다.

이전과 함께 죽전캠퍼스에 스포츠 시설로 실내체육관과 대운동장이 준공되었다. 실내체육관은 연면적 1만 4천여㎡, 건축 면적 6천 3백여㎡로 지상 2층, 지하 2층으로 지어졌다. 지상 1층은 다목적 실내

경기장과 사범대학 체육교육과 교수연구실, 학과사무실, 탈의실, 샤워실 등으로 이용되고, 지상 2층은 1,440석 규모의 관람석이 갖추어져 있다. 지하 1층은 강의실, 학습자료실, 임용고사 준비실, 동아리방, 학생회실, 체력단련장 등으로 사용되며, 지하 2층은 유도장, 체조장, 스쿼시장 등이 구비되어 있다. 대운동장은 연면적 2만 3천여㎡, 건축 면적 2만 2천여㎡로 400m 육상 트랙과 인조 잔디구장을 비롯하여 1,500명 이상을 동시에 수용할 수 있는 지하 1층, 지상 1층 규모의 관람석이 갖추어져 있다. 이러한 스포츠 시설들은 우리 대학 학생들의 체력 단련뿐만 아니라 지역 사회의 문화교육 진흥을 도모하는데 중요한 역할을 담당하고 있다.

2007년 당시에는 체육부 산하 8개 종목 운동부 중 야구부를 제외하고 모두 서울캠퍼스에 소속되어 활동하고 있었다. 서울캠퍼스 이전 결정으로 체육부 역시 터전을 옮겨야 되는 상황이 발생하였다. 학교 당국과 체육부가 오랜 시간 숙의한 결과 운동부는 새로 신축된 죽전캠퍼스가 아닌 천안캠퍼스로 이전이 결정되었다. 이는 체육대학이 천안캠퍼스에 소재해 있고, 관련 전공 교수진과 시설들이 잘 갖추어져 있다는 점에서 죽전캠퍼스에 비해 좋은 환경을 갖추고 있었기 때문이었다. 2007년 7월 체육부 선수들은 1985년에 준공되어 줄곧 숙소로 사용되던 한남동 기숙사를 떠나 천안캠퍼스 기숙사 학사재 1호관으로 터전을 옮기면서 새롭게 출발을 하였다.

지상 2층, 지하 2층, 1,440석 규모의 관람석을 갖춘 죽전체육관은 2007년에 완공되었다.

2008년 장호성 천안캠퍼스 부총장이 총장으로 취임하면서 우리 대학은 더 큰 꿈과 비전을 선포하고 새로운 시대를 열게 된다. 장호성 총장은 취임과 동시에 21세기 정보화·세계화에 부합하는 창의적이고 융합적인 인재를 양성하고, 글로벌 선도 대학으로 발전하기 위한 '단국비전 2017+ : 도전과 창조' 장단기 발전계획을 수립하였다. 이에 따라 죽전캠퍼스는 IT·CT계열, 천안캠퍼스는 BT·외국어계열을 중심으로 각각의 역량과 환경에 맞는 특성화 방안을 계획하고, '세계로 도약하는 민족 사학'의 위상을 확립하고자 1단계(2009~2011년)에는 기반을 마련하고, 2단계(2012~2014년)에는 실천적 역량을 확립하며, 3단계(2015~2017년)에서는 비전을 구현한다는 3단계의 실천 방안을 제시하였다.

이러한 발전계획에 따라 학교 직제도 개편되어 대외협력 부총장, 산학협력 부총장 직제가 신설되고, 초대 대외협력 부총장으로 체육대학의 최종진 교수가 부임하였다. 스포츠 분야에서도 새로운 변화가 나타났다. 체육대학의 경우 입학 정원에 대한 조정이 이루어져 2010년 생활체육학과 정원은 60명에서 55명으로 줄이고, 스포츠경영학

제15대 장호성 총장 취임식(2008.03.12). 장호성 총장은 취임과 동시에 '단국비전 2017+: 도전과 창조'를 선포하고 이를 바탕으로 21세기에 적합한 인재 양성에 힘쓰고 단국대학을 글로벌 선도 대학으로 이끌었다.

과는 50명에서 55명으로 늘렸다. 경영대학원 내 스포츠경영학과가 경영학과로 통합되었으며, 스포츠과학대학원 스포츠레저지도학과가 레저스포츠학과로 명칭을 바꾸었다. 체육부의 경우 해체되었던 조정부가 2009년 동문들의 의지와 학교의 지원으로 재창단되었으며, 2011년 체육부 소속이었던 태권도부가 해체되고, 태권도학과로 일원화되었다.

교육 분야에서는 운동부 특별수업 프로젝트인 '체육특기자 인증프로그램'이 시행되었다. 이 프로그램은 운동부에 속한 체육특기생들이 공부와 운동을 병행하여 최저 학점 기준을 통과해야 대회에 참가할 수 있도록 한 제도로 대학생으로서 가져야 할 기초 소양을 쌓게 하고, 학습을 보장하여 학업 능력과 경기력을 모두 갖춘 미래 인재를 육성하기 위한 목적으로 진행되었다. 죽전캠퍼스에 새롭게 둥지를 튼 사범대 체육교육과의 경우 서울캠퍼스 당시와 비슷하게 매년 3~4명의 국공립 중등학교 체육 교사를 배출하고 있다.

이러한 교내 변화와 더불어 대외적으로도 다양한 지원과 봉사가 이루어지고 있는데, 대표적으로 2008년 대한민국 스키 인재 양성을 위해 제1회 중재배 스키대회를 들 수 있다. 이 대회는 당시 단국대 명예총장이었던 중재 장충식의 대한민국 동계스포츠 발전에 기여한 공로와 업적을 기리고, 2018년 평창동계올림픽을 빛낼 스키 꿈나무를 양성하고자 하는 의미에서 시작되었다. 원주 오크밸리 스노우파크에서 열린 첫 대회에는 알파인 대회전, 회전, 크로스컨트리 클래식 종목에 전국의 초등학생 160여 명이 참가하여 열띤 경쟁을 펼쳤다. 이 대회를 통해 수많은 스키 인재가 배출되었고, 대한민국 동계스포츠 육성과 발전에 크게 기여하였으나, 아쉽게도 2016년 제9회를 마지막으로 폐지되었다.

2. 전국대회 성과와 충남 스포츠의 중심

럭비부는 2007년 전국춘계대학럭비리그전에서 3위, 맥쿼리배코리안리그1차대회에서 준우승, 2008년 제19회 대통령기전국종별럭

중재배 제1회 전국 초등학교 스키대회 개회식(2008.01.16)

중재의 대한민국 동계스포츠 발전에 기여한 공로와 업적을 기리고 스키 꿈나무 양성에 뜻을 같이 하는 이들이 한자리에 모였다.

비선수권대회 3위, 2009년 전국춘계대학럭비리그전 준우승 등 지속적으로 전국대회에서 준우승과 3위라는 우수한 성적을 내다 2013년 드디어 전국7인제 럭비선수권대회에서 우승하는 저력을 보여주었다. 2010년 광저우아시안게임에서는 단국대의 김연기 감독을 사령탑으로 하는 대한민국 럭비대표팀이 동메달을 획득하는 성과를 올렸다.

축구부는 2007년 제55회 대통령배전국남녀축구대회 3위를 시작으로, 2009년 전국대학축구대회 준우승, 2009년 대한축구협회U리그 왕중왕전 우승으로 대학 축구 강호로서 단국대의 저력을 과시하였다.

야구부는 1990년대부터 전국대학야구춘계리그전, 백호기전국종합야구선수권대회, 전국체육대회 등에서 우승을 차지하며 대학 야구의 강자로 자리 잡았으나 2007년 전국대학야구춘계리그에서 우승을 마지막으로 각종 대회에서 준우승과 3위에 입상하는 침체기를 보내다가 2017년 전국체육대회에서 우승하면서 다시금 대학 야구의 강자로 부상하였다.

농구부는 2007년 제44회 전국대학농구1차연맹전 준우승, 2008년 전국체육대회 동메달, 2008 제63회 전국종별농구선수권대회 준우승을 차지하며 실력을 다지다가, 2011년 제66회와 2014년 제69회 전국종별농구선수권대회에서 우승을 차지하며 대학 농구의 강자로 부상하였다.

씨름부는 2007년 제37회 회장기전국장사씨름대회에서 경장급 윤호준이 1위에 오르는 것을 시작으로 제21회 전국시도대항장사씨름대회 청장급 1위, 제4회 학산김성률배전국장사씨름대회 소장급 1위, 제61회 전국씨름선수권대회 소장급 1위, 제88회 전국체육대회 이경수가 장사급 1위를 차지하는 저력을 보여주었다. 2008년에는 제9회 증평인삼배 전국장사씨름대회에서 통일장사부 1위와 더불어 단체전 1위라는 최고의 기량을 선보였다. 이후에도 각종 대회에서 우수한 성적을 이어가다가 2012년 씨름이 국가무형문화재로 지정되고, 「씨름 진흥법 시행령」이 제정되면서 씨름 부흥을 도모하는 분위기가 조성되자 이에 부응하듯 우리 대학 씨름부도 2012년 전국대학문경장사씨름대회에서 단체전 우승이라는 성과를 올렸다.

제갈성렬은 스피드스케이팅 선수 경험을 바탕으로 지도자와 해설가로 활약하고 있다.

조정부는 2009년 재창단된 이후 2010년 화천평화배 전국조정대회 싱글스컬 1위에 오른 것을 시작으로 2010년 전국체육대회, 2011년 제27회 대통령기전국시도대항조정대회, 2012년 제38회 장보고기전국조정대회, 2012년 제1회 충주탄금호배 전국조정대회 등에서 더블스컬 1위를 차지하는 놀라운 기량을 발휘하였다. 이렇게 빼어난 기량을 바탕으로 2015년 제12회 K-WATER사장배물사랑전국조정대회에서는 종합우승이라는 기염을 토하였다.

빙상부는 2002년 전국남녀회장배빙상경기대회 종합우승으로 이 대회 20연패라는 업적을 달성한 바 있고 2007년 이후에도 각종 국내대회와 국제대회에서 뛰어난 성적을 거두며 단국대의 위상뿐만 아니라 국위를 선양하고 있다. 또한 대한민국 빙상 스피드스케이팅을 대표하는 제갈성렬이 국민 체육 향상과 국가 발전에 기여한 공적을 인정받아 2001년 대한민국 체육훈장 3등급인 거상장을 수상하여 단국 빙상의 위상을 높였다.

스키부는 2008년 한 해에만 지산컨티넨탈컵 국제알파인스키대회 회전 종목에서 김우성이 우승한 것을 시작으로 제38회 회장배전국스키대회, 제89회 전국동계체육대회, 제60회 전국종별스키선수권대회, 제23회 전국학생종별스키대회 등에 참가하여 다양한 종목에서 13번의 우승을 차지하는 성과를 거두었다. 지금까지도 국내대회에서는 여러 종목에서 우승을 차지하는 기량을 발휘하여 대학부 1인자의 자리를 확고히 하고 있으며, 국제대회에 참가해서도 다수의 은메달과 동메달을 획득하고 있다.

3. 스포츠 국제 교류 협력 강화와 활약

단국대학교는 21세기 들어 '창조와 도전의 글로벌 단국'이란 슬로건 아래 해외의 다양한 대학들과 교류 협력을 맺고 있다. 미국과 중국을 포함하여 유럽과 아프리카, 아시아, 중남미, 오세아니아 등 세계 65개국 390여 개 대학 및 기관들과 MOU를 체결하여 글로벌 대학으로의 위상을 강화하고 있다.

스포츠 분야에서도 다양한 국제 교류와 협력이 이루어졌다. 2007년 동계스포츠 분야를 더욱 활성화하기 위해 중국 흑룡강성 체육국과 MOU를 체결하였으며, 2010년에는 우즈베키스탄 우즈벡국립체육대학교, 우즈베키스탄 태권도협회 등과 MOU를 맺기도 하였다. 또한 세계적으로 스포츠에 영향을 미치는 인사들에게 명예박사학위를 수여하여 학교의 위상과 더불어 대한민국 스포츠 발전에 기여하고 있다. 대표적으로 2008년 우리 대학을 방문한 대만의 우칭궈(吳經國) 국제올림픽위원회(IOC) 위원에게 명예철학박사 학위를 수여하였다. 그는 1988년부터 IOC위원으로 활동하면서 세계태권도협회 상임고문,

국제복싱연맹 회장을 역임한 인물로, 태권도의 올림픽 정식 종목 선정 및 잔류와 동계올림픽 개최지로 강원도 평창이 선정되는 데 적극적으로 도움을 준 한국 스포츠 외교의 든든한 지원자였다.

우리 대학은 국제 교류뿐만 아니라 국내외 스포츠 단체 활동에서도 두드러진 활약을 하고 있다. 2010년 장호성 총장이 대한대학스포츠위원회(KUSB) 부회장에 선임되면서 동시에 싱가폴에서 개최된 제1회 세계청소년올림픽대회 한국선수단 단장을 맡았다. 장호성 총장은 처음 열리는 세계청소년올림픽대회에 참가하면서 물심양면으로 아

장호성 단국대 총장이 우칭궈 IOC 위원에게 명예철학박사 학위를 수여하고 후드를 걸쳐주고 있다(2008.09.17).

제1회 세계청소년올림픽대회 한국선수단 장호성 단장은 서울에서의 성화 봉송을 이끌었다(2010).

중국 심천하계유니버시아드대회 한국선수단 단장으로서 대회에 참가한 한국 선수들을 찾아가 격려 후 기념 촬영을 하는 장호성 총장(2011)

낌없는 지원과 함께 남다른 애정으로 경기장을 돌며 선수단을 격려한 결과 대한민국은 종합 3위라는 좋은 성적을 거둘 수 있었다. 또한 같은 해 아시아대학스포츠연맹(AUSF) 부회장으로 선임되면서 국제적으로도 우리 대학이 글로벌 스포츠로 나아갈 수 있는 계기가 마련되었다.

2011년에는 다시 중국 선전하계유니버시아드대회 한국선수단 단장을 맡아 선수단을 이끌고 대회에 참가하여 금메달 28개, 은메달 21개, 동메달 30개로 중국과 러시아에 이어 종합 3위를 달성하는 성과를 거두었다. 2012년에는 한국대학스포츠총장협의회(KUSF) 2대 회장(2012~2014)에 피선되었고, 두 번의 연임을 거쳐 5년간 회장직을 수행하였다. 장호성 총장은 회장으로 재임하면서 체육특기자 스카우트 과정에서의 불합리한 제도를 개선하고, 정부로부터 예산 지원을 크게 늘렸으며, '대학스포츠 운영규정'을 제정하여 협회가 대학스포츠를 이끌어가는 중심 기관으로 성장할 수 있는 발판을 마련하였다.

체육부는 천안캠퍼스로의 이전 이후에도 꾸준하게 국제대회에 참가하여 뛰어난 성적을 거둠으로써 단국대학교의 위상과 대한민국의 국위를 선양하고 있다. 이 당시(2007년~2012년) 학교를 빛낸 인물로는 대표적으로 박태환, 손태진, 진선유, 홍철 등이 있다. 우리 대학 1학년생이었던 박태환은 2008년 중국 베이징올림픽에 참가하여 수영

400m에서 금메달, 200m에서 은메달을 획득하였고, 손태진은 태권도 남자 68kg급에서 금메달을 수확하여 전 세계적으로 단국 스포츠의 위력을 보여주었다. 그리고 홍철은 2010년 중국 광저우아시안게임 축구대표선수로 출전하여 동메달을 획득하는 데 기여하였다. 동계스포츠 분야에서도 진선유가 2007년 중국 창춘 동계아시안게임에 참가하여 쇼트트랙 1000m에서 우승, 1500m와 3000m 계주에서 준우승을 차지하여 단국 빙상의 영광을 재현하였고, 스키 종목에서도 우리 대학 선수들이 은메달 2개와 동메달 1개를 획득하는 성과를 거두어 대한민국 동계스포츠 강자의 입지를 더욱 공고히 하였다. 2009년 중국 하얼빈 동계유니버시아드대회와 2011년 튀르키예 에르주룸 동계유니버시아드대회에서도 다수의 메달을 획득하는 성과를 거두었다.

이처럼 단국대학교는 한국 대학스포츠 발전과 인재 양성에 기여하였을 뿐만 아니라 글로벌 스포츠 네트워크를 폭넓게 형성하여 우리 대학뿐만 아니라 대한민국 브랜드 이미지를 효과적으로 부각시키는 데 커다란 역할을 하고 있다.

제2절 스포츠과학대학으로의 전환과 특성화 정책 (2013~2017)

1. 체육대학에서 스포츠과학대학으로

글로벌 선도 대학을 향해 한 발 한 발 나아가던 우리 대학은 학령인구 감소에 따른 대학 경쟁력 확보, 안정적인 재정 운영 방안을 모색하기 위해 새로운 변화를 추구하였다. 먼저 선택과 집중의 원칙에 따라 캠퍼스별 특성화 분야를 집중적으로 육성하고, 재정 건전성을 제고하기 위해 '본교-분교' 체제에서 '1대학 2캠퍼스' 체제로 전환을 결정하였다. 이에 따라 2013년 양 캠퍼스의 유사·중복 학과를 통폐합하고, 미래 사회가 요구하는 새로운 학과를 신설하는 학문 단위 조정이 이루어져 학교 전체가 20개 단과대 85개 학부(과)에서 18개 단과대 72개 학부(과)로 축소되었다.

이에 따라 체육대학 역시 이름을 스포츠과학대학으로 변경하고 입학정원을 조정하였다. 생활체육과, 운동처방재활학과, 스포츠경영학과는 40명으로 정원을 축소하고, 새롭게 체육특기자만을 대상으로 선발할 수 있는 30명 정원의 국제스포츠학과를 신설하였다. 국제스포츠학과 신설로 체육특기생들은 안정적으로 수업권을 보장받을 수 있게 되었다. 체육특기생들이 단일 학과에 소속됨으로써 수업 시간 조정 및 별도의 교육 프로그램 운영을 통해 대회 참가와 학사 운영이라는 두 마리 토끼를 다 잡을 수 있는 환경이 마련되었다. 또한 이를 바탕으로 스포츠과학대학 내 다른 전공 학생들과의 교류가 원활하게 이루어져 학습 과정에서 상호협력이 가능해지고, 유대감과 소속감이 높아지는 계기가 되었다. 2014년에는 국제스포츠학과 정원을 40명으로 확대하여 다양한 종목의 체육특기자들이 우리 대학에 진학할 수 있게 되었다. 2015년에는 태권도학과가 폐지되고 국제스포츠학과에서 선수를 선발토록 하였으며, 2016년에 국제스포츠학과 소속으로 여자축구팀이 창단되어 현재도 활발한 활동을 이어 나가고 있다.

대학원의 경우도 2013년 일반대학원에 운동의과학과가 신설되었고, 2014년에는 스포츠과학대학원의 스포츠마케팅학과, 레저스포츠학과, 태권도학과가 각각 스포츠산업학과, 레저및경기지도학과, 무도학과로 명칭을 바꾸어 신입생을 모집하였으나 무도학과는 2016년 폐과되었다. 체육부는 기존의 학사재 1호관에서 학사재 4호관으로 이전이 이루어져 더욱 쾌적한 환경에서 운동에 전념할 수 있게 되었고, 국민체육진흥공단과 MOU가 체결되어 시설과 인력을 지원받을 수 있는 길이 열렸다.

국제 교류 협력 분야에서는 중국 선양체육대학과 MOU를 체결하여 글로벌 단국스포츠로 나아가는 데 밑거름이 되었다. 또한 2013년에는 처음으로 외국인 유학생들을 위한 체육대회가 개최되었는데, 이를 통해 유학생들의 상호 교류와 소통, 화합을 다지고, 학교 소속감 증대 및 국제적 위상을 높이는 계기가 되었다. 이밖에도 스포츠경영학과에서는 기부 경매 행사를 개최하여 학생들에게 스포츠 관련 상품의 가치 창출을 직접 체험하는 교육의 장을 마련해 주었을 뿐만 아니라 경매로 얻어진 수익금은 모두 대학발전기금으로 기부하였다.

이밖에도 그동안 우리 대학이 국내외 스포츠계에서의 헌신과 노력, 스포츠 문화의 확산과 발전에 공헌한 바를 인정받아 국가와 단체로부터 권위 있는 상을 수상하였다. 대표적으로 2013년 장충식 명예이사장이 제5회 소강체육대상 공로상을 수상하였다. 이 상은 소강 민관식 대한체육회장을 추모하기 위해 제정되었으며, 한국 스포츠 발전에 기여한 스포츠인들을 대상으로 상을 수여하고 있다. 장충식 명예이사장은 대학스포츠 육성과 88서울올림픽 유치, 남북스포츠 화합에 기여한 공로가 인정되어 상을 수상하게 되었다. 2016년에는 우리 대학 쇼트트랙 코치인 진선유가 체육훈장 1등급 청룡장을 수훈하여 학교의 명예를 드높였다.

장호성 총장 대교협회장 취임식(2017.04.07)

2016 체육발전유공자 포상 전수식에서
진선유가 수상한 청룡장

2017년 한국대학교육협의회(대교협) 회장으로 장호성 총장이 추대되었다. 당시 대학들은 학령인구의 감소로 인한 학생 모집의 어려움, 등록금 동결과 정부 지원 등의 불안정으로 인한 재정적 압박, 빠르게 변화하는 시대에 맞춘 교육 프로그램 개발, 대학 간의 경쟁력 심화 등 여러 가지 난제에 봉착해 있었다. 이러한 환경 속에서 회장직을 맡게 된 장호성 총장은 정부의 대학평가 간소화, 정원 감축 권고 대상 비율 완화 등 대학의 자율성 강화와 재정난 극복을 위한 다양한 정책을 실현함으로써 대한민국 대학 발전에 크게 기여하였다.

2. 스포츠과학 인재 육성과 특성화

우리 대학에서는 중장기 발전계획하에 다양한 전공에 대한 체계적인 인재 양성 프로그램을 개발하여 우수한 인력을 배출하는 데 최선의 노력을 다하고 있다. 스포츠과학대학 역시 전공 학문의 연구에 헌신할 수 있는 유능한 학자 및 교육자 양성과 전문성 있는 수업을 통해 우수한 실기 지도 능력을 갖춘 전문 기능인 및 리더를 양성하는 데 목표를 두고, 각 학과 별로 우수한 인재를 육성하기 위한 다양한 프로그램을 개발하여 교육 현장에서 활용하고 있다.

스포츠과학대학 부설연구소에서는 대한민국 스포츠계를 이끌어 갈 우수한 인재 양성을 위해 다양한 국가사업을 수행해 왔다. 단국대학교 스포츠과학 연구의 산실인 부설연구소에는 현재 스포츠과학연구소와 메디스포츠(MEDI-Sports)연구소가 있다. 스포츠과학연구소는 연구 성과를 높이고 체계적으로 학술연구를 관리하기 위해서 1985년 6월에 설립되었으며, 김재규 교수가 초대 연구소장으로 취임하였다. 1988서울올림픽국제스포츠과학학술대회를 성공적으로 개최하는 데 크게 기여하였으며, 현재는 장애인 생활스포츠 종목 프로그램 개발, 지역 스포츠 인재 육성사업, 장애인 생활스포츠지원사업, 생활스포츠 활성화 및 경기력 향상을 위한 컬링 훈련 프로그램 개발, 씨름·택견과 같은 전통 종목 강습회, 국가대표 스포츠과학프로그램 지원 사업, 꿈나무·신인선수 집중육성, 스포츠과학 지원 사업, 충청남도 스포츠과학 지원 사업 등 다양한 사업과 프로그램을 운영하고 있다. 이밖에도 글로벌융복합컨퍼런스, 글로벌산림해양헬스케어컨퍼런스, 글로벌혁신컨퍼런스 등 다양한 국제학술회의와 학술대회를 매년 개최하고 있다. 또한 연구소에서는 1989년 3월 학술지 『스포츠 과학』을 처음 발행한 이후, 현재 31호까지 간행하였다.

메디스포츠연구소는 스포츠과학 맞춤형 글로벌 인재 양성 기반과 창의적 연구 시스템 구축, 스포츠과학 발전 및 국민 체력 관리 시스템의 핵심이 될 수 있는 우수 인재 양성, 국내외 관련 학과 및 산업체 기관과의 공동연구를 통한 교류 확대를 주도할 수 있는 최첨단 융복합

센터, 연수 교육 및 아카데미 운영, 우수 인재 파견, 운동의과학 클리닉 운영, 연구 활동 시스템 구축, 장비개발 등을 목적으로 설립되었다.

주요 활동으로는 생활체육지도자 교육, 치매 환자 집단인지 재활 운동 교실, 운동실천 지도자 양성 교육, 충청남도 광역 치매센터 치매 극복 걷기대회 운동 지도, 보건복지부/중앙치매센터 치매 예방 체조 교육지원, 전국 치매 극복 걷기대회 강사 지원 사업, 글로벌 운동의과학 인재양성 프로그램 등을 진행하였다. 이 밖에도 '근골격계 진단 시스템을 이용한 맞춤형 재활 프로그램 개발', '웹기반 운동처방전문 소프트웨어 개발', '기업 맞춤형 건강관리 서비스 시스템 개발', '직장인 건강관리를 위한 서킷 웨이트 트레이닝 프로그램 개발' 등 모두 4차에 걸쳐 산학협력선도대학(LINC) 육성 사업을 진행한 바 있다. 메디스포츠연구소는 매년 2회에 걸쳐 MEDI-Sports 학술세미나를 개최하고, 『운동의과학회지』를 매년 2회에 걸쳐 발간하고 있다.

부설연구소 활동과 더불어 스포츠 관련 전문 인력을 체계적으로 양성하기 위해 다양한 국가사업에도 지원하여 많은 성과를 거뒀다. 2000년대 초반 스포츠경영학과 김용만 교수를 연구 책임자로 한 연

『스포츠 과학』

『운동의과학회지』

구팀이 '두뇌한국 21(BK21)사업 1·2단계'와 문화체육관광부에서 지원하는 '스포츠산업 전문인력 양성사업'에 선정되어 관련 분야 학술연구와 연구 인력 양성의 토대를 마련하였다. 두 번의 'BK21사업'을 통해 100여 건에 이르는 학술대회와 380여 편에 이르는 학술논문을 발표하였으며, 60여 명의 대학원생과 10여 명의 박사후연구원을 양성함으로써 미래 지식기반 사회에 스포츠산업을 선도할 창조적 인재 양성이라는 사업 목적을 100% 달성하였다. '스포츠산업 전문인력양성사업'을 통해서는 약 400여 명의 전문인력이 배출되었고, 이들은 현재 프로구단, 스포츠마케팅 에이전시 및 스포츠용품업체 등 다양한 스포츠산업 현장에서 활발히 활동하고 있다.

2016년 스포츠경영학과 전용배 교수를 중심으로 한 연구팀이 또다시 '수도권대학 특성화사업(CK-II)'에 선정되면서 스포츠과학대학은 한 단계 더 발전할 수 있는 전기를 마련하였다. 이 사업은 100세 시대, 신체적·정신적·사회적으로 건강한 대한민국을 만들어 갈 스포츠 비즈니스 창의인재 양성과 스포츠마케팅, 스포츠경영, 스포츠창업, 스포츠산업, 스포츠광고 및 커뮤니케이션 영역의 실무역량을 겸비한 차별화된 인재를 양성하기 위한 목적으로 계획되었다. 3년여 간의 사업 기간 동안 진로 및 자기개발 역량 강화 프로그램 개발, 장기 현장학습 지원체계 구축 프로그램 개발을 비롯하여 취·창업 지원, 글로벌 스포츠비즈니스 인재 양성, 비교과 현장 체험 학습, 지역사회 연계 활동 사업 등 다양한 사업을 성공적으로 수행하였다. 그 결과 특성화사업 전보다 사업 후에 스포츠경영학과의 모든 지표 영역(학과 만족도, 강의 만족도, 교수 만족도, 교과 과정 만족도, 취업률 등)이 크게 상승하였고, 최상위권의 우수 학과로 도약하였다. 취업률 역시 사업단 활동 3년 평균 74.2%로 양적 성장뿐만 아니라 스포츠 공기업, 프로스포츠구단, 유명 스포츠 민간기업, 유명 미디어 및 방송사, 스포츠 관련 공무원, 시·도체육회, 유명 민간기업 등에 취업하면서 질적 성장도 함께 이루어 사업단 비전 및 목표를 성공적으로 달성하였다.

스포츠과학대학원의 성과도 두드러지는데, 옥정석 교수와 이호성 교수를 책임연구원으로 한 운동의과학과 연구팀이 한국연구재단의 'BK21 Plus 특화전문인재양성 사업(2013~2021)'에 선정되어 스포츠과학 인재 육성에 또 다른 길을 열었다. 이 팀은 저출산고령화 사회에서 국민 개개인의 건강 상태와 체력 수준에 알맞은 맞춤 운동을 개발하고, 운동의과학 관련 전문인력을 양성하는 시스템을 개발하는 것을 목표로 '저출산고령사회 국민건강보험재정 및 운동실천율 개선을 위한 운동의과학 특화 전문 인재 양성 사업단'을 꾸리고 사업을 진행하였다. 8년여 간의 사업 기간 동안 운동의과학에 기반을 둔 운동지도 교육전문가, 건강도시·스마트 웰빙시티 조성 관련 전문가를 육성하고, 관련 사업의 홍보를 위한 멀티미디어 콘텐츠와 취·창업 진로 모델을 개발하였으며, 전문가 양성을 위한 입법 활동 자료를 제공하는 성과를 거두었다. 이 사업에는 전체 160여 명에 이르는 석박사 연구원이 참여하였으며, 90여 건의 학술 발표와 350여 편에 이르는 논문을 국내외 학술지에 발표하였다.

이밖에도 우리 대학에서는 스포츠 관련 학술연구를 육성·장려하기 위해 다양한 형태의 학술대회를 개최하였다. 2014년에는 문화체육관광부가 주최하고 단국대학교와 천안시축구협회가 공동으로 주관

제29회 88서울올림픽 개최기념 국제스포츠과학학술대회가 "Promoting Integrity and Safety in Sport"를 주제로 2017년 6월 22일과 23일 양일에 걸쳐 단국대학교 천안캠퍼스 학생극장에서 거행되었다.

한 '2014 천안 국제 스포츠산업 컨퍼런스'가 열렸다. 이 학술회의에서는 '아시아 축구산업의 글로벌 전략'이라는 주제로 전문가들이 모여 다양한 의견과 견해를 발표하였다. 2017년에는 '제29회 88서울올림픽개최 기념 국제스포츠과학 학술대회'를 개최하여 우리 대학에서 처음 열린 88서울올림픽 국제스포츠과학 학술대회의 성과를 뒤돌아보는 자리를 마련하였다.

스포츠과학대학 교수들은 스포츠 관련 학회에서도 많은 성과를 내었다. 2016년 김용만 교수가 한국스포츠산업경영학회 회장으로 취임하여 학회를 이끌었으며, 2017년에는 국제스포츠학과 강신욱 교수가 제25대 한국체육학회 회장에 선출되어 대한민국 스포츠과학 학술연구에 크게 기여하였다. 사범대 체육교육과의 경우 이 시기 들어 임용고시 합격자의 수가 크게 늘었다. 2013년 4명에서 2014년에는 8명, 2015년 13명, 2016년 14명, 2017년에는 18명으로 이전에 비해 2~3배 이상 높은 합격률을 보인다. 이러한 결과는 체육교육과가 자체적으로 미래지향적이고 과학적인 체육 교원을 양성하기 위한 다양한 프로그램을 개발하고, 이론과 실기를 모두 겸비할 수 있도록 교과 과정을 새롭게 개편하였으며, 더불어 임용고시 준비반을 운영하는 등 합격률을 높이기 위한 다양한 노력과 열정이 있었기에 가능했다.

3. 도전과 창조, 단국 스포츠의 발전

2000년대 들어 우리 대학에서는 체육부에 속해 있던 범정종목(빙상, 스키, 씨름, 남자축구, 남자농구, 야구, 럭비, 조정) 외에도 별도로 스포츠과학대학 소속으로 골프, 볼링, 여자소프트볼, 승마, 여자농구, 여자배구, 여자축구, 연식정구, 태권도 등을 혜당종목으로 지정하여 운영해 왔다. 이러한 학교 당국의 적극적인 투자와 지원은 선수들이 도전과 창조의 정신으로 국내외를 막론하고 다양한 대회에서 우수한 성적을 내는 데 큰 밑거름이 되었다. 특히 국제스포츠학과를 신설하여 체육특기생에 대한 체계적인 교육과 관리가 이루어지기 시작하면서 단국스포츠는 새로운 도약의 길을 걷게 된다.

국내대회에서의 성과는 주로 각 종목별 전국대회와 전국체육대회, 전국동계체육대회에서 두각을 나타내고 있다. 스키부와 빙상부는 2013년부터 2017년까지 충남을 대표하여 전국동계체육대회에 참가하여 제94회에서 8개, 제95회에서 8개, 제96회 대회에서 9개, 제97회 대회에서 8개, 제98회 대회에서 10개 등 모두 43개의 금메달을 획득함으로써 동계스포츠의 절대 강자임을 입증하였다. 특히 충남의 대학부 모든 메달은 단국대가 획득하였다는 점에서도 그 위상을 확인할 수 있다. 빙상부는 그동안 스피드와 쇼트트랙 종목에서만 선수를 선발하였으나 2015년부터 피겨 종목 선수도 선발함으로써 스피드, 쇼트트랙, 피겨를 모두 갖춘 팀으로 거듭났다.

전국체육대회에서도 우리 대학은 다양한 종목에서 뛰어난 성적을 내고 있다. 제94회 대회에서는 씨름 소장급과 볼링 2인조에서 금메달을 차지하였고, 야구와 소프트볼은 은메달을 획득하였다. 제95회 대회에서는 남자축구와 볼링 2인조에서 금메달, 여자농구에서 동메달을 획득하는 성과를 거두었다. 제96회 대회에서는 남자축구가 다시 우승을 차지하며 대학 최초 2연패를 달성하였다. 제97회 대회에서는 볼링 3인조와 씨름 소장급에서 금메달, 볼링 마스터즈와 2인조, 씨름 청장급에서 은메달, 여자농구, 럭비, 태권도 남녀 단체전(시범경기)에서 동메달을 수확하는 성과를 거두었다. 제98회 대회에서는 야구와 씨름 역사급에서 금메달을 목에 걸었고, 남자농구와 여자소프트볼 은메달, 여자배구와 씨름 3체급에서 동메달을 획득하였다. 여자축구팀은 신생팀임에도 불구하고 동메달을 획득하는 성과를 거두었다.

2010년대 들어 우리 대학은 국제대회에서도 대한민국 대학스포츠를 대표하여 그 역할을 충실히 수행하였다. 2010년 캐나다 밴쿠버 동계올림픽에서 이정수는 쇼트트랙 1000m, 1500m 금메달, 5000m 계주 은메달을 획득했다. 2013년 이탈리아 트렌티노 동계유니버시아드대회 쇼트트랙 3000m 계주에서 이소연이 금메달을 목에 걸었고, 폴란드 바르샤바에서 열린 2013년 세계주니어선수권대회에서도 박세영이 종합순위 1위에 올랐으며, 이탈리아 콜라보에서 열린 2013년 세계주니어스피드선수권대회에서는 서정수와 임준홍이 종합 1위와 2위를 차지하면서 단체 종합우승을 차지하는 성과를 올렸다.

홍원재

박세영

김현우

2014년 인천 아시안게임에서는 홍원재가 승마 종합마술 단체전에서 금메달을 획득하였고, 스페인 그라나다에서 열린 2015년 동계유니버시아드대회 빙상 쇼트트랙에서는 박세영이 2개의 금메달을 목에 걸었으며, 스키 알파인 하프파이프에서도 은메달을 획득하였다. 2015년 세계주니어선수권대회와 2015세계쇼트트랙주니어선수권대회에서도 우수한 성적으로 종합우승을 차지하였다.

2016년 브라질 리우데자네이루 올림픽에서는 단국대학교 스포츠과학대학원을 졸업한 김현우가 레슬링 그레코로만형 75kg급에서 동메달을 획득하는 성과를 거두었다. 그는 2012년 런던올림픽에서 금메달을 수상한 바 있는 레슬링의 간판 선수였다. 2017년 제8회 일본 삿포로 동계아시안게임에서는 비록 우리 대학 선수들이 금메달을 획득하지는 못하였지만, 스키 알파인, 대회전, 회전, 크로스컨트리 종목에서 은메달과 동메달을 획득하였다. 2017년 동계유니버시아드대회에서는 빙상 쇼트트랙과 빙상 스피드 팀추월에서 금메달을 수확하였다. 이처럼 단국스포츠는 국내외 각종 대회에 참가하여 뛰어난 성과를 이룩해 냄으로써 대학스포츠뿐만 아니라 대한민국 스포츠를 이끌어가는 선도적 역할을 담당하고 있다.

제3절 '다이내믹 단국 2027'과 글로벌 단국 스포츠(2018~2024)

1. 새로운 비전 '다이내믹 단국 2027'

우리 대학은 개교 70주년을 맞이한 2017년 그동안 추진해 온 "비전2017+ 도전과 창조의 글로벌 대학" 프로젝트를 성공적으로 마무리하고, 다음 단계로 향후 10년 후인 2027년 개교 80주년에 맞추어 새로운 발전계획인 "Dynamic Dankook 2027"을 수립하였다. 이 계획은 미래 사회의 변화에 능동적으로 대응하고, 창조적인 가치 창출을 선도하는 인재를 배출하여 우리 대학이 세계 수준의 경쟁력을 확보할 수 있는 체제와 환경을 갖추고자 하는 데 목적을 두고, '민족애를 바탕으로 인류사회에 공헌하는 능동·혁신·헌신의 D3 인재 양성'을 슬로건으로 설정하였다. 또한 이를 실현하기 위해 미래 지향적 교육 가치를 창출, 세계 수준의 창의적 지식공동체 구축, 봉사와 협력의 대학 브랜드 명품화, 혁신과 효율의 신개념 조직 및 경영 체계 구축 등을 발전 전략으로 삼아 단계적으로 하나씩 실천해 나가고 있다.

이러한 시대적 요청을 반영한 발전계획하에 대학 발전을 위한 국가사업에 적극적으로 지원하여 첨단분야 혁신융합대학사업, 인문사회융합인재 양성사업, 소프트웨어 중심대학 사업, 대학ICT연구센터 사업, 스마트시티조성사업 등을 비롯한 다양한 프로젝트가 선정되는 결과를 도출하였다. 특히 우리 대학은 정부가 미래 융합인재 양성을 지원하는 융합인재 양성사업에 총 5개 사업단을 운영하고 있어 전국 대학 가운데 가장 많은 융복합 사업을 수행하고 있다. 이뿐만 아니라 글로벌 경쟁력 확보를 위해 대내외로 매년 50개 이상의 대학 및 기관들과 MOU를 맺고 있으며, 특히 대학 캠퍼스가 위치한 경기도와 충청남도를 비롯한 지방자치단체들과 긴밀한 상호협력관계를 유지하며, 지역사회와 함께 상생·발전하는 대학으로 거듭나고 있다.

스포츠과학대학도 새롭게 수립된 발전계획에 의거해 2018년 국제스포츠학과와 운동처방재활학과를 통합하여 국제스포츠전공, 운동처방재활전공과 새로 태권도전공을 신설하여 국제스포츠학부로 출발하였으며, 2024년부터는 골프 전공을 추가하여 선발하고 있다. 그리고 생활체육학과, 스포츠경영학과와 운동처방재활전공은 기존 입학전형 방법을 변경하여 일반학생과 체육특기자를 선발하고 있다. 즉, 미래 대학 자원의 수급을 고려하여 경쟁력을 높이면서 스포츠산업 현장에 필요한 인재 확보를 위해 정시전형을 포함해 수시 전형에 학생부교과우수자전형, 실기우수자전형 및 특기자전형을 두어 지속적인 학생선발 방법의 변화를 꾀하고 있다.

2021년 9월에는 미래 산업을 선도하기 위해 국내 최초로 대학원에 e스포츠학과를 개설하고, 2022년 3월에 신입생을 최초로 선발하였다. 최근 빠르게 성장하고 있는 e스포츠산업을 선도하고, 현장에서 요구하는 실무 중심의 전문가 양성을 위한 발 빠른 움직임이었다. 2023년도에는 바이오헬스 혁신융합대학 사업단에서 스포츠과학대학과 협력하여 바이오헬스 분야 융합 교육과정을 개발하였다. 교육과정 이수를 위해 체육관 내에 디지털 융복합 스포츠 공간인 바이오헬스 피트니스센터를 개관하여 스포츠과학대학 학생들이 쾌적한 환경에서 수업을 받고 체력단련을 할 수 있는 환경을 구축하였다. 학술 분야에서도 2017년 '제29회 88서울올림픽기념 국제스포츠과학학술대회'를 개최하여 과거의 영광을 재현하였다. 학회 활동에서는 2019년 김지태 교수가 한국특수체육학회장, 2021년에는 전용배 교수가 한국스포츠산업경영학회 회장에 취임하는 등 관련 분야 학술 연구 발전과 단국대의 위상을 높이는 데 크게 기여하고 있다. 사범대 체육교육과의 경우 임용고시 합격자가 꾸준하게 늘어 2018년 17명을 비롯하여 최근까지 많은 합격자를 배출하고 있다. 이와 같은 성과로 체육교육과는 전국적으로 임용고시 합격률 최상위권 학과로 자리매김하여 단국대학교 체육교육과의 위상과 명성을 드높였다. 그뿐 아니라 체육대학과 체육교육과에서는 중고등학교 체육교사뿐만 아니라 다수의 대학 교원을 배출하였다. 대학에서는 오랫동안 스포츠과학 분야의 연구자를 육성하기 위해 다양한 프로그램 개발과 함께 연구 활동에 독립성을 보장하는 환경을 조성하고 체계적인 지원을 통해 우수한 인력을 배출할 수 있는 토대를 마련하였다. 이러한 노력의 결과로 2024년 현재 국내외 대학에서 교원으로 재직한 인원이 160여 명에 이르고 있다. 이들은 스포츠과학 분야에서 지속적인 연구와 기술 개발을 통해 혁신적인 성과를 도출하고 있으며, 대한민국 스포츠 발전에 크게 기여 하고 있다.

2024년 현재 체육교육과에서는 중등교원 임용 준비뿐만 아니라 졸업 이후에 일선 사회체육 혹은 엘리트 체육의 지도자로 활동할 수 있도록 다양한 프로그램 개발과 더불어 융복합 교육과정, 멘토링 프로그램 등을 운영하고 있다.

2024년에는 장충식 명예이사장이 대한민국 스포츠계에 기여한 공로를 인정받아 대한체육회에서 주관하는 '제70회 대한체육회 체육상' 특별공로상을 수상하였다. 비인기 종목 육성과 대학스포츠 활성화, 88서울올림픽 유치 기여, 남북 스포츠 화합 기여 등 스포츠를 통한 인류애 실천 공로를 인정받아 대한민국 스포츠계에서 가장 명예로운 특별공로상을 수상하였다.

장충식 명예이사장 대한체육회 특별공로상 수상(2024)

체육부는 기존 대학 직제상 부속기관에 속해 있었으나 2017년에 폐지되고 스포츠과학대학 체육팀으로 소속이 변경되었다가 2023년도에 다시 체육부로 부활하였다. 체육부 부활과 함께 한국대학스포츠협의회(KUSF) 대학평가에서 6년 연속 1위를 차지하는 영광을 차지하였다. 한국대학스포츠협의회에서는 매년 전국 130개 대학 운동부를 대상으로 대학의 지원, 학생 선수 확보 및 역량, 지도자 확보 및 역량, 대학 운동부 사회적 책임 등 4개 영역 14개 항목에 걸쳐 평가를 실시하고 있다. 단국대는 시설 및 지도자 확보, 사회적 협력 등의 지표에서 높은 평가를 받아 6년 연속 최우수 대학으로 선정되었다.

현재 우리 대학에서는 운동부를 '범정종목'과 '혜당종목'으로 이원화하여 관리하고 있다. 범정종목은 체육부 소속인 남자축구, 야구, 남자농구, 럭비, 씨름, 조정, 스키, 빙상 등이 해당되며, 종목별로 감독과 코치를 두고 선수들에게는 청룡장학금과 함께 각종 훈련 경비 등을 지원하고 있다. 혜당종목은 스포츠과학대학 소속으로 소프트볼, 여자농구, 여자배구, 여자축구, 골프, 볼링, 승마, 태권도 등이 있으며, 해당 학과 교수 중 1인이 지도교수를 맡고 있다. 또한 우수 선수들에게는 체웅장학금을 지급하고, 선수 개인에 대한 후원과 공공기관의 지원금을 통해 운영하는 체제로 구성되어 있다.

이 시기(2018년-2024년) 범정종목 성과를 살펴보면, 축구부는 2022년 대학축구U리그1 왕중왕전에서 우승하고, 그 여세를 몰아 2023년에는 춘계대학축구연맹전에서 처음으로 우승을 차지하는 저력을 발휘하였다. 야구부도 2020년 제75회 전국대학야구선수권대회에서 우승하면서 명실상부하게 대학 야구 명문의 자리를 되찾고 있다.

럭비부는 선수 부족이라는 열악한 환경 속에서 선수들의 투지와 근성으로 2019년 대통령기 전국종별럭비선수권대회 준우승을 차지하는 저력을 보여주고 있다. 농구부는 2023년 전국종별선수권대회에서 우승하면서 2011년, 2014년, 2019년에 이어 총 4차례 우승 트로피를 들어 올리는 성과를 거두었다.

씨름부는 2019년에 제4회 춘천소양강배 전국장사씨름대회 단체전과 제10회 구례대학장사 단체전 우승을 시작으로 2022년에 강릉단오장사씨름대회 한라장사급에서 당시 1학년 신예인 송영천이 우승하면서 대학생으로는 9년 만에 한라장사에 오르는 기염을 토했다. 특히 2022년과 2023년 학산김성률장사배 전국장사씨름대회 단체전에서 우승하여 단체전 2연패의 업적을 달성하였다.

빙상부와 스키부는 동계세계대학경기대회, 세계선수권대회 등 주로 국제대회에서 다수의 메달을 획득하는 성과를 보여주면서 단국대의 명성을 드높이고 있다. 빙상부는 2019년 러시아 크라스노야르스크 FISU동계세계대학경기대회 쇼트트랙에서 금메달 2개와 동메달 1

축구부 대학축구 U리그 우승
세레머니(2022.11.16)

야구부 제75회 대학야구선수권
대회 우승(2020.08.21)

여자배구부 전국대학배구대회
우승(2018.07.23)

개를 수확하였으며, 2023년 미국 레이크플래시드 FISU동계세계대학경기대회에서는 쇼트트랙에서 금메달 4, 은메달 2, 동메달 2개를 획득하였다. 이 대회에서는 피겨 여자 싱글에 김예림이 출전하여 처음으로 동메달을 획득하는 성과를 거두었다.

혜당종목 성과를 살펴보면, 골프는 비록 선발 인원은 많지 않지만, 그동안 KLPGA와 LPGA 투어에서 여러 차례 우승하는 저력을 보여주었다. 볼링은 2010년부터 전국체육대회와 각종 전국대회, 아시아청소년볼링선수권대회 등에서 우수한 성적을 내고 있다. 특히 전국체전에서는 충남 대표로 참가하여 매년 2~5개 이상의 메달을 획득함으로써 효자 종목으로서 역할을 단단히 하고 있다.

여자 소프트볼부 2001년부터 전국체육대회와 여러 전국대회에 참가하기 시작하여 20회 이상 1위를 차지하는 성과를 내고 있다. 승마는 2005년 창단되었으나, 2010년대 들어 각종 국내대회에서 두각을 나타내기 시작하였고, 2014년 제17회 인천 아시안게임에서 홍원재가 종합마술 단체전에서 금메달을 따내 단국스포츠의 위상을 높였다.

여자농구부 2003년부터 선수를 선발하기 시작하였으나, 창단은 2006년에 이루어졌다. 2010년 전국체육대회 동메달을 시작으로 2021년 MBC배 대학농구대회 우승과 함께 2021·2022년 KUSF 대학농구 U-리그에서 2연패 하는 저력을 보여주며 대학 농구의 정상에 등극하는 쾌거를 이루었다.

여자배구부 1999년 창단되어 2007년 전국체육대회에서 동메달을 획득한 것을 시작으로 전국대학배구대회에서 2015년부터 2018년까지 4회 연속 우승을 차지하였고, 2020년 다시 우승을 차지하면서 그해 대한민국배구협회에서 최우수 단체로 선정되는 영광을 차지하였다. KUSF 여자대학배구 U-리그에서도 2020년과 2023년 우승을 차지하면서 대학 여자배구 최강자로 군림하고 있다.

여자축구부 비교적 늦은 2016년에 창단되었으나, 2017년과 2019년 전국체육대회에서 동메달, 2022년에는 은메달을 획득하는 성과를 거두었으며, 한국여자축구연맹전과 전국여자축구선수권대회에서도 매년 4강에 드는 성적을 내고 있다. 소프트볼부 역시 2019년과 2022년 전국체육대회 대학일반부에서 실업의 장벽을 넘고 동메달을 획득하는 성과를 비롯해서 대학 최강자의 명성을 이어가고 있다. 태권도는 2002년 태권도학과에서 학생을 선발하면서부터 대회에 출전하기 시작하였다. 그후 체육부에서 특기자를 선발하면서 분리 운영하다 태권도학과로 운영을 일원화하면서 좋은 성과를 올리고 있다. 특히, 2008베이징올림픽 금메달리스트인 손태진을 배출하는 쾌거를 이루는 등 꾸준히 우수한 성적을 내고 있다.

2. 글로벌 단국 스포츠의 위상

우리 대학은 글로벌 스포츠로 나아가기 위해 다양한 방면에서 노력을 아끼지 않고 있다. 가장 먼저 대학의 국제적 위상을 높이기 위해 국내외 저명 스포츠 지도자들에게 명예박사 학위를 수여하고 있다. 대표적으로 2018년 토마스 바흐 IOC 위원장에게 명예 정치학박사 학위를 수여하였다. 그는 2013년 국제올림픽위원회 위원장에 선

토마스 바흐 IOC 위원장이 명예박사 학위를 수여 받은 뒤 답사를 하고 있다(2018).
내외빈석에 합석한 반기문 전 유엔사무총장과 중재가 학위 수여를 축하해 주었다.

내방 기념 선물

에릭 생트롱 사무총장은 스포츠를 통한 전 세계 대학생들의 우정과 화합에 기여한 공로로 명예박사 학위를 수여받았다(2024).

스위스 제네바에서 개최된 제38회 FISU정기총회(2023) 참석한 장호성 이사장은 대학스포츠 발전에 기여한 공로를 인정받아 연맹 정기총회에서 국제대학스포츠를 이끌어갈 집행위원에 선출되었다.

임되었으며, 최초로 연임에 성공하였다. 위원장 재임 기간에 1도시 1개최지 방침 철회, 개최 종목 확대, 여자부 종목 확대와 같은 개혁적인 방안을 제시하여 IOC를 획기적으로 변화시켰다.

2022년에는 조정원 세계태권도연맹 총재에게 명예 이학박사 학위를 수여하였으며, 2024년에는 우리 대학과 인연이 깊은 에릭 생트롱 국제대학스포츠연맹(FISU) 사무총장에게 명예 스포츠경영학박사 학위를 수여하였다. 에릭 생트롱 사무총장은 1985년부터 FISU에 근무하면서 한국에서 열린 무주·전주 동계유니버시아드대회(1997), 대구 하계유니버시아드(2003), 광주 하계유니버시아드(2015년)가 성공적으로 마무리될 수 있도록 많은 노력을 기울였고, 더불어 150여 개국 15,000여 명의 대학생 선수들이 참가하는 '2027년 충청권 세계대학경기대회' 유치와 스포츠를 통한 전 세계 대학생들의 우정과 화합에 기여한 공로로 명예박사 학위를 받았다.

2020년 그동안 단국대학교와 대한민국 대학스포츠 발전과 진흥에 앞장섰던 장호성 전 총장이 단국학원 제27대 이사장으로 선임되면서 단국스포츠는 글로벌을 향해 한 발 더 나아가게 된다. 2021년 장호성 이사장이 대한대학스포츠위원회 위원장으로 피선되면서 대한민국 대학스포츠가 한층 더 발전할 수 있는 힘을 얻게 되었다. 그는 위원장으로 재직하면서 2027 하계세계대학경기대회를 대한민국 충청권(대전, 세종, 충북, 충남)에 유치하는 데 크게 공헌하였다. 우리 대학은 세계대학경기대회를 충청권에 유치하기 위해 천안캠퍼스 체육관에 88서울올림픽 국제스포츠과학학술회의를 기념하기 위한 전시실을 개관하는 등 많은 노력을 기울였으며, 그 결과 성공적인 대회 유치를 이끌어 낼 수 있었다.

장호성 이사장이 대학스포츠 발전에 기여한 공로는 2023년 11월 스위스 제네바에서 열린 제38회 국제대학스포츠연맹(FISU) 정기총회에서 가장 잘 나타났다. 당시 연맹에서 향후 국제대학스포츠를 이끌어 갈 15명의 집행위원을 투표로 선출하였는데, 투표에 참여한 115개국 중 가장 많은 94개국의 지지를 받아 1위로 선출되어 그 위상을 재확인하는 계기가 되었다.

3. 단국 스포츠의 미래

단국 스포츠의 미래는 흰색 바탕에 하늘색으로 우리나라 지도를 그려 넣은 한반도기에 가장 잘 나타나 있다. 한반도기의 제작은 우리 대학 장충식 명예이사장과 밀접한 관련이 있다. 그는 1989년 남북체육회담 수석대표를 맡고 있던 당시 1990년 베이징아시안게임 단일팀에서 사용할 단기로 한반도기를 채택하였다. 이 단기는 1991년 세계탁구선수권대회를 시작으로 FIFA 세계청소년축구선수권대회, 2000년 호주 시드니 하계올림픽, 2007년 창춘동계아시안게임 등 다양한 국제대회에서 남북 선수단 공동 입장에 사용되었고, 이후 11년이 지나 2018년 평창동계올림픽에서 다시 사용되었다.

현재 한반도기는 스포츠를 통해 남북한이 하나되는 통일의 상징으로 인식될 뿐 아니라 한반도와 동북아를 넘어 전 세계의 평화와 화합을 상징하는 이미지로 사용되고 있다. 장충식 명예이사장의 한반도기 채택은 화합과 평화를 추구하는 스포츠 정신에 입각한 선택이었다. 우리 대학은 이러한 전통을 계승하여 향후 스포츠를 통한 남북한 화해와 평화 통일에 기여할 수 있는 교두보 역할을 담당해야 한다.

아울러, 지금까지 지속적으로 진행되어 왔던 글로벌 경쟁력 강화를 위한 국제화에 앞장서야 한다. 단국대의 선수들은 이미 국제 무대에서 뛰어난 성적을 거두고 있으며, 앞으로 더욱 체계적인 육성과 지원을 통해 글로벌 한국을 빛낼 가능성이 높다. 특히 동계스포츠 분야에서 단국대의 활약이 두드러지고 있다. 향후 단국스포츠의 경쟁력을 더욱 강화하기 위해서는 국제 교류를 확대하고, 해외 우수 선수들과 경쟁할 수 있는 기회를 더욱 많이 제공해야 한다. 이를 위해서는 국제 스포츠 행사를 적극 유치하고, 이를 홍보함으로써 단국스포츠의 위상을 국제적으로 높여야 한다. 스포츠 분야에 대한 학교의 적극적인 투자 확대와 스포츠 인프라 개선이 필요하며, 민간과 함께할 수 있는 다양한 스포츠 프로그램 개발, 스포츠 산업 분야에 대한 육성이 필요하다.

또한 대학과 학과 차원에서는 사범대학 체육교육과의 경우 지금까지 대한민국 중고등학교에 수많은 체육분야 교육자를 배출한 전통을 계승하여 더욱 많은 체육교육자를 배출할 수 있도록 체계적인 교육체계를 구축할 필요가 있다.

스포츠과학대학은 먼저 대한민국 전문체육 진흥의 중심인 대학스포츠 발전에 견인차 역할을 해왔던 것처럼 앞으로도 우수선수 선발과 체계적인 지도로 국내외를 아우르는 글로벌 스포츠 인재를 육성해야만 한다. 그리고 각 학과는 설립 목적과 목표에 부합하도록 인재를 양성하여 현장 요구에 맞는 현장 맞춤형 교육체계를 구축할 필요가 있다. 뿐만 아니라 교수들은 지금까지 많은 국가 정책사업을 수행한 연구 역량을 발휘하여 스포츠과학연구소를 중심으로 연구과제 수주를 위한 노력을 기울여야 할 것이다.

현재 단국스포츠는 국내외 무대에서 빛나는 성과를 거두고 있음에도 불구하고 적지 않은 과제를 앞에 두고 있다. 그러나 그동안의 역사가 그러했듯이 언제나 능동적으로 도전하고 역경을 이겨내며 마침내 목표에 도달할 것이다. 단국스포츠의 미래는 활짝 열려 있고 환하게 빛날 것이다.

제2부 부문사

제1장

단국대 스포츠 진흥책의 전개과정

제1절 한국 스포츠정책의 변천

1. 제5공화국 이전

1947년 정부 수립 후 제3공화국, 유신체제에 이르기까지 체육정책은 문교부(현 교육부 전신)가 담당하였다. 독립된 체육정책이라기보다는 교육정책의 일환으로 인식되었다. 근대 시민국가가 형성되는 시기에 체육관인 '건강한 신체에 건강한 정신이 깃든다', 혹은 '체력은 국력'이라는 인식이 체육정책의 기본을 이뤘다.

그런 만큼 독립적이고 체계적인 국가적 체육정책이 본격화된 것은 군사정부가 주도한 제3공화국이 들어서면서부터였다. 정부는 '체력은 국력'이라는 구호 아래 체육진흥을 국민통합의 원동력이자 국가 발전의 기본으로 인식하여 전국체전 중심의 전문 체육 육성에 총력을 기울였다. 체육정책의 기본 방향을 체육활동의 생활화로 설정하고 정부가 나서서 체육정책 수립과 실행을 주도했다. 체육진흥을 국민통합의 효율적 수단으로 인식하고, 체육을 통한 국위 선양이 국가 발전에 이르는 중요한 동력이 된다는 점을 명확히 했다.

기존에 대한체육회를 중심으로 이뤄지던 경기력 향상대책, 국제대회 성적 향상, 해외 스포츠 교류 등을 점차 교육부가 주도하도록 했다. 특히, 1962년에 '국민체육진흥법'을 제정해 체육의 날이나 체육주간을 설정하고 직장 운동부, 학교체육부 설치를 촉진하는 등 국민체육에 관한 다양한 대책을 실행할 법적 기반을 마련해 현대 한국 스포츠 진흥의 기본을 닦았다. 한편 정부 차원에서도 스포츠 육성에 대

태릉선수촌 개촌식(1966)

한 관심이 증가하면서 체제 정비 노력도 함께 기울였다. 1966년 6월에 국가대표선수들을 종합적이고 체계적으로 양성할 '태릉선수촌'을 건립해 스포츠를 본격적으로 육성하겠다는 의지를 과시했다. 정부는 1968년 3월에 국내 스포츠 활동 및 단체를 총괄하는 대한체육회의 산하로 대한올림픽위원회(KOC)와 대한학교체육회를 통합하였다. 이로써 대한체육회는 각 종목별 경기단체와 초중등 및 대학, 성인체육 활동을 관장하면서 올림픽대회 등을 준비하는 대표 기구로 자리 잡게 되었다.

이 같은 체육정책의 변화는 박정희 정권이 경제개발을 강력히 추진하면서 국가 근대화 작업의 일환으로 국민체육에 대한 전략적 가치를 중시한다는 정치적 인식의 반영이기도 했다. 관련 법과 제도가 정비되면서 선수 보호 및 육성, 경기장 설치, 체육행사에 대한 재정 보조 등이 활성화되고, 「국민체육진흥재단」(1972)이 설립되었다. 정부는 전국체전을 확대, 강화시켜 각 시도별로 경쟁을 유도해 경기력을 향상시키도록 했다. 1960년에는 민간 단체로서 「한국레크리에이션협회(현 한국여가레크리에이션협회)」를 설립해 엘리트 중심 체육만이 아닌 생활체육, 보건체육 등을 보급, 진흥토록 했다.

이처럼 1980년대 이전의 체육정책은 정부수립과 더불어 6·25 전쟁으로 인하여 국가 주요 인프라가 파괴되고 행정 구조의 한계에도

제52회 전국체전(1971)

불구하고, 오늘날 한국 체육의 골격을 형성했다는 평가를 받는다. 즉, 정부의 행정 편재 특성 상 정책이 학교체육으로 제한되고 국가 홍보 및 국력 과시를 위한 전문체육에 집중될 수밖에 없었음에도, 체육진흥시책의 추진을 위한 법적 근거 확립부터 조직 수립에 이르기까지 체육정책과 관련된 제도의 근간을 마련하였다.

2. 1980년대~90년대

제5공화국(전두환 정부, 1980~1988)은 '스포츠공화국'이라는 비판을 들을 만큼 체육진흥을 국가 발전 정책의 최우선 과제로 삼았다. 1982년 3월에 이뤄진 '체육부' 발족은 우리나라 체육진흥사에 한 획을 그었다는 평가를 받고 있다. 체육부는 종전에 문교부에 속해 있던 체육 업무를 승계해 발족된 체육 분야 중앙행정기관이었다. 정부 내 문교행정의 시각에서 부분적으로 다뤄졌던 체육행정이 그 영역을 확장해 독립했다는 점에 큰 의의가 있었다. 체육부의 발족은 시대적 요구에 부응하기 위한 여론의 지지를 받고 있었다.

88서울올림픽 개막식(1988.09.17)

1986년 서울아시안게임과 1988년 서울올림픽을 개최하기 위해 범국가적 차원에서 체계적이고 효과적인 지원을 총괄할 중앙행정기관이 필요했다. 특히, 제3공화국 시대에 이뤄진 경제적 발전으로 국민 생활 수준이 빠르게 개선되고 여가 시간이 늘어나고 있었다. 체육활동을 통해 건강을 증진하고 삶의 보람을 채우고자 하는 국민의 다양한 욕구가 커짐에 따라 기존의 체육행정을 확장하지 않으면 안 되는 상황이었다. 체육부 발족은 글로벌 스포츠 이벤트를 능동적으로 준비하고 '복지향상을 위한 스포츠 진흥'이라는 과제가 국정 핵심 과제로 부상했음을 의미하는 계기였다.

이후 아시안게임, 올림픽 준비와 별도로 프로축구, 프로야구, 프로씨름 등이 출범하고 대기업들이 스포츠를 통한 대국민 홍보와 마케팅에 적극적으로 나서기 시작했다. 동시에 생활체육 분야에서도 소규모 근린 생활 체육시설 설치, 레포츠 공원 신축, 빙상장과 테니스장 설치 확대 등 시민들을 위한 체육시설을 확충하려는 정부 차원의 투자와 노력이 활성화되었다.

노태우 정부(1988~1993) 역시 노태우 대통령이 초대 체육부 장관을 지낸 만큼 체육진흥에 각별한 관심을 기울였다. 서울올림픽의 성공적 개최로 국가적 위상이 높아진 것과 동시에 스포츠에 대한 범국민적 관심과 참여가 급증하고 있었다. 정부는 이를 반영해 '국민 모두가 참여하는 생활체육'을 정책목표로 삼았고 「국민생활체육진흥종합계획」(1990)을 수립, 공표했다. 우리나라 생활체육 진흥을 위한 종합계획으로 최초의 일이었다. 또한 '국민생활체육협의회(1991)'를 설립해 '생활체육'을 발전시킬 제도적 기반을 닦았다. 이를 통해 노태우 정부 시절부터 특히 생활체육 프로그램을 구성, 보급하는 데 필수적인 '국민체력 기준표'를 수립, 공표했고, '국민여가활동참여 실태조사'나 '생활체육참여 실태조사'를 시행하기 시작했다. 근로청소년이나 장애인, 유아, 청소년, 노인 같은 취약 계층이 체육활동에 참여해야 한다는 계몽과 지원책이 본격화된 것도 이 무렵부터이다. 노태우 정부는 이처럼 국민들의 체육복지 향상을 구체적으로 뒷받침할 제도적 기반을 닦았다는 평가를 받고 있다.

1993년 출범한 김영삼 정부(1993~1998)는 과거의 체육정책이 전문체육에 치우쳐 있다는 문제의식에서 출발했다. 상대적으로 미흡한 생활체육을 대폭 강화해 조화로운 국민체육발전을 이루겠다는 의지를 밝혔다. 이 같은 의지의 결과로 나온 것이 「제1차 국민체육진흥 5개년계획(1993~1997)」이다. 국민체력증진, 여가선용 지원, 세계 10위권 경기력 유지, 국제체육 협력증진, 민족화합 도모 등의 핵심 과제를 제시했다. 특히, 국민들의 생활체육 참여율을 선진국 수준인 50% 이상으로 높이고, 수영, 육상, 체조 같은 기초 종목을 육성하며 하계종목에 비해 취약한 동계스포츠 종목을 집중 육성하겠다는 의지를 과시했다. 재정적으로는 1조 6,669억여 원이었던 예산 규모를 4조 1,293억여 원으로 증대, 투입했다. 그러나 다른 한편으로는 학교체육이 교육부로 이관되면서 사업 추진에 혼선이 빚어지기도 했다.

이처럼 8, 90년대의 스포츠정책은 세계적 스포츠 이벤트를 통해 국가적 자신감과 스포츠 진흥의 가치를 공감하는 동시에 전문 스포츠, 엘리트 스포츠 편중에서 벗어나 국민복지 차원의 생활스포츠 진흥이 시급하다는 인식이 정책화되는 시기였다.

3. 2000년대 이후

김대중 정부(1998~2003)는 IMF 경제 위기 속에서 출범했다. 대량의 실업자가 발생하고 대기업들이 줄도산을 하던 미증유의 경제난 속에서 출발한 김대중 정부는 정부행정의 효율적 수행을 위한 작은 정부론을 강조했으며, 중앙정부의 슬림화를 내세울 수밖에 없었다. 작은 정부가 핵심 국정과제였던 만큼 체육정책, 관리업무의 분권화·민간주도화를 추진했다. 체육부 역시 '문화체육부'에서 '문화관광부'로 통합, 축소를 하고 체육 담당 부서는 1개 국(4개 과)으로 줄어들었다.

정부는 건국 이래 대통령의 100대 국정과제에 '생활체육 활성화'라는 스포츠 관련 용어를 처음으로 포함시켰다. '사회건강은 생활체육에서'라는 국정과제를 달성하기 위해 첫째, 국민의 체육활동 참여기회 확대, 둘째, 체육지도자 양성, 셋째, 다양한 여가생활을 위한 복합체육시설 확충, 넷째, 경기단체 재정자립 기금지원 및 법인화, 다섯째, 체육용 기구 품질 향상 지원, 여섯째, 2002 FIFA 한·일월드컵대회 준비 등 6개 주요 사업을 선정 추진하였다.

이와 함께 제2차 국민체육진흥 5개년계획(1998년~2002년)을 수립하고 제반 정책을 추진하였다. 2차 계획은 21세기가 체육·여가생활의 만족이 삶의 질을 향상시키는 핵심이라 전제하고 있다. 체력과 비만관리 등 국민건강 증진, 다양한 생활체육활동 기회 부여, 여가활동 기회 확대 등 건강한 복지사회를 구현하는 것을 정부의 우선 과제로 제시하고 있다. 이 시기에는 생활체육 활성화와 더불어 생활체육과 전문체육의 두 축이 연계 발전할 수 있는 기반 조성 강화를 모색하였다. 또한, 국제교류 역량강화와 남북체육교류 촉진을 위한 계획 수립 및 추진전략도 실행되었다. 1988년서울올림픽의 성공적 개최에 고무되었던 정부는 2002년 FIFA한일월드컵대회의 성공적인 개최가 국가 재도약을 위한 발판이 될 것으로 기대하며 경기시설 확보, 숙박·방송·보도시설 확보, 다양한 문화행사 준비 및 범국민적 참여 분위기 조성 등의 지원정책도 마련하였다.

2003년 출범한 노무현 정부(2003~2008)는 「참여정부 국민체육 진흥

5개년 계획」를 통해 체육 진흥 전략을 정리했다. 「참여정부 국민체육 진흥 5개년 계획」은 생활체육, 전문체육, 스포츠산업, 국제 체육교류, 체육과학 및 정보화, 체육 행정 및 재정 등 6개 부문에 걸쳐 5개 목표를 제시하고 있다. 이를 실현하기 위한 총 21개 과제, 146개 사업이 포함되어 있다. 이들 과제의 주요 내용으로는 성별·연령·계층·지역 차별 없이 국민 누구나 쉽게 체육활동에 참여할 수 있는 체육환경 조성, 학교·생활·전문체육 체계화·선진화, 체육의 산업적·경제적 가치를 극대화하기 위한 지원 체제 구축 방안 등이 포함되었다. 또한 체육의 과학화 및 정보화를 추진함과 동시에 국제체육 협력강화, 국제스포츠 이벤트 유치 활성화 정책도 마련되었다.

특히 '한국형 스포츠클럽 육성'이라는 과제를 설정하고 2005년부터 스포츠클럽을 체계적으로 육성키로 했다. 이는 현재까지 국민체육진흥을 추진하는 핵심 정책과제로 유지되고 있다는 점에서 그 첫 발을 내딛었고 스포츠클럽 중심의 새로운 스포츠 생태계 조성의 발판을 마련했다는 평가를 받고 있다. 더불어 2005년에는 「국민체육

2002 한일월드컵 4강 독일전에서 "꿈은 이루어진다" 카드섹션으로 응원전을 펼치는 붉은악마(상암월드컵경기장, 2002.06.25)

진흥법」 개정과 함께 문화관광부 소속 공공기관으로 대한장애인체육회가 설립되었으며, 장애인체육진흥 및 육성을 위한 제도적 기반도 마련되었다.

이명박 정부(2008~2013)는 출범 초부터 예술, 스포츠, 관광을 문화라는 포괄적 범위에서 인식하였다. 이는 GDP가 2만 달러를 넘어섰고 주 5일 근무제와 수업제가 정착되면서 여가 시간이 증대되었으며, 우리 사회가 본격적인 저출산 및 고령화 시대로 접어들면서 국민의 라이프 스타일이 근본적으로 변했음을 반영한 결과이다. 이에 따라 체육정책 목표 역시 「문화비전 2008~2012」에 나타나듯 '문화국가의 위상 확립을 통한 선진 국가로의 성장'으로 설정했다.

문화 비전에서 주목할 정책은 '신나는 한국인, 스포츠로 신명나는 나라'라는 주제에서 제시한 '15분 프로젝트'인데, 이는 집에서 15분 거리 안에 원하는 스포츠를 즐길 수 있도록 하겠다는 의욕을 담고 있다. 달리 보면 스포츠클럽 육성이 앞으로 체육정책의 핵심 과제가 된다는 것을 암시하는 것이기도 하다. 학교체육 정상화를 위한 세부 실천 과제도 준비했는데, 체육 친화적 교육환경으로의 전환을 강조하고 있다. 학교 체육시설 확충과 프로그램을 다양화하고 전문인력 지원 정책이 포함되었다. 특히, 학생 선수들의 인권과 학습권을 보장할 전국대회 운영제도 개선, 인권 보호 체계 구축 학업과 운동 병행 환경 구축을 강조한 것 역시 주목할 만한 정책이었다.

박근혜 정부(2013~2017)는 '문화융성'을 국정 기조로 스포츠와 운동을 통한 창의교육과 문화가 있는 삶을 역설했다. 국민들의 문화적 복지를 이루려면 생활체육, 또는 스포츠 참가를 확충하는 것이 필수적이라는 주장이었다. 이에 따라 '스포츠 참가로 국민행복, 희망의 새 시대'를 기본 방향으로 한 「스포츠비전 2018」을 발표했다.

이 계획에는 '손에 닿는 스포츠(생활체육으로의 접근성 제고)', '뿌리가 튼튼한 스포츠(스포츠 저변 확대)', '경제를 살리는 스포츠(스포츠산업 활성화)'라는 세 가지 주요 추진 전략 하에 18개의 세부 추진 과제가 담겨 있다. 이들 과제는 궁극적으로 생활체육 참여율을 2017년까지 60%로 늘리고, 스포츠산업 규모('17년까지 53조 달성) 및 일자리('17년까지 27만 개)를 증대하는 구체적 목표를 지향하였다. 정부가 체육을 복지 측면만이

2018 평창동계올림픽 개막식 (2018.02.09)

아니라 관광산업처럼 국가경제 측면에서도 중요한 역할을 할 수 있다는 인식을 담고 있는 점을 평가할 만하다.

문재인 정부(2017~2022)는 2018년 평창동계올림픽대회라는 메가 스포츠 이벤트를 앞두고 출범했다. 스포츠에 대한 국민적 관심이 높아지는 시기인 만큼 「2030 스포츠비전」을 통해 보다 구체적인 정책 목표와 과제를 제시했다. '사람을 위한 스포츠, 건강한 삶의 행복'이라는 비전을 중심으로 모든 국민이 스포츠를 즐기며 건강한 삶을 누리고, 스포츠 가치의 사회적 확산으로 행복한 공동체를 형성한다는 목표를 기조로 삼았다. 정책의 기조는 전통적 맥락을 이으면서 공정성을 강조하는 측면이 있었다. '신나는 스포츠', '함께하는 스포츠', '자랑스러운 스포츠', '풀뿌리 스포츠'라는 4대 추진 전략을 중심으로 10가지 핵심 과제와 25개의 세부 과제를 설정하고 있다. 주요 내용은 스포츠 복지국가 구현을 위한 스포츠 참여 기회 확대, 공정한 스포츠 생태계 조성, 체육 특기자 입시전형 개선, 스포츠인 복지 증진과 체육지도자 처우 개선, 스포츠산업 육성과 스포츠를 통한 일자리 창출, 2018년 평창동계올림픽대회의 성공적 개최 지원, 남북체육교류 재개 등이다. 이 가운데에서도 핵심은 우리나라 스포츠 시스템을 스포츠클럽 중심으로 변화하겠다는 점이었다.

3살부터 100세까지 스포츠에 참여할 수 있고, 소외 계층이 스포츠 복지를 누리려면 스포츠클럽이 보편화되어야 한다는 것이다. 또한 스포츠를 지역주민 공동체의 행복만이 아니라 남북한 민족공동체의 화합을 이루는 차원으로 확대해야 한다는 의지도 담고 있다.

2022년 5월 출범한 윤석열 정부는 '다시 도약하는 대한민국, 함께 잘 사는 국민의 나라'를 국정 목표로 삼고 있다. 스포츠 분야에는 '따뜻한 동행, 모두가 행복한 사회'라는 거시적 관점에서 '모두를 위한 스포츠, 촘촘한 스포츠 복지 실현'이라는 전략목표를 갖고 있다. 이에 따라 2022년 2월 11일에는 「스포츠기본법」 제9조에 근거하여 국무총리 소속의 「국가 스포츠정책위원회」가 설치되었다. 국가스포츠정책위원회는 국민의 스포츠권 보장과 주요 시책의 평가·점검, 기본계획의 수립·조정, 국제경기대회 개최와 관련된 주요 정책의 수립·조정 등에 관한 사항을 심의·의결하고 스포츠 관련 정책을 총괄 조정하는 역할을 담당한다.

윤석열 정부는 「국가스포츠정책위원회」를 설치하기 위해 종전 국무위원 중심의 위원회 구성을 시대 변화에 맞춰 민관 합동위원회로 개선할 것을 주도해 2023년 1월에 관련 시행령을 개정했고, 같은해 12월에 출범시켰다. 한편, 1기 민간 공동위원장은 이에리사 전 국회의원을 위촉했고 허구연 한국야구위원회(KBO) 총재 등 8명이 민간위원으로 선임되었다. 국가스포츠정책위원회는 출범과 동시에 「제1차 스포츠진흥 기본계획(2024~2028)」을 공개했다.

이 계획은 2028년까지 국민의 스포츠 참여율 70% 달성과 스포츠 강국 주요 7개국(G7) 달성 및 국내 스포츠시장의 105조 원 돌파를 목표로 제시하고 있다. 세부 핵심 과제는 다음과 같다.

- 선진 수준의 전 국민 스포츠 활동 지원
- 스포츠로 활기를 되찾고 연대하는 지역
- 장애인에게 장애 없는 스포츠 연건 조성
- 토대가 튼튼한 엘리트선수 육성체계 구축
- 상호존중 스포츠 훈련 문화와 공정스포츠 환경 조정
- 촘촘하고 믿음직한 체육인 복지 실현

- 생활-전문스포츠를 잇는 핵심고리, 5만 스포츠클럽
- 스포츠로 건강하고 활기찬 학교 만들기
- 생활-전문스포츠를 아우르는 통합형 스포츠인재 양성
- 스포츠산업의 지속가능한 성장 생태계 구축
- 레저·관광 콘텐츠와의 융합을 통한 신부가가치 창출
- 스포츠산업의 혁신을 주도하는 K-스포츠 테크
- 세계인과 함께하는 국제 스포츠 연대의 장
- 글로벌 스포츠 외교 역량 강화
- 자유와 연대가 스며드는 스포츠 거버넌스 확립

「제1차 스포츠진흥 기본계획」은 기존 스포츠 정책과 다르게 민간과 중앙행정기관이 논의를 통해 체계적인 실행 계획을 구상했다는 점에서 특징적이다. 특히, 민간 참여에 따라 생활스포츠와 전문스포츠의의 현장에서 빚어지는 정책과제를 담고 있다는 평가를 받고 있다. 기본계획 실행 1년 차인 만큼 향후 추진 강도와 결과가 주목받고 있다.

4. 우리나라 스포츠 정책의 방향

우리나라의 스포츠 진흥정책이 제도적 틀을 확립하여 본격화된 것은 제3공화국 이후부터이다. 그러나 산업화시대의 스포츠 정책은 대내적으로는 국민 체위國民 體位, physical standard of nation 향상이라는 근대적 목표에 중점을 두고 있었다, 또 하나의 초점은 경기력 향상을 통해 국제대회에서 좋은 성적을 거둬 국위를 선양한다는 것이 큰 비중을 차지했다. 그 주도권은 전적으로 정부가 갖고 있었다.

박정희 정권은 이 같은 역사적 인식 아래 '체육활동의 생활화, 체육인구 대중화, 체육환경 복지화'를 핵심 과제로 설정하였다. 각 학교가 국민체조를 집체적으로 수행하고, 각 직장에는 새마을 스포츠 교실을 설치토록 장려한 것도 이 같은 국민 체위 향상을 위한 노력의 일환이었다.

최소한의 경제적 여건을 개척한 이후 국가적 스포츠 진흥정책은

'엘리트 중심의 스포츠'에 맞춰졌다. 전문스포츠 부문의 발전에 비해 상대적으로 생활스포츠, 학교스포츠는 그 발전이 더딜 수밖에 없었다. 그러나 '88 서울올림픽 이후 국민들은 스포츠가 단순히 대회에 나가 기량을 겨루고, 경제적 성취만 이루는 도구가 아니라는 사실을 자각했다. 산업화가 고도화될수록 건강을 돌보고 재충전을 해줄 레저, 스포츠 활동이 필수화되고 있었다. 그 과정에서 학교스포츠를 주관하는 중앙행정기관이 체육부에서 교육부로 옮겨지고, 일선 학교는 입시 위주의 교육정책에 따라 체육시간을 축소하는 등 시대 변화에 역행하는 결과가 빚어지기도 했다.

오늘날 스포츠 정책은 전문스포츠 중심에서 생활스포츠 활성화와 스포츠산업 육성으로 국민적 관심과 정책의 비중이 옮겨지고 있다. 과거 국력 증진만을 위한 관리 대상이 아닌 국민 각 개인의 행복한 삶의 전제 조건이라는 스포츠 복지정책과 스포츠산업을 경제 성장 동력으로 육성하고자 하는 정책이 강화되고 있다. 이러한 정책 의지와 스포츠 발전을 견인해 온 정책 역량이 대학스포츠 진흥에도 이어지길 기대한다.

제2절 단국대 스포츠 진흥의 전개과정

1. 단과대학기(1947~1966)

학원 체육으로서 대학체육은 국가의 사회경제적 발전, 중앙정부의 거시적 체육정책에 견인될 수밖에 없다. 1947년 11월에 개교한 우리 대학은 해방 직후의 극심한 이념대립과 이어진 한국전쟁, 그리고 전후 복구의 경제난을 고스란히 감당해야 했다. 국가적 위기 시대에 체계적인 체육 교육이나 학원스포츠 증진 대책을 구상할 여지가 없었다. 개교 당시 우리 대학은 2개 학부, 5개 학과에 960명의 학생을 선발했다. 정치학부에 정치학과, 법률학과, 문리학부에 사학과, 수학과, 물리과가 개설되었다. 또한 4년제 정규 대학들이 개교되기 시작한 해방 직후의 특수성을 고려해 편입 자격 획득을 위한 전문부(1년 과정)도 개설이 되었다.

국가적 혼란 속에서도 우리 대학은 법률학과를 제외한 모든 학과의 교과과정에 체육을 개설했다. 그것도 체육 과목을 필수과목으로 설정하고 매학년마다 2학점씩 총 4회 8학점을 이수토록 했다. 전공 관련 필수과목이 학년 기준으로 4학점임을 감안하면 전공을 떠나 가장 학점 비중이 큰 과목인 셈이다. 당시 체육 과목의 교육 내용을 알려주는 자료는 없지만 이처럼 체육의 비중을 높인 것은 정부의 교육정책 방향도 있었지만 대학 설립자인 범정 장형 선생의 교육관이 큰 작용을 했을 것으로 보인다.

범정 선생은 독립운동을 위해 스스로 망명의 길을 선택했고, 대학 설립 준비 작업 당시에도 대학이 진정한 독립 국가 건설을 위한 방편의 하나임을 수시로 강조했다. 범정 선생은 항일운동 과정에서 청년들의 건강한 정신과 육체가 독립운동의 기본이라는 점을 체득하고 있었다. "공부보다도 의식, 의식보다도 건강을 중시하는 학생이 되라."는 범정 선생의 평소 훈화는 이 같은 '체험적 체육관'이 반영된 결과일 것이다.

개교 당시의 캠퍼스는 정치학관(건국대학교의 전신)과 같은 건물을 썼다. 그런 만큼 대규모의 체육 행사나 스포츠 활동을 펼치기 힘들었다. 행정부서로 학생처 산하에 체육과가 존재했다는 기록이 있지만 명확한 내용은 남아 있지 않다. 이후 우리 대학은 낙원동 교사동을 떠나 신당동 교사동으로 입주했지만 한국전쟁으로 피난 대학을 운영하며 대학의 명맥을 유지했다. 민족의 생존이 우려되는 시기에 대학 체육이 숨 쉴 공간은 없었다.

우리 대학 역사에서 독자적인 체육활동이 나타나는 것은 한국전쟁을 휴전으로 매듭지은 지 2년 뒤인 1955년이다. 대학 운동부로서 농구부와 럭비부, 레슬링부를 창단한 것이다. 농구부는 당시 도서과장으로 있던 장용식 씨가 주도를 해 창설하였다. 장용식 씨는 설립자 장형 당시 이사장의 자제이기도 했는데 이제 막 휴전 뒤 피난 대학체제에서 벗어나 대학을 재건해야 하는 어려운 시기임을 고려하면 당시 대학 경영진, 특히 장형 이사장의 체육에 대한 애정이 작용했을 것으로 짐작된다. 코치도 없고, 제대로 선수 스카우트도 없이 열정만으로 창설했지만 같은 해 열린 제5회 전국 종별 농구 선수권대회에 처음으로 출전해 준결승까지 진출하는 기염을 토했다.

럭비부 창단 초기 멤버. 정종문, 이중호, 양원준, 최응련 (1956)

럭비부는 1955년 12월에 창설했다. 농구부와 달리 럭비부는 교수나 직원, 학교 당국의 주도가 아닌 학생들의 힘으로 이뤄졌다는 점이 이채롭다. 고교 시절 럭비 선수 생활을 했던 최응

신흥대학과 동대문 운동장에서 경기를 마치고(1956)

춘계럭비리그 우승 후 장형 이사장과 함께한 럭비부(1963.04)

럭비부 초기 유니폼 패찰(18x6cm)

호 군(당시 정치학과 3년)이 앞장섰고 동조하는 학생들이 동참해 팀을 결성했다. 창설 후에는 이듬해 김기석 코치를 영입한 것으로 보아 대학 당국의 공식적인 지원이 있었을 것으로 보인다. 이후 고난 속에서도 좋은 성적을 거둬 오늘까지 한국 대학 럭비의 명문으로 전통을 잇고 있다. 레슬링부는 창단 뉴스 외에 활동 기록이 없는 것으로 보아 선수 확보나 지원이 어려워 중도 해체된 것으로 짐작된다. 당시 신입생 선발 규모가 600명 안팎이었다. 운동부를 키울 재정 역량이 없는 현실이었기에 당시 체육 활동도 여의치 않았을 것이다.

우리 대학은 1957년 1월에 개교 10년 만에 독자적인 캠퍼스를 구축했다. 서울시 용산구 한남동 산8번지에 위치한 이 캠퍼스는 한남캠퍼스 또는 서울캠퍼스(현 죽전캠퍼스의 전신)로 불렸다. 서울캠퍼스가 문을 연 뒤 그 해에 정구부가, 뒤이어 공수부(뒤에 태권도부로 개명)가 창단되었다. 그 뒤로 사이클부(1959), 복싱부(1961)가 출범하기도 했다. 서울캠퍼

준공된 한남캠퍼스 전경(1957)

스 신축으로 안정적인 교육환경이 마련되자 대학 당국은 학생들의 사기를 진작하고 단합을 키울 전문 운동부 육성을 모색했을 것이다.

이 같은 대학 당국의 희망이 담긴 이벤트가 '응원가 제정'이다. 응원가는 1958년에 처음 발표되었다. 가사는 일석 이희승 선생이 맡았는데 나중에 동양학과 한국어 연구의 태두로 존경받는 학자가 작사를 했다는 점이 이채롭다. 작곡 역시 한국 가곡 창작의 원로인 김동진 선생이 해주었다. 1977년에는 이희승 작사, 김성태 작곡의 새로운 응원가가 제정되었다. 이처럼 저명한 학자와 예술가에게 공식 응원가를 맡길 만큼 스포츠, 특히 학원스포츠에 대한 열의는 높아졌지만 각 운동부들의 운영은 원활하지 않았다. 잦은 지도자의 변경, 학생 선수들의 이탈이나 모집의 저조함 등이 겹쳐 창단, 해단이 반복되었다.

1961년, 군사쿠데타가 발생해 박정희 정권이 들어섰다. 군사정부는 사회개혁을 명분으로 사회, 정치, 경제 전반에 걸쳐 대대적인 정비 작업을 실시했다. 대학에 대한 개혁 작업의 일환으로 교육에 관한 임시특례법을 9월에 공표하고 뒤이어 11월에 대학정비령을 내려 전국 27개 사립대 중 12개를 폐쇄했다. 우리 대학에 대해서는 교수인원이 법정 기준에 비해 1명이 부족하다는 이유로 주간부를 운영치 못

하게 했다. 이 날벼락 같은 조치로 우리 대학은 큰 위기에 빠졌고, 이부대(야간)만 잔존하게 되었다. 이후 우리 대학에 대한 조치가 완화되어 〈실업초급대학(2년제)〉을 개설토록했다. 1962년 첫 창설 때 5개 학과 400명이었던 모집 정원은 이듬해 7개 학과 620명으로 확대되었다. 이때, 우리 대학 역사에서 처음으로 체육과(모집 정원 80명)가 개설되었다. 비록 우여곡절이 있었고, 2년제 과정이었지만 개교 직후 '체육'에 대한 중요성을 강조한 교과과정이 드디어 정규 학과로 발전한 셈

이다.

우리 대학 역사 최초의 체육학 관련 전공으로 당시 운영했던 교과과정은 아래 표와 같다.

체육과 개설 과목

구 분	과 목
1학년	국어(2/2), 영어(2/2), 문화사(2/2), 체육개론(1/2), 교육원리(4/2), 배구(2/1), 육상(2/2), 한국무용(여자, 2/2), 민속무용(2/2), 맨손체조(남자, 여자, 2/2), 기계체조(2/2), 하키(남자, 2), 유기(2/2), 해부생리(2), 역도(2/1), 현대무용(여자, 2/2), 발레(여자, 1/2), 유도(1/2), 축구(2/2), 럭비(남자, 2), 자연과학개론(3), 위생구급법(2), 송구(남자, 2), 무용개론(여자, 1), 율동(여자, 2), 농구(2), 교육심리(4)
	27개 과목 87학점
2학년	체육강독(1/2), 맨손체조(2/2), 교육심리(4), 교육원리(4), 육상(2/2), 배드민턴(2), 레슬링, 유도, 법학통론(2/2), 기계체조(1/1), 송구(2), 생활지도(2), 체육관리(2), 코치론(2), 유기(2/1), 체육평가(2), 특수체육(2), 건강교육, 민속무용(2/2), 체육지도(2), 체육행정지도(2/2), 체육시설관리론(2), 역도(1), 매스게임(2), 전공실습(2), 교육방법(2), 교육평가(2), 교육사회학(2), 교육사(2)
	29개 과목 67학점 이상

* 괄호 속의 성별은 해당 과목에 남녀별 수강 제한이 설정된 것임. 과목 중 유기(遊技는 지금의 레크리에이션을 한자식으로 표기한 것)
* 괄호 속의 숫자는 1, 2학기 별로 배정된 학점을 뜻하며 누락된 과목은 참고 자료에 표시되어 있지 않은 상태임.

당시 초급대학 체육과의 개설 학점을 보면 학기당 40학점을 넘고 있다. 물론 전공필수와 교양으로 과목이 나눠져 있고, 학기당 취득 학점 제한 기준을 알 수 없지만 25학점 안팎일 것으로 추정된다. 상당한 학습량인 셈이다. 비록 2년제이지만 설치된 교과목은 이론 기초부터 실습까지 균형 있게 개설되어 있어 체육지도자 양성이 학과 운영의 목표임을 반영하고 있다. 특히 2학년 과정에 '체육교사'로 성장하는 데 필수적인 과목을 집중 배치하고 있는 것도 특색이다, 초급대학 체육과는 이후 1963년 정부의 4년제 대학 정상화 정책에 따라 주간부가 부활되면서 1963년 2월까지만 존속하고 이후 문을 닫았다.

주간부 폐지 이후 대학의 재정난이 심각했지만 대학 당국은 1963년 한 해에만 필드하키부와 미식축구부를 창단하며 재학생들의 스포츠에 대한 열의를 북돋으려 애썼다. 이 같은 의지 덕분에 럭비부는 제44회 전국체육대회에서 우승을 차지하는 큰 결실을 맺기도 했다. 럭비부는 1961년부터 춘계리그전 우승을 시작으로 대학 럭비의 강자로 떠올랐다. 이후 각종 대회에서 좋은 성적을 거두더니 마침내 각 지역을 대표해 자웅을 가리는 전국체전에서 서울 대표로 출전해 우승을 차지한 것이다. 럭비부의 급성장 이면에는 서울사대에서 럭비 선수로 활약한 장충식 명예이사장이 당시 학생과장으로 재직하며 럭비를 대학의 간판 운동부로 육성하겠다는 의지를 실천한 덕분이기도 했다.

이어서 1964년에 폐지되었던 4년제 주간대학이 부활되면서 체육학과가 신설되었다. 자연스럽게 2년제 초급대학 이공학부에 소속되어 있던 체육과는 폐지되었다. 당시는 단과대학 체제여서 신설 체육과는 문리과대학에 소속되었고, 모집 정원은 80명이었다. 학과 창설과 함께 초대 주임교수로는 초급대학 시절부터 체육과를 이끌어온 유인현 교수가 부임해 학과 운영의 기틀을 다졌다.

體育委員會 발족

체육부의 제반업무 관장

"4개 운동부 집중 지원"

體育部의 제반활동을 능률적으로 지원할 體育委員會가 지난달 17일 발족됐다.

野球部 창설이후 본격화된 본교 체육부의 活性방안을 수립하게 될 이 체육위원회는 朴武成행정담당부총장을 위원장으로 축구부·농구부·야구부·럭비부등 4개운동부를 집중적으로 지원육성할 방침인데 지난 5월 체육과가 체육부로 승격된 이후 회기적인 제도적 장치로 평가되고있다.

체육위원회의 기능을보면 本校체육활동에 관한 전반적인 계획, 예산·결산총괄 종목별 운동선수에대한 자격심사, 종목별 감독및「코치」에 대한 추천, 新종목의 설치및 기존종목의 폐지권한, 선수의 출전정지처분과 해제등 총체적인 체육활동에 관한 종합기관이다.

또한 이 委員會의 특징은 4대 운동부에 부장을 두고있는데, 축구부장에 金行燁교수(商經大·敎授), 럭비부장에 金顯煜교수(法政大·副敎授), 농구부장에 申邦鉉교수(法政大·副敎授) 야구부장에 吳宗瀛교수(師範大·敎授)를 선임, 선수들의「스포츠맨쉽」함양, 선수의 자질지도와 담당부의 발전을 위한 정책수립등을 맡는다.

體育委員會의 임원진은 다음과 같다.

▲위원장=朴武成행정담당부총장(文理大·敎授)

▲위원=韓貞璉교수(工科大·副敎授) 黃錦德교수(法政大·副敎授) 李龍雨天安「캠퍼스」사무처장, 金行燁교수(商經大·敎授), 金顯九교수(天安大·副敎授) 張瓊根선생, 韓榮春교수(法政大·副敎授) 金顯煜교수(法政大·副敎授) 申邦鉉교수(法政大·副敎授) 吳宗瀛교수(師範大·敎授)

체육위원회 발족과 더불어 운동부 집중 지원이 강화되었다.(단대신문 제584호, 1981.01.08)

檀大新聞

梵亭 張炯 先生 永眠

-大學發展의 기틀 마련하고-

12月30日 上午5時半 內需洞 自宅에서 老患으로

大學設立 育英事業에 一生바쳐

1月3日 學校葬으로 葬禮式 嚴修

독립운동가로서 해방 이후 최초로 사립대학을 설립했던 범정 장형 선생이1964 년 12월 30일 영면하셨다.(단대신문 제196호, 1965.03.15)

1964년 12월에 설립자 범정 장형 선생이 영면에 들었다. 당시 박정숙 이사장은 대학 설립 이념의 적통을 이어야 한다는 결심을 하고 1966년 10월, 장충식 교수를 학장으로 임명했다. 장충식 교수는 당시 우리 대학 교수직을 그만두고 박사학위 취득을 위해 미국에 유학 중이었다. 장충식 학장은 취임과 동시에 취약한 교세를 일구기 위해서는 단과대학 체제를 벗어나 종합대학으로 승격해야 한다는 점을 분명히 했다. 이후 6개월 만에 종합대학 승격을 이룸으로써 우리 대학의 단과대학기는 막을 내렸다.

우리 대학의 단과대학기에 이뤄진 체육 발전 과정에서 가장 중요한 사항은 '체육교육과 연구를 위한 거점'을 마련한 일이다. 주간부 폐지라는 절대적 위기 속에서도 체육과를 신설하고, 이어서 주간부 부활이 이뤄지자 바로 4년제 체육과를 확대 개설했다. 이는 장차 우리 대학의 학사 발전에 있어서 체육 교사나 체육 전문인 양성을 핵심 기둥으로 삼겠다는 무언의 상징이기도 했다.

2. 종합대학 전기(1967~1986)

1967년 2월 우리 대학은 종합대학 승격의 숙원을 이뤘다. 단국인의 숙원이자 난제였던 종합대학 승격 문제를 해결한 장충식 학장이 단국대학교 초대 총장에 취임했다. 장충식 총장의 리더십은 학사체제, 학술연구, 대학문화 다방면에서 기존 수준을 뛰어넘는 변화를 가져왔지만 대학스포츠 발전은 더욱 두드러졌다.

단국인의 숙원인 종학대학 승격을 이룬 뒤 현판식을 거행하고 있는 장충식 총장과 박정숙 이사장(1967)

우선 대학의 전문 체육이라할 수 있는 운동부 창설이 매우 활발해졌다. 장 총장은 검도부(1968), 스키부(1968), 수영부(1969), 육상부(1970), 사격부와 펜싱부(1972)를 창단했다. 특히 스키부는 스키라는 종목이 당시 애호가들의 동호회 수준으로 보급이 되었고, 대학 스키부 역시 대중과는 거리가 있는 레포츠의 일환으로 이뤄지고 있었다. 그러나 장충식 총장은 이를 본격적인 경기 종목으로 육성하겠다는 의지를 담고 스키를 훈련할 여건이 좋은 강원도 출신 선수들을 눈여겨봤다. 평창 지역과 인근 지역을 중심으로 중학교, 고등학교 시절부터 스키 선수들에게 장비와 장학금 등을 지원해 육성을 하고, 이들 중 우수 선수는 단국대로 선발하는 체계를 구축했다. 이렇게 창설된 스키부는 발군의 실력을 발휘해 체육계의 주목을 받았다. 1973년에는 잠시 운동부 창설의 호흡을 다듬어 사격부, 남자 농구부, 펜싱부를 해체하였다. 과도한 선수 스카우트가 필요한 종목이거나 특별한 훈련 시설과 여건이 필요한 종목을 감당하기 힘든 현실을 고려한 조치였다. 이어서 씨름부(1974), 테니스부(1974), 남자축구부(1976), 빙상부(1976), 요트부(1976) 등을 창단했다.

당시 박정희 정부는 강력한 체육진흥정책을 펼치고 있었다. 1966년에 태릉선수촌을 건설해 국가대표 선수들에 대한 체계적 훈련을 중

❶ 스키부(1979) ❷ 조정부(1967) ❸ 테니스부(1977) ❹ 검도부(1979) ❺ 축구부(1981)

종합대학 승격 후 초대 장충식 총장 취임식 및 입학식(1967.3)

앙집중식으로 주도하게 했다. 체육 진흥을 맡을 민간 부문에서도 흩어져 있던 관련 단체를 통합해 일원화된 국민체육정책을 지원토록했다. 이에 따라 1968년 3월에 오늘날의 대한체육회가 창립되었다. 당시 장충식 총장이 다양한 운동부를 창립하는 데는 이 같은 범국가적 정책도 작용했을 것이다. 종합대학 승격부터 10년 동안 이뤄진 운동부 운영과 창단의 흐름을 짚어보면 비록 뚜렷한 공식적 입장 표명이나 원칙을 공식화한 것은 아니지만 대중적 인기를 끌고 있던 야구나 농구, 배구, 축구 등 구기 중심의 인기 종목 육성에 집착하지 않았다는 점이다. 럭비, 스키, 빙상, 테니스, 조정 같은 비인기 종목에 비해 농구부를 해체하고, 나중에 축구부를 창단한 것은 단순히 우연의 일치가 아니라 장충식 총장의 체육 철학이 큰 작용을 했었다.

1967년부터 1994년까지 총장으로 재직하면서 대학체육과 '단국스포츠'를 육성하는 사령탑으로 봉직한 장충식 총장은 자신의 체육 철학을 회고록을 통해 이렇게 압축하였다.

> 나는 청년 시절부터 스포츠를 좋아했다. 서울대 사대 재학 시절에는 럭비부로 활동했다. 럭비는 신사 스포츠이다. 서로가 몸을 부딪히는 과격한 운동이지만 상대방을 존중해야 하고 동시에 신뢰해야 한다. 그래야 치명적인 부상을 피할 수 있다. 또한 팀워크가 없으면 승리를 할

수 없으니 나보다 전체를 생각하는 예의, 배려심이 저절로 생긴다. (장충식, 『시대를 넘어 미래를 열다』, p.378, 노스보스, 2011.)

장충식 총장의 체육관은 스스로 스포츠를 통해 체득한 원칙이다. 그 원칙은 '스포츠란 존중, 신뢰, 예의, 배려심을 배우는 것이다.'라는 것이다. 1960년대 말부터 1970년대는 정부의 범국민적인 스포츠 활성화 정책으로 교육 현장에도 인기 구기 종목을 중심으로 한 교세 과시성 경쟁이 치열해지던 시기였다. 학원스포츠의 아마추어리즘은 간데없고, 심지어 돈으로 학생 선수를 사는 스캔들이 범람하던 시대였다. 장충식 총장은 이런 인기와 실적 중심의 체육활동을 애써 멀리했다.

스스로 스키를 짊어지고 강원도 평창의 눈밭을 헤매며 스키를 즐기고, 교직원들과 테니스를 치며 운동을 즐겼다. 빙상부나 스키부는 이런 '즐거움'을 찾는 과정에서 만난 어린 청소년 영재들에게 대학에서 새로운 도전의 기회를 주어야 한다는 교육자로서의 사명감이 빚어낸 결과였다.

1976년 빙상부를 창단하면서 스키부를 육성한 방식으로 선수들을 데려오고 중점 육성했다. 고교 유망주 나윤수 선수와 배기태 선수가 그렇게 단국대에 들어왔다. 나는 빙상부 지도자들에게 '그들이 단번에 세계적 선수가 될 수 없더라도 등수에 매달리지 말아달라'고 당부했다. '그의 후배들이 좋은 선배들을 보면서 장차 세계적 빙상 선수가 될 수 있다는 희망과 자신을 가질 수 있도록 가르치라'고 격려했다. 단기적 성적보다 저변에 있는 어린 선수들이 희망을 가져야 장기적으로 선수층이 두터워지고 그래야 좋은 선수들이 길러진다는 소신을 전수하고 싶었다. (장충식, 『시대를 넘어 미래를 열다』, p.428, 노스보스, 2011.)

장충식 총장의 체험적 가치관은 우리 대학의 체육진흥정책의 핵심으로 작용하고 있다. 학술, 교육적 측면에서 체육학과의 육성은 종합대학체제가 안정화되면서 더 활기를 띠었다. 1971년 문리대학에 속해 있던 체육학과를 체육교육과로 개편한 뒤 이듬해인 1972년에는 새로 세워진 사범대학으로 편제를 바꾸었다. 이미 병설 초급대학 체육학과에서 나타났듯이 우리 대학은 체육학을 체육 전문인이나 체육 교사 양성에 비중을 두려는 학풍을 갖고 있었다. 따라서 체육교육과로 확대 개편되는 것은 필연적 경로였고 이후 실제로 각급 체육 교사로 진출이 활발해졌다.

운동부와 학과 신설이라는 체육 관련 인력의 증가는 그만큼 새로운 체육 시설의 확충을 필요로 했다. 1970년대 초반까지도 우리 대학은 별도의 스탠드나 야외 스포츠를 안전하게 펼칠 수 있는 운동장이 없었다. 학교 당국은 이를 해결하고자 1972년 서울캠퍼스 법정학관 교사동(나중에 본관으로 전용됨) 앞에 '노천극장'이라는 이름의 야외 시설을 마련했다. 이는 기존 소형 운동장에 관람용 스탠드를 신축하고, 행사 및 공연, 체육교육장으로 쓸 수 있는 다목적 야외 스타디움이었다. 계단식 스탠드에는 약 3,000여 명의 인원이 앉을 수 있었고, 577평 규모의 노천극장과 다양한 학과 단위의 체육 행사를 할 수 있었다.

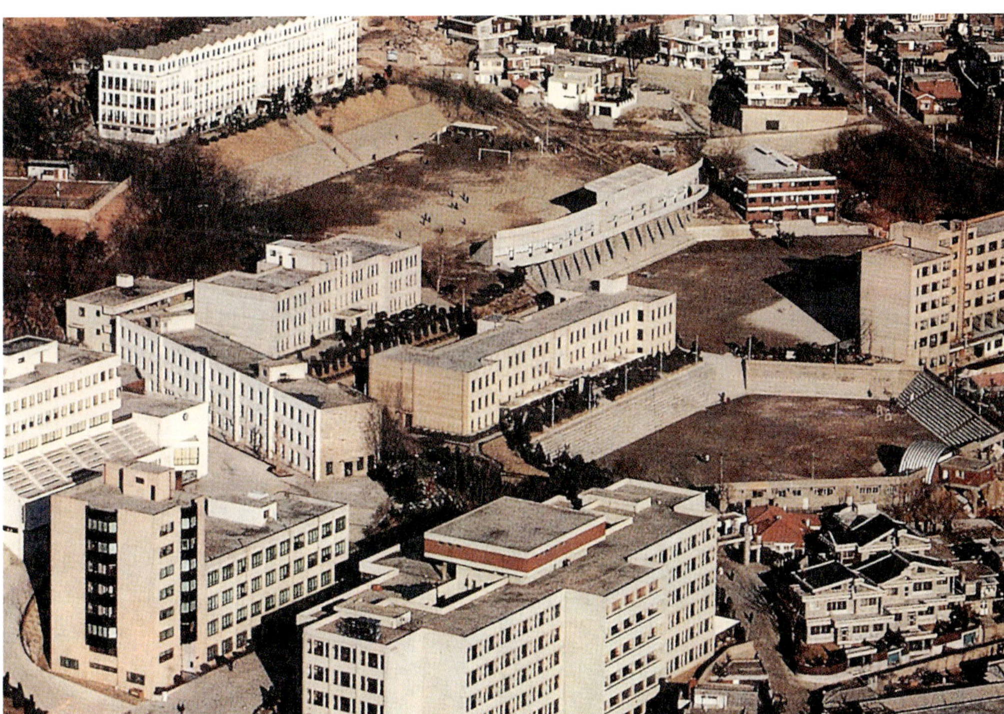

1970년대 한남캠퍼스 중앙에 위치한 범정학관 정면에 노천극장이 자리하고 있다.

노천극장 준공(1972.09.26)

범정체육관 전경(1981)

이곳에서는 나중에 입학식, 졸업식도 열려서 재학생들에게 많은 추억을 남겨주는 명소가 되었다.

본격적인 대형 운동장도 새로이 생겼다. 1974년 5월에 당시 서울캠퍼스 내에 있던 단국중학교와 단국공고 교사동 앞의 운동장(종합운동장)과 사범대 앞의 운동장(축구장)을 조성하는 공사를 시작했다. 이 공사는 단순히 운동장을 조성하는 것에 더해 그때까지는 하나로 구분 없이 쓰고 있던 운동장을 양분하는 스탠드를 신축하면서 종합운동장 쪽에도 스탠드를 추가 설치하는 대형 프로젝트였다. 트럭 5천여 대 분량의 마사토와 흙을 새로이 투입하고 150여 대의 불도자와 페로더, 연인원 6,000여 명의 인력을 투입한 끝에 1년 만인 1975년 5월에 준공할 수 있었다. 이 공사로 체육 전공 학생뿐만 아니라 운동부도 체계적인 훈련을 할 수 있는 최소한의 시설을 갖게 되었다. 또한 한 번에 1만 5천여 명을 수용할 수 있는 스탠드가 생기고, 사범대 앞 스탠드에는 부수적으로 15개의 서클룸(동아리방)도 생겨나면서 학과별 체육대회나 단체 행사가 활성화되는 효과도 거둘 수 있었다.

종합대학 전기에 해당하는 이 시기에 체육시설 측면에서 가장 주목할 만한 일은 실내 체육관을 신축한 것이다. 실외 운동장이 정비, 신설되어 학생들의 체육활동이 활발해지자 학교 당국은 대형 실내 체육관을 짓기로 했다. 1976년 6월 21일에 기공하여 18개월의 공기를 거쳐 1977년 11월 개교 30주년을 맞아 뜻깊은 개관식을 가졌다. 체육관의 이름은 설립자 범정 장형 선생의 창학정신을 기리는 취지에서 '범정체육관'이라 지었다.

체육관 규모는 철근 콘크리트 구조에 연건평 1,366평(4,508㎡)으로 최대 5,000명을 수용할 수 있었다. 당시 한국을 대표하는 실내 체육관인 장충체육관이 2,400여 평에 최대 8,000명을 수용하는 규모였다. 당시 한국의 실정에 비추면 대학체육관으로서는 최고 수준을 자랑할 만한 시설이었다. 이 체육관 준공을 계기로 체육교육과는 한국의 어느 대학과 견주어도 손색없는 교육시설을 갖추고 계절에 상관없이 실기 종목을 수련할 수 있게 되었다. 동시에 일반 재학생들도 농구, 배구, 체조, 배드민턴 같은 실내 종목의 실기 교육을 체계적으로 배울 수 있게 되었다.

이러한 학내 체육 시설의 대대적 신축, 보강 사업이 진행된 것은 종합대학 승격이 10주년을 가까이 갈수록 대학의 면모가 일신하고,

全檀國人의 염원속에

梵亭體育館 개관

3日, 開校30周年 紀念式

叡智로 成長한 檀國表象

◇開館테이프를 끊는 朴正淑 理事長, 理事, 李甲成 先生, 張忠植 總長

설립자 범정 장형 선생의 창학정신을 기리는 취지에서 체육관 이름을 "범정체육관"이라 명명하고 개교 30주년을 맞이하여 개관식을 거행했다.(단대신문 제506호, 1977.11.03)

교세 역시 빠르게 발전하고 있음을 의미하는 것이다. 실제로 종합대학 승격 전인 1967년도 신입생 모집 정원은 390명이었는데 10년 만에 905명으로 약 2.5배가 증가해 대학의 규모가 급속도로 커지고 있었다. 장충식 총장의 아마추어리즘을 기본으로 한 비인기 종목 운동부 육성 정책은 교세 발전과 함께 각종 대회 참가 실적이 눈에 띄게 좋아지는 결과를 거두고 있었다. 이 역시 단과대학기와는 달라진 단국스포츠의 새 면모였다.

특히 럭비부는 1970년대 들어 전국체육대회, 전국 종별 선수권대회, 대학리그전 등 전국 규모 대회에서만 8차례의 우승과 3차례의 준우승을 차지해 전국 최강의 위치를 차지하고 있었다. 조정부 역시 창립 10년도 안되는 신생팀이었지만 전국대회 우승 및 준우승을 9차례나 차지하며 새로운 전통을 만들고 있었다. 스키부는 창단 초기에는 노르딕에서 두각을 보이다가 이후 김남응, 고태현이 가세하면서 알파인 종목을 석권하기 시작해 1972년부터 학생스키 선수권대회를 4연패하는 기염을 토했다. 김남응, 고태현, 어재석 등은 대회마다 2관왕, 3관왕의 기록을 경신했고, 신설 빙상부도 최재석을 중심으로 '동계스포츠 명문'의 전통을 개척해 나갔다. 씨름부 역시 1974년 창설하여 불과 2년 만에 단체전 우승을 차지해 한국 씨름사에 새로운 역사를 쓰기 시작했다.

한남캠퍼스 전경(1980년대)

개교 30주년(종합대학 승격 10주년)을 앞둔 1976년의 교내 체육 및 스포츠 관련 상황을 정리하면 다음과 같다.

- 개설학과 : 사범대학 체육교육과(신입생 모집정원 : 40명)
- 소속 교원(담당과목) : 유인현(체육원리, 트레이닝방법, 맨손체조), 김지학(체육심리학, 체육측정학, 신체기능학, 구기), 강용호(체육관리, 육상경기, 구기, 맨손체조), 임경순(보건체육, 스키, 구기), 오현환(체육사회학, 교양체육, 구기)
- 운동부(창립연도~해체연도) : 럭비부(1955~), 농구부(1955~1965, 1967~1972, 1976~), 테니스부(1974~), 태권도부(1957~), 복싱부(1961~), 미식축구부(1963~1965), 필드하키부(1963~1964), 체조부(1967~), 조정부(1966~), 스키부(1968~), 검도부(1968~), 수영부(1969~), 육상부(1970~) 사격부(1972~1973), 펜싱부(1972~1975), 씨름부(1974~), 축구부(1976~), 빙상부(1976~)

개교 30주년을 넘어 성숙기로 접어든 우리 대학은 1977년 천안시에 198,000㎡(6만여 평)의 부지를 확보하고 같은 해 8월부터 토목공사를 시작했다. 지금의 천안캠퍼스를 신축하려는 첫걸음을 뗀 것이다. 1차 캠퍼스 조성 사업은 캠퍼스 진입로를 신설하고, 7,900㎡ 규모의

개교식을 앞둔 천안캠퍼스 전경(1978)

천안캠퍼스 공사 현장에서 작업을 지휘하는 장충식 총장(1977.09)

산업학관(4층)을 신축하는 것이다. 특이한 일은 캠퍼스 진입로와 교사동 짓기도 숨가쁜 일정 속에서 2만5천여 명을 수용할 수 있는 운동장을 동시에 신축한 점이다. 400m 정규 트랙과 스탠드, 본부석과 선수 대기실, 샤워 및 화장실을 갖춘 본격적인 종합운동장이었다.

당시 장충식 총장은 천안캠퍼스 재학생들이 비록 신생 대학에 다니는 상황이겠지만 그럴수록 대학문화의 기본인 단체활동, 특히 스포츠 활동을 즐길 수 있도록 해야 겠다는 생각을 가지고 있었다. 이를 위해 제대로 된 체육시설을 만들기를 원했고, 일차로 대형 종합운동장을 준공한 것이다. 천안캠퍼스는 개교 당시 '단국대학교 천안분교 산업대학'으로 인가를 받았다. 경영학과, 농학과, 전자공학과, 건축공학과, 토목공학과 등 5개 학과 350명의 정원으로 출발했다. 개교식은 1978년 3월 13일에 가졌다. 장충식 총장의 '종합운동장 최우선 건설'의 철학에 담겨 있는 경영 방침은 학생 중심으로 대학을 운영하겠다는 의지의 결과이다. 이후로도 천안캠퍼스 마스터 플랜을 진행하는 과정에서 교육에 필수적인 강의동을 지으면서 재정적 압박을 무릅쓰고 동시에 학생식당(1980. 6 준공), 학생기숙사(1980. 4 준공)를 서둘러 지었다. 이후 학생회관(1986. 9 준공), 체육관(1987. 3 기공)을 신축했다. 천안캠퍼스 개교 후 인문학관, 제1과학관, 치과대 교사동 및 치과대병원, 농학관을 줄이어 건설하던 상황과 당시 기울인 재정 투자의 규모를 감안할 때 장충식 총장의 강력한 의지 없이 이뤄질 수 없는 일이었다.

천안캠퍼스 산업대학 개교식
(1978.03.13)

특히, 1985년 당시 서울캠퍼스에 중앙도서관(건평 17,755평)을 신축하면서 천안캠퍼스에도 같은 규모의 도서관을 지으려 했다. 그러나 재학생들이 서클 활동이나 문화 활동을 하고 싶은데 관련 시설이 없어 힘들다는 총학생회의 청원과 여론조사를 듣고, 도서관 대신 학생회관 건설로 선회한 일은 장충식 총장의 학생 중심 교육관을 상징하는 일화이다. 이에 따라 서울캠퍼스에는 연건평 58,600여㎡의 중앙도서관이, 천안캠퍼스에는 63,000㎡의 학생회관이 들어섰다, 또한 천안캠퍼스 학생회관을 지으면서 체육관도 새로 지었다.

체육관은 향후 체육대학 신설과 이를 천안캠퍼스의 핵심 단과대로 성장시키려는 발전 전략의 일환이었다. 당시 전두환 정부는 1982년 3월에 '체육부'를 발족했고, 야구, 축구, 씨름 등을 프로리그로 발전시키는 등 전면적이고 저돌적으로 스포츠 진흥정책을 추진하고 있었다. 스포츠 전문인력의 수요와 산업적 발전 전망이 확실할 때였다. 장충식 총장은 시대적 요구를 수용해 '86, '88 스포츠과학학술대회를 유치해 준비하고 있었다. 이에 따라 1987년 3월 5,100여 명을 수용할 수 있는 종합실내체육관(연건평 12,800㎡)을 기공했다.

이처럼 스포츠 기반 시설이 대대적으로 확충되면서 우리 대학은 본격적인 대학 스포츠 활성화를 추진하기 시작했다. 그 첫 번째 조치

천안캠퍼스 체육관 기공식(1987.03.17)

가 학내 운동부의 운영을 총괄할 행정 기구의 신설이었다. 1980년 당시 학내 운동부는 14개였다. 국가적 스포츠육성정책으로 운동부 신설은 활발해지고 있었지만 체계적인 선수 관리, 각 운동부들에 대한 행정지원과 예산관리 등을 전담할 부서는 없었다. 이를 해결하려는 대책이 운동부 관리 전담 부서, 즉 체육부의 신설이었다. 이 같은 업무는 학생처 체육과에서 담당하고 있었는데 이를 '체육부'로 확대하고 부속기관으로 그 위상도 승격시킨 것이다. 부속기관은 대학의 창학이념과 교육목표를 실현할 보조 기구라는 취지를 담고 있다. 체육부가 대학의 교육목표를 구현할 핵심적 역할을 해야 한다는 적극적이고 진취적 인식을 담고 있는 조치였다. 설치 규정에서 "각 운동부서의 합리적 운영을 기함으로써 과외활동과 본교 체육진흥에 이바지함"이라 목적을 명확히 하고 있다. 체육부에는 부장 1인, 행정 직원, 그리고 각 운동 종목 별로 코치 1인씩을 두기로 하였다. 초대 체육부장은 럭비부 출신이면서 그때까지 학생처 체육과 과장으로 근무하고 있던 윤원호 선생이 맡았다. 1980년 대 각 종목별 담당 감독 혹은 코치는 다음과 같다(괄호 속은 부임연월).

▲럭비부 김연수('77.03) ▲축구부 이동진(감독 '76.03), 하상섭('86. 12) ▲농구부 하문수('82.03) ▲조정부 이경학('81.01) ▲스키부 고태현('77.05) ▲빙상부 최재석('82.03) ▲씨름부 허형욱('82.03) ▲테니스부 표건웅('74.03) ▲야구부 강문길(감독 '84.07) ▲레슬링부 김봉조('84.03)

체육부 설치와 동시에 주목할 만한 조치가 체육위원회의 발족이다. 체육부가 전문 스포츠의 영역이지만 동시에 대학 교육의 일환이라는 점을 고려해 학내 스포츠 활동 전반에 대한 기획, 예산 및 결산 심의, 운동선수 자격 심사, 운동부 신설과 폐지, 선수 출전 정지 및 해제 등을 총괄하도록 했다. 또 체육위원회 위원들이 주요 운동부의 부장을 겸임해 대학의 교육적 원칙이 스포츠 현장에 반영토록 했다. 초대 위원장은 박무성 교수(문리대 사학과)가 맡도록 했다. 이 같은 기구와 제도 정비는 현재도 유사한 형식을 유지하고 있는데 이로써 스포츠 정책과 학내 전문 체육(운동부)이 대학 교육의 범주 안에서 활동하면서 종목별로 합리적인 경기력 향상과 전적 관리를 할 기반을 갖게 된 셈이었다.

학내 스포츠 진흥을 위한 제도 정비와 함께 장충식 총장의 스포츠계를 중심으로한 활동이 두드러지고 있었다. 장 총장은 대학스키연맹 회장(1970), 대학축구연맹 회장(1977), 대학체육위원회 위원장(1977), 대학농구연맹 회장(1979)을 역임하면서 이미 대학스포츠를 이끄는 리더로 활동하고 있었다. 대한체육회 이사를 거쳐 KOC(한국 올림픽위원회) 부위원장으로 활약하고 있었다. 1981년에 제24회 올림픽을 서울로 유치하는 데 성공한 전두환 정부와 스포츠계는 국제 스포츠 외교를 대폭 강화해야 했다. 그 임무 중 하나가 장충식 총장에게도 떠맡겨졌다. 같은 해 7월에 열린 제11회 하계유니버시아드 대회에 한국 선수단장으로 참여하게 된 것이다. 이 대회는 루마니아 부쿠레슈티에서 열렸다. 당시만 해도 동서냉전이 극심한 때였다. 루마니아는 그중에서 가장 강력한 공산주의국가였다. 장충식 단장은 한국선수단장으로서 선수단 인솔도 중요했지만 서울올림픽의 성공을 위해 동서냉전과 대립을 넘어설 스포츠외교를 펼치는 게 더 중요한 임무였다. 이미 서울올림픽 유치 단계에서 동구권과 중동권에 대한 접촉면을 확대시켜 온 장충식 총장이었기에 원만한 성과를 거두었고, 이를 계기로 장충식 총장은 각종 선수단장, 심지어 남북한 청소년축구선수권대회 단일팀 단장도 맡게 된다(제4장 3절 참조).

1981년 교육대학원에 체육교육 전공이 설치되었다. 학부를 넘어서 석박사과정으로 연구 역량의 지평이 넓어졌고 그만큼 우리 대학 체육학의 역량이 축적됐다는 뜻이기도 했다. 뒤이어 학교 당국은 1982년 10월, 천안캠퍼스에 체육학과를 신설했다. 천안캠퍼스에 최초의 체육학 전공이 출범한 셈이며, 오늘의 체육대학이라는 거목을 낳을 새싹을 심은 셈이었다. 체육학과 개설에 따라 서울캠퍼스 체육교육과에 재임하던 오종한 교수가 학과장으로 부임해 창설 작업을 주도했다. 천안캠퍼스에서 교양체육을 맡고 있던 김재규 교수 역시 체육학과로 소속을 옮겼다. 이후 김재규 교수는 1987년 사회체육학과 신설에 따라 해당 학과장으로 보임했다. 학과에서 단과대로 체육학 관련 학과의 성장이 빨라지는 과정에서 옥정석, 유태균, 박광동,

강신욱 교수 등이 관련 전공을 맡아 천안캠퍼스 체육 관련 학과의 정착을 이끌었다.

천안캠퍼스 체육학과는 창립 당시 40명의 입학정원으로 출발했는데, 학과 운영이 안정된 1984년에 같은 규모의 입학 정원으로 경기지도학과를 신설했고, 1985년 첫 신입생을 선발했다. 이 무렵 우리 대학의 체육교육과 연구 부문에 획기적인 이벤트가 발생했다. 장충식 총장이 주도를 해 제10회 서울아시안게임과 제24회 서울올림픽 스포츠과학학술대회 수행 기관으로 선정된 것이다. IOC가 주관하는 글로벌 스포츠 이벤트인 올림픽과 아시아올림픽평의회(OCA)가 주관하는 아시안게임을 개최하는 국가는 스포츠과학 분야의 국제학술대회를 열도록 의무화하고 있다. 스포츠와 관련된 심리학, 생리학부터 사회학까지 전반적 분야를 포함한 과학자들이 전 세계에서 1,500여 명 이상 모이는 학술대회이자 체육학자들의 축제이다.

이처럼 대형의 국제학술행사를 유치한 것은 우리 대학으로서는 개교 이래 최대의 도전이었고, 국가적으로도 서울올림픽과 아시안게임의 성패를 가늠할 중대사였기에 더욱 큰 중요성을 가진 행사였다. 이에 앞서 장충식 총장은 KOC(한국올림픽위원회) 부위원장으로서 '84 LA 올림픽 스포츠과학 학술대회를 사전 답사하는 대표단의 단장으로 해당 대회를 상세히 살펴보기도 했다. 우리 대학이 이 학술대회의 수행 기관으로 위촉되리라는 것은 이 때 예측 가능한 일이었다. 그 이면에

'86아시안게임스포츠과학학술대회 개회식에서 개회사를 하고 있는 중재(1986.09.16)

'88서울올림픽스포츠과학학술 대회조직위원회 명패

스포츠과학 학술대회 소식

1988.8/제 8 호

대회준비 마무리 한창

8 월 28일부터 현장체제로

스포츠과학학술대회조직위 직원들은 대회 마무리 준비에 총력을 기울이고 있다.

오는 8월 28일부터는 대회장으로 사용될 단국대 천안캠퍼스로 운영본부를 옮겨 본격적인 현장 체제로 돌입, 각 회의장의 장비설치에 들어간다.

또한 9월 5일부터 9월 8일까지는 전부서가 대회 근무체제로 전환하며 대회 관련 상황 접수와 보고 및 전파 업무를 담당하는 '대회 종합상황실'은 24시간 근무체제를 갖추게 된다.

이에 앞서 단국대 천안캠퍼스 체육관이 3월 25일 15:00에 그 개관식을 갖는다.

지난 '86년 아시아 게임 기간중에 열렸던 학술대회의 경험을 살려 이미 오래전부터 대회준비에 만전을 기해 온 대회 진행요원들은 여름 휴가도 자진 반납한바있다.

행사요원발대식

학술대회의 성공적 개최를 다짐하는 행사요원 발대식이 지난 7월 15일 오후 3시, 단국대 천안캠퍼스 실내체육관에서 1,000여명의 임원, 자원봉사요원 등이 참석한 가운데 성대히 거행되었다.

이날 장충식 위원장은 인사말을 통해 이번 학술대회의 성공 여부는 자원봉사자등 행사요원들에게 달려있는 만

1. 단국대 천안캠퍼스 체육관내부
2. 자원봉사대표 김주성(단대 경기지도과 3년)군과 김지성(단대 체육과 3년)양의 선서 모습
3. 행사요원 발대식
4. 부서별 직무교육

홍보실

전산실

등록부

'88서울올림픽스포츠과학학술 대회 소식지(1988.08)

'88서울올림픽스포츠과학학술대회 환영 리셉션에서(좌측부터) 박세직SLOOC위원장, 장충식 총장, 사마란치 IOC 위원장

는 장충식 총장의 스포츠에 대한 애정이 크게 작용했고, 이 같은 중대 국가적 행사를 유치하여 성공시킴으로써 작게는 학내 체육학의 연구와 교육 역량을 단기간에 극대화시키고, 크게는 천안캠퍼스의 위상을 강화하면서 의과대학 설립의 난제를 푸는 원동력으로 삼겠다는 발전 전략도 깔려 있었다. 장충식 총장은 1984년 11월에 '86아시안게임, 88올림픽 스포츠과학 학술대회 조직위원회'를 발족시켰다. 사무실은 당시 우리 대학이 강남구 논현동에 소유하고 있던 단국빌딩에 두고 태권도 실기와 체육사를 전공한 정찬모를 사무총장으로 임명했다.

1986년 9월 16일부터 사흘 간 아시안게임 학술대회가 열렸다. 서울아시안게임은 같은 달 20일로 예정되어 있었다. 체육사, 스포츠철학, 스포츠교육, 스포츠심리학, 스포츠사회학, 체육행정, 특수체육, 평생체육, 무용, 운동생리학, 운동역학, 스포츠의학 등 체육학 전 분야를 망라한 총 175편의 논문들이 선보이고 토론을 거쳤다. 내외국인 합쳐 724명의 학자들이 참석하는 대형 행사였지만 연구 결과 공유만이 아니라 문화 체험이나 체육 이벤트를 통해 우의를 나누기도 했다. 예정대로 모든 행사를 순조로이 마친 학술대회는 서울아시안게임이 개막하기 하루 전 모든 행사를 마치고 무사히 끝났다.

우리 대학으로서는 동양학연구소를 중심으로 연간 1회, 혹은 필요에 의해 간헐적인 국제 학술회의를 가져왔지만 단기간에 200명이 넘는 외국 학자들이 캠퍼스에 모이고 연인원 2천여 명이 넘는 인원이 학술회의를 갖기는 처음이었다. 체육학 분야에서는 국내에서도 유례를 찾기 힘든 경험이었다. 80년대 중반인 당시 천안시의 상황에서도 도시의 국제화에 큰 동력이 되는 대회였다. 이 대회를 무사히 성료함으로써 우리 대학은 2년 뒤인 서울올림픽 스포츠과학학술대회도 잘 치룰 수 있다는 노하우와 자신을 얻을 수 있었다.

스포츠과학학술대회 유치와 대회 준비를 시작하는 이 시기에 우리 대학 체육학, 스포츠 분야는 빠르게 발전하기 시작한다. 우선 1985년 6월에 스포츠과학연구소를 설립하고, 1986년 11월에 천안캠퍼스에 체육학과, 경기지도학과에 이어 사회체육학과를 신설하면서 체육대학으로 승격시켰다. 각 학과별 40명씩 모두 120명의 모집 정원을 가진 단과대가 탄생한 것이다. 체육학과로 첫발을 뗀 지 4년 만에 이룬 결실이었다. 스포츠과학연구소는 앞의 스포츠과학학술대회 유치와 관련해 향후 관련 연구를 활성화하려는 필요성이 작용했다. 연구소는 그 설립 배경에 따라 당시 임박한 스포츠 과학학술대회 준비 작업을 측면에서 지원하는 데 많은 기여를 했다. 다른 한편으로 연구원들의 연구 활동을 촉진해 우리 대학 체육 관련 학과의 교수 요원으로 양성하는 기능도 함께 수행했다. 오종한 교수가 초대 소장으로 취임했고, 이유찬 교수, 심상신 교수, 정재환 교수 등이 연구원으로 활약했다.

체육시설 측면에서도 서울캠퍼스에 운동부 전용 기숙사를 신축했다. 당시 운동부는 대부분 서울캠퍼스에 소속되어 있었고, 훈련 역시 서울에서 이뤄졌는데 운동부 선수들의 기숙사가 없어 각 종목별로 처한 환경에 맞춰 흩어져 생활하고 있었다. 1985년 10월에 착공, 1986년 8월에 준공했다. 당시 서울캠퍼스 난파기념음악관 뒤편에 위치했던 운동부 기숙사는 지하 1층, 지상 3층에 연건평이 2,290㎡로 136명이 생활할 수 있었다. 기숙사에는 회의실, 체력단련실, 식당 등이 골고루 갖춰져 있었다. 전용 기숙사를 확보해 체육부 사무실도 입주하여 선수들의 학교생활 및 훈련, 복지를 효율적으로 관리할 수 있는 계기가 되었다.

시설만이 아니라 운동부도 규모가 커지고 있었다. 운영 중이던 운동부는 다음과 같다.

▲럭비부(1955~) ▲농구부(1976~) ▲테니스부(1974~) ▲조정부(1966~)
▲스키부(1968~) ▲수영부(1969~) ▲씨름부(1973~) ▲축구부(1976~)
▲빙상부(1976~) ▲야구부(1981~) ▲레슬링부(1984~) ▲역도부(1984~)

특히 1981년 3월에 야구부가 창설되었는데 배수찬 초대 감독과 21명의 선수로 출발했다. 창단한 3월에 처녀 출전한 제15회 대통령기 쟁탈 전국야구선수권대회에서 4강을 차지해 야구계를 놀라게 했다. 이후 국제대회에서는 호성적을 거두었으나 국내대회에서는 난조를 보이며 부진한 상황을 면치 못했다. 침체기를 겪던 야구부는 1990년대 들어 한국 대학 야구를 대표하는 강호의 위치를 차지하게 된다.

1976년에 창단한 축구부는 초기에는 1, 2학년 선수 중심이어서 제대로 기량을 선보이지 못하다가 1981년 제17회 추계 대학연맹전에서 첫 우승컵을 드는 쾌거를 이뤘고, 설정현, 이용성, 박정선, 김영우, 윤희승 등의 청소년 국가대표 선수를 배출했다.

이 시기에 화려한 승전보를 울린 운동부는 조정부, 빙상부, 스키부, 씨름부였다. 조정부는 국내 최고권위인 조정선수권대회에서 해마다 종목별로 1위를 차지하였다. 특히, 선수들의 체력과 기량이 가장 극적으로 드러나는 에이트와 무타페어 종목에서 강세를 보여 국내에서는 이 기간 중에 최강의 위세를 떨쳤다. 조정부는 당시에 국내 수준을 넘어서 해외에서 열리는 조정 대회에 한국을 대표해 출전을 계속했다.

체육부 기숙사

스키부, 全大會席巻

지난해의 부진 말끔히 해소

高泰鉉·魚在石君 銀嶺누벼

◇高泰鉉君

◇魚在石君

◇宣周成君

冬季스포츠 銀嶺의 제전인 스키대회에 출전한 스키部는 금년도시즌의 전경기를 석권하여「스키强國」의 진가를 발휘했다.

지난8일 용평스키장에서 3일간의 경기를 끝낸 제29회 全國學生스키선수권대회 남대부에 出戰한 高泰鉉선수는 회전, 대회전, 신복합등 3종목을 휩쓸어 3관왕이 되었으며, 역시 남대부회전에 출전한 魚在石도 57초8을 기록 高泰鉉과 함께 나란히 우승했다. 魚在石은 첫날에 벌어진 남대부활강 1천4백m에서도 1분12초1로 우승하여 2관왕이 되었다.

또 남대부 40km거리경기에서도 本校가 우승, 전종목을 휩쓸어 개가를 올렸다.

이로써 스키部는「全國體典 동계스키大會」를 비롯, 올시즌에 벌어진 각종 스키대회 전 종목에서 宣周成, 魚在石, 高泰鉉등이 優勝, 지난해의 부진에서 벗어나「스키强國」의 진면목을 과시했다.

張忠植總長 留任

大學蹴球聯盟任員 재구성

張忠植總長이 지난해에 이어 다시 大學蹴球聯盟會長에 留任되어 금년에도 會長職을 맡는다.

大學축구연맹은 지난4일 새집행부를 구성했는데 李仲範 學生處長을 부회장에, 尹元鎬 학생처 체육과장을 總務겸財務로 각각선임했다.

또 同聯盟은 李東鎬코치를 技術委員으로선임했다.

李코치는 大韓축구협회기술위원회기술위원으로도 선임되었다.

한편 새로 구성된 대학축구연맹 집행부 임원명단은 다음과같다.

▲會長=張忠植總長 ▲副會長=李仲範학생처장, 金相謙(高大체육위원회 상임위원 ▲專務=崔永根(慶熙大코치) ▲競技=張雲洙(延世大코치) ▲總務·財務=尹元鎬체육과장 ▲審判=韓貴錫(中央大) ▲섭외=金良鎬(漢陽大)

◇銀嶺의 曲藝師…魚在石君의 回轉모습.

스키부 전 대회 석권(단대신문 제482호, 1977.03.10)

특히, '86아시안게임에 우리 대학 9명의 선수가 모두 한국 대표 선수로 출전했고, 에이트와 무타페어 종목에서 동메달을 차지했다.

스키부 역시 1977년 고태현 선수의 3관왕, 어재석 선수의 4관왕 기록 등이 줄을 이으면서 한국 스키를 대표하는 선수를 배출했다. 1980년대부터는 국제무대로 지평을 넓혀 스키부 소속 선수들이 한국 스키의 밑거름을 쌓는 선구자 역할을 했다. 특히, 전영해가 1986년 일본 삿포로에서 열린 제1회 동계아시안대회에 출전, 은메달과 동메달을 획득하는 신기원도 열었다.

씨름부는 1970년대 말부터 전성기를 달렸다. 이준희, 허형욱, 장용철 등의 주역들이 절정의 기량을 과시해 1977년부터 10년 간 전국대회급 단체전에서 차지한 우승이 16회 이상이나 된다.

빙상부는 창단한 지 3년 만인 1979년 제9회 회장기쟁탈 전국남녀 빙상대회에서 종합우승을 차지하는 기염을 토했다. 이후 1983년들어 선수들이 성숙한 기량을 선보여 전국남녀빙상대회는 3연패를, 대학대항전국빙상대회는 4연패를 차지했다. 당시 최재석, 나윤수, 배기태, 황익환, 김기훈 등으로 이어지는 단국대 빙상부 선수들은 대회마다 한국 신기록을 갈아치우고 있었고 언론의 각광을 받았다.

이처럼 우리 대학 체육부는 1980년대가 시작되면서 국가적 스포츠 진흥 정책에 힘입고, 장충식 총장의 스포츠 분야 리더십도 강화되면서 그 발전의 양과 질이 모두 가속화되었다. 1970년대 후반부터 1980년대 중반까지 단국대 스포츠는 전문스포츠, 스포츠 연구와 교육 분야에서 다양한 열매를 맺기 시작한 시기였다.

3. 종합대학 중기(1987~2006)

개교 40주년을 맞이하는 해, 1987년 2월에 한국 동계스포츠의 금자탑을 쌓는 사건이 일어났다. 그 금자탑은 단국인이 열었다. 빙상부 배기태가 주인공이었다. 배기태는 네덜란드 하렌빈에서 열린 '세계스피드 스케이팅 선수권대회'에서 남자 500m 경기에 출전해 1위를 차지했다. 한국 스포츠 역사에서 처음 있는 일이었다. 특히 단거리는 폭발적 에너지를 사용해야 하는 종목이어서 동양인들은 서양인에 비해 불리하다는 것이 그동안 빙상계의 정설이었다. 배기태는 이런 고정관념을 몸으로 깨뜨렸다. 그의 쾌거는 그동안 인기 종목의 그늘에 있던 한국 동계스포츠를 국민의 관심과 열정을 받게 만드는 계기였다. 동시에 1년 앞으로 다가온 서울올림픽의 성공적 개최에 전력을 기울이고 있던 당시 사회 분위기에서 배기태 선수의 세계 제패는 동계스포츠 지도자와 선수들에게 '할 수 있다'는 자신감을 불어넣은 일이기도 했다.

이 시기 우리 대학은 중요한 스포츠 행사를 앞두고 있었다. '88서울올림픽 스포츠과학학술대회가 1년 앞으로 다가온 것이다. 그 무대가 천안캠퍼스인 만큼 각종 시설 투자가 활발했고, 그 결과로 착공 15개월 만인 1988년 8월 25일에 천안캠퍼스 체육관이 문을 열었다. 체육관은 지하 1층, 지상 4층에 연면적이 12,830㎡(3,800평)이다. 5,144석의 관람석 외에도 교수실, 강의실, 체력단련실, 보조경기장, 체조실, 무용실, 선수대기실 등 스포츠 관련 강의와 실습, 경기와 훈련을 모두 소화할 수 있는 종합체육관의 면모를 갖췄다. 이 체육관은 다음 달에

裵基兌(經營·3) 세계정상에 우뚝

비인기종목 육성 노력의 결과

◇裵基兌선수

裵基兌선수(商經大·經營·3)가 지난14일 네덜란드 하렌빈에서 개최된「세계 남자 스피드 스케이팅 선수권대회」첫날 5백m경기에서 37초04를 기록, 2위인 니롤라이 구라예프(소련)을 0·20초 차이로 따돌리며 우승을 차지하였다.

이는 裵선수가 서독 인젤에서 전지 훈련도중 자신이 세운 37초47의 한국신기록을 6일만에 0·43초 단축한 것이며 이러한 裵선수의 기록은 세계 신기록인 36초57에 불과 0·47초 뒤지는 것으로 한국 빙상계에 새로운 이정표를 세웠다.

또한 裵선수는 15일 열린「세계 남자 스피드스케이팅 선수권대회」마지막날 1천5백m에서 자신의 신기록인 1분59초25를 3초71단축하는 1분55초54를 기록하여 새로운 한국신기록을 수립하였다.

또한 국내에서는 本校의 빙상부가 활발한 활동을 벌이고 있는데 지난 6일 태릉링크에서 열린「제21회 전국 남·여 대학빙상 경기대회」에서 남자 5백m、1천5백m、3천m、5천m의 종목을 휩쓸어 남자종합 1위를 차지하기도 하였다.

한편 스키부는 지난 18일 포천 베어스타운 스키장에서 폐막된「서울시 협회장배 쟁탈 스키대회」회전경기에서 金東允(商經大·經營·3)이 1분23초12를 기록하며 남자 대학부 우승을 차지하였으며 같은 대회에 출전한 朴美玉(文理大·史學·4) 崔京善(師範大·特敎·1)도 각각 1분55초64와 1분57초45를 기록, 여자대학부 우승과 준우승을 나란히 차지하였다.

해설

네덜란드 하렌빈에서 개최된「세계 남자 스피드 스케이팅 선수권 대회」에서 이룩한 本校 裵基兌선수의 한국신기록은 지금까지 낙후종목으로 인식되었던 한국 빙상의 활성화 계기를 마련한 것이라 할 수 있다.

羅潤洙(大學院, 碩士課程)의 뒤를 이어 한국 빙상계를 대표하게 된 裵선수는 코너웍이 일품으로 평가받고 있다.

이처럼 本校의 빙상부가 국내에서는 물론 해외에서까지 좋은 성적을 올리고 있는 것은 그 동안 낙후종목으로 인식되어 오던 빙상부를 스카웃에서부터 꾸준히 육성해 왔던 결과라고 풀이할 수 있다.

이로서 本校는 겨울종목에 대하여서는 국내 정상을 다시 확인하게 되었으며 이번 계기가 촉발제가 되어 인기종목에서도 만족할만한 성과를 거둘수 있도록 노력에 박차를 가해야 할 것이다

세계스피드스케이팅선수권대회 남자 500m에서 우승을 차지한 배기태는 동계스포츠 지도자와 선수들에게 "할 수 있다"는 자신감을 불어넣어주었다.(단대신문 747호, 1987.02.17)

제1회 동계아시안게임 금메달 획득 기념 펼침막(1986.03.01)

빙상부 세계 제패 기념 환영식(1987.02.28)

천안캠퍼스 체육관은 1988년 8월 25일에 완공하였으며, 철제 콘크리트 구조로 지하 1층, 지상 4층, 연면적 12,830㎡평 규모로 '88 서울올림픽 스포츠과학학술대회 등 크고 작은 행사의 주요 시설로 활용하고 있다.

열린 서울올림픽스포츠과학학술대회의 주무대가 되었으며, 이후 지금까지 천안캠퍼스 스포츠인들의 요람으로 자리 잡고 있다.

교육 부문에서도 1986년 11월에 체육대학을 신설하며 체제 정비를 하였는데, 사회체육학과를 신설하고 기존의 이공대학 체육학과와 경기지도학과를 체육대학으로 소속 변경하였다. 그 후 1988년 10월 무용학과를 신설하며 1989년부터 체육학과, 경기지도학과, 사회체육학과 및 무용학과의 4개 학과 체제로 운영하였다. 초대 체육대학장은 유인현 교수가 부임했다. 이후 일부 교수들의 정년퇴임이 있어 교수진의 교체 및 보강이 이뤄졌다. 서울캠퍼스 체육교육과 유태균 교수가 천안 체육학과로 소속 변경되었고, 옥정석과 최종진이 신임교수로 임용되었다.

1987년을 기준으로 서울캠퍼스 체육교육과와 천안캠퍼스 체육대학의 교수진은 다음과 같다.

■ 서울캠퍼스 사범대학 체육교육과(주요 담당 과목)

김지학(신체기능학), 임경순(동계스포츠), 강용호(체육관리), 오현환(체육사회학), 이종철(학과장, 기계체조), 유태균(기능학)

■ 천안캠퍼스 체육대학

▲체육학과(운동처방재활학과) : 유인현(체육대학장, 레크레이션), 오종한(체육지도법), 옥정석(운동생리학)

▲경기지도학과 : 정찬모(체육측정평가), 강찬금(학과장, 체육원리), 최종진(스포츠행정)

▲사회체육학과 : 김재규(학과장, 비교체육)

▲무용학과 : 송수남(한국무용), 김정수(발레), 김현숙(한국무용), 김혜정(현대무용)

이처럼 내적으로는 체육교육과와 체육대학의 교수진 강화, 스포츠과학연구소 설치 및 연구원 보강 등을 통해 체육학 연구의 내실을 다지던 우리 대학은 1988년 서울올림픽(9월 17일 ~ 10월 2일)에 앞서 '스포츠과학학술대회'를 개최했다. 학술대회의 주제는 '체육의 새로운 전망'이었고, 같은해 9월 9일 시작해 15일 폐막했다. 7일 동안 열린 이 대회는 천안캠퍼스 체육관, 학생회관을 주무대로 활용했고, 캠퍼스 전체에서 문화행사, 예술 공연 등이 이뤄져 세계 스포츠과학자들의 '학술축제'로 승화했다는 호평을 받았다. 당시 서울올림픽이 대회 역사상 최대 규모가 될 것이라는 전망이 있었지만 우리 대학의 학술대회 역시 역대 최대 규모인 58개국 1,670명의 학자들이 참가해 대성황을 이루었다.

우리 대학은 원활한 대회 진행을 위해 12개 분과를 나누고 해당 분과와 유사한 전공을 가진 교사동에 논문 발표장을 설치했다. 각 발표

단국의 자랑 빙상부 김기훈
환영식(1988.03.02)

장에는 한국어, 영어, 프랑스어 동시 통역 시설을 설치해 참가자들의 소통을 도왔다. 이외에도 개막 리셉션, 단축 마라톤, 참가자 환영 리셉션, 단국대 국악과의 공연, 창극 춘향전 공연, 한국무용 공연, 미술 창작 전시회 등을 준비했다. 이들 행사는 모두 단국대 교수, 학생, 동문들이 힘을 모아 준비했는데 이 과정에서 우리 대학의 예체능 창작 및 공연기획 등 전반적인 역량이 국제 수준으로 높아지는 부수 효과도 거두었다.

학술 분야에서 단국대의 위상이 세계 무대에 오르는 이 무렵, 우리 대학 빙상부는 한국 동계스포츠를 세계 수준으로 끌어올리기 시작했다. 1987년 2월에 세계 남자 스피드 스케이팅 대회 500m에서 우승한 바 있는 배기태가 같은 해 11월에는 국제스피드스케이팅대회 남자 일반부 500m 부문에서 다시 우승을 차지한 것이다. 뒤이어 12월에 열린 월드컵 스피드 스케이팅 대회 3차 대회에서도 500m, 1,500m에서 각각 1위, 3위를 차지하는 쾌거를 이뤘다. 배기태가 가는 길이 한국 빙상계의 신기원이었던 시절이었다.

단국인이 스피드 스케이팅의 개화기를 만들던 이 시기에 우리 대학 김기훈은 쇼트트랙 부문에서 같은 기록을 열어갔다. 김기훈은 1988년 2월 캐나다 맥스벨아레나에서 열린 캘거리동계올림픽 시범경기에 출전했다. 김기훈은 이 대회 쇼트트랙 남자 1,500m 경기에서 세

제16회 알베르빌동계올림픽 대회 한국대표선수단 개선 환영식(1992.02.25)

계기록을 세우며 우승을 차지하였다. 쇼트트랙이 1992년 알베르빌동계올림픽에 정식 종목으로 채택되기 전에 열린 대회이고 시범 종목이었지만 국민에게 주는 감동은 정식 종목 금메달에 못지않았다. 이후 김기훈은 기대에 부응해 차기 동계올림픽에서 2관왕에 올라 한국이 동계스포츠 불모지에서 강국으로 발전하는 이정표를 만들게 된다. 김기훈은 1988년~1994년까지 올림픽, 유니버시아드 등 국제대회에서만 금메달 8개와 은메달 6개, 동메달 4개를 획득해 '국민선수'라는 사랑을 받게 된다.

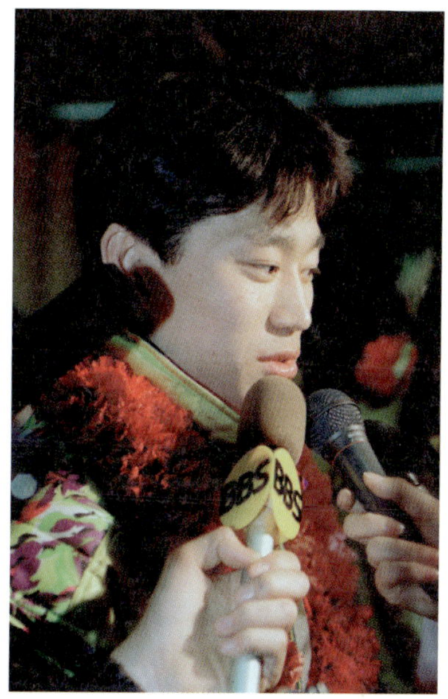

알베르빌동계올림픽에서 2관왕에 오른 김기훈이 방송사와 인터뷰하고 있다.

이 무렵 단국대 빙상부의 위력은 절정을 치달았다. 폴란드에서 열린 '93동계유니버시아드에서 이준호, 송재근이 쇼트트랙 1,000m와 5,000미터 계주에서 금메달을 획득하는 것을 비롯해 이준호 선수가 4관왕에 오르는 기염을 토했다. 언론에서는 우리 대학을 '한국 빙상 메달의 요람'이라 부르기에 이르렀다. 남들이 경시하던 동계스포츠라는 불모지를 대학 차원에서 씨를 뿌리고 거름을 주며 묵묵히 땀 흘려 일궈온 단국대의 의지가 빛을 보는 순간이었다. 이 결실의 순간을 만든 주인공은 장충식 총장이었다. 그리고 이 같은 장 총장의 집념이 다시 한번 필요한 시기가 왔다.

빙상부, 맹위 떨쳐

배기태 화려한 은퇴
김기훈 3관왕 영예

제2회 동계아시아경기 결과

지난 9일부터 14일까지 일본 삿보로에서 개최된 「제2회 동계 아시아경기대회」에서 본교 빙상부는 금메달 5개와 동메달 2개를 획득하는 쾌거를 거두었다.

이번 대회를 끝으로 은퇴를 선언한 배기태선수(대학원·4학기)는 스피드스케이팅 1천m와 1천5백m레이스에 출전, 각각 1분15초43과 2분48을 기록하며 금메달을 차지했다.

또한 쇼트트랙 부분에 출전한 김기훈선수(상경대·경영·90년졸)는 1천m와 1천5백m에 출전하여 1분43초26과 2분33초50을 기록하며 우승을 안았다.

이어 김선수는 5천m 계주에서도 모지수선수(사범대·수교·3)와 1천m에서 동메달을 따낸 권병철선수(사범대·한교·3)등과 함께 출전, 7분39초28로 우승, 3관왕의 영예를 차지하기도 하였다.

그러나 이번 경기를 대비해 서독, 스위스 등 5개국에서 전지훈련을 가진 오용석군(사범대·수학·3)과 제갈성열군(사범대·특교·2)은 스피드 부분에서 배기태선수의 뒤를 이을 선수로 기대를 모았으나 오군은 5천m에서 3위, 제갈군은 5백m부분에서 6위에 그치는 등 저조한 기록을 보여 아쉬움을 남겼다.

한국빙상에 금자탑을 세운 금번 결과에 대해 최재석 빙상부 감독은 「동계아시아 경기대회의 좋은 성과는 4,5전부터 실시해온 재학생들의 해외전지훈련을 통한 노력의 결과」라고 분석했다.

한편 레스링 그레고만형 68kg 부분 국가대표 선수인 문충식군(사범대·수교·3)은 1월22일부터 지난 14일까지 노르웨이 피어젠트 국제레슬링대회를 비롯한 소련, 불가리아, 헝가리 등 4개국을 돌며 치뤄진 국제경기에서 은메달 3개, 동메달 1개를 차지하기도 했다.

▶날렵한 동작으로 코너를 질주하는 배기태선수.

삿포로에서 개최된 제2회 동계 아시아경기대회에서 빙상부는 금메달 5개와 동메달 2개를 획득했다.(단대신문 제823호, 1990.03.20)

노태우 정부는 '민족자존과 통일 번영을 위한 특별선언'을 1988년 7월 7일 발표했다. 서울올림픽의 성공을 계기로 자신감을 갖게 된 노태우 정부는 변화하는 세계 정세에 맞춰 '북방정책(냉전체제를 벗어나 소련, 동구권과 관계 개선을 하고, 한반도의 평화 체제를 구축하려는 외교 전략)'을 추진했다. 이후 남북한 양측은 물밑 접촉을 통해 남북체육회담을 갖기로 하고 대표단을 구성했는데 노 대통령은 장충식 총장을 남한 측 수석대표로 선임한 것이다. 장 총장은 평북 용천 출신으로 실향민이면서 체육인이라는 점과 인기에 영합하지 않고 뚝심 있게 학원스포츠를 육성해 온 점이 긍정적인 작용을 한 것으로 풀이된다. 수석대표로서 장충식 총장은 회담장에서 대표단의 자율성을 최대한 보장한다는 전제 아래 협상에 임했다.

대망의 1차 회담이 1989년 3월 9일 판문점 남측지역 '평화의 집'에서 열렸고 이후 단가와 단기를 합의하여 큰 기대와 관심을 불러일으켰다. 불행히도 베이징 아시안게임이 임박해지면서 세부 사항에 이견이 커지면서 결국 1990년 2월 7일 열린 9차 회담을 끝으로 결렬에 이르렀다. 아쉬움에 막을 내린 남북체육회담이었지만 이 과정에서 장충식 수석대표는 스포츠를 통한 민족화합의 가능성을 여는 성과를 거두었다.

그 성과는, 첫째, 향후 남북한이 단일팀, 혹은 상호 응원에 활용할 수 있는 공통 단기(한반도기)와 단가(아리랑)를 만들었다. 둘째, 비방이나 욕설을 삼가고 논의와 현장 중심의 회담 운영 방식을 자리 잡게 했다. 셋째, 양보와 긍정의 자세를 보여줘 상호 신뢰의 분위기를 조성했다.

보이지 않지만 알찼던 밑거름은 이후 1990년 9월, 베이징에서 열린 아시안게임에서 극적인 결실을 맺기에 이른다. 이 대회 기간 중 남북한은 비밀리에 회담을 갖고 솔직한 대화를 가진 끝에 해방 뒤 끊어졌던 서울-평양 상호 방문 축구대회를 열게 했다. 국민들은 오랜 냉전체제의 긴장과 대결 구도 속에서 살아오다 서울올림픽에 동구권 국가의 젊은이와 체육학자, 체육지도자들이 서울에 오고, 공산주의 국가인 중국에서 열린 아시안게임에 우리 젊은이들이 가서 마음껏 기량을 뽐내고 종합 2위에 오르는 광경을 보며 감격했다. 이윽고 서울과 평양을 오가며 축구 경기를 직접 구경하기에 이르자 '민족과 통일'이 우리 옆에 있는 문제라는 걸 실감하게 되었다.

이후 1990년 11월부터 1991년 2월까지 장충식 수석대표의 주도 아래 4차례의 체육회담이 열리고, 마침내 1991년 4월에 열리는 제41회 세계탁구선수권대회와 6월에 열리는 제6회 세계청소년축구대회에 남북단일팀으로 출전하게 되었다. 탁구대회에서 여자 단체전 우승과 종합 3위의 호성적을 거두었고, 청소년축구대회에서도 8강에 진출했다. 한반도기와 아리랑이 온 나라를 흔들었고, 국민들은 감격에 겨워 눈물을 흘렸다. 스포츠가 아니면 만들 수 없는 감동이고, 장충식 총장의 인내와 성실한 회담 추진이 아니면 불가능한 일이었다. '민족의 분단을 극복할 인재를 길러내겠다'던 설립자 범정 장형 선생의 창학정신이 장충식 총장과 단국스포츠를 통해 실현되는 순간이었다.

국가스포츠 분야에서 이뤄지는 우리 대학 스포츠 분야의 호성적과 장충식 총장의 올림픽 리더십, 체육회담 리더십은 대학 발전을 끌어내는 에너지로 작용하고 있었다. 우선 대학 학사 구조로 대표되는 교세의 확대 추세였다. 장충식 총장이 취임하던 1967년 당시 3개 단과대에 17개 학과, 모집 정원은 370명이었다. 그러나 서울올림픽과 남북체육협상과 단일팀 출전 등이 지나간 뒤인 1993년은 18개 단과대에 94개 학과, 모집 정원은 4,339명에 이르는 거대 대학이 되었다. 종합대학 승격 이후 25년 만에 1,170%라는 경이로운 성장세를 거뒀다.

특히, 서울캠퍼스의 모집 정원은 1,989명인 반면에 천안캠퍼스는 2,350명이었다. 단순히 모집 정원 규모만이 아니라 천안캠퍼스에는 체육대학, 치과대학, 의과대학 등 오늘날 바이오 헬스로 구분되는 보건 관련 전공이 체계적으로 증설되고 있었다. 특별히 주목할 일은 의예과의 신설이었다. 박정희 정부가 끝날 때까지 의과대학는 전국 19개 대학뿐이었다. 이 가운데 6개가 국공립대였다. 이후 우리 대학은 전두환정부 시절에 의예과 신설을 인가받았다. 의예과 설치는 전국 대학과 보건복지부, 교육부, 의사협회 등이 모두 신경을 곤두세우는 민감한 문제였다. 당시만 해도 의과대 설립은 대학에 대한 '특혜'로 인식되던 때였다. 의예과 신설부터 의과대학 인가까지 의사들의 협조를 구하고, 교육부를 설득하고, 최종 결재권자인 대통령의 결심을 구하기까지 적잖은 고비가 있었다. 하지만 그때마다 장충식 총장의 스

천안캠퍼스에 체육대, 치과대, 의과대 등 바이오 헬스 관련 전공을 증설해 오는 가운데 단국대학교병원 개원(1994.04.23)으로 보건 의료 체계를 완비했다.

포츠계 활동이 긍정적으로 작용했다는 점을 장충식 총장은 회고록을 통해 밝힌 바 있다.

> 나는 여러 해 동안 국제 스포츠 외교를 위해 정부의 지원 요청을 받으면 이를 수용했다. '86 아시안게임과 '88 올림픽 유치를 위해서 활동하고 다섯 번이나 유니버시아드 대회 및 북경 아시안게임 단장으로 봉사한 일을 정부 요로에 상기시켰다. 이처럼 정부에 도움을 줬으니 국립대학 의대 정원을 감축하게 되면 그 감축되는 수만큼 우리 대학 천안캠퍼스에 신설하는 의대 정원으로 충당해 줄 것을 호소했다. 말하자면 단국대가 정부를 위해 노력을 했으니 이번에는 정부가 단국대의 숙원을 풀어 달라는 논리였다. 문교부와 청와대 그리고 국회에서도 어느 정도 내 희망과 요청에 관심을 가져 주는 것 같았다. (장충식, 『시대를 넘어 미래를 열다』, p.519, 노스보스, 2011.)

이후 여러 우여곡절이 있었지만 1987년 10월에 의예과 설치를 인가받았고 1989년 의과대학도 인가를 받아 기존 이공대학 소속이던 의예과를 의과대학으로 소속 변경할 수 있었다. 의과대학 설립만이 아니라 체육교육 부문에서의 전공 신설도 활발했다.

1974년 일반대학원 석사과정에 체육학과가 개설되는 것을 시작으로 1989년에 박사과정이 설치됨으로써 학사-석사-박사로 이어지는 학위과정이 완성되었다.

학부 과정은 1995년 김영삼 정부가 교육개혁을 주장하며 단과대 체제를 학부제로 전환토록 했다. 이에 따라 체육대학은 1988년 신설된 무용학과를 포용하고 기존 학과는 스포츠과학부로 재편되어 체육대학 내에 스포츠과학부와 무용학과로 구성되었다. 개교 50주년이 되는 1997년 9월 당시 학과 및 소속 교수는 다음과 같다.

■ 서울캠퍼스 사범대학 체육교육과(명예교수 제외)

오현환(학과장), 이종철, 정찬모(학생처장), 김재호, 허진영

■ 천안캠퍼스 체육대학

▲스포츠과학부 : 강용호, 강찬금, 김재규(체육대학장), 강신욱(체육학과장, 학부장), 박광동, 심상신, 옥정석, 이유찬(사회체육학과장), 최종진(학생처장), 정재환, 조현익(경기지도학과장), 김용만

▲무용학과 : 송수남, 김정수(학과장), 김현숙, 김혜정

제49회 전국종별럭비풋볼선수권대회 우승(1996.05.05)

1997년 전국춘계럭비풋볼선수권대회 우승(1997.04.08)

1985년 설립된 스포츠과학연구소는 개소 당시부터 총 30종의 측정 장비와 분석기를 갖추고 꾸준히 논문집을 발행하고 있었다. 초대 오종한 교수에 이어 정찬모, 조현익 교수가 소장을 맡아왔다. 장충식 총장은 정책적으로 연구소 소속 연구원들에게 해외 연수를 보내도록 했다. 김재규(미국), 이종철(일본), 유태균(미국), 이유찬(일본), 심상신(미국), 오현환(미국), 이석준(헝가리), 조현익(헝가리), 박광동(미국) 등이 1년간 현지에 파견되었다.

대학 교세의 발전상에 못지않게 운동부의 활약도 대단한 시기였다. 1997년 기준 활동 중인 전문 운동부는 럭비부, 축구부, 농구부, 야구부, 조정부, 스키부, 빙상부, 씨름부 등 8개 부가 있었다.

럭비부는 1990년대 초반에는 약간 부진했지만 1996년 부활의 빛을 발했다. 같은 해 5월에 열린 제49회 전국 종별럭비풋볼선수권대회에서 강호 고려대를 꺾고 대망의 우승을 차지하였다. 1985년 이후 전국 규모 대회에서 11년 만에 우승을 차지하는 감격적 순간이었다. 부활의 신호탄을 쏘아 올린 럭비부는 그해 7월, 제7회 대통령기전국

전국대학야구춘계리그전 우승
(1990.04.30)

제40회 백호기종합야구선수권
대회 우승(1990.05.31)

종별선수권대회에서 우승을, 1997년 전국춘계대학럭비풋볼리그전'에서도 강호들을 연파하며 우승을 차지해 럭비 명문의 전통을 크게 떨쳤다.

1981년 창단한 야구부는 1987년 추계전국대학야구선수권대회에서 준우승을 차지해 재학생들의 관심을 불러일으켰다. 최훈재, 나광남, 박상익 등 호타준족의 선수들이 실력을 발휘하기 시작했다. 1990년 야구부는 정상의 위치에 오른다. 전국대학야구춘계리그전에서 창단 후 첫 우승을 차지하더니 제40회 백호기전국종합야구선수권대회와 제71회 전국체육대회에서 내리 우승을 차지해 전국대회 3관왕에 올랐다. 재학생들은 야구부의 활약에 목이 터지도록 응원을 거듭해 전 캠퍼스가 야구 열기로 가득차기도 했다.

전통의 강호인 조정부의 활약도 눈부셨다. 조정부는 에이트와 무타페어에서 특히 강세를 보여 대회를 나가면 우승을 차지해 다른 대학의 원망을 들을 정도였다. 1988년부터 1997년까지 해당 부문에서만 전국대회 40회 이상의 우승을 차지했고 종합우승은 11차례나 차지했다.

빙상부의 전적은 더욱 강력하고 화려해졌다. 1994년 2월, 노르웨이에서 열린 랄레함메르 동계올림픽에서 김기훈이 남자 1,000m 경기에서 우승을 차지해 마침내 금메달을 조국에 선사했다. 이후 국내대회에서도 각종 신기록, 단체전 및 개인 우승을 차지해 국내 빙상의 중흥기를 이끌어 나갔다. 이 무렵 김기훈, 모지수, 오용석, 이준호, 강창식, 이호웅 등이 태극마크를 달고 국내외 대회에서 단국인의 긍지를 높였다.

1987년 당시 우리 대학에는 10개의 전문 운동부가 있었다. 체육부는 이들 각 운동부를 산하에 두고 행정 및 예산 지원, 재정 관리 등을 맡고 있었다. 체육부 산하 운동부와 코치진은 다음과 같다.(괄호는 부임연도)

▲부장 : 윤원호, 과장 : 임화선

▲럭비부 : 김연수('77.03)

▲축구부 : 이동진(감독, '76.03), 하상섭(트레이너, '86.12)

▲농구부 : 하문수('82.03)
▲조정부 : 이경학('82.03)
▲스키부 : 고태현('78.03)
▲빙상부 : 최재석('82.03)
▲씨름부 : 허형욱('82.03)
▲테니스부 : 표건웅('74.03)
▲야구부 : 강문길(감독, '84.07)
▲레슬링부 : 김봉조('84.03)

체육부는 1995년 1월 '체육실'로 승격되었다. 체육부의 활동 범위가 넓어지면서 대학의 전문 체육을 관장하는 전담 기구의 위상을 높이겠다는 의지가 반영된 결과이다. 초대 실장은 윤원호 체육부장이 승진해 보임되었고, 민정식을 이어 정찬모 교수가 뒤를 이었다. 과장으로는 임화선에 이어 고태현 스키부 감독이 겸직하도록 했다. 이후 테니스부와 레슬링부가 해체되어 8개 운동부가 활동을 이어갔다.

이처럼 전성기를 누리던 우리 대학의 체육활동은 1993년 김영삼 정부가 출범하면서 뜻밖의 충격을 받는다. 노태우 정부의 뒤를 이어 집권한 김영삼 대통령은 이전 정권(박정희 - 전두환 - 노태우)이 모두 군인 출신이며 권력의 뿌리가 군부에 있었다고 규정했다. 자신은 문민 출신 정치인이고 직선제 선거로 선출했으니 진정한 민주적 정부라 주장하며 새 정권을 '문민정부'로 단정했다. 집권 후 김영삼 정부는 금융실명제 도입, 하나회(군부내 사조직) 해체 및 공직자 재산공개, 군사쿠데타 관련자 재판 회부 등 대대적인 사정개혁을 전개했다. 대학교육에 대해서는 입시부정을 조사하여 전국 대학들의 총장, 재단의 이사장들이 구속되어 재판에 넘겨지기도 했다.

1993년 7월 20일, 우리 대학에도 교육부가 특별감사를 실시했다. 처음에는 입시부정 혐의가 있다고 해서 시작되었는데 이후 별다른 증거를 찾지 못했다. 감사 끝무렵에 이번에는 단국대 재단 회계감사를 중심으로 한 종합감사로 전환했다. 학생과 재단의 분규도 없었고, 교수나 학생들이 대학 당국에 비리를 규탄하는 갈등도 없었다. 오히려 앞서 각 운동부의 대외 활동이나 교세의 발전에 나타나듯 대학은 개교 이래 가장 활발한 성장세를 보이고 있었다. 문민정부의 사학비리 수사에도 포함되어 있지 않은 상황에서 '입시부정'을 앞세운 감사가 '재정감사'를 주로 한 종합감사로 확대되는 과정을 지켜본 이들은 정부의 의도가 무엇인지 의문을 제기했다.

> (당시 교육부의 사학비리 수사가 진행된 과정과 배경을 점검한 뒤) 형평성에 관련하여, 동국대, 경기대 등의 경우 심각한 학내 분규로 학생들이 무더기로 제적당하고, 심한 싸움이 벌어지는 등의 사회문제로 대두됨에도 이에 대해서는 아무런 조치도 없이, 단국대는 알 수 없는 제보와 한 경찰서의 수사 과정을 돕는 과정에서 전면적인 감사를 진행한 것은 상식적으로도 올바른 처사가 아니라는 판단이다. 더구나 객관적인 사회 인식은 장충식 총장을 비롯한 단국대에 대한 정치보복이라는 인식이 지배적인 것도 결코 간과할 수 없는 대목이다. (5·6공 시절의 체육 관계 정부 대표를 여러 차례 역임, 단대부고의 전교조 복직, 보상이 강력한 교육부의 반대에도 불구하고 진행됨) 〈25대 총학생회의 유인물 '우리의 고민을 말끔하게 정리하기 위하여' 중에서〉

총학생회의 상황 인식은 결코 근거 없는 편견이 아니었다. 교육부의 종합감사는 감사를 끝내고 약 30일(한 달)이 지난 뒤 공개하고, 행정처분과 후속 조치를 하는 것이 관례이다. 그러나 우리 대학은 종합감사를 끝낸 뒤 10일 만에, 아직 행정조치 관련 공식 서류는 받지도 못한 상태에서 언론을 통해 결과를 알게 되는 황당한 일을 당했다. 감사결과 처분은 당시 장충식 총장과 이용우 이사장을 해임하고, 단국대는 과도한 빚이 있으니 이를 한 달 안에 변상 혹은 해결하라는 것이었다. 교육부가 할 수 있는 최강의 강도를 가진 조치였다. 여러모로 어색하고 부자연스러운 진행이었고, 결과였다. 총학생회가 위의 성명서를 공표한 것은 이 같은 사태의 진행 과정에 의문을 제기하는 것이었다. 물론 그 이유를 장충식 당시 총장은 알고 있었다. 장충식 당시 총장은 회고록을 통해 1993년 종합감사 당시의 배경을 밝힌 바 있다. 비록 정치적인 배경에서 비롯된 일이지만 우리 대학의 진로, 특히 단국 스포츠의 행로에 깊은 영향을 준 사건이므로 기록에 남기고자 한다.

감사가 진행되는 와중에 나는 오병문 교육부 장관을 면담했다. 오병문 교육부 장관은 나의 대학 선배이자 교육계 선배로서 내가 존경하는 분이었다. 그런데 김영삼 정권의 초대 교육부 장관으로 부임되어 나를 처음 만난 자리에서 내게 한 첫마디가 어처구니없는 말이었다.

"노태우 전 대통령으로부터 300억 원을 받은 사실이 있는가?"

불문곡직 던지는 그분의 말은 너무나도 터무니없는 질문이라 나는 잘라 말했다.

"그 말씀은 장관님한테서 안 들은 것으로 생각하겠습니다. 상식적으로 생각해 보아도 정부의 보조금이 아니고서는 어떻게 전직 대통령으로부터 3억 원도 아닌 300억 원을 받을 수 있습니까?"

이어서 나는 조목조목 따지듯 말했다.

"장관님 말씀대로 노태우 전 대통령으로부터 300억 원을 받았다면 무슨 명목으로 돈을 받을 수 있으며 또한 전직 대통령이 은밀히 돈을 준다든가 맡긴다면 이는 분명히 부정한 돈인데 내가 공모를 하지 않는 이상 어떻게 그런 거금을 받을 수가 있겠습니까?

딱 한 번 청와대에서 노 대통령과 오찬을 한 적은 있고, 그리고 김구 선생 유족들과 저녁 만찬을 한 일이 있지만 두 번 모두 빈손으로 나왔습니다. 비서실을 거쳐 만인이 보는 데서 어떻게 300억 원이라는 현금을 운반할 수 있겠습니까? 그리고 수표로 300억 원을 받았다 해도 이 돈을 은행에 예금을 한다면 당장 그 출처를 알 수가 있는데 아무런 증거도 근거도 없이 어떻게 이런 터무니없는 추궁을 할 수가 있는 것입니까?"

내가 강력히 항변하자 오 장관은 한술 더 떠 사실대로 말하지 않으면 검찰에 고발하겠다고 협박을 하였다. 그 말에 나는 실소를 금할 수 없었다. 대화가 통하지 않았다.

"장관님 맘대로 하세요."

한마디를 던지고 나는 돌아서 나왔다. 부정 입학을 감사한다고 했다가 모든 재무 관련 종합감사를 하고, 내 개인 통장을 뒤지고, 대학의 사무실, 연구실, 서고, 창고를 뒤진 데는 그런 까닭이 있었던 것이다. 노태우 전임 대통령의 비자금이 단국대에 숨겨져 있을 거라는 단정을 내리고 있었다. 비로소 숨겨진 원인을 알 수 있었다. (장충식, 『시대를 넘어 미래를 열다』, p.447, 노스보스, 2011.)

말하자면 권력의 심층부에서는 장충식 총장이 노태우 정부에서 스포츠를 통한 북방정책의 핵심적 역할을 했으니 노태우 전 대통령의 비자금이 단국대에 흘러들어왔을 것이라는 예단을 했던 것이다. 동시에 대통령 선거 당시 김영삼 후보 진영에서 제안한 선거자금 헌금을 외면한 데 따른 정치적 보복도 같이 작용했다. 물론 정치자금도 주지 않았고, '노태우 비자금'도 없었다. 정치자금에 엮일 능력도 없었고, 그런 일을 하면서 대학 경영을 할 장충식 총장도 아니었다. 결국 장충식 총장은 감사 결과를 책임지고 26년 만에 총장직에서 물러났다.

대학은 갑작스러운 리더십 부재에 혼란스러워했다. 그러나 전통 있는 사학으로서 단국인들은 마음을 모아 대학을 지키는 '구교운동'에 나섰다. 구교운동의 핵심은 두 가지였다. 하나는 관선이사 파견 반대, 둘은 발전 기금 모금이었다. 관선이사 파견 반대는 교육부로 대변되는 국가권력이 대학경영의 자율성을 해치는 일을 막으려는 의도였다. 발전 기금은 당시 교육부가 지적한 대학의 부채를 한 달 안에 정상화하라는 조치를 이행하려는 의지를 보여주자는 것이었다. 이 두 가지 핵심 사업을 실천하기 위해 동문, 교수, 직원, 학생들이 모두 하나로 모여 중심 기구를 만들었다. 1993년 8월 27일 발족한 '범단국인구교추진협의회'가 그것이다. '구교협의회'가 설립되자 총학생회는 '관선이사 파견 반대 청원서'를 교육부와 청와대에 보내고 가두 시위를 하기까지 했다. 문제가 생기면 학교 당국과 재단을 규탄하고 관선이사를 파견해달라 조르는 일이 다반사였는데 학생들의 이 같은 구교 캠페인은 사회에 신선한 자극이 되었다. 동문들도 총동창회를 중심으로 긴급 회의를 갖고 관선이사 반대 성명서를 전달하며 즉석에서 1,700만 원의 구교기금을 모았다. 학생들도 개강 회식비를 모아 구교기금으로 내거나 학교 앞 노점상들이 기금을 모으는 등의 미담이 이어졌다. 직원들은 급여 100%를 구교기금으로 기부하기로 했다. 이 같은 구교운동에서 특별히 두각을 보인 것은 우리 대학 체육인과 체육을 전공한 동문들이었다.

특히, 체육교육과 동문들은 모교의 구교운동에 동참하겠다며 8월

"대책 없는 징계조치, 관선이사 반대한다." "단국이 하나되어 학원을 되살리자"는 구호를 걸고 총학생회 주최로 구교운동 토론회가 진행되고 있다(1993.08.18).

25일 경 3,300만 원의 구교기금을 헌납했다. 당시 대학의 한 학기 등록금이 인문계는 80만 원, 이공계가 90만 원 안팎이었음을 고려하면 350여 명의 후배들에게 전액 장학금을 줄 수 있는 거액이었다. 이처럼 뜨거운 모교애를 실천하는 체육과 동문들의 중심에 '체육과동문회'가 있었다. 학과 단위 동문회로서는 우리 대학에서 가장 오랜 전통과 내실을 인정받고 있는 체육과동문회는 1974년 12월에 '체우회'라는 이름으로 창립했다. 최종진 동문(체육교육과 3회 졸업)이 초대 회장으로 선임되었다. 이후 1979년 '체육과동문회'로 명칭을 변경해 활발한 활동을 펼쳐왔다. 1987년에는 모교의 체육대학 신설과 졸업 20주년 기념 축하회를 열어 서울, 천안 캠퍼스 체육계열 동문들이 끈끈한 우애를 과시하기도 했다.

이 동문회는 후배 재학생(대학원생 포함)들을 위해 같은 해 체우장학회를 세우고 해마다 2명에서 4명 정도의 후배들에게 장학금을 후원했다. 그러다가 1993년 종합감사와 장충식 총장의 곤경, 모교의 구교운동 소식을 듣자 그동안 적립한 장학기금 전액을 구교기금에 헌납해 감동을 주었다. 뿐만 아니라 1997년부터 모교 체육교육과 후배들을 위해 다시 장학기금을 적립하는 외에도 동문 테니스대회나 동문 체육교사 연수회 등 다양한 친선 행사를 펼치고 있다.

1993년 여름의 위기는 그보다 더 강한 단국인의 단합으로 안정을 찾아갔다. 그러나 장충식 총장이 사퇴를 해야 했고, 관선이사체제는 막았지만 5명의 이사를 교육부가 추천하여 대학 경영에 입김을 넣게 되었다. 이후 우리 대학은 개교 50주년을 맞는 중대한 시기에 대학 발전을 주도할 중심 에너지가 부재하는 혼란기를 겪어야 했고, 다방면에서 침체 분위기를 피할 수 없었다. 가뜩이나 단국대 의료원 신축 사업을 펼치느라 어려웠던 대학의 재정은 장충식 전 총장이 대학 경영의 일선을 떠난 이후 금융계의 신뢰가 약해지며 자금 융통이 더 어려워지는 계기로 작용했다. 위기를 벗어나려면 문제의 핵심인 재정난을 해결해야 했고, 이를 위해서는 대학 재단의 적극적인 타개책이 필요했지만 관선 이사가 지배하는 이사회는 시간만 보내고 있었다. 그 와중에 1994년 1월 6일자 일간지 보도로 대학은 걷잡을 수 없는 갈등에 휘말리게 된다.

보도 내용은 "단국대가 한남동캠퍼스 부지 4만 여 평(132,000㎡)을 2천451억 여 원에 팔고 1998년까지 이전을 한다."(『매일경제신문』, 1994.01.06)는 요지였다. 가뜩이나 침체된 대학의 분위기는 느닷없는 일방적 보도로 큰 충격과 혼란에 빠졌다. 기사를 분석하면 어디로 이전하겠다는 '대상 지역'도 없음을 알 수 있다. 대학 재단으로서는 대학의 이전 대상지를 새로 확보하고, 관련된 마스터플랜을 만들어 학내 구성원들에게 공청회와 설명회 등을 거쳐 이전 사업을 공론화할 시간이 필요했다. 그리고 새 캠퍼스 부지를 매입하려면 자금이 필요했고, 이를 마련하기 위해 한남동 부지 매입을 원하는 사업체로부터 자금을 융통해야 했었다. 이런 일련의 과정이 다 생략된 채 서울캠퍼스가 이전을 하려고 대학 부지를 팔았다는 식의 기사가 일방적으로 보도됨으로써 학내 구성원들은 '구교운동을 했더니 한남동 교정이 우리 몰래 팔렸다'는 논리로 이해하게 되었고 깊은 배신감마저 갖게 된 것이었다.

보도 다음 날부터 학생들은 본관 점거, 단식농성, 대학 재단 사퇴 같은 일찍이 보기 힘든 수준의 단체 행동을 벌였다. 교수와 직원들도 불신에 휘둘려 찬반 격론을 벌이며 불안해 했다. 이후 우리 대학은 극심한 갈등을 겪어야 했고, 지금의 죽전캠퍼스 부지(1,072,500㎡)를 확보

단국대학교신캠퍼스 기공식(1996)

해 1996년 7월 19일 대망의 기공식을 가졌다. 물론 신캠퍼스 신축 공사를 착공했다고 학내문제가 해결된 것은 아니었다. 대학과 재단의 재정난은 더욱 어려워졌고, 김영삼 정부의 경제 실정이 겹쳐 급기야 건국 이래 최대 경제적 실패라는 외환 위기가 덮치면서 우리 대학의 재단도 부도라는 타격을 받았다. 대학 교수, 직원들이 3개월 동안 급여를 받지 못할 정도의 시련이었다. 일찍이 겪어보지 못했던 위기였지만 그 속에서도 스포츠 부문의 전진은 멈추지 않았다.

체육 교육 부문에서 1996년 3월부터 체육학과, 경기지도학과, 사회체육학과를 통합하여 스포츠과학부로 만들고 학부 안에 생활체육전공, 스포츠경영전공, 운동처방전공을 두었다. 스포츠과학부와 별도로 체육대학(총 입학 정원 160명)에 무용학과가 속해 있어 총 1개 단과대학 내 1개 학부(입학 정원 120명), 1개 학과(입학 정원 40명)의 편제로 구성되었다. 체육교육과는 종전과 다를 바 없이 서울캠퍼스 사범대학에 속해 있었고, 모집 정원은 40명이었다.

대학의 혼란기에 스포츠 부문 교수들의 활동은 더 두드러졌다. 1996년 장충식 전 총장이 대학재단(법인) 이사로 재직 중 신캠퍼스 건

신캠퍼스(죽전캠퍼스) 기공식에서 단국대학교의 청사진을 밝히는 중재(1996.07.19)

설사업이 핵심 과제로 떠오르면서 대학법인의 이사장(1996년 1월)에 취임했다. 이후 1996년 9월, 천안캠퍼스 학생처장에 최종진 교수(체육대 스포츠과학부)가 보임되었고, 이듬해에는 정찬모 교수(사범대 체육교육과)가 서울캠퍼스 학생처장에 임명되었다. 대학 당국과 총학생회의 갈등이 심화되면서 이를 중재할 리더십이 필요했기 때문으로 분석된다.

한편 학령인구가 감소하는 사회적 변화 추세가 본격화되면서 학부 모집 정원의 증가가 한계에 부딪히는 시기가 왔다. 반면에 산업화와 경제발전이 고도화되면서 범국민적인 스포츠 생활화 붐이 일고 있었다. 생활체육에 대한 국민 참여율만 해도 1991년에는 37.6% 정도였는데 매년 2% 정도씩 증가하고 있었다. 이는 스포츠지도자 또는 생활체육 전문가의 인력 수요 증가로 이어지고 있었다. 이와 함께 서울올림픽 이후 태권도에 대한 세계적 관심이 높아지면서 각 나라별로 태권도를 육성하려는 경향과 생활체육으로서 태권도의 중요성도 급증하고 있었다. 스포츠 전공 교수들은 이에 따라 대학 측에 체육대학 내에 태권도학과를 신설하고 각 특수대학원 석사과정에 체육학 관련 전공도 신설할 것을 요청했다.

대학 당국은 이를 받아들여 2000년 3월, 경영대학원에 스포츠 마케팅전공을 신설했고, 천안캠퍼스에 스포츠과학대학원을 설립했다.

우리 대학의 대학원 역사에서 스포츠 관련 특수대학원이 생긴 것은 처음이었는데 최종진 교수가 초대 원장으로 취임했다. 이후 2003년 3월, 체육대학 태권도학전공을 새로이 설치하고 김영인 교수를 초빙해 학과의 기틀을 세우도록 했다. 2006년에는 이호성 교수(스포츠 손상 및 재활)를 배치했다.

스포츠과학대학원은 생활체육학과, 스포츠의학과, 스포츠마케팅학과, 태권도학과 등 4개 석사과정을 두고 있는데 122명의 석사학위자(2007년 6월 당시)를 길러냈다. 2007년 기준 주임 교수는 다음과 같다.

▲스포츠의학과 : 장석암(체육대학 운동처방학전공)
▲스포츠마케팅학과 : 김용만(체육대학 스포츠경영학전공)
▲스포츠레저지도학과 : 정재환(체육대학 생활체육학전공)
▲태권도학과 : 김영인(체육대학 태권도학과)

이후 스포츠과학대학원의 생활체육학과는 스포츠레저지도학과로 명칭을 바꾸었다. 2001년에는 교육대학원에 설치되어 있는 체육교육과를 천안캠퍼스에도 병설하여 운영했다. 이처럼 스포츠 분야 교육이 발전함에 따라 서울, 천안 양 캠퍼스의 스포츠 분야 교수도 증원되었다. 개교 60주년을 맞이할 2007년도 기준으로 학과별 교수 명단은 다음과 같다.

■ 사범대학 체육교육과
오현환, 이종철, 정찬모, 유태균, 심상신, 김재호, 허진영
■ 체육대학
▲생활체육학전공 : 강신욱, 이유찬, 정재환, 김지태
▲운동처방학전공 : 박광동, 옥정석, 장석암
▲스포츠경영학전공 : 최종진, 조현익, 김용만
▲태권도학과 : 김영인, 이호성

2000년에서 2006년까지 서울캠퍼스 이전을 둘러싼 학내 갈등이 심화되고 학생과 대학 당국의 불화도 커졌다. 이 어두운 시기에 우리

대학의 스포츠 활동은 여전히 운동부가 대학 전통을 잇는 구심점 역할을 했다. 학교 당국은 2000년 10월, 학내 운동부 관련 정책을 총괄하는 체육위원회장으로 장호성 교수(공과대학 전자공학과)를 임명했다. 종전에 스포츠 전공 교수들을 위원장으로 임명하는 관행에서 벗어나 비전공 교수가 체육위원으로 일하며 다양한 학내 여론과 기대를 운동부 운영에 반영해 보려는 취지가 담긴 조치였다. 또한 당시 체육부가 체육위원회의 활동을 통괄하고 있었던 만큼 체육부장을 체육위원장이 겸직토록하는 조치도 있었다. 이후 장호성 위원장을 중심으로 학내 스포츠 관련 교수들과 운동부 지도자들은 스포츠 분야를 향후 천안캠퍼스 장기 발전의 핵심축으로 삼아야 한다는 건의를 대학 당국에 지속적으로 건의했다. 이 결과로 2001년 대학 본부가 입안한 〈제6차 장단기 발전계획〉에 스포츠가 천안캠퍼스 특성화 전략의 핵심으로 포함되었다. 대학 발전 전략에서 스포츠가 대학특성화 핵심 육성 분야로 선정된 것은 이때가 처음이었다. 이 같은 구상은 이후 장호성 체육위원장이 2008년 총장으로 취임한 이후에 천안캠퍼스를 Bio Technic 분야를 특성화시킨다는 '비전 2017플러스' 발전 전략으로 더 강화되었다.

체육위원회의 의욕적인 활동 강화와 어려운 여건 속에서 운동부를 육성하려는 대학 당국의 의지로 각 운동부의 활약도 두드러졌다. 야구부는 1990년대의 전성기에 미치지 못했지만 2000년부터 2006년까지 전국종합야구선수권대회를 비롯해 전국 규모 대회에서 매년 한 차례씩 우승을 차지해 대학 강호의 위상을 지켰다. 스키부와 빙상부는 2000년, 제81회 전국동계체육대회에서 양쪽 다 5개 부문 우승을 차지해 위세를 떨쳤고 스키부와 빙상부는 제83회 전국동계체육대회에서도 11개 부문에서 우승을 차지하는 쾌거를 올렸다. 특히, 빙상부는 2000년, 회장배 전국남녀빙상대회에서 18년 연속 종합우승이라는 위업을 만들어내 큰 갈채를 받았다. 빙상부의 최재봉, 송석우 등이 국제대회에서 한국 빙상을 이끌어 가고 있었다. 2006 토리노 동계올림픽에서 쇼트트랙 3개 부문 우승을 차지해 국민들에게 큰 기쁨을 선사했던 진선유가 빙상부의 일원이 되어 대한민국 쇼트트랙을 이끌어 었다. 진선유는 2007 ISU 쇼트트랙 세계선수권대회에서 3관왕에 오르는 등 단국 빙상의 명성을 드높였다.

1986년부터 20년 간 단국대의 체육(스포츠)는 가장 화려한 시간을 보냈다. 특히, 스포츠 육성을 통해 재학생들의 애교심을 북돋고 국가적 스포츠 이벤트와 남북 화해 정책에 적극적으로 이바지했다는 점은 대학의 범위를 초월한 역사적 공적이라 할 수 있다. 이 과정에서 대학 발전에 필요한 정부의 지원, 단국인의 화합을 끌어낸 것 역시 소중한 자산이다. 정치인의 과욕으로 인해 시작된 불의의 교육부 감사, 필연적으로 부수되는 서울캠퍼스 이전 사업의 혼란으로 더 큰 도약의 역사를 만들지 못한 것은 여전히 아쉬운 일이다.

그러나 그 잿빛의 시간 속에서 단국 스포츠와 체육인들의 애교심은 대학의 위기를 이겨내는 소중한 원동력이었고, 단국인을 이끄는 희망이었다. 그 원동력과 희망이 새로운 시대를 열어갔다.

2006 토리노 동계올림픽 쇼트트랙 여자 1000m, 1500m와 여자 3000m 계주에서 금메달을 획득하여 올림픽 3관왕에 오른 진선유는 단국 구성원이 되어 단국 빙상의 명성을 높였다.

4. 종합대학 후기(2007~현재)

2007년 8월 30일, 죽전캠퍼스 신축공사를 완료하고 이전 기념식을 가졌다. 1994년 1월에 서울캠퍼스 이전 문제가 공론화된 이후로는 13년 만이고, 죽전캠퍼스 기공(1996년 7월)으로부터는 11년 만의 일이었다. 이 긴 시간 동안 대학은 많은 아픔을 겪었다. 1998년도에는 대학 재단이 뜻밖의 경제난에 휘말려 부도라는 시련도 겪었다. 죽전캠퍼스 완공은 달리보면 이 같은 혼란과 아픔이 일단락되었다는 방증이고, 서울캠퍼스라는 기득권을 버리고 새 출발을 한 만큼 새로운 면모를 보여야 한다는 숙제를 떠맡은 것이기도 했다.

우리 대학의 운동부 운영 측면에서도 여러 가지 개혁 작업이 불가

서울캠퍼스 이전 문제가 공론화(1994)된 이후로 13년 만에, 죽전캠퍼스 기공식(1996)으로부터 11년 만에 역사적인 죽전캠퍼스 준공 및 이전 기념식이 거행됐다(2007.08.30).

피했다. 그 첫 번째 작업이 모든 운동부를 천안캠퍼스로 이전, 통합하는 문제였다. 이전까지 야구부는 천안캠퍼스 소속이었고, 나머지는 서울캠퍼스에 소속되어 있었다. 서울캠퍼스는 각 운동부가 옥외 훈련을 할 수 있는 운동장이 부족했다. 결국 다른 대학이나 고등학교 운동장을 빌려 쓰는 형편이었다. 때론 천안캠퍼스를 왕복하기도 했다. 그러다보니 선수들이 대회 기간이 아니어도 수업을 제대로 들어갈 수 없었다. 노무현 정부를 비롯한 후임 정부들은 인권 의식을 강조했는데 스포츠계에는 선수 인권이 관심사로 떠올랐고, 그 중 핵심 과제 가운데 하나가 학생 선수들이 아마추어리즘은 고사하고 수업을 제대로 들어가지도 못한다는 지적이 공론화되고 있었다. 시설 측면에서도 서울캠퍼스가 죽전으로 이전하면서 학생 기숙사를 신축했다. 그러나 사실 이 기숙사는 탈서울에 따른 통학 시간이 급증하는 문제를 해결하기 위해 필수적인 기본 시설이어서 선수용 기숙사로 전환할 형편이 아니었다.

우리 대학은 이 같은 변화에 맞춰 천안캠퍼스로 체육부와 산하 운동부를 이전키로 했다. 마침 천안캠퍼스는 체육대학이 있었고, 해당 학과와 전공 교수들이 잘 구성되어 있어서 여러모로 더 좋은 환경을 갖추고 있는 셈이었다. 2007년 7월에 천안캠퍼스 학사재 1호관으로 체육부 사무실과 선수 기숙사를 통합 이전했다. 이때 체육부 산하 운동부는 체육부 소속 태권도부가 2005년에 창단되어 8개(럭비부, 농구부, 축구부, 씨름부, 스키부, 빙상부, 야구부, 태권도부)로 증가해 있었다.

죽전과 천안, 양캠퍼스 시대가 열리면서 가장 중요한 변화는 장호성 당시 천안캠퍼스 부총장이 총장으로 취임한 일이다. 체육위원장으로 대학 행정의 첫걸음을 뗀 장호성 총장은 이후 대학원 교학부장, 중앙도서관장을 거쳐 천안캠퍼스 부총장으로 재직하고 있었다. 죽전캠퍼스 입주 뒤에 전임 권기홍 총장이 사임함에 따라 2008년 2월에 총장으로 취임했다. 장호성 총장은 대학 행정 경험을 체육위원장으로 시작했고, 체육부장을 통합 수행했기에 체육부에 대한 이해가 깊었다. 그 일례가 2007년 무렵 한국 수영계의 기린아로 주목받던 박태환(당시 경기고 3학년)을 우리 대학에 진학토록 한 일이다. 각종 국제대회에서 신

죽전캠퍼스 상징탑 제막식과 더불어 신캠퍼스 시대가 활짝 펼쳐졌다(2007.08.30).

대한민국 대표 선수로 2008 베이징올림픽에 참가한 박태환은 자유형 400m에서 금메달, 자유형 200m에서 은메달을 획득해 전 국민을 열광하게 했다. 장호성 총장이 올림픽 금메달리스트인 박태환에게 축하의 뜻으로 기념동판을 전달하고 있다(2008.09.02).

자유형 400m에서 금메달 확정 후 기뻐하는 박태환(2008)

기록과 우승 기록을 만들던 박태환의 대학 진학은 사회적 관심사였다. 서울대, 연세대, 고려대, 한체대 등이 앞다퉈 스카우트 경쟁이 있었고, 모 대학이 깜짝 놀랄 금액 보상을 약속해서 이미 진로를 결정했다는 관측도 있었다. 장호성 당시 부총장은 체육부 관계자들을 통해 박태환 가족들이 단순한 금전적 보상보다는 선수의 미래를 함께 고민하고 배려해 줄 대학을 원한다는 정보를 들었다. 이후 장호성 부총장은 박 선수의 부모에게 장충식 전 총장 때부터 이어온 인재 육성 사업을 사례를 들어 설명하며 설득했다. 심지어 안순철 당시 기획실장(현 단국대 총장)과 함께 일본 국제수영대회가 열리는 현장을 찾아가 박 선수의 부모와 대화를 나누었다. 외국까지 찾아와 박 선수의 미래에 대한 교육적 대비까지 제시하는 장 부총장의 성실함을 믿게 된 박 선수의 부모는 대회가 끝난 뒤 바로 우리 대학 수시 전형에 지원키로 하고 그 약속을 지켰다. 이 소식은 체육계에 굉장히 신선한 충격을 줬고, 새삼 우리 대학의 스포츠가 가진 저력을 재인식시키는 계기가 되었다.

장호성 부총장이 총장으로 취임한 2008년도 베이징올림픽에서 박태환은 범국민적 기대를 안고 대회에 참가했다. 그는 400m 자유형에서 금메달을, 200m 자유형에서 은메달을 획득해 전 국민을 열광하게 했다. 그의 우승은 서양 선수들에 비해 체력이 근본적으로 열세

2008 베이징올림픽 태권도 남자 68kg급에서 금메달을 딴 손태진이 금의환향하여 동료들의 환영을 받고 있다.

여서 단거리는 세계대회 우승이 불가능하다는 편견을 깨뜨리는 한 방이었다. 이 대회에서는 손태진이 남자태권도 -68kg 부문에서 금메달을 차지해 또 한 번 큰 기쁨을 주었다. 손태진의 금메달은 이 체급에서 대한민국이 따낸 최초이자 유일한 올림픽 금메달이다.

또한 2009년 1월에 지난 1999년에 폐지했던 조정부를 재창단하였다. 당시 선수 스카우트를 둘러싼 잡음과 1998년 대학의 심각한 재정난으로 해체를 하였으나 이후 대학 조정을 이끌었던 전통을 기억하는 조정계의 지속적인 부활 요구와 침체된 대한민국 조정 종목의 발전을 위해 재창단을 결정했다. 체육위원회는 장호성 위원장이 총장에 취임(2008)함에 따라 이종철 교수(사범대 체육교육과)가 위원장직을 계승했다. 체육부장에는 최재석 감독(빙상부)이 취임해 운동부를 이끌었다. 또한 체육대학의 중심 역할을 해오던 최종진 교수(전 천안캠퍼스 학생처장)가 2009년 7월, 우리 대학 언론과 발전기금 조성, 동창회 지원 등을 총괄하는 대외협력 부총장에 취임했다.

전문스포츠 분야에서 우리 대학 선수들이 한국스포츠의 지평을 개척하는 동안 교육 분야에서 사회변화를 수용하려는 노력도 계속됐다. 경영대학원이 2009년 9월에 골프경영전공을 신설하면서 2010년 3월에는 최고경영자골프 과정도 설치했다. 스포츠과학대학원 역시 천안캠퍼스의 지역 특성을 살려 동시에 CEO골프 과정을 운영하기 시작했다. 용인과 천안, 두 도시가 골프 사업장이 밀집한 곳이라는 지역 특성을 감안한 결과이다.

2010년대 들어 체육 교육 및 연구 분야에서 가장 두드러진 변화는 학문으로서 체육학이 갖는 학술적 정체성이 뚜렷해졌다는 점이다. 주목할 만한 첫 걸음은 2003, 2006년에 김용만 교수(체육대학 스포츠경영) 연구팀이 BK21사업에 선정된 일이다. K21사업은 김대중 정부가 의욕적으로 추진한 교육개혁 사업의 일환으로 고급 전문인력을 양성해 한국의 연구 역량을 확충하자는 취지를 갖고 있다. 교육부와 학술진흥재단이 주관을 했는데 선정이 되면 안정적인 연구자금, 특히 대학원 석박사 과정생들을 지원할 수 있는 만큼 각 대학들의 경쟁이 치열했다. 우리 대학은 김용만 교수(책임교수), 이유찬 교수, 허진영 교수가 팀을 이뤄 응모했다. 1단계 사업은 '스포츠마케팅 활성화'를 주제로 해 선정이 되었고, 2단계(2007~2013년)는 '스포츠산업 전문연구인력 양성'을 주제로 응모했는데 이 역시 선정이 되었다. 프로스포츠의 성숙과 생활스포츠의 저변 확대 추세를 고려한 스포츠 연구인력을 양성할 기반을 늘려야 한다는 김용만 교수팀의 연구 방향이 주효한 결과였다. BK21사업 선정을 위해 전국 대학이 치열한 경쟁을 별였지만 전국 74개 대학의 568개 과제만 선정이 되었다. 특히 BK21사업이 자연과학이나 공학계 연구 역량을 세계 수준으로 끌어올리는 데 주안점을 두고 있어서 스포츠 분야는 더욱 문호가 좁을 수밖에 없었다. 따라서 전국의 체육학과나 체육대학에서 우리 대학과 서울대, 연세대 등 4개 대학만이 연구 참여 대학으로 선정되었다. 스포츠 과학 연구 역량을 착실하게 축적해 온 스포츠 분야 교수들의 노력이 쌓은 또 하나의 금자탑이라 할 것이다.

이 사업을 통해 총 10억 4천 599여 만 원의 연구비를 지원받았다. 우리 대학은 김용만 교수팀을 중심으로 석사 39명, 박사 24명, 박사 후 연구원 10명의 연구 인력을 배출, 지원했다. 이들이 과제 수행 기간 중에 발표한 연구 업적 역시 논문 158건, 학술대회 발표 52건을 기록했다. 교수 역시 풍성한 연구 실적을 쌓을 수 있었는데, 국제학술지 포함 총 231건의 논문을 발표했고, 국제학술대회 7건, 국내학술대회 21건의 연구 발표 실적을 쌓았다. BK21사업 과제 선정은 우리 대학의 스포츠 분야 교육, 연구에 적잖은 자극을 주었다. 실기 중심의 스포츠 활동, 경기력 향상을 위한 훈련 중심의 스포츠 지도를 뒷받침하는 '체육(스포츠)학'의 범주를 넘어 생리학, 심리학, 의학, 사회학, 마케팅 등과 융합하는 '스포츠과학'으로 확장, 상승하자는 의지를 더욱 강화시키는 계기로 작용했다.

이 같은 학술적 역량 강화의 목표 의식이 드러난 사례가 체육대학의 명칭을 스포츠과학대학으로 변경한 일이다. 체육대학 소속 교수들은 스포츠 생활화가 광범위하게 진행되고 있다는 점에 인식을 같이하고 있었다. 이를 바탕으로 향후 전개될 스포츠 산업의 고도화나 생활스포츠 관련 지도자 인력 수요가 증가할 것이라는 점에 대비하자고 의견을 모았다. 당시 장충식 명예이사장 역시 일선에서 물러났지만 체육계 원로로서 건재해 있었는데 "우리 대학이 이미 서울올림픽 스포츠과학학술대회를 주최해 한국 대학의 스포츠학 발전 방향을 제시한 바 있다."며 현장성, 실용성을 살린 연구와 교육의 학풍을 새로이 해줄 것을 당부하기도 했다. 학교 당국은 이 같은 교수, 장충식 명예이사장의 제언을 받아들여 2013년 3월에 기존 체육대학을 스포츠과학대학으로 개칭하였다. 동시에 기존 스포츠경영학과, 운동처방재활학과, 생활체육학과의 정원을 축소 조정하여 새로이 정원 30명으로 국제스포츠학과를 신설키로 했다.

스포츠과학대학 김용만 교수팀 BK21 사업에 선정(2003)

명칭 변경과 함께 같은 해 9월에는 기존 BK21사업의 단점을 보강해 새로이 시행한 'BK21플러스사업'에 옥정석 교수가 단장으로 주축을 이룬 특화 전문 인재양성 사업단이 제출한 연구 과제가 선정되었다. 사업명은 '저출산고령사회 국민건강보험재정 및 운동실천율 개선을 위한 운동의과학 특화 전문 인재 양성'이었다. 이 연구과제는 운동생리학을 전공한 옥정석 교수와 의과대 가정의학(건강증진학) 전공 교수들이 학제간 융복합적 연구를 하는 점에서 특징이 있었고, 이를 통해 대학원에 '운동의학과'를 개설, 운영하는 안정적 기반이 되었다.

이후 이듬해 2014년 3월에 추가적인 학부 학과 편제 조정이 있었는데 이는 국제스포츠학과의 정원을 기존 30명에서 40명으로 확대하기 위해서였다. 스포츠과학대학의 2014년 기준 학과별 정원은 다음과 같다(괄호 안은 정원).

▲생활체육학과(35) ▲운동처방재활학과(36) ▲스포츠경영학과(37)
▲태권도학과(29) ▲국제스포츠학과(40)

국제스포츠학과의 정원을 늘린 것은 전문 스포츠의 성격이 짙은 운동부를 활성화하고, 수업과 훈련을 합리적으로 시행하기 위해 필요한 조치였다. 이는 뒤에 상술하기로 한다. 교육 편제의 개편과 학술 역량 강화가 진전을 이루는 가운데 운동부도 안정된 분위기 속에서 알찬 성과를 거두고 있었다.

특히 1983 멕시코 세계청소년축구대회에서 4강 신화를 이룬 주역이었던 신연호가 2009년 축구부 감독으로 부임하면서 축구부가 발군의 성적을 거두었다. 신 감독의 지도 아래 부임 첫해에 축구부는 축구협회 U리그에서 지역 우승에 이어 전국 왕중왕전 우승을 차지해 달라진 모습을 보였다. 이후 전국추계대학연맹전 준우승, 전국체육대회에서 2014, 2015 연속 우승을 차지했다. 2017년에는 추계대학연맹전에서 우승하는 등 대학리그 강자의 자리를 지켰다. 이 시기에 활약했던 윤영선, 홍철, 나상호, 이유현 등이 국가대표로까지 성장했다.

농구부도 2006년에 장봉군 감독-석승호 코치 체제가 구축되면서 눈부신 활약을 보이기 시작했다. 2007년부터 2010년까지 전국 규모 대회에서 준우승, 3위의 입지를 다지던 농구부는 2011년 제66회 전국종별농구선수권대회에서 우승을 차지하는 감격을 누리더니 이후 전국 규모 대회에서 우승을 비롯해 꾸준히 3위 이내 입상을 지속하면서 프로 선수들을 배출하고 있다. 동계스포츠 분야에서도 빙상부와 스키부는 한국을 대표하는 대표 학교로서 2007년도 이후에도 강민혁, 김우성, 박병주, 하태복, 임의규, 박재윤, 황준호, 김소희, 김은호 등이 국가대표로 활약했고, 매년 전국동계체육대회에서 5~10개의 금메달을 획득하고 있다.

빙상부 역시 국내 최고 수준의 실력을 기반으로 국위를 선양하고 있다. 빙상부가 1990년부터 2020년까지 동계올림픽, 세계선수권대회에서 획득한 금메달만해도 29개에 이를 정도이다. 진선유 이후 박세영, 서정수, 박지원, 김태성, 김건희 등이 뛰어난 활약을 했다.

2010년대 들어 스포츠과학에 대한 우리 대학의 관심과 투자가 활발해지면서 각종 국제 학술대회도 자주 열렸다. 2014년 11월에 열린 국제 스포츠산업 컨퍼런스가 좋은 예이다. 이 행사는 문화체육관광부가 주최하고 우리 대학과 충청남도, 천안시, 천안시축구협회가 공동 주관했다. '아시아 축구산업의 글로벌 전략'이라는 주제로 한국, 일

추계대학축구연맹전 우승(2017.08.03)

우승의 기쁨을 선수들과 함께 나누고 있는 축구부 신연호 감독

제66회 전국종별농구선수권대회 우승(2011.08.05)

본, 중국의 프로축구 관계자들이 한 자리에 모여 공통 관심사와 고민을 털어놓고, 프로 축구의 발전 전략을 솔직하게 논의하는 회의였다. 4시간 동안 진행됐다. 일본 J리그 반포레 고후 FC 구단의 우미노 가즈유키 회장이 「일본 반포레 고후 12년 연속 흑자의 비법」을 주제로 구단 운영 노하우를 공개하고, 중국 사천대학교 리사 국제부장의 「중국 프로축구 산업의 미래」와 최순호 대한축구협회 부회장의 「한국 프로축구 산업의 미래」 발표가 이어졌다.

천안캠퍼스 국제회의장에서 열린 이 대회는 크게는 한중일의 축구인들이 교류하는 열린 마당이면서 천안시의 스포츠계와 정관계 리더들이 스포츠산업을 중심으로 연대를 강화하는 계기가 되었다. 동시에 천안캠퍼스의 지역적 리더십이 다시 한번 돋보이는 기회도 되었다.

2015년 12월에 열린 〈아시아 대학스포츠 지도자 연수〉도 우리 대학 스포츠과학 분야의 성숙도를 방증하는 학술행사였다. 아시아대학스포츠연맹(AUSF)이 주최하고, 단국대학교와 대한대학스포츠위원회(KUSB)가 주관하는 이번 연수 프로그램에는 아시아 24개국에서 파견한 대학 스포츠 관계자 70여 명이 참가했다. 연수는 8일간의 일정으로 총 60시간의 스포츠 관련 교육과 체험 프로그램으로 진행되었다.

이 대회는 아시아대학스포츠연맹(AUSF) 부위원장을 맡고 있는 장호성 총장이 "아시아의 대학스포츠를 이끌고 있는 지도자와 선수, 실무자들이 모여 스포츠 행정이나 지도력 향상에 필요한 최신 이론과 동향을 공유케 하자"는 취지에서 처음으로 시행됐다. 연수는 8일 간의 일정으로 총 60시간의 스포츠 관련 교육과 체험 프로그램이 펼쳐졌다.

교육과정은 AUSF의 향후 전망에 대한 특강을 비롯해 ▲국제 스포츠 외교론 ▲아시아대학 스포츠 외교관 · 행정가의 자질 ▲대학 스포츠 법적 이슈 ▲스포츠 경영 윤리 ▲리더십의 이론과 실제 ▲판정 시비와 대처 ▲운동 손상 기전 등 분야별 전문 교육과 토론이 있었는데 각국 참가자들은 기대 이상의 효과가 있었다며 만족해 했다. 1988 서울올림픽 스포츠과학학술대회의 축소판을 연상케 하는 이 연수회를 통해 '현장 중심 실용 학풍'이라는 스포츠과학 분야 교수의 역량과 장호성 총장의 스포츠외교 분야 리더십을 재확인할 수 있었다.

이처럼 우리 대학 스포츠 분야의 저력이 확인되면서 소속 교수들의 학계에서의 지도력도 강화되었다. 장호성 총장이 대학스포츠위원회(KUSB) 부회장, 아시아대학스포츠연맹(AUSF) 부회장, 한국대학스포츠총장협의회(KUSF) 회장에 선임되었다. 교수중에 김재호 교수(사범대학 체육교육과)가 2009년 한국웰니스학회 회장에, 김용만 교수(스포츠과학대학 스포츠경영학과)가 2016년, 전용배 교수(스포츠과학대 스포츠경영학과)가 2022년 한국스포츠산업경영학회 회장에, 김지태 교수(스포츠과학대학 생활체육학과)가 2020년 한국특수체육학회 회장에 선임되는 활약을 보였다. 특히 강신욱 교수(스포츠과학대학 생활체육학과)는 1953년에 창립해 체육학 분야에서 대표적 학회인 한국체육학회 회장에 2017년에 선임되어 우리 대학의 위상을 돋보이게 했다.

장호성 당시 총장과 스포츠 분야 교수들이 체육계에서 갖는 지도력 상승이 이뤄지는 과정에서 우리 대학 전문스포츠, 운동부 육성정책에서 중요한 긍정적 변화가 있었다. 핵심적 정책변화는 두 가지로 압축할 수 있다. 하나는 체육 특기자들을 위한 '특별수업을 이수케 하는 프로그램'을 실시한 것이다. 다른 하나는 체육 특기자의 최저 학력 기준을 설정하고 이를 대회 출전 자격과 연계해 대학별로 준수케 한 것이다. 앞의 정책은 2009년 장호성 총장이 우리 대학 차원에서 선도적으로 도입해 이후 각 대학에 확산하는 계기를 만들었다. 두 번째 '최저 학력 기준'은 교육부의 정책 변화에 대응하여 범대학적으로 공동 입안하고 실행케 했다. 대학과 범대학의 차원이라는 정책의 적용 범위는 다르지만 장호성 총장의 대학스포츠에 대한 철학이 반영된 결과라는 점에서 공통점을 갖는다.

장호성 총장은 취임 이후 대학 차원의 교육개혁을 추진하면서 학내 운동부 소속 학생, 즉 체육 특기자의 수업과 성적 실태를 알아보게 했다. 사실 체육위원장을 지냈기에 체육 특기자로 입학한 학생들의 실태를 누구보다 잘 알고 있었다. 평소 장 총장은 미국처럼 학생 선수들이 수업을 정상적으로 듣고, 교과과정을 이수하는 게 경기력 향상 못지않게 중요하다는 철학을 갖고 있었다. 그러나 당시 대학의 종목별 리그전이나 각종 전국대회는 평일에 열리는 게 상식이었고, 2009년부터 농구나 축구 등이 주말리그로 변경하고 있었다. 이는 당시 국가 스포츠 진흥정책에 학생 선수의 수업권, 인권 보호를 강화해야 한

2014 국제 스포츠산업 컨퍼런스가 천안캠퍼스 국제회의장에서 우리 대학 주관으로 열렸다(2014.11.27).

2015 제1회 아시아 대학스포츠 지도자 연수 프로그램에서 장호성 총장이 인사말을 전하고 있다(2015.12.29).

아시아 대학스포츠 지도자 연수에 참여한 AUSF 임원진 및 내외빈과 자리를 함께한 장호성 총장

다는 변화의 바람이 담겨 있었기 때문이기도 하다. 장 총장은 이러한 시대의 요구, 그리고 대학스포츠 정상화를 위해서 먼저 단국대부터 개혁하자고 주장했으며 이를 실천했다. 그래서 도입한 것이 '체육 특기자 인증 프로그램'이다.

이 프로그램은 2009년부터 시행했는데 체육 특기자 전원을 대상으로 3주 동안 수업을 받도록 했다. 1, 3학년은 3과목, 2학년은 4과목을 이수한다. 이수하지 못한 과목은 4학년 때 이수하게 되며 총 10과목을 듣고 나면 특기자 인증을 받을 수 있다. 과목은 철저하게 체육 특기자의 눈높이에 맞춰 짰다. 스포츠 대학영어, 한자와 고사성어, 체육실습, 문서작성과 인터넷 활용 등으로 구성됐으며, 프로그램을 이수하면 졸업 때 성적표에 프로그램 이수 사실을 표기하기로 했다. 운동만 한 선수가 아니라 대학인으로서 기초 소양을 갖추고 있음을 대학이 보장한다는 의미였다. 이 제도는 이후 다른 대학이 받아들여 연세대, 중앙대 등도 2010년부터 단국대 방식의 특별교육프로그램을 실행했다.

스포츠계나 대학의 자발적 노력(주말리그 확대 적용, 체육 특기자 맞춤교육 강화)이 있었지만 사회적 요구는 이보다 더 빨리 움직였다. 그 계기는 최순실 국정농단으로 상징되는 큰 사건에서 부수되는 정유라 체육 특기자 부정 입학 스캔들이었다. 이를 조사하는 과정에서 전국 대학의 체육 특기자 관리 실태조사가 있었다. 2016년 12월부터 이듬해 2월까지 진행한 조사 결과, 교육부는 이화여대를 비롯한 다수의 대학이 체육 특기자 관리, 특히 수업과 성적 관리가 부실하다는 사실을 적발하고 이를 시정토록 했다.

당시 장호성 총장은 한국대학스포츠총장협의회 회장으로 재임하고 있었다. 정유라 사건으로 불거진 대학 운동부에 대한 사회적 비판에 대응하며 정부에 대학의 현실을 설득하는 한편으로 2017년 5월부터 최저 학력 기준제를 도입토록 했다. 이 기준제는 운동부 학생이 직전 2개 학기 평점 평균이 C제로(보통 2.0) 미만일 경우 대학리그에 나가지 못하게 하는 대책이었다. 현장에서 현실적 여건상 어렵다는 불만도 많았지만 장 총장은 회장으로서 회원교들을 설득하여 이 기준이 지켜지도록 했다. 장 총장이 2008년부터 우리 대학에서 자체적으로 실천한 수업권 강화 대책이 정부 차원으로 확대된 형태였는데 이 점 역시 장호성 총장의 스포츠 행정가로서의 지도력이 돋보이는 대목이기도 하다.

대학 운동부의 운영 개선이 국가적 차원에서 법률화되는 한편, 장호성 총장은 운동부의 체제 개혁에도 나섰다. 1998년 10월, 교육과학기술부(현 교육부 전신)는 〈체육특기자 입시부정 방지대책〉을 발표했다. '체육특기자 사전 스카우트 전면금지'가 핵심이었다. 종목별 감독들이 갖고 있던 선수 선발 관행을 금지시키고 선발위원회를 만들어 공개하라는 대책이었다. 이어서 1999년 12월에는 '예체능계 입시부정 방지대책'이 더해졌다. 2000학년도부터 체육특기자는 동일계열 입학만 허용하고, 타계열 학과로 입학하거나 입학 후 전과하는 것이 금지되었다. 이후로도 종전까지 '대회 성적' 중심으로 운동부를 운영하는 데서 벗어나 '학생 선수들의 수업권'을 보장, 확충하도록 다양한 정책이 시행되었다. 장호성 총장은 이 같은 정책을 대학 운동부에 적용하는 데 그치지 않고 우리 대학의 학풍과 여건에 맞춰 새로운 선례를 만드는 데 많은 노력을 기울였다. 동시에 스포츠 분야 학과의 교수들도 동참해 체육 특기자의 수업권 강화, 학생으로서 대학 생활에 동참하고 즐길 수 있는 제도적 장치를 만드는 데 노력했다.

이에 따라 2022년 스포츠과학대학에서는 전체교수회의를 통해 기존에 한국대학스포츠협의회(KUSF)에서 분류한 운동부 운영 범주(육성, 비육성)를 우리 대학의 특성에 맞춰 체육부에서 운영하는 것은 범정 종목, 스포츠과학대학에서 운영하는 것은 혜당종목으로 범주화했다. 즉, 범정종목은 기존 체육부 소속 8개 종목 중 스키와 빙상 일부를 제외하고 남학생 위주로 운영되는 학교의 정책 육성 종목이고, 혜당 종목은 태권도, 볼링과 승마 일부를 제외하고 주로 여학생 위주로 스포츠과학대학에서 운영하는 종목이다. 이러한 분류는 시대적 흐름에 따른 것으로 학교 내에서는 관리와 지원 정도에 따른 차이가 있지만 모든 종목은 대한민국 전문 스포츠 분야의 발전에 기여하는 종목이라는 관점의 변화에 기인한다. 현재 범정종목은 남자축구, 야구, 남자농구, 럭비, 씨름, 조정, 스키, 빙상 8개 종목이며 체육부가 총괄한다. 혜당종목은 소프트볼, 여자농구, 여자배구, 여자축구, 골프, 승마, 연식정구, 태권도, 수영 9개 종목이다. 혜당종목의 선수들은 특히 전국체전에서 천안캠퍼스가 속해 있는 충청남도의 대표 선수로 큰 활약을 펼친다. 전국체전이 우리나라 전문 스포츠를 떠받드는 엘리트 선수들의 기초 무대인 점을 감안하면 혜당종목은 충청남도의 스포츠 분야 경쟁력을 지탱하는 버팀목으로 큰 활약을 펼치는 셈이다.

장호성 전 총장(현 이사장)의 스포츠에 대한 애정과 사명감이 반영된 각종 육성지원책에 따라 우리 대학의 스포츠진흥정책, 교육 및 학술, 그리고 전문스포츠의 발전은 사회적 변화에 발맞춰 순조로운 발전을 거듭하고 있다. '단국 스포츠'가 이뤄낸 성과와 저력을 가장 극명하게 방증하는 결과가 한국대학스포츠협의회(KUSF) 실시 '전국대학체육부 평가 6년 연속 1위'를 차지한 일이다. 한국대학스포츠협의회(KUSF)는 교육부로부터 대학스포츠 관련 정책의 실행을 위임받아 각종 인증, 평가를 실시한다. 그 중 하나가 전국대학체육부평가인데 전국 130개 가맹대학에 설치된 체육부를 상대로 대학의 지원, 학생 선수 확보 및 역량, 지도자 확보 및 역량, 대학 운동부 사회적 책임 등을 조사한다. 우리 대학은 이 평가에서 지난 2019년 이래 매번 종합 1위를 차지하고 있다. 특히, 사회적 책임 분야에서 천안시, 충청남도와 이룩한 스포츠 협력체계는 다른 대학이 부러워하는 실적을 낳고 있다.

우리 대학은 창학 80주년을 향해 전진하고 있다. 죽전캠퍼스와 천안캠퍼스, 일반대학원과 특수대학원에 포진한 스포츠 분야 학과와 전문 스포츠 분야의 체육부, 운동부는 체육교육과 스포츠진흥을 이끄는 양 날개로 우리 대학을 선도하고 있다.

제3절 대학스포츠 발전과 장호성 박사의 리더십

1. 대학발전을 위한 장호성 총장의 기여

장호성 박사(2024. 8 현재 단국대학 법인이사장 재직 중이지만 시간의 흐름에 따라 업무와 관련된 명칭으로 바꿔 칭함)는 지난 2000년 3월, 한양대 교수로 재직하던 중 우리 대학에 초빙되었다. 부임 후 처음으로 맡은 보직이 체육위원회 위원장이었다. 재임 중 체육위원회와 체육부장을 겸직했던 장호성 박사는 당시 서울캠퍼스 이전 문제로 학내 갈등이 심해지고 관련 현안이 급증하면서 대학원 교학부장, 기획부총장, 퇴계기념중앙도서관장의 보직을 거쳐 2005년 7월, 천안캠퍼스 부총장에 취임했다. 당시 죽전캠퍼스 신축 공사가 중단된 상태였기에 우리 대학의 최대 현안이자 시급한 과제는 1998년 외환위기 때 붕괴된 서울캠퍼스 이전 사업 체제를 회복시키는 일이었다. 당시 대학을 이끌던 박석무 이사장과 권기홍 총장은 이 같은 상황을 고려해 장호성 천안캠퍼스 부총장을 이전 사업 체제 복구 사업에 참여토록 했다. 당시 중대한 전환기에 접어든 상황이었는데 장호성 당시 부총장의 역할을 『단국대학교 70년사』를 통해 돌아본다.

> 권기홍 이사장과 박석무 총장은 학사운영에 필요한 교무위원 인사를 실행하였다. 이에 따라 장호성 현 총장이 천안캠퍼스 부총장으로 선임되었다. 또한 장충식 전 이사장의 권유로 김병량 교수(도시계획부동산학부), 안순철 교수(정치외교학과)를 이전 사업에 투입키로 하였다. 김병

취임사를 통해 대학 경영의 포부를 밝히고 있는 장호성 총장(2008.03.12). 장호성 총장은 대학 행정 경험을 체육위원장으로 시작했고, 체육부장도 수행했기에 처육부에 대한 이해가 깊었다.

량 교수는 신캠퍼스 신축 부지를 탐색할 때부터 장충식 당시 이사장을 보좌해 왔다. 도시개발에 대한 전공 지식을 바탕으로 한국부동산신탁, 예금보험공사, 자산관리공사 등과 공사 재개에 따른 후속 문제들을 협상하고 시행사와 함께 효율적인 사업 진행을 주도토록 하였다. 안순철 교수는 권기홍 총장을 보좌해 이전 사업의 진척도에 맞춰 학사제도 개혁, 교육 및 연구시설 추가 수요의 산정, 대학 재정의 효율적 운용을 관리하도록 하였다.

장호성 부총장은 신축 사업이 서울캠퍼스의 이전을 주 내용으로 하는 만큼 천안캠퍼스의 소외나 불균형 발전이 초래되지 않도록 별도의 보완책을 수시로 점검하였다. 동시에 박석무 이사장과 권기홍 총장, 이전 준비 주요 담당자들의 이견 조율을 통해 화합의 정서가 유지되도록 중심추 역할을 하였다.

이와 같은 인적 구성에 장충식 전 이사장의 경륜과 혜안이 더해지면서 이전 사업은 매우 안정적이고 효율적으로 진행되기 시작하였다. 2005년 10월 13일. 우리 대학교는 ㈜금호산업, ㈜공간토건과 사업 약정서를 체결하였다. (『단국대학교 70년사』 1권, p.272. 단국대학교.)

장호성 당시 부총장은 이후 죽전신캠퍼스 신축 및 이전 사업을 무사히 마치고 2008년 2월, 우리 대학 총장에 선임되었다. 장 총장은 자신이 추진할 대학 개혁의 비전으로 두 가지 원칙을 제시했다. 첫째, 급변하는 시대를 선도해 나가기 위해 소극적 대응이 아닌 '능동적 자기 혁신'을 통한 창조를 대학 목표로 할 것. 둘째, 대학과 지역사회의 유대와 신뢰를 강화시키기 위해 수요자에 대한 서비스의 질을 향상시킬 것. 장호성 총장은 이런 취임 당시의 원칙을 실현하기 위해 '도전과 창조'라는 슬로건을 제시한 뒤 다양하고도 지속적인 개혁 작업을 추진했다. 이후 2019년 6월, 새로운 총장 선출 방식을 도입해 달라는 요구를 실현하고자 임기 8개월을 남기고 사임을 하기까지 11년 4개월 동안 다양한 성과를 거두었다. 그 중에서 가장 핵심적인 사안은 캠퍼스 학사구조를 대대적으로 개혁한 일이다.(월간중앙 2019년 7월호, 「양영유 전문기자의 대학총장 열전」)

학사구조 개혁은 죽전과 천안, 양 캠퍼스에 중복 설치된 학과를 통폐합하는 것과 21세기 사회가 요구할 인력 수요에 대비한 전공 설치로 압축된다. 이를 위해 장호성 당시 총장은 우선 양 캠퍼스의 특성화 계획을 공표했다. 죽전캠퍼스는 정보기술(IT)과 문화콘텐츠기술(CT) 분야로, 천안캠퍼스는 생명과학(BT)과 외국어학 및 외국지역학 분야로 중점 발전시키자는 것이다. 각 특성화 전략에 맞춰 92개 중복학과를 60개 학과로 축소함으로써 학과 중복률을 54%에서 10%로 대폭 축소하는 개선 효과를 거두었다.

또한 이를 바탕으로 2014년에 학문 단위를 대대적으로 개편했다. 그 결과로 2009학년도에 20개 단과대 85개 학부(과)였던 신입생 모집 단위가 18개 단과대 72개 학부(과)로 간명화될 수 있었다. 4차 산업혁명시대에 대응할 신설된 학과는 다음과 같다.

▲IT엔지니어링 분야 : 소프트웨어학과·모바일시스템공학과·산업보안학과·에너지공학과
▲BT 분야 : 의생명공학부·제약공학과·임상병리학과·물리치료학과·보건행정학과·치위생학과·심리치료학과·약학과
▲국제화 및 외국어 분야 : 국제학부·중동학·포르투갈브라질어

죽전캠퍼스 국제관

Dankook International Summer School에 참여 중인 자매대학 학생들(2024.08)

전공

▲미래 수요 분야 : 상담학과·해병대군사학과

장호성 총장이 21세기형 학사구조개혁과 함께 중점을 둔 발전사업은 국제화 역량을 대폭 강화시키는 일이다. 지상 6층, 지하 1층에 연건평 9,725㎡에 이르는 국제관을 신축(2013년)했고, 국제처 인력을 강화시키는 등 물리적 기반을 조성했다. 장호성 총장 취임 직후부터 여름방학, 겨울방학 시즌마다 〈International School〉을 개최했다. 해외 자매대학의 재학생들을 초청해 한국어 및 문화교육을 하고, 우리 대학 학생들과 토론, 공동 체험 등을 하게 하여 자연스러운 영어 교육캠프를 갖게 하는 효과를 거두고 있다. 매년 1천여 명의 학생들이 참여하고 있다. 장호성 총장은 우리 대학의 해외 교류에 관한 인적 네트워크를 강화하기 위해 해외 동포단체 임원들을 초청해 홍보대사로 위촉하거나 협약식을 맺고, 외국인 학생 기숙사 우선 입사제도, 다양한 해외 공연 등을 실시토록 했다.

장호성 총장의 주도적이고 적극적인 노력과 투자로 인해 우리 대학의 국제화 역량도 크게 강화되었다. 취임 첫해에 160명이었던 외국인 학생은 2018년에는 1,506명으로 940% 증가했다. 외국 대학과의 교류 협정 체결도 2007년 83개 대학에서 427%가 증가했다. 이 같은 노력에 대한 객관적 평가와 신인도도 급상승했는데 교육부가 실시하는 외국인 유학생 유치 및 관리 인증제에서도 최우수 대학 평가

« 교육부 지정 외국인 유학생 유치·관리 인증기관(2015)

‹ 교육부 지정 교육국제화역량 인증제 유치·관리 인증기관 (2017)

를 받은 것이 대표적 사례이다.

우리 대학은 2000년대 들어서도 산학협력 분야에서 다른 대학에 비해 발전 속도가 느리고, 그 폭과 깊이가 뒤처져 있었다. 서울캠퍼스의 연구 시설과 여건이 공간적으로 한계가 있었고, 신캠퍼스 이전이 지연되어 어려움이 컸기 때문이다. 천안캠퍼스가 고군분투하며 그나마 다양한 성과를 거두고 있던 것이 장호성 총장 전까지의 현실이었다. 장호성 총장은 이 같은 현실을 직시해 취임하자마자 산학협력이 대학의 연구 기반 강화와 경쟁력 향상에 핵심 동력이라는 인식을 갖고 최대한의 노력을 기울였다.

우선 전임교원을 2008년 대비 285명을 추가 채용해 40% 이상 증원시켰고, 전임교원들의 정년 보장, 호봉 승급 등을 연구 업적과 연계시키도록 했다. 대신에 정해진 기간 안에 연구 업적을 충족하면 조기에 정년을 보장하는 인센티브제도 실시했다. 산학협력 5개년 계획을 2017년도에 수립해 분야별 목표를 점검하고 지속적으로 추진하고 있다. 장호성 총장의 재임 기간 중 연도별 연구비는 전임 교원만을 기준으로 볼 때 2008년 732억 원에서 2018년 1,089억 원으로 48.7% 상승했다. 기술 이전 건수도 같은 기간에 17배, 특허 실적은 5배 증가해 노력에 상응하는 결과를 얻었다.

장호성 총장이 재임 기간 동안 많은 노력을 기울인 분야가 발전기금 조성 분야이다. 장호성 총장은 발전기금을 단순히 '대학이 쓸 수 있는 돈'으로 보기보다 '동문과 사회 독지가들과 학생들을 잇는 징검다리'로 인식했다. 대학과 사회를 잇는 가교로써 발전기금이 커질수록 그만큼 대학의 장기적 후원 기반이 강화된다는 차원에서 장 총장은 다양한 프로그램을 개발, 실행토록 관심을 기울였다. 장 총장은 우선 〈대학발전자문위원회〉를 발족케 했다. 각 분야의 동문, 독지가들을 만나 그들이 생각하는 단국의 현실과 미래 발전 방안을 경청하자는 취지였다. 지역사회 상점들과는 '단국사랑 후원의 집'을 체결하게 하고 학생, 교직원들이 이들 가게를 우선 이용토록 하면서 상인들이 학생들의 장학사업에 관심을 기울이게 유도했다. 사회에 있는 동문들이 모교에서 이벤트나 회합을 갖도록 재정 지원을 해주는 '홈커밍 데이' 제도를 만들어 모교에 대한 관심과 동문애를 고취케 했다. 이외에도 발전기금 후원자들을 위한 '단국후원의 밤' 행사도 사회와 동문의 큰 환영을 받은 기획이었다. 이처럼 다양한 노력이 주효해 동문들의 참여나 발전기금 모금도 활성화되었다. 체육교육과와 스포츠과학대학 동문들도 발전기금 모금에 동참하였다. 체육교육과 동문회에서는 2024년 기준 누적 기부액이 3억 1,613만 원에 이르고, 스포츠과학대학 동문회에서도 2021년에 1억 원을 기탁했고, 체육부 소속 졸업 동문들도 프로나 실업팀에 진출할 때마다 발전기금을 기탁했다. 뿐만 아니라 충남체육회에서도 우리 대학의 충남체육 발전에 기여한 공로로 2024년에 1억 원의 발전기금을 기탁하였다.

장호성 총장의 신중하면서도 실천력 있는 대학경영 역량은 우리나라 대학교육계로부터도 주목을 받고 있었다. 학사구조조정 등 단국대의 개혁 작업이 안정된 분위기에서 진행되는 결과를 본 한국대학교육협의회는 2017년 4월, 장호성 총장을 회장으로 추대했다. 한국대학교육협의회(대교협)는 1982년 출범했는데 초기에는 대학들의 대정부 소통 채널로 기능이 작았지만 이후 학생 선발에 필요한 입학 정책을 개발, 관리하면서 대학평가도 주관하는 등 업무가 커지고, 중요성도

발전기금을 '동문과 사회 독지가들과 학생을 잇는 징검다리'로 인식하고 발전기금 조성에 공들여 온 장호성 총장이 '감사와 희망의 밤'에서 감사의 인사를 하고 있다(2017.11.02).

장호성 총장은 제23대 대교협 회장으로 취임(2017.04.07)한 이후 200여 개 대학 회원교의 다양한 이해관계 속에서 공동이익을 찾아 이를 정부 정책에 반영하는 주도적 역할을 했다.

높아졌다.

장호성 총장은 2019년 4월까지 대교협 23대 회장으로서 200여 개가 넘는 대학 회원교들의 다양한 이해관계 속에서 공동이익을 찾아 이를 정부정책에 반영하는 주도적 역할을 했다. 특히, 장기간의 등록금 동결 정책으로 대학들의 재정난이 심해지는 현실을 해결하기 위해 대정부 건의안을 제출하는 외에도 국회, 대중언론 등에 대학의 자율성이 확대되어야 대학교육의 품질이 세계 수준으로 향상된다는 점을 지속적으로 역설하여 많은 공감을 받았다.

장호성 총장의 인화를 기반으로 한 지도력에 힘입어 교육부도 '대학 기본역량 진단' 사업에서 6단계였던 대학평가 등급을 3단계로 간소화하도록 개선했다. 정원 감축 권고 대상 비율도 종전 80%대에서 절반 이하로 줄이는 등 대학의 고충을 담는 변화를 이뤘다. 또한 대학구조개혁 평가 사업 등에 있어 경직되어 있던 정원 감축 기준 적용을 완화해 적용 대학을 50%까지 감축하는 등의 유화적 정책변화가 있었다.

2. 대한민국 대학 스포츠 발전 주도(국제)

장호성 박사는 소년 시절부터 스포츠를 즐기고 스포츠 정신을 몸에 익히는 환경에서 성장했다. 부친인 장충식 명예 이사장의 회고록에는 장호성 박사가 소년 시절부터 스포츠를 통해 몸과 마음을 강하게 길러왔음을 엿볼 수 있는 일화가 있다.

> "(전략) 당시(편집자주 : 1970년 전후) 서울에서 대관령에 가려면 버스로 13시간이나 걸렸다. 눈이 와서 도로가 미끄러우면 15시간, 폭설을 만나면 오도 가도 못하고 자동차 안에서 잠을 자야만 했다. 숙박 시설이라고는 횡계 읍내에서 열 채도 안 되는 여관이 옹기종기 모여 있을 뿐이었다. 모두 구공탄을 때는 여관이었다. 호텔은 상상도 못 할 일이었다. 우리나라 유일의 스키장이었지만 리프트가 없었다. (중략)
>
> 나는 내 아들(장호성 박사)을 일부러 이런 곳에 데려왔다. 아직 중학교에 입학하지도 않은 어린이였지만 이런 대자연, 그것도 차가운 눈밭에서 겨울을 나면서 스키를 배우게 하고 싶었다. 설원을 누비며 호연지기를 기르고 체력을 단련하기에는 스키 만한 운동이 없음을 나는 몸으로 배워 알고 있었다. 나는 내 아들을 도암초등학교 스키 담당 교사 집에 의탁하였다. 아들은 세상에 태어나서 부모와 처음 떨어져서 낯선 집에서 지내야만 했다. 중학교 입학 전까지 두 달 정도의 여유 시간이 있으니 스키를 어느 정도 숙달시키기에는 넉넉한 기간이었다. 여러모로 다른 환경이니 불편하겠지만 나는 모르는 척했다. 오히려 집 주인에게 간곡히 부탁하였다. 스키를 가르칠 때나, 생활을 시킬 때 다른 스키 선수들하고 어떤 차이도 두지 말라고 했다. 서울에서 온 학생이라고 밥이나 반찬이 주인댁의 평상시 식단과 달라서는 절대로 안 된다고 신신당부하였다." (장충식, 『시대를 넘어 미래를 열다』, pp.416~418, 노스보스, 2011.)

아버지의 가르침이 동기가 되었겠지만 소년 장호성에게 스포츠는 단순한 레저가 아니라 자신의 안락한 일상을 떠난 '도전'이고, 새로움을 받아들이는 '관용'의 학습 과정이었다. 장호성 박사의 스포츠 정신은 이 같은 도전과 관용을 다른 이와 즐기고 공유하는 일과 다름없었다. ROTC에 투신해 최전방 근무를 자청하는 일, 단국대에서 첫 보직을 체육위원장으로 시작한 일이나 부상으로 라켓을 놓기 전까지 학교 테니스장을 사랑했던 일상생활까지 장 박사는 차분함 속에 다이내믹한 에너지를 갖고 있는 성품과 행동철학을 갖고 있는 외유내강형 체육인이다.

그는 1994년부터 2000년에 한양대 공과대 교수로 재직하던 중 2000년에 우리 대학으로 전직했다. 전자공학을 전공한 교수로 한양대 시절 연구 실적 우수교원상을 수상했던 장호성 박사는 당시 우리 대학이 처한 특수한 상황(대학 법인의 재정난, 서울캠퍼스 이전)으로 인해 연구실에 안주할 수 없었고 대학 행정 일선에 서야 했다. 그 일환으로 대외활동 역시 병행해야 했는데 첫걸음은 소년 시절부터 사랑했던 스키 종목이었다. 2001년 장 박사는 대학스키연맹 부회장에 선임되었고, 이어 '2003 이탈리아 동계유니버시아드 한국선수단 부단장'으로 국제 스포츠외교무대에 데뷔했다. 우리 대학이 동계스포츠 강호이기에 동계 유니버시아드 출전 선수단을 돌보는 일 역시 외면할 수 없는 사명이기도 했다.

2005 인스부르크 동계유니버시아드대회에 국가대표로 출전하는 체육부 소속 선수단과 당시 장호성 체육위원이 김승국 총장을 예방하였다(2006.01.06).

싱가포르 2010 청소년올림픽 서울 성화 봉송 참가자들과 함께 출발을 알리는 장호성 선수단장(2010.08.04)

2011 선전 하계유니버시아드 결단식에서 태극기를 들고 선전을 다짐하는 장호성 선수단장(2011.08.02)

2005년 오스트리아 인스부르크에서 열린 동계유니버시아드에 장호성 박사는 한국선수단 단장으로 대회를 이끌었다. 이 대회에서 한국선수단은 그때까지 출전 사상 가장 많은 10개의 금메달을 획득해 종합 2위를 차지하는 쾌거를 이뤘다. 장호성 박사가 갖고 있는 친화력, 포용력이 선수단의 단합을 잘 이끌어냈다는 호평을 받았다.

IOC는 역사상 처음으로 청소년 올림픽을 창설했다. 성인올림픽의 정신을 세계 청소년들이 공유케 하자는 취지에서 시작되어 2010년 8월에 싱가포르에서 첫 대회가 열렸다. 올림픽 역사의 신기원을 이룰 이 대회에 한국선수단은 수영, 양궁 등 18개 종목 102명의 선수가 출전했다. 장호성 박사는 이 뜻깊은 1회 대회에 선수단장으로 임명되어 우리 선수들을 이끌었다. 한국선수단은 금메달 11개, 은메달 3개, 동메달 4개를 획득했다. 참고로 청소년올림픽은 개인 메달은 수여하되 국가 순위는 매기지 않는데 비공식 집계로는 종합 3위를 차지해 국제대회 역사상 최고의 종합성적을 거두었다.

장호성 박사가 국제대회 선수단장을 맡으면 좋은 성적을 기록한다는 평가 때문인지 이듬해 중국 광둥성 선전시에서 열린 2011 하계유니버시아드에 한국선수단장을 맡았다. 대회 기간은 8월 12일부터 23일까지였다. 이 대회에는 선수 290명, 본부 임원 25명, 경기 임원 68명 등 총 383명이 참가했다. 대회 개시를 앞두고 전문가들은 종합 순위 5위를 기대하고 있었는데 금메달 28개, 은메달 21개, 동메달 30개로 종합 순위 3위를 차지하는 기염을 토해 스포츠계의 감탄을 샀다.

이처럼 국제대회에서 한국선수단을 이끌며 쌓은 역량이 알려지면서 스포츠 관련 국제기구 진출도 이어졌다. 2010년 9월, 아시아대학스포츠연맹(AUSF) 총회에서 장호성 박사를 부위원장으로 선임했다. 이 단체는 1992년 창립되어 당시 약 24개 회원국이 활동하고 있었는데 대한민국의 한국대학스포츠총장협의회가 가입해 있는 주요 단체이다. 장호성 박사는 이 기구의 부위원장으로 4년간 재임하며 아시아 지역 스포츠행정가, 스포츠 지도자나 교수 등과 교류를 하면서 이들을 대한민국 스포츠 외교의 우호적 동력으로 축적하는 데 주력했다.

그 대표적 사례가 '제1회 아시아 대학스포츠 지도자 연수 프로그램'을 우리 대학 천안캠퍼스에서 개최한 일이다. 2015년 12월에 열린

AUSF의 발전을 위해 헌신과 노고를 아끼지 않은 장호성 부위원장에 대한 감사패(2016)

이 연수회는 장 총장이 AUSF 부위원장으로 활동을 마감하며 기획한 행사이다. 장호성 총장은 "우수한 경기력뿐만 아니라 관련 지식과 상호 존중의 미덕을 겸비한 선수와 지도자를 양성하는 것이 대학 스포츠의 사명"이라며, "경기장을 벗어나 전문적인 스포츠 지식을 학습하며 함께 교류하는 소통의 장을 만들자."며 취지를 밝혔다.

아시아대학스포츠연맹(AUSF)이 주최하고, 단국대학교와 대한대학스포츠위원회(KUSB)가 주관하는 이 연수 프로그램에는 아시아 24개국에서 파견한 대학 스포츠 관계자 70여 명이 참가했다. 연수 교육과정은 AUSF의 향후 전망에 대한 특강을 비롯해 ▲국제 스포츠 외교론 ▲아시아대학스포츠 외교관·행정가의 자질 ▲대학 스포츠 법적 이슈 ▲스포츠 경영 윤리 ▲리더십의 이론과 실제 ▲판정시비와 대처 ▲운동 손상 기전 등 분야별 전문 교육을 받고 토론하는 방식으로 진행했다.

장호성 총장은 세계 스포츠 발전과 인류평화에 헌신하고 있는 토마스 바흐(Thomas Bach) 위원장의 삶과 업적이 단국대의 이념에 부합된다며 명예정치박사학위를 수여했다(2018.03.09).

제1회 아시아대학스포츠지도자연수 프로그램에서 환영사를 하고 있는 AUSF 부위원장 장호성(2015.12.29.) 장호성 박사는 AUSF 부위원장으로 재임하는 동안 우리나라 스포츠 외교의 우호적 동력을 축적하는 데 힘썼다.

장호성 총장이 한국대학스포츠총장협의회(KUSF) 제4대 회장에 선출되었다(2017. 01.19). 장호성 총장은 제2대~제4대 회장을 역임(2012~2018)하는 동안 대학스포츠의 활성화와 선진화를 이끌었다.

이 기간 중, 장호성 박사는 2012년부터 2018년까지 한국대학스포츠총장협의회(KUSF) 회장으로 선출되었다. 우리나라 대학스포츠계를 이끄는 지도자로서 한국의 입장과 이익을 아시아권에서 대변하면서 국내 회원대학의 단합을 도모해야 하는 이중고를 기꺼이 부담하고 있었던 셈이다. 이 시기는 또한 대학 체육특기자와 운동부를 둘러싼 입

스포츠를 통한 전 세계 대학생들의 우정과 화합에 기여한 에릭 생트롱(Eric Saintrond) 국제대학스포츠연맹(FISU) 사무총장이 우리 대학에서 명예스포츠경영학 박사학위를 받았다(2024.07.10).

시부터 선수 관리까지의 전반적인 문제를 해결하려는 정부와 대학 간 자정 노력이 치열했던 시기이기도 하다. 이에 관한 세부 내용은 다음 장(한국 대학 스포츠 발전 주도 : 국내편)에서 상술한다.

2019년 총장 보직에서 물러난 장호성 박사는 2020년 12월, 우리 대학 법인 이사장에 취임했다. 이후 코로나 비상 시기 등을 맞아 국제 활동이 제한되면서 장 박사의 국제 활동도 휴식기에 들었다. 그러나 지난 2023년 11월, 장호성 박사에게 새로운 국제 스포츠 활동의 전기가 마련되었다. 세계 대학 스포츠를 총괄하는 '국제대학스포츠연맹(International University Sports Federation, FISU)' 신임 집행위원에 선출된 것이다.

국제대학스포츠연맹(FISU)은 국제적인 대학스포츠 활동을 총괄하는 국제기구이다. 대표적으로는 동·하계 유니버시아드를 주최한다. 1949년에 벨기에 브뤼셀에서 창립해 현재는 스위스 로잔에 본부가 있는데 한국은 1967년에 가입했다. 집행위원회는 회장을 포함해 총 23명으로 구성된다. 국제기구의 특성 상 집행위원회는 해당 기구의 최고 심의기구이므로 FISU의 집행위원은 유니버시아드를 비롯한 세계 대학스포츠 관련 지원 정책과 대회 개최 및 운영의 지침을 결정하게 된다. 국가적 이해관계와 위상이 걸려 있는 만큼 집행위원이 되려는 경쟁도 치열한데 장호성 박사는 제38회 정기총회에서 총 115표 가운데 최다 득표인 94표를 얻어 신임 집행위원에 선출되었다.

이로써 장호성 박사는 2027년 임기가 끝날 때까지 작게는 한국대학스포츠의 국제적 위상을 대표하면서, 크게는 세계 대학의 스포츠 교육이나 스포츠 활동 진흥에 필요한 국제협력 등을 주도하는 중책을 맡은 셈이다.

3. 대한민국 대학 스포츠 발전 주도(국내)

교육자이자 대학행정가로서 장호성 박사가 스포츠계에 끼친 가장 중요한, 그러나 눈에 보이지 않는 업적 가운데 하나가 '공부하는' 학생 선수의 풍토를 조성한 일이다. 장호성 박사는 총장에 재임 중인 2012년부터 2018년까지 '한국대학스포츠총장협의회'의 회장으로 활약하고 있었다. 그러나 장 박사는 공식적인 체육 기구의 책임자이기 이전에 교육자로서 대학스포츠가 교육이라는 본질적 사명을 지켜야 한다고 믿고 있었다.

이 같은 신념을 바탕으로 가장 처음 실시한 제도가 '체육특기자 인증프로그램'으로 이름 지은 운동부 특별수업 프로젝트이다. 장호성 박사는 총장직을 수행하기 시작한 2008년부터 이 프로그램을 제안했다. 이후 체육위원회가 체육부와 논의해 구체적 시행 방안을 마련해 2009년부터 실시했다. 이 프로그램은 '운동부에 속한 모든 선수(4학년 제외)들은 3~4주 동안 오전 9시부터 오후 1시까지 강의를 듣도록 의무화'하고 코스가 끝나면 시험을 봐서 인증을 해주고 대회 참가와 연계한다는 것이다.

이수 과목은 각자의 소속 학과 전공이 아닌 영어, 한자와 고사성어, 문서작성과 인터넷 활용 등 대학 생활을 하는 데 필수적인 기초 교양과목들을 가르쳤다. 선수들 간에 수준 차이가 있을 수 있어 학습 능력에 따라 분반 학습을 하도록 배려했다. '최소한의 부담으로 기본적 학습 능력을 길러 주자'는 것이 장호성 박사가 총장으로서 요구한 목표였다.

2005년 3월, 대한체육회는 초·중·고·대학 운동부 지도자 200명과 국가대표팀 지도자를 대상으로 학생 선수들의 수업 참여 실태를 조사했다. 이 조사에서 오후에 수업을 2시간 이상 듣는 선수들은 40%다. 나머지 60%는 아예 오후 수업을 듣지 않거나(46%), 1시간(14%)을 듣는다고 나타났다. 오전 수업은 4시간 모두 수업에 들어가는 선수(78%)가 대부분이지만 나머지는 수업 결손이 있다고 대답했다. 선수들이 강의실을 안 들어가는 것은 오랫동안 쌓인 암묵적 관행이었다. 이 제도를 처음 시행할 때 대부분의 선수나 코치진들도 '당장 다음 대회를 준비해야 하는데, 이 시간에 훈련을 해야 하지 않느냐?'는 마음이었다. 그러나 수업을 들으면서 마음이 달라졌다. 당시 우리 대학 체육부를 이끌던 최재석 부장은 언론과의 인터뷰에서 이렇게 밝혔다.

> "장호성 총장께서 '우리 대학을 졸업한 운동선수가 사회에 나가서 글도 제대로 못 읽는다는 소리를 듣게 할 수는 없다.'라며 기초 지식을 익힐 수 있게끔 별도 프로그램을 마련하게 했다."라며 "비슷한 수준끼리 모여 교육을 받는 만큼 수업 분위기도 좋은 것으로 알고 있다."라고 말했다. (「대학가, 체육 특기자 교육 바람 '솔솔'」, 연합뉴스, 2010. 8. 8)

우리 대학 체육부는 2009년에 특별수업 프로그램을 마친 뒤 참여 선수 140명을 대상으로 만족도 조사도 했다. 선수들은 프로그램의 유용성에 대해 5점 만점에 3.77점을 매기는 등 대체로 후한 점수를 줬다. 이 프로그램은 대학이 자체적인 노력으로 학생 선수의 '공부'와 '기량'을 동시에 키워줄 수 있다는 가능성을 보여주는 성과로 이어졌다. 이후 다른 대학들도 이 제도를 도입해 운동부 소속 학생 선수들의 권익을 개선하는 계기가 되었다.

대학스포츠에 대한 장호성 박사의 애정이 우리나라 대학 전체로 확산되는 계기가 2012년 2월에 있었다. 당시 총장이었던 장호성 박사가 제2대 한국대학스포츠총장협의회(KUSF, 이하 스포츠총장협의회로 칭함) 회장으로 취임한 것이다. 장 박사가 스포츠총장협의회 창립부터 부위원장으로 일했고, 아시아대학스포츠연맹(AUSF)의 부회장으로 있으면서 펼친 능력을 인정받은 결과였다. 스포츠총장협의회는 대학스포츠

장호성 한국대학스포츠총장협의회장(단국대 총장)이 '대학스포츠 정상화'를 위한 기자회견을 열고 성명서를 발표하고 있다 (2012.05.21).

관련 학사·재정·시설 등에 대해 자율적인 협의와 연구·조정을 통해 선진형 대학스포츠 시스템을 구축하기 위해 2010년 6월 사단법인으로 창립했다. 당시 스포츠총장협의회가 당면한 가장 큰 현안은 체육특기자 스카우트를 둘러싼 잡음이었다.

2011년 5월, 감사원은 서울 및 수도권의 9개 대학에 대해 '학사운영 및 관리실태' 감사를 했는데 금전을 통한 체육특기자 스카우트 사례를 적발해 이듬해 2012년 2월에 이를 발표했다. 내용은 8개 대학이 2009~2011학년도 체육특기자 선발 과정에서 5개 종목 72명의 고교 졸업 예정자에게 모두 29억 원의 스카우트비를 지급했다는 것이다. 이를 접한 정부와 사회 여론은 대학의 자성과 제도적 개선을 요구하는 목소리를 높였다.

회장에 취임하자마자 이 같은 안타까운 소식을 들은 장 박사는 특유의 '외유내강 리더십'을 발휘했다. 우선 같은해 3월에 대학스포츠 관계자 80여 명을 초청해 토론회를 열었다. 대학스포츠 발전 방향을 주제로 했지만 감사 결과와 사회 여론의 개선 요구를 대학스포츠 현장에 반영시킬 구체 방안을 함께 고민했다. 이후 대책을 구체화해 같은해 4월, 우리 대학에서 회원대학 총장 17인이 참석한 가운데 '대학스포츠 정상화 간담회'를 열었다. 이 간담회를 통해 이견을 조율하고 개선 방안을 가다듬어 성명서를 준비하게 했다. 이 과정에서 당시 위원장 장호성 박사와 함께 스포츠총장협의회 집행위원장으로 봉사하고 있던 강신욱 교수가 많은 노고를 기울였다.

장 박사는 2012년 5월에 기자들을 초청한 자리에서 「대학스포츠 정상화를 위한 성명서」를 발표했다. 이 기자회견에서 장 박사는 체육특기자의 입학과 수업 등에 대한 개선책을 제시했는데 "체육특기자에 대한 금전 스카우트를 반드시 근절하고, 입학을 전제로 한 학부모의 금품 요구를 일체 배격하겠다."고 공약했다. 또한 "이를 위반한 대학에 대해서는 그 대학 관계자에게 강력한 징계 조치를 요청하고, 스포츠 경기에도 일정 기간 출전하지 못하도록 할 것"이라고 강조해 자정 의지를 천명했다. 성명서를 통해 밝힌 개선책의 주요 내용은 다음과 같다.

▲체육특기자에 대한 금전 스카우트 근절
▲고교 학생 선수의 대학 입학시 1인 1매 지원서 발급 관행 중단
▲경기지도자 처우 개선
▲체육특기자 교과과정 개선
▲한국형 대학스포츠 운영관리 규정 마련

제2대 한국대학스포츠총장협의회 회장에 취임한 장호성 총장이 회원 대학 총장을 단국대로 초청하여 간담회를 진행하고 있다(2012.04.03).

특히, 고등학교에서 대학으로 진학을 원하는 선수, 즉 체육특기자 전형 응시생에게 입학지원서를 1매만 쓸 수 있게 하는 관행을 없애겠다는 것은 매우 혁신적인 조치였다. 그동안 유망 고교선수를 놓고 특정 대학이 미리 금품을 건네거나 특혜를 주어 자신의 대학에 입학지원서를 내면 다른 대학 지원이 원천 봉쇄되는 기이한 구조였다. 이 과정에서 브로커가 개입하고 부정 입학과 금품 수수의 가능성이 커졌다. 장호성 박사는 대학스포츠 관계자들과 숙의 끝에 그동안 암묵적으로 이어온 이 관행을 깨뜨리도록 한 것이다.

이런 대학스포츠총장협의회의 전향적 대책 선언에 힘입어 2013년 8월, 대학교육협의회는 〈2014학년도 대학입학전형 기본사항〉을 발표하면서 체육특기자에게 입학지원서 1인 1매 제도를 폐지한다는 공식 방침을 공표했다. 특히 "대학은 체육특기자 특별전형을 시행할 때 균등한 기회 제공을 저해하는 어떤 제출 서류도 인정하지 말아야 한다."는 원칙을 천명했다. 이후 지원서 1인 1매 발급제도는 1인 최대 6회까지 가능하도록 개선되었다. 1973년 체육특기자 특별전형제도가 신설된 이래 최대의 변화였다.

전형제도 개혁만이 아니었다. 대학 운동부에 근무 중인 감독, 코치는 종전까지 일반 행정직원과 달리 신분이 계약직으로 규정되어 있었다. 장호성 박사는 협의회 성명을 통해 이런 신분상의 불안정이 체육특기자 입학 비리를 불러오는 원인 가운데 하나라는 점을 지적하며 각 대학들이 운동부 지도자들을 일반 행정직처럼 정년 보장 직원으로 변경하도록 권고했다. 물론 장호성 박사는 우리 대학에 이를 가장 먼저 적용해 2014년부터 모든 감독, 코치들의 신분을 계약직에서 정규직으로 전환하는 데 앞장섰다.

장호성 박사가 대학스포츠총장협의회 위원장으로 재임하면서 이룬 더 큰 공로가 있다. 국가의 대학구조조정이라는 거시 정책 속에서 피폐해질 우려가 큰 대학운동부 육성 기반, 즉 정부의 재정 지원을 획기적으로 개선시킨 것이다. 2015년부터 교육부는 대학구조개혁평가를 시작했다. 교수 연구실적, 교수 충원율, 졸업생 취업률, 재단 전입금 비율 등을 기준으로 각 대학을 A~E 등급으로 나눠 A, B 등급 대학에는 행·재정 지원을 최대화하고 D, E 등급 대학에는 재정 지원과 신입생 선발 인원을 대폭 감축시키겠다는 정책이었다. 전국의 대학들은 대학평가 준비에 사활을 걸 수밖에 없었다.

대학의 경쟁력을 올리자는 국가정책이었지만 전국의 대학운동부가 가장 큰 직격탄을 맞았다. 구조개혁 평가 항목에 운동부에 대한 행·재정 지원이 포함되지 않았기 때문이다. 대학으로서는 평가 결과에 따라 대학의 사활이 좌우되는 판인데 운동부를 유지하는 노력에 관심이 갈 수 없었다. 운동부를 육성하는 160개 대학이 충격을 받았다. 실제로 운동부의 전통이 강한 대학들마저 신입생 선발을 중단하기 시작했다. 운동부 자체가 없어질 형국이었다. 인기 종목 운동부도 그런 판인데 비인기 종목 운동부는 어떤 형편이었을까. 대학 운동부가 없어지면 중고등학교 운동부도 없어진다. 한국 스포츠의 뿌리가 무너지게 생겼다. 대학 경쟁력 강화라는 국가정책이 뜻밖의 부작용을 빚고 있었다.

장호성 박사는 이를 두고 볼 수 없었다. 스포츠총장협의회 집행위원장인 강신욱 교수(스포츠과학대학 생활체육학과)를 앞세우고, 각 대학의 저명한 교수들을 동원해 교육부와 문화체육부를 설득하도록 했다. 교육부는 스포츠 문제는 문체부 소관이라 하고, 문체부는 대학스포츠이니 교육부의 일이라 밀어냈다. 교수들은 이에 물러서지 않고 정부가 왜 대학스포츠 지원안을 시행해야 하는지 모이기만 하면 난상 토론을 몇 시간씩 이어갔다. 대학스포츠를 활성화하고 정상화하려면 문화체육부가 왜 대학스포츠총장협의회를 지원해 줘야 하는지 거듭 설득해 나갔다. 장호성 박사가 언론을 통해 설파한 논리가 이들에게 힘을 주었다.

> 한국대학스포츠총장협의회는 활성화에 앞서 정상화에 우선적인 노력을 기울이고 있다. 먼저 입시와 스카우트 부정, 폭력이나 승부조작 등의 문제가 완벽하게 해소돼야 한다. 부정부패에서 벗어나 모범적인 운영이 이뤄지면 대학스포츠가 대중의 사랑을 받을 수 있는 기본적인 여건이 마련되는 것이라 본다. 입시를 위해 협의회는 모든 대학의 특기자 전형을 망라한 입시백서를 출간했고, 취업을 위해선 모든 체육 관련 단체에 대한 취업백서를 출간한 바 있다. 또한 많은 대학들이 정상화를

위해 결의를 다짐했고 그만큼 진척이 있었다고 생각한다. 정상화를 위한 강력한 규제를 담은 운동부 운영 지침도 제작 중에 있다. 엘리트 선수부터 동아리 선수까지 많은 대학생들이 스포츠에 참여하게 되면 대학스포츠는 활성화 여건을 갖추게 된다. 대중의 관심은 때에 따라 변한다. 대학스포츠도 준비를 갖춰 놓고 기다리면 다시 빛을 볼 수 있을 것이라 믿는다. (「대학스포츠 위기, 정상화가 관건」, 한국대학신문, 2014. 11. 17)

'선자정 노력 후사회 지원'이라는 논리로 정부와 사회를 설득하고 있었다. 대학스포츠계의 정확한 현실 파악과 대책 수립, 자정 노력을 먼저 기울이고 국민의 믿음을 얻으면 사회적 지원도 따른다는 소신이었다. 일방적인 지원 요구나 '모두 네탓'식의 논리는 장호성 박사의 철학과 어울리지 않았고 바로 그것이 장호성 박사의 스포츠정신이기도 했다. 장 박사의 이 같은 노력과 강신욱 교수 등 집행위원 교수들의 집념 어린 설득이 주효했다. 결국 문화체육부는 2016년부터 대학스포츠총장협의회를 대학스포츠 활성화, 정상화의 중심 기구로 인정하고 지원을 확대하기 시작했다. 이후 2012년 경, 30억여 원이었던 예산은 장호성 박사가 위원장직을 물러날 무렵인 2018년에는 130억여 원으로 증가했다.

한국대학스포츠총장협의회는 이 같은 지원 확대에 힘입어 현재 대학스포츠 종목별 리그전의 정상화 지원, 전국대학운동부 평가 및 지원, 체육특기자 입학전형 공정성 확대 지원, 각종 실태조사와 대책보고서 발간, 심포지엄 개최 등 명실상부한 대학스포츠 활성화의 중심 기관으로 자리잡았다. 장호성 박사의 리더십과 강신욱 교수의 성실성이 빚어낸 자랑스러운 결실이다.

또 하나, 장호성 박사가 대학스포츠총장협의회 회장으로 재임하면서 이룬 가장 중요한 업적이 '대학스포츠 운영규정'을 제정한 일이다. 장 박사는 회장 취임 이후 대학운동부 실태조사 등과 총장으로서 직접 대학운동부를 운영한 경험 등을 바탕으로 대학 운동부를 운영하는데 최소한의 공통 기준이 필요하다는 인식을 갖고 있었다. 학생선수 선발에 있어서 공정성을 확보할 수 있는 절차나 기준, 대학 학생선수들에 대한 학습권을 보장하고 이를 정상화할 학사관리 운용기준, 각 운동부 지도자들의 신분보장과 처우를 개선할 기준 등을 명문화해서 대학들이 공통적으로 이를 지키도록 하자는 것이 장 박사의 구상이었다. 이는 장 박사만의 생각이 아니었다. 대학스포츠 관계자들이 갖는 오랜 숙원이기도 했다. 장 박사는 이를 뒤로 미루지 않고 '대학스포츠 운영규정'을 만들도록 실무위원회를 설치하고, 스포츠학 교수, 스포츠 미디어 담당 부장 등을 초청해 심포지엄을 갖고 다양한 이해관계자들의 의견도 청취했다. 이런 과정을 거쳐 2015년 1월에 가진 협의회 정기총회에서 '대학스포츠 운영규정'을 공개했다. 이례적이라 할 만큼 진지하고 열띤 토론이 있을 정도로 대학스포츠 관계자들의 반응은 뜨거웠다.

토론의 쟁점은 학생 선수들의 수업권을 보장하기 위한 강제 규정, 즉 2개 학기 성적이 평균 씨제로(C⁰) 학점을 넘지 못하는 학생 선수는 차기 대회 출전을 못하게 하는 것과 운동부 지도자들의 신분을 임시직(계약직)이 아닌 정규직으로 전환해 주는 일 등이었다. 명분에 공감하지만 적용 방안에 따른 의견 차이가 있었고, 총회를 통해 2년 간 계몽 기간을 가진 뒤 2017년부터 실제 적용키로 했다. 비록 유예 기간을 설정했지만 대학스포츠 역사상 처음 있는 일이었다. 동시에 대학스포츠총장협의회의 존재 이유를 반증하는 근거이기도 했다.

이후 이 같은 장호성 박사의 노력과 '대학스포츠 운영규정'의 당위성이 실제 입증되는 일이 생겼다. 2016년 11월에 교육부가 '정유라 특혜 의혹 감사결과'를 공개한 데 이어 같은 해 12월부터 2017년 2월까지 '체육특기자 학사관리 실태조사'를 실시했다. 이 조사는 체육특기생 재학생 100명 이상인 17개 대학을 대상으로 현장 조사를 겸해 실시되었다. 그 결과 1,100여 명의 교수와 학생(특기생)이 부실 학사관리에 연루된 것으로 드러났다. 주요 지적 내용은 ▲학사경고 누적자에 대한 징계 미실시 ▲프로 입단자 출석 및 성적 부여 ▲시험·과제물 대리 제출과 대리 응시 ▲장기입원, 재활자에 대한 출석, 성적 부여 ▲부실한 출석 관리 및 학점 부여 등이었다.

교육부는 물론 사법 당국도 수차례 유사한 일이 반복됨에도 대학들이 이를 근본적으로 개선하지 않는 점에 대해 지적했고, 강력한 법적 조치를 경고하기도 했다. 이 와중에 대학들이 제시할 수 있는 반론

대학생 정신건강 위기 지원 국회 세미나에 참석한 장호성 총장(대교협회장)은 "대학생들의 심리적 안정 및 정신건강을 지원함으로써 대학생을 위한 종합적 복지 서비스 확대를 위해 노력해야 한다"고 밝혔다(2018.05.03).

이 바로 대학스포츠협의회가 제정한 '대학스포츠 운영규정'이었고, 이는 대학의 자정 노력을 설명하는 증거가 되기도 했다. 특히 그동안 미뤄왔던 이른바 '씨제로(C^0)를'을 전면 시행하게 됐다. '씨제로(C^0)를'은 대학스포츠 운영규정 제25조인데 직전 2개 학기 평점을 '평균 C 제로 이상' 취득한 학생 선수만 대학스포츠협의회가 승인하는 대회에 출전할 수 있도록 한 규정이다. 이 규정은 공부하는 학생 선수를 지향하고 학생 선수의 학습권을 보장해 학사 관리의 정상화를 이루려는 방안으로 마련됐다. 이 규정에 따르면 직전 2개 학기 평균 C^0학점 이상 취득하여야 대학스포츠협의회에서 주최, 주관하는 대회에 참가할 수 있다. 결국 우여곡절 끝에 대학스포츠총장협의회(KUSF)는 2017년 1월, 대학스포츠 운영규정 제25조를 2017학년도부터 본격 시행한다고 발표했다.

수십 년 동안 이어져 온 대학스포츠, 아니 대한민국 학원스포츠의 오랜 병폐가 해결되는 전기가 마련된 셈이다. 도전과 창조의 '장호성 리더십'이 아니면 힘들었을 일이었고 단국인이 자랑할 만한 쾌거였다.

제2장

종목별 단국스포츠 발달사

제1절 대한민국 스포츠 불모지를 개척한 선구자

1. 대한민국 스포츠 발전과 단국대 운동부의 기여

2000년대가 시작되기 전까지 '대학 스포츠'는 '엘리트 스포츠'의 허리였다. 중고등학교 운동부에서 재능을 인정받은 선수는 대학 운동부에 진학해 기량을 성숙시키면서 실업이나 프로 스포츠로 진출했다. 그 연결고리는 전국체육대회였고, 대학운동부가 이를 이어주는 통로였다. 이 통로를 걸어갈 자격의 기준은 선수 개개인에게는 '기량과 경기성적'의 문제였지만 실질적 통로는 '대중의 인기도'였다. 언론과 대중의 관심, 인기를 끌 만한 종목에는 더 넓은 기회의 문이 열렸다. 축구, 야구, 배구, 농구라는 인기 종목의 특출난 선수는 대학 시절부터 스타 대접을 받았다. 그런 스포츠 편식은 중고등학교와 대학교의 스포츠를 왜곡시켰다. 대회 성적과 기량 중심의 선수 훈련, 과도한 스카우트 경쟁, 체육특기자를 둘러싼 비리, 학생의 본질인 수업권의 무시 등이 사회문제가 되기도 했다.

'인기 종목'에 집중해서 '운동에만 집중'한다. 이것이 한국 엘리트 스포츠의 강점이자 한계였다. 이 과정에서 대학의 스포츠 문화, 즉 학생들이 스스로 참여하고 운동을 통해 체력과 인격을 수양하는 생활 스포츠는 소외되었다. 대학 스포츠에서 생활 스포츠가 차지하는 비중이 적어질수록 전문 스포츠, 즉 대학 당국이 운영을 책임지는 운동부의 비중이 커질 수밖에 없었다. 물론 2000년대 이후 사회적 성숙도가 높아지고 프로 스포츠산업이 급속도로 발전했다. 거기에 생활스포츠

전반에 대한 국민적 관심과 정부의 정책적 투자가 커지면서 대학스포츠는 점차 새로운 변화를 겪고 있다. 2020년대의 대학스포츠는 기존 대학스포츠 전개 방식과 전혀 다른 패러다임으로 움직이고 있다. 학생 선수들의 수업권이 제도화되었고, 엘리트 스포츠를 벗어나 학생들이 스포츠를 일상적으로 즐기는 '스포츠 클럽'을 활성화시키고 있다. 대학스포츠 관련 대회도 클럽 중심의 리그전 방식을 도입하는 등 다양한 개혁이 이뤄지고 있다. 그 변화의 중심에 한국대학스포츠총장협의회(현 한국대학스포츠협의회, KUSF)가 있다.

이 같은 거시적 변화 속에서 단국대 스포츠의 역할은 상당히 중요한 가치를 갖는다. 단국대 스포츠가 한국 전문스포츠 분야의 역사적 발전 과정에 끼친 결정적이고 선도적인 역할은 3가지로 손꼽을 수 있다.

첫째, 비인기 스포츠 종목의 보호, 육성

문헌상 우리 대학은 1955년에 운동부를 처음 창설한 것으로 나타난다.(『단국대학교 30년사』) 럭비부, 농구부, 레슬링부 3개 운동부였다. 1970년대까지 태권도부, 정구부, 복싱부, 필드하키부, 미식축구부, 체조부, 배드민턴부, 조정부, 체조부, 수영부 등이 창단되지만 이내 해체된다. 대부분의 해체 사유는 소속 선수가 부족했다는 이유를 꼽고 있다. 정확한 문헌 고증을 할 수 없지만 1970년대 들어서기까지 창설, 폐지된 각 운동부가 대학 당국의 의지와 행정, 재정지원을 전제로 설립됐는지, 아니면 학생들의 서클(동아리) 차원에서 창설됐는지

« 복싱부(1970)

‹ 제7회 아시아 아마복싱선수권 대회에서 우승한 우광식 (1975.03.30)

❶ 태권도부(1959) ❷ 싸이클부(1959) ❸ 기계체조부(1973) ❹ 테니스부(1977) ❺ 조정부(1979)
❻ 검도부 제5회 추계서울시대학검도연맹전 우승(1982.09)

명확한 기준이 없다. 당시 대학 상황이 체계적인 운동부 지원 전략이나 이를 뒷받침할 재정 기반이 안정적이지 못했기 때문인 것으로 짐작된다.

이런 과정에서 럭비부는 단과대학 시절부터 종합대학 초기, 그리고 지금까지 한결같이 체육부의 중심 종목으로 존재해 왔다. 본격적인 운동부 창설은 1970년대 들어서면서이다. 장충식 총장이 종합대학 승격을 이루고 거기에 맞는 대학학사체제가 안정화되면서 운동부 창설에 눈이 갔다고 할 수 있다. 스키부(1968), 씨름부(1974), 테니스부

(1974), 빙상부와 요트부(1976), 여자 조정부(1980) 등이 이 무렵 창단되었다. 이들 운동부는 창단 2~3년 사이에 전국대회에서 우수한 성적을 내기 시작했다. 당시 축구부, 농구부가 있었지만 언론의 지면을 장식하는 운동부는 인기 구기 종목보다 이들 종목들이었다. 1987년 당시 우리 대학에 설치된 운동부는 전문 운동부 10개와 써클부 12개 총 22개로 종합 사립대로는 전국 최대 규모를 자랑했다. 그 내용을 보면 다음과 같다.

▲전문 운동부: 농구부, 럭비부, 레슬링부, 빙상부, 스키부, 씨름부, 야구부, 조정부, 축구부, 테니스부
▲써클부: 검도부, 미식축구부, 복싱부, 사격부, 수영부, 역도부, 요트부, 육상부, 체조부, 태권도부, 펜싱부, 필드하키부

설치 종목들을 살펴보면 축구, 농구, 야구를 제외하고는 대부분이 기초 분야이고 올림픽 시즌이 아니면 국민들의 관심을 받지 못하는 '비인기 스포츠'들이었다. 전문 운동부를 체육특기자로 선발하고, 장학금을 지급하며 선수로서 역량을 닦도록 지원하는 일은 특별한 의지가 있어야 가능한 일이다. 학교 홍보와 학생 사기 진작을 위해서라도 한정된 재정 능력을 인기 종목에 집중 투자해 육성해야 한다는 건의와 압력이 학내외에서 제기되곤 했다. 그러나 장충식 당시 총장은 자신이 가진 모든 역량을 다해 비인기 종목 운동부를 지켰다. 이 전통은 이후 1998년 대학 법인이 심각한 재정난을 겪고, 20년간 지속되는 등록금 동결과 대학구조조정 역량평가 등에서 스포츠 육성 항목은 제외되는 등의 변화로 적잖은 타격을 받았다.

그러나 현재도 우리 대학은 장호성 현 이사장이 총장 재직 시절 수립한 대학스포츠 육성정책에 따라 운동부 이원화 체제를 도입하고 각 사회단체와의 협력체계를 강화하는 등의 자구의 노력을 기울이고 있다. 이처럼 비인기 종목에 대한 애정과 육성이라는 우리 대학의 스포츠 전통을 잇기 위한 진지한 노력으로 2024년 기준 우리 대학은 17개 종목에서 운동부를 운영하며 전문 선수들을 육성하고 있다. 운동부 설치 종목은 다음과 같다.

▲남자축구 ▲야구 ▲남자농구 ▲럭비 ▲씨름 ▲조정 ▲스키 ▲빙상 ▲소프트볼 ▲여자농구 ▲여자배구 ▲여자축구 ▲골프 ▲볼링 ▲승마 ▲태권도 ▲수영

우리 대학의 비인기 종목 육성에 대한 노력의 성과는 선수 저변 확대와 함께 전국체육대회에서 뛰어난 성적을 거둠으로써 한국 스포츠를 견인하는 성과로 나타나고 있다. 지난 2007년부터 2023년까지 우리 대학 소속 선수들이 하계 · 동계 전국체육대회에서 거둔 메달은 다음과 같다.

▲하계 전국체육대회 : 금메달 22개, 은메달 29개, 동메달 55개
▲동계 전국체육대회 : 금메달 98개, 은메달 94개, 동메달 84개

이 같은 성과는 선수들이 소속된 지역 사회의 명예를 높이면서 비인기 종목 스포츠에 대한 투자와 관심을 이끌어내는 견인차 역할도 하고 있다. 우리 대학이 70년 간 견지해온 체육진흥정책과 체육부의 노력이 빚은 결과이다.

둘째, 단국인이 일군 동계스포츠 강국의 꿈

우리 대학은 1968년 스키부를, 1976년 빙상부를 창설했다. 각각 56년, 48년의 연륜을 가진 한국 최고 수준의 강호이다. 그러나 창설 당시 한국의 동계스포츠는 지금과 달랐다. 지금처럼 국민적 관심을 받지도 못했고, 정부의 지원이나 기업의 투자도 없었다. 특히 스키는 일부 계층의 레저로 그칠 정도였고 긴 겨울과 풍부한 눈을 배경으로 가진 강원도 평창, 횡계 지역 청소년들의 향토 스포츠였다.

서울대 럭비부에서 선수 생활을 했던 장충식 명예 이사장은 당시 총장으로 재임하면서 겨울방학이 되면 스키를 즐겼다. 심지어 이제 막 초등학교를 졸업한 아들(현 장호성 이사장)을 강원도 평창, 횡계로 데리고 가 스키에 입문케 할 정도였다. 장충식 당시 총장은 그러나 단순한 스키 애호가로 자신을 멈춰 놓지 않았다. 그가 스포츠로서 스키를 젊은이들에게 보급하고, 동계스포츠를 활성화시키겠다고 마음먹은

데는 스포츠에 대한 통찰 때문이었다.

> 당시 스키장은 너무 열악해 스키를 각자 메고 눈길을 30분 내지 40분은 걸어가야 슬로프에 도달하였다. 기온이 내려가고 한파가 몰아치는 날에 스키를 메고 슬로프 정상까지 올라가는 일은 쉬운 일이 아니었다.(중략) 내가 자녀들에게 스키를 가르친 것은 바로 이런 자연에 대한 복종심과 역경에 대한 개척정신을 길러 주고 싶었기 때문이었다. 당시 내가 세계 각국을 돌아보면 눈이 오는 나라는 대부분 잘살았다.(중략)
>
> 나는 언젠가 지금처럼 한국이 경제성장을 이루면 분명히 다른 선진국처럼 동계스포츠, 그것도 스키를 좋아하게 되리라 생각했다. 그러면 당연히 올림픽이나 세계대회에 나가서 좋은 성적을 올려서 이를 앞당겨야 하는데 당시 같아서는 도무지 미래를 기약할 수 없었다. 나는 대관령을 넘나들면서 설원 위에서 땀 흘리는 꿈나무들을 직접 보고, 같이 운동했다. 그래, 저 아이들이 꿈을 이룰 수 있도록 힘이 되어 주자고 결심했다. 저들 꿈나무를 길러서 세계 무대에 올려 세우면 분명히 선진국들이 한국을 다시 보고, 그러면 동계 스포츠도 더 인기를 얻을 것이라 믿었다. (장충식,『시대를 넘어 미래를 열다』, p.421, 노스보스, 2011.)

장충식 명예 이사장이 스키부 육성을 본격화하면서 뒤이어 빙상부를 설립케 한 것은 이런 통찰력 덕분이었다. 그 뒤부터 장충식 명예 이사장은 직접 일본으로 가서 자비로 중고 스키를 사서 강원도 스키부 어린이와 청소년들에게 후원을 했다. 유망한 선수들은 단국대로 데려와 장학금과 숙식을 제공하며 공부하고 스키도 타게 했다. 이들을 가르치기 위해 당시 동계올림픽 출전 국가대표 1호인 임경순 교수를 코치로 초빙해 스키부를 지도하게 하고, 나중에 교수로 근무하면서 선수만이 아니라 일반 학생들에게도 스키를 보급토록 했다.

빙상을 향한 장충식 당시 총장의 열정은 스키에 대한 애정 못지않았다. 특히 쇼트트랙을 빙상부에 도입하도록 결심한 동기에서 스포츠맨으로서 장충식 당시 총장의 지혜가 돋보인다.

> 사실 빙상 레이스는 아무래도 체격과 체력이 좋은 유럽과 북미계 선수들이 유리할 수밖에 없다. 그렇지만 쇼트트랙은 코너 워크가 생명인데 순발력이 좋은 한국 선수들에게 아주 적합한 종목이었다. 여기에는 또 다른 역설적 원인이 있다. 우리나라는 빙상 경기장이 많지 않아 대회를 하면 초등부에서는 선수들을 레인에 맞춰 배치하지 않고 한꺼번에 출발시키곤 한다. 그러니 어렸을 때부터 우리 빙상 선수들은 '스타트', 즉, 상대방 선수보다 먼저 어깨를 집어 넣어 좋은 레인을 선점하려는 노력을 기울이기 마련이다. 그리니 우리나라 선수들은 몸싸움이 어느 정도 허용된 쇼트트랙에 적응하기가 쉬웠다. 한국적 특성에 맞는 쇼트트랙을 길러 보자는 의지로 한국 최초로 단국대에 쇼트트랙 팀을 구성하였다. 여기에 처음으로 등장한 선수가 김기훈이었다. (장충식, 『시대를 넘어 미래를 열다』, p.429, 노스보스, 2011.)

이후 김기훈 선수는 한국 최초의 동계올림픽 금메달리스트이자 3관왕의 위업을 쌓는다. 이를 계기로 한국 역시 동계스포츠의 강국으로 급성장한다. 우리 대학 빙상부에서 성장해 한국의 명예를 빛낸 선수들이 속출했고, 지금도 한국 빙상계를 이끄는 산맥으로 자리잡고 있다. 우리 대학 선수들이 동계올림픽, 동계아시안게임, 동계유니버시아드에서 획득한 메달 만해도 ▲금메달 45개 ▲은메달 25개 ▲동메달 96개에 이른다. 정부나 지자체의 지원을 받는 국공립대가 아닌 사립대가 이 같은 성과를 거둘 수 있었다는 것도 놀라운 결과이다. 그보다 더한 가치는 당장 우리 대학에 이익을 주지는 않지만 언젠가 국민들의 기쁨과 자랑이 될 것이라는 믿음으로 노고를 기울이고 앞서나가려는 의지를 관철한 힘이다. 그 힘이 오늘까지 단국스포츠를 이끈 진정한 저력일 것이다.

셋째, 대학운동부 운영모델의 새로운 비전 제시

종전까지 우리 대학 전문스포츠를 대변하는 운동부는 각 종목별 '체육특기자' 중심으로 운영하고 있었다. 체육특기자 중심 운동부 운영은 1972년 처음 공식화되었다. 체육특기자로 선정되면 '무시험 특별전형의 혜택'을 받게 했다. 박정희 정부 때 강화된 '엘리트 선수 중심 스포츠 육성'이라는 국가정책과 맞물린 필연적 결과였다. 대학들은 고등학교의 종목별 운동부 선수들을 전국 규모 대회에서의 성적을 바탕으로 분류하고 졸업 전에 스카우트해 운동부 경기력을 향상시켰다. 우수 선수들에게는 스포츠 관련 학과에 진학하는 대신 일반 학과에 배치하거나 선택권을 주기도 했다. 이 과정에서 스카우트 과열과 비리 등이 발생하고 일반 학과로 진학했지만 수업을 듣지 않아 전공지식이 전혀 없는 채로 졸업을 해 사회 적응에 어려움을 겪는 등 부작용이 커서 사회문제가 되기도 했다. 2010년대 들어 이 같은 '체육특기자 중심 운동부 육성'이 장기적으로 학생 선수의 인권을 해치고, 교육 현장을 해칠 수 있다는 인식이 정착되면서 새로운 정책이 수립되었다.

우리 대학은 2008년 장호성 박사가 총장에 취임하면서 시대 변화를 수용하면서 한국의 스포츠 발전에 대한 기여도를 높이면서 학생 선수의 학습권을 보장하고, 전문 선수로서의 기량도 향상시키는 일을 동시에 해결할 대책 마련에 착수했다. 개혁 작업은 크게 3단계로 이뤄졌다.

1단계는 대학 내 운영 중인 운동부가 죽전과 천안, 양캠퍼스로 산재해 있는 체제를 천안캠퍼스로 일원화했다. 동시에 운동부를 지원, 관리하는 체육부도 천안캠퍼스로 통합 이전했다. 스포츠과학대가 설치되어 있고, 캠퍼스 안에 종합병원이나 기숙사, 체육관, 메인스타디움 등의 관련 기반 시설도 잘되어 있어 운동부의 훈련 계획부터 선수들 개인 건강관리가 효율화되었다. 특히, 스포츠과학대학의 전공별 교수들까지 운동부를 지원하게 되어 촘촘하면서 과학적인 선수 육성이 가능해진 것은 지금도 우리 대학만의 강점으로 작용하고 있다.

2단계는 체육특기자의 소속 학과를 스포츠과학대 국제스포츠학부로 일원화했다. 이 조치는 교육부의 법률적 뒷받침이 전제되었지만 학생 선수들의 수업권을 신장하는 기반이 되었다. 소속을 스포츠과학대학 내 운영 가능한 학과나 전공으로 단일화함으로써 수업시간표 조정, 강의 출석 체크, 별도의 교양교육 프로그램 실시 등을 획기적으로 개선할 수 있었다. 학생 선수와 일반 학생들 간에도 같은 단과대 소속으로서 학습 분야가 비슷하기에 감정적 소통도 용이하고 학습 과정에서 멘토링을 할 수 있는 여지도 커졌다. 무엇보다 학생 선수들이 '학생'으로서 캠퍼스 라이프를 즐길 수 있는 여지가 커진 것은 무엇과도 바꿀 수 없는 강점일 것이다.

3단계는 운동부 관리체제에 있어 운영중인 전체 운동부를 '범정(육성) 종목'과 '혜당(비육성) 종목'으로 이원화하고 있다는 점이다. 기존의 육성, 비육성의 개념은 각 종목의 우열과 인기도 등을 고려해 차별적으로 지도, 관리한다는 것이 아니다. 종목별 운동부의 지원 요소(감독, 코치, 대회 경비, 장학금 등)의 재정 분담 비중을 학내와 학외, 어디에 두는가로 나눈 것으로 한국대학스포츠협의회(KUSF)에서 편의상 분류한 것이다. 육성 종목은 스포츠과학대학에서 운동부를 설치하기 전부터 있었던 체육부 소속 운동부들이다. 종목별 감독, 코치는 체육부에서 관리 및 지원한다. 이들을 위한 장학 지원은 청룡장학금으로 집행하며 각종 훈련 경비 등은 대학이 부담한다. 비육성 종목은 스포츠과학대학 소속으로 해당 단과대 교수가 지도교수를 맡고 있다. 지도자는 개인 선수나 공공기관(충남체육회)의 지원을 받고 장학금은 학교의 체웅장학금으로 일부 지원을 받는다. 구분별 설치 운동부는 다음과 같다.

■ 범정종목
▲남자축구 ▲야구 ▲남자농구 ▲럭비 ▲씨름 ▲조정 ▲스키 ▲빙상
■ 혜당종목
▲소프트볼 ▲여자농구 ▲여자배구 ▲여자축구 ▲골프 ▲볼링 ▲승마 ▲태권도 ▲수영

이 같은 단계별 체제정비와 함께 학생 선수들에 대한 학사관리를 강화시키고 이를 뒷받침할 교양교육 강화, 인증 프로그램 실시 등을 병행했다. 장호성 총장을 중심으로 스포츠과학대학의 교수, 체육부 지도진들이 합심해 이들 관련 조치가 정착되었다. 이런 단합된 노력의 결과는 대회 성적 향상으로 나타났고 특히 충청남도 스포츠 발전에 큰 기여를 하고 있다. 우리 대학 운동부는 매년 충청남도를 대표해 동계 및 하계 전국체육대회에 출전한다. 동계 종목은 우리 대학 빙상

부와 스키부 선수들이 주축을 이루고 있으며 여자농구, 여자배구, 여자축구, 소프트볼 등도 매년 전국체육대회에 충남 대표로 출전해 실업팀 강호들을 물리치며 충남 여자스포츠의 선구자로 뛰고 있다. 우리 대학 운동부가 천안캠퍼스로 통합해 본격적으로 충청남도 대표로 출전한 2007년을 기점으로 2023년까지 거둔 성적은 금메달만 131개에 이른다.

개혁을 통해 거두고 있는 성과는 운동부에 대한 대외 평가에서 더욱 잘 나타난다. 한국대학스포츠총장협의회(현 한국대학스포츠협의회, KUSF)는 지난 2015년부터는 전국 대학 체육부 평가를 실시하고 있다. 평가에는 전국 140개 대학 이상이 참가하는데 △대학의 지원 △학생선수 확보 및 역량 △지도자 확보 및 역량 △대학운동부 사회적 책임 이행 등 분야에서 세부 평가 지표로 정량평가를 하고 동시에 정성평가, 현장실사를 통해 대학별 순위대로 운동부 지원금을 책정한다. 시행 첫해부터 우리 대학은 시설 및 지도자 확보 등 정량지표는 물론이고 사회적 협력 부분 등에서 지표를 뛰어넘는 우수한 평가를 받아 1위에 올랐다. 이후 지금까지 6년 연속 종합 1위의 평가를 유지하고 있다. 대학 경영진과 스포츠인들의 개혁적 비전과 실천 의지가 빚어낸 값진 결실이다.

2. 단국스포츠 전통의 수호자 - 체육위원회·체육부

대학스포츠 육성을 위해서 학내 다양한 관계자의 의견을 청취하는 일은 매우 중요하다. 우리 대학 역시 강력한 스포츠 전통에 어울리게 일찍부터 체육위원회를 발족시켜 학내 체육활동을 진흥하고 운동부를 지원하고 관리케 했다. 그 첫걸음은 1964년 초에 있었다.

이 당시 우리 대학은 주간부가 부활하면서 초급대학에 있던 체육과를 폐지하고 이공대학 산하에 4년제로 체육과를 신설했다. 이에 앞서 1963년에는 기존 럭비부 외에도 필드하키부, 미식축구부, 스키부 등을 창단하기도 했다. 주간부 폐쇄에서 주간부 부활로 이어지는 전환기에 대학스포츠에 대한 학교 당국과 학생들의 관심사가 커지고 있었던 영향이라 짐작된다. 체육과 신설, 운동부의 확대 등은 학내에 체계적이고 합리적인 체육정책, 스포츠 활성화를 관장할 조직의 필요성을 증가시켰다. 1964년 체육위원회 구성은 이 같은 시대 배경의 산물이다. 단국 역사 최초의 체육진흥 기구인 만큼 해당 규정을 전문으로 남긴다.(『단국대학교 30년사』, p.778 참조)

체육위원회 규정

제1조 본 위원회는 단국대학교 체육위원회라 칭한다.

제2조 본 위원회는 단국대학교 안에 둔다.

제3조 본 위원회는 본 대학교 학생의 체육활동의 진작을 위한 중요 사항에 관하여 총장의 자문에 응답을 그 목적으로 한다.

제4조 본 위원회는 총장, 학생처장, 사무처장, 체육담당 전임교원 및 총장이 임명하는 약간 명의 교직원으로 구성한다.

제5조 총장은 본 위원회의 위원장이 되며 본 회를 관장한다.

제6조 위원회의 간사는 약간 명을 두되 본 대학교 교원 중에서 위원장이 임명한다.

제7조 본 위원회는 필요에 따라 위원장이 소집한다.

제8조 본 위원회는 재적 위원 과반수의 출석과 출석 위원 과반수의 찬성으로 의결한다.

제9조 본 위원회는 다음 사항에 관하여 총장의 자문에 응한다.

1. 체육활동에 관한 예산과 결산
2. 체육부 활동에 관한 사업계획
3. 각종 운동의 선수, 주장의 자격 심사
4. 각종 운동반의 감독과 코치의 추천
5. 각 운동반의 설치 및 폐지
6. 지방출전 및 해외출전
7. 출전정지 처분 및 해제
8. 본 규정의 개정
9. 기타 주요 사항

부칙

제10조 본 위원회 회의에는 학생회장과 학생회 체육부장을 참석시킬 수 있다.

제11조 본 규정의 개정은 체육위원회의 승인을 받아야 한다.

제12조 본 규정은 서기 1964년 4월 1일부터 시행한다.

위원회 규정을 보면 1964년 제정 당시 운동부에 대한 대학 당국의 시각을 알 수 있다. 위원회 위원장을 총장이 맡는다는 점은 운동부를 중시하는 것을 시사한다. 또한 학생회장이나 학생회 체육부장의 참석을 허용하는 위원회의 개방적 운영도 되새겨 볼 항목이다. 위원회가 심의, 의결보다 총장의 자문기구라는 점도 특기할 만한 일이다. 당시는 지금의 체육부 같은 행정관리부서가 설치되기 전이었고, 해당 업무는 학생처 체육과가 맡고 있던 시절이었다. 따라서 총장의 광범위한 업무 부담을 감안하면 학생처장이 위원을 겸직한 상태에서 운동부의 운영, 학생 선수 관리에 필요한 중요 사안을 논의하며 실무적인 일도 지원해주었을 것으로 짐작된다.

이후 1972년 체육위원회는 규정 개정을 통해 좀더 실용적이고 유연한 활동력을 갖게 된다. 개정의 핵심 내용은 위원회 구성에 관해서였다. "제4조 본 위원회는 총장, 학생처장, 사무처장, 체육담당 전임교원 및 총장이 임명하는 약간 명의 교직원으로 구성한다."가 그 대상이었다. 대학 당국은 이를 "본 위원회는 학생처장, 총장이 임명하는 약간 명의 교수 및 학생과장으로 구성한다."로 개정했다. 동시에 제5조 "총장은 본 위원회의 위원장이 되며, 본회를 관장한다."를 "학생처장은 본 위원회의 위원장이 되며, 본회를 관장한다."로 개정했다.

종합대학 체제로 대학의 학사구조가 급속도로 확장하던 때였다. 총장이 직접 운동부의 제반 사항을 파악, 관장하기가 어려우므로 이를 지원하는 실무 부서인 학생처장이 관할하게 현실화한 것이다. 이에 따라 체육위원회는 총장의 자문기구가 아니라 현장에 더 밀착하여 운동부 관련 업무를 지원하는 실질적 기구가 되었다. 이후 체육위원회의 규정 개정이나 위상의 변화가 어떤 식으로 진행되었는지 구체적 자료는 전해지지 않고 있지만 1987년에 간행된 『단국대학교 40년사』에는 당시 체육위원회 구성을 다음과 같이 기록하고 있다.

▲위원장 박무성(행정담당 부총장, 대학원장 역임)

▲위원 한정련(서울캠퍼스 교무처장 역임), 예종덕(서울캠퍼스 학생처장 역임), 이용우(서울캠퍼스 총무처장 역임), 김행엽(천안캠퍼스 교무처장 역임), 김봉구(천안캠퍼스 학생처장 역임), 장헌근(서울캠퍼스 총무처장 역임), 한영춘(사회과학대학장 역임), 김현욱(국제문화교류처장 역임), 신방현(기획실장 역임), 오종한(체육대학 체육학과장 역임)

위원들이 당시 대학 경영의 중심에 있던 교수들로 구성되어 있어 체육위원회의 위상이 상당히 높았음을 짐작하게 한다. 이후 개교 50주년을 맞은 1997년의 위원회 구성은 다음과 같다.

▲위원장 권용우(법학과 교수·법과대학장)

▲위원 정찬모(서울캠퍼스 학생처장), 최종진(천안캠퍼스 학생처장), 김상홍(서울캠퍼스 교무처장), 이기암(천안캠퍼스 교무처장), 이강섭(전산통계학과 교수)

▲간사 고태현 체육과장

위원 구성을 보면 1972년 규정 개정 당시 학생처장이 위원장을 맡도록 명문화된 사안이 이후 일정 시기에 재개정된 것으로 추정된다. 그러나 위원장을 떠나 양캠퍼스 학생처장이 모두 체육학 전공 교수이고 고태현 체육과장 역시 국가대표 스키 선수 출신이며 체육과 실무를 전담하는 전문행정가였던 만큼 당시 장충식 총장이 체육부와 산하 각 운동부의 활동에 대해 상당히 깊은 관심을 갖고 있었음을 알 수 있다. 위 위원회 구성에 드러나듯 체육위원회는 체육부가 어려운 시기마다 지속적인 바람막이 역할을 해주었고, 대학스포츠에 대한 애정이 강한 교직원들이 참여했다.

우리 대학은 2007년 이후 천안캠퍼스로 체육부를 통합 이전하고, 운동부 관리를 일원화되면서 체육위원회도 스포츠과학대학 교수들이 주도하는 방향으로 개편했다. 이에 따라 체육위원회는 체육특기자 정원 배정, 범정 및 혜당종목 선수들의 장학금 등급 등의 사안을 심의

하는 데 중점을 두고 있다. 2024년 현재 체육위원회 구성은 다음과 같다.

▲위원장 장지석(스포츠과학대 교수)
▲위원 전용배(스포츠과학대학장), 신은종(기획실장), 신영재(천안입학처장), 박성순(학생처장), 이일석(천안 학생처장), 염경호(체육부장), 조상우(자유교양대학교수), 박우영(스포츠과학대학교수), 조준성(의과대학교수)
▲간사 주두식(씨름부 감독)

체육부는 범정종목 운동부가 최상의 목표를 달성하도록 필요한 모든 일을 지원한다. 중요성과 단국스포츠의 연륜에 비해 독립부서로 승격한 기간은 길지 않다. 독립부서 승격 전까지 대학 운동부 관리 및 지원은 학생처 체육과 혹은 학생과에서 맡고 있었다. 그러나 학내 전문스포츠(운동부)의 규모가 커지는 추세에서 학생자치기구와 서클들을 지원하기에도 벅찬 학생처가 운동부 업무를 맡기에는 역부족이라는 여론이 커졌다. 실제로 체육부 신설 논의가 있던 1980년 당시 설치된 운동부는 11개가 있었는데 오늘날 체육부보다 많은 운동부가 있었다. 명단은 다음과 같다.

▲럭비부 ▲농구부 ▲테니스부 ▲체조부 ▲조정부 ▲스키부 ▲수영부 ▲육상부 ▲씨름부 ▲축구부 ▲빙상부

이에 따라 1980년 5월 학생처의 체육과에서 체육부로 승격시키고 부속기관으로 독립하는 직제 개편이 이뤄졌다. 체육부의 설치 목적은 "각 운동부서의 합리적인 운영을 기함으로써 과외활동과 본교 스포츠진흥에 이바지함"이라 명기했다. 전문스포츠인 운동부를 활성화시켜 우리 대학의 스포츠문화를 진흥시키려는 의지가 담겨 있음을 알 수 있다. 종목별 운동부의 관리 및 대학스포츠의 정상화를 위한 조직적이고 전문적인 기구를 갖게 된 셈이다. 초대 체육부장은 재학시절 럭비부 선수로 활약했고 체육부 신설 전까지 학생처 체육과 과장으로 근무하고 있던 윤원호 선생이 취임했다. 특이한 일은 체육부 승격

이후 4개 운동부에 대해 교수들을 '부장'이라는 직책으로 추가 보임하고 이들을 체육위원회의 위원으로 참여시켰다는 점이다. 선수단 규모가 적지 않은 만큼 '경기 기량' 외에 학생 선수들의 '인성 교육'이나 수업 참가 등을 지도, 감독하려는 교육적 배려였다. 1987년 당시 김행엽 교수가 축구부장, 김현욱 교수가 럭비부장, 신방현 교수가 농구부장, 오종한 교수가 야구부장을 맡고 있었다.

설치 당시부터 직제가 부장과 직원을 두고, 각 운동부의 종목별 코치 1인씩을 두게 되어 있었다. 부장은 직원을 지휘 감독하고, 선수 관리와 훈련, 기타 본부의 전체 업무를 관장하며 위원회에서 심의된 사항을 집행하도록 되어 있었는데, 학생처 체육과장에서부터 체육부로 승격되면서 초창기부터 1995년 1월까지 윤원호가 체육부장으로서 단국 스포츠발전의 중책을 맡아 오다가 체육실장으로 승진하였다. 그리고 임화선 과장이 1984년 1월부터 발령을 받아 사명감을 가지고 일하다가 1995년 8월 31일 정년 퇴임하였다.

우리 대학 최초로 럭비부 등 운동부가 설치된 1955년을 기준으로 30여년이 지난 1987년 체육부 산하에는 10개 운동부가 속해 있었다. 당시 각 운동부별 담당으로는 럭비부에 김연수('77.03. 부임), 축구부에 이동진(감독, '76.03. 부임)·하상섭(트레이너, '86.12. 부임), 농구부에 하문수('82.03. 부임), 조정부에 이경학('82.03. 부임), 스키부에 고태현('78.03. 부임), 빙상부에 최재석('82.03. 부임), 씨름부에 허형욱('82.03. 부임), 테니스부에 표건웅('74.03. 부임), 야구부에 강문길(감독, '84.07. 부임), 레슬링부에 김봉조('84.03. 부임)였다.

1990년 12월 1일 체육실로 개편되어 대학스포츠의 정상화를 위해 활동하였다. 초대 실장에는 윤원호 부장이 실장으로 승진 발령을 받아 1995년 1월 20일까지 봉직하다가 총무처장으로 전보 발령을 받은 후, 정찬모가 학생지원처장 겸 체육부장을 맡았다.

2002년 12월 1일부로 고태현 과장이 체육부장으로 승진하여 2009년까지 체육부를 이끌었다. 임화선 과장의 정년 이후 2003년부터 최재석이 체육과장 겸 빙상감독을 겸직하다가 2009년에 체육부장으로 감독들을 이끌면서 학생 선수 지도에 노력했다.

2007년 당시 체육부는 8개의 운동부를 운영하고 있었다. 운동부

별 코치진을 정리하면 다음과 같다.(괄호 속은 부임연월)

▲축구부 : 감독 하상섭('86.01), 코치 박종관('03.01)
▲농구부 : 주임 겸 감독 장봉군('94.08), 코치 석승호('06.01)
▲럭비부 : 감독 김연기('96.07), 코치 신우식('06.01)
▲야구부 : 감독 강문길('84.07), 코치 김경호('88.03), 투수코치 김유진('02.03)
▲씨름부 : 감독 허형욱('82.03)
▲빙상부 : 체육과장 겸 감독 최재석('82.3), 코치 오용석('02.03)
▲스키부 : 체육부장 겸 감독 고태현('77.3), 코치 염경호('97.03)
▲태권도부 : 코치 이종선('06.02)

체육부는 각 운동부의 훈련과 대회 참가, 훈련용 장비 구입에 필요한 예산을 관리하고, 체육특기장학생 선발, 체육특기자 선발, 국내 및 국외 대회참가, 체육위원회 운영지원, 부상당한 학생 선수들의 치료, 재활에 필요한 행·재정 지원도 한다. 개인별, 단체별 경기 데이터 및 대회 실적 자료 관리부터 운동부 기숙사 관리도 도맡아 한다. 이 같은 일상적 업무 외에 최근 들어 중요해진 업무는 각 운동부 소속 학생 선수들의 학습권을 지원하는 일이다.

체육특기자로 입학해 운동만 하다가 졸업하는 구시대적 관행은 시대변화와 함께 종식되었다. 우리 대학 체육부는 다른 대학보다 먼저 이 같은 현실을 타개하려는 노력을 개시했다. 장호성 총장과 체육부, 그리고 각 운동부 감독들은 '경기실적과 수업' 모두 성실하게 수행하는 학생 선수를 만들자는 비전을 세우고 진지하면서 다양한 노력을 기울여 왔다. 2009년부터 2014년까지 하계방학마다 체육특기자 인증프로그램을 진행했고, 2013년에는 스포츠과학대학 국제스포츠학과 신설을 통해 학사 정상화 및 학생 선수 학습권 보장을 위한 제도적 기틀을 닦았다. 또한 학생선수의 학습 운영 지원 및 일반 학생과의 교류를 통해 대학스포츠 문화 조성에 목적을 둔 학생선수 학사관리 지원프로그램 운영사업을 2018년, 2019년에 연속 진행하기도 했다.

체육부의 노력은 한국대학스포츠협의회(전 한국대학스포츠총장협의회,

KUSF)이 실시하는 전국 대학 체육부 평가 지원사업에서 6년 연속 1위라는 대기록을 낳았다. 한국 스포츠의 중추적 역할을 맡고 있는 대학 운동부의 사명에 충실하면서도 시대 변화가 요구하는 학생선수의 소양교육과 학습권 증진에 앞장서는 체육부의 노력이 낳은 자랑스러운 전통이다. 2024년 10월 기준 우리 대학 체육부의 진용은 다음과 같다.

▲체육부장 : 염경호('23.03/직무대리)
▲팀장 : 염경호('23.03)
▲농구부 : 감독 석승호('16.07), 코치 권시현('23.12)
▲럭비부 : 감독 김연기('06.11), 코치 신우식('06.01)
▲야구부 : 감독 김유진('22.05), 코치 김태우('22.09)
▲씨름부 : 감독 주두식('18.09), 코치 임대혁('24.09)
▲빙상부 : 감독 오용석('13.03), 코치 진선유('11.04)
▲스키부 : 감독 김형철('24.09)
▲축구부 : 감독 박종관('21.04), 코치 이성우('23.05)
▲조정부 : 감독 이기현('12.11)

이들은 학생시절부터 탁월한 경기력을 발휘한 스타 선수 출신이고 동문들이라는 공통점을 갖고 있다. 그들은 지금도 후배를 사랑하는 선배의 마음과 우리나라 스포츠 발전에 기여할 제자를 길러내겠다는 사명감으로 그라운드에서 땀 흘리고 있다. 이들의 어깨에 단국스포츠 70년의 전통과 밝게 빛날 미래가 달려 있다.

제2절 종목별 운동부의 발달

1. 범정종목

1) 럭비부

1955년에 창단한 럭비부는 우리 대학에서 가장 오랜 전통을 자랑한다. 당시 최응련(정치학과)이 학생 신분으로 창단을 주도했다고 한다. 본격적인 활동은 1957년부터이다. 대학 당국이 나서서 한성고, 서울상고, 인천공고 등 럭비 명문 고교에서 선수들을 보강했다. 이후 1961년, 공군사관학교에 재학 중이던 윤원호(나중에 체육부장, 서울캠퍼스 총무처장 역임) 등이 입학하면서 강호로서의 면모를 갖추었다. 1961년 춘계럭비리그 서울 대표 선발전 우승을 시작으로 10년 간 대학 럭비 최강의 위세를 떨치며 전성기를 누렸다. 이후 중위권의 성적을 올리던 럭비부는 1996년 전국종별럭비풋볼선수권대회에서 대망의 우승과 1997년 전국춘계대학럭비풋볼리그전 우승을 차지하며 절정의 경기력을 과시했다. 2000년대에도 전국체육대회, 춘계리그전, 7인제국제럭비대회 등에서 우승, 혹은 우승권에 드는 호성적을 거두며 활약했다. 현재는 럭비 종목의 침체기를 맞이해 전열을 정비하는 준비기를 보내고 있다.

❶ 춘계럭비리그전 우승 후 범정 선생과 함께(1963.04) ❷ 제12회 럭비축구선수권대회 준우승(1959.11) ❸ 춘계럭비리그전 우승 후 체육과 동문들과 함께(1974) ❹ 럭비 선수들을 격려하는 중재(1977) ❺ 제6회 서울특별시장기쟁탈 럭비풋볼대회 우승(1987.07.18) ❻ 춘계럭비리그전 우승 후 우승기를 들고 중재를 예방한 선수들(1997.04.09) ❼ 춘계럭비리그전 우승(2002) ❽ 춘계럭비대학리그전 우승(1974.05, 효창구장) ❾ 전국7인제 럭비선수권대회 우승(2009)

□ 역대 지도자

직무	성 명	부 임 일
코치	김기복	1955.12
코치	정천수	1958
코치	윤원호	1964.03

직무	성 명	부임일
감독	윤원호	1973.03
코치	김연수	1977.03
감독	김연수	1980.03
감독	박은보	1996.03
코치	김연기	1996.07
現감독	김연기	2006.11
現코치	신우식	2006.01
現코치	박성민	2024.08

□ 주요 대회 실적 현황

연 월	대 회 명	수상내역		
		우승(금)	준우승(은)	3위(동)
1958.05	춘계 럭비축구리그전		✓	
1959.11	제12회 럭비축구선수권대회		✓	
1961.04	춘계 럭비축구리그전 서울대표팀 선발대회	✓		
1961.10	우승팀 선발대회	✓		
1962.04	춘계럭비축구리그전	✓		
1962.11	전국 종별선수권대회		✓	
1963.04	전국 춘계럭비리그전 대학부	✓		
1963.06	제3회 전국럭비축구종합선수권대회	✓		
1963.09	제11회 서울시 체육대회 겸 제44회 전국체육대회	✓		
1963.10	제16회 전국종별선수권대회	✓		
1963.10	제44회 전국체육대회	✓		
1963.11	전국 선수권대회 대학부	✓		
1964.04	전국 춘계리그전		✓	
1964.04	전국 종합선수권대회 (4회)		✓	
1964.08	제45회 전국체육대회 서울예선대회	✓		
1964.09	제45회 전국체육대회		✓	
1964.11	제17회 전국종별럭비선수 대회	✓		
1965.09	제46회 전국체육대회 서울시 예선전	✓		
1965.10	제46회 전국체육대회		✓	
1965.10	전국 종별선수권대회	✓		
1967.04	전국 춘계럭비리그전	✓		
1968.06	제18회 전국럭비축구종합선수권 대회		✓	
1968.10	전국 종별럭비선수권대회	✓		
1969.04	전국 춘계럭비축구리그전		✓	

연월	대회명	수상내역		
		우승(금)	준우승(은)	3위(동)
1969.06	전국 럭비축구 종합선수권 대회		✓	
1969.09	제50회 전국체전 럭비 서울예선대회	✓		
1970.08	제51회 전국체전 럭비 서울예선대회	✓		
1970.10	제23회 전국종별선수권대회	✓		
1970.10	제51회 전국체육대회		✓	
1971.11	제24회 전국종별선수권대회	✓		
1972.08	제53회 전국체육대회	✓		
1973.07	제54회 전국체육대회 럭비 서울예선대회	✓		
1973.10	제26회 전국종별선수권대회	✓		
1973.10	제54회 전국체육대회	✓		
1974.05	춘계 대학리그전	✓		
1974.07	제55회 전국체육대회 서울예선대회		✓	
1975.05	제18회 전국대학럭비리그전	✓		
1976.05	제9회 전국럭비리그전	✓		
1977.05	제2회 대구MBC 사장배대회		✓	
1981.11	제34회 전국 종별선수권대회	✓		
1982.09	제1회 서울특별시장기대회		✓	
1983.11	춘계대학리그전		✓	
1984.05	전국 춘계리그전		✓	
1985.09	추계 전국 대학 럭비 풋볼 리그전	✓		
1987.09	제25회 전국 럭비 풋볼 종합 선수권 대회	✓		
1989.04	'89 전국 대학 럭비 풋볼 춘계 리그전			✓
1989.07	제42회 전국 종별 럭비 풋볼 선수권 대회			✓
1990.09	제1회 대통령기 전국 종별 럭비 선수권 대회			✓
1991.04	'91 전국 대학 럭비 풋볼 추계 리그전		✓	
1991.09	제29회 전국 럭비 풋볼 종합 선수권 대회		✓	
1993.06	세46회 전국 종별 럭비 풋볼 선수권 대회		✓	
1993.07	제4회 대통령기 전국 종합 대학 럭비 선수권 대회		✓	
1995.04	'95 전국 춘계 럭비 풋볼 리그전			✓
1996.04	'96 전국 춘계 대학 럭비 풋볼 리그전			✓
1996.05	제49회 전국 종별 럭비 풋볼 선수권 대회	✓		
1996.07	제7회 대통령기 전국 종별 럭비 선수권 대회	✓		
1996.07	'96 전국 삼성컵 7인제 럭비 선수권 대회			✓
1997.04	'97 전국 춘계 대학 럭비 풋볼 리그전	✓		
1999.10	제80회 전국체육대회		✓	
2000.05	전국 춘계 럭비리그전		✓	

연월	대회명	수상내역		
		우승(금)	준우승(은)	3위(동)
2000.10	2000 전국 삼성컵 7인제 럭비 선수권 대회		✓	
2001.06	제12회 대통령기 전국 종별 럭비 선수권 대회		✓	
2001.10	2001 전국 삼성컵 7인제 럭비 선수권 대회		✓	
2002.04	전국 춘계 럭비리그전	✓		
2002.09	스리랑카 2002싱어 에어라인컵 7인제 국제럭비대회	✓		
2004.10	제85회 전국체육대회			✓
2007.03	2007 전국 춘계 대학럭비리그전			✓
2007.05	2007 맥쿼리배 코리안 리그 1차 대회		✓	
2008.03	2008 전국 춘계 대학럭비리그전			✓
2008.07	제19회 대통령기 전국 종별 럭비 선수권 대회			✓
2009.03	2009 전국 춘계 대학럭비리그전		✓	
2009.10	제90회 전국체육대회			✓
2010.07	제21회 대통령기 전국 종별 럭비 선수권 대회			✓
2012.03	2012 전국 춘계 대학럭비리그전			✓
2012.10	제 93회 전국체육대회			✓
2013.06	전국7인제 럭비선수권대회	✓		
2013.07	제24회 대통령기 전국 종별 럭비 선수권 대회		✓	
2014.06	전국7인제 럭비선수권대회	✓		
2015.02	전국7인제 럭비선수권대회		✓	
2016.07	제27회 대통령기 전국 종별 럭비 선수권 대회		✓	
2016.10	제97회 전국체육대회			✓
2017.07	제28회 대통령기 전국 종별 럭비 선수권 대회			✓
2018.07	제29회 대통령기 전국 종별 럭비 선수권 대회			✓
2019.07	제30회 대통령기 전국 종별 럭비 선수권 대회		✓	
2023.07	제34회 대통령기 전국 종별 럭비 선수권 대회			✓
2024.03	전국 춘계럭비리그전			✓

2) 축구부

1976년에 창단한 축구부는 1981년 10월에 열린 제17회 추계대학리그연맹전에서 창단 5년 만에 우승을 차지하는 저력을 과시했다. 이후 설정현, 이용성, 박정선, 김영우, 윤희승, 이병성, 최은석, 송경섭, 임종국, 오광훈 등의 국가대표 선수들을 배출하였고 전국대회에서도 수차례 우승을 하였다.

❶ 제17회 대학축국연맹전 우승(1981) ❷ 대한축구협회 U리그 우승(2009) ❸ 제44회 전국추계대학축구연맹전에서 응원단이 "단국大"를 몸으로 표현하고 있다(2013) ❹ 응원단의 "단국大" 응원에 힘입어 선전을 펼쳐 대회 준우승 차지(2013) ❺ 전국체전 우승(2015) ❻ 전국추계대학축구연맹전 우승(2017)

2000년대에 들어 축구부는 신연호 감독 부임 후 2009년 대한축구협회 U리그에서 지역 리그 우승과 같은 리그전 왕중왕전 우승을 연거푸 차지하였고 이어서 제95회, 제96회 전국체육대회 우승 2연패의 위업도 기록하며 대학 강호의 위상을 차지하고 있다.

2021년 부임한 박종관 감독 체제에서는 2022 U리그 왕중왕 우승, 2023 춘계 대학축구연맹전 우승, 전국체전 은메달 등 대학축구의 전통 강호로서 모습을 이어나가고 있으며, 우리 학교의 위상을 널리 알리고 있다.

최근 배출한 국가대표로는 윤영선, 홍철, 송시우, 오창현, 문지환, 국태정, 조성욱, 강정묵, 나상호, 이유현, 이의형, 구본철, 이희균, 정호연, 박승호, 이승원, 최석현 등이 있다.

□ 역대 지도자

직무	성 명	부임일
코치(감독)	이동진	1976.03
코치	하상섭	1986.07
감독	하상섭	1994.03
코치	박종관	2003.01
감독	신연호	2009.04
코치	박종관	2003.01
코치	배일환	2022.03
現감독	박종관	2021.04
現코치	이성우	2023.05

□ 주요 대회 실적 현황

연 월	대 회 명	수상내역		
		우승(금)	준우승(은)	3위(동)
1981.10	제17회 추계대학연맹전	✓		
1989.10	1989 전국대학축구추계리그전		✓	
1993.05	1993 춘계대학축구연맹전			✓
1995.05	1995 전국춘계대학축구연맹전		✓	
1996.05	1996 전국춘계대학축구연맹전		✓	
1998.10	매일유업배 제53회 전국대학축구선수권 대회		✓	
1999.10	매일유업배 제54회 전국대학축구선수권 대회		✓	
1999.10	제80회 전국체육대회			✓
1999.10	전국축구선수권대회			✓
2000.06	2000 험멜코리아배 제1회 전국남녀대학축구선수권대회	✓		
2001.05	2001 전국남녀대학축구연맹전			✓
2007.03	제55회 대통령배 전국남녀 축구 대회			✓
2009.08	제10회 전국대학축구대회		✓	
2009.11	2009 대한축구협회 U리그 권역리그	✓		
2009.11	2009 대한축구협회 U리그 왕중왕전	✓		
2012.06	제8회 전국 1, 2학년 대학축구대회			✓
2013.08	제44회 전국춘계대학축구연맹전		✓	
2014.06	KBS N 제10회 전국 1, 2학년 대학축구대회			✓
2014.10	제95회 전국체육대회	✓		
2014.11	2014 카페베네 U리그 왕중왕전		✓	
2015.09	2015 카페베네 U리그 권역 리그	✓		

연월	대 회 명	수상내역		
		우승(금)	준우승(은)	3위(동)
2015.10	제96회 전국체육대회	✓		
2017.02	제53회 춘계대학축구연맹전			✓
2017.08	제53회 추계대학축구연맹전	✓		
2017.11	2017 U리그 권역리그	✓		
2017.11	2017 U리그 왕중왕전			✓
2019.02	제55회 춘계대학축구연맹전			✓
2019.07	제15회 1.2학년대학축구연맹전		✓	
2019.08	제55회 추계대학축구연맹전		✓	
2019.10	제100회 전국체육대회			✓
2021.07	제16회 1.2학년대학축구연맹전			✓
2021.11	2021 U리그 권역리그	✓		
2022.02	제58회 춘계대학축구연맹전			✓
2022.08	제58회 추계대학축구연맹전			✓
2022.11	2022 U리그 권역리그	✓		
2022.11	2022 대학축구U리그1 왕중왕전	✓		
2023.02	제59회 춘계대학축구연맹전	✓		
2023.10	제104회 전국체육대회		✓	
2023.11	2023 대학축구U리그 왕중왕전			✓
2024.02	제60회 춘계대학축구연맹전			✓

3) 농구부

우리 대학 최초의 농구팀은 1955년, 당시 도서과장 장용식에 의해 창단되었다. 당시 우리 대학에 실내체육관이나 농구 코트가 없었음을 감안하면 매우 의욕적인 시도였다. 그러나 여건이 뒤따르지 못해 1965년에 활동이 중단되었다가 1967년 3월에 재창단하였다. 코치를 초빙하는 등의 노력을 기울였지만 대회 성적이 저조해 1972년에 다시 해체하였다.

대학농구의 인기가 높아지면서 재학생들의 농구부 창단 열기가 높아지자 대학 당국은 농구부를 부활시켰다. 1976년 3월, 과거 국가대표를 지낸 서한균 코치를 초빙하여 맹연습을 했고, 1977년 4월에 개최된 제14회 춘계전국대학농구연맹전에서는 팀부활 1년 만에 4강

대열에 오르게 되었다. 1979년 5월에 열린 제16회 춘계대학연맹전에 출전한 농구부는 당시 대학 강호들을 연파하며 3위에 올랐다. 만년 약체로 보던 언론은 농구부의 실력에 깜짝 놀라 '신들린 단대'라는 찬사를 보낼 정도였다. 같은 해 6월에 개최된 제34회 전국남녀종별농구선수권대회에서는 4강에 진출해 또 한 번 실력을 인정받았다.

그 후 오랜 어려움을 겪던 농구부는 1995년 제76회 전국체전과 1996년 제77회 전국체전에서 3위에 오르며 재기의 빛을 보였다. 2000년대 들어 농구부는 장봉군 감독, 석승호 코치 체제가 구축되며 발군의 실력을 보였다. 2007 전국농구대잔치 3위를 차지하며 달라진 모습을 보인 농구부는 이후 제66회, 69회 전국종별농구선수권대회

'만년 하위' 농구부 현주소

"이제 패배는 두렵지 않다"

해체 – 부활 반복후 팀 재정비, 승리의 날개 편다

농구대잔치 7년만에 '1승'

우리 대학 농구부가 지난 7일 장충체육관에서 열린 2002~2003 농구대잔치에서 건국대를 91대84로 꺾었다. 우리 대학은 1쿼터를 25대28로 뒤졌지만 2쿼터 초반 역전에 성공, 우세를 지켜 건국대를 물리쳤다.

1996년 12월 22일 성균관대를 이긴 이후, 농구대잔치에서 7년만에 거둔 감격의 승리. 이번 대회에서 전날까지 2패를 당한 농구부로서는 이날만큼은 질 수 없다는 의지가 그 어느 때보다 강해 보였다. 각각 24득점과 16득점을 기록한 서도영(스포츠과학부 · 1)선수와 박구영(스포츠과학부 · 03년도 입학예정)선수의 활약이 컸지만, 시종일관 끈질긴 수비와 공격을 펼친 선수전원이 승리의 주역이었다. 7년동안 간직해 온 대회 '1승'에 대한 부담을 떨어내는 순간이었다.

최근 성적 만년 하위권

그러나 우리 대학은 10일 열린 경희대와의 경기에서 90대115로 또다시 패배했다. 이번 대회 최종 성적은 1승 3패로 B조 4위 예선탈락. 지난해 농구대잔치에서 4전 전패를 기록하며 예선탈락했고, 지난해 11월 열린 대학농구연맹전에서도 4전 전패를 기록했다. 1년에 전국대회에서 거두는 총 승리 ~5번에 불과할 정도로 이기는 경기가 별로 없다. 격차가 많이 줄기는 했지만 대학 강호들과의 기량차이가 엄연히 존재하는 현실이다.

문제는 얇은 선수층. 주전과 비주전의 큰 실력차와 주전의 대부분인 1, 2학년의 경험부족은 대등한 경기를 막판에 승리로 이끌지 못하고 있다. 우수 고교 선수의 거액의 스카우트비, 연 · 고대로 집중된 대학농구의 '네임밸류' 현실 속에서 기량이 뛰어난 선수를 영입하는 것도 쉬운 일이 아니다.

농구부 선수들이 운동부 기숙사 훈련장에서 훈련에 열중하고 있다.

해체-부활 반복, 질곡의 역사

농구부는 1955년 창단 후 계속되는 어려움을 겪어왔다. 10년만에 해체를 맞았고, 72년 재창단된 후 77년부터 81년까지 전국대회 4강을 유지하며 상위권을 지켜왔다. 당시 농구계는 우리 대학 농구부를 가리켜 빠른 농구의 대명사인 '소방차농구'로 불렀다. 89, 90년 재차 전국대회 4강으로 전성기를 누렸으나, 94년부터 성적부진으로 인한 해체와 존속을 반복하며 선수선발을 몇 년 동안 중단했다. 계속되는 해체 위기 속에 농구부 성적은 대학농구 1부리그 최하위권이 되었다. 좋지 않은 성적 속에 지원도 많이 줄어 훈련 환경도 점차 열악해졌다.

희망과 미래는 있다

농구부는 이제 새로운 도약을 준비하고 있다. 대학 구성원들의 관심과 지원 속에 2001년부터 3년 연속 신입생을 선발, 팀을 재정비하고 있다. 다른 대학의 절반에 불과했던 선수도 14명이 되었다. 특히 올해 청소년대표 출신의 이천권(체교 · 03년도 입학예정), 박구영 선수가 입단, 전력이 크게 상승했다. 무엇보다 젊은 선수들이 패배의식에서 벗어나며 자신감을 갖고 있다.

박상기(스포츠과학부 · 2)선수는 "이제 어느 팀을 만나도 호락호락 지지 않을 것이다. 꼭 농구부를 전국 4강에 올려놓겠다"고 자신했다. 우진욱(스포츠과학부 · 1)선수는 "질땐 지더라도 패기있고, 활기찬 농구를 보여줄 것"이라고 말했다.

비록 시작은 미미하지만, 농구부는 대학농구의 강자를 꿈꾸며 오늘도 코트에 젊음을 바치고 있다.

〈임현수 기자〉

❶ 춘계대학농구연맹전에서 성균관대와 선전을 펼치고 있다(1978) ❷ 해체와 부활 반복 끝에 농구대잔치에서 7년 만에 1승을 거뒀다(단대신문 제1086호, 2003.01.28) ❸ 제66회 전국남녀종별농구선수권대회 남자대학부 1위(2011) ❹ 제66회 전국남녀종별농구선수권대회 남자대학부 1위 주역들(2011) ❺ 제69회 전국남녀종별농구선수권대회 우승(2014)

에서 두 차례 우승을 차지하는 등 전국 규모 대회에서 기존 대학 강호들을 깨뜨리거나 어깨를 겨루며 우승권에 진입하고 있다.

2007년에 박구영, 2011년 김현민, 2012년 조상연, 김상규 등 농구부는 매년 우수 선수들이 프로그리에 진출해 좋은 성과를 선보이고 있다.

□ 역대 지도자

직무	성 명	부임일
도서과장	장용식	1955.12
코치	서한균	1968.03
코치	서한균	1976.03
감독	하문수	1982.03
감독	장봉군	1994.08
코치	석승호	2006.01
코치	황성인	2018.01
現감독	석승호	2016.07
現코치	권시현	2023.12

□ 주요 대회 실적 현황

연 월	대 회 명	수상내역		
		우승(금)	준우승(은)	3위(동)
1979.05	제16회 춘계대학연맹전			✓
1979.06	제34회 전국남녀종별농구선수권대회			✓
1995.10	제76회 전국체육대회			✓
1996.10	제77회 전국체육대회			✓
1998,10	제79회 전국체육대회			✓
1999.10	제80회 전국체육대회		✓	
2001.10	제82회 전국체육대회			✓
2002.10	제83회 전국체육대회			✓
2004.10	제85회 전국체육대회			✓
2005.10	제86회 전국체육대회			✓
2006.08	몽골국제친선농구대회			✓
2007.06	원주시장배 제44회 전국대학농구 1차연맹전		✓	

연월	대회명	수상내역		
		우승(금)	준우승(은)	3위(동)
2007.10	제88회 전국체육대회			✓
2007.12	2007 KB국민은행배 농구대잔치			✓
2008.07	제63회 전국종별농구선수권대회		✓	
2008.10	제89회 전국체육대회			✓
2009.07	제7회 아시아농구팸챔피온쉽(필리핀)			✓
2009.11	제46회 전국대학농구2차연맹전			✓
2010.07	제65회 전국종별농구선수권대회		✓	
2010.12	KB국민은행 2010 농구대잔치			✓
2011.07	제66회 전국종별농구선수권대회	✓		
2012.07	제67회 전국종별농구선수권대회			✓
2014.07	2014 BLIA컵 국제대학농구대회(대만)			✓
2014.07	제69회 전국종별농구선수권대회	✓		
2015.07	제70회 전국종별농구선수권대회		✓	
2015.09	2015 남녀대학농구리그 플레이오프			✓
2016.02	제32회 MBC배 전국대학농구대회		✓	
2016.12	2016 신한은행배 농구대잔치		✓	
2017.07	2017 MBC배대학농구대회			✓
2017.07	제72회 전국종별농구선수권대회		✓	
2017.10	제98회 전국체육대회		✓	
2017.10	2017 남녀대학농구리그 플레이오프			✓
2018.07	제73회 전국종별농구선수권대회		✓	
2019.07	제74회 전국종별농구선수권대회	✓		
2021.04	2021 남녀대학농구U리그 1차			✓
2021.07	2021 MBC배대학농구대회			✓
2021.07	제76회 전국종별농구선수권대회			✓
2022.07	2022 MBC배대학농구대회			✓
2022.07	제77회 전국종별농구선수권대회			✓
2022.10	2022 남녀대학농구U리그 왕중왕전			✓
2023.07	제78회 전국종별농구선수권대회	✓		
2023.10	2023 남녀대학농구U리그 왕중왕전			✓
2024.07	제79회 전국종별농구선수권대회			✓

4) 야구부

프로 야구가 출범해 국민적 열기가 폭발하면서 “우리 대학도 야구부를 만들어달라”는 학생들의 열망이 달아올랐다. 재학생의 희망에 부응하듯 1981년 야구부가 창단되었다. 창단식을 갖고 3주 만에 처음으로 나간 제15회 대통령기쟁탈 전국야구대회에서 4강에 올라 야구인들의 화제가 되었다. 많은 기대를 받았지만 이후 부진의 시간을 보냈다. 강문길 감독의 부임으로 야구부는 달라진 기량을 선보였다.

1986년에 제20회 대통령기쟁탈전국야구대회 8강 진출에 이어 제29회 세계야구선수권대회에 출전하여 2위를 차지했다. ‘준우승 전문’으로 안타까움을 사던 야구부의 전성기는 1990년에 왔다. 1990년 4월, 전국대학야구춘계리그전에서 한양대를 4 : 2로 물리치고 대망의 우승을 차지해 재학생들을 감격시킨 야구부는 같은 해 제40회

❶ 전국춘계대학야구대회 우승에 환호하는 응원단(1990) ❷ 제40회 백호기종합야구선수권대회 우승(1990) ❸ 제71회 전국체육대회 우승으로 야구부는 1990년 3관왕에 오르며 전성기 펼쳤다(3관왕 기념볼, 1990) ❹ 전국대학야구추계대회 우승(1998) ❺ 대통령기대학야구 우승(2000) ❻ 전국종합야구선수권대회 우승(2001) ❼ 전국대학야구춘계리그전 우승(2004) ❽ 전국대학야구춘계리그전 우승 상패(2004) ❾ 전국대학야구춘계리그전 우승(2007)

백호기전국종합야구선수권대회와 제71회 전국체육대회에서 연거푸 우승을 하여 3관왕을 차지했다. 그 뒤로도 국내 대학야구 강호로서 꾸준한 전적을 유지하고 있는데 2020년 8월, 전국대학야구선수권대회에서 첫 우승을 차지했고, 2023년 전국체육대회에서도 우승을 차지해 위세를 떨쳤다.

재학생들은 야구부에 대한 애정이 특히 커서 학생 시절 뛰어난 기량을 보여 모교의 명예를 높이고 프로 구단으로 진출한 최훈재, 서용빈, 김홍집, 심성보, 박재용, 이병규, 최만호 등에 지금도 각별한 애정을 보내고 있다.

□ 역대 지도자

직무	성 명	부임일
감독	배수찬	1981.03
감독	강문길	1984.07
코치	김경호	1988.03
수석코치	김유진	1998.03
감독	김경호	2008.03
現감독	김유진	2022.05
現코치	김태우	2022.09
現코치	김정민	2023.02

□ 주요 대회 실적 현황

연월	대 회 명	수상내역		
		우승(금)	준우승(은)	3위(동)
1981.03	제15회 대통령기쟁탈전국야구선수권대회			4강
1986.02	타이완 중화컵대회			✓
1986.07	제1회 태평양컵 대학야구대회		✓	
1986.07	제29회 세계야구선수권대회		✓	
1986.11	타이완 국제초청야구대회			✓
1987.10	전국대학야구추계리그전		✓	
1988.04	전국대학야구춘계리그전		✓	

연월	대 회 명	수상내역		
		우승(금)	준우승(은)	3위(동)
1989.10	제70회 전국체육대회		✓	
1990.04	전국대학야구춘계리그전	✓		
1990.05	제40회 백호기전국종합야구선수권대회	✓		
1990.10	제71회 전국체육대회	✓		
1991.05	제25회 대통령기전국대학야구대회		✓	
1991.10	전국대학야구추계리그전		✓	
1991.10	제72회 전국체육대회	✓		
1992.10	제73회 전국체육대회			✓
1993.10	제74회 전국체육대회			✓
1994.10	제75회 전국체육대회	✓		
1995.10	제76회 전국체육대회	✓		
1996.09	전국대학야구추계리그전		✓	
1997.10	제77회 전국체육대회		✓	
1998.04	제32회 대통령기 전국야구대회		✓	
1998.10	제32회 대통령기 전국야구대회			✓
1999.10	제80회 전국체육대회			
1998.04	제32회 대통령기 전국야구대회		✓	
1998.10	1998 전국대학 야구 추계대회	✓		
1999.10	제80회 전국체육대회			✓
2000.05	제34회 대통령기 전국대학야구	✓		
2001.05	제51회 전국종합야구선수권대회	✓		
2002.10	제83회 전국체육대회			✓
2003.01	전국대학야구 추계리그전		✓	
2004.04	전국대학야구 춘계리그전	✓		
2004.09	전국대학야구 추계리그전	✓		
2004.10	제86회 전국체육대회			✓
2007.07	전국대학선수권대회		✓	
2007.03	전국대학야구 춘계리그전	✓		
2007.07	전국대학선수권대회		✓	
2007.10	제41회 대통령기 전국대학야구대회		✓	

연월	대 회 명	수상내역		
		우승(금)	준우승(은)	3위(동)
2008.03	2008 전국대학야구 춘계리그전		✓	
2008.07	2008 전국대학야구 하계리그전			✓
2009.10	제90회 전국체육대회		✓	
2010.10	제91회 전국체육대회			✓
2011.05	제4회 KBO총재기 전국대학야구대회		✓	
2011.10	제92회 전국체육대회			✓
2012.05	제4회 KBO총재기 전국대학야구대회			✓
2013.10	제94회 전국체육대회		✓	
2014.06	전국대학야구 하계리그전		✓	
2015.05	전국대학야구선수권대회			✓
2016.07	전국대학야구 하계리그전			✓
2016.08	대통령기 전국대학야구대회		✓	
2017.10	제98회 전국체육대회	✓		
2020.08	제75회 전국대학야구선수권대회	✓		
2022.08	제56회 대통령기 전국대학야구대회			✓
2022.10	제103회 전국체육대회			✓
2023.10	제104회 전국체육대회	✓		
2024.07	제79회 전국대학야구선수권대회			✓
2024.09	2024 KUSF 대학야구 U-리그 왕중왕전			✓

5) 조정부

조정부는 1966년 3월, 당시 체육과 교수(체육대학 학장 역임)였던 유인현 교수가 주도를 하여 창단했다. 1968년, 춘계조정선수권대회에서 창단 후 첫 종합우승을 차지한 뒤로 우리나라 조정계의 패자로 군림하는 전통을 갖고 있었다. 특히, 장충식 당시 총장은 럭비가 불퇴전의 용기를 길러주는 스포츠이고, 조정이 유럽의 대학 전통을 잇는 지성인의 스포츠라는 점에서 비인기 종목의 대표 운동부로 육성해 왔다.

조정부는 이 같은 대학의 방침에 따라 1977년, 1979년, 1981년, 1982년 및 1983년에는 국가대표로서 옥스포드배조정대회에 출전해

❶ 전국추계조정선수권대회 우승(1967) ❷ 한강에서 훈련 중이 조정부(1977) ❸ 조정부 청룡호 진수식(1978) ❹ 조정부 격려 차 방문한 중재(1979) ❺ 제24회 전국조정선수권대회 우승(1982) ❻ 제17회 해군참모총장배 전국조정선수권대회 우승(1987) ❼ 체육청소년부장관배 제11회 전국조정대회 종합 1위(1991) ❽ 우승 트로피(좌측부터 하계경조대회_1974, 제5회 회장기쟁탈조정선구권대회_1984, 춘계경조대회_1974) ❾ 여자조정부 창단식(천안캠퍼스 안서호, 1980) ❿ 창단식에서 시범경기를 펼치는 여자조정부(1980)

세계의 명문대학들과 어깨를 겨뤄 좋은 전적을 올렸다. 이 같은 대학의 공로를 인정받아 당시 서울캠퍼스가 위치하고 있던 서울시는 조정부 지도교수인 황남일 교수에게 특별지도상을 수여하기도 했다. 이밖에도 1977년에는 재일거류민단이, 1981년부터는 조정부 동문들이 동참해 후배 선수들에게 조정용 배를 기부하거나 육성기금을 전달하는 지원도 잇달았다.

1982년에는 인도 뉴델리에서 개최된 제9회 아시안게임에 우리 대학의 무타페어 단일팀이 참가하여 북한을 물리치고 동메달을 획득하였다. 1986년에는 서울아시안게임에 9명의 선수가 국가대표로 출전하여 에이트와 무타페어에서 동메달을 획득하였다. 이처럼 조정부는 어떤 종목보다도 선수들의 단합이 승패를 결정짓는 필수요건이라 '단국대 조정팀'이 곧 한국대표의 단일팀으로 활약했다. 대회 출전 성적도 화려해 창단 후 국내외 대회에서 총 188회의 우승 혹은 금메달을 획득했다.

이후 1990년대 들어서도 꾸준한 전적을 올리며 활약했던 조정부는 체육특기자 선발과 관련된 불미스러운 사건에 조정부 지도자들이 연관되는 일을 겪으며 공식 해체되었다. 해체 이후 많은 아픔을 겪던 조정부 동문들이 앞장서고 조정계의 탄원이 줄을 이었다. 이 같은 기대에 부응해 우리 대학도 단국스포츠의 전통을 간직한 조정부를 2009년 1월에 재창단했다. 이후 조정부는 2010년부터 2024년까지 14차례 우승 또는 1위를 차지하며 대학 최정상에 오르기 위한 열정을 태우고 있다.

□ 역대 지도자

직무	성 명	부임일
지도교수	유인현	1966.03
지도교수	황남일	1974.01
감독	이경학	1981.01
現감독	이기현	2012.11

□ 주요 대회 실적 현황

연월	대회명	수상내역
1966.10	제8회 전국 조정선수권대회	에이트 3위
1967.08	제48회 전국체육대회	에이트 3위
1967.10	제9회 전국조정선수권대회	에이트 2위 낙클포어 3위
1968.10	제10회 전국조정선수권대회	종합우승
1969.10	제11회 전국조정선수권대회	종합우승

연월	대회명	수상내역
1971.05	第12회 전국조정선수권대회	쉘포어 1위 에이트 2위 낙클포어 3위
1971.10	第52회 전국체육대회	에이트 2위 쉘포어 3위 낙클포어 3위
1972.10	第14회 전국조정선수권대회	쉘포어 2위 에이트 2위 낙클포어 2위
1973.10	第15회 전국조정선수권대회	쉘포어 1위 에이트 3위 낙클포어 3위
1974.04	第16회 전국조정선수권대회	에이트 1위
1974.10	第55회 전국체육대회	낙클포어 1위 에이트 2위
1975.10	第17회 전국조정선수권대회	에이트 1위 쉘포어 2위
1977.10	第19회 전국조정선수권대회	에이트 1위 낙클포어 2위
1978.09	第20회 전국조정선수권대회	에이트 2위 낙클포어 2위
1978.10	第59회 전국체육대회	낙클포어 1위 쉘포어 2위 에이트 2위
1979.09	第21회 전국조정선수권대회	에이트 1위 낙클포어 2위
1979.10	第60회 전국체육대회	에이드 1위 낙클포어 2위 쉘포어 3위
1980.09	第22회 전국조정선수권대회	에이트 1위 낙클포어 3위
1981.09	第23회 전국조정선수권대회	쉘포어 1위 에이트 1위 낙클포어 2위
1981.10	第62회 전국체육대회	에이트 1위 쉘포어 1위

연월	대회명	수상내역
		낙클포어 2위
1982.10	第63회 전국체육대회	낙클포어 2위
1983.10	第64회 전국체육대회	남대 2위 여대 2위
1984.09	第26회 전국조정선수권대회	에이트 1위 무타페어 2위
1984.10	第65회 전국체육대회	우타포어 1위
1985.09	第27회 전국조정선수권대회	에이트 1위 우타포어 2위 무타페어 2위 싱글스컬 2위 싱글스컬 3위
1985.11	第1회 아시아조정선수권대회	에이트 2위
1986.09	第10회 서울 아시안게임	정부영·박진원 외 7명, 에이트 3위
1988.06	第30회 전국조정선수권대회	홍성범·노장연 외 3명, 쉘포어 1위 박진원·홍종의 외 7명, 에이트 1위 박정국·이기창 외 3명, 낙클포어 1위
1989.08	第9회 체육부장관배전국조정경기대회	종합우승
1990.04	第6회 대통령기시도대항조정대회	장현철·홍성범 외 3명, 유타포어 1위 이기현·조준형, 무타페어 1위
1990.08	第20회 해군참모총장배전국조정대회	이기현·조준형 외 7명, 에이트 1위 조태호, 싱글스컬 1위
1990.10	第71회 전국체육대회	이기현·장현철 외 7명, 에이트 1위 이기현·조준형, 무타페어 1위
1991.05	第7회 대통령기시도대항조정대회	이기현·조준형, 무타페어 1위
1991.08	第21회 해군참모총장배전국조정대회	이기현·조준형, 무타페어 1위
1991.09	第11회 체육부장관배전국조정대회	조태호, 싱글스컬 1위
1992.04	第22회 해군참모총장배전국조정대회	이기현·조준형, 무타페어 1위
1992.07	第8회 대통령기시도대항조정대회	이기현·조준형, 무타페어 1위
1992.08	第12회 체육부장관배전국조정대회	이기현·조준형, 무타페어 1위
1993.04	第23회 해군참모총장배전국조정대회	종합우승
1993.06	第13회 문화체육부장관배전국조정대회	조준형, 싱글스컬 1위
1993.07	第9회 대통령기시도대항조정대회	종합우승

연월	대회명	수상내역
1993.08	제35회 전국조정선수권대회	종합우승
1994.04	제24회 해군참모총장배전국조정대회	종합우승
1994.06	제14회 문화체육부장관배전국조정대회	종합우승
1994.07	제11회 서울시장기조정대회	김경수·김민수 외 7명, 에이트 1위 김민수·한정호 외 3명, 유타포어 1위
1994.07	제15회 회장기조정대회	김경수·김민수 외 7명, 에이트 1위 김민수·한정호 외 3명, 유타포어 1위
1995.05	제25회 해군참모총장배전국조정대회	종합우승
1995.06	제12회 서울시장기조정대회	정정호·남경수 외 7명, 에이트 1위 최경석·남경수, 무타페어 1위 김명수, 싱글스컬 1위
1995.08	제37회 전국조정선수권대회	정정호·남경수 외 7명, 에이트 1위
1996.05	제26회 해군참모총장배전국조정대회	종합우승
1996.07	제13회 서울시장기조정대회	정정호·임원혁 외 7명, 에이트 1위 임원혁·우제문, 무타페어 1위 이용성, 싱글스컬 1위
1996.07	제12회 대통령기시도대항조정대회	정정호·임원혁 외 7명, 에이트 1위
1996.07	제1회 해군참모총장기대학조정대회	정정호·임원혁 외 7명, 에이트 1위
1996.09	제38회 전국조정선수권대회	정정호·임원혁 외 7명, 에이트 1위 이용성, 싱글스컬 1위
1997.04	제27회 해군참모총장배전국조정대회	종합우승
2010.07	제4회 화천평화배 전국조정대회	강우규, 싱글스컬 1위 허재 외 3명, 무타포어 2위
2010.10	제91회 전국체육대회	허재·이현우, 무타페어 3위
2011.08	제27회 대통령기 전국시도대항 조정대회	강우규·이한민, 더블스컬 1위
2012.05	제38회 장보고기 전국조정대회	강우규·박봉우, 더블스컬 1위
2012.09	제1회 충주탄금호배 전국조정대회	강우규·이한민, 더블스컬 1위
2013.06	제11회 K-water사장배 전국조정대회	강우규, 싱글스컬 2위
2014.07	제8회 화천평화배 전국조정대회	박봉우·임경택, 무타페어 1위
2015.06	제12회 K-water사장배 물사랑전국조정대회	종합우승 안재법 외 3명, 쿼드러플 1위 김영훈·박봉우, 싱글스컬 1위 안재법·복종현, 더블스컬 2위

연월	대회명	수상내역
		김영훈·박봉우, 싱글스컬 2위 윤현식, 경량급 싱글스컬 3위
2015.08	제57회 전국조정선수권대회	박봉우·임경택, 무타페어 1위 박봉우 외 3명, 쿼드러플 2위 김영훈, 싱글스컬 3위
2015.09	제9회 화천평화배 전국조정대회	김영훈·박봉우, 더블스컬 2위 임경택 외 3명, 쿼드러플 3위 김영훈, 싱글스컬 3위
2016.05	제10회 화천평화배 전국조정대회	김영훈, 싱글스컬 2위 김영훈·임경택, 더블스컬 2위
2016.06	제42회 장보고기 전국조정대회	김영훈·임경택, 더블스컬 2위
2016.08	제58회 전국조정선수권대회	김영훈·임경택, 더블스컬 1위 김영훈, 싱글스컬 3위
2016.09	제13회 K-water 사장배 물사랑 전국조정대회	김영훈·임경택, 더블스컬 2위 김영훈, 싱글스컬 3위
2017.05	제59회 전국조정선수권대회	임경택.이강국 외2명, 쿼드러플 2위 이석준, 경량급 싱글스컬 3위
2017.06	제43회 장보고기 전국조정대회	임경택·이성관, 더블스컬 2위
2017.08	제14회 K-water 사장배 물사랑 전국조정대회	이성관, 싱글스컬 3위 이석준, 경량급 싱글스컬 3위
2018.05	제60회 전국조정선수권대회	이강국.이성관 무타페어 3위
2018.06	제44회 장보고기 전국조정대회	이성관·임경택, 더블스컬 3위 이성관, 싱글스컬 3위
2018.07	제34회 대통령기 전국시도 대항조정대회	이성관·임경택 더블스컬 2위 이성관, 싱글스컬 3위
2018.08	제15회 K-water 사장배 물사랑 전국조정대회	이성관·임경택, 더블스컬 3위 이성관, 싱글스컬 3위
2019.05	제13회 화천평화배 전국조정대회	이석준, 경량급 싱글스컬 3위
2019.06	제45회 장보고기 전국조정대회	이강국 외, 쿼드러플3 위 이성관·김민성, 더블스컬 3위
2019.07	제35회 대통령기 전국시도 대항조정대회	정새한, 싱글스컬 3위 이강국.한주영, 무타페어 3위
2019.08	제8회 충주탄금호배 전국조정대회	이성관·김민성, 더블스컬 3위 정새한, 경량급 싱글스컬 3위

연월	대회명	수상내역
2021.05	제15회 화천평화배 전국조정대회	강영락·김휘섭 외2 명, 쿼드러플 2위 강영락, 싱글스컬 2위 강민서·김걸, 더블스컬 3위
2022.05	제16회 화천평화배 전국조정대회	강민서, 싱글스컬 3위
2022.07	제11회 충주탄금호배 전국조정대회	강민서, 싱글스컬 3위
2023.04	제12회 충주탄금호배 전국조정대회	강민서, 싱글스컬 2위 강영락·신동민, 무타페어 3위
2023.07	제39회 대통령기 전국시도 대항조정대회	강민서, 싱글스컬 3위
2023.09	제20회 K-water 사장배 물사랑 전국조정대회	강영락·천세영 외 2명, 쿼드러플 3위 강영락·신동민, 더블스컬 3위
2024.04	제13회 충주탄금호배 전국조정대회	강민서, 싱글스컬 3위 박태규·천세영, 더블스컬 3위 신동민·박우빈, 무타페어 3위
2024.05	제18회 화천평화배 전국조정대회	신동민 외, 쿼드러플 1위 신동민·박우빈, 무타페어 1위 강민서, 싱글스컬 1위
2024.08	제40회 대통령기 전국시도 대항조정대회	신동민·박우빈, 무타페어 1위 강민서, 싱글스컬 2위

6) 스키부

스키부는 1968년 3월에 창설되었다. 당시 스키부가 설치된 대학은 경희대, 동국대, 서울대, 한양대 등이 있었다. 엘리트 선수 중심의 전문체육으로 성장하기 전이었다. 아마추어, 동호회 수준의 선수들이 주류를 이루고 강원도 평창과 강릉 지역에서 성장한 선수들이 경기수준을 향상시키는 주요 동력이었다.우리 대학 스키부의 도약은 장충식 총장의 등장과 함께 이뤄졌다. 장충식 당시 총장은 스키를 가장 즐기는 스포츠로 손꼽을 만큼 애호가였고 당시 주무대였던 강원도의 현장 여건을 누구보다 잘 파악하고 있었다. 이를 바탕으로 스키부 육성에 나섰다. 우리나라에서 처음으로 동계올림픽에 국가대표로 출전한 임경순 선수(당시 명성여고 체육교사, 뒤에 사범대 체육교육과 교수)를 우리 대학에 초빙해 스키 선수들을 가르치게 했다. 그리고 강원도에서 청소년기부터 스키를 타며 성인보다 나은 기량을 과시하던 스키 꿈나무들을 단국공고에 입학시켜 숙식을 제공하고 공부시키며 스키를 연마케 했다. 이렇게 성장한 김남응은 '70·'74·'78년 세 차례 스키협회 최우수선수로 뽑혀 알파인 부분 최장수, 최다관왕의 영광을 창조했다. 뒤이어 고태현이 알파인에서 최고의 기량을 과시하면 전통을 이어갔다. 고태현은 체육부 부장을 지내며 우리 대학 스포츠를 이끌어가기도 했다. 어재석 역시 1973년~1978년까지 알파인 국가대표 선수를 지내며 동계올림픽에 출전하는 등 맹활약을 펼쳤다 이후 스키부는 80년대 이후에도 걸출한 후배 선수들이 뒤를 이어 선주성, 김진해, 전영해, 최문성, 박병철, 박병주, 강민혁, 이광기, 김광진, 김현태, 김소희, 박제윤, 홍동관 등이 한국 스키를 세계 무대에서 돋보이게 했다. 지난 60년 동안 우리 대학은 동계스포츠 선수 저변을 확장시키면서 경기력을 국제 수준으로 끌어올리려는 투자와 노력을 단 한 차례도 쉬지 않고 이어왔다. 그 집념의 상징이 바로 단국대 스키부이다.

❶ 스키부(1972) ❷ 육군참모총장배스키대회 종합 우승(1972) ❸ 제2회 학생스키대회에서 입상한 김남응(1972) ❹ 스키부 10년사 표지(1997) ❺ 제42회 전국대학스키대회 종합 우승(1990) ❻ 제43회 전국대학스키대회 종합 우승(1991)

□ 역대 지도자

직무	성 명	부 임 일
감독	고태현	1977.05
코치	염경호	1997.03
감독	염경호	2007.07
코치	김형철	2014.09
現감독	김형철	2024.09
現코치	박상용	2022.11

□ 주요 대회 실적 현황

연월	대회명	수상내역
1969.02	제21회 전국학생스키대회	김명기, 30km경주 2위 최선복, 대회전 2위, 회전·복합 3위 최선복·김명기·장래경·최장헌, 40km계주 1위 신인자, 10km경주·5km경주 1위
1969.02	제50회 전국동계체육대회	김윤희, 활강·대회전·복합 3위 김명기, 30km경주 1위 장래경·정유배·최장헌·김명기, 40km계주 3위
1970.02	제22회 학생스키대회	김명기, 15km경주·30km경주 2위 주관식, 30km경주 3위 김윤희, 활강 1위, 회전 2위 신인자, 여대부 5km경주 1위
1970.02	제51회 전국동계체육대회	김명기·주관식·최임동·주홍섭, 40km계주 1위 신인자, 여대부 5km경주 1위 김윤희, 대회전 3위 김명기, 30km경주 2위 주홍섭, 30km경주·15km경주 1위 최임동, 15km경주 2위
1971.02	제23회 전국학생스키대회및 제33회 전국학생선수권대회	신인자, 여대부 10km경주 1위
1972.02	제53회 전국동계체육대회	김남응, 활강 1위
1972.02	제24회 전국학생스키선수권대회	종합우승
1972.02	제24회 전국학생스키대회	종합우승
1972.02	제26회 전국스키대회	최종복, 30km경주 1위
1972.03	제2회 화랑기쟁탈스키대회	함경희, 15km경주 3위

연월	대회명	수상내역
1973.01	제52회 전국동계체육대회	최승철·함경희·최종복·이성종, 40km계주 1위 최종복, 30km경주 1위, 15km경주 2위 함경희, 15km경주 1위 이성종, 30km경주 1위 김남응, 활강·회전·복합 1위, 대회전 2위 고태현, 활강 2위, 회전·복합 3위
1974.02	제26회 전국초중고대학스키대회	종합우승
1974.02	제26회 전국학생스키선수권대회	최종복·함경희·주홍섭·이성종, 40km계주 1위 김남응, 회전·복합알파인 1위, 활강·대회전 2위 고태현, 활강·대회전 3위 지연옥, 여대부 활강·대회전·복합알파인 2위, 여대부 회전 3위 이성종, 15km경주·30km경주 2위
1974.02	제55회 전국동계체육대회	단국대, 40km계주 1위 김남응, 회전 1위, 활강 2위 지연옥, 여대부 활강 1위 김광수, 회전 1위, 복합 2위 고태현, 회전·복합 3위
1974.02	제28회 전국스키선수권대회 및 제4회 회장배 쟁탈대회	김남응, 회전·대회전 1위, 활강 2위 고태현, 복합 1위 단국대, 40km계주 2위
1975.02	제27회 전국학생스키선수권 및 초중고대학스키대회	김남응, 대회·전회전·복합 1위 고태현, 활강 1위 최종복, 15km경주·30km경주 1위 단국대, 40km계주 1위
1976.02	제28회 전국대학스키대회	고태현, 대회전 1위, 회전·활강 2위 이성종, 15km경주 1위 단국대, 40km계주 3위
1976.02	제57회 전국동계체육대회	이성종, 복합경기15km 1위, 30km경주 2위 단국대, 40km계주 2위
1976.03	제30회 전국스키선수권대회	고태현, 대회전 1위, 회전·복합 2위
1977.03	제29회 전국학생스키선수권 대회	고태현, 회전·대회전·복합 1위 어재석, 회전·활강 1위 단국대, 40km계주 1위
1977.03	제29회 전국 초중고대학스키대회	종합 1위, 40km계주 2위
1978.02	제30회 전국초중고대학스키대회	종합 1위, 40km계주 1위
1978.02	제30회 전국 학생스키선수권대회	40km계주 2위
1978.02	제59회 전국동계체육대회	40km계주 2위

연월	대회명	수상내역
1978.03	제32회 전국 스키선수권대회	40km계주 3위
1979.02	제31회 전국초중고대학스키대회	종합 1위, 여대 종합 3위
1979.02	제31회 전국 학생스키선수권대회	종합 2위
1979.02	제60회 전국동계체육대회	40km계주 2위
1979.03	제33회 전국 스키선수권대회	40km계주 3위
1980.02	전국초중고대학스키대회	종합 1위
1980.02	제32회 전국 학생스키선수권대회	40km계주 3위
1981.01	제33회 전국 학생스키선수권대회	40km계주 1위
1981.01	제33회 전국초중고대학스키대회	종합 1위, 40km계주 1위
1981.02	제6회 용평배쟁탈 전국스키대회	40km계주 1위
1981.02	제62회 전국동계체육대회	40km계주 1위
1982.02	제34회 전국 학생스키대회	40km계주 2위
1982.02	제34회 학생스키선수권대회	40km계주 3위
1982.02	제34회 전국 학생스키경기대회	남대부·여대부 2위
1982.02	제7회 용평배쟁탈 전국스키대회	40km계주 1위
1982.02	제2회 서울특별시 스키경기대회	40km계주 2위
1982.02	제63회 전국체육대회 동계대회	40km계주 1위
1983.01	제35회 전국초중고대학스키대회	40km계주 2위
1983.01	제35회 전국 학생스키선수권대회	40km계주 3위
1983.02	제8회 용평배쟁탈 전국스키대회	40km계주 1위
1983.02	제64회 전국동계체육대회	40km계주 2위
1984.01	제36회 전국 학생스키선수권대회	40km계주 1위
1984.01	제36회 전국 학생스키경기대회	종합 2위, 40km계주 1위
1984.01	제36회 전국 학생스키선수권대회	종합 1위
1984.01	제36회 전국 학생스키경기대회	종합 1위
1984.02	제9회 용평배쟁탈 전국스키대회	40km계주 1위
1984.02	제65회 전국동계체육대회	40km계주 1위
1984.02	제38회 전국 스키선수권대회	40km계주 1위
1985.02	제66회 전국동계체육대회	40km계주 1위
1985.02	제37회 전국 학생스키 선수권대회	종합 1위
1985.02	제10회 용평배쟁탈 전국스키대회	40km계주 1위
1986.02	제1회 동계 아시아경기대회	40km 은메달 15km·30km 동메달
1987.01	서울시협회장배 쟁탈 스키대회	회전경기 남자·여자 우승, 여자 준우승

연월	대회명	수상내역
1987.02	제39회 전국 학생스키선수권대회	종합우승
1987.02	제12회 용평배쟁탈 전국스키대회	40km계주 2위
1987.02	제68회 전국동계체육대회	40km계주 3위
1988.01	제39회 전국대학스키대회	김동윤, 회전 2위
1988.02	제68회 전국동계체육대회	고일, 회전·활강 2위
1989.01	제18회 회장배전국스키대회	유제영, 회전·활강 2위 장동린, 30km프리 1위
1989.01	제13회 용평배전국스키대회	고일, 회전 2위 장동린, 15km클래식·30km프리 1위
1989.02	제69회 전국동계체육대회	김동윤, 회전 2위 고일, 활강 2위 장동린, 15km클래식·30km프리 1위
1989.02	제40회 전국대학스키대회	김동윤, 대회전 2위 유제영, 회전 2위
1989.02	제42회 전국스키선수권대회	김동윤, 활강 2위
1989.03	제40회 전국학생스키선수권대회	강낙연, 회전 1위 유제영, 활강 2위 장동린, 15km클래식·30km프리 1위 전찬정, 15km클래식·30km프리 2위
1990.01	제19회 회장배전국스키대회	고일, 회전 1위 강낙연, 대회전 1위 전찬정, 15km클래식 2위
1991.01	제14회 용평배전국스키대회	강낙연, 활강슈퍼대회전 1위 장동린, 15km클래식 1위 홍병식, 15km클래식 2위
1991.01	제41회 전국대학스키대회	강낙연, 대회전 1위 전찬정, 30km클래식 40km계주 1위
1991.01	제20회 회장배전국스키대회	40km계주 1위 전찬정, 30km클래식 2위
1991.01	제15회 용평배전국스키대회	홍명식, 15km클래식 2위 전찬정, 30km프리 1위 장동린, 30km프리 2위 40km계주 1위
1991.02	제71회 전국동계체육대회	40km계주 1위 장동린, 30km클래식 1위 전찬정, 30km클래식 2위

연월	대회명	수상내역
		홍병식, 15km프리 2위
1991.02	제42회 전국대학스키대회	강낙연, 대회전 2위 최용희, 회전 1위 전찬정, 15km클래식·30km프리 1위 홍병식, 15km클래식 2위 장동린, 30km프리 2위 40km계주 1위
1992.01	제21회 회장배전국스키대회	최용희, 대회전 2위 정영석, 15km클래식 1위 박병우, 15km클래식 2위
1992.01	제16회 용평배전국스키대회	전찬정, 15km클래식·30km프리 1위 박병우, 15km클래식 2위 장동린, 30km프리 2위
1992.02	제72회 전국동계체육대회	정영석, 15km클래식 1위 배완기, 15km클래식 2위 이근무, 30km프리 2위
1992.02	제43회 전국대학스키대회	전찬정, 30km프리 1위 박병우, 30km프리 2위
1993.01	제22회 회장배전국스키대회	이진욱, 회전 2위 전찬정, 15km클래식 2위 박재흥, 30km프리 2위
1993.01	제17회 용평배전국스키대회	최용희, 회전 2위 박병철, 15km클래식 1위 박병우, 15km클래식 2위 박재흥, 30km프리 2위
1993.02	제73회 전국동계체육대회	박병우, 30km프리 1위 박병철, 15km클래식 1위
1993.02	제46회 전국스키선수권대회	최용희, 회전 2위 박병우, 15km클래식 2위
1994.01	제23회 회장배전국스키대회	유창우, 활강·회전·복합 1위 최수열, 활강 2위 어형우, 대회전 1위 안진수, 20km프리 1위
1994.02	제18회 용평배전국스키대회	최용희, 활강·대회전 2위 박병철, 10km클래식·15km프리 1위 안진수, 10km클래식·15km프리 2위
1994.02	제74회 전국동계체육대회	최용희, 활강 2위 유창우, 회전 1위, 복합 2위

연월	대회명	수상내역
		박병우, 30km프리 1위
1994.02	제47회 전국스키선수권대회	최용희, 회전 1위·활강, 복합 2위
1994.03	제45회 전국하생스키선수권대회	박용철, 대회전·회전 2위 어형우, 회전·복합 1위 박병철, 15km클래식·30km프리 1위 안진수, 15km클래식·30km프리 2위
1995.01	제25회 회장배전국스키대회	김준형, 활강·회전·복합 1위 박용철, 대회전 1위, 복합 2위 유창우, 대회전 2위 송재운, 클래식 2위 40km계주 1위
1995.01	제20회 용평배전국스키대회	박용철, 활강·대회전 1위 어형우, 회전 1위, 활강 2위 유창우, 대회전·회전 2위 정호철, 15km클래식 1위 안진수, 15km프리 1위, 15km클래식 2위, 40km계주 1위
1995.02	제76회 전국동계체육대회	어형우, 활강·대회전·회전·복합 1위 박용철, 활강·대회전·회전·복합 2위 정호철, 15km클래식 1위 안진수, 30km프리 1위
1995.02	제47회 전국스키선수권대회	40km계주 1위 어형우, 회전 2위
1995.02	제47회 전국대학스키대회	어형우, 회전 1위 유창우, 대회전 1위 안진수, 15km클래식 1위 정호철, 15km클래식 2위 15km계주 1위
1995.03	제47회 전국학생종별스키선수권대회	유창우, 활강·복합 1위, 회전 2위 어형우, 활강·대회전 2위 박용철, 대회전 1위 송재운, 클래식 1위
1996.01	제21회 용평배전국스키대회	이기홍, 활강 1위 박용철, 활강·회전 2위 김준형, 대회전 1위 어형우, 회전 1위·대회전 2위 안진수, 10km클래식·15km프리 1위 신두선, 10km클래식·15km프리 2위

연월	대회명	수상내역
1996.02	제77회 전국동계체육대회	어형우, 활강·복합 1위 박용철, 대회전 1위, 복합 2위 신두선, 15km클래식 1위, 30km프리 2위 안진수, 30km프리 1위
1996.02	제26회 회장배전국스키대회	김준형, 활강·대회전·복합 1위 이기흥, 활강 2위 어형우, 회전 2위 박용철, 복합 2위 안진수, 10km클래식 1위, 10km프리 2위 신두선, 10km프리 1위, 10km클래식 2위
1996.03	제50회 전국스키선수권대회	어형우, 슈퍼대회전 1위 박용철, 대회전 2위 안진수, 15km클래식·30km프리 2위
1996.03	'96 미야사마국제스키대회	어형우, 대회전 2위
1996.03	'96 캐나다 알마타국제스키대회	최문선, 대회전 1위
1997.01	제22회 용평배전국스키대회	신숙재, 슈퍼대회전 여자부 2위
1997.02	제1회 휘닉스배전국스키대회	박용철, 회전 2위 신숙재, 대회전 여자부 1위
1997.02	제78회 전국동계체육대회	어형우, 활강·복합 2위 박용철, 대회전 1위 신숙재, 대회전·회전·복합 여자부 1위, 활강 여자부 2위 신두선, 복합·15km프리·15km클래식 2위 40km계주 1위
1997.02	제27회 회장배전국스키대회	신숙재, 슈퍼대회전·회전 여자부 1위
1997.03	제49회 전국학생종별스키선수권대회	김준형, 슈퍼대회전·복합 1위, 대회전 2위 신숙재, 슈퍼대회전·복합 여자부 1위, 대회전·회전 여자부 2위
1997.03	제51회 전국스키선수권대회	신숙재, 슈퍼대회전 여자부 2위
1998.02	제79회 전국동계체육대회	금6, 은8, 동1
1998.03	제52회 전국스키 선수권대회	박병철, 노르딕 15km 1위
1998.02	용평컵 스키대회	최문성, 회전 1위 김주성, 대회전 1위
1998.02	99서울컵 국제알파인스키대회	최문성, 대회전·회전 3위
1999.01	제28회 회장배전국스키대회	박병주, 15km클래식 1위 신두선, 복합·10km프리 1위, 15km클래식 2위
1999.01	강원 동계아시안게임	최문성, 슈퍼대회전·회전 3위

연월	대회명	수상내역
1999.01	대학연맹배스키대회	박병주·신두선, 40km계주 3위
1999.02	第79회 전국동계체육대회	신숙재, 대회전·회전 1위 김현창, 대회전 2위, 회전 3위
1999.02	第54회 전국스키선수권대회	신숙재, 슈퍼대회전·대회전 1위 최문성, 대회전 3위 박병주, 15km클래식 1위, 30km프리·노르딕:복합 2위 신두선, 30km프리 1위, 노르딕: 복합·15km클래식 2위
1999.02	第29회 회장배전국스키대회	최문성, 슈퍼대회전 3위 신숙재, 회전 3위
1999.03	전국학생종별스키선수권대회	신숙재, 슈퍼대회전·대회전·회전 1위 김현창, 대회전·회전 3위
1999.03	第30회 회장배 스키대회	신숙재, 알파인: 슈퍼대회전·회전 1위, 복합 2위 김현창, 알파인: 슈퍼대회전·회전·복합 3위 우지원, 대회전 2위
2000.01	대학연맹배스키대회	박병주, 노르딕:15km클래식·30km프리 1위
2000.01	第81회 전국동계 체육대회	최문성, 슈퍼대회전·복합·회전 1위, 대회전 2위 박병주, 클래식 1위
2000.02	第54회 선수권스키대회	최문성, 슈퍼대회전·대회전 1위 김형철, 대회전 3위 박병주, 클래식·프리 1위 김용, 클래식·프리 2위
2000.02	第52회 학생종별 스키대회	김형철, 슈퍼대회전 3위 신숙재, 슈퍼대회전 3위
2001.01	서울컵 국제 알파인스키대회	강민혁, 대회전 1위, 대회전·회전 2위 김형철, 대회전 1위
2001.02	第82회 동계체육대회	강민혁, 회전·복합 1위, 슈퍼대회전 3위 김형철, 회전·복합 2위, 대회전 3위 박병주, 클래식·프리·복합 1위 김용, 클래식·프리 2위, 프리 3위
2001.02	第53회 전국종별 스키선수권대회	김용, 클래식 3위
2001.02	第55회 전국스키선수권대회	김형철, 대회전 1위, 회전 3위 강민혁, 대회전 3위
2001.02	第31회 회장배 전국스키대회	김준호, 회전·복합 1위, 슈퍼G·대회전 2위 김용, 클래식·프리·복합 1위

연월	대회명	수상내역
2002.01	제83회 전국동계체육대회	김형철, 슈퍼대회전·대회전 1위 강민혁, 회전 1위 박병주, 클래식·프리·복합 1위 최임헌, 클래식 3위 김용, 프리·복합 3위
2002.02	제54회 전국종별선수권대회	최임헌, 클래식 1위 김용, 프리 1위 홍진호·최임헌·최철순·김용, 계주 1위 강민혁, 회전 1위, 슈퍼대회전 2위, 대회전 3위 김형철, 슈퍼대회전·대회전 1위 박주희, 슈퍼대회전·대회전 2위
2002.02	제56회 전국선수권대회	최임헌, 클래식 3위 김용, 프리 2위, 스프린트 3위 김형철, 슈퍼대회전·대회전 1위 강민혁, 회전 2위, 복합 3위
2002.02	제55회 대학스키연맹회장배스키대회	김형철, 슈퍼대회전·대회전 2위 박병주. 클래식·프리 1위 최임헌, 클래식 2위
2002.02	2002 서울컵 국제 알파인스키대회	강민혁, 회전 2위, 대회전·회전 3위
2002.02	제32회 회장배전국스키대회	강민혁, 대회전 2위 김형철, 대회전 3위 최임헌, 클래식 2위 박병주, 클래식·프리·복합 1위 김용, 복합 3위
2003.02	제84회 전국동계체육대회	강민혁, 슈퍼회전·대회전 1위 박주희, 슈퍼회전 2위, 대회전·복합 3위 최임헌, 프리·클래식·복합 1위 홍진호, 클래식 2위, 복합 3위 최철순, 복합 2위클, 래식·프리 3위 김용, 프리 2위 최임헌·홍진호·김용·최철순, 계주 1위
2003.02	제57회 전국스키선수권대회	최임헌, 클래식 3위 강민혁, 대회전·회전 1위, 슈퍼대회전·복합 2위
2003.02	서울컵 국제 알파인스키대회	강민혁, 회전 1위
2003.02	제55회 전국종별 스키선수권대회	홍진호, 클래식 1위 임의규, 프리·복합 1위, 클래식 2위 최철순, 프리 2위 홍진호·임의규·최현근·최철순, 계주 1위

연월	대회명	수상내역
2003.02	제55회 한국대학스키연맹회장배 스키대회	박주희, 슈퍼대회전·대회전 1위, 회전 3위 최임헌, 클래식·프리 1위 홍진호, 클래식·프리 2위 김용, 프리 3위 최임헌·홍진호·김용·최철순, 계주 1위
2003.02	제33회 회장배 전국스키대회	강민혁, 대회전·회전 1위 박주희, 대회전 2위, 회전 3위 최임헌, 클래식·프리·복합 1위 홍진호, 클래식·프리·복합 2위 김용, 복합 2위, 프리 3위 최임헌·홍진호·김용·최철순, 계주 1위
2004.01	제85회 전국동계체육대회	강민혁, 슈퍼대회전·대회전·회전·복합 1위 박주희, 대회전 3위 유병탁, 복합 3위 최임헌, 클래식·프리·복합 1위 임의규, 클래식·프리·복합 2위 최철순, 클래식·프리·복합 3위 임의규·최임헌·최현근·최철순, 계주 1위
2004.01	FIS 서울컵 국제알파인스키대회	강민혁, 대회전 1위
2004.01	FEC 용평컨티넨탈스키대회	강민혁, 대회전 1위
2004.01	제34회 회장배전국스키대회	강민혁, 슈퍼대회전·대회전·회전·복합 1위 최임헌, 클래식·프리·복합 1위 임의규, 클래식 2위 최철순, 프리·복합 2위, 클래식 3위 최현근·최철순·임의규·최임헌, 계주 1위
2004.02	제56회 대학연명배스키대회	강민혁, 슈퍼대회전·대회전 1위 최임헌, 클래식·프리·복합 1위 임의규, 클래식 2위 최철순, 프리·복합 2위, 클래식 3위 최현근·최임헌·임의규·최철순, 계주 1위
2004.02	제19회 전국학생종별스키선수권대회	강민혁, 슈퍼대회전·대회전·회전·복합 1위 박주희, 대회전 2위 임의규, 클래식·프리·복합 1위 최현근, 프리·클래식·복합 2위 최현근·황준남·임의규·최임헌, 계주 1위
2004.02	제56회 전국종별스키선수권대회	박주희, 대회전·회전·복합 1위, 슈퍼대회전 2위 최철순, 클래식·복합 1위, 프리 2위 최현근, 프리 3위

연월	대회명	수상내역
2004.08	제8회 회장배 전국롤러스키대회	임의규, 롤러스키 1위 최철순, 롤러스키 3위
2004.01	제58회 전국스키선수권대회	최임헌, 클래식 2위, 프리 3위 임의규·최임헌·최철순·홍진호, 계주 1위
2005.02	평창컵 국제알파인스키대회	회전 3위 함종균
2005.02	제35회 회장배전국스키대회	홍진호, 클래식 1위, 프리·복합 2위 임의규, 클래식·프리·복합 3위 홍진호·최철순·임의규·최임헌, 계주 1위 함종균, 슈퍼대회전·대회전·복합 1위 김민성, 회전 1위 박주희, 대회전 1위
2005.02	제57회 대학연맹배스키대회	박주희, 대회전(1)·대회전(2) 1위
2005.02	제86회 전국동계체육대회	김민성, 슈퍼대회전 2위 박주희, 슈퍼대회전·복합 3위 함종균, 대회전 1위 최임헌, 클래식 1위 홍진호, 프리 1위, 클래식 2위, 복합 3위 임의규, 복합 1위, 프리 2위 홍진호·임의규·최철순·최임헌, 계주 1위
2005.02	제57회 전국종별스키선수권대회	박주희, 슈퍼대회전·대회전 1위, 복합 2위, 회전 3위 강창혁, 회전·복합 1위 홍진호, 클래식 1위, 프리·복합 2위 권순모·임의규·최철순·홍진호, 계주 1위
2005.02	제20회 전국학생종별 스키대회	박주희, 슈퍼대회전·대회전 1위 강창혁, 회전·복합 1위, 슈퍼대회전·대회전 2위 홍진호, 클래식 1위 최철순, 프리·복합 1위, 클래식 2위 권순모, 프리·복합 2위, 클래식 3위
2005.03	제59회 전국스키선수권대회	김우성, 대회전 2위
2005.03	평창컵국제알파인스키대회	함종균, 회전 2위
2006.01	제87회 전국동계체육대회	함종균, 슈퍼대회전 1위, 대회전 3위 김우성, 대회전 1위, 슈퍼대회전 2위 강창혁, 대회전·회전·복합 2위 홍진호, 클래식·복합·프리 2위 임의규, 클래식·프리·복합 3위 홍진호, 임의규, 최철순, 권순모, 계주 1위
2006.01	서울컵 국제알파인스키대회	김민성, 슈퍼대회전 2위 강창혁, 슈퍼대회전 3위

연월	대회명	수상내역
		김우성, 대회전 3위
2006.02	제58회 대학연맹배 스키대회	강창혁, 대회전 1위 김민성, 대회전(1)·대회전(2) 3위 함종균, 대회전 1위
2006.03	제60회 전국스키선수권대회	정연욱, 대회전 2위(스노보드) 김우성, 대회전 2위, 대회전 3위 홍진호, 클래식·복합 2위
2006.03	2006평창컵 국제 알파인스키대회	김우성, 회전(1)·회전(2) 1위 김민성, 회전 2위 강창혁, 회전 3위
2006.01	제36회 회장배 전국스키대회	홍진호, 클래식·프리·복합 2위 함종균, 슈퍼대회전 2위, 복합·회전 3위 김민성, 대회전 1위 강창혁, 대회전 2위 김우성, 회전 1위, 복합 2위, 슈퍼대회전 3위
2006.02	제58회 전국종별스키선수권대회	임의규, 클래식·복합 2위, 프리 3위 박창호, 클래식·복합 3위 임의규·권순모·최현근·박창호, 계주 1위 정연욱, 회전 2위(스노보드) 김우성, 슈퍼대회전·대회전·복합·회전 1위 김민성, 슈퍼대회전 2위 함종균, 슈퍼대회전·회전 3위 김민성, 대회전·복합·회전 2위
2006.03	제21회 전국학생종별 스키대회	김민성. 슈퍼대회전·대회전 1위, 회전 2위 김우성, 회전·복합 1위, 슈퍼대회전·복합 2위 강창혁, 대회전 2위 임의규, 클래식·복합 2위 권순모, 클래식·복합 3위
2007.01	제3회KTF컵전국스노보드선수권대회	정연욱, 회전 1위(스노보드)
2007.02	제37회 회장배스키대회	임의규, 10km클래식·복합 1위, 15km프리 2위 임의규·권순모·박창호·최현근, 40km계주 1위 권순모, 10km클래식 3위 박창호, 15km프리, 복합 3위
2007.02	서울컵 국제 알파인스키대회	김우성, 슈퍼대회전·대회전 1위 김민성, 회전·복합 1위, 슈퍼대회전·대회전 2위 함종균, 대회전 3위
2007.02	제88회 전국동계체육대회	최태순, 10km클래식·복합 1위 김영희, 여자부 5km클래식·5km프리 1위 함종균, 슈퍼대회전·대회전 1위

연월	대회명	수상내역
		강창혁, 회전·복합 1위, 대회전 2위, 슈퍼대회전 3위 정연욱, 스노보드 대회전 2위
2007.03	제22회전국학생종별선수권대회	김영희, 여자부 5km클래식·10km프리·복합·스프린트 1위 강창혁, 대회전 1위, 슈퍼대회전 3위 김우성, 슈퍼대회전 1위 함종균, 슈퍼대회전·대회전 2위
2008.01	지산컨티넨탈컵국제알파인스키대회	김우성, 회전 1위
2008.01	제38회회장배전국스키대회	김영희, 여자부5km 클래식·10km프리·복합·스프린트 1위 강창혁, 대회전 1위, 슈퍼대회전 3위 김우성, 슈퍼대회전 1위 함종균, 슈퍼대회전·대회전 2위
2008.02	제89회전국동계체육대회	김우성, 슈퍼대회전 1위 강창혁, 대회전·회전 1위, 복합 2위, 슈퍼대회전 3위 김민성, 복합 1위, 슈퍼대회전·대회전·회전 2위 최태순·박창호·권순모·김태성, 40km계주 1위 박상용, 10km클래식 1위 최태순, 스프린트 1위, 15km클래식·15km프리 2위 정연욱, 스노보드대회전 2위 김영희, 여자부 5km클래식· 10km프리 복합 2위 박창호, 스프린트 2위 함종균, 대회전 3위
2008.03	제60회전국종별스키선수권대회	최태순·박창호·권순모·김태성 40km계주 1위 김영희, 여자부 5km클래식·10km프리·복합·스프린트 1위 강창혁, 대회전·회전·복합 1위, 슈퍼대회전 2위
2008.03	제23회전국학생종별스키대회	김우성, 회전 1위, 대회전 2위
2009.01	FIS 서울컵국제알파인스키대회	김우성, 대회전 1위 김현태, 회전 1위, 슈퍼대회전 3위 강창혁, 슈퍼대회전·대회전 2위
2009.01	FEC지산대륙컵국제알파인스키대회	김우성, 2일차 회전 1위, 1일차 회전 2위
2009.03	제90회전국동계체육대회	김현태, 회전 1위, 대회전 2위, 슈퍼대회전·복합 3위 김우성, 복합 1위, 회전·슈퍼대회전 2위 박상용, 10km클래식·15km프리 1위 김영희, 여자부 7.5km클래식·10km프리 1위 김태성·박용·박상용·박창호, 40km계주 1위 박용, 15km프리 2위

연월	대회명	수상내역
		강창혁, 대회전 3위 최태순, 10km클래식 3위
2009.03	第39회 회장배스키대회	김현태, 복합 1위, 슈퍼대회전·대회전·회전 2위, 회전 3위 최태순·김태성·박상용·박창호, 40km계주 2위 최태순, 15km클래식 3위 박상용, 30km프리·복합 3위 박혁, 복합 3위
2010.01	FIS 평창컵국제알파인스키대회	김현태, 1일차 회전·2일차 회전 1위·2일차 회전 2위 박혁, 1일차 회전 3위
2010.01	第24회전국학생종별스키선수권대회	박상용, 15km프리 1위 박용, 복합 1위 김태성·김희전·최태순·박용, 40km계주 1위 김현태, 회전·복합 1위, 대회전 2위 김태성, 15km프리 2위 박혁, 복합 2위, 회전 3위 최태순, 10km클래식 3위 김설경, 복합 3위
2010.02	第40회 회장배스키대회	하태복, 10km클래식 1위 박상용, 15km프리 1위 박용, 복합 1위, 15km프리 3위 하태복·김희정·박상용·박용, 40km계주 1위 김설경, 대회전 1위, 슈퍼대회전 2위 김현태, 슈퍼대회전·대회전·복합 1위, 회전 2위 김태성, 10km클래식 2위 박혁, 대회전(1)·대회전(2) 2위 전진우, 복합 2위, 슈퍼대회전 3위 임상완, 대회전·회전 3위
2010.02	第91회 전국동계체육대회	하태복, 10km클래식·15km프리·복합 1위 박상용, 스프린트 1위 하태복·박상용·김태성·박용, 40km계주 1위 김현태, 슈퍼대회전 2위, 대회전 3위 김설경, 회전·복합 2위 김태성, 10km클래식·복합 3위
2010.03	第26회전국학생종별스키대회	하태복, 15km프리·복합 1위, 10km클래식 3위 박상용·김태성·박용·하태복, 40km계주 1위 박상용, 15km프리 3위
2010.03	第64회한국대학스키연맹배알파인대회	박혁, 슈퍼대회전 1위, 대회전 3위 김설경, 대회전 1위, 슈퍼대회전 2위

연월	대회명	수상내역
		임상완, 대회전·회전 2위
2011.01	평창컵 국제알파인스키대회	김현태, 회전 1위
2011.02	제92회전국동계체육대회	최태순·김태성·박상용·박창호, 40km계주 2위 김현태, 슈퍼대회전·대회전 2위, 회전 3위 박혁, 회전 2위, 복합 3위 최태순, 15km클래식 3위 박상용, 30km프리·복합 3위
2012.01	용평컵국제알파인스키대회	김현태, 1일차 대회전·2일차 대회전 2위
2012.01	제42회회장배스키대회	김현태, 슈퍼대회전·대회전·복합 1위, 회전 2위 하태복, 10km클래식·15km프리·복합 1위 박상용, 스프린트 1위 하태복·박상용·김태성·박용, 40km계주 1위 김설경, 슈퍼대회전 2위 박혁, 대회전 2위 전진우, 복합 2위, 슈퍼대회전 3위 임상완, 대회전·회전 3위 전진우, 복합 3위 김태성, 10km클래식·복합 3위
2012.01	제65회전국선수권대회	하태복, 10km클래식·15km프리·복합 2위
2012.02	제64회한국대학스키연맹배스키대회	김설경, 대회전 1위 박혁, 대회전 2위 임상완, 대회전 3위
2012.02	제93회 전국동계체육대회	하태복, 15km프리·복합 1위, 10km클래식 3위 박상용·김태성·박용·하태복, 40km계주 1위 김현태, 슈퍼대회전 2위, 대회전 3위 김설경, 회전·복합 2위 박상용, 15km프리 3위 박용, 15km프리·복합 3위
2012.03	제28회 전국학생종별선수권대회	김설경, 슈퍼대회전·회전·복합 1위 박혁, 대회전 1위, 회전·복합 2위 고정석, 슈퍼대회전·회전·복합 3위
2013.01	제40회 전국학생스키대회	김민욱, 10km클래식 1위 황준호, 15km프리 1위 박용·김민욱·황준호·하태복, 40km계주 1위 황준호, 스프린트 1위, 10km클래식 2위 하태복, 스프린트 2위
2013.03	제94회 전국동계체육대회	황준호, 10km클래식·15km프리·복합 1위 박용·황준호·하태복·김민욱, 40km계주 1위 이광기, 하프파이브 1위

연월	대회명	수상내역
		하태복, 10km클래식·15km프리·복합 2위 박혁, 슈퍼대회전 2위, 대회전 3위 김설경, 회전 2위, 슈퍼대회전 3위
2013.03	제43회 회장배전국스키대회	박혁, 슈퍼대회전·회전·복합 1위 김설경, 회전·복합 2위, 슈퍼대회전 3위 전진우, 대회전·회전·복합 3위
2013.03	제67회 전국스키선수권대회	박제윤, 슈퍼대회전·대회전 2위
2013.12	중국젠팅시 크릿가든fis대회	박제윤, 회전 1위
2013.12	중국완룡 fec국제스키대회	박제윤, 회전 2위
2014.01	용평컵 fec국제알파인스키대회	박제윤, 슈퍼컴바인 3위
2014.01	제66회 전국종별스키선수권대회	박제윤, 슈퍼대회전·대회전·회전·복합 1위 이현지, 여자부 대회전 1위 하태복, 10km클래식·복합 1위 황준호, 15km프리 1위, 10km클래식·복합 2위 황준호, 하태복, 김민욱, 지원, 40km계주 1위 최창현, 슈퍼대회전·회전·복합 2위, 대회전 3위 김여원, 스노보드평행회전 3위 김민욱, 10km클래식·복합 3위
2014.02	제95회 전국동계체육대회	박제윤, 슈퍼대회전·대회전 1위 최창현, 회전·복합 1위 이현지, 여자부 대회전 1위, 여자부 슈퍼대회전 2위, 슈퍼대회전·대회전 3위 김민욱, 15km프리 1위 하태복, 복합 1위, 15km프리 2위 이광기, 하프파이브 1위, 10km클래식 3위 황준호·하태복·김민욱·지원, 40km계주 2위
2014.03	평창컵국제알파인스키대회	김현수, 회전 3위
2014.12	중국젠팅시크릿가든국제스키대회	홍동관, 대회전·회전 3위
2014.12	중국완룡극동컵국제스키대회	박제윤, 대회전·회전 2위
2014.12	알펜시아컵국제알파인스키대회	박제윤, 회전 1위
2015.01	제69회 전국스키선수권스키대회	조용진, 15km프리 1위 황준호, 스프린트 1위
2015.01	제42회 전국학생스키대회	홍동관, 슈퍼대회전 1위 이현지, 여자부 슈퍼대회전·대회전·회전·복합 1위 김현수, 대회전·회전·복합 1위, 슈퍼대회전 3위
2015.02	제96회 전국동계체육대회	최창현, 슈퍼대회전 1위, 대회전·회전 2위 홍동관, 대회전 1위, 슈퍼대회전 2위

연월	대회명	수상내역
		이현지, 여대 대회전 1위, 여대 슈퍼대회전·회전·복합 2위 황준호, 10km클래식·15km프리·복합 1위 하태복·황준호·김민욱·조용진, 40km계주 1위 조광호, 복합 2위, 슈퍼대회전 3위 조용진, 15km프리 2위, 복합 3위 김현수, 대회전 3위 하태복, 15km프리 3위
2015.02	스페인유니버시아드대회	김광진, 하프파이브 2위
2015.08	뉴질랜드컵국제스키대회	김은호, 스프린트 1위, 15km클래식 3위 황준호, 15km클래식 1위, 스프린트 2위 조용진, 10km프리 3위
2015.12	중국젠팅시크릿가든국제알파인스키대회	홍동관, 회전 1위 김현수, 회전 3위
2016.01	제46회 회장배전국스키대회	박제윤, 슈퍼대회전·대회전·회전·복합 1위 이현지, 여대 대회전 1위, 여대 슈퍼대회전·복합 2위 조용진, 10km클래식·15km프리·복합 1위, 스프린트 3위 홍동관, 회전 2위, 대회전 3위 김현수, 복합 2위, 슈퍼대회전·회전 3위 김은호, 15km프리·복합 2위, 10km클래식 3위 조광호, 복합 3위
2016.02	제97회 전국동계체육대회	박제윤, 대회전 1위 조용진, 15km프리·복합 1위, 10km클래식 2위 조용진·황준호·김은호·김민욱, 계주 1위 조광호, 슈퍼대회전·복합 2위, 회전 3위 이현지, 여대 슈퍼대회전·대회전·복합 2위, 여대 회전 3위 황준호, 15km프리·복합 2위 홍동관, 슈퍼대회전 3위 최창현, 대회전 3위 김민욱, 10km클래식 3위 김은호, 15km프리·복합 3위
2016.02	제70회 전국스키선수권대회	조용진, 30km프리 1위, 15km클래식 3위 이현지, 여대 슈퍼대회전·대회전 2위
2016.03	평창컵 국제알파인스키대회	박제윤, 대회전 1위 조광호, 회전 2위
2016.09	뉴질랜드FIS컵국제스키대회	조용진, 10km프리 2위
2016.12	중국완룡 국제스키대회	김소희, 여대 대회전 1위

연월	대회명	수상내역
2016.12	알펜시아컵 국제알파인스키대회	홍동관, 회전 1위 김현수, 회전 1위 김소희, 회전 2위
2017.01	제47회 전국회장배스키대회	조용진, 10km클래식·15km프리 1위 김은호, 복합 1위, 15km프리 2위
2017.01	제1회 서울컵FIS컵 국제스키대회	김은호·조용진, 1km팀 스프린트 2위
2017.01	제71회 전국스키선수권대회	김은호·조용진, 1km팀 스프린트 1위 김은호, 10km클래식 1위
2017.02	제98회 전국동계체육대회	홍동관, 대회전 1위 조광호, 슈퍼대회전 1위 김소희, 여대 대회전 1위, 여대 회전·복합 2위, 여대 슈퍼대회전 3위 조용진, 10km클래식·15km프리·복합 1위 조용진·김은호·우경진·김선민, 계주 1위 박제윤, 대회전 2위 최창현, 슈퍼대회전 2위, 회전·복합 3위 김은호, 10km클래식·15km프리·복합 2위
2017.02	제47회 전국회장배스키대회	홍동관, 대회전 1위 조광호, 슈퍼대회전 1위, 복합 2위, 회전 3위
2017.02	제44회 전국학생스키대회	조용진, 프리·스프린트·복합 1위, 클래식 2위 김선민, 복합 2위, 클래식 3위 김동철, 대회전 3위
2017.03	제69회 전국종별스키선수권대회	조용진, 클래식 1위 이한희, 슈퍼대회전 1위 김은호, 복합 2위, 클래식 3위
2017.03	제32회 전국학생종별스키선수권대회	조용진, 클래식·프리 1위 김은호, 클래식·프리 3위 이한희, 슈퍼대회전(1)·슈퍼대회전(2) 1위
2017.03	제71회 전국스키선수권대회	홍동관, 대회전 1위
2017.03	평창컵국제알파인스키대회	홍동관, 대회전 1위
2018.01	제48회 전국회장배 스키대회	김은호, 프리 1위 김동철, 슈퍼대회전 1위, 복합 2위, 대회전 3위 홍동관, 슈퍼대회전 2위 김현수, 회전·복합 1위, 슈퍼대회전 3위 김소희, 대회전 1위, 회전 2위 이한희, 대회전 1위
2018.01	제99회 전국동계체육대회	김은호, 15km 프리·복합 1위, 10km 클래식 3위 김소희, 슈퍼대회전·회전·복합 1위, 대회전 2위

연월	대회명	수상내역
		조광호, 슈퍼대회전 2위 김한희, 대회전·회전 1위 김현수, 대회전 3위 홍동관, 복합 1위, 회전 3위
2018.01	제45회 전국학생스키대회	홍동관, 대회전 1위, 회전 2위 김동철, 대회전 2위, 회전 3위 김현수, 회전 1위
2018.03	제70회 전국종별스키선수권대회	김소희, 슈퍼대회전·대회전·복합 1위
2018.03	제33회 전국학생종별스키대회	김소희, 슈퍼대회전·회전·복합 2위 김동철, 회전·복합 2위 배준우, 복합 3위
2018.12	2018 평창컵FIS국제알파인스키대회	김소희, 대회전·회전(1)·회전(2) 1위 이한희, 회전(1) 1위, 회전(2) 3위 홍동관, 대회전 2위
2018.12	2018 중국타이우FEC국제알파인스키대회	김소희, 대회전(1) 2위, 대회전(2) 3위
2018.12	2018 알펜시아FIS국제알파인스키대회	이한희, 회전 2위
2019.01	제49회 전국회장배스키대회	이한희, 슈퍼대회전·대회전 1위 배준우, 대회전 2위, 슈퍼대회전 3위 김소희, 대회전·회전 1위 김동철, 대회전 3위 김은호, 클래식10km·프리10km·복합 1위
2019.01	제46회 전국학생스키대회	김동철, 대회전·회전 2위 배준우, 대회전 3위 김은호, 클래식10km 2위 김민규, 스프린트 2위
2019.01	제73회 전국스키선수권대회	김소희, 대회전·회전 1위 이한희 대회전 2위 김은호, 프리15km 3위
2019.02	2019 용평컵FEC국제알파인스키대회	김소희, 회전 1위, 회전 2위
2019.02	제100회 전국동계체육대회	김소희, 대회전·회전·복합 1위, 슈퍼대회전 2위 김동철, 슈퍼대회전·복합 2위 배준우, 슈퍼대회전·대회전·복합 3위 이한희, 대회전 1위, 회전 3위 김은호, 클래식10km·프리15km·복합 1위 김은호·김선민·김민규·임민혁, 계주 2위
2019.03	제71회 전국종별스키선수권대회	이재준, 회전 1위, 슈퍼대회전·대회전·복합 2위 최민석, 회전 2위, 슈퍼대회전·대회전·복합 3위 김민규·임민혁 팀스프린트 3위

연월	대회명	수상내역
2019.03	제33회 전국학생종별스키대회	최민석, 슈퍼대회전 1위 김건희, 슈퍼대회전 3위 이재준, 회전 1위 조범희, 복합 1위, 회전 2위
2020.01	제50회전국회장배스키대회	이한희, 슈퍼대회전 1위 이재준, 회전·복합 1위, 대회전 3위 최민석, 회전·복합 2위
2020.01	제47회 전국학생스키대회	조범희, 대회전 2위, 회전 3위 배준우, 회전 1위, 대회전 3위 최민석, 회전 2위
2020.02	제101회 전국동계체육대회	이한희, 대회전 1위, 슈퍼대회전·회전·복합 2위 이재준, 대회전 3위
2020.02	제74회 전국스키선수권대회	이한희, 회전 3위
2021.02	제75회 전국스키선수권대회	이한희, 회전 2위 이재준, 회전 3위
2021.02	제51회 대한스키협회장배 스키대회	이한희, 회전 1위, 대회전·슈퍼대회전·복합 2위 이재준, 슈퍼대회전·대회전·복합 3위
2021.02	대림DNI컵 FIS국제스키대회	이한희, 회전 2위
2021.03	제73회 전국종별스키선수권대회	전성민, 프리 1위, 클래식 2위 전성민·이진복, 팀스프린트 1위 전성민·이진복·함기영·김태훈 계주 1위
2022.01	제52회 전국회장배스키대회	최민석, 슈퍼대회전·복합 3위 이재준, 대회전 1위 김종환, 대회전 3위 전성민, 클래식 1위 이진복, 프리 1위, 클래식 2위
2022.01	제49회 전국학생스키대회	이재준, 대회전·회전 1위 최민석, 대회전 3위 이진복, 클래식·프리·복합 1위 전성민, 복합 2위, 클래식·프리 3위
2022.02	제103회 전국동계체육대회	이재준, 슈퍼대회전·대회전 2위 김종환, 복합 2위, 슈퍼대회전·회전 3위 이진복, 스프린트 1위, 클래식 2위, 프리·복합 3위 이진복·전성민·김태훈·함기영, 계주 1위
2022.01	제76회 전국스키선수권대회	이진복, 클래식 2위
2022.02	제36회 전국학생종별스키대회	이진복, 클래식·프리 1위 전성민, 클래식·프리 2위 이진복·전성민·함기영·김태훈, 계주 1위

연월	대회명	수상내역
2022.03	제74회 전국종별스키선수권대회	김종환, 슈퍼대회전·복합 1위, 회전 2위 최민석, 슈퍼대회전·대회전 3위 이재준, 대회전 1위 이진복, 클래식 1위 전성민, 프리·클래식 2위 이준서, 클래식 3위 이진복·이준서, 팀스프린트 1위 전성민·김태훈, 팀스프린트 2위 전성민·이준서·이진복·김태훈, 계주 1위
2022.03	제37회 전국학생종별스키대회	김종환, 슈퍼대회전·대회전 1위 이재준, 슈퍼대회전 2위 최민석, 대회전 2위, 슈퍼대회전 3위 김종환, 회전·복합 1위 최민석, 회전·복합 2위
2022.03	2022 지산컵 FIS국제알파인스키대회	김종환, 회전 3위 이재준, 회전 3위
2022.03	2022 평창컵FIS국제 알파인스키대회	이재준, 회전 3위
2022.12	2023 평창컵FIS국제 알파인스키대회	김종환, 회전(1)·회전(2) 3위
2023.01	제50회 전국학생스키대회	이재준, 대회전 2위 김종환, 회전 1위, 대회전 3위
2023.01	2023 대림D&I컵FIS국제알파인스키대회	이재준, 회전 3위
2023.01	제38회 전국학생종별스키대회	이준서, 클래식 1위, 프리·복합 2위 이진복, 프리·복합 1위, 클래식 2위 이진복·전성민·김태훈·이준서, 계주 1위
2023.02	제104회 전국동계체육대회	이재준, 슈퍼대회전·회전·복합 1위 최민석, 대회전 2위, 슈퍼대회전 3위 김종환, 대회전 1위 이진복, 클래식·프리·복합 1위, 스프린트 2위 이준서, 스프린트 1위, 클래식·복합 2위, 프리 3위 김태훈·이진복·전성민·이준서, 계주 1위
2023.02	제53회 대한스키협회장배전국스키대회	김종환, 수퍼대회전·복합 1위, 대회전·회전 2위 최민석, 슈퍼대회전 2위 이재준, 대회전·회전 1위, 복합 2위, 슈퍼대회전 3위 이진복, 클래식·프리·복합·스프린트 1위 이준서, 클래식 2위, 복합·스프린트 3위 전성민, 프리 3위 김태훈·이진복·전성민·이준서, 계주 1위

연월	대회명	수상내역
2023.02	제77회 전국스키선수권대회	이준서, 클래식 3위 이진복, 스프린트 2위
2023.03	제75회 전국학생종별스키선수권대회	김종환, 대회전·회전·복합 1위, 슈퍼대회전 2위 이진복, 클래식·프리·복합 1위 이준서, 클래식 2위 전성민·이준서·이진복·전제균, 계주 1위
2023.08	제27회 회장배 롤러스키대회	이진복, 클래식 2위 이준서, 스프린트 1위
2023.12	2023 대관령FIS국제알파인스키대회	강신지, 회전(1)·회전(2) 3위
2024.01	제54회 평창군수배 전국학생스키대회	김종환, 대회전 2위 강신지, 대회전·회전 1위
2024.01	제54회 대한스키협회장배전국스키대회	김종환, 슈퍼대회전·대회전 1위 강신지, 슈퍼대회전·대회전 1위 김태윤, 스키크로스 2위 이진복, 클래식·프리·복합 1위 이준서, 스프린트 1위, 클래식·프리·복합 3위 이준서·전제균·전성민·이진복, 계주 1위
2024.01	제39회 전국학생종별스키대회	이준서, 클래식·프리·복합 1위 이진복·전제균·전성민·이준서, 계주 1위
2024.01	제78회 전국스키선수권대회	이준서, 스프린트 2위, 클래식 3위 이진복, 스프린트 3위
2024.02	제105회 전국동계체육대회	김종환, 대회전 2위 이준서, 클래식·스프린트 1위, 프리·복합 2위 이진복, 프리·복합 1위, 클래식·스프린트 2위 이준서·전성민·이진복·전제균, 계주 1위
2024.02	제51회 전국학생스키대회	전성민, 프리·복합 3위 이진복, 클래식 1위
2024.08	제28회 회장배 전국롤러스키대회	이준서, 클래식 1위 이진복, 클래식 2위 전제균, 클래식 3위
2024.08	The 28th president cup roller ski competition	이준서, 클래식 2위, 스프린트 1위 이진복, 스프린트 2위

7) 빙상부

빙상부는 한국 빙상계의 개척자이다. 1976년 3월, 창단한 뒤 3년 만인 1979년, 제9회 회장기쟁탈전국남녀빙상경기대회에서 종합우승을 차지하였다. 빙상부의 활약은 1983년부터 본격화되었다. 회장기쟁탈전국남녀빙상경기대회 20연패, 전국남녀대학대항빙상경기대

빙상부, 동계아시안게임 종합 2위 견인

송석우 2관왕, 오세종 금메달 쾌거

송석우 군이 3000m에서 금메달을 따낸 뒤 동료와 기쁨을 나누고 있다.(사진 : 동아일보 원대연 기자)

우리 대학에 재학중인 송석우(체교 · 2)군과 오세종(체교 · 2)군이 일본 아오모리에서 개최된 2003 동계 아시안게임 쇼트트랙에서 각각 남자 3000m와 5000m 계주에서 각각 금메달을 차지했다.

송군은 대회 마지막날인 지난 9일 아오모리현 미사와 빙상장에서 열린 3000m 경기에서 혼전 끝에 팀동료 이승재를 간발의 차이로 제치고 금메달의 영광을 차지했다. 당초 송군은 좋은 체격조건과 천부적인 순발력으로 이번 대회에서 남자 대표팀의 차세대 단거리 주자로 기대를 모았었다. 그러나 500m에서 동메달에 그치고, 1000m에선 결승선을 남겨두고 중국의 리자준에 밀려 넘어지는 바람에 아깝게 메달 획득에 실패했었다. 하지만 이날 열린 3000m에서 금메달을 목에 걸며 그간의 아쉬움을 만회하고 이번 대회에서 금 2, 동 1의 좋은 성적을 거뒀다.

또, 이어 열린 남자 5000m 계주에 출전한 오세종(체교 · 2)군도 노련한 경기 운영으로 중국선수의 추월을 끝까지 저지하며 금메달을 차지 대미를 장식했다. 특히 이날의 메달 색깔은 우리 나라와 중국의 대회 종합 2위를 가르는 중요한 경기. 두 선수의 메달에 힘입어 우리 나라는 중국을 금메달 하나 차로 제치고 대회 연속 종합 2위라는 목표를 달성했다.

한편, 우리 대학은 지난 1일부터 총 9일 동안 진행된 이번 아오모리 동계 아시안게임에 송군과 오군 이외에도 스피드스케이팅에 최재봉(체교 · 4), 최근원(체교 · 2), 스키 알파인에 강민혁(체교 · 3), 크로스컨트리에 최임헌(체교 · 1)군이 참가했다. 또, 스키 알파인 경기부 임원과 빙상 국제심판으로 고태현 체육부장과 최재석 체육주임이 각각 참가했다.

〈오규욱〉

❶ 빙상부(1981) ❷ 세계스피드스케이팅선수권대회 500m에서 금메달을 목에 걸고 금의환향한 배기태_우측에서 두 번째(1987) ❸ 제4회 회장배쟁탈빙상경기대회 우승(1984) ❹ 제2회 동계아시아경기대회에서 2관왕을 차지한 배기태(1990) ❺ 제8회 회장배쟁탈빙상경기대회 우승(1988) ❻ 세계스피드스케이팅선수권대회 500m에서 우승한 최재봉 축하 현수막(2000) ❼ 동계아시안게임 종합 2위를 견인한 빙상부(단대신문, 2003.02.18) ❽ 토리노동계올림픽에서 3관왕을 차지한 진선유(2006) ❾ 제46회 전국남녀대학대항 스피드스케이팅대회 종합우승(2013)

회 3연패를 기록하며 강호의 자리를 차지했다.

국내 정상급 실력을 가진 빙상부 선수들은 세계 무대에서 한국 빙상종목의 신세계를 열어갔다. 나윤수와 김진해, 윤재명 등이 동계올림픽, 동계유니버시아드에서 한국 대표로 선전을 펼쳤다. 1986년은 우리나라 동계스포츠에 의미가 깊은 해였다. 일본 삿뽀르에서 개최된 제1회 동계아시안게임에서 배기태가 1,000m에서 1위와 500m에서 3위를, 나윤수가 500m에서 2위를, 황익환은 1,500m에서 3위를 차지했다. 배기태의 우승은 해당 대회에서 우리나라가 획득한 유일한 금메달이었다. 특히, 김기훈이 쇼트트랙 1,500m에서 3위를 차지했다. 김기훈은 당초 스피드스케이트 선수였지만 당시 쇼트트랙으로 전향해 출전하였는데 동메달을 획득함으로써 밝은 미래를 암시했다.

배기태는 이후 한국 빙상의 유일무이한 기대주로 국민적 인기를 끌었으며 기대에 걸맞은 결과를 만들어내기 시작했다. 배기태는 1987년 2월, 네델란드 히렌빈의 세계남자스피드스케이팅선수권대회 500m 경기에서 우승을, 11월에는 서독 인젤에서 열린 국제스피드스케이팅대회 남자 일반부 500m 경기에서 우승을 차지해 국민들에게 큰 기쁨을 선사했다. 뒤이어 12월에 열린 캐나다 월드컵스피드스케이팅 3차 대회에서도 500m와 1,500m 경기에서 각각 1, 3위를 차지하여 세계 정상의 기량을 과시했고, 체육기자들이 뽑는 '87년도 최우수 선수로 선발되는 영광을 얻고 백상체육대상도 수상하였다.

1987년 당시 쇼트트랙이 92년부터 올림픽 종목이 된다고 결정난 상태였다. 그러나 한국의 쇼트트랙이 세계 최강의 자리를 차지하리라 예측하는 이는 드물었다. 김기훈은 묵묵히 얼음판에서 땀을 흘렸다. 1988년 2월, 캐나다 캘거리동계올림픽에 시범종목으로 처음 등장한 쇼트트랙 경기에 출전했다. 김기훈은 남자 1,500m 경기에서 세계기록을 세우면서 우승하였다. 비록 시범종목 금메달이었지만 쇼트트랙에 대한 국민적 관심을 끌고 새로운 가능성을 확인시킨 쾌거였다.

이후 스피드스케이팅 단거리에서는 배기태, 장거리에서는 오용석이 한국을 이끌어갔다. 김기훈의 기량도 꽃을 피웠고 모지수, 권명철 등이 뒤를 이었다. 마침내 1992년 2월 프랑스 알베르빌에서 제16회 동계올림픽경기가 열렸다. 쇼트트랙 남자 5,000m계주와 1,000m경기에서 김기훈을 비롯한 우리 대학 빙상부 선수 4명은 금메달 2, 동메달 1개를 획득하였다. 한국 스포츠 역사상 최초의 일이고 동계스포츠에 신기원을 세우면서 우리 대학의 명예도 크게 빛나는 계기가 되었다.

빙상부 창단 이후 2024년까지 각종 대회에서 수훈을 세운 선수는 최재석·김영일·나윤수·김동현·배기태·육기승·윤재명·전광우·황익환·윤석호·이상훈·장만열·김기훈·모지수·오용석·이준호·장창식·이호응·최재봉·박재만·송석우·송경택·오세종·최근원·이기호·조남규·강재구·최진용·이보라·조혜수·박진환·진선유·이정수·김영호·정비라·김성일·김성규·송명호·한승수·박승주·김동욱·김우진·박세영·이소연·임경원·박지원·박도원·이준형·박소연·김건희·김태성·김예림 등이 있다. 이들은 재학 중에 올림픽에 참가하여 메달 12개를 획득하여 대한민국을 빙상 강국으로 이끌었다.

□ 역대 지도자

직무	성 명	부임일
코치	조윤식	1976.03
코치	최재석	1982.03
現감독	오용석	2013.03
現코치	진선유	2011.04
現코치	유영재	2022.11

□ 주요 대회 실적 현황

연 월	대 회 명	수 상 내 역
1972.12	제1회 공인기록대회	최재석, 3000m.5000m 1위
1976.12	제12회 고 빙상인추모전국남녀빙상경기대회	최재석, 5000m 1위
1977.01	제2회 공인기록대회	최재석, 3000m.5000m 1위
1977.02	제7회 회장기쟁탈 전국남녀빙상경기대회	단체 준우승
1977.02	제58회 전국동계체육대회	최재석, 5000m 2위 김영일, 1500m 2위 오근복 500m 위.1000m 3위
1977.02	제32회 종합선수권대회	남대부, 1000m 1위
1977.12	제13회 고 빙상인추모전국남녀스피드스케이팅대회	여대부, 500m 2위

연월	대회명	수상내역
1978.02	제8회 회장기쟁탈 전국남녀빙상경기대회	종합 2위 남자, 1600m계주 3위
1979.01	제3차 공인기록대회	남대부, 1500m 1위
1979.02	제9회 회장기쟁탈 전국남녀빙상경기대회	종합 1위 남자, 1600m계주 2위
1980.02	제10회 회장기쟁탈 전국남녀빙상경기대회	종합 2위 남자, 1600m계주 2위
1980.12	제8회 전국남녀빙상스프린터선수권대회	남자, 1500m 2위 남자, 500m 3위
1981.01	제11회 회장기쟁탈 전국남녀빙상경기대회	남자, 종합 3위
1981.02	제15회 전국남녀대학대항빙상경기대회	종합 2위
1982.01	제12회 회장기쟁탈 전국남녀빙상경기대회	남자, 종합 2위 남자, 1600계주 3위
1982.02	제16회 전국남녀대학대항빙상경기대회	종합 2위 2000m계주 2위
1982.02	제2회 서울시빙상협회장배쟁탈 남녀초중고대학일반대항 빙상경기대회	남대, 종합 2위 남대, 1600m계주 2위
1982.12	제9회 전국남녀빙상스프린터선수권대회	남자, 종합 1위·3위
1983.01	제13회 회장기쟁탈 전국남녀빙상경기대회	남대, 종합 1위 남대, 1600m계주 2위
1983.01	제64회 전국동계체육대회	500m 1위·2위 1000m 1위·2위 1500m 2위·3위 5000m 2위
1983.02	제3회 서울시빙상협회장배쟁탈 남녀초중고대학일반대항 빙상경기대회	종합 2위 남대, 1600m계주 1위
1983.02	제17회 전국남녀대학대항빙상경기대회	남대, 종합 1위 남대, 2000m계주 2위
1983.02	제18회 고 빙상인추모전국남녀스피드스케이팅대회	500m 3위 1000m 1위·3위 1500m 1위·2위·3위 3000m 1위 5000m 1위
1983.02	제6회 전국남녀대학종합빙상선수권대회	종합 3위
1983.02	제18회 전국남녀종별빙상선수권대회	500m 1위·2위 1500m 1위 5000m 1위
1983.02	제38회 전국남녀종합빙상선수권대회	종합 1위·3위
1983.02	제10회 전국남녀빙상스프린터선수권대회	종합 1위·3위

연월	대회명	수상내역
1984.01	제4회 서울시빙상협회장배쟁탈 남녀초중고대학일반대항 빙상경기대회	남대, 종합 1위 1600계주 1위
1984.01	제14회 회장기쟁탈 전국남녀빙상경기대회	남대, 종합 1위 1600m계주 1위
1984.01	제19회 고 빙상인추모전국남녀스피드스케이팅대회	500m 1위·2위 1000m 1위 1500m 3위 3000m 2위·3위 5000m 1위·3위
1984.02	제65회 전국동계체육대회	500m 3위 1000m 1위·2위·3위 1500m 3위 5000m 1위 10000m 1위
1984.02	제39회 전국남녀종합빙상선수권대회 및 제19회 전국남녀종별빙상선수권대회	종합 3위
1984.02	제1회 서울특별시장배쟁탈 빙상경기대회	남대, 종합 1위 남대, 1600m계주 1위
1984.02	제18회 전국남녀빙상스프린터선수권대회	남대, 종합 1위 남대, 2000m계주 1위
1984.12	제11회 전국남녀빙상스프린터선수권 대회	종합 1위·2위
1984.12	제1회 전국남녀 인도어 쇼트트랙스피드스케이팅대회	종합 2위
1985.01	제15회 회장기쟁탈 전국남녀빙상경기대회	남대, 종합 1위 남대, 1600m계주 3위
1985.01	제5회 서울시빙상협회장배쟁탈 빙상경기대회 겸 제66회 전국동계체육대회 예선대회	남대, 종합 1위 남대, 1600m계주 1위
1985.01	제20회 고 빙상인추모전국남녀스피드스케이팅대회	500m, 1위·2위·3위 1000m 1위·2위 1500m 1위·3위 3000m 1위 5000m 1위
1985.02	제19회 전국남녀대학대항빙상경기대회	남대, 종합 1위 남대, 2000m계주 1위
1985.02	제66회 전국동계체육대회	500m 1위·3위 1000m 1위·2위 1500m 1위 5000m 1위·2위 10000m 1위·2위

연월	대회명	수상내역
1985.02	제8회 전국남녀대학종합빙상선수권대회	종합, 1위·2위·3위
1985.02	제2회 서울특별시장배쟁탈 빙상경기대회	남대, 종합 1위 남대, 1600m계주 1위
1985.02	제40회 전국남녀종합빙상선수권대회	남대, 종합 1위·2위·3위
1985.02	제20회 전국남녀종별빙상선수권대회	500m 1위 1500m 1위·3위 5000m 1위 10000m 2위
1985.12	제12회 전국남녀빙상스프린터선수권대회	500m 1위·2위 1000m 1위
1985.12	제2회 전국남녀 인도어 쇼트트랙식드스케이팅대회	500m 3위 1000m 1위 1500m 2위
1986.01	제16회 회장기쟁탈 전국남녀빙상경기대회	종합 1위 1600m계주 1위
1986.01	제3회 서울특별시장배쟁탈 빙상경기대회 겸 제67회 전국동계체육대회 스피드 예선대회	종합 1위 1600m계주 1위
1986.01	제21회 고 빙상인추모전국남녀스피드스케이팅대회	500m 1위·2위·3위 1000m 1위·3위 1500m 1위·3위 3000m 1위·3위 5000m 2위
1986.02	전국남녀학생종별 종합빙상선수권대회	500m 2위·3위 1500m 2위 3000m 3위 5000m 1위
1986.02	제67회 전국동계체육대회	500m 1위·2위 1000m 1위·3위 1500m 2위 5000m 1위·3위 10000m 1위 쇼트트랙 500m 1위 1000m 1위 1500m 1위 3000m 1위
1986.02	제21회 전국남녀종별 빙상경기대회	종합 3위
1986.03	제1회 동계 아시아경기대회	배기태, 500m 1위·500m 3위 나윤수, 500m 2위 황익환, 1500m 3위 김기훈, 쇼트트랙 1500m 3위

연월	대회명	수상내역
1986.11	제3회 전국남녀인도어쇼트트랙스피드스케이팅대회	남대, 종합 1위 남대, 3000m계주 1위
1986.12	5개국 국제 스피드스케이팅대회(서독)	배기태, 500m 1위 황익환, 1000m 2위
1987.01	제13회 전국남녀스프린트빙상 선수권대회	황익환, 1000m 1위, 500m종합 2위
1987.01	제17회 회장기 전국남녀 빙상경기대회	배기태, 500m·1500m 1위 황익환, 3000m 1위 남자대학부, 1600m계주·종합 1위
1987.01	제22회 고 빙상인추모전국남녀스피드스케이팅대회	이기현, 1000m 1위 황익환, 3000m 1위 장만열, 5000m 1위
1987.02	제1회 학생종별인도어쇼트트랙스피스케이팅선수권	김기훈, 1000m·1500m·종합 1위
1987.02	제68회 전국동계체육대회	장만열, 5000m·1500m 1위 이기현, 1000m 1위, 500m 2위 김기훈, 500m·3000m 1위 음명곤, 5000m 2위
1987.04	제2회 회장기전국인도어쇼트트랙스피드스케이팅대회	김기훈, 3000m·1500m 1위, 종합 2위
1987.04	제2회 전국남녀종합인도어쇼트트랙스피드스케이팅 선수권대회	김기훈, 1500m·3000m·종합 1위
1987.11	제4회 전국남녀인도어쇼트트랙 스피드 스케이팅선수권대회	김기훈, 1500m·3000m 1위
1987.12	제3회 회장기전국인도어쇼트트랙스피드스케이팅대회	김기훈, 1500m·3000m 1위
1987.12	제3회 회장기전국인도어쇼트트랙 스피드스케이팅 대회	김기훈, 1500m·3000m계주 1위
1987.12	1988 세계선수권대회파견선수선발대회	김기훈, 1000m·1500m·3000m 1위, 500m 2위
1987.12	제14회 전국남녀스프린트빙상 선수권대회	장만열, 1000m 3위 이기현, 500m 3위
1988.01	제18회 회장기전국빙상경기대회	김병기, 1500m·3000m 1위 박진현, 5000m 1위
1988.02	제23회 전국종목별빙상선수권대회	박진현, 1000m·5000m 1위
1988.02	제15회 캘거리 동계올림픽	김기훈, 1500m 1위
1988.03	제23회 고 빙상인추모전국남녀스피드스케이팅대회	오용석, 1500m·3000m 1위 박진현, 5000m 1위
1988.03	제3회 전국종합인도어쇼트트랙 스피드스케이팅선수권대회	김기훈, 1500m 1위, 500m 2위 모지수, 1500m·1000m·3000m 2위

연월	대회명	수상내역
1988.03	제69회 전국동계체육대회	이기현, 500m 2위 박진현, 5000m·10000m 1위 김병기, 1500m 1위 음명곤, 1500m 2위, 5000m 3위 김병기, 10000m 2위 장만열, 1000m 3위
1988.04	제2회 전국학생종별종합쇼트트랙 스피드스케이팅선수권대회	김기훈, 500m·1000m·1500m·3000m·종합 1위 권영철, 500m·1500m·종합 2위 모지수, 1000m·3000m·종합 2위, 1500m 3위
1988.11	제5회 전국남녀인도어쇼트트랙 스피드스케이팅선수권대회	모지수, 500m·3000m 1위 김기훈, 1500m 1위
1988.11	제4회 회장기전국인도어쇼트트랙스피드 스케이팅대회	김기훈, 1500m·3000m 1위 모지수, 500m·1000m 1위 남자대학부, 3000m계주·종합 1위
1988.12	1989 세계대회 겸 '89 동계 유니버시아드대회파견 선수선발대회	김기훈, 500m·3000m·종합 1위, 1500m·1000m 2위
1988.12	제3회 전국학생종별종합쇼트트랙스피드스케이팅선수권대회	김기훈, 1500m·1000m·3000m, 종합 1위, 500m 2위 모지수, 500m, 1위, 1500m·3000m·1000m, 종합 2위
1989.01	1989 전국주니어빙상선수권 겸 '89 세계주니어선수권대회 파견선수선발대회	오용석, 3000m·1500m·5000m, 종합 1위
1989.01	제19회 회장기전국빙상경기대회	오용석, 3000m·5000m 1위 남자대학부, 1600m계주·종합 1위
1989.02	제4회 전국종합인도어쇼트트랙스피드스케이팅선수권대회	김기훈, 1500m·1000m·종합 1위, 500m·3000m 2위 모지수, 1500m 2위
1989.02	제70회 전국동계체육대회	김병기, 5000m 1위, 1500m 2위 박진현, 10000m 1위, 5000m 2위 남궁준, 500m·1000m 2위 신제학, 10000m 2위
1989.03	제24회 고 빙상인추모전국남녀스피드스케이팅대회	남궁준, 500m 1위 김병기, 3000m 1위 김태훈, 1000m 1위 신제학, 5000m 1위
1989.04	1989 세계남녀인도어쇼트트랙스피드스케이팅선수권대회(영국·솔리흄)	김기훈, 1000m 1위, 1500m·3000m·종합 2위

연월	대회명	수상내역
1989.10	제6회 전국인도어쇼트트랙 스피드스케이팅대회	김기훈, 1000m·1500m 1위 모지수, 500m 1위
1989.11	제5회 회장기전국인도어쇼트트랙스피드스케이팅대회	모지수, 1000m·1500m 1위 권영철, 500m·3000m 1위 남자대학부, 3000m계주 1위
1989.12	1990 세계 및 국제대회파견선수선발대회	제갈성열, 1000m 1위 오용석, 5000m 1위
1989.12	제16회 스프린터빙상선수권대회	제갈성열, 500m·1000m·종합 1위
1990.01	제20회 회장기전국빙상경기대회	김태훈, 1000m 1위 김병기, 1500m·3000m 1위 박진현, 5000m 1위 남자대학부, 종합 1위
1990.02	'90 전국학생종별종합빙상선수권대회	김병기, 1500m·3000m 1위 김태훈, 500m·5000m 1위
1990.02	제45회 전국종합빙상선수권대회	김태훈, 1500m 1위, 종합 2위
1990.02	제71회 전국동계체육대회	김태훈, 500m·1000m 1위 박진현, 5000m·10000m 1위 김병기, 1500m 1위, 5000m 2위 서용환, 1500m 2위 김수환, 1500m·1000m 3위 박기훈, 15000m 1위 모지수, 500m 1위
1990.02	1990 세계스프린터선수권대회(노르웨이 트롬소)	배기태, 1000m 2위, 1000m 3위, 종합우승
1990.02	1990 세계남자빙상선수권대회	배기태, 500m 1위
1990.03	제2회 동계아시안게임(일본 삿뽀로)	김기훈, 500m·1000m·1500m 1위 권영철, 1000m 3위 김기훈·모지수·권영철, 5000m계주 1위 배기태, 1000m·1500m 1위, 500m 2위 오용석, 5000m 3위
1990.03	제25회 고 빙상인추모전국남녀스피드스케이팅대회	서용환, 1500m·1000m 1위 김태훈, 500m 1위 김수환, 3000m 1위 김원준, 5000m 1위
1990.11	제6회 회장기전국인도어쇼트트랙스피드스케이팅대회	권영철, 1500m·1000m 1위 모지수, 500m·3000m 1위 남자대학부, 3000m계주 1위 종합 1위
1990.11	제7회 전국쇼트트랙스피드스케이팅대회	모지수, 1500m, 3000m 1위 권영철, 500m 1위

연월	대회명	수상내역
1990.11	제1회 아시아컵쇼트트랙스피드스케이팅대회(서울)	김기훈, 1000m·1500m 1위, 500m·3000m 2위 모지수, 1000m 3위 이준호, 1500m 3위 송재근, 3000m 3위 김기훈·모지수·권영철, 5000m계주 1위
1990.12	제17회 전국스프린터빙상선수권대회	제갈성열, 500m 1위 오용석, 1000m 1위
1991.02	제26회 전국종목별빙상선수권대회	김태훈, 5000m 1위 서용환, 1500m 1위 김원준, 10000m 1위
1991.02	제46회 전국종합빙상선수권대회	김원준, 5000m·10000m·종합 1위
1991.02	제72회 전국동계체육대회	김태훈, 500m 1위 김원준, 5000m·10000m 1위 서용환, 1000m 1위·1500m 2위 김병기, 1000m 2위
1991.03	제26회 고 빙상인추모전국남녀스피드스케이팅대회	김원준, 3000m·5000m 1위 서용환, 1000m·1500m 1위
1991.03	1991 동계유니버시아드대회(일본 삿보로)	김기훈, 500m·1000m·1500m·3000m 1위 모지수, 3000m 3위
1991.03	1991 세계쇼트트랙스피드스케이팅선수권대회 (호주 시드니)	김기훈, 500m·3000m 1위
1991.04	제6회 전국종합쇼트트랙스피드스케이팅선수권대회	모지수, 500m·1500m 1위
1991.11	1991 국제쇼트트랙스피드스케이팅대회(프랑스 알베르빌)	송재근, 1000m 1위, 1500m 3위 모지수, 1500m 1위, 1000m 3위
1991.11	제2회 아시아컵쇼트트랙스피드스케이팅대회(중국 하얼빈)	김기훈, 3000m·5000m 1위, 1000m 2위 모지수, 1500m·5000m 1위 이준호, 500m·1000m·5000m 1위
1991.12	제7회 회장기전국쇼트트랙스피드스케이팅대회	차경철, 500m 1위 이준호, 1000m 1위 종합 우승
1991.12	제18회 전국스프린터빙상선수권대회	제갈성열, 500m 2위 오용석, 1000m 2위 종합 준우승
1992.01	제22회 회장기전국빙상경기대회	김윤경, 1000m 1위 김태훈, 500m·1000m 1위 김원중, 3000m 1위 종합 우승

연월	대회명	수상내역
1992.02	제47회 전국종합빙상선수권대회 겸 제27회 전국종목별빙상선수권대회	김원준, 5000m 2위 김태훈, 500m 3위
1992.02	제73회 전국동계체육대회	서용환, 1000m·1500m 1위 차경철, 1500m 1위 김태훈, 500m 2위 김수환, 1500m 3위 김원준, 5000m·10000m 2위
1992.02	제16회 동계올림픽대회(프랑스 알베르빌)	김기훈, 1000m 1위 김기훈·모지수·송재근·권영철, 5000m계주 1위
1992.03	1992 세계쇼트트랙스피드스케이팅 '팀' 선수권대회(일본 노베야마)	송재근, 1000m·1500m·3000m 1위, 500m 2위 모지수, 1500m 1위 모지수·송재근, 5000m계주 1위
1992.03	제27회 고 빙상인추모전국남녀스피드스케이팅대회	김수환, 1000m·1500m 1위 김정수, 500m 1위 지은상, 5000m 1위
1992.03	제6회 전국학생종별종합쇼트트랙 스피드스케이팅 선수권대회	김지후, 1500m·3000m·종합 1위
1992.04	1992 세계쇼트트랙스피드스케이팅선수권대회(미국)	모지수, 1500m·3000m·종합 2위 이준호, 1000m·500m·종합 3위
1992.10	제9회 전국쇼트트랙스피드스케이팅대회	송재근, 1500m·3000m 1위 이준호, 1000m 1위
1992.12	제19회 전국스프린터빙상선수권대회	제갈성열, 500m·1000m·종합 1위
1992.12	제3회 아시아컵쇼트트랙스피드스케이팅대회(중국 북경)	송재근, 1000m·5000m계주 1위
1993.01	제23회 회장기전국빙상경기대회	장창식, 500m·1000m 1위 김원준, 5000m 1위
1993.01	1993 전국주니어빙상선수권대회	김정수, 500m 1위
1993.01	제93회 림책쇼트트랙스피드(국제대회)	송재근, 500m·1000m 1위
1993.01	국제쇼트트랙스피드스케이팅대회(동계프레올림픽, 노르웨이)	송재근, 1000m·5000m계주 1위
1993.02	제48회 전국종합빙상선수권대회	장창식, 500m 1위 김원준, 1500m·종합 1위, 10000m 3위 김정수, 500m 2위
1993.02	제28회 전국종목별빙상선수권대회	장창식, 500m 1위 김원준, 1500m 1위
1993.02	제8회 회장기전국쇼트트랙스피드스케이팅선수권대회	송재근, 1500m 1위 전재목, 1500m 2위

연월	대회명	수상내역
		이준호, 1000m 1위(대회신) 김지후, 500m 1위
1993.02	1993 동계유니버시아드대회(폴란드 자코파네)	이준호, 1000m·3000m 1위, 500m 3위 송재근 1000m 2위 전재목, 1000m 3위 전재목·김지후·이준호·송재근, 5000m계주 1위
1993.02	제74회 전국동계체육대회	장창식, 500m·1000m 1위 김정수, 500m·1000m 2위 김원준, 5000m·10000m 1위 지은상, 5000m 2위 서용환, 1500m 2위 정연훈, 10000m 2위 차경철, 500m 1위 전재목, 1000m·3000m 1위
1993.03	제28회 고 빙상인추모전국남녀스피드스케이팅대회	장창식, 500m 1위 김정수, 1000m 1위 김원준, 1500m·3000m 1위 황성수, 5000m 1위
1993.03	1993 세계쇼트트랙스피드스케이팅선수권대회(중국 북경)	이준호, 1000m 2위
1993.04	제7회 전국학생종별종합쇼트트랙스피드스케이팅대회	송재근, 1000m·종합 1위, 500m·1500m 2위
1993.04	제8회 전국종합쇼트트랙스피드스케이팅대회	송재근, 1500m 1위, 1000m, 종합 2위
1993.10	제10회 전국쇼트트랙스피드스케이팅대회	김지후, 1000m·3000m 1위 최광복, 1500m 1위
1993.11	제9회 회장기전국쇼트트랙스피드스케이팅대회	송재근, 1000m·1500m 1위 최광복, 3000m 1위 남자대학부, 3000m계주 1위, 종합 우승
1994.01	제28회 전국대학대항빙상대회	장창식, 500m·1500m 1위 김정수, 1500m 2위 황성수, 3000m 1위·5000m 2위 지은상, 5000m 1위·3000m 2위 남자대학부, 1600m계주 2위, 종합 우승
1994.01	제11회 서울시장배빙상대회	장창식, 500m·1500m 1위 김정수, 1500m 2위 김원준, 3000m 1위 지은상, 3000m 2위 윤정호, 5000m 1위 남자대학부, 1600m계주 1위, 종합 우승

연월	대회명	수상내역
1994.01	제24회 회장기전국빙상대회	장창식, 500m·1000m 1위 김원준, 1500m 1위 황성수, 3000m 1위 윤정호, 5000m 1위 남자대학부, 2000m계주 1위, 종합 우승
1994.02	제75회 전국동계체육대회	장창식, 500m·1000m 1위 김정수, 500m 2위 황성수, 5000m·10000m 1위 김원준, 5000m 2위 지은상, 10000m 2위, 5000m 3위 김정수, 1000m 2위 윤정호, 10000m 3위 송재근, 1000m·1500m 1위 김지후, 3000m 1위, 1500m 2위 최광복, 3000m 2위
1994.02	1994 전국학생종별종합선수권대회	김정수, 3000m·5000m, 종합 1위, 500m·1500m 2위 황성수, 3000m·5000m·종합 2위 장창식, 500m·1500m 1위, 종합 3위
1994.02	제17회 동계올림픽(릴레함메르)	김기훈, 1000m 1위
1994.02	제49회 전국종합빙상선수권대회 겸 제29회 전국종목별빙상선수권대회	장창식, 500m·1500m 1위, 종합 3위 김정수, 500m 3위
1994.03	제29회 고 빙상인추모전국남녀스피드스케이팅대회	장창식, 500m·1000m 1위 김정수, 1500m 1위, 500m 2위 정성현, 3000m 1위 이재형, 1000m 2위 김용수, 1500m 2위 김용원, 3000m 2위
1994.11	제10회 회장기전국쇼트트랙스피드스케이팅대회	최광복, 500m 1위, 3000m 2위 김지후, 1500m 1위·2위
1995.01	제29회 전국대학빙상대회	김정수, 500m 1위, 1500m·1000m 3위 장창식, 500m 2위 황성수, 3000m 2위 정성현, 5000m 2위 지은상, 3000m 3위 남자대학부, 1600m계주 2위, 종합 우승
1995.01	제25회 회장기전국빙상대회	장창식, 500m·1000m 1위 김정수, 500m·1000m 2위 정우현, 1500m 1위 이재형, 1500m 2위

연월	대회명	수상내역
		정성현, 3000m 1위 김용원, 5000m 2위 남자대학부, 1600m계주 1위, 종합 우승
1995.01	제12회 서울시장배빙상대회	김정수, 500m 1위, 1500m 2위 장창식, 1500m 1위, 500m 2위 김용원, 3000m·5000m 2위 황성수, 3000m·5000m 3위 정우현, 500m 3위 남자대학부, 1600m계주 1위, 종합 우승
1995.01	국제대회파견선수선발 및 '95 전국주니어빙상선수권대회	김정수, 500m 1위, 1000m 2위 장창식, 500m·1500m 2위 황성수, 5000m 1위, 1500m 3위 정성현, 5000m·1500m 1위, 3000m 2위, 종합 3위 지은상, 5000m 2위 이재형, 1000m 3위
1995.01	제16회 빙상연맹회장배빙상대회	김정수, 500m 1위 장창식, 1000m 1위 김지후, 10000m 1위 최광복, 5000m 2위 김용수, 1500m 3위 남자대학부, 1600m계주 1위, 종합 우승
1995.02	제50회 전국종합빙상선수권대회	김정수, 500m 1위 장창식, 1500m 1위 정성현, 5000m10000m 2위
1995.02	1995 전국학생종별종합선수권대회	김정수, 500m, 1위 장창식, 1500m 1위, 3000m, 500m 2위 김용원, 5000m 2위
1995.02	제30회 전국종별빙상선수권대회	김정수, 500m 1위 김진수, 500m 2위 장창식, 1000m 2위 정우현, 1500m 2위
1995.02	제76회 전국동계체육대회	김정수, 500m·1000m 1위 정우현, 1500m 1위, 500m 2위 김용수, 1500m 2위 황성수, 5000m 2위, 10000m 3위 김용원, 10000m 2위

연월	대회명	수상내역
		이재형, 1000m 2위
1995.02	1995 동계유니버시아드대회	송재근, 1000m·5000m계주 1위
1995.03	제30회 고 빙상인추모전국남녀스피드스케이팅대회	김진수, 500m 1위, 1000m 2위 정우현, 1000m 1위, 500m 2위 김용수, 3000m 1위 황성수, 3000m 2위 이석규, 500m·1000m 3위 오종건, 5000m 3위
1995.11	제11회 회장기전국쇼트트랙스피드스케이팅대회	최광복, 3000m 1위, 500m 2위 김지후, 1000m·1500m 1위 남자대학부, 50000m계주 1위, 종합 우승
1995.11	국제친선빙상대회(캐나다 캘거리)	김용수, 3000m 1위, 1500m 2위 정우현, 1500m 1위, 3000m 2위
1995.12	제3회 사타컵국제빙상대회	장창식, 500m·1000m·종합 2위
1995.12	1996 주니어선수권대회 및 국제대회파견선수선발대회	김진수, 주니어500m 2위 장창식, 시니어500m, 1000m 1위 정성현, 시니어5000m 1위, 1500m 2위, 시니어500m 3위 김정수, 시니어1000m 3위 김용원, 시니어5000m 3위
1996.01	제30회 전국대학대항빙상대회	장창식, 500m 1위 김정수, 500m 2위 정우현, 1500m 2위 김용원, 5000m 1위 이석규, 3000m 3위 남자대학부, 1600m계주 1위, 종합 우승
1996.01	1996 전국학생빙상선수권대회	장창식, 500m·1500m·종합 1위 김용원, 3000m·5000m 1위 김정수, 500m 2위 정우현 3000m·종합 2위, 500m 3위 김진수, 1500m·5000m 2위, 종합 3위 이석규, 5000m 3위
1996.02	제13회 서울시장배빙상대회	김진수, 500m·1500m 1위 정우현, 3000m·5000m 2위 이석규, 1500m 3위 김용원, 3000m 3위 황성수, 5000m 3위

연월	대회명	수상내역
		남자대학부, 1600m계주 1위, 종합 우승
1996.02	제77회 전국동계체육대회	장창식, 1500m 1위 김정수, 500m·1000m 2위 김진수, 1000m 1위, 500m 3위 정우현, 1500m 2위 김용원, 5000m 1위, 10000m 2위 김용수, 1500m·5000m 3위 양진성, 10000m 3위
1996.02	제31회 전국종별빙상선수권대회	정우현, 500m 2위 김진수, 1000m 1위 이경훈, 1500m 2위 김치훈, 10000m 2위 신후곤, 1000m 3위 김용수, 1500m 3위 윤보성, 10000m 3위
1996.02	제51회 전국종합빙상선수권대회	김진수, 500m 2위 정성현, 1500m·10000m·종합 1위
1996.03	제31회 고 빙상인추모전국남녀스피드스케이팅대회	김진수, 500m, 1000m 2위 정성현, 1500m 1위 김치훈, 3000m·5000m 1위 김용수, 3000m 2위 윤보성, 5000m 2위, 3000m 3위 이석규, 1500m 3위
1996.04	제10회 전국학생종별종합쇼트트랙스피드스케이팅 선수권대회	이호응, 1000m·3000m·종합 1위, 1500m 2위 최광복, 500m 1위, 3000m, 종합 2위, 1500m 3위
1996.04	제11회 전국쇼트트랙스피드종합선수권대회	이호응, 1000m 2위, 3000m·종합 3위
1996.11	캐나다 국제초정빙상대회	김진수, 500m·1000m 1위 이석규, 1500m 1위 황성수, 1500m 2위 김치훈, 3000m 1위, 5000m 2위 이경훈, 3000m 2위 정성현, 5000m 1위
1996.12	제23회 전국스프린터빙상선수권대회	정우현, 500m 2위 김진수, 500m 3위
1996.12	1997 동계유니버시아드선수선발대회	김진수, 500m 2위, 1000m 3위 정성현, 5000m 1위, 1500m 2위 김치훈, 5000m 2위

연월	대회명	수상내역
1997.01	제27회 회장기전국빙상대회	김진수, 500m 1위 정성현, 3000m 1위, 1500m 2위 김용수, 3000m 3위 윤보성, 5000m 2위 김치훈, 5000m 3위, 종합 우승
1997.02	1997 동계 유니버시아드대회	이호응, 3000m·3000m계주 1위
1997.02	제78회 전국동계체육대회	김진수, 1000m 2위 김용수, 1000m 3위 윤보성, 10000m 1위 김치훈, 5000m·10000m 2위 황성수, 5000m 3위 정성현, 1500m 3위
1997.02	제32회 고 빙상인추모전국남녀스피드스케이팅대회	김진수, 500m 1위 김용수, 1000m 1위 이석규, 1000m 2위 이경훈, 1500m 1위 양진성, 3000m 1위 김치훈, 5000m 2위 김용원, 3000m 3위 윤보성, 5000m 3위
1997.03	1997 전국학생종합쇼트트랙스피드스케이팅선수권대회	이호응, 500m 1위, 3000m·종합 2위
1997.04	1997 세계남녀쇼트트랙스피드스케이팅선수권대회 (일본 나가노)	이호응, 5000m계주 1위
1997.04	1997 세계남녀쇼트트랙스피드스케이팅선수권대회 (한국 서울)	이호응, 5000m계주 1위
1997.11	1997 전국종별빙상선수권대회	김진수, 500m·종합 3위
1998.01	제28회 회장기전국남녀빙상대회	김진수, 500m·1000m 2위 이경훈, 1500m 1위, 1000m 3위 이현수, 5000m·3000m 1위 정성현, 1500m·3000m 2위 김치훈, 5000m·3000m 3위 윤보성, 5000m 2위 김용수, 1500m 3위 남자대학부, 1600m계주 2위, 종합 우승
1998.01	1998 전국남녀학생종합빙상선수권대회	이현수, 5000m·3000m, 종합 1위, 500m 2위, 1500m 3위

연월	대회명	수상내역
		정성현, 1500m·5000m·종합 2위, 3000m 3위 이경훈, 500m 3위
1998.02	제33회 전국남녀대학대항빙상대회	김치훈, 3000m 1위, 5000m 2위 이현수, 5000m 1위 박혜근, 500m 3위 윤보성, 3000m 2위, 5000m 3위 정성현, 1500m 2위 이경훈, 3000m 3위 김용수, 1500m 3위 남자대학부, 1600m계주 2위, 종합 우승
1998.02	제79회 전국동계체육대회	김진수, 500m 1위, 1000m 3위 이현수, 5000m 1위, 10000m 3위 김치훈, 10000m 1위, 5000m 2위 정성현, 1500m 2위 양진성, 10000m 2위 박혜근, 500m 3위 이경훈, 1500m 3위 윤보성, 5000m 3위 이호응, 1500m·3000m 1위 홍석범, 500m 2위
1998.02	제18회 동계올림픽(일본, 나가노)	이호응, 5000m계주 2위
1998.03	제33회 고 빙상인추모전국남녀스피드스케이팅대회	김진수, 500m·1000m 1위 윤정진, 3000m·5000m 1위 박재만, 1500m 1위 이현수, 500m 2위, 1000m 3위 이경훈, 1000m·1500m 2위 박재만, 3000m 2위 이석규, 5000m 2위 윤보성, 1500m·3000m 3위 박혜근, 500m 3위 손영훈, 5000m 3위
1998.03	제12회 전국남녀학생종별종합쇼트트랙선수권대회	정석주, 1000m·3000m·종합 1위, 3000m 2위 이정영, 500m 1위, 1500m 2위, 3000m, 종합 3위
1998.11	제14회 전국남녀쇼트트랙스피드스케이팅선수권대회	이호응, 1000m·1500m 1위 이정영, 3000m 1위, 1500m 2위 장광덕, 500m 2위 정석주, 1000m 3위

연월	대회명	수상내역
1998.11	1999 동계유니버시아드대회쇼트트랙파견선수선발전	이호응, 500m·1500m 1위, 1000m 3위 이정영, 1000m·3000m 1위, 500m·1500m 3위 정석주, 3000m 3위
1998.12	제33회 전국남녀종목별빙상선수권대회	윤정진, 10000m 2위 박재만, 1500m 3위
1999.01	제53회 전국남녀종합빙상선수권대회	박재만, 1500m·종합 1위, 500m·5000m 2위
1999.01	1999전국남녀주니어빙상선수권대회	박재만, 500m·1500m·종합 1위, 5000m 2위, 3000m 3위
1999.01	제29회 회장기전국남녀빙상대회	김진수, 500m 2위 이현수, 1000m 2위, 1500m 3위 박재만, 3000m 1위, 1500m 2위 김치훈, 5000m 1위 윤정진, 3000m 2위 윤보성, 5000m 2위 남자대학부, 1600m계주 1위
1999.02	제4회 강원동계아시아경기대회	최재봉, 1000m·1500m 1위
1999.02	1999 전국남녀학생종별종합빙상선수권대회	이현수, 1500m·3000m·5000m 1위, 500m 3위 윤정진, 3000m·5000m 2위, 1500m 3위 박혜근, 500m 2위 김치훈, 5000m 3위
1999.02	제80회 전국동계체육대회	김진수, 1000m·500m 3위 이현수, 1500m 1위, 1000m 2위 윤정진, 10000m·5000m 1위 윤보성, 10000m·5000m 2위 이경훈, 1500m 2위 박혜근, 1500m 3위 이호응, 1500m·3000m 1위 정석주, 1000m·500m 2위 이정영, 3000m 2위, 1000m 3위 장광덕, 1500m 3위
1999.02	제32회 전국남녀대학대항빙상대회	이현수, 500m 1위, 1500m 2위 윤정진, 3000m·5000m 1위 박재만, 1500m 1위 김치훈, 5000m 2위, 3000m 3위 남자대학부, 1600m계주 1위
1999.03	제34회 고 빙상인추모전국남녀스피드스케이팅대회	박재만, 500m·1500m 1위 윤희진, 3000m 1위, 5000m 3위 이현수, 1000m 1위, 1500m 2위

연월	대회명	수상내역
		손영훈, 5000m 1위 박혜근, 500m·1000m 2위 윤보성, 3000m 2위 윤정진, 5000m 2위, 3000m 3위 이경훈, 1500m·1000m 3위 장광덕, 500m 3위
1999.03	제13회 전국남녀학생종별종합쇼트트랙스피드스케이팅대회	정석주, 500m 1위
1999.10	제16회 전국남녀 쇼트트랙스피드스케이팅대회	이정영, 3000m 1위, 1
1999.11	99/00 제1차 스피드월드컵대회	최재봉, 1500m 1위
1999.11	99/00 제3차 스피드월드컵대회	최재봉, 500m 1위, 1000m 3위
1999.11	제2회 전국남녀대학대항쇼트트랙스피드스케이팅대회	이정영, 3000m 2위 정석주, 3000m 3위
1999.12	99/00 제5차 스피드월드컵대회	최재봉, 1000m 2위
1999.12	제54회 전국남녀종합빙상선수권대회	최재봉, 500m·1500m·종합 1위 박재만, 1500m·종합 2위, 5000m 3위 이현수, 500m 2위
2000.01	2000 아시아 스피드스케이팅대회	최재봉, 1000m·1500m 1위, 500m 2위
2000.01	제30회 회장배 전국남녀빙상경기대회	최재봉, 1000m·1500m 1위 박재만, 3000m 1위, 1500m 2위 윤정진, 5000m 1위 윤희진, 5000m 2위, 3000m 3위 이현수, 1500m 3위 김치훈, 5000m 3위 남자대학부, 1600m계주 2위, 종합 우승
2000.01	2000 전국남녀 학생종별종합빙상선수권대회	최재봉, 종합 1위 박재만, 종합 3위 이현수, 1500m 1위, 3000m·5000m 3위 윤정진, 5000m 1위 박혜근, 500m 3위 윤희진, 5000m 2위
2000.01	99/00 제7차 스피드월드컵대회	최재봉, 500m 1위
2000.02	2000 세계남녀스피드선수권대회	최재봉, 500m 1위
2000.02	제33회 전국남녀대학대항빙상경기대회	박재만, 3000m·1500m 1위 이현수, 1500m 2위 윤정진, 5000m 1위, 3000m 3위 윤희진, 5000m 2위 남자대학부, 1600m계주 2위,

연월	대회명	수상내역
		종합 우승
2000.02	第81회 전국동계체육대회	박혜근, 500m 3위 이현수, 1500m 2위, 1000m 3위 박재만, 1500m 1위 운정진, 10000m 2위 김치훈, 10000m 3위 정석주, 500m·1000m 3위 이정영, 1500m 2위, 3000m 3위
2000.02	第26회 전국남녀 스프린트빙상선수권대회	최재봉, 500m·1000m·종합 1위 이현수, 1000m 3위
2000.02	第34회 전국남녀종목별빙상선수권대회	최재봉, 500m·1000m 1위 박재만, 1500m 1위 이현수, 1000m 3위 윤정진, 5000m 2위, 10000m 3위
2000.03	第35회 고 빙상인추모전국남녀스피드스케이팅대회	이현수, 500m 1위, 1500m 2위 박재만, 1500m·1000m 1위 최석우, 3000m 1위, 5000m 2위 윤정진, 5000m 1위, 3000m 2위 박혜근, 500m 2위, 1000m 3위 신현도, 500m 3위 윤혁진, 5000m·3000m 3위
2000.10	第17회 전국남녀쇼트트랙스피드스케이팅대회	정석주, 500m 1위, 1000m 2위 김승은, 1500m, 3000m 1위
2000.11	第16회 회장배전국남녀쇼트트랙스피드스케이팅대회	장광덕, 500m 2위 정석주, 1000m·500m 3위 김승은, 3000m 2위 남자대학부, 3000m계주·종합 2위
2000.11	第55회 전국남녀종합빙상선수권대회	박재만, 500m·1500m 1위
2000.11	第35회 전국남녀종목별빙상선수권대회	이현수, 500m 1위, 1000m 2위 박재만, 1500m·1000m 1위 신현도, 500m 3위 최석우, 10000m 3위
2000.11	아시아스피드스케이팅대회	박재만, 1000m 2위
2000.12	00/01 ISU월드컵스피드스케이팅대회	최재봉, 1000m 1위, 종합 2위
2000.12	第27회 전국남녀스프린트빙상선수권대회	최재봉, 1000m 1위, 500m·1000m·종합 2위 박재만, 1000m 3위
2001.01	第31회 회장배전국남녀빙상경기대회	최재봉, 500m·1000m 1위 박재만, 1500m 1위, 1000m 2위 최석우, 5000m 1위

연월	대회명	수상내역
		이정영, 1500m 2위, 3000m 3위 이현수, 1500m 3위 윤정진, 5000m 3위 남자대학부, 1600m계주 1위, 종합 우승
2001.01	2001 동계유니버시아드대회 선발전	김승은, 1500m·3000m·종합 3위 장광덕, 1000m 3위
2001.01	제3회 전국남녀쇼트트랙스피드스케이팅선수권대회	김승은, 3000m 2위, 500m·1000m·1500m· 종합 3위 장광덕, 3000m 3위
2001.01	2001 전국남녀학생종별종합빙상선수권대회	박재만, 500m·1500m·5000m·종합 1위, 3000m 3위 최석우, 3000m 1위, 5000m·종합 2위, 1500m 3위 이정영, 500m·1500m·5000m 2위, 종합 3위 이현수, 500m 2위 윤희진, 5000m 3위
2001.02	제34회 전국남녀대학대항빙상경기대회	박재만, 500m 1위, 1500m 2위 최석우, 5000m·3000m 1위 이정영, 1500m 1위, 3000m 3위 이현수, 500m 2위, 1500m 3위 윤희진, 3000m 2위 윤정진, 5000m 2위
2001.02	제82회 전국동계체육대회	박재만, 1500m·1000m 1위 윤정진, 5000m·10000m 1위 신현도, 500m 2위 이현수, 1000m 2위, 500m 3위 이정영, 1500m 2위 최석우, 5000m·10000m 2위 김승은, 3000m 2위, 1500m 3위 정석주, 500m 3위 장광덕, 1000m 3위
2001.03	제36회 고 빙상인추모전국남녀스피드스케이팅대회	박재만, 500m·1000m 1위 최근원, 5000m·3000m 1위 최석우, 500m·1000m 2위 신현도, 500m·1000m 3위 이정영, 1500m 1위 윤희진, 3000m 2위, 1500m 3위 지용환, 5000m 2위 윤정진, 3000m 3위

연월	대회명	수상내역
		서대일, 5000m 3위
2001.11	올림픽 오발캔암 국제빙상대회	최재봉, 1500m·1000m 1위
2001.12	제56회 전국남녀종합빙상선수권대회	이정영, 500m·1500m 2위 최근원, 5000m·10000m 2위
2001.12	제28회 전국남녀스프린트빙상선수권대회 겸 제35회 전국남녀종목별빙상 선수권대회	최재봉, 500m·1000m 1위, 500m·1000m·종합 2위 최근원, 10000m 1위 이정영, 1500m 2위 박재만, 1000m 3위
2002.01	제32회 전국남녀회장배빙상경기대회	박재만, 500m·1000m 1위 최근원, 5000m·3000m 1위 이정영, 1500m 1위, 1000m 2위 서대일, 3000m 3위 윤정진, 5000m 3위 남자대학부, 1600m계주 1위, 종합 우승(20년 연속우승)
2002.02	제35회 대학대항빙상경기대회	박재만, 500m 1위 이정영, 1500m 1위, 500m 2위 최근원, 5000m 1위, 3000m 2위 최석우, 1500m 3위 남자대학부, 1600m계주 2위, 종합 우승
2002.02	2002 학생종별종합빙상선수권대회	이정영, 500m·1500m 2위 최근원, 5000m 1위, 3000m 2위, 1500m 3위
2002.02	제83회 전국동계체육대회	최재봉, 500m·1000m 1위 박재만, 500m·1000m 3위 이정영, 1500m 2위 최석우, 5000m 1위 최근원, 10000m 1위, 5000m 2위 윤정진, 10000m 3위 송석우, 3000m 1위, 1500m 2위
2002.03	제37회 고 빙상인추모전국남녀스피드스케이팅대회	서호원, 500m 1위 김익희, 1000m 1위, 1500m 2위 황동현, 5000m 1위, 3000m 2위 신현도, 500m·1000m 3위 지용환, 5000m 2위, 3000m 3위 최석우, 1000m 2위 최근원, 1500m 3위
2002.03	제16회 학생종별종합선수권대회	송경택, 500m·1000m·종합 1위, 3000m 2위, 1500m 3위

연월	대회명	수상내역
		송석우, 3000m 1위, 1000m 3위
2002.04	제17회 전국남녀종합쇼트트랙스피드스케이팅선수권대회	송석우, 500m 1위 오세종, 3000m 1위, 종합 2위, 1000m 3위
2002.09	제19회 전국남녀쇼트트랙스피드스케이팅대회	송경택, 1500m 1위, 1000m 2위
2002.10	02/03 ISU월드컵 쇼트트랙 1차 시리즈	오세종, 3000m·종합 2위, 1500m 3위
2002.10	02/03 ISU월드컵 쇼트트랙 2차 시리즈	송석우, 500m 3위
2002.11	2003 동계유니버시아드 선발전대회	송경택, 3000m 1위, 500m·종합 3위
2002.12	02/03 ISU월드컵 쇼트트랙 4차 시리즈	송석우, 500m 3위
2002.12	제37회 전국남녀종목별빙상선수권대회	최재봉, 500m·1000m 2위, 1500m 3위 최근원, 10000m 2위
2002.12	제39회 전국남녀스프린트빙상선수권대회	최재봉, 종합 2위
2003.01	제57회 종합선수권대회	최석우, 500m·1500m 2위, 종합 3위
2003.01	2003년도 학생종별선수권대회	최근원, 1500m·5000m·종합 3위 최재봉, 500m 2위 최석우, 3000m 3위
2003.01	제33회 회장배전국남녀빙상경기대회	최근원, 5000m 1위, 3000m 3위 김익희, 1500m 2위 최석우, 1500m 3위 황동현, 5000m 3위 남자대학부, 8주팀추월 1위, 종합 2위
2003.01	2003 동계유니버시아드대회	송경택, 1500m·5000m계주 1위
2003.02	제5회 아오모리동계아시안게임	송석우, 3000m 1위, 500m 3위 송석우·오세종, 5000m계주 1위
2003.02	제84회 전국동계체육대회	송경택, 3000m 1위, 1500m 3위 최재봉, 500m·1000m 1위 최근원, 10000m 1위, 5000m 2위 최석우, 1500m·5000m 3위 서호원, 500m 3위 황동현, 10000m 2위
2003.02	제36회 전국남녀대학대항빙상경기대회	최석우, 500m·3000m 1위 최근원, 5000m·1500m 1위 황동현, 3000m 1위, 5000m 2위 김익희, 1500m·3000m 3위 서호원, 500m 2위 윤희진, 1500m 2위 지용환, 5000m 3위 남자대학부, 8주팀추월 1위

연월	대회명	수상내역
2003.03	제17회 전국남녀학생종별종합쇼트트랙선수권대회	유기석, 1500m 1위, 500m·종합 2위 조남규, 500m 1위, 1000m 3위 송경택, 3000m 1위
2003.03	2003 쇼트트랙 세계팀선수권대회	송석우·오세종, 한국팀 종합 2위
2003.03	2003 세계쇼트트랙스피드스케이팅선수권대회	송석우, 1500m 2위, 500m·3000m·종합 3위 오세종, 5000m계주 1위
2003.04	제18회 전국남녀종합쇼트트랙스피드스케이팅선수권대회	송석우, 1000m 1위, 종합 3위 조남규, 500m·3000m 3위 송경택, 1500m 2위
2003.10	제20회 전국남녀쇼트트랙스피드스케이팅대회	오세종, 1000m·1500m 1위 유기석, 1000m 2위 송경택, 1500m 2위
2003.10	제19회 회장배전국남녀쇼트트랙스피드스케이팅대회	오세종, 1000m 1위, 1500m 3위 유기석·송경택, 1500m 2위 남자대학부 종합 3위
2003.11	2003 아시아 쇼트트랙선수권대회	송경택, 1500m 1위, 500m 2위, 1000m, 3000m 3위
2003.11	2003 쇼트트랙월드컵 3차대회	송석우, 3000m·종합 1위, 1000m·1500m 2위, 5000m계주 3위 조남규, 5000m계주 3위
2003.12	2003 쇼트트랙월드컵 4차대회	송석우, 500m 1위, 1500m·3000m·종합 2위
2003.12	제58회 전국남녀종합빙상선수권대회	최근원, 500m 1위, 종합 2위
2004.01	제34회 회장배전국남녀빙상경기대회	이기호, 500m 2위, 1000m 3위 서호원, 500m 3위 최근원, 1500m 3위 김익희, 5000m 3위 남자대학부, 8주팀추월 1위, 종합 2위
2004.01	2004 전국남녀주니어빙상선수권대회	이기호, 500m 1위
2004.02	제37회 전국남녀대학대항빙상경기대회	이기호, 500m 1위 최근원, 1500m 2위 김익희, 5000m 2위, 3000m 3위 김덕회, 500m 3위 강재구, 5000m 3위 남자대학부, 8주팀추월 1위
2004.02	2004 춘천 MBC배 전국남녀학생종별종합빙상선수권대회	강재구, 3000m·1500m·종합 2위, 500m·5000m 3위 최근원, 1500m·종합 3위 김남주, 3000m 3위

연월	대회명	수상내역
2004.02	제85회 전국동계체육대회	이기호, 500m 2위 김익희, 10000m 2위 최근원, 1500m 3위 송경택, 3000m·1500m 1위 오세종, 1000m 1위 유기석, 1000m 2위
2004.03	제39회 고 빙상인추모전국남녀스피드스케이팅대회	김익희, 3000m 1위, 1500m 3위 이기호, 500m 3위 김남주, 1500m 2위 강재구, 1000m 3위
2004.03	2004 쇼트트랙스피드스케이팅세계선수권대회	송석우, 500m·5000m계주 1위, 3000m·종합 2위, 1500m 3위 조남규, 5000m계주 1위
2004.03	제18회 전국남녀학생종별종합쇼트트랙스피드스케이팅선수권대회	오세종, 1000m·종합 1위, 1500m 2위, 500m 3위 송경택, 3000m 1위, 1000m, 종합 2위 유기석, 1500m 3위
2004.10	04/05 세계쇼트트랙 월드컵1차대회	송경택, 5000m계주 1위, 1000m 2위
2004.10	04/05 세계쇼트트랙 월드컵2차대회	송경택, 5000m계주 1위, 1000m, 종합 3위
2004.11	제21회 전국남녀쇼트트랙스피드스케이팅대회	오세종, 1000m·1500m 1위 조남규, 500m 1위 유기석, 1000m 2위
2004.11	제39회 전국남녀종목별빙상선수권대회	최근원, 10000m·5000m 1위 강재구, 1500m 2위
2004.11	2005 동계유니버시아드대회 선발전	오세종, 1000m·1500m 1위, 종합 2위 조남규, 1000m·3000m 2위, 500m·종합 3위 최수범, 3000m 3위
2005.01	제20회 회장배전국남녀쇼트트랙스피드스케이팅대회	오세종, 3000m·1500m 1위 조남규, 1000m 1위, 500m 3위 남자대학부, 3000m계주 1위, 종합 1위
2005.01	2005 동계유니버시아드대회	송석우, 500m·5000m계주 1위, 1500m 2위
2005.01	제35회 회장배전국남녀빙상경기대회	강재구, 1000m·1500m 1위 김덕회, 500m 1위, 1000m 3위 김익희, 3000m·1500m 3위 김남주, 5000m 2위 서호원, 500m 3위 남자대학부, 8주팀추월 1위

연월	대회명	수상내역
		종합 1위
2005.02	2004 춘천MBC배 전국남녀학생종별종합빙상선수권대회	강재구, 3000m·1500m·종합 2위, 500m·5000m 3위 최근원, 1500m·종합 3위 김남주, 3000m 3위
2005.02	第86회 전국동계체육대회	이기호, 500m 3위 강재구, 1500m 1위 오세종, 3000m·1500m 1위 조남규, 1000m 2위, 500m 3위
2005.03	2005 세계쇼트트랙팀선수권대회	송경택, 한국팀 2위
2005.03	第40회 고 빙상인추모전국남녀스피드스케이팅대회	이기호, 500m 1위, 1000m 2위 강재구, 500m·1500m 2위 김익희, 3000m·5000m 3위 최진용, 1500m 3위 이보라, 500m·1000m 1위
2005.03	2005 대학대항전국남녀쇼트트랙스피드케이팅대회	조남규, 1000m·1500m 3위
2005.03	2005 대학대항전국남녀빙상경기대회	이기호, 500m 1위 강재구, 1500m 1위 최진용, 3000m 1위 김남주, 5000m 1위 김덕회, 500m 2위 황동현, 5000m 2위 김창환, 500m 3위 서호원, 1500m 3위 김익희, 5000m·3000m 3위 이보라, 500m·1000m 1위 남자대학부, 8주팀추월 1위, 종합 1위
2005.03	第20회 전국남녀종합쇼트트랙스피드스케이팅선수권대회	조남규, 3000m 2위, 1500m 3위 송경택, 1000m·3000m 3위
2006.01	第36회 회장배스피드스케이팅대회	이보라, 500m 1위, 1000m 2위 이기호, 500m·1000m 3위 김남주, 3000m 3위 황동현, 5000m 3위 남자대학부, 8주팀추월 2위, 종합 2위
2006.01	2006 주니어선수권대회	최진용, 3000m·종합 1위, 500m·1500m 2위, 5000m 3위 이보라, 500m 3위

연월	대회명	수상내역
2006.01	제21회 회장배쇼트트랙스피드스케이팅대회	조남규, 1000m 1위 송경택, 3000m 1위 유기석, 500m·1000m 3위 최수범, 1500m 3위 남자대학부, 3000m계주 1위, 종합 2위
2006.01	2006 학생빙상선수권대회	이기호, 500m 2위
2006.02	제87회 전국동계체육대회	이기호, 500m·1000m 1위 김창환, 500m·1000m 2위 최진용, 1500m 1위 김남주, 1500m 2위 강재구, 1500m·1000m 3위 송경택, 3000m 1위, 1500m 3위 유기석, 500m 3위 최수범, 3000m 3위
2006.03	제39회 대학대항빙상경기대회	조혜수, 1500m·3000m 1위 이보라, 500m 1위, 1000m 2위 이기호, 500m·3000m 1위 김창환, 500m 2위 강재구, 1500m 2위, 500m 3위 김남주, 3000m 3위 김규완, 3000m 2위, 5000m 3위 남자대학부, 8주팀추월·종합 1위
2006.03	제41회 고 빙상인추모전국남녀스피드스케이팅대회	조혜수, 1500m·3000m 1위 이보라, 500m·1000m 2위 이기호, 500m 1위, 1000m 2위 김창환, 500m 2위 강재구, 1000m 2위
2006.03	2006 세계주니어선수권대회	최진용, 팀추월 2위
2006.11	제23회 전국남녀쇼트트랙스피드스케이팅대회	조남규, 1000m 1위 박진환, 1500m·3000m 3위 김찬욱, 3000m 2위
2006.12	2007 동계유니버시아드대회 선발전	조남규, 500m·1000m·3000m 2위, 종합 3위
2006.12	전국남녀스프린트빙상선수권대회	이기호, 500m 2위·3위 이보라, 500m 2위, 종합 3위
2006.12	제41회 전국남녀종목별빙상선수권대회	이기호·이보라, 500m 3위 조혜수, 5000m 3위
2007.01	제37회 회장배스피드스케이팅대회	조혜수, 1500m·3000m 3위 남자대학부, 8주팀추월·종합 2위

연월	대회명	수상내역
2007.01	2007 토리노동계유니버시아드대회	이기호, 500m 2위 조남규, 1500m 2위, 5000m계주 1위
2007.01	제22회 회장배쇼트트랙스케이팅대회	조남규, 1000m·3000m계주 2위 유기석, 1000m 3위 박진환, 3000m 3위, 종합 2위
2007.01	2007 학생종목별종합빙상선수권대회	최진용, 500m 1위, 1500m·종합 3위 강재구, 500m·1500m·종합 2위, 5000m 3위 조혜수, 3000m 2위 조혜수, 1000m·1500m·종합 3위
2007.02	제88회 전국동계체육대회	이보라, 500m 1위 조남규, 500m 1위 강재구, 1000m·팀추월 2위 최진용, 1500m 3위 조혜수, 3000m 3위 유기석, 500m 3위 김찬욱, 1500m 3위 박진환, 3000m·계주 3위
2007.03	2007 ISU 세계쇼트트랙선수권대회	진선유, 1000m·3000mS.F·3000m계주·종합 1위, 1500m 2위
2007.03	2007 ISU 세계쇼트트랙팀선수권대회	진선유, 종합 1위
2007.03	대학대항 빙상경기대회	이보라, 500m·1000m 1위 최진용, 500m 1위 이기호, 1500m·팀추월·종합 1위 조혜수, 1500m·3000m·팀추월·종합 2위 김창환, 500m 2위 유성환, 3000m 2위 조상현, 1500m 3위 김규완, 3000m 3위
2007.03	제42회 고 빙상인추모전국남녀스피드스케이팅대회	이보라, 500m·1000m 1위 홍성곤, 3000m·5000m 1위 최진용, 1500m 1위, 1000m 2위 조혜수, 1500m·3000m 3위 김창환, 1000m 3위 조상현, 1500m 3위
2007.10	07/08 ISU 쇼트트랙월드컵 1차대회	진선유, 1500m(2) 1위, 1000m 3위, 3000m계주 2위
2007.10	07/08 ISU 쇼트트랙월드컵 2차대회	진선유, 1500m·1000m(2) 1위
2007.11	제24회 전국남녀쇼트트랙스케이팅대회	최수범, 500m 2위, 1000m 3위 박진환, 1500m·3000m 3위
2007.11	07/08 ISU 쇼트트랙월드컵 3차대회	진선유, 1000m 1위, 1500m 2위

연월	대회명	수상내역
2007.11	07/08 ISU 쇼트트랙월드컵 1차대회	진선유, 1000m 2위
2007.12	제62회 전국남녀종합선수권대회	조혜수, 1500m·3000m 3위
2007.12	2007 아시아쇼트트랙스피드스케이팅선수권대회	김완상, 3000m 2위, 5000m계주 1위
2008.01	제38회 회장배스피드스케이팅대회	이보라, 500m·1000m 2위 조혜수, 3000m 2위, 500m·5000m 3위 최진용, 500m·팀추월·종합 2위 홍성곤, 3000m 3위
2008.01	제23회 쇼트트랙스피드스케이팅대회	박진환, 1500m 1위, 3000m 2위 김완상, 1000m·계주·종합 2위 김완상, 1500m 3위
2008.01	2008 학생종목별종합빙상선수권대회	조혜수, 1500m·3000m·종합 2위 최진용, 500m 2위 조혜수, 1000m 3위
2008.01	제89회 전국동계체육대회	이보라, 500m 1위, 1000m 2위 조수훈, 500m 1위 정바라, 1000m 1위, 1500m 2위 최진용, 500m 2위 조혜수, 3000m 2위·1500m 3위 김완상, 1000m·계주 2위 최수범, 500m 3위 김찬욱, 1000m·팀추월 3위
2008.02	07/08 ISU 쇼트트랙월드컵 5차대회	진선유, 1500m 1위, 1000m(2) 2위
2008.03	제41회 대학대항 빙상경기대회	김영호, 500m 1위 유성환, 5000m 1위, 3000m 2위 이보라, 500m 1위, 1500m 2위, 1000m 3위 조혜수, 3000m·팀추월 1위 조상현, 1500m 2위, 3000m 3위 최진용, 5000m 2위 김창환, 500m 3위 남자종합 1위 여자종합 1위
2008.03	제43회 고 빙상인추모전국남녀스피드스케이팅대회	최진용, 500m 1위 이보라, 500m·1000m 1위 조혜수, 3000m 1위 조혜수, 1500m 2위 김영호, 500m·1000m 3위
2008.03	제22회 전국남녀학생종별선수권대회	이정수, 500m·1000m·3000m·종합 1위 정바라, 500m·1000m·1500m·3000m·종합 1위

연월	대회명	수상내역
		김찬욱, 500m 2위 박진환, 1500m 3위 김찬욱, 3000m 3위
2008.04	第22회 종합선수권대회 겸 국가대표 선발전	정바라, 1500m 1위 박진환, 1000m 2위 이정수, 3000m 2위, 500m 3위 박진환, 3000m 3위
2008.11	第25회 전국남녀쇼트트랙스피드스케이팅대회	조수훈, 500m 3위
2008.11	第24회 회장배쇼트트랙스케이팅대회	조수훈, 500m·남자계주·남자종합 1위 김재한, 1000m 2위 김완상, 1000m 3위
2008.12	第63회 전국남녀종합선수권대회	최진용, 500m 1위
2008.12	第35회 스프린트빙상선수권대회	이보라, 500m·1000m·종합 2위
2008.12	第43회 전국남녀종목별빙상선수권대회	이보라, 500m·1000m 2위
2009.01	第39회 회장배스피드스케이팅대회	김영호, 1000m 1위, 1500m 2위 최진용, 500m 2위, 1000m 3위 홍성곤, 3000m 2위, 5000m 3위 팀추월 2위 종합 2위
2009.02	2009 학생종목별종합빙상선수권대회	홍성곤, 3000m·5000m 2위 최진용, 500m 2위 김영호, 500m·종합 3위
2009.02	第90회 전국동계체육대회	김영호, 1500m 1위, 1000m 2위 홍성곤, 10000m 1위, 5000m 2위 김재한, 500m 1위 정바라, 500m·3000m 1위 최진용, 500m 2위 이보라, 500m·1000m 2위 진선유, 1000m·1500m 2위 김칭환, 500m 3위 조혜수, 1500m·3000m 3위 김찬욱, 1500m 3위 여자계주 1위 남자팀추월 2위
2009.02	第42회 대학대항 빙상경기대회	김영호, 1500m 1위 공병원, 3000m 1위 홍성곤, 5000m 1위 조혜수, 1000m 1위 조윤호, 500m 2위, 3000m 3위

연월	대회명	수상내역
		조상현, 500m·1500m 3위 남자팀추월 1위
2009.03	제44회 고 빙상인추모전국남녀스피드스케이팅대회	김영호, 500m·1500m 1위 조상현, 500m 2위 홍성곤, 3000m 2위, 5000m 3위 공병원, 1000m·1500m 3위 조혜수, 1500m 3위
2009.03	제23회 전국남녀학생종별선수권대회	진선유, 1500m·종합 2위, 1000m·3000m 3위 김찬욱, 1500m
2009.03	2009 ISU 세계선수권대회	정바라, 3000m계주 2위
2009.03	2009 ISU 세계팀선수권대회	박진환·이정수, 한국팀 1위 정바라, 한국팀 2위
2009.04	제24회 종합선수권대회 겸 국가대표선발전	이정수, 1000m·3000m 1위, 종합 2위 김성일, 3000m 2위, 1500m·종합 3위
2009.09	09/10 ISU 월드컵 1차대회	이정수, 1000m·5000m계주 1위, 1500m 3위 김성일, 1000m 3위, 5000m계주 1위
2009.09	09/10 ISU 월드컵 2차대회	이정수, 5000m계주 1위, 1500m 2위 김성일, 1500m 3위, 5000m계주 1위
2009.10	제26회 전국남녀쇼트트랙스피드스케이팅대회	진선유, 1000m·1500m 1위 김찬욱, 500m 1위 허희빈, 500m 1위 박효정, 500m 2위
2009.11	09/10 ISU 월드컵 3차대회	이정수, 1000m 2위, 5000m계주 1위 김성일, 5000m계주 1위
2009.11	09/10 ISU 월드컵 4차대회	이정수, 1500m 1위, 1000m 2위, 5000m계주 3위 김성일, 5000m계주 3위
2009.11	제25회 회장배쇼트트랙스케이팅대회	진선유, 1000m·1500m 1위 박효정, 500m 1위 김찬욱, 500m·1000m 3위 여자종합 1위 남자종합 2위 여자계주 1위 남자계주 3위
2009.12	2009 전국대학쇼트트랙선수권대회	진선유, 1500m·3000m·종합 1위, 500m 2위, 1000m 3위 정바라, 1000m 1위, 1500m·3000m·종합 2위 조수훈, 500m 2위 김찬욱, 1500m 3위

연월	대회명	수상내역
2010.01	제40회 회장배스피드스케이팅대회	김영호, 500m·1000m 2위 홍성곤, 3000m·5000m·팀추월 2위 조혜수, 1000m·1500m 3위 종합 2위
2010.01	아시아 싱글 스피드스케이팅대회	김영호, 1000m 2위
2010.02	제21회 벤쿠버동계올림픽	이정수, 1500m·1000m 1위 이정수·김성일, 5000m계주 2위
2010.02	제91회 전국동계체육대회	김영호, 500m·1000m 1위 조혜수, 3000m 1위, 1500m 2위 홍성곤, 10000m 2위 송명호, 1000m 2위 박효정, 500m 2위 정바라, 1000m 2위 공병원, 1500m 3위 허희빈, 500m 3위 남자계주 1위 여자계주 2위 남자팀추월 2위
2010.03	제43회 대학대항 빙상경기대회	김성규, 500m 1위, 1000m 3위 김영호, 1000m 1위 조상현, 500m 2위 김남우, 1500m 2위 홍성곤, 5000m 3위 팀추월 2위 종합 2위
2010.03	제45회 고 빙상인추모전국남녀스피드스케이팅대회	김성규, 500m 1위, 1000m 2위 김영호, 1000m 1위, 500m 2위 홍성곤, 1500m 2위 조상현, 500m 3위
2010.03	2010 아시아트로피 쇼트트랙스피드스케이팅선수권대회	송명호, 1500m·1000m·5000m계주 1위, 3000m 3위
2010.09	제25회 전국남녀종합쇼트트랙스피드스케이팅선수권대회	한승수, 1000m 1위, 1500m 3위 조수훈, 500m 3위 김성일, 3000m 3위
2010.10	제27회 전국남녀쇼트트랙스피드스케이팅대회	김성일, 1500m·1000m 1위 진선유, 1500m·3000m 1위 한승수, 500m 1위 정바라, 1000m 2위 조수훈, 500m 3위
2010.11	2010 ISU 세계주니어월드컵 1차	김성규, 500m·500m·1000m 1위

연월	대회명	수상내역
2010.11	제26회 회장배쇼트트랙스피드스케이팅대회	정바라, 1000m 2위, 1500m 3위 허희빈, 3000m 2위 한승수, 500m·1000m 3위 남자계주 2위 남자종합 3위
2011.01	제41회 회장배스피드스케이팅대회	김성규, 500m 2위, 1000m 3위 김영호, 1000m 2위, 500m 3위 김영득, 1500m 3위 홍성곤, 5000m 3위 팀추월 2위
2011.01	2011 에르즈름 동계유니버시아드대회	정바라, 3000m 1위, 1500m 2위 김성일, 1000m·1500m 3위
2011.02	2011 주니어 스피드스케이팅선수권대회	김성규, 500m·1000m 1위 김영득, 1500m 3위
2011.02	제92회 전국동계체육대회	이정수, 500m·1500m 1위 정바라, 1500m·3000m 1위 김영호, 1000m·1500m 1위 한승수, 1000m 1위, 500m 2위 김성규, 500m 1위 송명호, 1000m 2위 조상현, 500m 2위 진선유, 3000m 3위 홍성곤, 5000m 3위 김영득, 1500m 3위 공병원, 10000m 3위 남자계주 1위 남자팀추월 2위
2011.02	제44회 대학대항 빙상경기대회	박승주, 500m·1000m 1위 공병원, 5000m 2위 김남우 500m·1000m 3위 종합 2위 남자팀추월 2위
2011.03	2010 ISU세계주니어월드컵파이널	김성규, 500m 1위
2011.04	2011년 아시아트로피쇼트트랙스피드스케이팅대회	송명호, 1000m·5000m계주 1위·500m 2위
2011.10	11/12 ISU 쇼트트랙월드컵 1차대회	이정수, 500m 3위, 5000m계주 2위
2011.10	11/12 ISU 쇼트트랙월드컵 2차대회	이정수, 5000m계주 1위
2011.11	제28회 전국남녀쇼트트랙스피드스케이팅대회	정바라, 1500m 2위 송명호, 1000m 3위 정바라, 1000m 3위

연월	대회명	수상내역
2011.11	제27회 회장배쇼트트랙스피드스케이팅대회	한승수, 1000m·1500m 2위 정바라, 1500m 2위 송명호, 1000m 3위
2011.12	제66회 종합스피드스케이팅선수권대회	김영득, 500m 1위, 1500m 2위
2012.01	2012 아시아스피드스케이팅선수권대회	김영호, 500m·1000m 1위 박승주, 500m 2위, 1000m 3위
2012.01	제42회 회장배스피드스케이팅대회	박승주, 500m 1위 김남우, 500m 2위 박승주, 1000m 2위 김영호, 1000m 3위 김영득, 1500m 3위 김보라, 3000m 3위 남자팀추월 2위 남자종합 2위 여자팀추월 2위 여자종합 2위
2012.02	2012 종별종합스피드스케이팅선수권대회	박승주, 500m 1위·1000m 2위·1500m 3위 김보라, 1500m·3000m 2위 김영호, 500m 2위·1500m 3위 김영득, 1500m 2위
2012.02	제93회 전국동계체육대회	김우진, 1000m·1500m 1위 박승주, 500m·1000m 1위 김보라, 1500m 2위 송명호, 1000m 3위 김남우, 500m 3위 여자팀추월 1위 남자팀추월 2위 남자계주 3위
2012.02	11/12 ISU 쇼트트랙월드컵 5차대회	이정수, 1500m 1위·5000m계주 2위
2012.02	11/12 ISU 쇼트트랙월드컵 6차대회	이정수, 5000m계주 3위
2012.02	2012 세계주니어쇼트트랙선수권대회	박세영, 1000m·1500m·종합 1위
2012.02	제45회 대학대항 빙상경기대회	김우진, 500m·1000m 1위 박승주, 500m·1000m 1위 김보라, 1500m·3000m 1위 김영득, 1500m 1위 이경훈, 5000m 1위, 1500m 2위 김성규, 500m, 1000m 2위 이세진, 5000m 2위, 1500m 3위 김남우, 500m 3위 김혜진, 1000m, 1500m 3위

연월	대회명	수상내역
		남자팀추월 1위 남자종합 1위 여자팀추월 1위 여자종합 1위
2012.03	제26회 종별종합쇼트트랙선수권대회	이소연, 3000m 1위, 500m 2위, 종합 3위 박세영, 500m·1500m·종합 2위, 1000m 3위 윤혁, 1000m 2위
2012.03	2011/12 주니어월드컵파이널	김우진, 500m·1000m 1위 월드컵종합·500m·1000m 1위
2012.03	제47회 고 빙상인추모전국남녀스피드스케이팅대회	박승주, 500m·1000m 1위 김보라 1500m·3000m 1위 김성규, 500m 1위 김영득, 1500m 2위, 3000m 3위 김남우, 500m, 1000m 3위 이경훈, 1500m 3위
2012.03	제27회 종합선수권대회 겸 국가대표선발전	박세영, 500m 1위
2012.10	12/13 ISU 쇼트트랙월드컵 1차대회	이소연, 1000m 1위
2012.10	제29회 전국남녀쇼트트랙스피드스케이팅대회	박세영, 500m·1000m 1위 김성일, 3000m 2위 송명호, 1000m 2위
2012.11	제28회 회장배쇼트트랙스피드스케이팅대회	박세영, 500m·1500m 1위 김성일, 1500m 2위 한승수, 500m 2위 남자계주 1위 남자종합 1위
2012.11	제47회 종목별스피드스케이팅선수권대회	김혜진, 5000m 2위 박승주, 1000m 3위
2012.11	12/13 ISU 쇼트트랙월드컵 3차대회	이소연, 1500m 1위
2012.12	2012 대학쇼트트랙스피드스케이팅대회	김성일, 1000m 1위 한승수, 1500m 2위 임경원, 500m 2위 송명호, 1500m 3위 남자계주 1위 남자종합 1위
2012.12	제39회 전국남녀스프린트스피드스케이팅선수권대회	김성규, 500m(2) 1위, 500m(1) 2위
2012.12	2012 주니어쇼트트랙선수권대회	박세영, 1500m 1위, 500m·종합 2위, 1000m 3위

연월	대회명	수상내역
2013.01	제43회 회장배스피드스케이팅대회	김성규, 500m 1위 박승주, 500m·1000m 2위 남자팀추월 2위 남자종합 2위 여자팀추월 2위 여자종합 2위
2013.02	제94회 전국동계체육대회	이소연, 500m 1위, 1000m 3위 박승주, 500m 1위, 1000m 2위 한승수, 500m·1500m 2위 김성규, 500m·1000m 2위 송명호, 1500m 3위 임경원, 3000m 3위 남자계주 1위 여자팀추월 2위
2013.02	12/13 ISU 쇼트트랙월드컵 6차대회	이소연, 1000m 2위
2013.02	2013 세계주니어쇼트트랙선수권대회	박세영, 500m·1500mS.F, 종합 1위, 1000m 2위, 1500m 3위
2013.02	2013 세계주니어스피드선수권대회	서정수, 1500m·종합 1위, 3000m·팀추월 2위 임준홍, 1000m 1위, 500m 2위
2013.03	제48회 고 빙상인추모전국남녀스피드스케이팅대회	서정수, 1500m 1위, 500m 2위 박승주, 500m·1000m 2위 김성규, 500m 2위 김보라, 1500m, 3000m 3위 김영득, 1500m 3위
2013.03	제27회 전국남녀종별종합쇼트트랙선수권대회	박세영, 1500mS.F 2위, 1000m 3위
2013.04	제28회 종합선수권대회 겸 국가대표선발전	박세영, 500m 1위·1500m, 종합 2위·1000m 3위
2013.10	13/14 ISU 쇼트트랙월드컵 2차대회	박세영, 500m·1000m 3위
2013.10	2013 동계유니버시아드선발전	이소연, 500m 2위, 1000m 3위 한승수, 1500m 2위
2013.10	2013 동계유니버시아드선발전	김성규, 500m·1000m 2위 박승주, 500m 2위, 1000m 3위 임준홍, 500m 3위 서정수, 1500m 3위
2013.10	제48회 종목별스피드스케이팅선수권대회	김혜진, 5000m 3위
2013.11	제30회 전국남녀쇼트트랙스피드스케이팅대회	이소연, 500m·1000m 1위 한승수, 500m 1위 임경원, 1000m 1위·3000m 2위 송명호, 1500m 3위 김태훈, 3000m 3위

연월	대회명	수상내역
2013.11	제29회 회장배쇼트트랙스피드드케이팅대회	한승수, 500m 1위 임경원, 1000m 1위 이소연, 500m 1위·1500m 3위 송명호, 500m 3위 김동욱, 1500m 3위
2013.12	제40회 스프린트스피드스케이팅선수권대회	박승주, 종합 2위 김성규, 종합 3위 서정수, 1500m 3위
2014.01	2014 주니어쇼트트랙선수권대회	이일용, 1500mS.F 2위
2014.01	제44회 회장배스피드스케이팅대회	김성규, 500m 1위, 1000m 3위 서정수, 1500m·5000m 2위 임준홍, 500m 2위 박승주, 500m 2위, 1000m 3위 김보라, 1500m 2위, 3000m 3위 남자팀추월 2위 남자종합 2위 여자팀추월 2위 여자종합 2위
2014.02	제95회 전국동계체육대회	박세영, 500m·1000m·경기도계주 1위 이소연, 500m·경기도계주 1위 박승주, 500m 1위 임경원 1500m·충남계주 2위 임준홍, 500m 2위 김동욱, 1500m 3위 이일용, 1000m 3위 임준홍, 1000m 3위 서정수 1500m 3위 김도형, 10000m·충남팀추월 3위
2014.03	13/14 ISU 쇼트트랙세계선수권대회	박세영, 500m·1000m 3위
2014.03	제28회 종별종합쇼트트랙스케이팅선수권대회	김태훈, 3000mS.F 2위 김동욱, 500m 3위 이일용, 1500m 3위 이소연, 1000m 3위
2014.03	제49회 고 빙상인추모전국남녀스피드스케이팅대회	박승주 500m·1000m 1위 서정수, 1500m 1위
		김보라 1500m 2위, 3000m 3위 우지현, 1000m 2위, 1500m 3위
2014.03	제47회 대학대항 빙상경기대회	임준홍, 1000m 2위·500m 3 박승주, 500m 2위 김보라, 1000m 2위

연월	대회명	수상내역
		우지현, 1500m·3000m 3위 곽해리, 500m 3위 서정수, 1500m 3위
2014.04	제29회 종합선수권대회 겸 국가대표선발전	박세영, 1000m 1위, 500m, 종합 2위
2014.09	국가대표선발전 3차대회	박세영, 500m, 종합 1위, 1500m 2위
2014.11	14/15 ISU 쇼트트랙월드컵 1차대회	박세영, 1000m 2위
2014.11	14/15 ISU 쇼트트랙월드컵 2차대회	박세영, 1500m 1위
2014.11	제31회 전국남녀쇼트트랙스피드스케이팅대회	정지웅, 1000m·1500m 1위 김보라, 1500m 1위 이일용, 1500m 2위
2014.11	2015 동계유니버시아드선발전	박세영, 1000m 1위, 1500m·종합 2위 이일용, 500m 3위
2014.11	제30회 회장배쇼트트랙스피드스케이팅대회	김동욱, 1500m 1위 이소연, 1000m 1위 김보라, 1500m 2위 정지웅, 1500m 3위 이일용, 1000m 3위 남자계주 2위 남자종합 3위
2014.12	14/15 ISU 쇼트트랙월드컵 4차대회	박세영, 1500m 3위
2014.12	제41회 스프린트스피드스케이팅선수권대회	김우진, 1000m 3위
2015.01	제45회 회장배스피드스케이팅대회	김우진, 1000m 3위
2015.01	2015 종별종합스피드선수권대회	임준홍, 500m 1위 서정수, 3000m 2위
2015.02	2015 그라나다 동계유니버시아드대회	박세영, 1500m·1000m 1위
2015.02	제96회 전국동계체육대회	박세영, 500m 1위 김우진, 500m 1위·1000m 2위 이동원, 피겨 1위 이일용, 500m 2위 이소연, 500m 2위·1000m 3위 윤정후, 3000m 2위 서정수, 5000m·충남계주 2위 임준홍, 500m 3위 곽해리, 500m 3위 김도형, 10000m 3위
2015.02	2015 ISU 세계쇼트트랙주니어선수권대회	박지원, 1500m·1500mS.F·3000m계주 1위, 종합 2위
2015.02	2015 ISU 세계주니어선수권대회	박초원, 3주팀스프린트 1위, 6주팀추월·10주팀매스 2위

연월	대회명	수상내역
2015.03	제29회 종별종합쇼트트랙스케이팅선수권대회	박지원, 1000m·3000mS.F·종합 1위, 1500m 2위 이일용, 500m 1위 이소연, 500m 3위
2015.03	제50회 고 빙상인추모전국남녀스피드스케이팅대회	박초원, 1500m 1위, 3000m 2위 임준홍, 1000m 1위 서정수, 1500m 1위 김우진, 500m 3위 김태훈 1500m 3위 서정수, 5000m 3위
2015.03	제48회 대학대항 빙상경기대회	김우진, 1000m 1위 서정수, 1500m 1위, 5000m 2위 박초원, 1500m 1위 김태훈 1500m 2위 임준홍, 500m 3위 남자팀추월 1위
2015.04	제30회 종합선수권대회 겸 국가대표선발전	박지원, 3000mS.F 1위 박세영, 500m·1500m 2위, 종합 3위
2015.10	국가대표선발전 3차대회	박세영, 500m·1500m·종합 2위, 1000m 3위 박지원, 1000m 2위
2015.10	15/16 ISU 쇼트트랙월드컵 1차대회	박세영, 500m 3위
2015.11	2016 주니어스피드선수권대회	박초원, 1500m·3000m 2위
2015.11	제32회 전국남녀쇼트트랙스피드스케이팅대회	이소연, 1000m·1500m 2위
2015.12	15/16 ISU 쇼트트랙월드컵 3차대회	박지원, 1500m 3위
2015.12	15/16 ISU 쇼트트랙월드컵 4차대회	박지원, 1500m 2위 박세영, 1500m 3위
2015.12	2015 아시아오픈쇼트트랙스피드스케이팅트로피	이소연, 500m 1위·1000m 2위
2015.12	2015 전국남녀피겨회장배랭킹대회	이준형, 종합 3위
2015.12	제31회 회장배전국남녀쇼트트랙스케이팅대회	이소연, 1000m 1위, 500m 2위 이일용, 500m·1000m 2위 최송아, 1000m 2위 임경원, 1500m 3위 남자계주 2위 남자종합 3위
2016.01	제70회 피겨스케이팅종합선수권대회	이준형, 종합 1위
2016.01	제46회 회장배스피드스케이팅대회	박초원, 1500m 2위, 1000m 3위 김도형, 1500m 2위 남자팀추월 2위 남자종합 2위

연월	대회명	수상내역
2016.01	ISU 주니어월드컵 3차대회	박초원, 매스스타트·팀추월 1위
2016.01	2016 종별종합스피드스케이팅대회	박초원, 1000m·1500m·종합 1위, 500m·3000m 2위 김도형, 5000m 3위
2016.01	2016 주니어선수권대회	박초원, 1000m·1500m·3000m·종합 2위
2016.02	제97회 전국동계체육대회	박초원, 1500m·3000m·매스스타트 1위 김도형, 매스스타트 1위, 1500m 2위, 5000m 3위 이준형, 종합 1위 박소연, 종합 1위 최송아, 1000m 2위 이동원, 종합 2위 이일용, 1000m 3위 최휘, 종합 3위 남자계주 3위
2016.02	15/16 ISU 쇼트트랙월드컵 5차대회	박지원, 1500m 1위 박세영, 1500m 2위
2016.02	15/16 ISU 쇼트트랙월드컵 6차대회	박세영, 1000m(1) 1위 박지원, 1000m(2) 2위
2016.03	2016 ISU 주니어월드컵 파이널	박초원, 팀추월 2위·매스스타트 3위
2016.03	2016 ISU 주니어스피드스케이팅선수권대회	박초원, 팀추월 2위
2016.03	ISU 쇼트트랙세계선수권대회	박지원, 5000m계주 3위
2016.03	제30회 종별종합쇼트트랙선수권대회	이일용, 500m 2위
2016.03	제51회 고 빙상인추모전국남녀스피드스케이팅대회	박초원, 1500m·3000m 1위 노혁준, 3000m 2위·1500m 3위
2016.03	제49회 대학대항 빙상대회	박초원, 1500m·3000m 1위 김민석, 매스스타트 1위 김도형, 매스스타트 2위 남자팀추월 2위
2016.04	제58회 피겨스케이팅종별선수권대회	최휘, 종합 2위
2016.10	2016 전국남녀피겨회장배랭킹대회	이준형, 종합 3위
2016.11	제33회 전국남녀쇼트트랙스피드스케이팅대회	이일용, 1500m 3위 김민석, 3000m 3위
2016.11	제98회 동계체육대회 경기도예선선발전	박지원, 1500m·3000m 1위 최송아, 1500m·3000m 1위 김윤선, 500m·1000m 1위 윤정후, 1000m 2위 정지웅, 1000m 3위
2016.11	2016 주니어스피드선수권대회	노혁준, 1500m 2위

연 월	대 회 명	수 상 내 역
2016.12	2017 주니어스피드선수권대회	노혁준, 500m 3위
2016.12	제32회 회장배쇼트트랙스피드스케이팅대회	박지원, 1500m 1위, 1000m 2위 정지웅, 3000m 1위 김윤선, 1000m 2위 남자계주 1위 남자종합 1위
2016.12	제43회 스프린트&제71회 종합선수권&동계아시안게임&동계유니버시아드선발전	박초원, 1500m 2위, 3000m·5000m 3위 김도형, 10000m 3위
2016.12	2017 동계유니버시아드파견대회선발전	박지원, 1500mS.F 1위, 1500m 2위, 종합 3위
2017.01	제46회 회장배스피드스케이팅대회	김태훈, 매스스타트·팀추월 2위·종합 2위 노혁준, 1500m 3위 김도형, 5000m 3위
2017.01	제98회 전국동계체육대회	박지원, 1500m·경기도계주 1위 김도형, 10000m 1위, 5000m·팀추월 3위 박초원, 1500m·3000m 1위, 매스스타트 2위 이준형, 종합 1위 이동원, 종합 2위 최휘, 종합 2위 윤정후, 1000m 3위 최송아, 1500m·경기도 계주 3위
2017.01	2017 종별종합스피드 선수권대회	노혁준, 1500m 1위. 종합 3위 박초원, 3000m 1위, 1500m·1000m·종합 2위, 500m 3위 김도형, 5000m 2위
2017.01	2017 알마티 동계유니버시아드대회	박지원, 1500m 1위, 1000m 2위 박초원, 팀추월 1위
2017.03	제31회 종별종합쇼트트랙선수권대회	김윤선, 1000m·3000mS.F 3위
2017.03	제52회 고 빙상인추모전국남녀스피드스케이팅대회	박초원, 1500m·3000m 2위
2017.03	제50회 대학대항대회	노혁준, 1500m 2위 박초원, 3000m 2위, 1500m 3위
2017.03	제59회 피겨스케이팅 종별선수권대회	최휘, 종합 1위
2017.07	2018 평창동계올림픽 파견선수 1차 선발전	이준형, 종합 1위
2017.10	제34회 쇼트트랙스피드스케이팅대회	박지원, 1000m 1위 윤정후, 1000m 2위 김윤선, 1500m 2위
2017.11	2017 ISU 상하이 트로피대회	박지원, 1000m·1500m 1위
2017.11	2017 아시아오픈트로피쇼트트랙대회	김민석, 500m·1500m 1위
2017.12	2017 피겨스케이팅 회장배 랭킹대회	이준형, 종합 1위

연월	대회명	수상내역
2017.12	제33회 회장배쇼트트랙스피드스케이팅대회	박지원, 1000m 1위, 1500m 2위 최송아, 500m 2위 윤정후, 3000m 3위 남자대학부, 3000m계주·종합 1위
2018.01	제48회 회장배 스피드스케이팅대회	정예훈, 3000m 1위 노혁준, 1500m 2위 임준홍, 팀추월·8주 2위, 1000m 3위,
2018.01	제72회 피겨스케이팅 종합선수권대회	이준형, 종합 3위
2018.01	제99회 전국동계체육대회	박지원, 1500m 1위, 1000m 2위, 3000m계주 3위 윤정후, 1500m 2위 김윤선, 1500m, 1000m 3위, 3000m계주 1위 노혁준, 1500m 1위, 매스스타트 2위 정예훈, 1500m 2위 임준홍, 500m 3위 박초원, 1000m 2위, 1500m 3위 박소연, 종합 1위 최휘, 종합 2위
2018.01	2018 종별종합 스피드스케이팅 선수권대회	노혁준, 1500m·3000m 3위, 종합 2위 임준홍, 500m 2위
2018.03	제32회 종별종합쇼트트랙스피드스케이팅선수권대회	박지원, 1500m·1000m·500m·3000mS.F, 종합 1위 천유빈, 3000mS.F 3위
2018.03	제53회 고 빙상인추모전국남녀스피드스케이팅대회	노혁준, 1500m 2위 임준홍, 500m 3위 박초원, 1500m 2위, 3000m 1위
2018.04	18/19 쇼트트랙국가대표선발전1차	박지원, 3000mS.F 2위
2018.04	제33회 종합쇼트트랙스피드스케이팅선수권대회	박지원, 1500m 2위
2018.10	제53회 전국남녀 종목별 스피드선수권대회	박초원, 1500m 3위
2018.11	제35회 쇼트트랙스피드스케이팅대회	김대휜, 3000m 1위 윤정후, 1500m 2위 김민석, 3000m 2위
		최송아, 500m 2위 김윤선, 1000m 3위
2018.11	18/19 제1차 ISU쇼트트랙월드컵대회	박지원, 1000m·5000m계주·2000m· 혼성계주 2위
2018.11	18/19 제2차 ISU쇼트트랙월드컵대회	박지원, 1000m 3위
2018.11	제34회 회장배쇼트트랙스피드스케이팅대회	윤정후, 1000m 3위 김윤선, 1500m 3위

연월	대회명	수상내역
		남자대학부 3000m계주 2위 여자대학부 3000m계주 2위
2018.12	2019 크라스노야르스크 동계유니버시아드대회 선발대회	박지원, 1500m 1위, 1000m·1500m S.F·종합 3위 김윤선, 1000m 2위
2018.12	2018 전국남녀 피겨스케이팅 회장배 랭킹대회	이준형, 종합 2위
2019.01	제73회 전국남녀 피겨스케이팅 종합선수권대회	이준형, 종합 2위
2019.01	제49회 회장배 전국남녀 스피드스케이팅대회	노혁준, 3000m 2위, 1500m 3위 박초원, 1500m·3000m 1위
2019.01	2019 전국남녀 종별종합 스피드스케이팅 선수권대회	노혁준, 3000m 1위, 1500m 3위, 종합 2위 박초원, 1500m·3000m·1000m 종합 1위, 500m 3위
2019.02	18/19 제4차 ISU쇼트트랙월드컵대회	박지원, 1000m(2) 1위
2019.02	18/19 제5차 ISU쇼트트랙월드컵대회	박지원, 1000m 2위
2019.02	제100회 전국동계체육대회	이시형, 1000m 3위 김대환, 500m 3위 김건희, 1500m, 3000m 1위 김윤선, 1500m 2위 천유빈, 3000m 2위 최송아, 500m 3위 박초원, 1500m·3000m 2위, 매스스타트 3위 이준형, 종합 1위 박소연, 종합 1위 남자대학부 3000m계주 2위
2019.03	2019 크라스노야르스크 동계유니버시아드대회	박지원, 500m·5000m계주 1위, 1000m 3위
2019.03	2019 ISU 세계쇼트트랙선수권대회	박지원, 5000m계주 1위 김건희, 3000m계주 1위
2019.03	제33회 종별종합쇼트트랙스피드스케이팅선수권대회	김민석, 3000mS.F, 1위, 1000m 종합 3위 서범석, 1000m 2위, 1500m 3위 김대환, 1500m 2위 이성우, 500m 3위 김건희, 1500m·1000m·종합 1위, 500m 2위 김윤선, 3000mS.F 2위
2019.03	제54회 고 빙상인추모전국남녀스피드스케이팅대회	노혁준, 1500m 3위, 3000m 2위
2019.03	제52회 전국남녀 대학교 스피드스케이팅대회	노혁준, 3000m 1위, 1500m 3위
2019.04	19/20 쇼트트랙국가대표선발전1차	박지원, 1500m·3000mS.F·종합 1위, 1000m 2위
2019.04	제34회 종별종합쇼트트랙스피드스케이팅선수권대회	박지원, 1000m·3000mS.F·종합 2위
2019.10	019 ISU상하이트로피쇼트트랙스피드스케이팅대회	서범석, 1000m 3위

연월	대회명	수상내역
2019.10	제36회 전국남녀쇼트트랙스피드스케이팅대회	김민석, 1000m 1위 서범석, 3000m 1위 이성우, 1500m 2위 김윤선, 3000m 1위, 1000m 2위 천유빈, 3000m 2위
2019.11	제35회 회장배쇼트트랙스피드스케이팅대회	김건희, 1000m 1위 김윤선, 1500m 3위, 3000m 2위 천유빈, 3000m 3위 남자대학부, 3000m계주 2위
2019.12	2019 전국남녀주니어쇼트트랙선수권대회 겸 2020 세계주니어선수권선발대회	김건희, 1500m·1500mS.F 1위, 500m·종합 2위
2020.01	2020 ISU 세계주니어쇼트트랙선수권대회	김태성, 1500m·3000m계주 1위 김건희, 1500m 1위
2020.02	제101회 전국동계체육대회	변지훈, 1000m 1위 이성우, 1500m 2위 이준서, 3000m 3위 김건희, 1500m·1000m 1위 전유민, 3000m 1위, 1500m 2위 천유빈, 3000m 2위 남자대학부, 3000m계주 3위
2020.02	ISU 세계주니어스피드스케이팅선수권대회	신재완, 매스스타트 3위
2020.11	제37회 전국남녀쇼트트랙스피드스케이팅대회	이성우, 3000m 1위, 1500m 3위 김태성, 1000m 2위 김건희, 3000m 1위, 1500m 2위 천유빈, 3000m 2위
2021.02	2021 전국남녀 종목별 스피드스케이팅 선수권대회	신재완, 5000m·종합 2위, 3000m 3위
2021.03	제36회 회장배쇼트트랙스피드스케이팅대회	김태성, 500m·1500m 2위 이시형, 1000m 2위 김찬서, 3000m 1위 천유빈 3000m·1500m 2위 전유민, 3000m 3위
2021.03	제56회 빙상인추모전국남녀스피드스케이팅대회	김지수, 매스스타트 1위 신재완, 매스스타트 3위, 3000m 2위
2021.03	제54회 전국남녀대학교스피드스케이팅대회	김지수, 매스스타트 2위
2021.04	제35회 종별종합쇼트트랙스피드스케이팅선수권대회	김태성, 1000m 1위, 1500m·3000mS.F 3위, 종합 2위 김대환, 500m 3위 김건희, 1000m·종합 3위 김찬서, 3000mS.F 2위 김은서, 500m 3위

연월	대회명	수상내역
2021.05	2021 전국남녀주니어스피드스케이팅선수권대회	김지수, 1500m 3위
2021.05	21/22 쇼트트랙국가대표선발전1차	김태성, 1000m 1위
2021.09	2021 루체른 동계유니버시아드 파견선수 선발대회	김태성, 500m 1위, 1000m·종합 3위 김대환, 500m 3위 김건희, 1000m 2위, 1500m·1500mS.F, 종합 3위 김찬서, 1500mS.F 1위
2021.11	제37회 회장배쇼트트랙스피드스케이팅대회	서범석, 500m 1위 변지훈, 500m 2위 김태성, 500m 3위 김찬서, 500m·3000m 1위 김건희, 1000m 1위 전유민, 1500m·3000m 2위 천유빈, 1500m 3위 여자대학부, 3000m계주 1위
2021.11	제52회 회장배 전국남녀 스피드스케이팅대회	신재완, 매스스타트 2위
2022.01	제38회 전국남녀쇼트트랙스피드스케이팅대회	이시형, 1500m 1위 김태성, 3000m 2위 서범석, 3000m 3위 김건희, 1500m 1위, 500m 2위 전유민, 1000m 1위, 1500m 2위 김찬서, 500m 1위, 1000m 2위 천유빈, 3000m 3위
2022.01	2022 전국남녀 종별종합 스피드스케이팅 선수권대회	신재완, 5000m·종합 3위 김은서, 500m 3위
2022.02	2021 전국남녀주니어쇼트트랙선수권대회 겸 2022 세계주니어쇼트트랙대회	김찬서, 1000m 2위
2022.02	제103회 전국동계체육대회	김예림, 여자싱글 1위 김태성, 1500m 1위, 1000m 3위 김건희, 1500m·1000m 1위 김찬서, 3000m 1위, 1500m 2위 전유민, 1500m 3위, 3000m 2위 천유빈, 3000m 3위 신재완, 매스스타트 1위 김지수, 매스스타트 3위 홍성빈, 10000m 2위 남자대학부, 8주팀추월 2위 여자대학부, 3000m계주 1위 남자대학부, 3000m계주 3위

연월	대회명	수상내역
2022.03	第57회 빙상인추모전국남녀스피드스케이팅대회	차의륜, 5000m 1위 김지수, 3000m 2위 홍성빈, 5000m 2위, 3000m 3위 신재완, 5000m 3위
2022.04	第55회 전국남녀대학교스피드스케이팅대회	차의륜, 5000m 1위 김지수, 3000m 2위 신재완, 1500m 2위, 5000m 3위 홍성빈, 3000m 3위 남자대학부, 8주팀추월 2위 김은서, 500m 3위
2022.04	第36회 종별종합쇼트트랙스피드스케이팅선수권대회	이성우, 3000mS.F 1위, 1500m·종합 3위 변지훈, 500m 1위 김태성, 500m 3위 김건희, 1000m·3000mS.F·종합 1위, 1500m·500m 3위 김찬서, 1500m 1위, 1000m 2위, 3000mS.F·종합 3위 전유민, 500m 2위, 1000m 3위
2022.05	2022/23 쇼트트랙국가대표선발전1차	김태성, 500m 3위 김건희, 1500m·500m, 종합 1위 김찬서, 3000mS.F 1위
2022.05	第37회종합쇼트트랙스피드스케이팅 선수권대회	김태성, 500m 1위 김건희, 3000mS.F 1위, 1500m, 종합 3위
2022.07	2023 레이크플레시드 동계세계대학경기대회파견선수선발전	김예림, 여자싱글 1위
2022.09	2022 피겨 챌린저 시리즈 레이크 플래시드	김예림, 여자싱글 1위
2022.10	2022 피겨 챌린저 시리즈 핀란디아 트로피	김예림, 여자싱글 1위
2022.10	2023 레이크플래시드 동계유니버시아드 파견선수선발대회	김태성, 1000m 1위, 종합 2위 김건희, 1500m, 종합 2위, 1000m 3위
2022.11	22/23 ISU 쇼트트랙 월드컵1차	김태성, 1000m(?) 3위, 5000m계주 1위 김건희, 2000m혼성계주 1위
2022.11	22/23 ISU 쇼트트랙 월드컵2차	김태성, 5000m계주 2위, 2000m혼성계주 1위 김건희, 3000m계주·2000m혼성계주 1위
2022.11	第1회 국무총리배쇼트트랙스피드스케이팅대회	김찬서, 1500m·1000m 1위 김은서, 500m 1위
2022.11	第53회 회장배 전국남녀스피드스케이팅대회	차의륜, 5000m 2위 홍성빈, 3000m 1위 신재완, 5000m·1500m 3위 남자대학부, 8주팀추월 2위

연월	대회명	수상내역
		김은서, 500m 2위
2022.11	2022 피겨 ISU 시니어 그랑프리 시리즈 3차대회	김예림, 여자싱글 2위
2022.11	2022 피겨 ISU 시니어 그랑프리 시리즈 5차대회	김예림, 여자싱글 1위
2022.12	22/23 ISU 쇼트트랙 월드컵3차	김태성, 500m 1위, 5000m계주 2위
2022.12	제38회 회장배쇼트트랙스피드스케이팅대회	서범석, 500m 2위, 1000m 3위 이성우, 1500m·3000m 3위 남자대학부, 3000m계주 2위 김찬서, 1500m·1000m 1위
2023.01	제77회 전국남녀 피겨스케이팅 종합선수권대회	김예림, 여자싱글 2위
2023.01	2023 레이크플레시드 동계세계대학경기대회	김태성, 1500m·5000m계주 1위, 500m 2위, 1000m 3위 김건희, 3000m계주 1위, 1500m 2위 김예림, 여자싱글 3위
2023.01	2023 ISU 4대륙 피겨 선수권대회	김예림, 여자싱글 2위
2023.02	22/23 ISU 쇼트트랙 월드컵5차	김건희, 3000m계주 3위, 2000m혼성계주 2위
2023.02	22/23 ISU 쇼트트랙 월드컵6차	김태성, 5000m계주 1위
2023.02	제104회 전국동계체육대회	김예림, 여자싱글 1위 이선호, 1500m·3000m 2위 김태성, 1000m 3위 김찬서, 3000m 1위 한다희, 500m·매스스타트 2위, 1000m 3위 차의륜, 매스스타트 2위, 5000m, 1500m 3위 신재완, 1500m 2위 김지수, 매스스타트 3위 홍성빈, 10000m 3위 김은서, 500m 3위 남자대학부, 8주팀추월 2위
2023.02	2023 전국남녀 종별종합 스피드스케이팅대회	전규담, 1500m 1위 차의륜, 3000m·5000m, 종합 2위 신재완, 3000m 3위 김은서, 500m 2위, 1000m 3위
2023.03	2023 ISU 세계쇼트트랙 선수권대회	이동현, 5000m계주 3위
2023.03	제58회 빙상인추모 전국남녀 스피드스케이팅대회	차의륜, 3000m 1위, 5000m 3위 전규담, 1500m 1위 신재완, 1500m 2위 김은서, 500m 2위 홍성빈, 3000m 3위 김지수, 3000m 5위

연월	대회명	수상내역
2023.03	전국남녀 대학교스피드스케이팅대회	전규담, 1000m 1위, 1500m 3위 신재완, 1500m 2위 김은서, 500m 2위 남자대학부, 8주팀추월 2위
2023.04	제37회 종별종합쇼트트랙스피드스케이팅선수권대회	이동현, 1500m 1위 한다희, 1000m 3위
2023.04	2023 ISU 월드팀 트로피	김예림, 프리 3위, 팀코리아 종합 2위
2023.04	제38회 종합 쇼트트랙스피드스케이팅 선수권대회	김태성, 1000m 1위, 종합 3위
2023.09	2023 Asia Open Short Track Speed Skating Trophy	한다희, 1500m·1000m·2000m·혼성계주, 1위 이선호, 1500m·1000m·2000m 혼성계주 1위, 500m 3위
2023.10	2023 피겨 챌린저 시리즈 핀란디아 트로피	김예림, 여자싱글 1위
2023.10	23/24시즌 ISU 주니어 및 네오시니어 월드컵파견 선수선발전	전규담, 1000m 3위
2023.11	제54회 회장배 전국남녀 스피드스케이팅대회	차의륜, 5000m·3000m 3위 남자대학부, 8주팀추월 2위
2023.11	제2회 국무총리배쇼트트랙스피드스케이팅대회	김태성, 1500m 1위 이동현, 1000m 1위, 1500m 2위 이선호, 1000m 3위 한다희, 500m 2위 전유민, 3000m 3위
2023.12	제39회 회장배쇼트트랙스피드스케이팅대회	김태성, 500m·1000m 1위 이동현, 1500m 3위 남자대학부, 3000m계주 2위 김찬서, 1000m 2위, 1500m 3위 전유민, 3000m 3위 여자대학부, 3000m계주 2위
2023.12	2024 전국남녀주니어스피드스케이팅선수권대회	전규담, 500m 3위
2024.01	제105회 전국동계체육대회	이선호, 3000m 1위 김친서, 3000m 1위, 1500m 2위 전유민, 3000m 2위 정인우, 5000m 1위, 1500m 2위 차의륜, 매스스타트 1위, 10000m 3위 대학부, 2000m혼성계주 2위 남자대학부, 8주팀추월 2위 여자대학부, 3000m계주 3위 남자대학부, 3000m계주 3위

연월	대회명	수상내역
2024.02	2024 ISU 세계 주니어 쇼트트랙 선수권대회	한병찬, 1000m 3위, 3000m계주 1위, 2000m 혼성계주 2위 김민우, 3000m계주 1위, 2000m혼성계주 2위
2024.02	2024 전국남녀종별종합스피드스케이팅 선수권대회	정인우, 3000m·종합 1위, 1500m 2위, 5000m 3위 차의륜, 3000m 2위 전규담, 500m 3위
2024.02	제38회 종별종합쇼트트랙스피드스케이팅선수권대회	이동현, 500m 2위, 1000m 3위 이선호, 1500m 3위 전유민, 1000m 1위, 500m 3위, 종합 2위 김찬서, 1000m 2위, 1500m, 종합 3위

8) 씨름부

씨름부는 우리나라의 전통 스포츠로서 중요한 가치를 갖고 있다. 씨름부 창설은 강용호 교수(작고, 사범대 체육교육과)가 주도했다. 강 교수는 청년 시절 씨름을 스포츠로 즐겼고, 선수급의 실력도 갖추고 있었

❶ 1970년대 후반 대학 씨름의 강좌로 군림한 씨름부의 늠름한 모습 ❷ 제22회 한남체전에서 시범경기를 펼치는 이준희 장사(1985) ❸ 회장기쟁탈 전국장사씨름대회에서 우승을 차지하고 권기홍 총장을 예방한 씨름부(2006) ❹ KBS 전국대학 문경장사씨름대회 우승(2012) ❺ 제4회 춘천소양강배전국장사씨름대회 단체우승(2018)

다. 교수로 재직하면서도 씨름에 재능있는 학생들을 지도해 1973년 제4회 회장기쟁탈장사씨름대회에서 우승을 했다. 이에 힘입어 장충식 당시 총장은 비인기 종목임에도 민족전통문화를 계승하자는 취지에서 1974년 3월, 씨름부를 창설했다.

창설 이후 일양약품 선수 시절 천하장사를 차지하였으며 LG, 신창건설씨름단 감독을 거쳐 현재 대한씨름협회 경기위원장을 맡고 있는 이준희를 비롯해 최상일, 허형욱(전 단국대 씨름부 감독), 김재곤(울산대 감독), 김영경, 이상태, 장용철, 조규락, 김종기, 정지복, 오춘식, 김영현 등이 대학 씨름계의 정상을 차지해 국민적 인기를 끌었다. 현재도 2023년 제20회 학산김성률장사배 전국장사씨름대회와 제60회 대통령기 전국장사씨름대회 단체전 우승으로 2연패로 전국 최강의 실력을 과시하며 전통을 잇고 있다.

□ 역대 지도자

직무	성 명	부임일
감독	허형욱	1982.03
現감독	주두식	2018.09
現코치	임대혁	2024.09

□ 주요 대회 실적 현황

연 월	대 회 명	수 상 내 역
1975.06	제12회 대통령기 쟁탈 전국장사 씨름대회	단체, 3위
1976.04	제6회 회장기 쟁탈 장사 씨름대회	단체, 우승
1976.06	제13회 대통령기 쟁탈 전국장사 씨름대회	단체, 3위
1976.09	제5회 KBS배 쟁탈 전국장사 씨름대회	단체, 준우승
1977.05	제7회 회장기 쟁탈 장사씨름대회	준우승
1977.06	제14회 대통령기 쟁탈 전국장사 씨름대회	단체, 우승
1977.10	제58회 전국체육대회	대학 단체, 3위
1977.10	제31회 전국 씨름선수권대회	대학 단체, 3위
1978.10	제59회 전국체육대회	대학 단체, 1위
1978.11	제32회 전국씨름선수권대회	대학 단체, 1위
1979.06	제33회 전국씨름선수권대회	대학 단체, 3위
1979.10	제60회 전국체육대회	대학 단체, 2위

연월	대회명	수상내역
1979.11	제16회 대통령기쟁탈 전국장사씨름대회	실업·대학단체, 1위
1980.08	제34회 전국씨름선수권대회	대학 단체, 3위 직장·대학 단체, 2위
1980.10	제61회 전국체육대회	대학 단체, 2위
1980.11	제17회 대통령기쟁탈 전국장사씨름대회	대학 단체, 3위
1981.07	제35회 전국씨름선수권대회	대학 단체, 3위
1981.09	제18회 대통령기쟁탈 전국장사씨름대회	대학 단체 1위
1982.10	제36회 전국씨름선수권대회	대학 단체, 1위
1983.07	제64회 전국체육대회 서울특별시예선대회	대학 단체, 1위
1983.10	제64회 전국체육대회	대학 단체, 3위
1984.07	제38회 전국씨름선수권대회	대학 단체, 3위
1984.10	제21회 대통령기쟁탈 전국장사씨름대회	대학 단체, 3위
1985.05	제22회 대통령기쟁탈 전국장사씨름대회	대학 단체, 3위
1985.10	제66회 전국체육대회	대학 개인, 2위
1986.06	제67회 전국체육대회	대학 개인, 1위
1986.07	제23회 대통령기쟁탈 전국장사씨름대회	대학 단체, 2위
1987.04	제17회 회장기 전국장사씨름대회	박성구, 역사급 2위 오춘식, 청장급 3위 조규락, 용사급 3위
1987.07	제24회 대통령기전국장사씨름대회	박성구, 역사급 2위 조규락, 용사급 3위
1987.08	제1회 전국시도대항장사씨름대회	오춘식, 청장급 1위 조규락, 용사급 1위 박성구, 역사급 1위 김종기, 장사급 2위 송덕래, 소장급 3위
1987.09	제6회 서울특별시장기 전국장사씨름대회	오춘식, 청장급 1위 박성구, 역사급 1위 김종기, 장사급 1위
		이형석, 장사급 2위 김종기, 통일장사 3위
1987.09	제41회 전국씨름선수권대회	오춘식, 청장급 2위 조규락, 용사급 2위 박성구, 역사급 2위
1987.10	제68회 전국체육대회	오춘식, 경량급 1위 김종기, 장사급 3위
1988.03	제17회 KBS배 씨름대회	단체전 3위 한만진, 소장급 3위

연월	대회명	수상내역
		차기동, 청장급 3위 박성구, 역사급 3위
1988.04	제18회 회장기 전국장사씨름대회	한만진, 소장급 2위 강창호, 청장급 2위 조찬홍, 장사급 3위
1988.05	제2회 전국시도대항장사씨름대회	정지복, 용사급 3위
1988.06	제25회 대통령기전국장사씨름대회	정지복, 용사급 1위
1988.07	제42회 전국씨름선수권대회	단체전 2위 오춘식, 역사급 1위 조찬홍, 장사급 2위 송덕래, 소장급 2위
1988.08	제7회 서울특별시장기 전국장사씨름대회	단체전 1위 송덕래, 소장급 1위 오춘식, 역사급 1위 허일욱, 청장급 3위
1988.10	제69회 전국체육대회	정지복, 용사급 3위
1989.04	제19회 회장기 전국장사씨름대회	신택근, 소장급 1위
1989.05	제18회 KBS배 씨름대회	신택근, 소장급 1위 차기동, 용사급 3위
1989.06	제26회 대통령기전국장사씨름대회	신택근, 소장급 1위 송덕래, 용사급 3위
1989.08	제3회 전국시도대항장사씨름대회	단체전 3위 신택근, 소장급 1위 차기동, 용사급 3위
1989.09	제43회 전국씨름선수권대회	신택근, 소장급 3위 이형석, 장사급 3위
1989.10	제8회 서울특별시장기 전국장사씨름대회	신택근, 청장급 1위 박성구, 역사급 2위 조찬홍, 장사급 3위
1990.04	제20회 회장기 전국장사씨름대회	신택근, 소장급 1위 조찬홍, 장사급 2위
1990.07	제4회 전국시도대항장사씨름대회	강창호, 용사급 3위 신택근, 청장급 3위
1990.07	제44회 전국씨름선수권대회	강창호, 용사급 2위
1990.09	제9회 서울특별시장기 전국장사씨름대회	강창호, 역사급 1위 신택근, 청장급 2위 조찬홍, 장사급 2위
1990.10	제71회 전국체육대회	강창호, 용사급 2위
1991.04	제20회 KBS배 씨름대회	주두식, 용사급 1위

연월	대회명	수상내역
1991.05	제21회 회장기 전국장사씨름대회	단체전 3위 이승우, 장사급 3위 정원태, 청장급 3위
1991.06	제28회 대통령기전국장사씨름대회	단체전 3위 신택근, 청장급 3위 조찬홍, 장사급 3위
1991.07	제5회 전국시도대항장사씨름대회	이인봉, 소장급 2위 육 민, 역사급 3위 조찬홍, 장사급 3위
1991.08	제45회 전국씨름선수권대회	전찬환, 역사급 2위 정원태, 용장급 3위 육 민, 용사급 3위 강창호, 역사급 3위
1991.09	제10회 서울특별시장기 전국장사씨름대회	주두식, 역사급 1위 정원태, 용사급 2위 전찬환, 역사급 2위 이승우, 장사급 2위 이승우, 통일장사급 2위
1991.10	제72회 전국체육대회	주두식, 용사급, 3위
1992.03	제29회 대통령기전국장사씨름대회	이화원, 청장급 1위 육 민, 용사급 1위 조기찬, 경장급 2위 이현오, 소장급 3위
1992.04	제21회 KBS배 씨름대회	단체전 3위 정원태, 용장급 1위 하정호, 용장급 3위 육 민, 용사급 3위
1992.05	제22회 회장기 전국장사씨름대회	이승우, 장사급 2위 조기찬, 경장급 3위 육 민, 역사급 3위
1992.06	제6회 전국시도대항장사씨름대회	단체전 3위 이승우, 장사급 3위
1992.07	제46회 전국씨름선수권대회	이화원, 청장급 1위 조기찬, 경장급 3위
1992.09	제11회 서울특별시장기 전국장사씨름대회	조기찬, 경장급 1위 이화원, 용장급 1위 하정호, 용사급 1위
1992.10	제73회 전국체육대회	조기찬, 경장급 2위 이화원, 청장급 3위

연월	대회명	수상내역
1993.03	제22회 KBS배 씨름대회	단체전 3위 이화원, 청장급 1위 정원태, 용장급 2위
1993.04	제30회 대통령기전국장사씨름대회	이화원, 청장급 1위 이승우, 통일장사 2위 오경식, 소장급 3위 전창환, 역사급 3위
1993.05	제23회 회장기 전국장사씨름대회	이화원, 청장급 3위 이승우, 통일장사 3위
1993.07	제47회 전국씨름선수권대회	이화원, 용장급 1위 오경식, 소장급 2위 육 민, 역사급 2위 정원태, 용사급 3위 하정호, 청장급 3위
1993.09	제7회 전국시도대항장사씨름대회	단체전 3위 오경식, 소장급 1위 하정호, 청장급 1위 김봉구, 장사급 1위 이화원, 용장급 3
		정원태, 용사급 3위 육 민, 역사급 3위
1993.09	제12회 서울특별시장기 전국장사씨름대회	조기찬, 경장급 1위 오경식, 청장급 1위 이화원, 용사급 1위 김봉구, 장사급 1위 하정호, 용장급 2위
1993.10	제74회 전국체육대회	오경식, 소장급 2위 하정호, 청장급 2위 이화원, 용장급 2위 심현구, 용장급 3위 육 민, 역사급 3위
1994.03	제24회 회장기 전국장사씨름대회	단체전 1위 김봉구, 장사급 3위
1994.04	제23회 KBS배 씨름대회	단체전 3위 이화원, 용사급 1위 오경식, 소장급 2위 하정호, 용장급 3위
1994.05	제31회 대통령기전국장사씨름대회	오경식, 소장급 3위 이화원, 용사급 3위

연월	대회명	수상내역
1994.06	제8회 전국시도대항장사씨름대회	단체전 3위 이화원, 용사급 1위 오경식, 소장급 2위 심현구, 청장급 3위
1994.07	제48회 전국씨름선수권대회	단체전 2위 하정호, 용장급 1위 김봉구, 장사급 2위
1994.08	제13회 서울특별시장기 전국장사씨름대회	단체전 1위 김춘수, 용장급 1위 한재혁, 역사급 1위 이화원, 역사급 2위 오경식, 소장급 2위 심현구, 청장급 2위 전찬수, 용사급 3위 하정호, 용사급 3위 최규현, 청장급 3위
1994.10	제75회 전국체육대회	오경식, 소장급 1위 최규현, 소장급 3위 김봉구, 장사급 3위 하정호, 청장급 3위
1995.03	제32회 대통령기전국장사씨름대회	김영현, 통일장사 1위 김영현, 장사급 1위 김봉구, 통일장사 2위
1995.06	제49회 전국씨름선수권대회	단체전 3위 김영현, 통일장사 1위 김영현, 장사급 1위 김봉구, 통일장사 2위 최규현, 소장급 2위
1995.07	제14회 서울특별시장기 전국장사씨름대회	오경식, 청장급 1위 이화원, 용장급 1위 하정호, 용사급 1위 권영진, 경장급 3위 신필식, 소장급 3위 최규현, 소장급 3위
1995.07	제9회 전국시도대항장사씨름대회	이화원, 용장급 1위 김영현, 장사급 2위 김현중, 역사급 3위
1995.09	제28회 회장기 전국장사씨름대회	김영현, 통일장사 1위 김영현, 장사급 1위 김봉구, 장사급 2위

연월	대회명	수상내역
		오경식, 경장급 2위
1995.10	第76회 전국체육대회	김영현, 장사급 1위 오경식, 경장급 2위 김현중, 역사급 3위 한정호, 용사급 3위
1995.11	95대통령배 씨름왕선발대회	김영현 1위 김봉구 3위
1996.06	第50회 전국씨름선수권대회	권영진, 경장급 3위
1996.07	第10회 전국시도대항장사씨름대회	신필식, 소장급 3위 김은종, 장사급 3위
1996.08	第15회 서울특별시장기 전국장사씨름대회	한재혁, 용사급 1위 유해길, 용장급 3위
1996.10	第77회 전국체육대회	송강호, 청장급 3위
1997.04	第51회 전국씨름선수권대회	신필식, 소장급 3위 임홍재, 용사급 3위 이헌희, 무제한급 3위
1997.06	第11회 전국시도대항장사씨름대회	이헌희, 장사급 1위 신필식, 경장급 3위
1997.07	第34회 대통령기전국장사씨름대회	단체전 3위 임홍재, 용사급 3위
1997.09	第2회 진로그룹배전국장사씨름대회	이헌희, 장사급 2위
1997.10	第78회 전국체육대회	이헌희, 장사급 2위 임홍재, 용사급 3위
1998.03	第28회 회장기 전국장사씨름대회	임홍재, 용사급 1위 이헌희, 장사급 3위
1998.05	第12회 전국시도대항장사씨름대회	이헌희, 장사급 1위 임홍재, 용사급 1위 송강호, 역사급 3위
1998.07	第52회 전국씨름선수권대회	임홍재, 용사급 1위
1998.08	第17회 서울특별시장기 전국장사씨름대회	임홍재, 역사급 1위 정성욱, 용사급 3위 김은종, 용장급 3위 유해길, 용장급 3위 임홍재, 통일장사부 3위
1998.09	第3회 진로그룹배전국장사씨름대회	임홍재, 역사급 2위 김은종, 용장급 2위 정세환, 소장급 3위 이헌희, 장사급 3위

연월	대회명	수상내역
1998.10	第79회 전국체육대회	이헌희, 장사급 3위 임홍재, 역사급 3위
1999.04	第29회 회장기 전국장사씨름대회	이재환, 용사급 1위 김사권, 경장급 2위 김은종, 용장급 3위
1999.05	第13회 전국시도대항장사씨름대회	임홍재, 역사급 2위 정창진, 경장급 2위
1999.07	第36회 대통령기전국장사씨름대회	단체전 3위
1999.08	第18회 서울특별시장기 전국장사씨름대회	임홍재, 역사급 1위 김은종, 역사급 3위 김사권, 용장급 3위 정창진, 경장급 3위
1999.09	第4회 진로그룹배전국장사씨름대회	단체전 3위 이재환, 용사급 2위
1999.10	第80회 전국체육대회	임홍재, 역사급 2위 이재환, 용사급 2위 김사권, 용장급 3위 정창진, 청장급 3위
2000.04	第37회 대통령기전국장사씨름대회	온형준, 장사급 1위 이헌희, 장사급 3위
2000.06	第54회 전국씨름선수권대회	정성욱, 용사급 2위 김사권, 소장급 3위 이재환, 역사급 3위
2000.08	第19회 서울특별시장기 전국장사씨름대회	김사원, 청장급 1위 이헌희, 장사급 1위 온형준, 일장사급 1위
2000.08	第1회 충남인삼배 전국장사씨름대회	김사권, 청장급 1위 온형준, 장사급 2위
2000.09	第14회 전국시도대항장사씨름대회	김사권, 청장급 3위 김낙선, 청장급 3위
2000.10	第81회 전국체육대회	정장친, 경량급 2위 이헌희, 장사급 3위
2001.03	第31회 회장기 전국장사씨름대회	김낙선, 용장급 3위
2001.05	第2회 증평인삼배 전국장사씨름대회	온형준, 장사급 3위
2001.07	第38회 대통령기전국장사씨름대회	김사권, 청장급 1위
2001.09	第55회 전국씨름선수권대회	정창진, 소장급 1위 김사권, 청장급 3위 온형준, 선수권부장사급 1위
2001.10	第82회 전국체육대회	김사권. 청장급 1위

연월	대회명	수상내역
2002.03	제32회 회장기 전국장사씨름대회	단체전 3위 정창진, 소장급 1위 강창원, 용장급 3위
2002.04	제39회 대통령기전국장사씨름대회	단체전 3위 정창진, 소장급 1위 온형준, 장사급 1위 최규민, 경장급 2위
2002.06	제21회 서울특별시장기 전국장사씨름대회	단체전 2위 정창진, 소장급 1위 김호섭, 역사급 3위
2002.07	제56회 전국씨름선수권대회	단체전 3위 온형준, 선수권부장사급 1위 김사권, 청장급 1위 온형준, 장사급 2위 강창원, 용장급 3위
2002.08	제16회 전국시도대항장사씨름대회	김사권, 청장급 1위 최규민, 경장급 2위 온형준, 장사급 3위
2002.09	제4회 증평인삼배 전국장사씨름대회	단체전 3위 온형준, 장사급 1위 김호섭, 용사급 2위
2002.11	제83회 전국체육대회	정창진, 소장급 3위 김사권, 청장급 3위
2003.03	제33회 회장기 전국장사씨름대회	온형준, 장사급 3위
2003.04	2003횡성한우배전국장사씨름대회	온형준, 장사급 1위 김호섭, 용사급 3위
2003.05	제40회 대통령기전국장사씨름대회	온형준, 장사급 1위
2003.06	제17회 전국시도대항장사씨름대회	최규민, 경장급 1위 온형준, 장사급 3위
2003.07	제57회 전국씨름선수권대회	정성엽, 소장급 3위 온형준, 장사급 1위 온형준, 장사급 2위(선수권부)
2003.08	제22회 서울특별시장기 전국장사씨름대회	단체전 3위 최규민, 경장급 1위 강창원, 용장급 1위 김성준, 역사급 2위 김호섭, 용사급 3위 김관섭, 장사급 3위
2003.09	제4회 증평인삼배 전국장사씨름대회	김성준, 역사급 3위 온형준, 장사급 2위

연월	대회명	수상내역
2003.10	第84회 전국체육대회	온형준, 장사급 2위
2004.04	第41회 통령기 전국장사씨름대회	김관섭, 장사급 3위
2004.06	第1회 산김성률배 전국장사씨름대회	단체전 3위 강창원, 용장급 2위 김성식, 청장급 3위 김호섭, 용사급 3위 김인규, 역사급 3위 김관섭, 장사급 3위
2004.07	第18회 전국시도대항장사씨름대회	강창원, 용장급 2위 김인규, 역사급 2위 김관섭, 장사급 3위
2004.08	第5회 증평인삼배 전국장사씨름대회	노영철, 경장급 2위 김현섭, 청장급 3위 강창원, 용장급 3위
2004.10	第85회 전국체육대회	김호섭, 용사급 2위 최규민, 경장급 3위
2005.03	第35회 회장기 전국장사씨름대회	김인규, 역사급 1위 서남규, 용사급 2위
2005.04	第42회 대통령기 전국장사씨름대회	서남규, 용사급 3위 김관섭, 장사급 3위
2005.05	第2회 학산김성률배 전국장사씨름대회	단체전 3위 김성준, 역사급 1위 김인규, 역사급 2위 정성엽, 경장급 3위 서남규, 용사급 3위
2005.07	第59회 전국씨름선수권대회	김인규, 역사급 2위 노영철, 경장급 3위
2005.08	第19회 전국시도대항장사씨름대회	정성엽, 소장급 2위
2005.10	第86회 전국체육대회	정성엽, 소장급 3위
2006.03	第36회 회장기 전국장사씨름대회	단체전 준우승 노영철, 경장급 3위 정지웅, 소장급 3위 서남규, 용사급 3위
2006.04	第43회 대통령기 전국장사씨름대회	단체전 준우승 정성엽, 소장급 3위
2006.05	第7회 증평인삼배 전국장사씨름대회	단체전 3위 길선일, 청장급 1위 서남규, 용사급 2위 김성준, 역사급 2위

연월	대회명	수상내역
		정지웅, 소장급 2위 김인규, 역사급 3위 노영철, 경장급 3위 윤호준, 경장급 3위 길현오, 용장급 3위
2006.08	제3회 학산김성률배 전국장사씨름대회	단체전 2위 노영철, 경장급 1위 김성준, 역사급 1위 김인규, 역사급 2위 윤호준, 경장급 3위
2006.09	제60회 전국씨름선수권대회	정지웅, 소장급 1위 길선일, 청장급 3위 김인규, 역사급 3위
2006.10	제20회 전국시도대항장사씨름대회	단체전 3위 정성엽, 소장급 3위
2006.10	제87회 전국체육대회	노영철, 경장급 3위
2007.03	제37회 회장기 전국장사씨름대회	경장급(윤호준) 1위
2007.07	제21회 전국시도대항장사씨름대회	길선일, 청장급 1위
2007.08	제4회 학산김성률배 전국장사씨름대회	정지웅 소장급 1위
2007.09	제61회 전국씨름선수권대회	정지웅, 소장급 1위
2007.10	제88회 전국체육대회	이경수, 장사급 1위
2008.04	제45회 대통령기 전국장사씨름대회	길선일, 용장급 1위
2008.07	제62회 전국씨름선수권대회	단체전 2위 이경수, 장사급 1위 길선일, 용장급 3위
2008.08	제9회 증평인삼배 전국장사씨름대회	단체전, 1위 이경수, 통일장사부 1위
2008.10	제89회 전국체육대회	서남규, 용사급 1위
2009.12	2009-2010대학장사씨름내회 횡성한마딩	이경수, 장사급 1위
2010.03	제40회 회장기 전국장사씨름대회	유상, 용장급 1위 김강산, 청장급 3위 이경수, 장사급 3위
2011.07	제48회 대통령기 전국장사씨름대회	홍성용, 소장급 2위 라상엽, 경장급 3위
2011.08	제25회 전국시도대항장사씨름대회	선택, 용장급 2위 홍성용, 소장급 3위
2011.09	2011 전국대학 충주장사씨름대회	선택, 용장급 2위
2011.10	제92회 전국체육대회	선명, 경장급 3위 홍성용, 소장급 3위

연 월	대 회 명	수 상 내 역
2011.11	2011 전국대학 문경장사씨름대회	단체전 3위 유상, 용장급 2위
2011.12	2011 전국대학 안동장사씨름대회	단체전 2위 라상엽, 경장급 1위 정준영, 청장급 1위 한송근, 용사급 3위
2012.04	2012 KBSN 전국대학 문경장사씨름대회	단체전 1위
2012.05	제9회 학산김성률배 전국장사씨름대회	정준영, 청장급 1위 문윤식, 용장급 1위 선 택, 용사급 1위 조성환, 역사급 2위
2012.06	제26회 전국시도대항장사씨름대회	문윤식, 용장급 1위
2012.08	제66회 전국씨름선수권대회	선 택, 용사급 1위
2012.08	2012 KBSN 전국대학 청도장사씨름대회	정준영, 청장급 1위 황교필, 경장급 2위
2012.09	2012 KBSN 전국대학 충주장사씨름대회	정준영, 청장급 1위
2012.09	제13회 증평인삼배 전국장사씨름대회	문윤식, 용장급 1위 라상엽, 경장급 2위
2012.10	2012 KBSN 전국대학 고령장사씨름대회	정준영, 청장급 2위 라상엽, 경장급 3위
2012.11	2012 KBSN 전국대학 최강전장사씨름대회	선명, 경장급 3위
2013.04	제43회 회장기 전국장사씨름대회	라상엽, 경장급 2위 홍성용, 소장급 2위 황교필, 경장급 3위 유상, 청장급 3위 문윤식, 용장급 3위 조성환, 역사급 3위
2013.05	제14회 증평인삼배 전국장사씨름대회	단체전 3위 홍성용, 소장급 1위 홍성용, 소장급 2위 황교필, 경장급 3위
2013.07	제50회 대통령기 전국장사씨름대회	신현수, 경장급 3위 김태우, 청장급 3위
2013.07	2013 KBSN 전국대학 울산장사씨름대회	한송근, 용사급 2위
2013.09	제10회 학산김성률배 전국장사씨름대회	라상엽, 경장급 1위 선 명, 소장급 1위 유 상, 용장급 1위 홍성용, 소장급 2위 김태우, 청장급 3위

연월	대회명	수상내역
		조성환, 장사급 3위
2013.10	제94회 전국체육대회	홍성용, 소장급 1위
2013.11	2013 KBSN 전국대학 서산장사씨름대회	단체전 3위 선명, 소장급 2위
2013.12	2013 KBSN 전국대학 문경최강전대회	단체전 3위 황교필, 경장급 1위 홍성용, 소장급 2위 한송근, 용사급 2위
2014.04	제44회 회장기 전국장사씨름대회	라상엽, 경장급 2위 홍성용, 소장급 2위 황교필, 경장급 3위 유상, 청장급 3위 문윤식, 용장급 3위 조성환, 역사급 3위
2014.05	제15회 증평인삼배 전국장사씨름대회	문윤식, 청장급 2위 홍성용, 소장급 3위
2014.07	제28회 전국시도대항장사씨름대회	이상원, 용장급 3위
2014.08	제51회 대통령기 전국장사씨름대회	홍성용, 소장급 2위 신현수, 경장급 3위
2014.09	제11회 학산김성률배 전국장사씨름대회	단체전 3위
2014.11	2014 KBSN 전국대학장사씨름 최강전대회	황교필, 경장급 3위 홍성용, 소장급 3위
2014.03	제45회 회장기 전국장사씨름대회	이상원, 용장급 2위
2014.07	제69회 전국씨름선수권대회	황교필, 경장급 2위 신현수, 경장급 3위
2014.07	제52회 대통령기 전국장사씨름대회	이용희, 경장급 1위
2014.08	제29회 전국시도대항장사씨름대회	황교필, 경장급 1위
2014.08	제1회 춘천소양강배전국장사씨름대회	신현수, 경장급 2위 황교필, 소장급 2위 이상원, 용장급 3위
2014.09	제12회 학산김성률배 전국장사씨름대회	신현수, 경장급 2위
2014.10	제96회 전국체육대회	황교필, 경장급 3위 신현수, 소장급 3위
2014.11	2015 KBSN 전국대학 청양장사씨름대회	단체전 2위 이용희, 경장급 2위 황교필, 소장급 2위
2016.03	제70회 전국씨름선수권대회	단체전 3위 이용희, 경장급 1위 권순만, 청장급 3위

연월	대회명	수상내역
2016.04	제17회 증평인삼배 전국장사씨름대회	신현수, 소장급 3위 권순만, 청장급 3위
2016.05	제30회 전국시도대항장사씨름대회	단체전 3위 정민규, 청장급 3위
2016.07	제53회 대통령기 전국장사씨름대회	이동준, 용사급 2위 신현수, 소장급 3위
2016.08	제13회 학산김성률배 전국장사씨름대회	임대혁, 청장급 2위 신현수, 소장급 3위
2016.10	제97회 전국체육대회	신현수, 소장급 1위 권순만, 청장급 2위
2016.10	제46회 회장기 전국장사씨름대회	이상원, 용장급 2위 권순만, 청장급 3위 이동준, 용사급 3위
2017.03	제47회 회장기전국장사씨름대회	권순만, 청장급 2위 이상원, 용장급 3위
2017.04	제14회 학산배전국장사씨름대회	이국희, 역사급 3위
2017.05	제18회 증평인삼배전국장사씨름대회	단체전 2위 이용희, 양성수, 경장급 3위 최혜성, 용사급 3위
2017.06	제71회 전국씨름선수권대회	이국희, 역사급 2위 권순만, 청장급 3위
2017.07	제54회 대통령기 전국장사씨름대회	이국희, 역사급 1위 이상원, 용장급 2위 이동준, 용사급 3위
2017.08	제31회 전국시도대항장사씨름대회	단체전 3위 이용희, 경장급 2위 이동준, 용사급 2위 이상원, 용장급 3위
2017.09	제9회 구례여자장사 및 전국대학장사씨름대회	이용희, 경장급 2위 이국희, 역사급 3위
2017.10	제98회 전국체육대회	이국희, 역사급 1위 권순만, 청장급 3위 이상원, 용장급 3위
2018.03	제48회 회장기전국장사씨름대회	이국희, 역사급 1위
2018.04	제19회 증평인삼배전국장사씨름대회	권순만, 용장급 3위
2018.04	제72회 전국씨름선수권대회	이국희, 역사급 1위 유정훈, 용사급 3위
2018.07	제32회 전국시도대항장사씨름대회	이국희, 역사급 1위 이동준, 용사급 2위

연월	대회명	수상내역
		권순만, 청장급 3위
2018.07	제55회 대통령기 전국장사씨름대회	단체전 2위 이국희, 역사급 1위
2018.08	제15회 학산배전국장사씨름대회	신희호, 용장급 1위 이동준, 용사급 2위 박태중, 소장급 3위
2018.08	제4회 춘천소양강배전국장사씨름대회	단체전 1위 이용희, 경장급 1위 신희호, 용장급 3위 이동준, 용사급 3위
2018.09	제10회 구례여자장사 및 전국대학장사씨름대회	단체전 1위 신희호, 용장급 1위 이국희, 역사급 1위 권순만, 청장급 2위 이용희, 경장급 3위
2018.10	제99회 전국체육대회	신희호, 용장급 1위 이국희, 역사급 1위 권순만, 청장급 3위 이동준, 용사급 3위
2018.11	2018 창녕부곡온천 전국장사씨름대회	박태중, 소장급 1위 권순만, 청장급 3위
2019.03	제49회 회장기전국장사씨름대회	이국희, 역사급 1위 유정훈, 용사급 3위
2019.04	제20회 증평인삼배전국장사씨름대회	이국희, 역사급 1위 유정훈, 용사급 3위
2019.06	위더스제약 2019횡성단오장사씨름대회	권순만, 태백급 4위 신희호, 금강급 6위
2019.06	제33회 전국시도대항장사씨름대회	이국희, 역사급 1위 유정훈, 용사급 2위
2019.07	제73회 전국씨름선수권대회	이국희, 역사급 1위 권순만, 청장급 2위 권순만, 선수권부 청장급 3위
2019.07	제56회 대통령기 전국장사씨름대회	이국희, 역사급 1위
2019.08	제16회 학산배전국장사씨름대회	이국희, 역사급 1위 박태중, 경장급 2위 변성철, 경장급 3위
2019.08	제11회 구례여자장사 및 전국대학장사씨름대회	단체전 3위
2019.08	제5회 춘천소양강배전국장사씨름대회	단체전 3위 변성철, 경장급 3위

연월	대회명	수상내역
2019.10	第100회 전국체육대회	이국희, 역사급 1위 권순만, 청장급 2위 유정훈, 용사급 3위
2019.12	2019춘천대학장사 씨름한마당	단체전 3위 신희호, 용사급 1위 이국희, 역사급 1위
2020.10	第50회 회장기전국장사씨름대회	이국희, 역사급 3위
2020.10	第57회 대통령기 전국장사씨름대회	단체전, 2위 김수용, 소장급 3위
2020.11	第12회 구례여자장사 및 전국대학장사씨름대회	단체전3위
2020.12	第17회 학산배전국장사씨름대회	단체전 3위 신희호, 용장급 1위 유정훈, 용사급 2위 이국희, 역사급 2위
2020.12	위더스제약 2020천하장사 씨름대축제	단제전 3위
2021.04	第51회 회장기전국장사씨름대회	홍승찬, 소장급 1위 이병용, 청장급 1위 유정훈, 역사급 3위
2021.06	第75회 전국씨름선수권대회	홍승찬, 소장급 1위 이병용, 청장급 1위 유정훈, 역사급 2위
2021.07	第58회 대통령기 전국장사씨름대회	단체전 3위 유정훈, 역사급 1위 이병용, 청장급 2위 김민성, 장사급 2위 봉준균, 청장급 3위 신희호, 용장급 3위
2021.09	第35회 전국시도대항장사씨름대회	홍승찬, 소장급 1위 이병용, 청장급 1위 신희호, 용사급 3위
2021.10	第18회 학산배전국장사씨름대회	홍승찬, 소장급 1위 김민성, 장사급 2위
2021.12	第13회 구례여자장사 및 전국대학장사씨름대회	홍승찬, 청장급 1위 신희호, 용사급 1위 유정훈, 역사급 2위 이병용, 청장급 3위
2022.04	第36회 전국시도대항장사씨름대회	송영천, 역사급 1위 이병용, 청장급 2위 김수호, 역사급 2위

연월	대회명	수상내역
		김민성, 장사급 2위
2022.04	제76회 전국씨름선수권대회	이병용, 청장급 1위 홍승찬, 소장급 2위
2022.05	제19회 학산배전국장사씨름대회	단체전 1위 홍승찬, 소장급 1위 이병용, 청장급 1위 장민규, 용사급 3위 김지율, 장사급 3위
2022.05	위더스제약 2022 강릉단오장사씨름대회	송영천, 한라급 1위 홍승찬, 태백급 5위
2022.06	제23회 증평인삼배전국장사씨름대회	홍승찬, 소장급 1위
2022.07	제52회 회장기전국장사씨름대회	홍승찬, 소장급 1위 김영기, 청장급 2위 이병용, 청장급 3위 송영천, 역사급 3위
2022.07	제59회 대통령기 전국장사씨름대회	홍승찬, 소장급 1위 이병용, 청장급 2위 송영천, 역사급 2위 김지율, 장사급 3위
2022.08	제8회 춘천소양강배전국장사씨름대회	김수용, 경장급 2위 이병용, 청장급 3위
2022.09	제14회 구례여자장사 및 전국대학장사씨름대회	송영천, 역사급 2위 박준혁, 경장급 3위
2022.10	제103회 전국체육대회	홍승찬, 소장급 2위 이병용, 청장급 3위 김지율, 장사급 3위
2023.03	제53회 회장기전국장사씨름대회	송영천, 역사급 1위 김지율, 장사급 1위
2023.04	제20회 학산배전국장시씨름대회	단체전 1위 송영천, 역사급 1위 장민규, 용사급 2위 김수호, 역사급 3위 김영기, 청장급 3위 홍승찬, 소장급 3위
2023.04	제24회 증평인삼배전국장사씨름대회	송영천, 역사급 1위 박준혁, 경장급 3위
2023.05	제1회 대한체육회장기전국장사씨름대회	김수용, 경장급 3위 김수호, 역사급 3위

연월	대회명	수상내역
2023.06	제15회 구례여자장사 및 전국대학장사씨름대회	단체전 3위 홍승찬, 소장급 1위
2023.07	제60회 대통령기 전국장사씨름대회	단체전 1위 김지율, 장사급 2위
2023.07	제77회 전국씨름선수권대회	단체전 3위 홍승찬, 소장급 1위 봉준균, 용장급 2위 김수호, 역사급 2위 김영기, 용장급 3위
2023.08	제9회 춘천소양강배전국장사씨름대회	김지율, 장사급 1위
2023.10	제104회 전국체육대회	홍승찬, 소장급 2위
2024.03	제38회 전국시도대항장사씨름대회	봉준균, 용장급 3위
2024.04	제2회 대한체육회장기전국장사씨름대회	성민수, 소장급 1위 송영천, 역사급 1위 김대일, 장사급 3위
2024.04	제25회 증평인삼배전국장사씨름대회	이제준, 청장급 2위 강병우, 소장급 3위 이희창, 장사급 3위
2024.05	제21회 학산배전국장사씨름대회	송영천, 역사급 1위 김대일, 장사급 2위 강병우, 소장급 3위 이희창, 장사급 3위
2024.06	제1회 괴산유기농배전국장사씨름대회	단제천 2위 이제준, 청장급 1위 장민규, 용사급 3위 송영천, 역사급 3위
2024.06	제10회 춘천소양강배전국장사씨름대회	성민수, 소장급 1위 강병우, 소장급 2위 송영천, 역사급 2위
2024.07	제61회 대통령기 전국장사씨름대회	송영천, 역사급 1위 박현우, 경장급 3위
2024.08	제78회 전국씨름선수권대회	단체전 3위 성민수, 소장급 1위 송영천, 역사급 1위 송영천, 선수권부역사급 1위 봉준균, 선수권부용장급 3위
2024.08	제16회 구례여자장사 및 전국대학장사씨름대회	성민수, 소장급 1위 송영천, 역사급 3위
2024.09	제54회 회장기전국장사씨름대회	박준혁, 경장급 3위

2. 혜당종목

1) 골프부

골프부는 2005년 스포츠경영학과 조현익 교수가 경기실적우수자 전형으로 선수를 선발하면서부터 시작되었다. 그 후 2014년부터는 국제스포츠학과에서 신입생을 선발하기 시작하였는데, 2015년부터는 특기자 전형으로 선발하기 시작했다. 2024년부터는 국제스포츠학부에 골프전공을 개설하여 매년 5명을 선발하고 있다. 지금까지 프로선수로는 이가나, 이선화와 남지민 등이 대표적인 선수이며, 국가대표는 유승연, 지영민, 이혜정 등이 있다. 특히, 이선화는 LPGA대회에서 우승하면서 박세리를 이을 유망주로 평가받았다.

선수 관리는 지도교수가 하고 있고, 개인이 지도자를 선택하여 훈련하는 형태를 취하고 있다.

❶ 이가나
❷ 이선화
❸ 남지민

□ 역대 지도자

직무	성 명	부임일
지도교수	조현익	2005.03~2018.02
	박우영	2024.03~현재

□ 주요 대회 실적 현황

연월	대회명	수상내역
2005.09	제1회 로드랜드컵 매경 여자오픈 골프대회	이가나 1위
2006.04	LPGA 투어 다케후지클래식	이선화 2위
2006.06	LPGA 투어 숍라이트클래식	이선화 1위
2007.07	LPGA 투어 HSBC매치플레이챔피온십	이선화 1위
2008.06	LPGA 투어 긴트리뷰트	이선화 1위
2008.07	LPGA 투어 P&G뷰티 NW아칸소챔피언십	이선화 1위
2009.11	KLPGA 그랜드 드림투어	남지민 1위
2014.11	KLPGA 무안CC 카이도골프 드림투어 Presented by 현대증권 18차전	유승연 2위

2) 볼링부

볼링부는 1994년 스포츠경영학과 조현익 교수가 경기실적우수자 전형으로 선수를 선발하면서부터 시작되었다. 그 후 2015년부터는

❶ 제15회 아시아청소년볼링선수권대회 종합우승을 이끈 김연주_왼쪽에서 두 번째(2010) ❷ 제104회 전국체육대회 입상자 박승민, 이현준(2023) ❸ 제38회 대통령기전국볼링대회 우승(2023) ❹ 제42회 대한볼링협회장배 전국남녀종별 볼링선수권대회(2024)

특기자전형으로 신입생을 선발하고 있다. 국가대표(청소년 포함)로 선발된 선수로는 윤병민, 김태영, 김관민, 유진석, 임성률, 남기훈, 김연주, 임가혜, 김지연, 김경실, 정미경, 이현정, 최희영, 김단비 등이 있다. 전국체전을 비롯해서 전국대회에서 좋은 성적을 올리고 있다. 졸업 후에는 많은 선수들이 실업팀에 입단하여 좋은 활약을 보이고 있다.

선수 관리는 지도교수가 하고 있고, 운동 지도는 충남볼링협회 소속 지도자가 담당하고 있다.

□ 역대 지도자

직무	성 명	부 임 일
지도교수	조현익	1994.03~2020.02
	이병관	2020.03~현재
감독	윤병민	2005~현재

연맹 전산화가 시작된 2010년 이후 주요 대회 실적 실적은 다음과 같다.

□ 주요 대회 실적 현황(*2010년 전산화 작업 이전 실적 확인 불가)

연 월	대 회 명	수 상 내 역
2010.01	제15회 아시아청소년볼링선수권대회	김연주, 종합우승, 여자 2인조 2위, 여자 4인조 3위
2010.10	세계청소년볼링선수권대회	김연주, 개인전·단체전·마스터즈 1위
2010.10	제91회 전국체전	전은혜·임가혜·김연주, 3인조 1위 임가혜, 마스터즈 3위
2011.10	제92회 전국체전	김연주·임가혜, 2인소 1위 김연주·전은혜·윤이나, 3인조 1위 윤이나·전은혜, 2인조 2위 김연주, 개인전 3위
2012.10	제93회 전국체전	전은혜, 개인전 1위 김지연·김아름, 2인조 1위 전은혜·김경실·김아름, 3인조 3위
2013.10	제94회 전국체전	이준우, 2인조 1위 임가혜·김아름·강지연, 3인조 2위 이준우, 3인조 3위

연월	대회명	수상내역
2014.03	제33회 대한볼링협회장배 전국남녀종별볼링선수권대회	김경실·김아름, 2인조 2위 서정화·박혜민, 2인조 3위
2014.05	제28회 대한볼링협회장배 전국남녀학생볼링대회	김경실·유하경·서정화·신효빈·김아름·신혜지, 5인조 2위 김경실·서정호·김아름, 3인조 2위
2014.06	제16회 대한볼링협회장배 전국볼링대회	김아름·유하경·김경실, 3인조 1위 김아름·김경실, 2인조 1위 김아름·서정화·유하경·신혜지·김경실·신효빈, 5인조 2위 김아름, 개인종합 3위 신효빈·서정화·신혜지, 3인조,3위
2014.08	제29회 대통령기 전국볼링대회	김아름, 마스터즈 2위, 개인종합 3위 신혜지·신효빈·이혜빈·서정화·김아름·박수빈, 5인조 2위
2014.10	제34회 대한체육회장기 전국단체대항볼링대회	김경실·유하경·김아름, 3인조 2위
2014.10	제95회 전국체육대회	김아름·김경실, 2인조 1위 김경실, 개인전·마스터즈, 2위 김아름, 마스터즈 3위
2015.04	제34회 대한볼링협회장배 전국남녀종별선수권대회	김경실·박수빈·공민주·신혜지·김아름·서정화, 5인조 1위 박수빈, 마스터즈 1위 김경실, 개인종합·개인전 2위 서정화·공민주·박수빈, 3인조 2위 김경실·신혜지·김아름, 3인조 3위
2015.05	제29회 대한볼링협회장배 전국남녀학생볼링대회	이준우, 개인종합 2위
2015.07	제17회 대한볼링협회장배 전국볼링대회	김아름, 마스터즈·개인종합·개인전 3위 신혜지·서정화·박수빈·여수현·김아름, 5인조, 3위 김경실·박수빈·김아름, 3인조 3위
2015.08	제26회 문화체육관광부장관기 전국학생볼링대회	김아름, 개인종합·개인전, 3위
2015.08	제35회 대한체육회장기 전국단체대항볼링대회	박수빈·김정연·이혜빈, 3인조 2위
2015.10	제96회 전국체육대회	김경실·김아름·신혜지, 3인조 2위 김경실·김아름, 2인조 2위 신혜지, 마스터즈 3위
2015.11	제30회 대통령기 전국볼링대회	이준우, 마스터즈 1위 김경실·박수빈·서정화·김아름·신혜지·김정연, 5인조 1위 김경실·신혜지·김아름, 3인조 3위

연월	대회명	수상내역
2016.03	제35회 대한볼링협회장배 전국남녀종별볼링선수권대회	신혜지, 개인전 1위 임성률, 마스터즈 2위
2016.05	제30회 대한볼링협회장배 전국남녀학생볼링대회	신혜지·이혜빈·서정화·신효빈·정미경·김정연, 5인조 2위 신혜지·이혜빈·정미경, 3인조 2위 정미경, 마스터즈 3위
2016.07	제27회 문화체육관광부장관기 전국학생볼링대회	신혜지·정미경, 2인조 1위 정미경, 개인종합·마스터즈 2위 신혜지, 마스터즈 3위 신혜지·공민주·박수빈·여수현·정미경·서정화, 5인조 3위 임성률·유동관, 2인조 3위
2016.08	제31회 대통령기 전국볼링대회	신혜지·정미경, 2인조 1위 신혜지·여수현·박수빈·서정화·정미경·김정연, 5인조 2위 정미경, 개인종합 3위
2016.09	제36회 대한체육회장기 전국단체대항볼링대회	임성률, 개인종합 1위 신혜지·박수빈·서정화·여수현·정미경, 5인조 1위 신혜지·정미경·서정화, 3인조 2위 정미경, 개인전 3위
2016.09	제97회 전국체육대회	정미경·서정화·신혜지, 3인조 1위 정미경·신혜지, 2인조 2위 임성률, 2인조 2위 정미경, 마스터즈 2위 신혜지, 개인전 2위
2017.05	제31회 대한볼링협회장배 전국남녀학생볼링대회	여수현, 마스터즈 2위
2017.06	제22회 대구광역시장기 전국남녀볼링대회	정미경·여수현, 2인조 2위 유진석, 마스터즈 3위
2017.06	제19회 대한볼링협회장배 전국볼링대회	정미경·김정연·여수현·박수빈·공민주, 5인조 3위
2017.07	제32회 대통령기 전국볼링대회	임성률, 마스터즈 1위 여수현·정미경, 2인조 2위
2017.08	제28회 문화체육관광부장관기 전국학생볼링대회	임성률, 마스터즈 1위, 개인종합 2위, 개인전 3위 박수빈·여수현, 2인조 3위
2017.08	제37회 대한체육회장기 전국단체대항볼링대회	임성률, 마스터즈 2위 임성률, 정호현, 유진석, 3인조 2위 정미경, 박수빈, 여수현, 3인조 3위

연월	대회명	수상내역
2018.03	제37회 대한볼링협회장배 전국남녀종별볼링선수권대회	임성률·유진석, 2인조 1위
2018.06	제20회 대한볼링협회장배 전국볼링대회	김정연·정미경, 2인조 2위
2018.07	제33회 대통령기 전국볼링대회	정미경·김정연, 2인조 1위 정미경·최상명·김정연, 3인조 2위
2018.08	제29회 문화체육관광부장관기 전국학생볼링대회	정미경·김정연, 2인조 2위
2018.09	제38회 대한체육회장기 전국단체대항볼링대회	정미경·김정연, 2인조,1위 임성률·유진석, 2인조 2위 김정연, 마스터즈 3위 임성률·정호현·유진석, 3인조 3위
2018.10	제99회 전국체육대회	임성률 마스터즈 1위 유진석·임성률, 3인조 1위 정미경·김정연·고정현·최상명, 3인조 2위 김정연, 마스터즈 2위 정미경·김정연, 2인조 3위
2019.03	제38회 대한볼링협회장배 전국남녀종별볼링선수권대회	박선명, 개인전 2위 박선명·이현정·정미경, 3인조 2위 이현정·최희영·박선영·최상명·정미경, 5인조 3위
2019.04	제33회 대한볼링협회장배 전국남녀학생볼링대회	최희영, 마스터즈 3위 박선영·최희영, 2인조 3위
2019.07	제30회 문화체육관광부장관기 전국학생볼링대회	이현정·박선영, 2인조 1위 임성률·이재웅·유진석, 3인조 1위 박선영, 개인종합 2위 유진석·양성률, 2인조 2위 박선영·이현정·정미경, 3인조 2위
2019.08	제34회 대통령기 전국볼링대회	임성률, 개인종합 1위, 개인전 3위 유진석, 마스터즈 2위
2019.09	제39회 대한체육회장기 전국단체대항볼링대회	이재웅, 개인전, 3위
2019.10	제100회 전국체육대회	정미경·최희영, 2인조 3위 유진석·임성률·이재웅, 3인조 3위
2020.11	제34회 대한볼링협회장배 전국남녀학생볼링대회	이재웅, 마스터즈 3위
2020.11	제35회 대통령기 전국볼링대회	이재웅·이현준·정승민·정호현·유진석, 5인조 3위
2021.07	제34회 대한볼링협회장배 전국볼링대회	최희영·박선영·김단비, 3인조 3위
2021.11	제40회 대한체육회장기 전국단체대항볼링대회	박선영·이현정·최희영, 3인조 2위
2021.11	제35회 대한볼링협회장배 전국남녀학생볼링대회	최희영, 마스터즈 2위 최희영·박선영·김단비, 3인조 1위

연월	대회명	수상내역
2022.06	제27회 대구광역시장기 전국남녀볼링대회	박승민, 개인전 1위 박선영·김단비·최희영, 3인조 1위 최희영, 개인종합·개인전, 2위
2022.07	제36회 대한볼링협회장배 전국남녀학생볼링대회	박선영, 마스터즈 2위
2022.09	제41회 대한체육회장기 전국단체대항볼링대회	박선영·최희영, 2인조 1위 최희영, 개인종합 3위 최희영·김단비·박선영, 3인조 3위
2022.10	제103회 전국체육대회	이현준, 개인전 2위
2023.05	제37회 대한볼링협회장배 전국남녀학생볼링대회	김단비, 개인전 1위, 개인종합 2위 이현준, 마스터즈 2위
2023.07	제38회 대통령기 전국볼링대회	이지현·유서영·김단비, 3인조 1위
2023.09	제104회 전국체육대회	강예영·유서영·이지현, 3인조 3위
2024.03	제36회 대한볼링협회장배 전국남녀종별볼링선수권대회	강예영·이지현, 2인조, 1위 강예영, 개인종합·마스터즈, 2위 강예영·유성영·이지현, 3인조 2위

3) 소프트볼부

소프트볼부는 1986년 동아리 형태로 시작되었다. 신입생은 생활체육학과의 전신인 사회체육학과 정재환 교수가 주도하여 2001년부터 선발하였다. 2005년부터는 신입생을 경기실적우수자 전형으로 선발하였고, 2015년부터는 특기자전형으로 선발하고 있다. 국가대표(청소년 포함)로 선발된 선수로는 김윤영을 비롯해서 조희주, 조선희, 정나래, 정수빈, 김유정, 지점연, 정송희, 박수진, 김세연, 이수현, 박

❶ 제25회 회장기 전국대학여자소프트볼대회 우승(2013) ❷ 회장기 전국소프트볼대회 우승(2023)
❸ 제104회 전국체전 여자소프트볼 준우승(2023)

정민, 김여랑, 조윤지, 김현아, 이예린, 정문경, 김나리, 차수민, 김유진 등이 있다. 지금까지 충남체육회 대표로 전국체전에 출전하여 대학부 최강답게 실업팀과 경기를 하며 여러 차례 준우승을 차지하였다.

선수 관리는 지도교수가 하고, 운동 지도는 충남체육회에서 지원하는 감독이 담당하고 있다.

□ 역대 지도자

직무	성 명	부 임 일
지도교수	정재환	1988.03~2009.12
	김지태	2010.01~현재
감독	우제덕	2006.03~현재

1991년 이후 주요 대회 실적 실적은 다음과 같다.

□ 주요 대회 실적 현황

연 월	대 회 명	수 상 내 역		
		우승(금)	준우승(은)	3위(동)
1991	제3회 회장기 전국대학여자소프트볼대회		✓	
1992	제4회 회장기 전국대학여자소프트볼대회		✓	
1997	제5회 무등기 전국여자소프트볼대회		✓	
1997.10	제78회 전국체육대회			✓
1998.06	제6회 무등기 전국여자소프트볼대회	✓		
1998.09	제79회 전국체육대회		✓	
1999.10	제80회 전국체육대회			✓
2003.07	제5회 춘천시장배 전국여자소프트볼대회		✓	
2006.09	제18회 전국종별여자소프트볼대회		✓	
2007.09	제19회 전국종별여자소프트볼대회		✓	
2009.04	제21회 회장기 전국대학여자소프트볼대회		✓	
2009.09	제21회 전국종별여자소프트볼대회		✓	
2009.10	제90회 전국체육대회			✓
2010.04	제22회 회장기 전국대학여자소프트볼대회		✓	
2010.09	제22회 전국종별여자소프트볼대회		✓	
2010.10	제91회 전국체육대회		✓	

연월	대회명	수상내역		
		우승(금)	준우승(은)	3위(동)
2011.04	제23회 회장기 전국여자소프트볼대회		✓	
2011.08	제23회 전국종별여자소프트볼대회		✓	
2011.10	제92회 전국체육대회			✓
2012.04	제24회 회장기 전국여자소프트볼대회		✓	
2012.08	제24회 전국종별전국여자소프트볼대회	✓		
2012.10	제93회 전국체육대회			✓
2013.05	제25회 회장기 전국여자소프트볼대회	✓		
2013.08	제25회 전국종별여자소프트볼대회	✓		
2013.10	제94회 전국체육대회			✓
2014.08	2014 회장기 전국여자소프트볼대회	✓		
2015.04	2015 회장기 전국여자소프트볼대회	✓		
2015.08	제27회 전국종별전국여자소프트볼대회	✓		
2016.04	2016 회장기 전국여자소프트볼대회	✓		
2017.04	2017 회장기 전국여자소프트볼대회	✓		
2017.08	제29회 전국종별전국여자소프트볼대회	✓		
2017.10	제98회 전국체육대회		✓	
2018.09	2018 회장기 전국여자소프트볼대회	✓		
2019.10	제100회 전국체육대회			✓
2019.03	제31회 전국종별전국여자소프트볼대회		✓	
2019.08	제19회 평화통일배 전국여자소프트볼대회	✓		
2020.09	제32회 전국종별소프트볼대회	✓		
2021.05	2021 회장기 전국소프트볼대회	✓		
2021.08	제33회 전국종별소프트볼대회	✓		
2022.10	제103회 전국체육대회			✓
2022.05	제34회 전국종별소프트볼대회	✓		
2022.06	제22회 평화통일배 전국소프트볼대회	✓		
2023.10	제104회 전국체육대회		✓	
2023.06	제23회 평화통일배 전국소프트볼대회	✓		
2023.05	2023 회장기 전국소프트볼대회	✓		
2023.05	제35회 전국종별소프트볼대회	✓		

4) 승마부

승마부는 2005년 장석암 교수에 의해 창단되었으며, 2007년 운동처방재활학과에서 경기실적우수자 전형으로 신입생을 선발하였다. 그 후 2015년부터는 특기자전형으로 신입생을 선발하고 있다. 국가대표(청소년 포함)로 선발된 선수로는 정철희, 홍원재, 황대헌, 양지원, 오재훈 등이 있다. 아시아경기대회에서 금메달을 획득한 것을 비롯해서 국제대회 및 국내대회에서 좋은 성적을 올리고 있다.

선수 관리는 지도교수가 하고, 학생선수 개인이 지도자를 선택하여 훈련하고 있다.

❶ 제49회 이용문장군배전국승마대회 구태림(2017)
❷ 소노펠리체승마대회 허성욱(2019)
❸ 춘계전국승마대회 140 Class 1위 이주성(2023)

□ 역대 지도자

직무	성 명	부임일
지도교수	장석암	2005.03~2023.02
	이진욱	2023.03~현재

2010년 이후 주요 대회 실적 실적은 다음과 같다.

□ 주요 대회 실적 현황

연월	대회명	수상내역
2010.04	KRA CUP CSI 2Star Seoul 2010	정철희, 단체전 1위 황대헌, 단체전 3위
2010.04	제39회 KRA컵전국승마대회	정철희, 장애물 A클래스 1위 마장마술경기 2위
2012.04	CSIJ 서울 국제승마대회	홍원재, 1위
2013.04	제42회 KRA컵전국승마대회	양지원, 종합마술 3위
2013.05	정기룡장군배 전국승마대회	양지원, 1위
2013.07	한일승마대회	양지원·황대헌, 단체전 1위
2013.06	제45회 이용문장군배전국승마대회	양지원, 장애물 A클래스 1위
2014.09	제17회 인천아시아경기대회	홍원재, 종합마술 단체 1위
2015.07	대통령기 전국승마대회	홍원재, 1위
2015.10	제45회 전국학생승마선수권대회	한희상, B class 1위
2016.06	제48회 이용문장군배 전국승마대회	김상규, A class 3위 B class 2위
2016.07	제33회 대통령기전국승마대회	오재훈, 마장마술 1위 김상규, A class 2위 한희상, B class 1위
2016.09	제22회 추계전국승마대회	심상범, S-1 class·A class 2위 이은제, B class 1위, C class 2위
2016.09	제71주년 전국광복승마대회	심상범, A class 1위
2016.09	제46회 전국학생승마대회	심상범, S-1 class·A class 1위
2016.08	제33회 대통령기 전국승마대회	심상범, S-1 class 2위
2016.12	제11회 농림축산식품부 전국승마대회	오재훈, B class 1위·C class 1위
2017.05	대명컵 국제승마대회 CSI3	김균섭, 1위
2018.08	제18회 자카르타-팔렘방 아시안게임	김균섭, 단체전 2위
2022.04	한국승마선수협회장배	박상경, B class 1위 김가을, C class 1위
2024.05	대통령기전국승마대회	이유빈, 마장마술 A class 1위
2024.04	춘계전국승마대회	이주성, A class 1위

5) 여자농구

여자농구부는 2003년 스포츠경영학과 김용만 교수가 신입생을 선발하면서부터 시작되었다. 공식적인 창단은 경기실적우수자 전형으로 신입생을 선발하기 시작한 2006년이다. 2015년부터는 특기자전

❶ KUSF 대학농구U리그 여자농구 우승(2021)
❷ KUSF 대학농구U리그 여자농구 우승(2022)
❸ 제104회 전국체전 여자농구 동메달(2023)

형으로 신입생을 선발하고 있다. 국가대표(청소년 포함) 출신은 이언주와 박은진 등이 있다. 프로에 진출한 선수는 박은진, 김보희, 최정민, 이명관, 이현서 등이 있고, 실업팀으로 진출한 선수들이 다수 있다. 충청남도를 대표해서 전국체전에 출전하여 실업팀과 경기를 하며 여러 차례 동메달을 획득하였다. 대학농구 U리그 플레이오프전에서 2차례 우승하였고, MBC배전국대학농구대회 우승 등 좋은 성적을 거두고 있다.

선수 관리는 지도교수가 하고, 운동 지도는 충남체육회에서 지원하는 감독이 담당하고 있다.

□ 역대 지도자

직무	성 명	부 임 일
지도교수	김용만	2003.03~현재
감독	이언주	2008.03~2017.06
	김태유	2017.07~2022.06
	백지은	2022.07~현재

2010년 이후 주요 대회 실적 실적은 다음과 같다.

□ 주요 대회 실적 현황

연월	대회명	수상내역		
		우승(금)	준우승(은)	3위(동)
2010.10	제91회 전국체육대회			✓
2014.10	제95회 전국체육대회			✓
2015.10	KUSF 대학농구 U리그			✓
2016.10	제97회 전국체육대회			✓
2017.07	제33회 MBC배 전국대학농구 영광대회			✓
2018.10	제99회 전국체육대회			✓
2018.07	제34회 MBC배 전국대학농구 상주대회			✓
2019.10	KUSF 대학농구 U리그		✓	
2019.07	제35회 MBC배 전국대학농구 상주대회			✓
2021.05	KUSF 대학농구 U리그 1차대회			✓
2021.05	KUSF 대학농구 1차 플레이오프		✓	
2021.06	KUSF 대학농구 U리그 3차	✓		
2021.06	KUSF 대학농구 2차 플레이오프전		✓	
2021.09	KUSF 대학농구 U리그 플레이오프전	✓		
2021.07	제37회 MBC배 전국대학농구 상주대회	✓		
2022.07	KUSF 대학농구 U리그 3위			✓
2022.10	KUSF 대학농구 플레이오프전	✓		
2022.07	제38회 MBC배 전국대학농구 상주대회			✓
2023.07	KUSF 대학농구 U리그 여자부			✓
2023.07	제39회 MBC배 전국대학농구 상주대회			✓
2023.09	KUSF 대학농구 U리그 여자부 플레이오프 3위			✓
2023.10	104회 전국체육대회 동메달			✓
2024.07	제40회 MBC배 전국대학농구상주대회 준우승		✓	
2024.09	KUSF 대학농구 U리그 여자부			✓
2024.11	KUSF 대학농구 U리그 여자부		✓	

6) 여자배구

여자배구는 스포츠경영학과 최종진 교수에 의해 1999년 창단되었다. 경기실적우수자 전형으로 신입생을 선발하다 2015년부터 체육특기자 전형으로 선발하기 시작했다. 2016년부터는 학생 소속을 변

❶ 삼성화재배 전국대학배구 춘계대회 여대부 우승(2013) ❷ KUSF대학배구U리그 우승(2021)
❸ KUSF대학배구U리그 우승(2023) ❹ 대한항공배 전국대학배구 고성대회 우승(2024)

경하여 생활체육학과에서 신입생을 선발하기 시작했다. 국가대표(청소년 포함)로 선발된 선수로는 심미옥, 김가현(비치발리볼), 박하예슬(비치발리볼)이 있다. 충청남도를 대표해서 전국체전에 출전하여 실업팀과 경기를 하며 동메달을 획득하기도 하였다. 대학부에서는 2024년 기준으로 상위권을 유지하고 있다.

선수 관리는 지도교수가 하고, 운동 지도는 충남체육회에서 지원하는 감독이 담당하고 있다.

□ 역대 지도자

직무	성 명	부 임 일
지도교수	최종진	1999.03~2013.08
	김용만	2013.09~2016.02
	이유찬	2016.03~2022.02
	김기홍	2022.03~현재
감독	정상옥	2006.03~현재

2007년 이후 주요 대회 실적은 다음과 같다.

□ 주요 대회 실적 현황

연월	대 회 명	수상내역		
		우승(금)	준우승(은)	3위(동)
2007. 10	제88회 전국체육대회			✓
2008. 10	제89회 전국체육대회			✓
2010. 09	2010 삼성화재배전국대학배구추계대회		✓	
2011. 06	2011 삼성화재배전국대학배구춘계대회			✓
2011. 07	2011 삼성화재배전국대학배구종합선수권대회		✓	
2012. 05	2012 삼성화재배전국대학배구춘계대회		✓	
2012. 07	2012 삼성화재배전국대학배구종합선수권대회		✓	
2013. 04	2013 삼성화재배전국대학배구춘계대회	✓		
2013. 09	2013 삼성화재배전국대학배구추계대회			✓
2014. 04	2014 삼성화재배전국대학배구춘계대회		✓	
2014. 09	2014 삼성화재배전국대학배구추계대회		✓	
2015. 07	2015 OK저축은행배전국대학배구대회			✓
2015. 08	2015 OK저축은행배전국대학배구해남대회			✓
2016. 05	제71회 전국남녀종별배구선수권대회			✓
2016. 07	2015 OK저축은행배전국대학배구해남대회		✓	
2016. 07	2015 OK저축은행배전국대학배구남해대회	✓		
2017. 06	2017 전국대학배구제천대회	✓		
2017. 07	2017 전국대학배구해남대회	✓		
2017. 10	제98회 전국체육대회			✓
2018. 07	2017 (주)동양환경배전국대학배구해남대회		✓	
2018. 07	2017 (주)동양환경배전국대학배구청양대회	✓		
2019. 05	제74회 전국남녀종별배구선수권대회		✓	
2019. 07	2019 현대캐피탈배 전국대학배구인제대회		✓	
2020. 07	2020 bbq배 전국대학배구고성대회	✓		
2020. 08	2020 bbq배 전국대학배구무안대회		✓	
2020. 11	2020 KUSF 여자대학배구 U-리그	✓		
2021. 06	2021 KUSF 여자대학배구 U-리그	✓		
2021. 07	2020 전국대학배구고성대회		✓	
2022. 06	2020 대한항공배 전국대학배구고성대회		✓	
2022. 07	2020 대한항공배 전국대학배구무안대회			✓
2022. 09	2022 KUSF 여자대학배구 U-리그			✓
2023. 07	2023 대한항공배 전국대학배구고성대회	✓		
2023. 08	2023 대한항공배 전국대학배구제천대회	✓		
2023.10	2023 KUSF 여자대학배구 U-리그	✓		
2024.07	2024 대한항공배 전국대학배구고성대회	✓		

7) 여자축구

여자축구부는 충남체육회장의 요청에 의해 국제스포츠학부 강신욱 교수의 주도로 2016년 창단되었다. 신입생은 국제스포츠전공에서 체육특기자 전형으로 선발하고 있다. 국가대표(청소년 포함)로 선발된 선수로는 노진영, 도윤지가 있다. 충청남도를 대표해서 전국체전에 출전하여 은메달과 동메달을 여러 차례 획득하였다. 대학부에서는 2024년 기준 4강권에 머물고 있다.

선수 관리는 지도교수가 하고, 운동 지도는 충남체육회에서 지원하는 감독이 담당하고 있다.

여자축구부 창단식(2016.01.26)

□ 역대 지도자

직무	성 명	부임일
지도교수	이석준	2016.03~2024.01
	홍미화	2024.02~현재
감독	김선영	2016.01~2016.03
	오원재	2016.04~현재

2017년 이후 주요 대회 실적은 다음과 같다.

□ 주요 대회 실적 현황

연월	대 회 명	수상내역		
		우승(금)	준우승(은)	3위(동)
2017.10	제98회 전국체육대회			✓
2019.10	제100회 전국체육대회			✓
2019.04	춘계 한국여자축구연맹전			4강
2021.04	춘계 한국여자축구연맹전			4강
2021.08	제20회 전국여자축구선수권대회			4강
2022.04	춘계 한국여자축구연맹전			4강
2022.08	제21회 전국여자축구선수권대회			4강
2022.10	제103회 전국체육대회 은메달		✓	

8) 수영부

수영부는 1969년 유인현 교수의 도움으로 서울캠퍼스에서 창단하였다. 1983년 11월 공식적으로 해체되었다가 2008년에 박태환이 체육교육과로 입학하면서 다시 운영하기 시작했다. 박태환을 발굴한 박석기 감독(1971년 문리과대학 체육교육학과 입학)이 수영부 초창기 부원이었다. 수영부는 해체되는 1983년까지 전국체전을 비롯해서 각종 전국대회에서 좋은 실적을 올렸다. 또한, 천안캠퍼스에서는 1993년 3월에 사회체육학과 정재환 교수가 수영부를 창단하여 운영하였다. 김범, 임철성 등이 국가대표로 활약했고, 수구 국가대표 상비군으로 활약한 선수들이 다수 있었다.

베이징올림픽 영웅 박태환 환영식(2008)

런던올림픽 자유형 200m, 400m에서 은메달을 획득하고 자랑스럽게 귀교한 박태환(2012)

선수 관리는 지도교수가 하고, 개인이 코치를 선택하여 훈련하는 형태를 취하고 있다. 다만 박태환의 경우는 체육부에서 체계적인 관리를 하였다.

□ 역대 지도자

직무	성 명	부임일
지도교수	유인현	1969~미상
	정재환	미상
	김기홍	2013~현재

1969년 이후 주요 대회 실적은 다음과 같다.

□ 주요 대회 실적 현황

연월	대회명	수상내역
1969	제16회 수구리그전 및 다이빙대회	수구팀, 2위
	제24회 전국남녀초중고대학별수영대회	이형화, 자유형 1500m·개인혼영 400m·단체 혼계영 400m 1위
1969.08	제41회 전국남녀학생수영대회	신영상, 자유형 400m 1위 이형화, 자유형 1500m·개인혼영 400m 1위 노중환, 접영 100m 1위
1969.10	제50회 전국체육대회	노중환, 개인혼영 400m 1위, 접영 100m 2위 이형화, 자유형 1500m 2위 신용해, 평영 100m·평영 200m 2위
1970.08	제25회 전국남녀초중고대학별수영대회	이형화, 배영 200m 1위
1970.10	제51회 전국체육대회	이형화, 배영 100m·200m, 2위
1971	제26회 전국남녀초중고대학별수영대회	이형화, 개인혼영 200m 1위 이정훈, 접영 200m 1위 이동학, 평영 200m 1위
1971.08	제43회 전국남녀수영대회	이형화, 자유형 1500m 1위 서정연, 자유형 400m 1위 이정훈, 개인혼영 400m 1위
1971.09	제16회 전국수영선수권대회	이형화, 개인혼영 400m 1위 박석기, 배영 100m 1위
1971.10	제52회 전국체육대회	이형화, 자유형 1500m·개인혼영 200m, 1위 박석기, 배영 200m 1위
1972	제27회 전국남녀초중고대학별수영대회	이형화, 개인혼영 400m 1위, 자유형 1500m 2위

연월	대회명	수상내역
	제44회 전국남녀수영대회	이형화, 개인혼영 400m 1위, 개인혼영 200m 2위 이규성, 자유형 1500m 1위, 개인혼영 400m 2위
1972.10	제53회 전국체육대회	이규성, 자유형 800m 2위 최재현, 배영 200m 1위
1973.06	제28회 전국남녀초중고대학별수영대회	김영길, 자유형 400m·1500 1위 최재현, 배영 200m 1위
1973.08	제45회 전국남녀수영대회	김영길, 자유형 1500m 1위
1973.10	제54회 전국체육대회	최재현, 배영 200m 2위 김영길, 자유형 `1500m 위
1974.10	제55회 전국체육대회	최재현, 배영 200m 2위 김영길, 자유형 1500m 2위
1974	제29회 전국남녀초중고대학별수영대회	김영길, 자유형 400m·1500m 1위
1976.07	제31회 전국남녀초중고대학별수영대회	오창균, 개인혼영 400m, 1위
1976.08	제48회 전국남녀학생수영대회	오창균, 자유형 1500m·개인혼영 400m 1위
1976.10	제57회 전국체육대회	오창균, 자유형 400m 1위
1977.07	제32회 전국남녀초중고대학별수영대회	정영덕, 평영 100m 1위, 개인혼영 200m 2위
1977.08	제49회 전국남녀학생수영대회	수구팀 2위 계영 400m 2위
1978.07	제33회 전국수영대회	수구팀 1위 계영 800m 2위 혼계영 400m 2위 남대부 종합 1위
1978.08	제50회 전국남녀학생수영대회	경영 1위 수구팀 1위
1979.07	제34회 전국수영대회	수구팀 1위 계영 400m·800m, 2위 혼계영 400m 2위 남대부 종합 2위
1979.08	제51회 전국남녀학생수영대회	수구팀 1위 계영 400m·800m 3위 혼영 400m 3위 남대부 종합 3위
1979.10	제60회 전국체육대회	계영 400m·800m 1위 혼계영 400m 2위 접영 100m·200m 3위
1980.07	제35회 전국수영대회	수구팀 1위 평영 200m 1위 계영 400m·800m 2위 혼계영 400m 2위

연월	대회명	수상내역
		자유형 200m·400m,1500m 2위 접영 100m 2위 혼영 400m 2위 남대부 종합 2위
1981.08	제1회 아산기쟁탈전국수영대회	수구팀 1위 경영 2위 계영 400m·800m 2위 혼계영 400m 2위 자유형 200m 2위 평영 100m·200m 2위 접영 100m 2위 혼영 400m 2위 종합 2위
1983.04	제38회 전국수영대회	혼계영 400m 3위
1992.05	제12회 아산기전국수영대회	임철성, 자유형 100m 1위
1994.07	제14회 아산기전국수영대회	임철성, 자유형 50m 1위
2008.03	제3회 제주한라배전국수영대회	박태환, 자유형 200m 1위
2008.04	제80회 동아수영대회	박태환, 자유형 200m·400m 1위 (400m 아시아신)
2008.08	제29회 베이징 올림픽	박태환, 자유형 400m 1위(아시아신), 자유형 200m, 2위
2008.10	제89회 전국체육대회	박태환, 자유형 50m·100m 1위, 계영 400m·800m 1위, 혼계영 400m 1위
2010.07	MBC배 전국수영대회	박태환, 자유형·개인혼영 200m 1위
2010.08	팬퍼시픽수영선수권대회	박태환, 자유형 200m·400m 1위
2010.11	제16회 광저우아시아경기대회	박태환, 자유형 100m·200m·400m 1위, 혼계영 400m·자유형 1500m 2위, 계영 400m·800m 3위
2011.06	산타클라라 국제그랑프리대회	박태환, 자유형 100m·200m·400m 1위
2011.07	세계수영선수권대회	박태환, 자유형 400m 1위
2011.12	2011-2012 맥도날드 퀸즈랜드챔피언십	박태환, 자유형 400m·1500m 1위
2012.02	뉴사우스웨일스 스테이트오픈	박태환, 자유형 200m·400m·1500m 1위
2012.07~08	제30회 런던올림픽	박태환, 자유형 200m·400m 2위

9) 태권도부

태권도부는 1957년 공수도부가 창단되면서 시작되었다. 1966년 3월 태권도부로 개칭한 후 곧바로 해체하였다. 2002년 태권도학과를 설립하면서 체계적인 교육과 훈련 시스템을 갖추었다. 당시 태권도학과 신입생은 경기실적우수자 전형으로 선발하였는데, 2005년 3월부터는 4명을 특기자 전형으로 선발하고 체육부에서 관리하였다. 지도는 김영인 교수가 담당하다가 2006년 2월 이종선 코치가 부임하면서 지도를 전담하였다. 태권도학과 관리 선수와 체육부 관리 선수의 이원화로 원활한 운영이 이뤄지지 않다가 2011년을 끝으로 체육부 관리 태권도부가 해체되었다. 그 후 2012년부터 태권도학과에서 겨루기, 품새, 시범 종목을 체계적으로 선발하여 지도하고 있다. 국가대표(청소년 포함)로 선발된 선수로는 2008 베이징 올림픽 금메달리스트인 손태진을 비롯하여, 고준호, 홍명기와 국가대표 시범단에 이법선과 김해용, 이진영, 안효준, 임민경 등이 있다.

선수 관리는 지도교수가 하고 훈련은 전담 코치가 하는 형태를 취하고 있다.

❶ 제27회 회장기전국대학태권도대회 종합우승 후 송하섭 부총장을 예방한 태권도부(2004) ❷ 베이징올림픽 금메달 손태진(2008) ❸ 제18회 제주평화기 전국태권도대회(2023)

□ 역대 지도자

직무	성 명	부임일
지도교수	김영인(겨루기 및 품새)	2003.03~2017.02
	진승태(겨루기)	2013.03~현재

직무	성 명	부임일
감독	진천수(겨루기 코치)	2011.07~2013.06
	민병석(겨루기 감독)	2017.09~2019.02
	남진아(겨루기 감독)	2019.05~2022.02
	박경훈(겨루기 감독)	2022.03~현재
	김종민(품새 코치)	2022.09~2023.02
	안형원(품새 코치)	2019.12.~2021.08
	이진영(품새 코치)	2021.09~현재
	이법선(시범 코치)	2017.10~2019.10
	이법선(시범 감독)	2023.03~현재

1967년 이후 주요 대회 실적 실적은 다음과 같다.

□ 주요 대회 실적 현황

연 월	대 회 명	수 상 내 역
1967.07	제2회 전국학생선수권태권도대회	강용모, 웰터급 1위
1968.08	전국대학태권도개인선수권전	강용모, 미들급 1위
1970.11	제5회 전국대학태권도개인선수권대회	김장환, 1위 신인식, 2위 정진동, 2위
1974.06	전국대학태권도개인선수권대회	김무영, 1위 최재헌, 2위 황진수, 2위
1975.05	제2회 세계태권도 한국대표선발전	김무영, 2위 최재헌, 2위 나종렬, 3위
1975.10	2회 대학부태권도개인선수권대회	김무영, 미들급 1위
1976.06	제2회 아세아태권도선수권대회 파견선수 제1차 한국대표선수선발대회	김무영, 미들급 1위
1977.06	제4회 대학태권도개인선수권대회	최재헌, 패더급 1위 이낙휘, 밴텀급 1위 김무영, 미들급 2위 민영기, 페더급 2위
1979.06	제6회 전국대학태권도개인선수권대회	김광원, 라이트미들급 1위
1986.05	건국대학교총장배쟁탈 전국대학태권도대회	최옥진 중량급, 1위 김재란 중량급, 2위 김영기 헤비급, 3위

연 월	대 회 명	수 상 내 역
2002.04	제29회 전국대학태권도개인선수권대회 (김휘 최우수선수상)	금메달 3개 은메달 2개 동메달 5개
2004.09	제27회 회장기전국대학태권도대회 종합우승	종합우승
2004.11	세계태권도한마당	강영석, 1위
2005.05	제40회 대통령기전국단체대항 태권도대회	고준호, 패더급 2위
2005.05	제5회 코리아오픈춘천국제태권도대회	고준호, 패더급 3위
2006.09	제2회 코리아오픈국제태권도대회	김보혜, 1위
2006.09	제15회 국방부장관기전국태권도대회	고준호, 라이트급 2위
2006.09	제29회 한국대학연맹회장기태권도대회	고준호, 라이트급 1위
2006.09	전국남녀우수선수선발대회 겸 국가대표선발예선대회	고준호, 라이트급 1위
2007.02	국가대표선발 최종대회	고준호, 라이트급 1위
2007.03	국가대표 최종선발전(국가대표 선발)	고준호, 라이트급 1위
2007.05	제34회 전국대학태권도개인선수권대회	한태환, 라이트급 1위
2007.09	제30회 한국대학연맹회장기전국태권도대회	이종현, 밴텀급 1위 조승진, 패더급 1위
2008.08	제29회 베이징 올림픽	손태진, 68kg 1위
2008.09	제17회 국방부장관기전국태권도대회	한용민, 라이트급 2위 이규환, 핀급 2위
2008.09	제30회 한국대학연맹회장기전국태권도대회	이규환, 핀급 2위
2010.05	제45회 대통령기전국단체대항태권도대회	한용민, 웰터급 2위
2019	세계대학선수권 선발전	김수완, 3위
2022.02	제17회 제주평화기 태권도대회	종합우승 남자·여자 공인품새 개인전 2위 남자 공인품새 개인전 3위 남자 공인품새 단체전 3위 공인품새 복식전, 3위
2022.04	제49회 전국대학태권도 개인 선수권대회	여자1조 단체전 1위 남자1조 -74kg 3위 임수완
2022.05	제52회 협회장기 전국 단체 대항 태권도대회	여자 -67kg 3위 박세희 여자 체공도약격파 3위 장하영
2022.08	제20회 한국여성태권도연맹회장배 전국 태권도대회	여자 체공 도약격파 1위 오은빈 여자 체공 도약격파 1위 장하영 남자 체공 도약격파 2위 김재원 남자 수직축 회전격파 2위 김재원 남자 공인품새 개인전 2위 남자 공인품새 단체전 2위 남자 체공 도약격파 3위 박경춘

연월	대회명	수상내역
		여자 공인품새 단체전 3위
2022.08	제13회 고신대학교 총장배 전국태권도대회	여자 대학1부 체공 도약격파 1위 오은빈 남자 대학1부 체공 도약격파 3위
2022.09	제45회 한국대학태권도연맹회장기 전국 태권도대회	여자 1조 단체 2위 태권경연·태권체조 3위
2022.09	제31회 국방부 장관기 전국태권도대회	남자 -74kg 3위 김수완
2022.10	제103회 전국체육대회	여자 -67kg 3위 김서원
2022.12	제57회 대통령기 전국 단체 대항 태권도대회	공인품새 복식전 2위 남자 수평축 회전격파 3위
2023.01	제18회 제주평화기 태권도대회	남자 공인품새 개인전 1위 여자 공인품새 개인전 1위 남자 공인품새 단체전 1위
2023.03	제50회 전국대학태권도 개인선수권대회	남자 개인종합 격파 개인전 2위 남자 -68kg 3위 배현수 남자 +87kg 3위 김원 여자 -53kg 3위 구나연 여자 -73kg 3위 조서연 남자 5인조 단체전 3위 김대영, 배현수, 송유빈, 김동하, 임윤우 여자 5인조 단체전 3위 오수호, 구본이, 박세희, 조서연, 조보민
2023.04	제22회 여성가족부장관기 전국태권도대회	남자 공인품새 개인전 1위 남자 공인품새 단체전 3위 여자 도약격파 1위 장하영 남자 도약격파 2위 김호태 남자 수직회전 격파 1위 성지원 남자 수직회전 격파 3위 강민제 여자 -62kg 조보민 2위 여자 -67kg 박세희 3위
2023.06	제58회 대통령기 전국단체대항태권도대회	남자 +87kg 홍민균 3위
2023.06	제53회 협회장기 전국단체대항태권도대회	여자 - 62kg 조보민 3위
2023.09	제46회 한국대학태권도연맹 회장기대회	남자 5인 단체전 2위 김대영, 정유빈, 김승권, 임윤우, 김동하, 김수혁 여자 5인 단체전 2위 박세희, 구본이, 조서연, 하완서, 조보민
2023.09	제32회 국방부장관기 전국태권도대회	여자 - 73kg 조서연 3위

10) 소프트테니스(연식정구)

소프트테니스부는 2002년 생활체육학과 강신욱 교수에 의해 창단되었다. 2002년 2명을 처음 선발하며 2024년까지 약 20여년 운영하였으나 2021년부터 신입생 선발을 중지함으로써 2024년 공식적으로 소프트테니스부는 해체되었다.

선수 관리는 지도교수가 하였고, 선수 개인이 훈련하는 형태였다.

□ 역대 지도자

직무	성 명	부임일
지도교수	강신욱	2002.03~2013.08
	강현욱	2013.09~2023.12

2003년 이후 주요 대회 실적 실적은 다음과 같다.

□ 주요 대회 실적 현황

연월	대회명	수상내역
2003.03	제24회 회장배전국정구대회	단체 2위
2003.05	제81회 전국여자정구대회	단체 2위
2003.05	제39회 전국대학정구춘계연맹전	단체 2위 여자복식 1위·2위 여자단식 1위·2위·3위
2003.08	전국대학정구추계연맹전	단체 2위 여자복식 2위·3위 여자단식 1위·3위
2007.08	전국정구종별선수권대회	여자복식 1위·2위 여자단식 1위·2위·3위
2004	제25회 회장배전국정구대회	단체 2위
2004.05	제82회 전국여자정구대회	단체 2위
2005.05	제83회 전국여자정구대회	단체 2위 여자단식 1위·2위·3위
2005.09	전국정구종별선수권대회	여자복식 1위·2위·3위
2007.05	제85회 동아일보기전국정구대회	단체 3위 여자단식 1위·2위·3위
2009.04	제45회 전국대학정구춘계연맹전	여자복식 1위

연월	대회명	수상내역
2010.03	제46회 전국대학정구춘계연맹전	여자단식 1위
2011.03	제47회 전국대학정구춘계연맹전	단체 2위 여자복식 1위·2위 여자단식 1위·2위·3위
2011.09	전국대학정구추계연맹전	단체 1위 여자복식 1위·2위 여자단식 2위·3위
2012.04	제48회 전국대학정구춘계연맹전	단체 2위 여자복식 1위
2013.04	제49회 전국대학정구춘계연맹전	단체 2위
2013.08	전국대학정구추계연맹전	단체 3위 여자단식 1위·3위
2014.05	제50회 전국대학정구춘계연맹전	단체 1위 여자복식 1위·2위·3위 여자단식 1위·2위·3위
2015.05	제51회 전국대학정구춘계연맹전	단체 1위 여자복식 1위·2위·3위 여자단식 1위·3위
2015.08~09	전국대학정구추계연맹전	단체 2위 여자복식 1위·2위·3위 여자복식 1위·3위
2016.05	제52회 전국대학정구춘계연맹전	단체 1위 여자복식 2위·3위 여자단식 1위·2위·3위
2016.09	전국대학정구추계연맹전	단체 1위
2017.09	제53회 국무총리기 전국정구대회	여자복식 1위·2위 여자복식 2위·3위
2017.08	전국대학정구추계연맹전	여자복식 2위·3위 여자단식 2위·3위
2018.03	제54회 전국대학정구춘계연맹전	여자복식 1위·2위 여자단식 1위·3위
2019.03	제55회 전국대학정구춘계연맹전	여자복식 1위·2위·3위 여자단식 1위
2019	전국대학소프트테니스추계연맹전	단체 2위 여자복식 1위·3위
2020.07	제56회 전국대학소프트테니스춘계연맹전	여자복식 1위·2위·3위 혼합복식 1위·2위·3위 여자단식 1위·2위·3위

연월	대회명	수상내역
2020.10	전국대학소프트테니스추계연맹전	여자복식 1위·2위·3위 혼합복식 1위·2위·3위 여자단식 1위·2위·3위
2021.02~03	제57회 전국대학소프트테니스춘계연맹전	여자복식 1위·2위 혼합복식 1위·2위·3위 여자단식 1위·2위·3위

3. 기타종목

1) 테니스부

테니스부는 1957년 7월 학도호국단 체육부에서 시작되었으나 활동이 오래 가지는 못했다. 그 후 1971년 11월 테니스에 흥미를 가진 일부 학생들에 의해 테니스 써클로 재출발 되었다. 써클이었던 테니스부가 운동부로 바뀐 것은 1974년 5월 1일이다. 이와 때를 같이 하여 표건웅 코치가 들어와 선수 육성에 힘을 기울이게 되었고, 국내 대회에 출전하여 성적을 거두기 시작하여, 1981년부터는 국내 각 대회에 출전하여 여자 출전 부문에서 최고의 성적을 내기도 하였다. 1986년에는 국제 대회에 출전하여, 타이완에서 열린 제1회 범태평양 도시대항전에서 3위를 차지하기도 하였으며, 특히 박양자는 같은 해 아시안게임에서 은메달 1개와 동메달 1개를 따내기도 했다.

□ 역대 지도자

직무	성명	부임일
코치	표건웅	1974.05

□ 주요 대회 실적 현황

연월	대회명	수상내역
1967	제5회 유니버시아드대회 파견 한국대표 선발전	안혜숙, 3위
1973.04	한일친선 대학 연식 정구대회 1차 선발경기	이영애, 1위
1975.04	종별 테니스대회	여대부 복식 1위

연월	대회명	수상내역
1975.11	제29회 추계 대학 연맹전	남자 B조 1위 여자 복식 2위
1975.11	제1회 대통령기 쟁탈전	여자부 3위
1976.05	제14회 전국남녀 대항전	여대부 2위
1981.09	제19회 전국남녀대학 대항 테니스대회	전국 1위
1982.10	제63회 전국체육대회	여대 단체 3위
1983.06	제64회 전국체선 서울시 예선대회	여대부 1위
1983.09	제38회 전국학생테니스 선수권 대회	여대부 복식 2위 여대부 복식 3위 여대부 단식 1위
1984.09	제39회 전국학생테니스 선수권 대회	여대부 복식 1위 여대부 복식 3위 여대부 단식 1위 여대부 단식 1위
1985.10	제66회 전국체육대회	여대 단체 1위
1986.02	제1회 범태평양 도시대항전(타이완)	3위
1986.09	제10회 86 아시안 게임	여자단체 2위 여자복식 3위

2) 복싱부

복싱부의 대외활동은 재학생 중에 복싱 선수가 있어 1961년도부터 자연스럽게 시작되었다. 선수가 없어 대외 활동이 중단된 적도 있지만 1975년도 까지는 계속 이어져 왔다. 우수 선수로 활약한 학생은 김성출, 이금택, 문정삼, 전용호, 우광식 등이다.

□ 주요 대회 실적 현황

연월	대회명	수상내역
1961.05	제14회 신인권투선수권대회	김성출, 라이트웰터급 1위
1962.02	제4회 아시아파견권투선수제3차선발대회	김성출, 라이트웰터급 1위
1962.09	전국체육대회 서울예선대회	김성출, 라이트웰터급 2위
1965.05	전국학생아마추어복싱선수권대회	이금택, 라이트미들급 1위
1965.08	제2회 아시아 아마추어 권투선수권대회 최종예선	이금택, 라이트미들급 1위
1965.09	제 2회 아시아 아마추어권투선수권대회	이금택, 라이트미들급 1위
1966.07	제 5회 아시아경기대회파견 한국대표복싱 3차선발전	이금택, 라이트미들급 1위

연월	대회명	수상내역
1966.10	제 6회 경기도 아마츄어복싱선수권대회	문정삼, 페더급 1위
1967.04	제 3회 아시아 아마츄어복싱선수권대회 파견 한국대표 1차선발전	문정삼, 라이트급 2위
1967.05	전국체육대회 충남예선대회	전용호, 라이트헤비급 1위
1967.08	전국학생복싱선수권대회	전용호, 미들급 1위 문정삼, 페더급 1위
1967.09	제48회 전국체육대회 경기도예선대회	문정삼, 라이트급, 1위
1967.09	제48회 전국체육대회 충남예선대회	전용호, 라이트헤비급 1위
1967.10	제48회 전국체육대회	문정삼, 라이트 2위 전용호, 라이트헤비급 3위
1975.03	제7회 아시아 아마복싱선수권대회 파견선수 1차선발전	우광식, 헤비급 1위
1975.11	제21회 몬트리올 올림픽파견 복싱 1차선발전 겸 아마추어 최고우수 선수권대회	우광식, 헤비급 1위
1978.12	제8회 방콕아시안게임	우광식, 헤비급 1위

3) 미식축구부

미식축구는 1946년에 처음으로 우리나라에 들어왔다. 우리 대학에서는 1963년에 팀을 결성했고 그 해 9월에 개최된 서울시 미식축구 대표 선발 예선 경기에 출전했다. 1964년 5월에는 춘계대학미식축구리그전에 출전했고, 1965년 11월에는 추계대학미식축구리그전에 출전했다. 그러나 좋은 성적을 거두지는 못했다. 그 후 미식축구팀은 선수의 부족으로 해체되었다.

4) 필드하키부

우리 대학의 필드하키팀은 1963년에 결성되었다. 그 결성에 있어 주도적인 역할을 한 학생은 당시 체육과 1학년에 재학하고 있던 김영혁이다. 김영혁을 비롯한 선수들은 코치 없이 연습을 이어갔음에도 그 해 9월에 개최된 제11회 서울시 체육대회 겸 전국체전에 출전하여 3위를 기록하는 기염을 토해냈다. 그러나 1년 후 선수 부족으로 해체된다.

□ 주요 대회 실적 현황

연월	대 회 명	수상내역		
		우승(금)	준우승(은)	3위(동)
1963.09	제11회 서울시 체육대회 겸 전국체전			✓

5) 체조부

체조의 대외활동은 1965년부터 시작되었다. 그러나 본격적인 활동은 체조부가 창설된 1967년 3월 이후부터 시작되었다. 체조부의 창설은 전부터 체조를 지도해온 체육학과 유인현 교수의 노력으로 이루어졌다. 체조부에서는 해마다 국내 경기에 출전하여 순위권 내 우수한 성적을 거두었다.

□ 역대 지도자

직무	성 명	부임일
교수	유인현	1967.03

□ 주요 대회 실적 현황

연월	대회명	수상내역
1965.07	제43회 전국종별체조선수권대회	단체 2위
1965.11	전국남녀기계체조선수권대회	단체 2위
1967.08	전국종별선수권대회	2위
1968.06	제23회 체조종별선수권대회	단체 2위
1970.04	제25회 전국남녀종별선수권대회	단체 2위
1973.05	전국대학일반 체조선수권대회	단체 2위
1974.05	춘계종별체조권선수대회	단체종합 3위
1974.07	제15회 서울시종별체조선수권대회	단체 2위
1974.07	제55회 전국체육대회 서울시예선대회	2위
1974.08	제29회 전국종별남녀선수권대회	종합 2위
1975.04	전국대학일반 선수권대회	종합 3위
1976.05	전국체조선수권대회	2위
1977.07	제18회 서울시종별선수권대회	단체 2위
1981.08	제62회 전국체육대회 서울시 예선대회	남대부 2위
1985.07	제4회 서울시장배쟁탈 종별체조선수권대회	개인종합 3위

6) 검도부

검을 통한 신체 단련과 정신 수양을 목적으로 검도에 흥미를 가진 학생들이 1968년에 창설하였다. 그 때부터 이들은 매일을 하루같이 수련에 힘을 썼고 국내 대회에서도 다수의 순위권 내 입상하는 전적을 보였으나 1976년 이후에는 활동을 중단하였다. 그럼에도 불구하고 1981년 3월 다시 써클로 등록하는 등 그 명맥을 이었다.

□ 주요 대회 실적 현황

연월	대회명	수상내역
1968.11	서울시 대학 검도 연맹전	장려상
1970.09	서울시 체육대회 겸 전국 체육대회 예선전	종합 3위
1970.11	제2회 전국 대학 검도 연맹전	장려상
1972.06	제14회 전국 춘계 대학 검도 연맹전	단체 3위
1975.11	제6회 추계 전국 대학 검도 연맹전	3위
1976.05	제7회 서울시 춘계 연맹전	2위

7) 육상부

본교의 육상부는 1970년 3월에 창설되었다. 그 창설에 주도적인 역할을 한 사람은 체육학과의 유인현 교수였다. 육상부에 속해 있던 종목 중 대표적인 것은 남자종목으로 100M, 200M, 400M, 110MH, 400MH, 400MR, 1,600MR, 10종 경기, 넓이 뛰기, 3단 뛰기, 포환 던지기, 원반 던지기, 창 던지기, 해머 던지기 등 14종이다.

육상부의 대회 참가 활동은 창설한 해부터 활발하게 이루어졌다. 1970년도에는 양희열이 남자 200M에서 두각을 나타냈고, 특히 박수권이 창던지기에서 두각을 나타내, 제51회 전국체육대회 예선전에서 한국 신기록을 내기도 했고, 제6회 아시안게임에서 창던지기로 은메달을 획득하기도 했다. 이들을 비롯하여 오세진, 곽유선 등의 우수한 선수들이 있었으나, 이들 졸업 후 침체기에 들어섰다.

□ 역대 지도자

직무	성 명	부임일
교수	유인현	1970.03

□ 주요 대회 실적 현황

연 월	대 회 명	수 상 내 역
1970.04	제1회 전국대학육상대회	양희열, 200M 1위 김상중, 400M 3위, 400MR 1위
1970.04	제51회 전국체육대회예선전	박수권, 창던지기 1위(한국신) 양희열, 100M·200M 1위 이준, 100M·200M 1위 김형남, 100M 1위 김상중, 400M 1위 변영철, 넓이뛰기 1위 박수권, 창던지기 1위(한국신)
1970.04	제1회 단거리대회	이준, 100M 3위 양희열, 200M 1위 김상중, 200M 3위 단국대, 400MR 1위
1970.04	제6회 아시아대회파견 최종선발대회	박수권, 창던지기 1위
1970.12	제6회 방콕 아시안게임	박수권, 창던지기 은메달
1972.05	제26회 전국남녀육상경기대회	400MR 2위 1,600MR 3위
1972.09	제1회 전국 종별 남녀 육상경기선수권대회	오세진, 100M·400M·400MR 2위 구창식, 100MH 3위 홍경생, 넓이뛰기 2위 정하준, 3단뛰기 2위 장금규, 해머던지기 2위, 원반던지기 3위
1973.04	제1회 아시아 친선 육상경기 대회출전 선수 최종 선발 대회	오세진, 200M 1위 김한근·김명학·오세진·곽유선, 1,600MR 3위
1973.05	제1회 아시아친선육상경기대회	오세진, 200M 3위 김한근·김명학·오세진·곽유선 1,600MR 3위
1973.06	제2회 전국남녀종별선수권대회	오세진, 100M 1위, 400M 3위 구창식, 110MH·10종경기 3위 오세진·김명학·김영익·박승대, 400MR 1위

연월	대회명	수상내역
		김영학, 넓이뛰기 3위 곽유선, 3단뛰기 3위 장금규, 해머던지기 3위
1973.09	제27회 전국남녀 육상경기 선수권 대회 겸 제1회 아시아 육상경기 선수권 대회 파견 최종 선발대회	오세진, 100M·200M, 1위 김영익, 200M 3위 곽유선, 3단뛰기 3위
1973.10	제54회 전국체전육대회	오세진, 100M·200M 1위 김영익, 200M 3위
1974.04	74년도 육상시즌오픈기록회	박천희, 100M 3위 김영익, 400M 2위 곽유선, 넓이뛰기 2위
1974.06	제3회 전국 종별 육상경기 선수권 대회	400MR 1위(대회신)
1974.09	제28회 전국육상선수권대회	김영익, 100M·200M·넓이뛰기 2위 권오경 400MH 3위 김영익·박천희·정동안·이김구, 400MR 1위 김영익·박천희·정동만·권오경, 1,600MR 1위 곽유선, 3단뛰기 1위
1975.05	제2회 아시아 육상경기 선수권대회 최종 선발대회	1,600MR 2위 400MR 2위
1976.06	제5회 전국종별육상경기 선수권대회	1,600MR 2위
1977.06	제1회 전국 대학대항육상경기대회	400M·400MH 1위 넓이뛰기·200M 3위
1977.10	제31회 전국 육상경기선수권대회	400MR 3위
1979.06	제8회 전국 종별육상경기선수권대회	삼단도약 1위 400MH·400MR 2위
1981.05	제10회 전국 종별육상경기선수권대회	여자 400MR 3위
1981.07	제2회 회장기쟁탈 학생대항 육상경기 대회	200M·400M·800M·1,500M 1위 400M·400MH·세단뛰기 2위

8) 사격부

사격부는 1972년 3월 15일 창설되었다. 주도적인 역할을 한 사람은 체육학과의 김지학 교수이다. 사격부에서는 신설한 그해 5월에 개최된 전국학생사격연맹에서 주최한 제1회 회장기 쟁탈전에 출전하여, 처녀 출전한 팀으로서는 아주 좋은 성적을 올렸다. 사학과 1학년

여학생 김은순은 여자 개인부에서 2위를 했고, 남학생들은 남자 단체부에서 1위를 했다.

1973년 3월에 개최된 제2회 문교부장관배 쟁탈 사격대회에 출전하여 여학생부 1위를 차지하는 등 좋은 성적을 올렸다. 그러나 그 후 선수 부족으로 중단되었다.

□ 역대 지도자

직무	성 명	부임일
교수	김지학	1972.03

□ 주요 대회 실적 현황

연월	대회명	수상내역
1972.05	제1회 회장기 쟁탈전	김은순, 여자개인부 2위 남자단체부, 1위
1973.03	제2회 문교부장관배 쟁탈 사격대회	여학생부 1위

9) 펜싱부

펜싱부는 1972년 4월 13일에 창설되었다. 펜싱부에서는 창설한 그해 7월에 개최된 전국체전 서울 예선 대회에 출전하여 남자 사브르에서 1위를 차지했다. 그때 출전했던 학생은 체육학과의 이주경, 이상의, 박의안, 전웅길 등 4명이다.

그리고 그해 10월에는 53회 전국 체육대회에 출전하여 2위를 차지하는 성과를 냈다. 그 후 펜싱의 활동은 선수 부족으로 중단되었다.

□ 주요 대회 실적 현황

연월	대회명	수상내역
1972.07	전국체전 서울예선	이주경·이상의·박의안·전웅길, 남자사브르 1위
1972.10	제53회 전국 체육대회	이주경·이상의·박의안·전웅길, 남자사브르 2위

10) 레슬링부

레슬링부는 1955년에 발족하였다가 부원들의 소극적인 참여로 해체되었다. 그 후 1984년 3월, 코치 1명과 선수 3명으로 다시 활동을 시작하였다. 1985년에 선수 2명이 보강되어 이상호, 정영식, 조영진, 김광진, 손석봉 등 5명이 선수로 활약하였다.

□ 주요 대회 실적 현황

연월	대회명	수상내역
1983.08	1983년도 세계주니어 선수권대회	조영진, 자유형 주니어플라이급 1위
1984.05	1984년도 세계주니어 선수권대회 파견평가전	이상호, 그레꼬로만형 주니어플라이급 3위
1984.06	제8회 전국 대학선수권대회	이상호, 그레꼬로만형 주니어플라이급 3위 손석봉, 그레꼬로만형 웰터급 3위
1984.09	제9회 KBS배쟁탈 전국레슬링 대회	이상호, 그레꼬로만형 주니어플라이급 3위 김광진, 그레꼬로만형 페터급 3위
1984.10	제65회 전국체육대회	이상호, 그레꼬로만형 주니어플라이급 3위
1985.03	제3회 회장기쟁탈 전국아마추어 레슬링대회 겸 1985년도 세계선수권대회 파견 1차 선발대회	이상호, 그레꼬로만형 플라이급 2위
1985.05	1985년도 세계 애스포선수권대회 파견선발대회	김광진, 그레꼬로만형 페더급 1위 이상호, 그레꼬로만형 플라이급 2위 조영진, 자유형 밴텀급 3위 손석봉, 그레꼬로만형 웰터급 3위
1985.06	1985년도 세계선수권대회파견 최종 선발대회	이상호, 그레꼬로만형 플라이급 2위
1985.07	제9회 전국대학선수권대회	이상호, 그레꼬로만형 플라이급 1위 조영진, 자유형 밴텀급, 1위 손석봉, 그레꼬로만형 미들급, 3위
1985.09	제10회 KBS배쟁탈 전국레슬링 대회	이상호, 그레꼬로만형 플라이급 2위 조영진, 자유형 밴텀급 2위 손석봉, 그레꼬로만형 미들급 3위
1985.10	제66회 전국체육대회	이상호, 그레꼬로만형 플라이급 1위
1985.12	제11회 대통령기쟁탈 전국시도대항 및 제10회 아시아경기대회 파견 1차 선발대회	이상호, 그레꼬로만형 플라이급 3위

연월	대회명	수상내역
1986.06	제67회 전국체육대회	이상호, 그레꼬로만형 플라이급 1위 김광진, 그레꼬만형 페더급 1위 조영진, 자유형 밴텀급 2위
1986.08	제10회 전국대학선수권대회	이상호, 그레꼬만형 플라이급 2위 정영석, 그레꼬만형 밴텀급 2위 조영진, 자유형 밴텀급 3위
1986.09	제12회 대통령기쟁탈 전국시도대항 레슬링대회	손석봉, 그레꼬만형 라이트헤비급 2위

11) 역도부

1984년 3월 천안캠퍼스에서 창단된 역도부에서는 창단 후 처음으로 출전한 1984년 3월, 제32회 춘계전국역도대회에서 변우섭과 김기홍이 90kg급과 100kg급 인상, 용상, 합계에서 1위를 차지하였고, 김구춘은 65kg급 인상, 용상, 합계에서 은메달 3개를 차지하였다. 그리고 1985년에는 주니어역도선수권대회와 전국춘계역도선수권대회에 출전한 방정석이 90kg급, 김종임이 67.5kg급에서 각각 3위를 차지하였다.

□ 주요 대회 실적 현황

연월	대회명	수상내역
1984.03	제32회 춘계전국역도대회	변우섭, 90kg급 인상용상합계 1위 김기홍, 100kg급 인상용상합계 1위 김구춘, 65kg급 인상용상합계 은메달 3개
1985	주니어역도선수권대회	방정석, 90kg급 3위
1985	전국춘계역도선수권대회	김종임, 67.5kg급 3위

12) 요트회

1976년 3월에 써클로 등록한 요트회의 회원들은 1978년부터 국내대회에 출전하여 우수한 성적을 올렸다. 1978년에는 조창행이 춘계요트경기대회에 출전하여 O.K딩기급(1인승 경기정) 대학부 경기에 출전하여 1위를 차지하였고, 1979년에는 조수환·손진호가 전국요트선수권대회에 출전하여 R.B급에서 1위를 하는 등 성과를 보였고, 1984년에는 한경석과 임현준이 국가대표로 선발되기도 하였다.

□ 주요 대회 실적 현황

연월	대회명	수상내역
1978	춘계요트경기대회	조창행, O.K딩기급(1인승 경기정)대학부 1위
1979	전국요트선수권대회	조수환·손진호, R.B급 1위

제3장

단국스포츠과학의 학술진흥 기여

제1절 서울올림픽 스포츠과학학술대회 개최

제2절 스포츠교육 및 산학협력의 발전

제1절 서울올림픽 스포츠과학학술대회 개최

1. 올림픽 유치와 한국 스포츠과학의 현실

일제강점기의 전문대가 아닌 고등교육기관으로서 4년제 대학에 체육학이 시작된 것은 이화여자대학교가 처음이다. 1945년 9월 학생을 모집하고 10월말에 개강하면서 체육과를 창설하였다. 이어 1946년, 서울대학교 사범대학 체육과가 탄생하였다. 1952년 경북대학교에 체육학과가 생겼다. 2년제 대학(초급대)으로는 1951년 조선대학에, 1952년 신흥(경희)대학에, 1953년 유도학교(용인대 전신)가 각각 창설되었다.

우리 대학은 1962년 초급대학을 병설할 당시 체육과를 개설하였다가 1964년 초급대 폐지와 동시에 4년제 체육과를 신설했다. 이후 종합대학 승격과 함께 1971년 체육과를 체육교육과로 개편하면서 본격적인 학술활동이 시작되었다. 1970년대만 해도 학령인구의 팽창으로 중고교 학령인구가 폭발적으로 증가하면서 학교체육 차원의 스포츠가 국가적 과제가 되고 있었다. 정부는 1971년 체력장제도를 도입했고, 1972년부터 중고교생 체육특기자 무시험 특별전형제도도 신설했다. 본격적인 체육진흥정책을 개시하고 있었지만 과학으로서 체육학을 다룰 만한 여건은 아니었다. 따라서 학교체육을 담당할 체육교사 인력이 필요했고, 이를 수용하고자 체육교육과의 신설이 잇따르고 있었다. 참고로 우리나라에서 가장 오래된 '한국체육학회'가 1953년 창립하여 1955년부터 『한국체육학회지』를 발행하였지만 인문사회과학, 자연과학의 구분 없이 종합지로 존재하고 있었고, 유사한 체육학회는 존재하지 않았다. 인접 분야인 '한국무용학회'나 '여성체육학회'가 있었는데 당시 학회지를 발간하지 못하고 있는 형편이었다. (『한국체육학 75년 역사의 과거, 현재, 미래』, 나영일, 한국체육학회, 2020.10)

이 같은 침체기에 전환기적 동력을 제공한 이슈가 1981년 '88서울올림픽 유치의 성공이었다. 이를 계기로 1982년 체육부가 신설되었다. 체육과 관련된 대부분의 정책은 교육부에서 체육부로 옮겨졌다. 체육학 역시 마찬가였다. 1980년까지 전국의 체육 관련 학과는 17개 였는데 체육과, 체육교육과, 무용과가 대부분이었고, 학생수도 2,380명이었다. 그러나 서울올림픽을 3년 앞둔 1985년, 전국의 체육 관련 학과는 58개 학과에 재학생도 10,227명으로 급증했다. (체육부, 『체육한국 1984』, 1983, p.72)

우리 대학의 체육학 관련 학과 신증설이나 개편도 이 같은 국가적 흐름과 무관할 수 없었다. 1981년 교육대학원에 체육교육전공을 신설하였다. 1988년에는 일반대학원에 체육학과 박사과정을 신설함으로써 석사과정과 박사과정으로 운영되었다. 이후 체육학 분야의 세분화로 체육학과 내에 인문사회분야와 자연과학분야로 전공을 세분화하여 운영하고 있다.

우리 대학 체육학 연구 인력 증가의 시발점은 천안캠퍼스에 체육학과를 신설한 것이라 할 수 있다. 1982년 10월, 천안캠퍼스 이공대학에 체육학과 설치 인가를 받은데 이어 1985년에 같은 이공대 소속으로 경기지도학과를 신설했다. 1986년 서울아시안게임이 열리고 동시에 우리 대학은 아시안게임 스포츠과학학술대회를 개최했다. 같은 해, 천안캠퍼스에 사회체육학과를 신설하면서 단과대로 체육대학을 승격, 개편하기에 이르렀다. 신설 체육대학은 체육학과, 경기지도학과, 사회체육학과 등 3개 학과 120명의 입학정원을 갖고 있었다. 1986년은 우리 대학 체육학의 발전 과정에 매우 의미심장한 한 해로 기록된다. 1년 사이에 아시안게임 스포츠과학학술대회라는 대형 체육학 전문 심포지엄을 열었고, 학과 신설과 단과대 신설이 동시에 실현된 해였기 때문이다. 이보다 한해 앞선 1985년에 스포츠과학연구소가 신설되어 있는 상태였기에 1986년을 기점으로 우리 대학의 스포츠과학 교육과 연구체제의 외적 조건이 구축되었다 할 수 있다. 1986년 아시안게임 스포츠과학학술대회를 앞둔 시점에서 우리 대학 체육학 관련 교수진은 13명이었고, 스포츠과학연구소(소장 오종한 교수)에 3명의 연구원이 있었다.

그러나 우리 대학만이 아니라 당시 한국 스포츠과학의 현실은 내적으로는 스포츠과학을 독립적으로 다룰 수 있는 여건이 아니었다. 1980년까지도 국내 대학에는 체육학 박사과정이 설치되어 있지 않았다. 나영일 박사(서울대 사범대 체육교육과 명예교수)의 연구에 따르면 1945년부터 1980년까지 나온 체육학 관련 논문은 총 228편이었고, 분야도 '체육측정연구'에 치중되어 있었다고 한다. 석사학위 논문의 경우는 총 363편인데 인문사회과학 분야로 200편, 자연과학 분야로 163편이 발표되었다. 이런 현실에서 우리 대학이 체육학 분야 최대 학술대회인 아시안게임 스포츠과학학술대회와 올림픽 스포츠과학학술대회를 모두 개최하겠다고 나선 것은 결코 쉽지 않은 결심이었다. 단군 이래 최대 이벤트라고 하는 서울올림픽의 전야제나 마찬가지인 국제학술대회를 제대로 치루지 못한다면 대학만이 아니라 국가적으로도 부정적 영향을 자초하는 일이기 때문이었다.

체육학 연구로 치면 유아기 상태였던 한국에서, 더군다나 지역적으로 올림픽 개최 도시인 서울도 아닌 천안에서 세계 최대 규모의 스포츠과학학술대회를 열게 된 동기는 무엇이었을까? 그 이면에는 장충식 당시 총장의 서울올림픽에 대한 열의, 그리고 천안시와 천안캠퍼스에 대한 비전이 자리잡고 있었다.

전두환 정부가 출범한 지후인 1980년 가을 무렵 장충식 당시 총장은 대한체육회 부회장을 맡고 있었다. 전두환 정부는 경제개발을 최우선 과제로 삼고 있어서 막대한 투자를 해야 하는 올림픽 유치를 부정적으로 생각하고 있었다. 당시 청와대의 이상주 교육문화수석이 장충식 총장(대한체육회 부회장)을 만나 "대한체육회와 한국올림픽위원회가 서울올림픽 유치를 포기(1979년에 이미 IOC로부터 88올림픽 후보도시로 공인받은 바 있음)하는 결의안을 통과시켜 달라."는 부탁(사실상 대통령의 뜻이라는 암시를 받음)을 할 정도였다.

장충식 총장(대학체육회 부회장)은 조상호 당시 대한체육회장을 만나

‘올림픽 유치 포기 불가론’을 강조했다. 두 사람은 뜻을 모아 노태우 정무 제2장관(뒤에 체육부 장관, 13대 대통령)을 만나 올림픽이 가져올 경제적 성과와 국가안보에 주는 긍정적 효과 등을 설명해 전두환 당시 대통령의 뜻을 바꾸기로 했다. 이후 대한체육회가 올림픽 유치의 장점을 보고서로 만들어 청와대에 전달하고, 노태우 장관이 대통령 옆에서 체육회의 논리를 함께 설득해 결국 유치 추진으로 결론을 내리도록 한 것이다.

이후에도 장충식 당시 총장은 1981년 7월에 루마니아에서 열린 하계유니버시아드의 한국선수단장으로 나가서 IOC위원 등을 만나 한국에 대한 찬성 득표 활동을 하기도 했다. 그 뒤로도 장충식 당시 총장은 국제 스포츠외교무대에서 강력한 힘을 발휘하는 IOC위원들에게 우리 대학에서 명예박사학위를 수여해 자연스럽게 한국 지지 캠페인을 벌이기도 했다. 쿠웨이트의 왕족이자 아시안게임을 주관하는 AOC 위원장이면서 아시아 스포츠 외교의 최고 실세인 쉐이크 파하드 IOC위원에 대한 명예박사학위 수여가 좋은 실례이다. 그는 반이스라엘 정치인이기에 당시 친이스라엘 국가였던 한국을 못마땅해 했고, 심지어 북한을 방문해 김일성과 회담, 친교를 했던 인사였다. 올림픽 유치 협조를 해달라며 한국에 초청하기 힘들었고, 그가 응할 리

유니버시아드 선수 결단식(1981)

도 없던 차에 명예박사학위 수위를 계기로 초청하여 자연스럽게 방한을 유도할 수 있었다. 쉐이크 파하드 위원은 명예박사학위 수위를 위해 자신의 전용 비행기로 가족들을 데리고 방한을 할 정도로 한국에 대한 생각을 바꾸었다. 또한 IOC부위원장을 지냈고 아프리카지역 IOC위원들에게 막강한 영향력을 가진 코트디부아르(영어식은 아이보리코스트)의 루이 기랑두 은디아예 위원도 우리 대학에서 명예박사 학위를 수위하면서 확고한 한국 지지의 뜻을 밝힌 인사였다.

이미 한국(서울)과 일본(나고야)의 국가적 자존심이 걸린 경쟁이 벌어진 상황에서 장충식 당시 총장은 서울올림픽 유치가 국가경제는 물론이고 우리나라의 스포츠와 스포츠과학 발전에 결정적 기여를 할 것이라는 신념을 갖고 있었다. 이후 노태우 장관, 김운용 KOC 부위원장, 정주영 회장 등 민관학의 팀워크가 서울올림픽 유치라는 결과를 낳기에 이르렀다. 불과 6개월의 준비로 4년을 별러온 일본에 대역전극을 만들어 낸 것이다.(상세 내용은 장충식, 『학연가연』, pp.226~238, 노스보스, 2021.).

서울올림픽 유치와 함께 정부는 성공적인 대회 준비를 위해 최고 기획, 심의 기구로 서울올림픽 조직위원회를 발족했다. 정식 명칭은 '88서울올림픽대회 조직위원회'였는데 1981년 11월 2일, 제1차 위원총회를 열고 전두환 당시 대통령을 명예총재로, 위원장에 김용식 적십자 총재를 선출하면서 공식 활동을 개시했다. 위원들의 명단은 다음과 같다.(직함은 1981.11 당시 정부의 공식 발표 자료에 명기된 것을 따름)

▲김택수 IOC위원 ▲조상호 KOC위원장 ▲김진 KOC부위원장
▲이원경 KOC상임고문 ▲박종규 사격연맹회장
▲김운용 세계태권도연맹총재 ▲최원석 탁구협회장
▲손기정 베를린올림픽 금메달리스트 ▲박영수 서울시장
▲한병태 국회문공위원장 ▲이종찬 민정당원내총무
▲고재청 민한당원내총무 ▲이동진 국민당원내총무
▲주영복 국방부장관 ▲이규호 문교부장관 ▲노태우 정무제2장관
▲김용식 한적총재 ▲정주영 전경련회장 ▲정수창 대한상의회장
▲유창순 무협회장 ▲장충식 대학스포츠위원장 ▲신영균 예총회장
▲문태갑 신문협회장 ▲이원홍 방송협회장 ▲김성진 연합통신사장

▲정영주 노총회장 ▲정의숙 이화여대총장 ▲하대돈 관광공사사장 ▲조중훈 KAL사장

장충식 당시 총장은 대한체육회 부회장, 대학스포츠위원장에 재임 중이었는데 동시에 조직위원회 위원을 맡게 되었다. 위원들의 구성을 보면 당시 각 부문별 지도자급 인사들이 포진해 있음을 알 수 있다. 장충식 당시 총장은 스포츠 행정가인 동시에 대학 총장으로 재직하고 있었으며, 스포츠과학학술대회는 개최국이 의무적으로 주관해야 하는 행사였다. 장충식 당시 총장이 아니면 올림픽스포츠과학학술대회를 추진할 만한 위원이 없는 상황이었음을 알 수 있다.

올림픽 스포츠과학학술대회가 개최국의 필수적 공식행사가 된 데는 1896년 제1회 아테네 올림픽이 계기가 되었다. 근대올림픽을 주장한 쿠베르탱 남작이 제1회 올림픽을 마치면서 스포츠 경기만 있고 학술대회가 없는 올림픽에 대한 유감을 토로하면서 공식 논의가 시작되었다. 1897년 파리에서 올림픽을 개최하면서 '교육과 위생'이라는 주제로 작은 규모로 학술대회를 개최하였는데 이것을 올림픽학술대회의 시초로 인정하고 있다.

스포츠과학학술대회로 기반을 굳힌 것은 1964년 제18회 동경올림픽부터였다. 일본 체육학회와 스포츠의학회가 공동으로 동경올림픽 학술대회 조직위를 구성하고 국제체육연맹, 국제스포츠과학 · 체육평의회, 국제스포츠의학연맹 등의 협조를 얻어 분과별 학술발표, 토론을 진행하는 등 본격적인 국제학술대회의 체제를 굳혔다. 이후 IOC는 올림픽학술대회를 IOC 차원의 공식 행사로 공인하고 개최국은 올림픽을 준비할 때 스포츠과학학술대회를 대회 직전에 필수적으로 개최하도록 의무화하기로 한 것이다. 세계 각국의 스포츠과학자들이 4년에 한 번씩 한자리에 모여 학문적 교류를 통해 스포츠과학의 발전은 물론 친선 및 우의를 키우는 또 다른 올림픽인 셈이다.

정부와 스포츠인, 민간 기업이 한마음으로 뭉쳐 올림픽 유치를 성공시킨 상황에서 '학술 올림픽'인 이 행사를 성공시키는 일은 서울올림픽을 성공시키는 첫 단추이기도 했다. 이를 해결하기 위해 일차로 서울올림픽 조직위원회는 1983년 2월, '84 LA올림픽을 준비하고 있

던 미국 현지로 조사단을 파견했다. 조사단은 LA올림픽 스포츠과학 학술대회 집행위원회와 관계자들을 방문해 대회 준비 상황 및 자료를 수집하고 돌아왔다. 당시 조사단은 김기순 교수(한양대), 강신복 교수(서울대), 정찬모 연구원(스포츠과학연구소) 등으로 구성되었다. 이들은 LA올림픽 조직위의 학술대회 집행위원들을 만나고 학술대회가 열릴 오레곤주립대학을 들러 사무국 관계자들을 면담하는 등 제반 준비사항을 조사, 청취하고 돌아왔다.

서울올림픽 조직위원회는 이 결과를 바탕으로 정부 관계자들과 3차례의 협의회를 가졌다. 이 과정에서 학술대회가 IOC 공식행사이므로 학술대회 조직위가 생길 때까지 서울올림픽조직위와 체육부가 주관을 하고, 아시안게임과 서울올림픽 학술대회 준비를 통합 운영하며, 행사장소는 대학으로 하되 주관할 대학은 '84 LA올림픽에 조사단을 파견한 뒤 정하기로 하였다.

1984년 7월 19일~26일에 열린 LA올림픽 스포츠과학학술대회에 파견할 한국대표단을 구성했다. 학술대회 장소는 오레곤주 유진시였다. 대표단은 학술대회 준비에 필요한 모든 사항을 점검, 습득해야 하므로 스포츠과학의 5개 분야로 맞춰 분담하고 해당 분야에서 권위 있는 학자들로 구성했다. 조사단(총 18명) 명단은 다음과 같다.(직함은 당시 기준을 따름)

▲단장 : 장충식(단국대학교 총장, KOC 부위원장)

▲부단장 : 김세원(KOC 부위원장), 이상희(국회의원)

▲간사 : 이강평(한양대 교수)

▲종합기획반 : 정범모(스포츠과학위원회 고문), 정찬모(스포츠과학연구소 연구실장), 정두용(유네스코 과학부장), 김선종(올림픽 조직위원회)

▲자연과학반 : 이긍세(스포츠과학연구소장), 황인승(연세대 교수)

▲스포츠의학반 : 김건열(서울대 교수), 김기순(한양대 교수)

▲심리 및 행동과학반 : 정성태(서울대 교수), 공응대(한양대 교수)

▲인문사회반 : 김상겸(고려대 교수), 장주호(경희대 교수), 강신복(서울대 교수)

단장은 장충식 당시 총장이 맡았다. 장충식 총장은 조사단을 대표해 해외 학자 및 올림픽 관계자 등을 초청해 만찬을 열고 서울올림픽 스포츠과학학술대회 참가를 설득하기도 했다. 이 자리에서 국제 스포츠과학을 이끄는 학회들이 모두 협력을 약속하고, 사마란치 당시 IOC위원장도 학술대회 참석을 약속하는 구체적 성과가 있었다. 특히, 동구권의 학자들이 적극적인 참석 의지를 밝힌 점도 학술대회의 성공을 자신하게 해준 성과이기도 했다.

특히, 장충식 총장이 한국 대표단을 이끌어 스포츠과학학술대회 준비를 책임지고 있다는 점에서 단국대가 올림픽학술대회 주관 대학이 될 것을 의미하는 일이기도 했다.

LA올림픽 스포츠과학학술대회 조사단은 귀국 이후 소정의 보고회를 마치고 관련 보고 자료를 바탕으로 관계 부서들이 모여 학술대회 준비를 주도할 조직위원회 구성 작업에 들어갔다. 이 과정에서 1984년 10월, 서울올림픽조직위원회와 체육부는 장충식 총장이 학술대회 조직위원장을 맡고, 단국대학교가 주관해 주기를 부탁했다. 서울올림픽 유치 캠페인에서 보여준 장충식 총장의 스포츠에 대한 애정, 올림픽에 대한 열의로 볼 때 다른 대안을 찾을 수 없는 결론이었다.

뒤이어 1984년 11월, 〈'86, '88 학술대회 조직위원회〉 구성을 위한 발기대회를 가졌다. 이 총회에는 우리 대학의 오종한 교수를 비롯해 20개 대학이 참여했고, 한국체육학회, 대한스포츠의학회, 한국여성체육학회, 언론인, 스포츠과학연구소 등의 학자, 전문가들이 참여했다. 47명의 발기인들은 장충식 총장을 곧 구성될 조직위원회 위원장으로 추대하고 위원장이 위원 선임과 기본 계획 수립 등을 처리할 것을 결의했다.

2. 조직위 구성과 아시안게임 스포츠과학학술대회 개최

장충식 위원장(이하 행사의 특성과 내용에 맞춰 위원장으로 칭함)은 당장 2년도 안 남은 '86서울아시안게임 스포츠과학학술대회를 준비해야 했다. 장 위원장은 효율적인 업무 추진을 위해 조직위원회 사무실을 당시 우리 대학 법인이 소유하고 있던 단국빌딩 203호(서울특별시 강남구 논현동 소재)에 설치했다. 장충식 위원장은 50여 일 남짓 기간 동안 관계자들과 기본 계획 수립을 독려하는 한편 조직위원회 인적 구성을 마쳤다. 조직위원회의 정식 명칭은 〈'88올림픽 스포츠과학학술대회 조직위원회(Seoul Olympic Scientific Congress Organizing Committee)〉였다.

조직위는 1985년 1월 11일 현판식을 가지면서 본격적인 준비 업무에 들어갔다. 조직위원회 장충식 위원장과 5명의 부위원장, 20명의 집행위원을 주축으로 운용하고 산하에 총무, 의전, 섭외, 홍보, 출판 등 5개 사업분과를 두어 실무를 보조케 했다. 학술대회의 핵심인 학술분과는 총 12개의 위원회를 두었다. 발족 당시 위원회, 위원장은 다음과 같다.

▲체육사 : 이학래 ▲스포츠철학 : 김영환 ▲스포츠사회학 : 임번장
▲스포츠행정 : 이상철 ▲스포츠교육 : 강신복 ▲특수체육 : 홍양자
▲체육측정평가 : 강상조 ▲스포츠심리 : 김기웅
▲운동생리학 : 김창규 ▲운동역학 : 황인승
▲스포츠의학 : 하권익 ▲무용 : 육완순

우리 대학 소속 교수도 각 위원으로 활발한 활동을 펼치고 있었다.

▲스포츠철학 : 강찬금 ▲스포츠사회학 : 오현환
▲스포츠행정 : 강용호 ▲스포츠교육 : 이종철
▲스포츠심리 : 김지학 ▲운동생리학 : 옥정석
▲무용 : 서한범

학술분과 내 12개의 위원회는 현대 스포츠과학의 분야를 구분하는 것에 기초를 두고 있었다. 앞서 언급했지만 당시 우리나라 스포츠과학은 이 같은 학문 분야의 갈래가 세분화되지 못한 상태였다. 이를 감안하면 학술대회 학술분과의 12개 세부 분야 구분은 바로 향후 우리나라 체육학, 스포츠과학이 발전해 나갈 학문적 갈래를 미리 제시한 셈이기도 하고, 해당 분과의 교수들이 장차 한국 체육학계의 분야

별 중진으로 성장할 것을 암시하는 일이기도 했다.

이후 1986년 3월에는 체육부와 협의를 거쳐 조직위원회 업무가 정부의 국고보조사업으로 확정됨에 따라 재단법인으로 승격했고, 법인으로서 업무를 수행하게 되었다. 당시 장충식 위원장을 제외한 수석부위원장은 정성태 교수(서울대)가 맡아서 학술 분야 준비작업을 총괄했고, 정찬모 교수(단국대)가 사무총장으로 실무를 총괄했다.

조직위에게 당면한 과제는 1986년 9월, 서울에서 열릴 '86아시안게임 전에 스포츠과학학술대회를 성공적으로 개최하는 일이었다. 조직위원회는 서울올림픽조직위와 협의를 거쳐 대회 주제를 '스포츠를 통한 보다 나은 삶(Better Life Through Sports)'으로 정했다. 스포츠가 인간의 삶을 풍요롭고 행복하게 반드는 원동력이라는 전제 아래 이를 뒷받침할 스포츠과학의 비전을 모색하자는 취지였다. 기간은 1986년 9월 15일부터 18일까지 3박 4일의 일정으로 결정했다. 학술대회 장소는 우리 대학 천안캠퍼스였다. 이는 '서울올림픽 학술대회'도 같은 천안캠퍼스에서 열린다는 것을 의미하는 것이다. 아시안게임이나 올림픽이나 모두 개최 도시가 서울인데도 천안시에서 세계 최대 규모의 학술대회를 열게 된 이유는 무엇일까? 그 안에는 장충식 총장의 의지가 자리잡고 있었다.

천안시를 학술대회 장소로 활용키로 한 결심의 배경을 장충식 총장은 1988년 9월 16일, 올림픽 학술대회를 끝내고 난 뒤 조선일보와 가진 인터뷰에서 이렇게 밝혔다.

> (전략) 무엇보다도 장 위원장(당시 학술대회 조직위원장인 장충식 총장을 지칭함)이 큰 수확으로 꼽는 것은 천안이란 중소도시를 세계에 선보인 것. '천안과 같은 중소도시에서도 이만큼 큰 행사를 치룰 수 있다는 것을 보여주고 싶었다'는 그는 '외국인들로부터 도고, 천안, 온양 등의 호텔 봉사가 선진국에 뒤지지 않는다는 칭찬을 많이 받았다.'고 즐거워 한다. 천안을 '스포츠과학의 메카'로 정착시키겠다는 것이 장 위원장의 꿈. 그는 단국대 천안캠퍼스에 각종 운동시설들을 계속 확충, 이런 꿈을 실현하겠다고 다짐했다. (조선일보, 1988. 9. 16자, "논문 851편 스포츠과학 새지평")

아시안게임스포츠과학학술대회 조직위원장으로서 개회사를 하고 있는 중재(1986)

인터뷰 기사에 드러나듯 장충식 총장은 이미 1977년, 천안시에 제 2캠퍼스를 착공할 때부터 이 같은 애정을 갖고 사업을 시작했다. 서울로 집중되는 고등교육 인구를 수도권 밖에서 해결할 수 있는 대학을 만들겠다는 포부가 천안캠퍼스 신축을 결심하게 했고, 천안시가 수도권 이남의 최대 발전 가능성이 있다는 확신을 이후 수차례 강조하고 있었다. 그런 소신을 가진 장충식 총장이기에 서울올림픽 스포츠과학학술대회를 서울이 아닌, 천안시로 끌어온 것은 오히려 당연한 일이었다.

아시안게임 스포츠과학학술대회는 2년 뒤 서울올림픽의 같은 행사의 예비적 성격이 짙었다. 따라서 참가 학자를 포함해 참여 인원은 1,000명 이내로 하기로 했다. 결과적으로 총 참여 인원은 처음 예정한 700명(내국인 450명, 외국인 250명)에 근접한 724명(내국인 505명, 외국인 219명)으로 집계되었다.

일정은 9월 15일, 참가등록 및 환영 리셉션이 있었고, 16일에 장충식 조직위원장의 개회사와 박세직 체육부 장관의 치사로 본격적인 대회를 시작했다. 동시에 오후부터 12개 분과 별로 논문 발표와 토론이 이어졌다. 17일에도 분과별 논문발표가 이어지고 오후에는 전체 학자들이 한자리에서 '평생체육을 통한 인류복지'라는 주제로 종합 발표 및 토론을 가진 뒤 미리 준비한 각종 다양한 스포츠나 문화체험을 가졌다. 대회 마지막 날인 18일에 각 분과별로 종합토론이 있었고, 오후에는 '경기력 극대화', '청소년과 스포츠'의 주제를 놓고 합동 발표 및 토론회를 가진 뒤 폐회식을 가졌다. 각 국가별 발표 논문수는 다음과 같다.

▲총 15개국 175편
▲한국 : 85편, 일본 : 57편. 미국 : 10편, 서독 : 4편, 인도 : 3편, 벨기에 : 3편, 중국 : 2편, 태국 : 2편, 스웨덴 : 2편, 홍콩 : 2편, 자유중국 : 1편, 말레이시아 : 1편, 이란 : 1편, 오스트레일리아 : 1편, 필리핀 : 1편

아시안게임 스포츠과학학술대회는 서울올림픽 스포츠과학학술대회의 예행 연습이라는 목적이 있었던 만큼 대회 규모를 확대하려 무리수를 두지 않았음에도 학자들의 참가 규모와 발표 논문의 수가 모두 역대 최대 규모를 기록하는 성과를 거두었다. 또한 국제스포츠과학 · 체육평의회(ICSSEPE)와 세계체육보건학회(ICHPER) 같은 국제 스포츠과학 학술단체들이 동참해 자체 회의를 대회 기간 중에 갖고 서울올림픽 스포츠과학학술대회 참가 확대 방안을 토론하는 등의 성과도 있었다.

천안시도 이전까지 이 같은 대형 국제행사를 치룬 적이 없었지만 교통, 관광지 운영, 주민 및 유관 시민단체의 참가와 협력관계 등을 구성하고, 실제 가동해 보는 성과가 있었다. 특히, 서울올림픽 스포츠과학학술대회 조직위 입장에서도 이만한 규모의 국제 행사는 정부의 주도로 준비하고 치루기 마련이었는데 이를 민간 주도로 치뤘다는 점에서 '할 수 있다.'는 자신감을 얻은 게 가장 큰 성과였다.

3. 단국대가 주도한 올림픽 스포츠과학학술대회 준비

아시안게임 스포츠과학학술대회를 성공적으로 개최하고 자신감

을 얻은 장충식 총장과 조직위는 올림픽 스포츠과학학술대회 준비 실무작업을 성실하게 준비해 나갔다. 개최 시기는 1988년 9월 9일부터 15일까지 7일간 진행하기로 했다. 서울올림픽은 9월 17일 개막하기로 예정되어 있었다. 개막 일주일 전 학술대회를 갖는다는 IOC의 지침을 따른 것이다.

학술대회의 주제는 '체육의 새로운 전망(New Horizons of Human Movement)'으로 정했다. 당시 서울올림픽에 앞서 열린 1980 모스크바올림픽, 1984 LA올림픽이 동서냉전의 와중에 소련과 미국 양측의 갈등으로 불참 국가가 속출하는 '반쪽올림픽'이 되었다. 서울올림픽은 이러한 긴장이 완화되는 국면이었기에 12년 만의 '화합올림픽'이 될 가능성이 컸었다. 이런 시대상황과 갈수록 빨라지는 과학기술의 발전, 지구촌 시대의 개막 등과 같은 변화상에 대응할 스포츠의 새로운 비전, 그리고 이를 견인할 스포츠과학의 사명을 논의하자는 것이 조직위의 구상이었다.

아시안게임 스포츠과학학술대회를 끝낸 뒤 조직위는 사업을 결산하면서 효율적 업무 추진을 위해 1987년 4월, 조직 개편을 실시했다. 국제적인 소통과 교류, 해외 학자 관리 업무가 폭증함에 따라 국제 분야를 보강하는 데 초점을 맞추고 있었다. 우선 사무처에는 사무총장 밑에 국내담당 사무차장과 국제담당 사무차장을 새로이 신설했다. 사무처 소속 부서도 총무과와 운영과의 2과였던 것을 기획실과 국제과를 신설했으며 11명의 직원을 24명으로 증원, 보강하였다. 이에 따라 사무처는 기존 2개 과에서 1실 3개 과로 확대되었다. 확대 개편 뒤 조직위를 이끌던 임원들의 명단은 다음과 같다.

▲위원장 : 장충식(단국대 총장)
▲수석부위원장 : 정성태(스포츠과학연구소 소장, 서울대 교수)
▲부위원장 : 한양순(한국여성체육학회장), 이광호(대한스포츠의학회 부회장), 김종선(한국학교체육연구회장), 박철빈(한국체육대학장), 선병기(한국체육학회장), 황패강(단국대 부총장)
▲사무총장 : 정찬모(단국대 교수)
▲집행위원 : 김기순(한양대 교수), 김진원(한국교원대 제3대학장), 김진호

(경희대 체육대학장), 신길수(원광대 교육대학원장), 오종한(단국대 체육대학장), 윤남식(이화여대 체육대학장), 이강평(SLOOC 정책연구실장), 이학래(한양대 체육대학장), 임번장(서울대 교수), 장주호(SLOOC 사무차장)

스포츠과학학술대회의 본업이라 할 수 있는 학술논문의 접수, 심사와 발표를 위해 사무총장의 통솔 아래 학술전문위원회를 두었다. 전문위원회 아래에는 스포츠과학 학문 분야를 12개로 나눠 위원회를 두고 위원장 1인과 간사가 각 분과별 위원들과 사무처의 제반 업무에서 학술과 관련된 전문적 사안을 자문, 지원토록 했다.

1987년 2월 종합계획을 수립한 뒤로 빠듯한 일정 속에서 조직위의 각 위원들과 사무처 직원들은 대회 준비에 열정을 쏟았다. 특히 중요한 일은 학술대회의 대주제인 '체육의 새로운 전망'에 걸맞은 종합학술 세미나의 소주제를 선정하는 일이었다. 분야별 주제 선정을 위해 전문위원들의 참여 하에 1987년 4월부터 6월까지 학술분과, 전문위원회, 국제학술단체 등으로부터 국제적 자문을 포함해 의견을 수렴했다. 이 과정을 거쳐 1987년 7월 집행위원, 전문위원, 국제자문위원과의 합동회의에서 최종적으로 경기력 향상, 사회체육, 학교체육 등 10개의 주제를 확정하였다. 선정된 주제는 다음과 같다.

▲트레이닝에 있어서 유전자와 환경의 상호관계
▲운동과 새로운 건강 패러다임
▲경기력 향상과 예측
▲고강도 스포츠의 과잉훈련과 상해
▲스포츠 재능의 발굴과 개발
▲스포츠경쟁과 올림픽 : 가치체계에 대한 문화적 분석
▲문화 차이에 따른 인간 육체에 대한 개념
▲대중스포츠 진흥정책의 동향
▲체육교육 교수법의 새로운 연구동향
▲체육활동 참여에 대한 장기적 효과분석

이후 종합학술세미나와 12개 분과별 세미나에 발표될 논문을 접수하는 데 주력하였다. 논문 접수는 1987년 12월 말까지 진행했다. 접수된 논문은 이미 구성된 심사위원회의 심의를 거쳐 선정하였다. 전 세계에서 총 871편의 논문이 접수되었고, 이 논문 중 822개가 발표 논문으로 선정되었다.

이와 별도로 각 분과 별로 주제 강연을 하거나 세미나 좌장, 사회를 맡을 학자, 논문을 발표할 학자 등을 심사해 각 등급별로 체제비, 항공료, 등록비 등을 할인 혹은 면제해 주는 심사를 해 초청장도 발송했다. 심사를 거쳐 미국(14명), 한국(12명), 서독(6명), 캐나다(5명), 벨기에(4명), 일본(3명), 동독(2명), 폴란드, 헝가리 등 총 17개국 60명의 전문가가 초청되었다.

학술대회의 본질적 업무인 논문 및 토론 등의 준비 작업이 끝나가면서 조직위원회는 '대회준비'를 '대회운영' 상황으로 변경했다. 이를 위해 종전 사무처 산하 1실 3과 12개 분과였던 조직위 기구는 기존 준비 조직에 4실(종합상황실, 대회본부 부속실, 홍보실, 전산실) 10개 부, 66개 실무반으로 대폭 확대되었다.

1988년 7월 1일부터 이렇게 대회운영본부 체제로 조직위 기능을 변화하면서 제기된 중대한 난제가 있다. 첫째는 대회 성공을 위해 손발이 되어줄 행사요원이 태부족이었다. 둘째는 학술대회 현장은 천안인데 조직위원회 본부는 서울에 있어 거리와 교통의 제약이 크다는 점이었다. 셋째는 그동안 조직위의 상근 요원은 30명인데 대회 운영을 위한 조직과 소요 인원을 점검해보니 각 실무 부서의 간부 요원만도 83명이 필요하다는 결과가 나왔다.

이에 따라 장충식 위원장은 긴급하게 우리 대학의 역량을 과감하게 투입키로 했다. 장충식 위원장이 취한 첫 번째 조치는 우리 대학이 보유하고 있는 시설관리, 체육행사, 문화공연, 안전관리 등에 근무하는 직원들을 유관 실무반에 파견토록 한 것이다. 우리 대학 직원은 물론 대학원생이나 조교 등이 각자의 특기나 전문 능력에 맞춰 현장에 투입되었다. 단국대에서 지원을 나간 요원은 모두 318명(부장급 4명 포함)에 이르렀다.

부족한 간부 요원 등은 체육부와 협의해 자원봉사자들 가운데 적정한 자질을 갖춘 이들을 직무교육 뒤 임시직으로 채용, 배치하였다.

서울올림픽스포츠과학학술대회 발대식에서 조직위원장으로 대회의 성공적인 개최를 다짐하는 중재(1988.07.15)

총 23명을 새로이 충원했다. 본부와 현장과의 거리 차이는 대회장인 천안캠퍼스에 연락사무소를 추가 신규 설치하도록 했다. 1988년 6월부터 천안캠퍼스 체육대학에 사무소장과 간사, 각 1명이 배치되어 단국대와 조직위 간의 업무협조를 조정, 지원하는 역할을 맡았다. 이밖에 추가 인력은 자원봉사 요원으로 충당키로 했다. 영어, 독어, 불어, 스페인어 등 외국어 특기자와 전산, 타자, 차트, 운전, 회계(부기) 등의 능력을 가진 대학원생이나 학부생, 일반인들을 선정했다. 이들은 총 432명이 뽑혀 대회 운영에 큰 도움을 주었다.

대회가 시작된 뒤 행사가 종료되는 시점까지 각 부서에 투입된 행사요원은 4실 10개 부 66개 실무반에 총 1,073명이었다. 우리대학은 이들의 후생복지도 지원했다. 행사요원들은 원하는 대로 우리 대학 기숙사에서 숙박을 하도록 했다. 이들의 숙식 지원 관리도 대학에서 맡아 진행했다.

주관 대학으로서 우리 대학이 가장 크게 기여하고, 투자를 한 분야는 시설 지원 파트이다. 학술대회의 시작과 끝을 맡고 분과별 발표회가 열릴 체육관, 종합학술세미나가 열릴 학생회관과 인문학관을 주요 공간시설로 활용해야 했다. 우선 장충식 위원장은 대회 개최의 기본이라 할 수 있는 체육관을 신축하는 데 최선을 다했다. 3,000여 명을 수용할 대규모의 종합체육관을 신축하는 데 80여 억 원을 투입했다. 이밖에 학생회관, 제2과학관 등 총 55개에 이르는 교사동과 공간 장소를 대대적으로 개보수하고 미화작업 및 재정비하는 데 노력을 아끼지 않았다. 총 55개에 이르는 공간 재정비는 물론이고 시청각 기자재, 편의시설, 교육보조재 등도 학교 소유물을 아낌없이 투입했다.

장충식 총장은 조직위원장으로서 이 같은 헌신이 단국대 하나를 위한 것이 아니라 서울올림픽의 가치를 높이는 일이고, 천안시를 재인식시키는 일이라는 사명감을 거듭 강조하며 교직원들을 독려했다.

학술대회에 참가한 외국인, 내국인들을 서울이나 기타 지역에서 천안캠퍼스 대회장으로 이동하게 해줄 교통편도 큰일이었다. 이를 위해 45대의 대형 버스와 67대의 승용차, 소형차를 확보했다. 수송 차량은 대회 기간 동안 공항, 서울과 천안캠퍼스를 1일 7~8회 운행했고, 대회장에서 천안시, 온양시 등 숙소를 별도로 30분~1시간 간격으로 5차례 정도 운행토록 배려했다. 이밖에 서울과 천안캠퍼스 왕복 버스와 서울, 온양, 도고 지역을 순환하는 버스 등이 하루 4회 씩 운영되는 등 대대적인 수송 서비스도 마련했다.

우리 대학은 대회장 공간 제공 외에도 인력, 시설, 경비 등 대학의 총력을 기울여 대회 진행 전반을 도왔다. 학술행사만이 아니라 문화행사도 중요했다. 이를 해결하기 위해 조직위는 문화행사부 산하에 영화, 예술공연, 국악, 무용, 우표, 사진, 올림픽 기념품 등 8개 분야에 걸쳐 공연, 전시 등의 이벤트를 준비했다. 이들 행사 역시 우리 대학의 관련 학과, 교수, 직원들이 나서서 준비를 했다. 영화상영, 국악공연, 우표전시회, 올림픽 사진전시회, 민화 및 동양화전 등을 우리 대학이 실행해 참가자들의 큰 박수와 호응을 받았다.

참가자들을 위한 다양한 스포츠 이벤트도 많았다. 미니마라톤, 테니스, 수영, 골프 등이 인기를 끌었는데 우리 대학 체육대학 석박사, 학부 재학생들이 기획과 진행을 도맡아 주도했다.

4. 찬사 속의 올림픽 스포츠과학학술대회의 성과

1988년 9월 9일(금) 오후 4시, 천안캠퍼스 체육관에서 서울올림픽 스포츠과학학술대회 개막식이 열렸다. 1985년 1월 11일 현판식을 가지면서 본격적인 준비를 시작한 지 3년 만의 일이었다. 누구보다 감회가 깊었을 장충식 총장은 조직위원장으로서 개회사를 통해 학술대회의 의미를 두 가지로 요약했다.

“세계 6개 대륙의 60여 개 국가에서 2,000여 명의 체육학자, 지도자들이 모여 850여 편의 논문과 연구 결과를 공유하고 토론함으로써 21세기에 스포츠를 통한 인류 복지와 건강 증진에 기여한다”는 점을 강조했다. 장 위원장은 또한 두 번째 의미를 풀이하면서 우리 대학과 천안시에 대한 애정을 다시 한 번 밝혔다. “이번 학술대회는 한국이 당면한 지방화 시대와 세계가 당면한 지구촌화라는 상반되면서도 조화가 필요한 두 가지 흐름이 이곳 천안시에서 만나는 것”이라며 “이번 대회를 통해 천안시가 지금껏 경험하지 못한 세계인과의 접촉을 갖고, 이를 통해 자기를 새로이 발견하며 자각하는 계기가 될 것이라 믿는다.”고 강조했다. 장충식 위원장이 단국대 총장으로서 올림픽

서울올림픽 스포츠과학학술대회 개회식에서 개회사를 하는 중재(좌)와 환영사를 하는 사마란치 IOC 위원장(우)
(천안캠퍼스 체육관, 1988.09.09)

스포츠과학학술대회 개막식장에서 환담(좌)을 나눈 중재와 사마란치 IOC 위원장이 스포츠과학학술대회 특별 전시회를 둘러보고 있다(우)(1988.9.9).

스포츠과학학술대회를 서울이 아닌 천안캠퍼스로 견인한 진심을 밝힌 셈이다.

이날 개회식에는 이례적으로 올림픽 주관기관인 IOC의 안토니오 사마란치 당시 위원장이 직접 참석했다. 1984년 LA올림픽 학술대회에서 자신이 장충식 위원장에게 한 약속을 지킨 셈이다. 사마란치 위원장은 “올림픽 운동이 단순한 육체적 분야와 경기력 향상에 국한될 수 없다.”고 전제했다. 사마란치 위원장은 “신체와 정신이 상호 보완하듯 올림픽이 과학, 문화, 예술에 개방적으로 기여하고 상호 연구되어야 한다.”면서 스포츠과학학술대회가 그 모범적 사례가 되리라는 것을 강조한 뒤 “이번 회의가 이미 서울올림픽의 성공을 알리는 전조가 될 것”이라며 장충식 위원장과 조직위에 찬사를 보냈다.

개회식을 필두로 막을 올린 학술대회는 9월 15일(목) 12시, 폐막식을 갖기까지 7일동안 진행되었다. 10개 소주제에 걸쳐 준비된 종합학술세미나는 총 40편의 논문이 발표되었다. 12개 분야 별로 진행된 분과발표회는 655편의 논문이 선보였고, 발표 뒤에는 참가자들의 열띤 토론이 있었다. 이와 별도로 국제학술단체도 12개 단체가 참가해 자체 운영과 발전 방향을 놓고 23회의 토론회를 가졌다. 학술 분야 참가자들만 집계할 때 58개국 1,670명의 학자, 전문가 및 스포츠 지도자들이 참가한 것으로 나타났다. 학술대회 참가자 중에는 서울올림픽에는 북한과 함께 불참을 선언했던 쿠바가 학술대회에는 참석을 해 주목을 받기도 했다. 각 분과별 토론회에서는 당시 서구와 동구의 냉전시기인 점을 반영한 논쟁도 있었다. 동구권 학자들은 스포츠가 만민의 것이므로 국가가 직접 개입해 유아기에서부터 스포츠를 즐기게 하고, 재능 있는 엘리트들은 역시 국가가 선발하여 재능을 키워줘야 한다는 '집체적 스포츠 교육, 엘리트를 위한 스포츠과학 강화'를 강조했다. 반면에 서구권 학자들은 국가가 엘리트체육을 양성하는 일이 국민스포츠의 기반을 강화한다는 논리를 반대하면서 국민들이 생활체육을 즐기다보면 엘리트 선수들이 등장하고 그들의 국제대회 출전을 지원하는 정도가 국가의 할 일이라면서 '생활체육 강화론'을 주장하기도 했다.

7일 간의 행사를 지원하는 데 힘을 보탠 행사요원들은 총 853명이었다. 이 가운데 단국대 관계자(직원 및 교수 등)가 200명, 재학생이 108명으로 총 308명에 달했다. 전체 요원 가운데 36%가 단국인이었던 셈이다. 여기에는 안전요원이나 공연참가인원 등은 포함되지 않았으니 우리 대학의 인적 기여는 물적 기여에 뒤지지 않는 규모였다.

IOC 입장에서 서울올림픽 스포츠과학학술대회는 발표된 논문수

88서울올림픽 스포츠과학학술대회 진행 위원과 자원봉사자와 함께한 중재

1988 SEOUL OLYMPIC SCIENTIFIC CONGRESS
September 9-15, 1988

참 가 증
CERTIFICATE

위 사람은 1988년 9월 9일부터 9월 15일까지 단국대학교 천안캠퍼스에서 개최된 서울올림픽 스포츠과학 학술대회에 참가하였기에 본 증서를 드립니다.

1988년 9월 15일

재단법인 서울올림픽스포츠과학학술대회조직위원회
위원장 장 충 식

This certifies the participation of the person above in the SEOUL OLYMPIC SCIENTIFIC CONGRESS held at Dankook University, Cheonan, Korea.

September 15, 1988.

Chang Choong-Sik, Ph.D
SEOUL OLYMPIC SCIENTIFIC CONGRESS ORGANIZING COMMITTEE

88 스포츠과학학술대회 참가증

와 참가자들의 규모 자체만 해도 역대 최대였다는 평가를 내렸다. 양적 측면만이 아니라 논문의 내실이 그 어느 때보다 컸다는 것이 참가자들의 중론이었다. 이는 당시 냉전체제 속에서 12년 만에 동구권과 서구권이 모두 학술대회에 참가했기에 가능한 일이었다. 당시 서독과 분단 상태인 동독의 에델프리트 부켈 체육부 차관, 쿠바의 로노스 안토니오 아바나체육대학장 등을 비롯한 소련, 헝가리, 폴란드 등의 사회주의 국가와 12개 미수교 국가가 논문발표와 토론에 참여했다.

우리 대학은 원활한 대회 진행을 위해 12개 분과를 나누고 해당 분과와 유사한 전공을 가진 교사동에 논문발표장을 설치했다. 각 분과별 주제와 발표 논문 수는 다음과 같다.

▲제1분과 : 체육사(국내 8편, 외국 30편)
▲제2분과 : 스포츠철학(국내 11편, 외국 34편)
▲제3분과 : 스포츠사회학(국내 11편, 외국 44편)
▲제4분과 : 체육행정(국내 2편, 외국 17편)
▲제5분과 : 스포츠교육(국내 15편, 외국 17편)
▲제6분과 : 특수체육(국내 7편, 외국 18편)
▲제7분과 : 체육측정평가(국내 6편, 외국 57편)
▲제8분과 : 스포츠심리(국내 15편, 외국 60편)
▲제9분과 : 운동생리(국내 33편, 외국 86편)
▲제10분과 : 운동역학(국내 16편, 외국 54편)
▲제11분과 : 스포츠의학(국내 15편, 외국 41편)
▲제12분과 : 무용(국내 13편, 외국 11편)

각 발표장에는 한국어, 영어, 프랑스어 동시 통역시설을 설치해 참가자들의 소통을 도왔다. 이외에도 개막 리셉션, 단축마라톤, 참가자 환영 리셉션, 단국대 국악과의 공연, 창극 춘향전 공연, 한국무용 공연, 미술 창작 전시회 등을 준비했다. 이들 행사는 모두 단국대 교수, 학생, 동문들이 힘을 모아 준비했는데 이 과정에서 우리 대학의 예체능 창작 및 공연기획 등 전반적인 역량이 국제 수준으로 높아지는 부수 효과도 거두었다.

한국으로서도 미수교 국가의 고위관료, 국제학술단체장 등이 천안시에 몰려와 관광 명소를 둘러보고 한국 전통예술과 문화를 체험하는 등 우리나라의 진면목을 직접 경험했다는 점에서 외교적 성과도 적지 않았다는 평을 받았다. 대회를 마치는 시간이 다가올수록 참가자들의 호평은 더욱 커졌다. 특히, 외국인 참가자들이 조직위원회의 성실성과 자원봉사자의 정성스러운 일처리에 감동을 받았다는 평이 많아졌다. 스포츠과학 관련 세계적 학술단체의 대표격인 국제스포츠체육협의회(ICSSPE)의 부위원장이자 서울올림픽학술대회 조직위원회의 자문위원인 퍼넌드 랜드리 부위원장(캐나다 라발대학)은 폐막식 연설을 통해 이런 평가를 내렸다.

랜드리 부위원장은 자신이 "1976년 몬트리올 올림픽 당시 스포츠과학학술대회의 조직위원장을 맡은 바 있다"고 전제하며 "그동안 여러 교수님들의 지도 아래 한국 조직위가 학술대회를 준비하는 과정과 오늘까지 대회를 진행하는 것을 지켜봤다."고 밝히면서 "같은 일을 해본 저의 경험에 비춰보더라도 이처럼 학술대회 업무에 대해 호의를 갖고 열정과 인내, 헌신을 발휘하는 것을 본 적이 없다."고 찬사를 보냈다. 랜드리 부위원장은 또 "이렇게 좋은 학술대회를 준비한 장충식 위원장, 정하용 천안시장과 정찬모 사무총장, 정성태 부위원장님께 존경과 깊은 감사를 드린다."며 마무리했다.

참가자들의 감동 속에 막을 내린 서울올림픽 스포츠과학학술대회는 행사 자체의 성공이라는 측면만이 아니라 우리나라 체육학, 스포츠과학에 미친 영향이 매우 컸다. 그 영향은 크게 두 가지로 나눌 수 있다.

하나는 스포츠과학을 체계화하는 동기부여가 된 것이고, 또 하나는 우리나라 스포츠과학 연구자의 세대 교체가 이뤄진 점이다. 이 두 가지 동인은 결국 체육학, 스포츠과학의 현대화와 활성화를 가져왔다. 나영일 교수(서울대)는 우리나라 체육학의 발전 과정을 살펴보는 논문을 통해 이 시기의 특성을 이렇게 간추렸다.

> '86서울아시안게임과 '88서울올림픽대회가 열리는 가운데, 국제학술대회가 천안에 있는 단국대학교에서 열렸다. 당시에 분과학회라

는 조직은 있었지만 체계화되지 못하였다. 양 국제학술대회를 위해서 1984년에는 86 · 88스포츠과학학술대회 조직위원회를 발족하여 분과 활동을 강화하며, 분과학회 설립을 위한 준비가 이루어졌다. 초창기에는 주로 일본에서 공부한 일본 체조전문학교 출신들과 이화여대, 서울대, 경희대 등에서 석사 학위과정이 생긴 후 60년대와 70년대에 국내에서 공부를 하던 이들이었는데, 도약기에는 영어 등 외국어를 잘하는 학자들을 중심으로 조직이 이루어졌다. 1970년대에 해외, 특히 미국으로 유학을 떠났다가 1970년대 말과 1980년대에 돌아온 유학파들이 그 중심에 있었다. (『한국체육학 75년 역사의 과거, 현재, 미래』 참조)

1980년대 초까지 한국 체육학은 인간 육체의 단련과 경기력 향상, 그 자체에 주안점을 주고 있었다. 당시 학자들의 지적 한계나 학문적 역량의 빈약 때문이 아니었고, 학술적 환경과 여건이 체육학의 확장을 막고 있었던 것이다. 그러나 서울올림픽 스포츠과학학술대회는 국내용 학술행사가 아니라 IOC와 국제 스포츠과학 관련 학술단체와 같은 호흡을 해야 준비를 할 수 있었다. 인간 심리와 생리학, 스포츠정책과 사회학, 산업화와 마케팅, 생활체육 등 전반에 걸친 학제적 접근이 필수적이었다. 동시에 국제 단체와 정보와 협력을 주고받으려면 국제적 소통이 필수적이었다. 자연스럽게 다양한 언어 구사와 유학 경험을 가진 신진 학자들이 조직위원회에 유입되어야 했다.

한두 달이 아닌 1984년부터 1988년까지 5년 동안 국제학술대회를 준비해야 하고, 국가적 관심사였기에 모든 전문가들이 함께 힘을 모아야 했다. 특히, 학술대회가 12개 분과로 나뉘어 진행되는 만큼 각 분과별로 다양한 대학의 다양한 학자들이 참여해야 했다. 체육사, 스포츠철학, 스포츠사회학, 체육행정, 스포츠교육, 특수체육, 체육측정평가, 스포츠심리, 스포츠생리, 운동역학, 스포츠의학, 무용 등의 분과는 달리보면 향후 우리나라 스포츠 관련 학회의 분류나 석박사 과정에서 자신의 전공 분야를 사전 탐색하는 잣대가 되는 셈이었다.

인적 구성에서도 같은 현상이 일어날 수밖에 없었다. 한번도 해보지 않았던 스포츠과학 관련 국제학술대회를 1986년, 1988년 두 차례에 걸쳐 준비, 실행해야 하는 상황이 왔다. 이를 동시에 감당할 학자들을 조직위원회에 유입해야 했고, 그 대상은 자연히 1970년대에 해외, 특히 미국이나 유럽으로 유학을 떠났다가 돌아온 교수로 집중되었다. 1970년대 말과 1980년 초에 돌아온 이강평 교수(서울올림픽학술대회 조직위 집행위원, 당시 한양대), 정성태 교수(서울올림픽학술대회 조직위 부위원장, 당시 서울대), 이학래 교수(서울올림픽학술대회 조직위 집행위원, 당시 한양대), 김영환 교수(서울올림픽학술대회 조직위원, 당시 연세대), 홍양자 교수(서울올림픽학술대회 조직위원, 당시 이화여대), 강상조 교수(서울올림픽학술대회 조직위원, 당시 한국체대) 등이었다. 이들은 실제로 스포츠과학학술대회를 마친 뒤 소속 학교의 학장, 학회장 등을 역임하면서 학계의 중진으로 활약하게 되었다.

이 같은 체육학의 확장과 이를 주도할 학자들의 세대교체가 진행되면서 서울올림픽 스포츠과학학술대회가 끝난 뒤 '스포츠과학(sports science)'이 학계에 통용되고, 운동과학, 건강, 여가, 스포츠의학, 스포츠산업 등의 영역이 학계의 주관심 영역으로 자리잡게 되었다. 또한 국내 대학에 본격적으로 체육학 박사과정이 설치되면서 학위논문이 급증했다. 1945년~1980년에 총 363편이던 학위논문은 1981년~1988년에 731편으로 폭발적인 성장세를 보였다. (나영일, 같은 논문 참조). 결국 한국의 체육학 발전사는 서울올림픽 스포츠과학학술대회 이전과 이후로 나눠진다고 해도 과언이 아닐 만큼 결정적 원동력을 창조한 것이다.

서울올림픽 스포츠과학학술대회가 한국 체육학의 현대화에 기여한 점과 더불어 우리 대학의 발전에 미친 영향 또한 적지 않다. 가장 눈에 띄는 분야는 천안캠퍼스 교육환경의 대대적 확충이다. 학술대회 장소가 천안캠퍼스로 정해진 뒤 천안시는 우리 대학의 건의를 받아들여 캠퍼스 인접 도로를 재정비했다. 경부고속도로 천안IC 출입구에서 천안캠퍼스 치과대(현재 산학협력관)까지 진입도로의 길이는 약 455m 정도였다. 이 도로는 차량 통행용이어서 학생이나 주민이 다니는 인도는 별다른 포장이 안되어 있었다. 안전도 문제였지만 비가 오면 통행이 매우 어려운 상태였다. 천안시는 학술대회를 계기로 차도 양쪽으로 3m 보행로를 신설한 뒤 보도블록으로 포장했다. 천안시는 이를 위해 약 5억 원의 공사비를 투입했다. 당시 서울올림픽 스포

천안캠퍼스 체육관 기공식(1987.03.17)

츠과학학술대회의 개최 경비가 17억2천 여 만 원이라는 문헌기록을 보면 천안시의 재정투입 규모가 적지 않았음을 알 수 있다.

캠퍼스 내부로는 학술대회 준비 과정에서 체육관 신축이 가장 중요한 사업이었다. 천안캠퍼스에 1986년 체육대학이 신설되고, 스포츠과학 학술대회의 주무대가 될 예정이었기에 체육관은 필수적 시설이었다. 이에 1987년 3월에 착공해 1988년 8월에 준공했다. 체육관은 철근콘크리트 및 철골구조물로서 연면적 12,830㎡(3,887평)에 지하 1층, 지상 4층의 규모이다. 주경기장에 총 5,144석의 관람석을 갖추고 있다. 주요 시설로는 교수실과 강의실을 비롯하여 지하에 체력단련실, 두기실, 보조경기장이 있고, 개관 당시에는 1층에 라커룸, 실험실, 2층에 체조실과 무용실, 3층에 주경기장 하부 및 선수실, 방송실, 회의실, 4층에 조깅 트랙 등을 갖추고 있었다.

공사비만 해도 총 50억여 원이 투입되었다. 국가적 행사였고, 향후 스포츠과학을 대학의 주력 분야로 육성할 계획이었기에 거쳐야 할 시설 투자였다. 그러나 이후 의과대학 설립 및 대형 종합병원 신축이 맞물리면서 대학의 재정 운용에 상당한 부담으로 작용한 것도 사실이었다. 체육관은 현재도 스포츠과학대학 재학생의 요람으로 자리잡고 있다.

천안캠퍼스 체육관 개관식(1988.08.25)

이 같은 시설 외에도 체육대학의 신설처럼 교육시스템의 변화도 중요한 결실이다. 스포츠과학학술대회 조직위를 우리 대학이 책임지면서 장충식 총장은 1985년 6월, 천안캠퍼스에 '스포츠과학연구소'를 설치하게 했고 연구원들을 상근으로 채용해 산학협력 과제를 수행토록 지원했다. 당시 대한체육회나 서울대가 운용하고 있었지만 재정능력이 넉넉지 않은 사립대학이 상근 연구원을 둔 스포츠과학연구소를 운영하는 것은 쉽지 않은 일이었다. 장충식 총장이 체육대학을 신설하겠다는 의지와 이를 중점 육성하겠다는 비전을 갖고 있기에 가능한 일이었다. 뒤이어 1986년 11월에 교육부로부터 체육대학 설치인가를 받고 체육학과, 경기지도학과를 체육대학으로 이관하는 동시에 사회체육학과를 신설했다. 스포츠과학으로는 한국 대학에서 창설연도가 짧았지만 가장 빠르게 단과대, 그것도 현대적인 스포츠과학대로서의 면모를 갖춘 셈이었다. 뒤이어 1990년 3월부터 박사과정까지 운영하면서 우리 대학 스포츠 관련 학문체계가 완전히 구축되기에 이르렀다. 천안캠퍼스에 체육학과가 신설된 연도가 1983년이므로 불과 7년 만에 단과대와 대학원 석사 및 박사과정을 포용하는 성장을 이뤘는데 이 역시 서울올림픽 스포츠과학학술대회 개최의 연속선상에 있는 일이라 할 수 있다.

스포츠과학이 인간의 신체와 정신을 아우르는 종합과학이라는 점을 고려할 때 의과대학이 천안캠퍼스에 설치된 것도 필연적 결과라 할 수 있다. 체육대학의 승격이 이뤄진 이듬해인 1987년에 우리 대학은 의예과 신설을 인가받았다. 의과대학과 종합병원 설치는 단국인의 오랜 숙원이었다. 국내 대학들이 대학을 발전시키는 데 있어서 의과대학과 종합병원 보유를 명문대학의 필수 조건으로 삼고 있기에 동문들의 열망은 더 뜨거웠다. 그 염원을 현실화하는 데 있어서 세계적 수준의 스포츠과학학술대회를 무리없이 준비하고, 국내외의 찬사 속에 성공적으로 마무리했다는 것은 대학의 역량에 대한 신뢰를 높이는 데 부족하지 않은 증거가 되었다. 그리고 인간과학의 중심인 스포츠과학과 의학을 천안캠퍼스에서 꽃피워 천안시와 충청남도의 복지를 서울에 못지않게 키워내겠다는 장충식 총장의 비전도 결코 이루지 못할 꿈이 아니라는 설득력을 얻었다. 그 뿌리는 88서울올림픽 스포츠과학학술대회였고, 그 열매는 단국대학교 의과대학과 단국대학교 병원인 것이다.

제2절 스포츠교육 및 산학협력의 발전

1. 스포츠전공 학과의 발전과정

학술적 의미에서 체육을 논의하기 시작한 것은 일제강점기의 독립운동가이자 언론인이었던 문일평이 처음이다. 문일평은 1908년, 〈태극학보〉 제21호에 '체육론'을 발표하면서 체육학교를 특별히 설치하고 체육교사를 양성하자고 역설했다. 또한 체육에 관한 학술을 발전시킬 젊은 인재(품행이 단정하고 신체 강장한)를 뽑아 구미와 일본에 파견하자는 제언을 했다. 당시 각종 체육동호회가 '구락부' 형식으로 창립되면서 체육이 부강한 국가를 건설하는 데 핵심적인 교육사업이라는 점을 주장하는 선각자들이 증가하고 있었다. 그러나 한일병탄으로 이런 자주적 체육발전 노력은 암흑기에 들어갔다. 이후 해방이 되고부터 체육학과가 개설되기 시작했다. 1950년대까지도 전국의 체육학과는 6개에 불과했다.

우리 대학은 1962년, 실업초급대학(2년제)를 운영할 때 처음으로 체육과(모집정원 80명)를 개설했다. 초급대학 체육과는 1963년 정부의 4년제 대학정상화 정책에 따라 1963년까지만 존속하고 이후 1964년부터 주간부가 부활하면서 4년제 체육과(이공학부 소속)가 신설되었다. 1967년 우리 대학이 종합대학으로 승격하면서 문리과대학에 소속하게 되었다.

당시 박정희 정부는 국민체력증진과 이를 위한 체육진흥정책을 대폭 강화하고 있었다. 이 정책의 일환으로 1972년부터 대학입시제도에 '체력장 제도'를 도입토록 했다. 국가적 체육진흥정책에 따라 중고등학교의 체육교사 인력이 급증하고 있었으며 우리 대학도 이에 대비해 1971년, 기존 체육학과를 체육교육과로 개편했다. 체육교육과는 1972년에 신설된 사범대학으로 소속을 옮겼다. 개교 30주년(종합대학 승격 10주년)을 앞둔 1976년의 교내 체육 및 스포츠 관련 상황을 정리하면 다음과 같다.

- 개설학과 : 사범대학 체육교육과(신입생 모집정원 : 40명)
- 소속교원(담당과목) : 유인현(체육원리, 트레이닝방법, 맨손체조), 김지학(체육심리학, 체육측정학, 신체기능학, 구기), 강용호(체육관리, 육상경기, 구기, 맨손체조), 임경순(보건체육, 스키, 구기), 오현환(체육사회학, 교양체육, 구기)

우리 대학에 스포츠과학을 교육, 연구하는 기반이 확대된 계기는 천안캠퍼스의 설립과 88서울올림픽의 유치 확정으로 볼 수 있다. 우리 대학은 1978년 3월에 천안캠퍼스 개교식을 갖고 한국 최초로 제2캠퍼스 시대를 열었다. 1981년 9월, 서울올림픽 유치가 확정되면서 당시 전두환 정부는 1982년에 '체육부'를 발족했고 대대적인 스포츠 진흥정책을 추진하고 있었다. 스포츠 전문 인력의 수요 증가와 산업적 발전 전망이 확실해지던 시기였다. 장충식 총장은 서울올림픽 유치 활동을 주도하는 동시에 시대변화를 수용해 1981년 교육대학원에 체육교육 전공을 설치하고, 1982년 천안캠퍼스에 체육학과를 신설했다.

천안캠퍼스 체육학과는 창립 당시 40명의 입학정원으로 출발을 했는데, 학과 운영이 안정된 뒤 1984년에 같은 규모의 입학정원으로 경기지도학과를 신설했고, 1985년 첫 신입생을 선발했다. 이 무렵 우리 대학의 체육교육과 연구 부문에 획기적인 이벤트가 발생했다. 장충식 총장이 주도를 해 '제 10회 서울아시안게임'과 '제24회 서울올림픽'의 스포츠과학학술대회 수행기관으로 선정된 것이다. 이에 따라 1987년 3월 5,100여 명을 수용할 수 있는 종합실내체육관(연건평 12,800㎡)을 기공해 이듬해 개관식을 가졌다. 스포츠과학학술대회 유치와 대회 준비를 시작하는 이 시기에 우리 대학 체육학, 스포츠 분야는 빠르게 발전하기 시작했다.

우선 1985년 1월에 스포츠과학연구소를 설립하고, 1986년 11월에 천안캠퍼스에 체육학과, 경기지도학과에 이어 사회체육학과를 신설하면서 체육대학으로 승격시키기로 했다. 각 학과별 40명씩 모두 120명의 모집 정원을 가진 단과대학이 탄생한 것이다. 체육학과로 첫발을 뗀 지 5년 만에 이룬 결실이었다. 스포츠과학연구소는 앞의 스포츠과학 학술대회 유치와 관련해 향후 관련 연구를 활성화하려는 필요성이 작용하여 설립되었다. 오종한 교수가 초대 소장으로 취임했고, 이유찬 교수, 심상신 교수, 정재환 교수 등이 연구원으로 활약했다.

체육 교육 부문에서 1996년 3월부터 체육학과, 경기지도학과, 사회체육학과를 통합하여 스포츠과학부로 만들고 학부 안에 생활체육전공, 스포츠경영전공, 운동처방전공을 두었다. 스포츠과학부와 별도로 체육대학(총 입학정원 160명)에 무용학과가 속해 있어 총 1개 단과대 1개 학부(3개 전공, 입학정원 120명), 1개 학과(입학정원 40명)의 편제로 구성되었다. 체육교육과는 종전과 다를 바 없이 서울캠퍼스 사범대학에 속해 있었고, 모집정원은 40명이었다.

2010년대 들어 체육 교육 및 연구 분야에서 가장 두드러진 변화는 학문으로서 스포츠과학이 갖는 학술적 정체성이 뚜렷해졌다는 점이다. 이를 바탕으로 향후 전개될 스포츠 산업이나 생활스포츠 관련 지도자 인력수요가 증가할 것이라는 점에 대비하자고 의견을 모았다. 당시 장충식 명예이사장 역시 일선에서 물러났지만 체육계 원로로서 건재해 있었는데 "우리 대학이 이미 서울올림픽 스포츠과학학술대회를 주최해 한국 대학의 스포츠과학 발전 방향을 제시한 바 있다."며 현장성, 실용성을 살린 연구와 교육의 학풍을 새로이 해줄 것을 당부하기도 했다. 학교 당국은 이 같은 체육학 교수, 장충식 명예이사장의 제언을 받아들여 2013년 3월에 기존 체육대학을 스포츠과학대학으로 개칭하였다. 동시에 기존 스포츠경영학과, 운동처방재활학과, 생활체육학과의 정원을 축소 조정하여 새로이 정원 30명으로 국제스포츠학과를 신설키로 했다.

이후 양 캠퍼스의 스포츠 및 스포츠과학 관련 학과들은 안정적인 성장세를 이루고 있다. 2024년 3월 기준 우리 대학에 설치된 학부 및 석사, 박사 학위과정의 설치 현황은 다음과 같다.

학 위	소 속
학사	죽전캠퍼스 : 사범대학 체육교육과 천안캠퍼스 : 스포츠과학대학 스포츠경영학과, 생활체육학과, 국제스포츠학부(운동처방재활전공, 국제스포츠전공, 태권도전공)
일반대학원	체육학과, e-스포츠학과, 스포츠사이언스융합학과, 운동의과학과(천), 스포츠헬스케어학과(천)
특수대학원	교육대학원 체육교육전공, 경영대학원 스포츠마케팅전공 스포츠과학대학원 : 스포츠의학과, 레저 및 경기지도학과, 스포츠산업학과

2. 학부 학과 · 전공 현황

1) 사범대학 체육교육과

체육교육과는 체육교육 이론과 실기의 양 측면에 대한 과학적 지도방법을 통하여 전인적이고 미래지향적인 중등학교 체육교사를 양성하는 데 목적을 두고 있다. 이를 위해 전공필수 및 선택뿐만 아니라 교직과목과 교육실습을 통하여 체육교사로서의 자질을 함양시켜 전문적 소양과 높은 실기능력 연마에 노력을 기울이고 있다.

▲교육 목표

- 미래 체육교육 변화에 능동적으로 대응할 교원 양성
- 융·복합적 교육역량 지닌 체육 교원 양성
- 학교 현장 요구 반영할 실천적 체육 교원 양성
- 사회적 공유가치 실현할 체육 교원 양성

▲체육교육과 재직 교원

성 명	직 급	부임 연도	연구분야
허진영	교수	1997	스포츠 심리학, 골프선수의 심리상담, 운동학습의 발달
권민혁	교수	2008	스포츠사회학, 생활체육, 스포츠사회화, 스포츠와 교육, 체육정책
최형준	교수	2012	체육측정평가, 스포츠경기력분석, 스포츠경기분석, 운동기술 및 운동 수행 측정 및 평가
이윤수	교수	2015	스포츠교육학, 교사효율성, 교사지식, 교사연수
정선희	조교수	2023	여가레크리에이션
정병근	초빙교수	2022	스포츠교육학

2) 스포츠과학대학 스포츠경영학과

스포츠경영은 스포츠를 매개로 하는 모든 사업과 활동을 합리적으로 관리·운영하는 과정을 말한다. 스포츠경영학과는 스포츠산업 현장이 요구하는 경영 및 마케팅 전문가의 능력을 갖춘 인재 양성을 목표로 하고 있다. 졸업생들은 종합스포츠센터, 골프장, 스키장 등 영리 목적 스포츠 조직의 경영관리자나 아마추어 스포츠 관련 단체, 프로 스포츠 관련 단체의 마케팅 담당자로 활동할 수 있다. 기업의 스포츠 마케팅 전문가 또는 스포츠 에이전시로 진출하고 있다. 스포츠경영학과는 20년 이상 국내 스포츠경영 및 산업 분야를 선도한 전통을 기반으로 우리나라 스포츠경영학 및 관련 산업의 미래를 선도하고 있다.

▲교육 목표

- 이론과 실제 영역의 전문가 양성
- 현장에서 요구하는 역량을 갖춘 스포츠산업 인재 육성
- 학생 주도형 교육과정 및 교육시스템 구축
- 단국 교육이념 바탕으로 미래 변화 대응과 지속 가능 발전 실현할 도전적, 능동적, 혁신적 인재 양성

▲스포츠경영학과 재직 교원

성 명	직 급	부임 연도	연구분야
김용만	교수	1997	스포츠 마케팅, 스포츠 스폰서십
김애랑	교수	2011	프로, 여성, 노인 스포츠의 소비자(관중) 마케팅
이병관	부교수	2011	스포츠레저관광사업, 스포츠 문화와 마케팅 분야, 스포츠서비스 및 골프장 경영
전용배	교수	2014	스포츠시설경영 및 조직이론, 스포츠정책
장지석	조교수	2022	스포츠 경영, 스포츠 마케팅

3) 스포츠과학대학 생활체육학과

생활체육학은 21세기 들어 가속화된 생활스포츠 활동을 체계적이고 실용적으로 운용하기 위한 학문이다. 전문적이고 체계적인 실기교육을 통해 생활체육을 담당하는 행정기관이나 스포츠센터, 지역사회 등에서 지도자로 활약할 수 있는 실무 중심 교육에 중점을 두고 있다. 교수 및 강사진 역시 체육현장에서 활약하고, 현대 스포츠 이론을 연구한 전문가들로 운용해 현장 중심 생활체육 지도자 역량을 강화하도록 뒷받침하고 있다.

▲교육 목표

- 생애 주기별 창조적 학습자 육성과 지역 수요 맞춤형 교육기회 제공
- 고령화 사회 도래에 따른 스포츠 서비스 수요 대응 전문인력 양성 및 현장 중심의 특화 프로그램 및 학과 취·창업 프로그램 제공
- 지역사회 스포츠 교육 프로그램을 강화하고 산학협력 네트워크 구축

▲생활체육학과 재직 교원

성 명	직 급	부임 연도	연구분야
김지태	교수	2005	노인체육 프로그램 및 지도법, 여가 및 레크리에이션(야외교육론)
강현욱	교수	2013	산림레포츠, 캠핑 및 아웃도어 레크리에이션, 치료레크리에이션(취약계층, 다문화 가정교육 프로그램), 노인 건강증진 프로그램, 지역사회 연계 비교과 활동 프로그램
김기홍	부교수	2013	스포츠재활, 트레이닝방법론
손원호	조교수	2021	스포츠사회학, 생활체육학, 스포츠복지정책

4) 스포츠과학대학 국제스포츠학부 운동처방재활전공

스포츠과학에 의학, 보건학 분야 인접 학문을 접목해 유능한 운동처방사, 임상운동사 및 운동상해관리사(Athletic Trainer)를 양성하고 있다. 운동처방, 운동재활, 트레이닝 및 건강관리 등과 같은 4가지 영역의 이론 및 실제를 학습한 후 각 분야의 전문가로 성장하게 교육시킨다. 운동과학 분야 기초지식을 습득하면서 응급처치, 심폐소생술 등 운동 중 안전조치 기술과 트레이닝 방법을 배운다. 운동처방 재활의 일반적 과정인 신체검사, 체력검사, 운동검사 등 관련 교과목은 물론 질환을 가지고 있는 피교육자의 운동시 고려 사항, 운동상해의 예방, 치료 및 재활훈련 방법에 관한 내용 등을 습득해 전문가적 역량을 갖추도록 한다.

▲교육 목표

- 운동처방 재활 전공영역의 전문지식과 경험 겸비한 운동과학 전문가 양성
- 스포츠(체육)시설업 관리 및 회원상담, 운동지도 및 운영관리, 퍼스널트레이닝 진행과 관련된 운동지도자 및 운동재활 전문가 육성
- 체력검사 및 평가, 운동기능검사 및 평가, 운동 및 건강상담, 운동처방에 근거한 운동프로그램의 개발, 운동재활 등 가능한 인재 양성

- 인공지능, 사물인터넷 및 빅데이터를 운동과학 분야에 창의적으로 적용할 수 있는 운동전문가의 양성
- 4차 산업혁명의 기술을 이용하여 국내외 환경에서도 운동 전문가로서 지속가능한 미래 지향적 자기 주도적 인재 양성
- 운동과학과 인접 학문의 다양한 전문지식을 융합하여 새로운 형태의 학제를 창조하는 인재 양성

5) 스포츠과학대학 국제스포츠학부 국제스포츠전공

재학생들은 전원이 체육특기자로 선발, 구성된다. 우수한 스포츠 능력을 바탕으로 다양하고 폭넓은 지식을 쌓고 신체적, 인지적, 도덕적으로 성숙한 전문 인력을 양성하는 데 주력하고 있다. 특히, 스포츠과학의 원리와 기능을 습득하여 한국 스포츠를 세계 수준으로 성장시킬 과학적이고 체계적으로 스포츠 기능 및 선수 관리 능력을 갖춘 스포츠 지도자 양성을 지향하고 있다.

▲교육 목표

- 학생선수들의 교육적 가치 획득
- 지도자와 선수로 갖추어야 할 지식과 실습 원리 이해
- 현장 전문성 살린 교육과정 편성과 재능기부 통한 자신감 배양, 헌신과 봉사에 대한 긍정적 교육 가치 획득
- 인턴십을 활용한 국제스포츠 시장에 적합한 전문지도자(감독 및 트레이너) 양성
- 다양한 스포츠 종목을 바탕으로 친선경기, 전국체육대회 등 참여를 통해 천안지역사회와의 협력 및 봉사활동 활성화

6) 스포츠과학대학 국제스포츠학부 태권도전공

세계인의 스포츠로 성장한 태권도를 수련하면서 무예인으로 성장하는 동시에 태권도 국제화 시대에 맞는 지도자와 선수가 갖춰야 할

전문적 지식과 덕목을 기른다. 차별화된 교육과정을 통해 엘리트 및 생활체육 지도자 양성을 기본으로 삼고 다양한 진로에 도전할 자질과 스포츠인의 자질을 갖추도록 교육하고 있다.

▲교육 목표

- 국내외 태권도 단체 및 기관과의 교류협정 체결을 통한 졸업생 인턴십 확대
- 외국어 교육을 강화하여 해외 태권도 지도자로 진출시키기 위한 기초 역량 강화
- 스포츠과학대 인접 전공의 협력을 통한 학제적 교육과정 확충 및 생활스포츠 지도자 성장 기회 부여할 전문가 역량 배양

7) 스포츠과학대학 국제스포츠학부 골프전공

골프전공은 2024년도에 새롭게 개설된 전공으로, 남녀 구분 없이 5명의 입학생을 선발하여 골프를 중심으로 다양한 교양과 전공 과목을 학습한다. 학생들은 골프 외에도 계절스포츠, 스포츠 역할, 트레이닝, 손상 예방 등을 배우며 골프 전문성을 살려 프로 선수나 지도자로 진출할 수 있는 실무 중심 교육에 중점을 두고 있다.

▲교육 목표

- 체육학을 기초로 하는 학문에 대한 다양성에 집중
- 다양한 학문에 대한 기초, 이론 및 응용능력을 갖추어 실제 현장에서 적극적 활용
- 정신적 교양에 집중하여 사회에 다양한 방법으로 기여 목표

▲스포츠과학대학 국제스포츠학부 재직 교원

성 명	직 급	부임 연도	연구분야
신윤아	교수	2008	운동생리학, 운동처방과 재활, 노화, 비만, 퍼스널 트레이닝, 운동영양
김정훈	부교수	2011	선수 트레이닝
박우영	부교수	2011	트레이닝방법, 스포츠생리학

성 명	직 급	부임 연도	연구분야
황지현	부교수	2011	스포츠 이벤트
홍미화	부교수	2012	스포츠사회학, 생활체육
진승태	부교수	2013	태권도(태권도장, 해외인턴십 및 취업), 스포츠산업경영 관련
이장규	부교수	2019	운동생리학, 운동처방, 운동재활
박종화	조교수	2019	태권도 심리
이진욱	조교수	2021	운동처방재활
전민수	강의 전담 조교수	2023	태권도학
오정수	연구 전담 조교수	2015	스포츠사회학
고대선	연구 전담 조교수	2020	스포츠정보

3. 일반·특수 대학원 학과·전공 현황

1) 일반대학원

가. 체육학과

석사과정은 1974년에, 박사과정은 1990년에 개설했다. 일반대학원의 체육학 전공은 우리 대학에 설치된 다양한 전공 분야를 활용해 학제간 접근이 용이하다는 강점을 갖고 있다. 매년 연구자들은 체육학만이 아니라 교육학, 의학, 역사학, 특수교육, 심리학 등의 연관 분야에서 다양한 연구과제를 수행해 학위를 이수하고 있다. 2024년까지 집계(『단국대학교 70년사』 참조)에 따르면 체육학 석사과정은 2016년까지 42년 동안 386명의 석사를 길러냈고, 박사과정은 1990년에 개설했는데 26년 동안 275명의 박사를 배출했다. 박사학위의 배출이 양적으로 더 빠르게 증가할 수 있었던 데는 이 같은 다양한 학문적 자원을 활용한 학제간 접근이 뒷받침한 덕분으로 풀이된다.

우리 대학은 체육학과를 중심으로 스포츠사이언스가 현대사회에서 요구받는 다양한 학문적 요구를 충족시키기 위한 유능한 체육학자 및 지도자를 육성하는 데 전력을 기울일 것이다. 각 학문 분야별로 운영하고 있는 전공은 다음과 같다.

▲설치 전공

- 인문과학분야 : 체육사, 체육철학, 스포츠교육론, 스포츠심리학, 운동학습, 특수체육의 인문분야의 전공
- 사회과학분야 : 체육학에서의 스포츠와 여가, 스포츠경영학, 스포츠사회학, 체육행정·관리의 사회분야의 전공
- 자연과학분야 : 체육학에서의 체육측정평가, 운동처방, 운동생리학, 트레이닝, 운동역학, 스포츠의학 자연분야의 전공

나. e-스포츠학과(석사과정)

대학원 e스포츠학과는 대한민국 e스포츠산업을 선도하고자 국내 최초로 개설된 학과이다. 빠르게 성장하고 있는 e스포츠산업 현장에 부합하는 학술연구 중심의 스마트한 혁신·융합형 전문인재를 양성하고 e스포츠현장에서 요구하는 현장·실무 중심의 e스포츠 전문가 양성을 목표로 체계적인 이론과 실무 교육에 역점을 두고 있다. 또한, e스포츠 관련 다양한 분야의 전공 영역을 심도 있게 연구할 수 있도록 하며 더 나아가 e스포츠의 학문적 발전과 산업적 발전을 도모하고 있다.

일반 기업의 e스포츠 마케팅 전문가, e스포츠미디어 담당자나 에이전트들이 진학하고 있으며 e스포츠 산업 연구원으로 성장하려는 지망자들이 활발히 석사과정에 참여하고 있다.

▲e-스포츠학과 재직 교원

성 명	직 급	부임 연도	연구분야
김세윤	조교수	2023	스포츠마케팅

다. 스포츠사이언스융합학과

일반대학원 스포츠사이언스융합학과는 스포츠 분야의 현장중심적 전문가를 양성하기 위하여, 스포츠경기분석 전공, 스포츠엑스퍼트전공, 스포츠빅데이터전공을 통해 다양한 실무 역량을 키울 수 있도록 교과가 구성되어 있다.

■ 스포츠경기분석 전공

스포츠 경기를 객관적이고 체계적으로 기록하고 분석하기 위한 전력분석가, 스포츠경기분석가, 스카우터, 스포츠 과학자의 육성을 목표로 관련 학문 분야의 이론적 지식과 실무를 습득할 수 있는 현장 중심적 인재를 양성하는 교육과정을 운영하고 있다.

■ 스포츠애틀래틱사이언스 전공

스포츠 현장에서 필요로 하는 재활트레이너, AT 트레이너, 멘탈코치, 스포츠행정가로 성장하는 데 필요한 전공 교수진을 구성하고 있으며, 스포츠 현장의 특수성을 고려하여 실무 경험 습득과 전문지식 함양의 두 가지 목표를 달성하기 위해 필요한 교육과정을 운영하고 있다.

■ 스포츠빅데이터 전공

4차산업혁명 시대를 이끌어 갈 스포츠 분야의 미래지향적 인재의 육성을 목표로 데이터 분석 분야의 전문 교수진과 스포츠 분야의 전문 교수진을 구성하여 다양한 융합 및 협업 관련 지식을 함양하는 데 필요한 교육과정을 운영하고 있다.

라. 운동의과학과(천)

운동의과학과는 보건의료 분야와 운동학의 학문적 융합을 통해 국민건강 증진, 질병 예방, 운동 손상 방지와 재활, 산업체 근로자 근골격계 질환의 예방 및 관리를 위한 운동프로그램을 개발하고 운동 효과를 연구하고 학습한다. 임상운동학 전공과 운동손상학 전공으로 세분화하여 연구 능력을 향상시키는 것을 목표로 하고 있다.

■ 임상운동학 전공

임상운동학 전공은 저출산 고령사회에서 운동을 통한 질병 예방, 의료비 절감, 국민건강보험재정 개선을 목표로 각종 질병의 역학적 분석 및 운동에 따른 유병률의 감소 효과를 연구하고 보건 정책의 대안을 제시할 수 있는 능력을 함양하는 것을 목표로 한다. 또한, 환자들의 건강증진 및 체력 향상과 증상 개선에 운동이 미치는 영향을 검증하고 유용한 운동프로그램을 연구 개발할 수 있는 능력도 함양한다. 교육과정은 생활습관병, 비만, 만성퇴행성 질환, 근골격계 질환, 뇌졸중 및 치매 등의 예방과 관리를 위한 임상운동 프로그램 개발과 심리 상담에 관한 연구와 이와 관련된 실험실습 중심으로 운영하고 있다.

■ **운동손상학 전공**

운동손상학 전공은 운동선수의 건강관리, 일반 운동손상, 스포츠 손상, 무용 손상, 작업 손상 등의 예방대책과 재활운동 프로그램 연구 능력을 향상시키는 것을 목표로 한다. 또한, 스포츠의학 특성화 병원과 연계하여 운동선수의 체력관리 및 스포츠 손상 관리를 전문으로 하는 운동의과학 융합 프로그램을 개발, 운영할 수 있는 전문성을 높여주는 교육을 한다. 교육과정은 운동선수 건강관리 전문 운동사(Athletic Trainer)에게 필요한 기술과 역량을 강화하여 전문성을 높일 수 있는 교과목 중심으로 운영하고 있다.

▲운동의과학과(천) 재직 교원

성 명	직 급	부임 연도	연구분야
이호성	교수	2006	운동생리학, 스포츠의학, 운동처방
황지현	부교수	2011	스포츠경영, 마케팅
이동준	연구 전담 조교수	2014	스포츠경영학, 스포츠사회학
소영호	연구 전담 조교수	2020	스포츠심리학, 운동심리학, 건강교육
임봉우	산학 협력 전담 조교수	2014	스포츠사회학, 여가스포츠, 생활체육

2) 교육대학원 체육교육 전공

4차 산업혁명의 시대 흐름에 맞게 능동적이고 창의적인 인재양성을 위한 학교체육 교육의 이론과 실제를 과학적으로 가르치고 체육교사가 갖추어야 하는 인격과 자질을 함양해 주며, 스포츠 현장에서 전문적이고 특성화된 인재 양성을 위한 전인적인 인간 교육이 이루어지도록 한다.

▲교육대학원 체육교육 전공 재직 교원

성 명	직 급	부임 연도	연구분야
윤인애	부교수		스포츠 심리학
전용균	교육부교수	2014	운동생리, 운동처방, 건강교육, 운동손상
조홍식	교육부교수	2014	스포츠 교육학

3) 경영대학원 스포츠마케팅 전공

현대인이 추구하는 건강한 삶과 즐거움을 동시에 충족시킬 수 있는 스포츠산업 생태계에서의 전문가 수요는 날로 증가하고 있다. 이론과 실무의 균형잡힌 커리큘럼과 역량있는 교수진, 네트워크를 기반으로 레저스포츠, 프로스포츠, 스포츠브랜드업, 생활체육에 이르기까지 스포츠경영과 스포츠마케팅 분야의 역량을 갖춘 전문가 양성을 목적으로 한다.

▲경영대학원 스포츠마케팅전공 재직 교원

성 명	직 급	부임 연도	연구분야
변경원	강의전담조교수	2014	스포츠경영

4) 스포츠과학대학원

스포츠 산업의 글로벌화, 정보화 추세에 대응할 역량을 갖춘 스포츠 전문지도자를 양성한다는 비전을 갖고 자체적인 특성화 전략과 경쟁력 확보에 주력하고 있다. 이를 위해 천안캠퍼스가 갖고 있는 생명과학 분야 학문역량을 기반으로 다양한 연구자산을 활용하면서 지역사회와의 연계 및 산학협동체계 구축에 역점을 두고 있다. 이를 통해 미래지향적인 스포츠 산업 지도자를 배출해 국가적 스포츠 진흥정책에 적극 부응하도록 각 전공별 특성에 맞는 다양한 교과목과 교육체계 혁신을 지속적으로 추진하고 있다.

■ 스포츠의학과(Department of Sports Medicine)

스포츠과학과 의학적 지식을 접목하여 체력관리 차원을 넘어 질병 예방과 치료의 기능을 수행할 안전하고 효과적인 운동방법을 연구, 개발할 운동사 양성을 지향하고 있다. 일반적 질환자, 장애인 및 운동선수 등 각각의 특성에 적합한 체력관리 및 운동 손상 예방, 재활과 훈련 기술을 적용할 수 있는 지도 능력을 길러준다. 나아가 독자적인 역량을 펼쳐 나갈 수 있는 진취적이고 경쟁력 있는 신개념의 스포츠 지도자 양성을 목적으로 한다.

학위 수료 뒤에는 운동사(건강운동원이나 헬스클럽 원장 및 건강증진운동처방사, 전문임상운동사(임상운동사의 상위 개념으로 스포츠재활, 심장재활비만 / 당뇨관리 분야의 특수전문직 운동치료전문가), 전문운동사, 스포츠재활 트레이너, 장애인 전문 운동처방사 등으로 진출하고 있다.

■ 레저 및 경기지도학과(Leisure and Sports Coaching)

현대사회가 여가시대로 변화하면서 스포츠를 매개로 한 다양한 레저활동이 전개되고 있다. 시대 변화에 발맞춰 일반인이 여가생활과 스포츠를 접목해 건강과 행복한 삶을 영위할 수 있도록 이끌어주는 스포츠레저 전문인을 양성하는 데 주력하고 있다. 동시에 스포츠레저 분야를 체계적이고 실용적으로 보급하는 데 기본이 될 학문 연구 분야의 전문 지식을 개발, 운용할 전문가를 양성하고 있다.

스포츠 관련 행정부처, 각종 스포츠 센터, 청소년 수련원, 지역 직장과의 연계를 통해서 실무능력을 향상시키며 이를 통해 상업 스포츠 시설, 사회스포츠 단체 등의 경영 및 관리자로서 역할을 성실히 수행해 나가고 있다.

■ 스포츠산업학과(Department of Sports Industry)

86아시안게임과 88올림픽의 개최 그리고 2002한일 월드컵의 개최는 스포츠를 통하여 경제 성장을 이루어 내는 성과를 거두었다. 메가스포츠이벤트의 성공적 개최는 다시 국내 프로스포츠 활성화의 계기가 되었고 각종 스포츠 이벤트가 확대되면서 스포츠 산업의 가치는 크게 부각되고 있다. 스포츠를 매개로 하는 모든 사업과 활동을 심층분석하고 전략수립에 반영할 수 있는 실무적 기법의 습득과 이론적 기반을 견고히 하고 학술적 연구를 통한 연구방법의 능력을 극대화시켜 합리적으로 관리, 운영, 기획할 수 있는 스포츠마케팅 전문가 양성을 목적으로 한다.

학위취득자들은 스포츠 단체와 기업의 스포츠마케팅(대회의 성공적 개최, 스포츠 프로모션, 스포츠스타 홍보 등) 전문가로 진출한다. 또한, 스포츠 선수들의 경기 외적 업무(홍보, 연봉 계약, 광고 마케팅, 법률자문 등)를 전담하는 스포츠 에이전시로 진출하거나 학문 분야의 박사과정 전공을 할 수 있다.

▲교육대학원 체육교육 전공 재직 교원

성 명	직 급	부임 연도	연구분야
변용현	부교수	2010	운동생리학, 스포츠의학, 운동처방
이양주	연구전담조교수	2014	스포츠심리학, 스포츠카운셀링, 운동건강긍정심리학, 운동선수경기력향상

4. 지역 및 산학협력 체제의 발전

1) 충청남도 전문스포츠 발전 기여

전국체전(하계 및 동계)과 소년체전은 우리나라 전문체육의 기본을 이루는 핵심적 육성제도이다. 이들 체전은 단순한 스포츠 이벤트를 넘어서 시도간 경쟁을 통해 지역 스포츠 정책의 자발적 경쟁력 강화를 유도하고, 이를 통해 잠재력을 가진 선수들을 발굴하는 계기를 창조한다. 오늘날 한국이 스포츠 강국으로 자리할 수 있었던 원동력이 이들 체전에서 비롯되었다.

전국체전은 고등부와 일반부를 포함하고 있고, 소년체전은 초등부와 중등부를 포함하고 있다. 충청남도체육회는 일반부를 담당하는 행정기관으로 관내 지자체 단위의 체육회와 연계하고 교육기관의 운동부를 지원하는 등 도내 전문스포츠의 기반을 강화하는 역할을 맡고 있다. 우리 대학이 충남지역 안에서 가장 체계적인 스포츠 교육 및 운동부 육성체제를 갖추고 있는 만큼 충남체육회와 협력관계는 해당 대회의 성적을 가늠하는 중요 요인으로 큰 비중을 차지하고 있다.

실제로 우리 대학은 하계 전국체전에서 도내 다른 대학보다 상대적으로 많은 선수를 파견하고 있으며, 각 시도별 체전 순위 경쟁에 크게 기여하고 있다. 특히, 동계 전국체전에서는 우리 대학이 전통적인 동계스포츠 강호인만큼 우리 대학 선수와 동문들이 충남 동계체전 선수단의 대부분을 구성하게 된다.

우리 대학은 이 같은 지역내 특수성을 감안해 충남 스포츠 발전에 기여한다는 사명을 평소에도 각 종목별 지도자들과 선수들에게 자각케 하는 동시에 대학 차원에서도 전략적인 운동부 육성 전략을 실행하고 있다. 그 대표적인 정책이 학내 운동부의 2원화 육성 정책이다. 학내 종목별 운동부를 범정종목(대학차원 체육부 주도)과 혜당종목(스포츠과학대 지원)으로 나누고, 각각의 특성에 맞는 지도자 배치 및 운용, 종목별 학업성취도 상향, 졸업 뒤 사회진출 지도 등을 맞춤식으로 지원하고 있다. 이는 한정된 대학의 재정능력과 선수 개인별 진로선택을 고려하면서 동시에 충남체육회와의 연대사업을 활성화하려는 전략적 의지를 담고 있다.

현재 범정종목에는 남자축구, 야구, 남자농구, 럭비, 씨름, 조정, 스키, 빙상이 있다. 혜당종목에는 소프트볼, 여자농구, 여자배구, 여자축구, 골프, 볼링, 승마, 연식정구, 태권도, 수영이 있다. 이 같은 전략이 주효해 각 종목별 운동부의 발전이 가시적으로 나타나고 있는데 특히, 여자농구, 여자배구, 여자축구, 소프트볼 등은 충청남도를 대표해 각종 대회에 출전하면서 아직 학생팀인데도 전국의 실업팀과 대등한 경쟁을 펼쳐 결승전에서 치열한 메달 경쟁을 펼치고 있어 주목을 받고 있다. 2007년부터 집계한 통계에 따르면 우리 대학 운동부는 하계 전국체전에서 금메달 23개, 은메달 29개, 동메달 55개를 획득하고 있다. 동계 전국체전에서는 그 성과가 더욱 빛나는데 금메달 98개, 은메달 94개, 동메달 84개를 안겨줘 천안시와 충창남도의 명예를 크게 빛내주고 있다. 대회별 실적은 아래 표와 같다.

회	연도	동 계			하 계		
		금	은	동	금	은	동
88	2007	·	·	·	1	1	2
89	2008	·	·	·	1	·	4
90	2009	·	·	·	·	1	4
91	2010	9	8	8	2	3	5
92	2011	12	6	9	2	3	5
93	2012	5	6	6	2	·	5
94	2013	7	11	5	2	2	2
95	2014	8	4	7	3	3	3
96	2015	8	10	6	1	2	4
97	2016	8	8	9	2	5	·
98	2017	10	9	5	2	2	5
99	2018	3	6	3	4	2	4
100	2019	10	7	5	1	2	7
101	2020	5	7	8	코로나19로 대회개최 진행하지 않음		
102	코로나로 인해 대회 개최 진행하지 않음						
103	2022	8	5	5	·		
104	2023	5	7	8	개최 예정		
계		98	94	84	23		

2) 충청남도와 천안 지역 스포츠산업 활성화 주도

2000년대들어서면서 정부의 스포츠 육성 정책에 변화가 커졌다. 전문스포츠 중심의 진흥정책에서 국민 건강을 증진하는 복지국가 차원의 평생스포츠 활성화가 중심과제로 대두되기 시작했다. 이에 따라 스포츠산업 육성 정책도 핵심과제로 떠오르고 있다. 충청남도 및 천안시는 시대변화에 걸맞은 자체 산업정책을 입안, 실행하려 했지만 전문 인력의 부족으로 거대 정책변화에 대한 인식과 대책 마련에 어려움을 겪고 있었다.

합당한 신개념에 대한 이해가 부족하여 어려움을 겪고 있었다. 우리 대학은 이 같은 현실을 공유하고 충청남도 및 천안시와 협력관계를 강화했다. 그 첫 번째 협력사업은 스포츠산업 세미나를 개최하여 해당 전문가들과 시와 도청 관계자들의 논의자리를 마련한 것이다.

이 세미나들을 통해 충남도청은 학계 전문가들의 다양한 견해를 듣고 스포츠환경 변화에 따른 직제 개편의 필요성을 인식할 수 있었다. 2015년에 우리 대학은 충남도청과의 논의를 진전시켜 체육진흥과의 기능을 시대 추세에 맞게 확대할 것을 건의했다. 이 같은 우리 대학의 자문과 제언에 따라 충남도청은 체육진흥과에 스포츠산업팀을 신설하고 민간 전문가를 채용하는 정책을 실행했다.

충남도청의 변화는 지역 스포츠계에도 영향을 미쳤다. 충청남도체육회에도 스포츠산업팀을 신설하고, 사무처장으로 스포츠산업 전문가를 초빙함과 동시에 스포츠마케팅 전문가를 채용할 것을 권고하여 실행에 옮기도록 했다.

우리 대학을 중심으로 한 충청남도 체육 행정, 체육계의 협력과 혁신 노력은 더 큰 성과로 이어졌다. 문화체육관광부는 지역별 스포츠산업 균형 발전을 도모하기 위해 '스포츠산업 전문인력 양성사업'을 시행하고 있었다. 우리 대학은 이 국가사업에 충청남도 및 천안시와 연합하여 과제에 공모했고, 치열한 경쟁을 거쳐 선정되었다. 이후 2016년부터 6년간 사업을 수행하였다. 우리 대학은 기관 운영을 맡았고, 충청남도는 행정적 도움 및 운영 관리를 도왔고, 천안시는 재정적으로 지원을 하였다. 우리 대학이 지역사회의 스포츠산업 발전의 체제구축부터 구체적 사업 전개까지 주도를 함으로써 지역사회의 스포츠 진흥에 공헌한 의미 있는 실적이다.

이처럼 대학과 지자체, 체육계가 단합하여 정부 정책변화에 발 빠른 대응을 함으로써 아산시와 천안시는 문화체육관광부에서 주최하는 '대한민국 스포츠산업대상 시상식'에서 수상을 하는 결실을 거두었다. 아산시는 2014년에 우수자치단체상을 수상하였고, 천안시는 2018년에 대상인 대통령상을 수상하였다.

3) BK21 등 산학협력 활성화

대학의 연구역량을 세계수준으로 향상시키자는 야심찬 의욕을 갖고 1996년부터 BK21 사업이 개시되었다. Brain Korea(두뇌한국)21의 약자인 이 연구지원사업은 교육부가 주도해 각 대학들의 과제공모를 선정해 석, 박사급 인재를 지속적이고 안정적으로 길러내자는 지원사업이다.

교육인적자원부와 한국학술진흥재단이 시행한 BK21 1단계 사업에 우리 대학의 건축부문, 스포츠과학 부문에서 2개 사업팀이 선정되었다. 스포츠과학 부문에서는 김용만 교수(팀장: 스포츠경영학전공), 허진영 교수(체육교육과), 이유찬 교수(생활체육학전공)가 참여하였다. 1단계 주제는 '스포츠마케팅 활성화'였고 기간은 2003년 3월부터 2006년 2월(3년)까지였다. 프로스포츠 및 생활체육의 확산을 바탕으로 스포츠 스폰서십, 스포츠와 기업의 관계, 스포츠 현장에 적용될 수 있는 다양한 아이템 등을 연구하였다.

이후 2단계 사업에서 우리 대학은 5개 팀이 선정되었는데, 김용만 교수팀은 '스포츠산업 전문연구인력 양성사업'을 주제로 2단계에도 선정되어 우리 대학의 스포츠과학 분야 경쟁력을 과시했다. 주요 연구분야는 프로스포츠, 참여스포츠, 스포츠용품 및 스포츠시설을 포함한 스포츠산업 영역 전반에 걸쳐서2006년 3월부터 2013년 2월까지 7년동안 수행하였다.

1단계 연구에서는 2억3100여 만원, 2단계에서는 8억900여만 원, 총 10억4천여만 원의 연구비를 지원받았다. 2차례의 연구수행을 통해 총 63명의 연구원(석사 24명, 박사 39명)과 박사후연구원 10명이 프로젝트에 참여했다. 또한, 참여 교수들은 231건의 논문을 국내외 학술지에 발표할 수 있었고, 참여 연구원(석박사급)들은 158건의 논문을 생산하고 52건의 학술발표(국제학술회 포함)를 할 수 있었다. 과제 수행이 끝난 뒤 참여한 박사급 연구원 가운데 단국대 2명을 포함, 건국대, 강원대, 숭실대 등에 전임교수로 임용하는 실적을 낳기도 했다.

정부는 BK21 외에도 스포츠산업 활성화 및 평생스포츠 지원체제를 구축하기 위한 다양한 지원 사업을 추진하고 있다. 이 같은 노력은 문화체육관광부가 주도해 한국스포츠과학원(구 스포츠과학연구원)과 국민체육진흥공단을 통한 정책 및 재정 지원에 초첨이 맞춰져 있다. 이 같은 정책지원 가운데 대표적 사례가 '스포츠산업 전문인력 양성과정' 사업이다. 이 사업은 국민들이 스포츠를 일상 생활 속에서 즐기고, 생활할 수 있도록 지역, 기관, 기업들이 스포츠에 다양한 비즈니스를 결합하고 새로운 부가가치를 창출할 전문인력을 길러내자는 데 목적이 있었다. 동시에 이러한 양성사업을 선도적으로 수행할 교육기관을 선정해 관련 재정을 지원하겠다는 점을 밝혔다.

우리 대학은 이미 1996년에 체육대학 스포츠과학부에 스포츠경영 전공을 신설하는 등 시대변화에 선제적으로 대응했고, 관련 연구활동을 활성하면서 인접 전공을 정비, 신설하는 등의 노력을 기울여 왔다. 이에 힘입어 우리 대학은 문화체육관광부가 전국 대학을 상대로 실시한 '스포츠산업 전문인력 양성과정' 수행기관 공모사업에 응모해 전국 5개 기관 중 하나로 선정되는 영광을 누렸다. 이에 따라 우리 대학은 2010년부터 2016년까지 총 9억 여원의 사업비를 지원받아 6년간 양성과정을 운영하며 500여 명의 현장 전문인력을 배출하였고 교육적 자산을 축적할 수 있었다.

2013년 9월에는 기존 BK21사업의 단점을 보강해 새로이 시행한 'BK21플러스사업'에 옥정석 교수가 단장으로 주축을 이룬 특화전문인재양성 사업단이 제출한 연구 과제가 선정되었다. 사업명은 '저출산고령사회 국민건강보험재정 및 운동실천율 개선을 위한 운동의과학 특화 전문 인재 양성'이었다. 이 연구과제는 운동생리학을 전공한 옥정석 교수와 의과대학 가정의학(건강증진학) 전공 교수들이 학제간 융복합적 연구를 하는 점에서 특징이 있었고, 이를 통해 대학원에 '운동의학과'를 개설, 운영하는 안정적 기반이 되었다. 또한, 2016년 9월, 스포츠과학대학 스포츠경영학과는 교육인적자원부 주관 수도권대학 특성화사업(CK-II)에 '스포츠비즈니스 창의인재 양성사업단'이 선정되었다. 스포츠경영학과에 '사업단'을 설치한 후 학과 특성화를 위한 다양한 프로그램 수행과 대외 홍보를 하며 학과 경쟁력을 높였다.

제4장

스포츠인 장충식의 인간애 실천

제1절 중재의 단국스포츠 진흥

1. 종합대학 구축기(1965~1969)의 노력

중재中齋 장충식張忠植은 1932년 7월, 중국 텐진天津에서 태어났다. 부친인 범정凡亭 장형張炯(1889.1.18~1964.12.30.)은 중국으로 망명하여 만주에서 항일운동을 전개하였고 해방 뒤 단국대학교를 설립하였다. 일제치하에서 만주와 평북 용천, 서울에서 소년시절을 보낸 중재는 부친의 영향으로 강한 민족의식을 길렀다. 소년 장충식은 평소 부친의 가르침인 '억강부약抑强扶弱'을 마음에 새겨 정신과 신체의 조화로운 발전, 강건한 체력의 가치를 인식하고 있었다.

휘문중학교 시절 문예반과 송구부에서 활약하면서 한편으로는 휘문애교동지회 간부로서 학내 좌익정치운동을 반대하는 캠페인을 벌인 것도 이같은 소신의 결과였다. 이후 중재는 서울대 사범대에 입학하였는데 갓 창단된 럭비부에 가입하였다.

서울대 사범대 재학시절 럭비부 팀원들과 중재(좌측 두 번째)

럭비부 가입 동기나 선수 활동 당시의 추억을 중재는 이렇게 회고한다.

럭비 경기는 개인은 막강한 체력이 필요하고, 단체로는 빈틈없는 단합이 필수적인 종목이다. 공격과 수비의 역할이 분명하고, 과감한 전진과 후

퇴하지 않는 감투 정신이 럭비의 강점인데 (중략) 한국전쟁 때 학도의 용군으로 전쟁을 겪으면서 '건강한 육신에 건강한 정신이 깃든다'는 격언을 몸으로 깨달았기에 대학에 진학해서는 럭비부에 입단했다. 서울대 사범대 럭비부는 일제강점기부터 유지된 전통 있는 럭비팀이었다. 평균 성적을 B학점 이상 유지해야 선수 생활이 허용되어서 선후배 모두 엘리트라는 자부심이 강했다. 사범대 럭비부는 또한 내 기억으로는 전쟁 중에 서울대가 공인한 운동부로는 유일했다. (장충식, 『학연가연』, p.220, 노스보스, 2021.)

그의 회고에 드러나듯이 중재는 스포츠가 인류의 보편적 가치인 정의를 추구하는 밑거름이고, 정신과 신체의 조화를 추구하는 가장 기본적 수단이라는 점을 소년기와 청년기에서 몸으로 깨닫고 있었던 셈이다. 중재와 학창시절을 같이 보낸 동료이자 나중에 체육학 교수를 지낸 동문의 회고도 이를 뒷받침한다.

서울사대가 1953년 7월에 환도還都해서 을지로 6가에 있는 용두동캠퍼스(지금은 아파트단지가 되어 있음)로 이사한 후부터 각종 스포츠 활동이 활발해지기 시작하였다. 그런데 중재는 스포츠 만능이라 할 정도였기 때문에 학내외 스포츠 행사가 있을 때마다 주역격으로 참여하는 경우가 많았다. 특히 럭비 종목에 있어서는 역사학과 전공이면서도 우리 체육교육학과 학생들을 능가하는 특기를 지니고 계셨다. 따라서 우리 체육

한남캠퍼스 전경(1970)

학과 학생들과는 여러모로 교분이 두터웠다.

(신병기, 『빈 들에 씨를 뿌리며』, p.328, 한불문화출판, 2001.)

張忠植 교수 副學長에 任命

"學事行政體系를 確立해서 私學의 基本精神을 세터울"

大學當局에서는 그동안 空席中이던 副學長(學部 및 初級大)과 圖書館長에 張忠植교수를 6月25日字로 任命發令하였다고 한다 그런데 副學長및圖書館長을 겸임하게된 張副學長은 就任所感을 通해서 「外的 充實보다 內的 充實」을 강조하면서 檀國大學의 當面 課題를 해결하는데 있어서 最善을 다하겠다고 所信을 피력하였다 그런데 張副學長의 就任所感은 다음과 같다

『教育經驗이 不足한나에게는 過重한 職責이지마는 주어진 義務를 履行하고 責任을 完遂토록 獻身하겠다 ①나는 學生을 募集하는데 重點을둔 大學보다도 學生을 참되게 教育하는 大學으로 만들고 싶다 ②나는 學生을 募集하기 위한 方便으로서의 外形的 施設擴張을 止揚하고 效果的인 教育實習을 위한 着實한 施設에 重點을 두도록 努力하겠다 ③無事主義에서 오는 安逸한 學事政策을 止揚하고 教育效果를 위한 學事行政體系가 樹立되도록 努力하겠다 ④講義室中心의 教育보다 研究室및도서관中心의 教育에 重點을 둔 教育方法이 이룩되도록 努力하겠다 上述한 四個의 所信이 이루어지기 위에서 絶對的으로 必要한 先決條件은 教授의 生活保障과 身分保障이다 教授의 待遇改善이 先行된 然後에야 비로서 學問研究와 教育을 위한 諸般施設이 要求되어 또한 그施設을 效率的으로 利用할수있는 것이다 왜냐하면 人間을 教育하는것은 人間이지 器具가 人間을 教育하는 最上의 手段은 아니기 때문이다 새로운 世代를 위한理想은 새로운 世代의 主人公을 맡아 教育하는 教育者의 人格尊重과 待遇改善에서 이루어지는 것이다 學者와 教育者를 위한 待遇改善과 새로운 歷史를 創造하고 새世代의 福祉를 約束하는 大學社會建設의 基本인것이다 올바른 教育理念과 教育實踐은 教育者의 待遇改善을 約束하는데 있어서 結晶되는것이다 나는 滿五年間의 大學教育經驗에서 오늘날 이나라의 許多한 私立大學이 참된 私學精神에 立脚해서 새世代의 教育을 위한 學校運營및 그施設에 重點을 둔것이 아니라 學生募集競爭과 그收容을 爲主로한 觀光的 施設擴張에 寧日없었음을 보아왔다 六·二五動亂後 莫大한 外援과 許多한 學

장충식 부학장 임명(단대신문 175호, 1963.07.01)

청년 시절의 중재는 나중에 교육 현장에서 스스로 자주 강조하듯이 지덕체智德體를 갖춘 이상적 인간형을 추구하는 열혈 청년이었다. 선생의 '체육사랑'은 그러나 더 이상 운동장에서 꽃피울 수 없었다. 부친이자 단국대 설립자인 범정 선생이 군사정부로부터 정치적 탄압을 받고, 덩달아 단국대까지 '주간부 폐교' 조치를 당하기에 이르자 미국 유학 중이던 중재는 학업을 중단하고 1964년에 귀국하여 이듬해인 1965년 부학장으로 취임했다.

주간부가 문을 닫은 단국대학의 교세는 위기라는 말로도 부족한 상황이었다. 재학생 이탈로 교수나 직원의 월급을 주려면 사채를 얻어야 할 만큼 위급한 실정이었다. 그럼에도 중재는 같은 해 2월에 대학배드민턴협회 회장으로 취임하였다. 공인으로서 체육계에 첫발을 내딛은 셈이었다. 군사혁명으로 집권한 박정희 정부가 강조하는 국민체육 강화 정책에 부응하고 이를 통해 대학 중흥의 길을 닦으려는 절박한 심정의 결과였다.

이후 1966년 10월에 당시 단과대였던 단국대학의 학장으로 취임한 중재는 취임 직후 '종합대학 승격'을 단국인에게 공약했다. "만약 이를 실패하면 학장의 직을 내놓겠다"는 약속을 이사회에 공언할 만큼 패기찬 도전이었다. 이 도전은 불과 2개월 만에 국무회의 의결을 통해 '종합대학 승격 인가'라는 완벽한 성공을 거두었다. 그리고 36세의 나이로 단국대학교 총장에 취임했다. 한국 대학사상 최연소 총

장의 탄생이었다. 중재는 같은 해 9월, 대학육상경기연맹 회장에 취임했다. 스포츠의 기본 종목인 육상종목의 경기단체장직을 맡음으로써 중재는 대학 경영인이자 체육단체장으로 좀 더 넓은 행보를 딛게 되었다.

우리나라 스포츠 육성에 대한 중재의 기여가 본격화된 기점은 1968년이었다. 종합대학 승격에 걸맞은 학제 편제와 행정 체제를 갖추기 위해 전력을 기울이던 중재는 같은 해, 한국대학 최초로 스키부를 창단시켰다. 이제 막 산업화를 시작하던 한국의 실정에 스키는 선진국이 즐기던 스포츠였다. 일부 상류층 인사들의 전유물이거나 강원도 오지의 청소년들에게 허용되는 경기 종목이었다.

檀大新聞

代總長에 張忠植學長就任

大學院長에는 朴鍾聲博士

法政大學長에 李榮珪교수

工科大學長에 孫仙官교수

13日就任式

미국 유학 중 부친인 범정 장형 선생의 별세로 박사 학위 논문을 미루고 귀국한 중재는 학장으로 취임한다. 교세 확장을 위해서는 종합대학 승격이 시급하다는 결론을 내린 중재는 끝내 숙원 사업인 종합대학 인가를 실현한다. 박정숙 이사장은 이 같은 중재를 총장으로 추천, 이를 관철한다. 이로써 중재는 학장으로 취임한 지 4개월 만에 36세라는 한국 대학 역사상 최연소의 나이로 총장에 오르는 기록을 갖게 된다.(단대신문 제231호, 1967.03.07)

1968년 창단 당시의 관련 기사를 통해 추적하면 스키부를 갖고 있던 대학은 일제강점기부터 이어져 온 서울대 외에 동국대, 한양대, 경희대, 홍익대 등 5개 정도였다. 이들 대학부에서 동국대가 정상의 위치를 차지하고 있었다. 중재는 평소 스키를 즐기던 애호가로서 스키부에 대한 애정을 발판으로 선수들을 후

종합대학 승격 후 초대 총장으로 취임하여 대학의 비전을 제시하는 중재(1967.03.01)

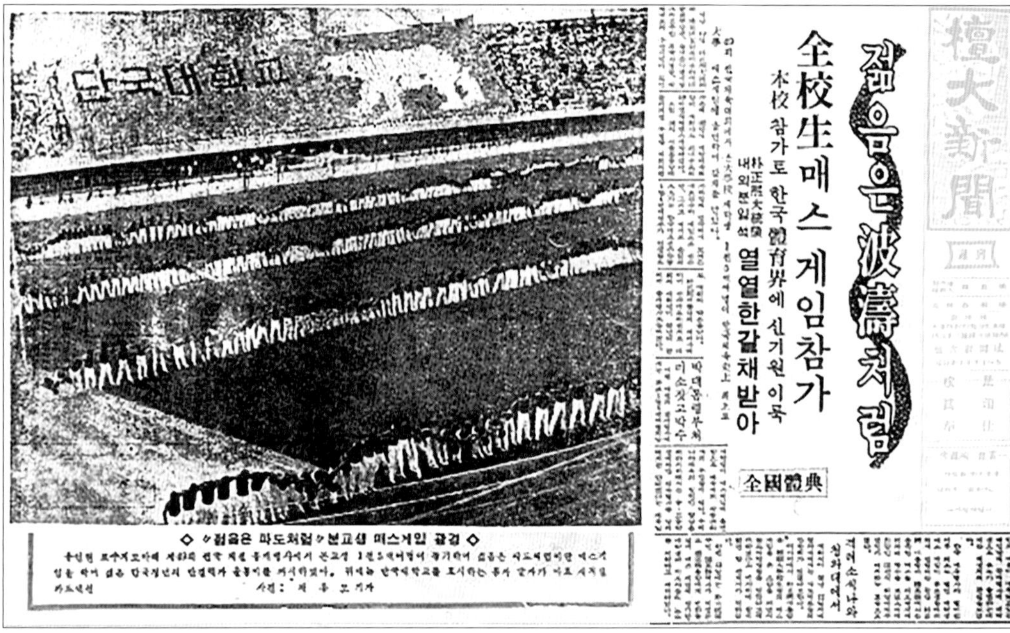

檀大新聞

젊음은 波濤처럼

全校生매스 게임참가

本校 참가로 한국體育界에 신기원 이룩

朴正熙大統領 내외분임석 열열한갈채받아

全國體典

◇ "젊음은 파도처럼" 본교생 매스게임 광경

매스게임(단대신문 제273호, 1968.09.17), 제49회 전국체전 공개 행사에서 재학생 1,500여 명이 참가하여 "젊음은 파도처럼"이란 매스게임을 하여 젊은 한국 청년의 단결력과 율동미를 과시하였다.

원하고 육성했다. 그 결과 우리 대학 스키부는 창단 직후부터 대학 강호들을 누르고 압도적 우위를 과시했다.

이후 중재는 스키, 빙상, 쇼트트랙으로 이어지는 동계스포츠 종목을 끈기있게 창단, 육성해 나간다. 그 끈기는 결국 한국을 동계스포츠 강국으로 재정립시키는 밑거름으로 작용한다. 이런 맥락에서 스키부 창단과 육성은 이후 체육인으로서 중재의 여정에 중요한 기점으로 기록할 만하다. 한국스포츠의 고질 중 하나인 구기종목 집중 현상과 이에 따른 대학스포츠 육성 정책의 불균형이라는 난제를 풀어가는 모범적 선례를 닦아가는 첫걸음이었기 때문이다.

'청년 총장' 장충식을 한국체육계에 각인시키는 작은 계기가 또 하나 있는데, '매스게임' 실시가 그것이다. 1968년 9월에 '제49회 전국체전'이 열렸다. 이 대회 개막식에서 단국대 학생들이 매스게임을 공연한 것이다. 매스게임은 맨손, 혹은 간단한 도구와 카드 등을 이용해 수백 명 이상의 군중이 집단적인 율동이나 체조를 공연하는 것을 말한다. 그 전까지 전국체전에는 별도의 선수 입장식이나 매스게임이

제49회 전국체전에서 한국 최초로 대학생 매스게임을 실시해 권오병 문교부 장관으로부터 공로 표창과 박정희 대통령의 하사금을 받고 있다.

대한민국

표창장

단국대학교

위는 제49회 전국 체육대회 개회식 공개행사에서 대학교로서는 처음으로 마스게임을 시도하여 좋은 성과를 거둠으로써 대학체육의 새로운 기풍을 진작시켰음을 찬양하여 이에 표창함

1968년 10월 29일

문교부장관 권오병

마스게임 표창장

없었다. 이 대회에서부터 전국체전의 규모와 축제로서의 성격을 돋보이려고 도입했다고 한다. 대회 최초의 매스게임인만큼 선례가 없어 고생이 많았지만 체육과 교수와 재학생들이 힘을 합쳐 무사히 공연을 마칠 수 있었고 당시 문교부 장관 표창을 받는 성과도 거두었다.

한편 정부 차원에서도 스포츠 육성에 대한 관심이 증가하면서 체제 정비 노력도 함께 기울였다. 1966년 6월에 국가대표선수들을 종합적이고 체계적으로 양성할 '태릉선수촌'을 건립해 스포츠를 본격적으로 육성하겠다는 의지를 과시했다. 정부는 1968년 3월에 국내 스포츠 활동 및 단체를 총괄하는 대한체육회의 산하로 한국올림픽위원회(KOC)와 대한학교체육회를 통합한 것이다. 이로써 대한체육회는 각 종목별 경기단체와 초중등 및 대학, 성인 체육활동을 관장하면서 올림픽대회 등을 준비하는 대표기구로 자리잡게 되었다.

이같은 체육 정책의 변화는 박정희 정권이 경제개발을 강력히 추진하면서 국가 근대화 작업의 일환으로 국민체육에 대한 전략적 가치를 중시한다는 정치적 인식의 반영이기도 했다. 중재 역시 학원스포츠를 활성화시켜 이제 막 본격적인 성장기에 접어든 단국대학교의 교세를 대학 안팎으로 과시하는 동시에 이를 다시 대학 발전의 동력으로 활용하겠다는 의지를 굳건히 하였다.

2. 대학 확장기(1970~1980)와 중재의 두각

종합대학 승격으로 대학 행정 수요가 급증하면서 학내 학사 업무를 보좌하는 부총장직을 1970년 들어 신설했다. 부총장직 신설은 총장인 중재의 대외업무가 활발해지는 추세를 반영한 결과이기도 했다. 중재의 대외업무는 체육계 지도자로의 성장, 새마을운동 주도적 참여에 집중되고, 이 두 가지 집중 전략은 1970년대 우리 대학의 급격한 발전이라는 성과로 돌아왔다.

이에 앞서 중재는 총장에 취임하면서 앞으로 단국대학을 국민의 대학으로 성장시키기 위해 자신이 3가지 원칙을 정했다.

> 첫째, 기업활동은 절대로 하지 않는다는 것,
> 둘째, 정치에 발을 딛지 않는다는 것,
> 셋째, 나의 사회적 지위가 올라서 정부에 봉사하는 자리를 맡아도 급여를 받는 일은 절대로 사양한다는 것이다. (장충식, 『시대를 넘어 미래를 열다』, p.355, 노스보스, 2011.)

중재의 자신과의 약속은 "금전적 이익을 추구하지 않고, 정치권력

70년대 초 총장실에서 교정을 바라보며 대학 운영 방안을 구상하는 중재

럭비부(1959.3)

테니스부(1977.4)

을 탐하지 않는다"는 점으로 압축할 수 있다. 이같은 결의가 가장 두드러지게 나타난 부문이 대학스포츠 육성이다. 즉, 세속적 이익에 연연하기보다 국가 체육의 균형적 발전에 필요한 기본 종목을 길러 나가야 한다는 점이다. 그리고 선수 스카우트나 선발에서 금전이 개입하지 않아야 한다는 원칙도 엄격히 적용했다. 그러다보니 축구, 야구, 농구나 배구 같은 인기 구기 종목은 단국대 스포츠의 주요 관심 분야가 될 수 없었다. 스카우트 경쟁의 과열이나 금전적 지원을 피할 수 없는 현실 때문이다. 1960년부터 대학 강호로 자리 잡고 있던 럭비부 역시 이같은 운동부 육성 원칙을 지킬 수 있었기에 발전해 올 수 있었다.

중재는 종합대학 승격 뒤 각 경기 종목별 운동부 창단을 활발히 추진했는데 배드민턴부, 조정부(1966), 스키부, 검도부(1968), 수영부(1969)에 이이 1970년 들어 육상부, 씨름부, 테니스부, 사격부, 펜싱부 등이 잇달아 창단됐다. 이 종목들의 면모를 봐도 평상시 국민적 주목을 받는 인기 종목들이 아니다. 그러나 이들 종목은 균형 잡힌 사회체육 발전을 위해서는 누군가, 어디에선가 묵묵히 선수들을 선발하고, 육성해야 했다. 인기 종목 스포츠의 그늘에 있지만 꼭 필요한 기초 종목들에 대한 애정이 중재의 학원스포츠 육성 정책의 핵심인 셈이다. 중재의 대학경영 철학은 역설적으로 20세기 후반 들어 한국을 스포츠 강국으로 만드는 씨앗이 된 셈이다.

제40회 백호기종합야구선수권대회에서 우승한 야구부 선수들이 당시 총장인 중재와 함께 기쁨을 나누고 있다.(1990.05.31)

이 무렵 이뤄진 변화 가운데 주목할 만한 것이 체육학과를 체육교육과로 개편한 일이다. 종합대학 승격 뒤 문리과대학에 체육학과를 신설했는데 이를 체육교육과로 개편한 것이다. 정부의 국민체육 활성화 정책에 맞물려 중등교육과정에서 체육 교사의 수요가 급증할 것을 대비하고, 앞으로 사범대학을 신설하기 위한 사전 포석이었던 것으로 풀이된다. 결국 1972년 사범대학이 신설되면서 체육교육과는 사범대학으로 소속 변경이 이뤄졌고, 그 이듬해인 1974년부터 일반대학원에 체육학과 석사학위 과정(정원 10명)을 신설하면서 체육교육과 정원도 10명 증원하는 등 일관된 학위 배출 과정도 구축했다. 이로써 체육교육과는 사범대학만이 아니라 단국대의 전체 학풍을 일구는 중요 학과로서 전통을 쌓아갈 학문적, 인적 시스템을 갖추게 되었다.

중재는 종합대학 승격 이후 대학의 양적 확장이 가시화되자 종목별 운동부의 창단을 더욱 가속화시켰다. 1970년 중반부터 창단된 운동부는 이후 1980년대까지 '단국스포츠'를 상징하는 실적을 거두었다. 씨름부(1975), 축구부, 빙상부, 요트부, 농구부(1976, 농구부는 해체 후 재창단) 등이 그것이다. 씨름부나 빙상부는 스키부가 그랬듯이 신생 운동부였지만 전국체전이나 전국 규모 대회에서 정상급의 실적을 거두며 발군의 실력을 과시했고 재학생들의 애교심을 북돋아 주었다.

학생들과 체육부 선수들을 위한 시설투자도 이 시기에 집중적으로 이뤄졌다. 종합운동장(1975)이 완공되어 서울캠퍼스의 면모를 일신하

중재는 학창 시절부터 성인에 이르기까지 학자로서의 인생에 더해 스포츠인으로서의 삶에도 많은 노력을 기울였다. 럭비, 스키, 테니스, 승마, 빙상 등 전천후로 다양한 종목의 스포츠를 직접 즐기며 단련해 왔다.

면서 학생들의 체육활동을 안정적으로 지원할 수 있게 되었다. 체육교육과 실기 수업과 운동부 훈련을 지원할 실내체육관도 착공 2년 만인 1977년에 준공했는데 체육관 이름은 설립자인 장형 선생의 아호인 범정체육관凡亭體育館으로 지었다.

대학의 내적 역량이 강화되면서 중재의 스포츠계 지도자로서의 성장도 본격화되었다. 39세인 1971년 3월에 대학스키연맹 회장으로 추대되어 본격적으로 스포츠계 대외활동에 투신했다. 이후 중재는 40년 가까이 대학스키연맹의 고문으로 추대될 만큼 대학 스키에 애정을 기울였다. 특히 어려운 형편에서 스키 선수를 지망하는 청소년들을 위한 지원을 사재를 털어 실행할 정도였다. 중재는 자신의 회고록 『시대를 넘어 미래를 열다』에서 '스키 사랑'과 비인기 스포츠 종목에 집념을 갖는 이유를 설명한 바 있다.

> 나는 내 아들(장호성 현 단국대 이사장)을 일부러 이런 곳에 데려왔다. 아직 중학교에 입학하지도 않은 어린아이였지만 이런 대자연, 그것도 차가운 눈밭에서 겨울을 나면서 스키를 배우게 하고 싶었다. 설원을 누비며 호연지기를 기르고 체력을 단련하기에는 스키만한 운동이 없음을 나는 몸으로 배워 알고 있었다. (중략)
>
> 현지 학생 선수들의 스키 장비와 복장은 어느 하나 새 것이 없는 것 같았다. 남들이 사용하던 것들을 대물림해서 얻은 것이 아니면 중고품도 한참된 것들을 산 것이라 들었다. 스키대회장에 선수로 등록한 학생들은 대부분 강원도 학생들이었다. 그러니 형편도 어렵고 장비를 수입한 신품으로 쓸 만한 여력이 없는 것이 오히려 당연했다. 장비를 물려받고 옷은 찢어지면 다시 기워 입고...... 내가 비록 중고품 스키를 이들에게 사줬지만 마음이 무겁고 미안하기까지 했다. (중략) 나는 언젠가 지금처럼 한국이 경제성장을 이루면 분명히 다른 선진국처럼 동계스포츠, 그것도 스키를 좋아하게 되리라 생각했다. 그러면 당연히 올림픽이나 세계대회에 나가서 좋은 성적을 올려서 이를 앞당겨야 하는데 당시 같아서는 도무지 미래를 기약할 수 없었다. (중략) 그래, 저 아이들이 꿈을 이룰 수 있도록 힘이 되어주자고 결심했다. 저들 꿈나무를 길러서 세계 무대에 올려 세우면 분명히 선진국들이 한국을 다시

한남동캠퍼스 원경(1980.10)

보고, 그러면 동계 스포츠도 더 인기를 얻을 것이라 믿었다. (장충식, 『시대를 넘어 미래를 열다』, p.421, 노스보스, 2011.)

결심을 한 중재는 그의 생활철학처럼 거침없이 바로 실천에 옮겼다. 그는 우선 단국공고와 단국대에 스키부를 만들고, 강원도 현지의 선수들을 입학시켰다. 한국 선수로는 최초로 동계올림픽에 출전한 경력을 가진 임경순(당시 명성여고 교사, 나중에 단국대 체육교육과 교수로 재직)을 교수로 임용하여 이들 유망주들을 맡겼다. 김남응, 고태현, 어재석 등 성인 선수보다 낫다는 유망주들은 삽시간에 한국 스키를 대표하는 선수로 자라났다. 그뿐 아니었다. 국제대회를 나가려면 제대로 된 스키장을 경험해야 했다. 일본 동계스포츠의 중심인 나가노로 해외훈련을 보내고 일본 스키협회를 설득해 현지 선수들과 시합을 시키기도 했다. 중재는 우리 대학 스키부는 물론이고 중학생들도 전지훈련에 포함시켰다. 이 경비를 대부분 자신의 사재를 털어 지원했다. 나중에는 사재에 독지가들의 도움을 보태 200여 대의 스키를 일본에서 사들여 강원도의 초등학교, 중학교에 무상으로 증정했다. 우리 대학에도 체육교육과에 스키와 빙상을 정규 과목으로 개설하는 것은 물론이고 스키 60여 대를 기부했다.

같은 논리와 애정으로 스키부에 이어 1976년 빙상부를 창단했다. 중재의 빙상부에 대한 애정도 각별했다.

나는 빙상부 지도자들에게 '그들이 단번에 세계적 선수가 될 수 없더라도 등수에 매달리지 말아 달라'고 당부했다. '그의 후배들이 좋은 선배들을 보면서 장차 세계적 빙상 선수가 될 수 있다는 희망과 자신을 가질 수 있도록 가르치라'고 격려했다. (장충식, 『시대를 넘어 미래를 열다』, p.428, 노스보스, 2011.)

중재의 학원스포츠에 대한 기본적 철학은 단기적 실적보다 해당 종목의 선수층을 두텁게 하고, 여기에 유능한 지도자를 결합시켜 '우수 선수'가 나올 수 있는 기반을 만들자는 데 초점을 맞추고 있다. 스포츠를 직접 즐기고, 애정을 가져야 가능한 육성 철학이었다. 중재의 장기적 안목을 가진 학원스포츠, 특히 비인기 종목에 대한 애정 어린 육성 정책은 그로부터 20여 년이 지나 큰 결실을 맺게 된다. 한국이 빙상 부문에서 세계적 강국의 위치에 오른 것이다. 그 결과를 놓고 중재는 자신의 회고록을 통해 이렇게 평가했다.

비록 선배들은 불운한 시대에 운동을 했지만 그 속에서 거둔 성과는 경이롭다. 단국대에서 길러낸 선수들이 역대 동계올림픽에서 획득한

개교 초기의 천안캠퍼스 전경. 신축 중인 대운동장(좌측)과 인문학관(중앙, 현 사회과학관), 산업학관(우측, 현 자연과학1관)

신축 중인 천안캠퍼스 공사 진척도를 점검하고 관계자들에게 추가 지시를 내리는 중재

> 금메달만 11개이다. 나는 메달보다 그토록 어려운 환경에서 땀 흘린 그들의 패기와 진취적 기상이 놀랍고 자랑스럽다. (장충식, 『시대를 넘어 미래를 열다』, p.432, 노스보스, 2011.)

중재가 이 시기에 기울인 노력 가운데 중요한 부문이 학내 스포츠 시설의 확장 및 신축이었다. 1978년에 천안캠퍼스 개교식을 갖고 한국 최초의 제2캠퍼스 시대의 문을 열었다. 개교 초기인 만큼 막대한 시설비를 투입해야 하는 상황에서 중재는 2,000여 명을 수용하는 대운동장을 신축해 천안캠퍼스 재학생들의 스포츠 활동을 지원하는 동시에 천안캠퍼스를 상징할 운동부 설치를 위한 물리적 기반을 구축했다.

또한 한국 스포츠계에서 중재의 위상도 변화가 있었다. 대학태권도연맹 회장(1978)과, 대학농구연맹 회장(1979)에 취임한 데 이어 1980년도에는 서울시문화상 체육부문 심사위원장으로 선임되었다. 체육계 단체장으로 활동 범위가 넓어지기 시작하던 무렵의 중재를 김운용(1931~2017, 대한체육회장, KOC 위원장, IOC 부위원장 등 역임) 회장은 이렇게 평했다.

> 장충식 박사는 1965년 대학배드민턴협회장에 취임함으로써 스포츠

산업대학 개교식 준비 현장.
산업대학 건물은 현재 자연과학 1관이 되었다.

> 계에 발을 디뎠다. 체육학 교수가 아닌 장 박사가 대학경기연맹 회장을 맡은 것은 당시로서는 매우 이례적인 일이었다. 이는 장 박사가 스포츠에 대해서 남들보다 얼마나 깨어 있었는지를 충분히 이해하고도 남음이 있을 것이다. 그후 장 박사는 육상, 스키, 축구, 태권도, 농구, 테니스 등 많은 종목의 대학연맹 회장을 맡으면서 대학스포츠 활성화에 주력했다. 우리나라 대학 초창기의 스포츠 발전에 기틀을 마련한 것이다.
>
> 장 박사와 인연을 맺게 된 동기도 내가 1971년 대한태권도협회장에 취임하면서부터였다. 큰 키에 학자로서의 위엄을 갖춘 그는 당시 단국대 총장이었다. 물론 장 박사에 대해 많이 들어 알고 있었지만 직접 만나 대화를 하면서부터 더욱 친밀감을 느꼈다. 해박한 지식과 스포츠에 대한 열정이 나를 감동시켰다. (『빈 들에 씨를 뿌리며』, p.310, 한불문화출판, 2001.)

우리 대학의 교세가 확장기에 들어서면서 중재는 한편으로는 대학 경영인으로서 출중한 능력을 발휘하는 동시에 다른 한편으로는 스포츠 사랑을 기반으로 국가 스포츠의 발전에 직접적으로 기여하려는 발돋움을 시작한 셈이다.

3. 대학 성숙기(1981~2000)와 평화통일의 새지평을 열다

1981년 전두환 정부가 출범하고, 계엄령으로 오랜 휴학 상태를 벗어나 대학이 정상적인 수업을 재개하였다. 정치적 격변기라는 점을 떠나 한국 스포츠계가 겪어보지 못한 대형 이벤트가 현실화되었다. 1981년 9월, 서울올림픽 개최가 확정된 것이다. 당시 만해도 세계의 변방이었던 한국이, 아시안게임을 유치했다가 경제난으로 개최권을 반납했던 한국이, 1년 전에 비상계엄을 겪었던 한국이 세계에서 가장 크고 중요한 스포츠 대회를 유치한다는 것은 상상하기 힘든 일이었다. 스포츠계는 물론이고 경제와 교육, 사회 전반에 걸쳐 큰 변화를 가져올 계기가 되었다.

이같은 중대 변화를 앞두고 중재는 한국올림픽위원회(KOC) 부위원장 겸 대학스포츠위원회 위원장과 서울올림픽 조직위원회 이사에 선임되었다. 정치적 격변기에 무엇보다 총장으로서 대학의 안정에 힘쓰던 중재가 KOC 부위원장을 맡게 된 데는 본인의 뜻과 상관없는 정치적 의지가 작용했다. 그 배경을 중재는 이렇게 회고했다.

> 제5공화국이 출범한 지 얼마 되지 않은 때에 전두환 당시 대통령의 최측근이라 할 수 있는 전경환 씨로부터 연락이 왔다.
>
> '형님(당시 대통령)께서 문교부(현 교육부 전신) 장관을 맡기고 싶어 하십니다.'
>
> (중략)
>
> 물론 나는 받아들일 수 없었다. 정계나 관계에 발을 내딛지 않는다는 철학과 교육자가 권력을 가지면 결국 자신도 권력에 망가진다는 소신이 있었기 때문이었다. 그렇다고 내 철학을 설파할 수 없어서 '제가 허물이 많은데 문교부 장관이 되면 다른 대학 총장들이 내 말을 듣지 않는다.'면서 사양을 했다. 그랬더니 이번에는 대한체육회장을 맡으라는 것이다.
>
> "나를 높게 평가하시는 건 고맙지만 대한체육회장은 상근직입니다. 대학 총장 일을 하기도 벅찬데 체육회장으로 상근하면 단국대학에 누

를 미치는 일이니 양해해주세요."

이렇게 설명했더니 다음에 한국올림픽 부위원장으로 일해달라는 요구가 왔다. KOC 위원장은 대한체육회장이 겸직하도록 되어 있으니 부위원장이라도 맡으라는데 이를 거절하면 정부에 반대하는 총장으로 비칠까 염려해 수용했다. (장충식, 『학연가연』, pp.223~224, 단국대학교출판부, 2021.)

유신정권에서도 문교부 장관직, 또는 유정회 국회의원 등의 자리를 권유받았지만 자신의 인생철학, 즉 대학 총장의 분수를 넘어서는 권력을 갖지 않는다는 소신을 지킨 중재였다. 그 소신을 이번에도 지켜냈지만 대신에 새로운 일이 그를 기다리고 있었다. 바로 유신시대의 말기에 결정된 서울올림픽 유치 캠페인이 그것이다. 올림픽을 유치하기로 한 것은 박정희 대통령 시절의 일이다. 그러나 새로 들어선 전두환 대통령은 이를 승계하려 하지 않았다. 그의 취임 당시가 극심한 불경기여서 경제를 살려야 하는데 올림픽을 유치하면 엄청난 자금이 시설 투자비로 들어갈 것을 염려했다. 그리고 자신의 정부를 제5공화국으로 자부하는 만큼 유신정권의 계승자라는 평가를 피하려 했다. 새마을운동도 그래서 기피하고 있었다. 중재는 이같은 상황을 파악하여 조상호 당시 대한체육회장을 만나 올림픽 유치의 정당성을 역설하고 올림픽 유치에 뜻을 모았다. 당시 상황을 중재는 이렇게 증언한다.

이 때(1981년 4월 전후 올림픽 유치를 설득할 당시) 노태우 당시 정무 제2장관의 도움이 컸다. 조상호 회장과 나는 대한체육회를 통해 올림픽이 국가발전에 미치는 긍정적 영향을 역대 올림픽의 사례를 중심으로 분석하여 보고서를 만들어 청와대에 제공했다. 노태우 장관도 이에 찬동해 전두환 대통령과 가까운 거리에서 서울올림픽의 중요성과 효과를 설명해 나갔다. 자신의 소관 분야인 외교와 안보 쪽의 논리로 서울올림픽이 세계인의 축제인 만큼 이를 준비하고 개최하는 7년 동안 북한의 대남 침략 위험을 감소시킨다는 주장이 힘을 얻었다. 전두환 대통령은 이같은 안보 논리에 적극 동감했다. (장충식, 『학연가연』, p.228, 단국대학교출판부, 2021.)

이처럼 중재와 조상호 대한체육회장의 서울올림픽 유치 설득 논리를 노태우 당시 장관이 공감하고 힘을 모아 대통령에게 적극 개진할 수 있었던 데는 중재와 노태우 장관이 청년 시절에 스포츠를 통해 맺은 인연이 크게 작용했다. 중재는 서울대 사대 재학 시절 럭비부에서 활약하고 있었다. 이 때 노태우 장관 역시 육군사관학교의 럭비 선수였다.

> 노태우 전 대통령과 대학생 때부터 알고 지냈다. 그 분과 나는 1932년 생으로 같은 나이이기도 하지만 대학 시절 럭비 선수로 활동한 공통점을 갖고 있다. (중략)
>
> 전쟁 통에 서울대 운동장을 군부대가 점령하고 있어서 운동 여건은 좋지 않았다. 따라서 그나마 멀쩡한 운동장을 가진 육군사관학교에 가서 연습을 하게 되었다. 당연히 육사 럭비부와 연습경기를 가질 수밖에 없었다. 중요한 대회를 앞두면 오전 수업을 마치고 오후에는 육사 럭비부와 만나는 일이 매일이다시피 했다. 그렇게 4년을 보내니 육사 선수들과 우정도 가볍지 않았는데 노태우 전 대통령은 럭비부 주장이었으니 더 자주 만난 셈이었다. (중략)
>
> 이같은 각별한 인연으로 그 분은 나를 변함없이 신뢰했고 올림픽 유치부터 북방정책, 남북단일팀 협상 같은 중대사에서 좋은 결실을 거둘 수 있었다. (장충식, 『학연가연』, pp.221~222, 단국대학교출판부, 2021.)

중재의 회고에 드러나듯 럭비를 통해 그라운드에서 몸을 부딪히고 땀 흘리며 쌓은 우정은 사회 지도자로 만나서 그대로 서로에 대한 믿음으로 발현되었다. 이 우정과 신뢰가 10여 년 뒤 민족 분단사에서 새로운 이정표를 세운 남북단일팀 구성이라는 역사적 열매를 맺기에 이른다.

두 사람의 관계에서 알 수 있듯이 스포츠는 사람들의 마음을 열고, 믿음으로 묶는 힘을 갖고 있고, 그 힘은 대의명분을 만나 다시 민족공동체나 인류사회를 위한 이상을 실천하는 힘을 발휘한다. 1981년 봄, 서울올림픽을 포기하자는 대통령의 뜻을 다시 되돌리는 일을 성사시키는 시점에서 중재의 역할은 질적인 변화를 겪을 수밖에 없었다. 즉,

대학을 기반으로 한 경기단체 지도자에서 한국 스포츠계의 중요한 리더이자 스포츠를 통한 평화운동의 동반자라는 사명을 부여받게 된 것이다.

그 첫 시작은 1981년 7월, 루마니아에서 열린 하계유니버시아드대회 한국선수단장으로 선임되면서부터이다. 대규모 종합스포츠 축전인 하계유니버시아드대회의 선수단장으로서 첫 임무를 맡은 중재는 선수단의 대회 성적도 중요했지만 대회에 모인 국제스포츠 유력

1983 하계유니버시아드대회 파견 한국선수단 결단식(1983.06.20)

1983 애드먼턴 하계 유니버시아드 선수단을 인솔해 대회장에 입장하고 있는 중재

1985 동계유니버시아드대회 한국대표선수단 결단식(1985.02.05)

1985 고베 유니버시아드대회 한국선수단 결단식에서 선전을 다짐하는 장충식 단장(1985.08.17)

1987 자그레브 하계유니버시아드대회에서 88서울올림픽 홍보 중인 장충식 단장(1987)

인사들에게 우리나라가 올림픽 유치 선언이 진심이라는 점을 역설하는 데 더 많은 신경을 썼다. 그러나 한국은 일본보다 뒤늦게 유치 경쟁에 뛰어들었기에 어려운 점이 하나둘이 아니었다.

> 노태우 장관은 나를 불러 면담을 하며 상황이 매우 좋지 않다는 소식을 전했다. 이제 한국과 일본의 국가적 자존심을 건 싸움이 됐다며 자신을 도와 득표 활동에 전력을 기울여 달라고 부탁했다. (중략) 힘 있는 국제 스포츠계 인사들은 아시안게임 반납 등의 과거를 예를 들며 한국이 과연 진짜로 올림픽을 유치하겠다는 각오가 있는지를 의문시하고 있었다. (장충식, 『학연가연』, p.231, 단국대학교출판부, 2021.)

유치 경쟁의 전망이 밝지 않아 고민을 하던 그 무렵의 중재에게 KOC 김운용 부회장이 지원을 요청했다. 그 내용은 중동 지역 국가들의 한 표 한 표가 아쉬운데 해당 국가들에 영향력이 강한 쉐이크 파하드 쿠웨이트 올림픽위원회 위원장 겸 아시아 올림픽 위원회 회장을 한국 지지로 선회하는 일을 해달라는 것이었다. 당시만 해도 한국은 친이스라엘 국가로 간주되어 중동 국가들은 반한 감정이 강했다. 쉐이크 파하드 위원장이 주도하는 중동 국가들은 15표의 지분을 갖고 있었다. 중재는 쉐이크 파하드 위원장에게 명예박사학위를 수여한다는 제안을 했다. 물론 그 이면에는 대한체육회와 정부, 그리고 한국올림픽위원회의 정성 어린 설득도 작용했다. 다행히 설득이 주효해 그는 단국대학교로 발길을 돌렸다.

경기장을 찾아 한국 선수들의 경기 모습을 보며 열중하고 있는 중재

> (그는) 자신의 전세기를 띄워 가족, 친지, 참모들을 다 데리고 왔다. 나는 최선을 다해 명예박사학위를 정중하게 수여했다. 특히 우리 대학의 학생들을 통해 한국의 젊은이들이 올림픽 계

아시아올림픽위원회 회장인 쉐이크 파하드에게 명예박사학위 수여 후 축하를 건네는 중재(1986)

기로 남북평화를 기원한다는 점을 역설했다. 효과는 만점이었다. 귀국 이후 그는 서울 개최 지지로 방향을 틀었다. 김운용 KOC 부위원장과 손을 잡고 국제 스포츠 리더들을 친한파로 돌린 일은 또 있었다. IOC 부위원장을 지내고 있던 코트디부아르의 루이스 귀란도응디아에게도 같은 방식으로 뜻을 돌리게 했다. (장충식, 『학연가연』, p.231, 단국대학교출판부, 2021.)

이같은 '반한 경향이 강한 국가의 IOC 위원들을 명예박사학위 수여로 한국 초청 - 한국의 젊은이들과 대화 - 올림픽의 평화 증진 논리 설득' 식의 전략은 당시 '개발도상의 분단국가'로 평가받던 한국의 불안정성을 오히려 '평화 정착'으로 반전시키는 계기이자 명분을 만드는 동력이 되었다. 이를 주도한 중재의 증언을 들어보자.

이런 일들은 주로 김운용 부회장, 노태우 장관과 손을 잡고 이뤄졌다. 그들을 한국으로 불러내어 섭외를 할 때 체육 단체나 국가 기관의 초청장을 내밀 수는 없지만 대학은 그렇지 않았다. 대학은 교육 기관이라 이념이나 정치적 로비의 의혹에서 벗어나 있기 때문이다.

IOC는 국제 스포츠에 공적이 많은 중재에게 올림픽 훈장을 수여하였으며, 김운용 IOC 위원이 이를 중재에게 전달하고 있다.(1996.04.01)

> 특히 북한은 한국이 올림픽을 개최하면 체제 경쟁에서 뒤떨어진다는 경계심에서 한국의 유치 캠페인을 적극적으로 방해했다. 자신들이 갖고 있는 비동맹 국가나 중동과 아프리카 국가에 대한 우호적 영향력을 이용해 일본 나고야가 올림픽 개최지로 결정되도록 주력했다. 냉전시대의 경쟁은 민족도 뒤로 돌리는 힘이 있었다. (장충식, 『학연가연』, p.231, 단국대학교출판부, 2021.)

올림픽 유치캠페인을 통해 중재는 국제스포츠계의 이면을 체득하는 동시에 스포츠가 갖는 민간 외교의 잠재력도 새삼 깨달을 수 있었다. 그라운드에서 땀 흘리기를 좋아하던 청년 중재에서 학원스포츠의 아마추어리즘과 비인기 종목 경기를 아껴주던 교육자 중재로, 이윽고 이념과 인종의 갈등이 불러오는 비극을 막는 스포츠 평화운동가 중재로 도약하는 여정은 곧 단국대학의 창학이념이 구현되는 과정이기도 했다. 특히, 1980년대 들어 두드러지는 중재의 활약상에 대해 김운용 전 IOC 부위원장은 이렇게 평가했다.

> 장 박사는 1977년에 대한체육회 이사가 되면서 대한대학스포츠위원(KUSB) 위원장에 취임했으며, 1981년에는 대한올림픽위원회 부위원장이 되었다. 나는 1974년부터 대한올림픽위원회 부위원장 겸 명예 총무

대한민국 스포츠 발전에 헌신한 노고를 인정받아 제70회 대한체육회 체육상 특별공로상을 수상한 중재(왼쪽부터 차병권 처장, 안순철 총장, 방장식 상임이사, 김재일 부총장)(2024.02.29)

를 맡았으므로 같이 일하게 된 것이다.

대학스포츠위원에서 장 박사가 보여준 활약은 대단했다. 1981년, 1983년, 1985년, 1987년 하계유니버시아드대회 단장을 맡아 한국대학스포츠의 세계화에 앞장섰으며 '86아시안게임과 '88서울올림픽 때에는 국제 스포츠과학 학술대회 조직위원장을 맡아 뛰어난 학문과 경륜을 유감없이 발휘했다.

장 박사가 체육 발전에 끼친 공헌 중에서 더욱 빛을 발한 것은 남북체육회담 때였다. 그의 고매한 인격과 허심탄회한 마음가짐이 북측과의 대화를 성공적으로 이끌었다. (『빈 들에 씨를 뿌리며』, p.311, 한불문화출판, 2001.)

김운용 전 IOC 부위원장의 회고에서 강조하듯 서울올림픽 유치보다 중재의 역량이 더 크게 드러난 대목이 '남북체육회담'과 '남북단일팀 성사'이다. 이에 앞서 중재가 주도한 아시안게임과 올림픽스포츠과학학술대회는 우리 대학과의 연관을 생각해 제3장에서 상술하기로 한다.

제2절 남북체육회담과 중재 리더십

1. 남북체육회담의 역사

남북한 간 스포츠 관련 접촉, 회담은 남북한 간의 체제 경쟁 전략의 일환으로 전개되는 경향이 있었다. 우리나라는 국제 무대에서 북한에 대한 상대적 우위를 견지하려 했고, 북한은 이를 극복하고 국제사회에서 자신들의 활동 공간을 확장하는 데 체육 회담을 이용하곤 했다. 사실 1947년 냉전체제가 고착되는 무렵 IOC는 우리나라를 한반도를 대표하는 IOC 회원국으로 인정했다. 이는 북한의 IOC 가입과 올림픽 참가가 불가능함을 의미한다. 이후 당시 분단국가였던 독일에서 동독이 서독과의 단일팀 구성을 전제로 IOC에 가입하는 경우를 보며 같은 전략을 채택하였다. 결국 1957년 올림픽 참가는 대한민국이 IOC 회원국이어야만 가능하다는 전제 아래 북한도 회원국이 되었다. 따라서 올림픽 참가를 위해서는 단일팀 구성을 북한 측이 먼저 제의할 수밖에 없는 현실이었다.

이후 올림픽이 열릴 때면 단일팀 구성을 위한 회담 제의가 이어졌다. 1957년 6월과 1959년 7월에 로마올림픽(1960) 참가를 위한 회담 제의를 북한이 했지만 남한은 이를 정치 공세로 보고 적극적으로 응하지 않았다. 1964년 도쿄 올림픽을 앞둔 1962년에는 IOC가 북한이 남북단일팀 구성을 통해 대회 참가를 할 수 있다는 입장을 확인했지만 이것이 불가능하다면 북한의 개별 참가도 허용한다는 결의를 했다. 이에 우리나라는 회담에 응한다는 입장을 밝혔지만 IOC 본부를 통해서만 접촉한다는 입장을 정했다. 이렇게 열린 회담이 1963년 스위스 로잔의 IOC 본부에서 열린 최초의 체육 회담이다. 14차례의 본회의, 2차례의 연락 대표 접촉을 통해 선발전을 통한 단일팀 구성의 기본 원칙에 합의했지만 이후 북한 측이 지엽적인 정치적 공세를 펼쳐 회담은 무산되고 북한은 단일팀으로 참가할 수 있게 되었다.

이후 7·4 공동성명이 발표되고 1976년부터 1979년까지 남북한 축구 방문 경기, 세계사격선수권대회 북한 초청, 평양 세계탁구선수권대회 단일팀 구성, 모스크바올림픽 단일팀 구성 등을 놓고 회담을 하거나 제안이 오고갔지만 어느 것도 유의미한 결실이나 성과를 거두지 못하고 불신의 앙금만 남긴 채 무산되었다.

이러한 과정 속에서 남북한은 상호 비방이나 책임 전가를 위한 선전전이 앞서고 고성이 오가는 험악한 분위기를 만들기도 했다. 이를 지켜보는 고위층은 물론 국민들도 단일팀 구성에 대한 논의 자체를 식상해 하는 분위기도 커졌다.

서울올림픽 유치가 끝나고 대회 준비가 한창 가열되던 1985년 2월 1일, 사마란치 IOC 위원장이 북한에 공식 서한을 발송했다. "남북한이 동의하면 체육 회담을 주재할 용의가 있다."는 요지였다. 서울올림픽에 앞선 모스크바올림픽, LA올림픽이 동서 냉전 갈등으로 미국과 소련을 중심으로 양측 진영이 서로 대회 참가를 거부하는 바람에 '반쪽 대회'로 전락했다. 평화의 제전이라는 올림픽을 세 번이나 보이콧 캠페인에 휘말리게 할 수는 없는 게 IOC의 입장이었다. 사마란치 위원장의 서한은 '완전체 대회'로 만들려는 IOC의 의지가 담긴 제안이었다. 양측이 모두 거부할 이유도 명분도 없었다. 1985년 10월, 스위스 로산에서 회담을 갖기로 했다.

우리나라는 김종하 KOC 위원장이 수석 대표를 맡고, 중재가 KOC 부위원장으로 차석 대표를 맡았다. 북한 측은 김유순 NOC 위원장이 수석을, 장충국 NOC 부위원장이 차석을 맡았다. 중재 개인으로는 첫 남북협상, 또는 회담에 나서는 첫 번째 자리였다. 회담을 이끄는 차석 대표로서 로잔회담의 시작과 끝을 지켜본 중재의 증언을 듣는다.

서울올림픽을 앞두고 북한은 남북한 공동개최를 주장하였다. 1985년 10월 8일 스위스 로잔에서 열린 남북체육회담에 참석한 남측 차석대표 장충식(우측 세 번째)

1985년 10월 8일부터 스위스 로잔에서 시작된 남북한올림픽위원회와 국제올림픽위원회(IOC)의 대표들이 참가한 회담은 국내는 물론 국제적으로도 큰 주목을 받았다.

회담은 IOC가 정한 대로 4차례 진행되었다. 회담의 핵심 사안은 서울올림픽 경기를 북한에서 분산해서 열고, 경기 종목도 이에 맞게 배분하는 일이었다. 북한의 요구는 올림픽 전 종목의 50%를 배분해 달라는 것이었다. 대회 명칭을 제24차 조선 평양 · 서울올림픽대회로 하고 평양조직위원회를 별도로 설치할 것을 주장했다. 물론 이런 요구는 너무 무리여서 한국이 아니라도 국제 여론도 긍정적이지 않았다. (장충식, 『시대를 넘어 미래를 열다』, p.439, 노스보스, 2011.)

몇 가지 제안에 대한 수정 제안과 논의가 오고갔지만 결국 4차례에 걸친 회담의 성과는 빈손이었다. 북한의 제안이나 이후 수정 제안(8개 종목 북한 개최, TV 방영권 할양, 개폐회식 공동 실시 등) 자체가 우리나라의 공감을 살 만한 내용이 아니었고, 북한이 과연 수만 명의 선수단, 관광객, 취재진을 수용할 시설과 여건이 되는지 사전 확신을 줄 어떤 증거도 제시하지 않은 상태였기에 더욱 협상 진전이 힘들었다.

서울올림픽 공동 개최를 북한이 주장하며 회담에 응했다가 이를 무산시킨 배경을 이학래 전 한양대 교수(전 대한체육회 부회장)는 이렇게 설명했다.

> 북한으로서는 서울올림픽에 중국, 소련 및 동구권 국가들이 대거 참가하는 것이 불안했고, 한국 체육 외교의 성과를 바라보고만 있을 수 없었다. 자신의 정치적 존재감을 내세우기 위하여 실현할 수 없는 공동 개최를 요구하였다. (이학래, 『남북체육교류와 한반도 평화』, p.145, 노스보스, 2021.)

서울올림픽을 앞둔 1985년 스위스 로잔회담은 일종의 '명분찾기 회담'이었던 셈이다. IOC로서는 동서냉전 속에서 평화올림픽을 향한 디딤돌이 필요했다. 북한은 갈수록 동구권 국가의 서울올림픽 행 열기가 고조되는 추세 속에서 단독 불참이라는 정치적 결정을 내릴 사전 핑계가 필요했다. 우리나라 역시 동구권 국가나 친북한 국가들이 자칫 북한의 정치적 선전전에 동조하거나 부담을 느끼지 않도록 '대화를 할만큼 했다'는 외교적 명분이 필요했다. 이런 예정된 결말을 향한 회담에 차석 내표로 잠석한 중재는 그 속에서 자신의 남북 체육 회담에 대한 향후 전망과 소신을 축적하고 있었다.

> 그렇다 해도(체육 회담이 남북한 각자의 정치적 이해관계로 좌우되는 상황을 말함) 당시 회담 차석으로 진행 상황을 보면 북한이 조금 더 전향적인 자세를 보인다면, 그리고 우리가 좀 더 양보하고 적극적으로 유도한다면 실질적인 성과를 얻는 일이 불가능하지 않다는 생각을 했다. (장충식, 『시대를 넘어 미래를 열다』, p.440, 노스보스, 2011.)

짧은 기술이지만 이 점에서 중재의 남북 관계에 대한 남다른 탁견이 엿보인다. 앞으로 다가올, 당시로서는 전망할 수 없었던 남북 체육회담의 성공을 위한 필수 조건은 'IOC 같은 국제기구의 지원'도 아니고 '강대국의 국제정치'도 아닌 남북한의 '자세변화'와 '인식변화'라는 점을 체험적으로 깨닫고 있었던 것이다.

2. 서울올림픽 성공이 끌어낸 남북체육회담

1985년 로잔회담의 결렬 이후 우리나라는 '86 서울아시안게임과 '88 서울올림픽을 성공적으로 치르기 위해 최선을 다했다. 그 과정에서 우리 대학도 '86스포츠과학학술대회, '88스포츠과학학술대회의를 주관해 아시아 및 전 세계의 스포츠과학자들이 천안캠퍼스에서 모여 국경과 인종을 초월한 '학술올림픽'을 성대하게 치러내는 큰 성과를 거두기도 했다(제3장 2절 참조).

또한 서울올림픽은 올림픽 역사와 우리나라의 발전사에 주목할 만한 결실을 맺은 대회로 평가받고 있다. 향후 전개될 남북 체육회담의 기반이 되는 만큼 서울올림픽의 핵심 성과를 요약한다.

- 1988년 기준 역대 최다 참가국(160개국), 최대 참가 선수단 인원(1만3천600명)을 기록했다. 냉전 시대가 빚은 갈등 구조와 국제 분쟁이 가장 첨예하게 살아있는 한반도에서 전 세계 젊은이들이 한 자리에 모여 땀 흘리는 스포츠 축제를 선보임으로써 '평화제전'이라는 올림픽 운동의 새 출발을 가능케 했다.
- 흑자 올림픽의 모범을 보여 각국의 올림픽 유치 후유증에 대한 우려를 씻어냈다. 종전까지는 과도한 투자로 올림픽을 개최하면 그 도시나 국가가 경제적으로 적자에 시달리고, 시설 유지로 인한 후유증에 몸살을 앓았다. 서울올림픽이 이를 이겨내는 선례(총 3천414억원 흑자)를 만들어 각국이 올림픽 유치가 재정 낭비가 아닌 도시 부흥, 국가 경제 개발에 도움이 된다는 새로운 인식을 창출했다.
- 우리나라에 '할 수 있다'는 국민적 자신감과 세계인으로서의 존재감

을 확립했다. '세계는 서울로, 서울은 세계로'라는 올림픽 슬로건에 걸맞게 160개국의 젊은이가 서울과 전국을 누볐고, 이들을 맞이하고 각종 이벤트를 소화하면서 세계 시민으로서의 문화적 소양과 한국 전통문화에 대한 자부심을 공유하게 되었다. 또한 금메달 12개, 은메달 10개, 동메달 11개로 세계 4위의 종합성적을 거두며 성취감 역시 높아졌다. 동시에 헝가리 수교를 시작으로 동구권 국가들과의 우호 관계는 물론이고 중국의 우리나라에 대한 인식도 호전되면서 냉전적

스포츠과학 학술대회소식

1987. 12. /제 5 호

대회개최 9개월을 앞두고……

우리는 이미 천명한 바와 같이 올림픽 운동의 이념을 구현하는 것을 첫째의 목표로 하고 아울러 세계 스포츠과학이 어떻게 하면 보다 발전할 수 있는가를 연구하여 그 결과로써 선명하게 방향을 제시하기로 하였읍니다.

관련분야 학자들의 논문발표의 기회를 확대하며 우리가 선정한 「체육의 전망」이라는 주제에 관해서 넓고 깊게 토론할 세계적 석학들의 참여 의욕을 고취하는 것 역시 우리의 큰 목표입니다. 목표를 달성하기 위한 힘차고 치밀한 우리의 노력은 결과적으로 스포츠과학의 역할이 무엇인가 하는 것에 확신을 갖는 일입니다. 그것은 스포츠과학을 통해서 개인과 공공, 그리고 인류의 평화와 행복을 지속적으로 증진할 수 있다는 것입니다.

한국의 영예뿐만 아니라 인류의 제전을 향해 완벽한 준비가 순조롭게 진행되고 있으며 또한 대회의 성공적 준비를 위해 관계자뿐 아니라 국민의 성원과 협력이 어느 때보다도 절실히 요청되고 있읍니다.

역사적인 이번 대회가 스포츠 과학분야에는 물론 인류역사에 새로운 전망이 될 수 있도록 여러분의 조언과 참여를 바랍니다.

1987. 12.

서울올림픽스포츠과학학술대회조직위원회

위원장 장 충 식

스포츠과학학술대회 소식지 제5호(1987)

» 스포츠과학학술대회 브로마이드

› 스포츠과학학술대회 포스터

스포츠과학학술대회 기념메달

감 사 패

단국대학교

귀교는 제24회 서울올림픽 대회에
참여하여 헌신적인 협조와 지원으로
대회의 성공에 크게 기여하였읍니다. 귀교의
공헌에 깊은 감사를 드리며 그 귀한 뜻을
길이 새기고자 이 패를 드립니다.

1988년 10월 2일

서울올림픽대회조직위원회
위원장 박 세

88올림픽 감사패

국제정치 구조에서 새로운 외교무대를 열 수 있었다.

- 국가적인 체육 진흥 정책으로 각종 국민체육, 사회체육에 대한 정부의 투자나 지원이 강화되면서 국민들도 스포츠, 관광 레저 활동에 대한 인식이 크게 달라졌다. 이와 관련해 사회적 분위기도 직선제 개헌으로 직접선거를 거친 노태우 정부가 출범하고, 민주화의 영향으로 개방적 분위기가 고양되어 새로운 사회문화 분위기가 전개되기 시작했다. (대한체육회, 『대한체육회 70년사』, 1990.), (『연합연감』, 1988, 1989.)

이같은 서울올림픽의 성공으로 얻은 우리나라의 자신감은 당시 노태우 정부의 '북방정책'으로 발전한다. 북방정책의 핵심은 중국이나 소련(러시아의 전신)과의 관계를 정상화해 한반도의 긴장 상태와 전쟁 발발의 위험을 완화하고, 궁극적으로는 남북한 간의 화해와 협력을 통한 평화 통일 체제를 구축하자는 것이다. 노태우 대통령은 북방정책의 실현에 필요한 남북한 간의 상호조치를 담은 '민족자존과 통일번영을 위한 특별선언'을 1988년 7월 7일 발표했다.

7·7선언으로 불리는 이 선언은 북한을 적대국으로 보던 종전의 인식에서 벗어나 '선의의 동반자'로 새롭게 규정하면서 협력을 통해 상호 발전을 이루겠다는 의지를 명확히 하고 있다. 6개 항으로 구성된 이 선언의 골자는 다음과 같다.

1. 정치인, 경제인, 종교인, 문화예술인, 체육인, 학자 및 학생 등 남북 동포 간의 상호교류를 적극 추진하며 해외 동포들이 자유로이 남북을 왕래하도록 문호를 개방한다.
2. 남북적십자회담이 타결되기 이전이라도 인도주의적 견지에서 가능한 모든 방법을 통해 이산가족들 간에 생사, 주소 확인, 서신 왕래, 상호 방문이 이루어질 수 있도록 적극 주선, 지원한다.
3. 남북한 교역의 문호를 개방하고 남북한 교역을 민족 내부 교역으로 간주한다.
4. 남북 모든 동포의 삶의 질을 향상시킬 수 있도록 민족경제의 균형적 발전이 이루어지기를 희망하며, 비군사적 물자에 대해 우리 우방과 북한이 교역을 하는 데 반대하지 않는다.

서울올림픽 스포츠과학학술대회 환영 리셉션에서 환담을 나누는 박세직 올림픽 조직위원회 위원장, 중재, 사마란치 IOC 위원장(1988)

서울올림픽스포츠과학학술대회 준비에 애쓴 체육학자들을 위해 마련한 오찬에서 건배를 제의하는 조상호 장관과 중재

5. 남북한 간의 소모적인 경쟁, 대결 외교를 종결하고 북한이 국제사회에 발전적 기여를 할 수 있도록 협력하며, 또한 남북 대표가 국제무대에서 자유롭게 만나 민족의 공동이익을 위하여 서로 협력할 것을 희망한다.
6. 한반도의 평화를 정착시킬 여건을 조성하기 위하여 북한이 미국·일본 등 우리 우방과의 관계를 개선하는 데 협조할 용의가 있으며, 또한 우리는 소련·중국을 비롯한 사회주의국가들과의 관계 개선을 추구한다.

6개 항의 선언은 남북 동포의 상호교류 및 해외 동포의 남북 자유 왕래 개방, 이산가족 생사 확인 적극 추진, 남북교역 문호개방, 비군사물자에 대한 우방국의 북한 무역 용인, 남북 간의 대결외교 종결, 북한

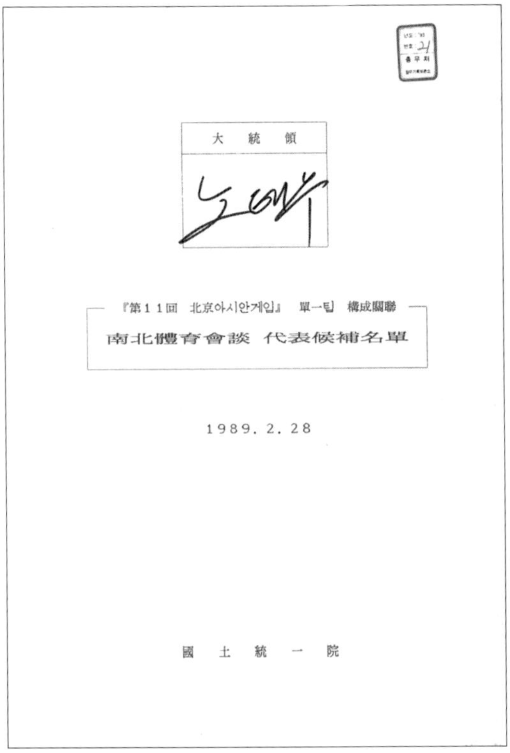

大 統 領

『第11回 北京아시안게임』 單一팀 構成關聯

南北體育會談 代表候補名單

1989. 2. 28

國 土 統 一 院

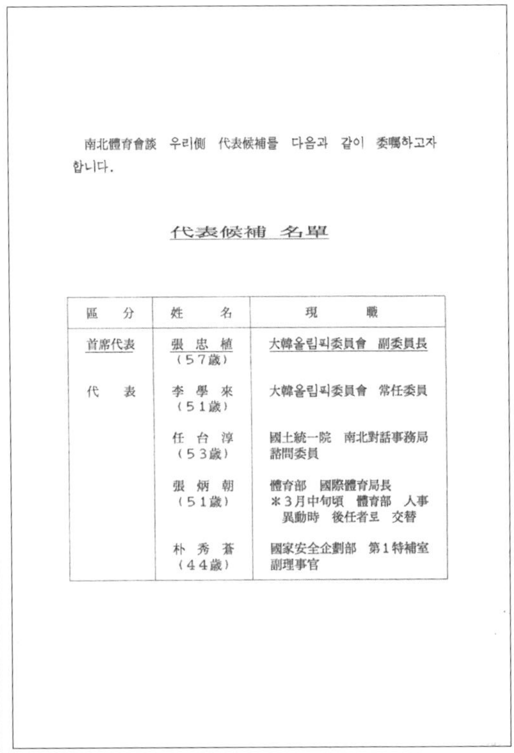

南北體育會談 우리側 代表候補를 다음과 같이 委囑하고자 합니다.

代表候補 名單

區 分	姓 名	現 職
首席代表	張 忠 植 (57歲)	大韓올림픽委員會 副委員長
代 表	李 學 來 (51歲)	大韓올림픽委員會 常任委員
	任 台 淳 (53歲)	國土統一院 南北對話事務局 諮問委員
	張 炳 朝 (51歲)	體育部 國際體育局長 ＊3月中旬頃 體育部 人事異動時 後任者로 交替
	朴 秀 蒼 (44歲)	國家安全企劃部 第1特補室 副理事官

노태우 대통령이 서명한 국토통일원 문서에서 남북체육회담 수석대표로 선임된 중재(張忠植)를 확인할 수 있다(1989).

의 대미 · 일 관계 개선 협조 등이다. (중앙일보사, 『중앙일보』, 1988년 7월 7일자)

경쟁과 갈등에서 화해와 협력으로 새로운 남북한의 생존 방식을 찾자는 적극적 의지가 담겨 있는 획기적 자세 전환이었다. 실제로 노태우 정부는 대북비방방송을 중단하는 조치도 보였다.

노태우 정부의 이같은 전향적이고 적극적인 대북정책의 배경에는 서울올림픽을 통해 한국의 국력을 국제적으로 인정받았다는 자신감이 작용한 것으로 해석된다. 북한의 대응이 국제적으로 주목을 받게 되었다. 이미 냉전체제가 서서히 전 세계적으로 변화하는 전환기가 시작되고 있었다. 그래서일까, 같은해 12월 21일, 북한이 응답을 해왔다. "2년 후에 열릴 베이징 아시안게임에 참가할 남북한 단일팀 구성을 위한 회담을 갖자"는 제의를 한 것이다.

달리 보면 이미 단일팀 구성과 관련된 남북회담은 결국 결렬로 끝나고 만 선례가 반복되었기에 식상한 제의일 수 있었다. 그러나 노태우 정부는 7·7선언을 공표한 마당에 이 제의를 외면할 필요가 없었다. 신속하게 회담을 갖자는 답을 보내고 우리 측 대표단을 구성했다. 노태우 정부의 핵심 정책인 북방정책과 7·7선언의 첫 가시적 성과를 만들어야 하는 첫 과제인 만큼 대표단 구성은 회담 성패의 기본일 수밖에 없었다. 그 고민의 귀결은 자연스레 중재의 수석대표 선임으로 이어졌다. 앞에서 얘기했듯 노태우 대통령과 중재는 럭비를 통해 맺은 우정이 있었고, 서울올림픽 유치부터 국제스포츠과학학술대회와 앞서 있었던 남북체육회담까지 깊은 인연이 이어졌기 때문이었다. 그러나 남북한 간의 국가적 자존심과 단일팀을 희망하는 민족적 기대를 감안한다면 단순히 대통령과의 인연만으로 수석대표의 중책을 맡길 수 없는 일이었다.

회담을 이끌어갈 수석대표로서 중재의 숨은 자질에 대해 민관식 전 문교부 장관(1918. 5~2006. 1, 문교부 장관, 국회의장 역임)은 이렇게 평가했다.

> 교육부 장관으로 재직하는 동안 나는 중재를 만나 이런저런 얘기를 나누는 기회가 있었지만 그는 나에게 청탁성 부탁을 한 적이 없다. 다만 대학을 잘 키우고 싶다는 의지를 강조하는 외에 단국대를 위해 이렇게 해달라는 식의 부탁을 하지 않았던 것이다. (중략)
>
> 작은 일이지만 여태껏 중재는 나와의 만남에서 시간 약속을 어긴 적이 없었다. 사소한 일이라 치부할 수 있는 일이지만 이런저런 책임을 많이 지고 있는 사람이 남들과의 시간 약속을 엄수하려면 항상 긴장하고, 자기를 절제해야 한다. 중재는 이런 노력을 기울이는 사람이다. (민관식, 『빈 들에 씨를 뿌리며』, p.148, 149, 한불문화출판, 2001.)

민관식 전 장관은 중재의 이런 강점을 열거하면서 마지막으로 "중재는 신뢰와 담백함으로 사람을 끌어들이는 장점이 있는 사람이다."라고 단정했다. 개인의 이익을 취하려 하지 않는 공정함, 사소한 약속이라도 결코 어기지 않으려는 성실함이 바로 중재가 사람을 자기 편으로 만드는 힘이었던 셈이다. 회담은 결국 사람의 말을 믿고, 이를 담보로 서로가 양보를 해야 좋은 결과를 낳을 수 있다. 중재는 이러한

'믿음'을 실천하며 체육계를 끌어왔고, 이제 그 힘을 남북체육회담이라는 테이블에서 보여줘야 할 때가 온 셈이다.

테이블에 앉을 우리 측 대표단은 장충식 수석대표(당시 단국대 총장, KOC 부위원장), 이학래 차석대표(당시 한양대 교수, KOC 상임위원)과 임태순, 장병조, 박수창 등 KOC 위원들이 맡았다. 북한 측은 김형진 북한올림픽위원회 부위원장이 수석대표를, 김웅 NOC 서기장이 차석대표를 맡았다.

수석대표를 맡은 중재는 지난 남북체육회담에 참여한 경험을 바탕으로 회담의 협상 전략을 새로이 구상했다. 회담을 또 다른 남북한 경쟁과 갈등의 전장이 아니라 협상과 양보를 통한 '화합의 마당'으로 만들겠다는 결심이었다. 중재의 속내를 들어본다.

> 회담을 준비하기 위한 예비 학습의 하나로 1984년 LA올림픽의 단일팀 구성을 위한 회담 장면을 비디오로 보여주었다. 보도용 녹화와 달리 회담 자료용 녹화는 분석을 위해서 회의 광경을 샅샅이 기록해 놓았다. 회담 장면을 보니 충격적이었다. 회견을 하다가 의견 대립이 생기면 차분히 토론을 하는 것이 아니라 고성을 지르다가 이윽고 욕설이 나오고 결국은 성냥통이나 재떨이를 던지고, 깨트리는 살벌한 장면도 있었다. (중략)
>
> 말하자면 남북한이 휴전 중이니 회담장에서라도 상대방에 밀리면 전쟁에 지는 것이라 생각하고 있었다. (중략) 내가 교육자인데 국가를 대표하는 회담에서 인신공격과 욕설, 기물파손을 한다면 어떻게 학생들을 볼 수 있겠는가. 나중에 우리 후손들이 이 광경을 보면 조상들을 어떻게 볼 것인가? (장충식, 『시대를 넘어 미래를 열다』, p.441, 노스보스, 2011.)

남북 간의 회담을 진행하는 자세와 방식도 문제였지만 더 큰 문제는 회담 현장에 있는 대표진들을 뒤에서 조정하는 정부의 개입이었다.

> 당시 회담을 진행하면 그 뒤에서 회담을 관찰하는 분석가들이 있었다. 이들이 수시로 쪽지를 넣어 각 대표들에게 북측의 발언이나 행동에 대응할 내용을 전달한다. 물론 그 지침에는 '이에는 이 눈에는 눈'

> 식의 강경 대응이 주조를 이뤘다. 그러니 의견이 대립되면 북한이든 남한이든 점점 분위기가 격앙되어 나중에는 성냥통을 집어던지는 추태가 나오는 것이다. 나는 사실 이런 회담 배후의 쪽지를 차단하고 싶었다. (장충식, 『시대를 넘어 미래를 열다』, p.442, 노스보스, 2011.)

중재가 고민 끝에 확립한 성공적 회담 진행의 기본 방식은 '이성적 대화'이고, 이를 뒷받침할 전제 조건은 현장 중심의 자율성 존중이었다. 이같은 결론을 내린 중재는 김집 당시 체육부 장관을 만나 이 문제를 논의했다. 자신의 고민을 솔직히 고백한 중재는 위에서 제시된 과거의 부정적 관행을 예시하면서 이를 거부하고, 바로잡을 수 있는 권한이 주어져야 한다는 점을 역설했다. 이 주장이 받아들여지지 않으면 수석대표를 맡지 않겠다는 심경을 고백했다. 이미 언론에 공표된 남북회담이고 수석대표인데 김집 체육부 장관이나 정부의 입장에서는 난처한 주장이 아닐 수 없었다. 결국 정부가 중재의 주장을 수용하기로 했다. 대표단의 '회담에서의 재량권'을 인정받은 셈이다.

> 결국 이런 회담 진행에 대한 수석대표로서의 재량을 인정받고 나는 회담을 준비하기 시작했다. 정부 역시 대통령의 새로운 남북문제 해결 방안이 공표되어서 회담 대표단에게 최대한 신축성 있게 진행하도록 했다. '형식적 회담'이 아닌 '실질적 회담'을 만들 수 있다는 자신이 생겼다. (장충식, 『시대를 넘어 미래를 열다』, p.442, 노스보스, 2011.)

노태우 대통령의 북방정책, 남북 화해에 대한 적극적 의지를 중재가 사전에 읽고 공감한 결과라는 분석이 가능한 회고이다. 중재가 만들고픈 체육회담은 이기고 지는, 누가 승리하는지를 따지는 '냉전시대'의 체육회담이 아니었다. 중재는 설사 북한 측이 막무가내로 비방과 경쟁의 수령 같은 회담을 만들려 하더라도 이성적이고 담담한 토론의 장에서 단 한 터럭의 실마리라도 끌어낼 '중재식 체육회담'을 만들어 내고 싶었다. 고민과 결단의 시간을 지나 남북단일팀을 위한 진지한 가능성을 탐색하는 서장이 열렸다.

3. 화해의 첫걸음 창조

대망의 1차 회담이 1989년 3월 9일 판문점 우리 측 지역 '평화의 집'에서 열렸다. 오전 10시에 회동한 양측 대표단은 그동안 있었던 유사한 회담에서 만난 이들이라 일단 낯익은 이들의 익숙함과 우호적 분위기가 있었다. 다른 회담과 마찬가지로 첫 자리에서는 앞으로 진행할 회담의 핵심적 과제, 즉 의제를 공개하는 일이 중요했다.

김형진 수석대표는 기조 연설을 통해 "우리 쌍방은 유일팀(단일팀의 북한식 표현)을 구성하는 것이 북남체육인들의 기대에 보답하는 길이며 우리 민족의 슬기와 단결된 위력을 만방에 과시하고 나라의 평화통일을 앞당기는 길이라는 것을 명심하여 모처럼 마련된 체육회담을 반드시 성공에로 이끌어 나가야 할 것"이라고 강조했다. 이어서 본인이 스스로 체육회담을 위한 4가지 다짐을 선언하듯 낭독했다. 이를 요약하면 다음과 같다.

> 첫째, 쌍방은 민족 화해, 단합, 통일에 기여하려는 자세를 견지하자.
> 둘째, 유일팀 구성이라는 대의에 모든 것을 복종시키자
> 셋째, 민족의 슬기, 재능, 지혜를 최상으로 발휘할 유일팀을 만들자.
> 넷째, 쌍방은 유일팀 구성 문제 해결 위해 인위적 난관, 복잡성을 만들지 말자.

이러한 다짐을 합치면 '이번에는 단일팀 구성에 필요한 문제만 집중하자'는 뜻과 다름없었다. 북한 측이 내놓은 의세도 이를 제대로 반영하고 있었다.

12가지 의제는 유일팀 명칭, 유일팀 깃발, 유일팀 노래, 선수 선발 원칙과 방법, 지도원 및 보장 성원, 선발 일시, 훈련, 경기대회에 참가할 선수단 지휘부, 유일팀을 위한 공동 상설기구, 비용, 신변 보장, 기타 등이었다.

중재 역시 기조 연설을 통해 "오늘날 세계 모든 나라들이 이념과 체제를 초월하여 화해와 협력, 개방과 공존의 길을 추구하고 있다."고

1989년 3월 9일 판문점에서 열린 1차 남북체육회담에서 남측 장충식 대표(우)와 북측 김형진 대표(좌)가 악수를 나누는 모습

회담을 둘러싼 역사적 배경을 설명했다. 뒤이어 중재는 "이번에야 말로 지난날의 여러 차례에 걸친 경험을 거울삼아 좋은 결실을 거둘 수 있도록 남북이 함께 최선을 다해야 할 것"을 강조했다.

중재가 공개한 회담 의제는 10개였다. 선수단 호칭, 단기, 단가, 선수단 구성, 선수단 복장, 선수 선발, 선수 훈련, 신변 안전 보장, 선수단 경비(비용), 단일팀 공동위원회 구성 등이었다. 의제도 큰 차이가 없었고, 서로의 의지도 강해 보이는 첫 만남이었다.

우호적 기조 발언과 의제의 중복이 암시하듯 1차 회담은 상당히 우호적으로 전개되었다. 특히 단일팀 구성을 할 때 가장 선결되어야 할 '선발원칙'과 대회 참가 시 필수 도구인 '단가'를 합의한 것은 특기할 만한 진전이었다. 중재는 이에 대해 "우선 선수단 단가는 1920년대의 '아리랑'으로 하자는 제의를 했는데 이를 북한이 수용했다. 선수 선발도 기량이 가장 우수한 선수를 뽑는다는 것을 원칙으로 하는데 의견 일치를 보았다."고 밝혔다. 다만 단일팀 호칭에 대해서는 우리나라가 '남북단일팀'이라는 객관적 명칭을 제안하고, 영문 명칭은

'KOREA'로 쓰자고 한 반면에 북한 측은 '고려'와 'KORYO'로 하자는 제안을 했다. '고려'는 역사상 존재한 통일국가의 이름이지만 이미 오래 전부터 북한 측이 '고려연방제'라는 통일 전략을 채택해 이를 적극 홍보하거나 정치 공세에 활용해 왔기에 다분히 정치적 색깔이 배어 있는 이름이었다. 스포츠 교류가 탈정치, 탈이데올로기를 기본으로 하는 점을 감안하면 받아들이기 힘들지만 당장 이를 거부하기보다 다음 회담에서 재논의하기로 하고 문제를 이월했다.

우리 측의 제안은 일단 거부하거나 꼬투리를 잡으려는 기존의 북한 측 자세를 감안하면 놀랄 만한 태세 변화였다. 중재는 이같은 1차 회담의 성과를 '기대 이상'으로 평가했다. 당시 차석대표로 회담 현장에서 중재를 보좌한 이학래 전 KOC 상임위원(전 한양대 체육학과 교수)는 당일 분위기를 이렇게 기록했다.

> 북측이 안건 재조정의 가능성을 내비치는 등 회담 분위기는 비교적 우호적이었다. 북측의 김형진 수석대표나 다른 참가자들도 과거의 남북회담 때와는 달리 꼬리를 무는 식의 비방이나 한없이 의제를 산만하게 제안하는 태도를 보이지 않았다. 이는 이번 회담에서 뭔가를 만들어 보려는 의도로 풀이할 수도 있었다. (이학래, 『남북체육교류와 한반도평화』, p186, 노스보스, 2020.)

2차 회담은 1989년 3월 28일 판문점 북측 지역인 통일각에서 열렸다. 중재는 기조 발언을 통해 "남북 단일팀이 온 겨레의 여망에 부응하는 길"이라 강조하면서 "오늘(2차) 회담에서는 선수 선발, 훈련, 선수단 구성 문제를 먼저 토의하자"고 제의했다. 북한 측 김형진 수석대표는 이에 대해 "1차 회담에서 서로 합의점을 모색하려 많은 노력을 한 것으로 평가한다."고 인정하면서 자신들이 앞서 제안했던 의제를 12개에서 10개로 줄이면서 중재가 제안

장충식 대표(오른쪽 두 번째)가 판문점 자유의 집 앞에서 1990년 베이징 아시안게임 선수단기로 북측에 제시할 도안에 대해 설명고 있다.

1989년 3월 28일 판문점 북측 지역인 통일각에서 열린 2차 남북체육회담을 위해 대표단들이 접경지역을 도보로 건너는 장면

한 의제 논의 순서를 수용했다. 서로가 우호적인 자세인 만큼 회담은 좀 더 속도감 있게 진행되었다.

2차 회담의 성과를 요약하면 다음과 같다.

- 선수단 단가를 '아리랑'으로 채택, 완전 합의
- '선수 선발'과 '합동 훈련'은 합동 훈련을 먼저 실행하여 선수들 화합을 증진하고, 기량 등을 길러 선발하기로 함
- 선수단 단기는 '흰색 바탕에 아무런 표기도 하지 않은 한반도 지도를 그려 넣기'로 일치했으나 지도의 색깔은 3차 회담에서 결정키로 함

이처럼 긍정적 성과도 있었지만 선수단 호칭은 여전히 입장차가 좁혀지지 않았다. 북한 측은 영문 명칭은 자신들이 제안한 'KORYO' 대신에 'KOREA'로 수용할 수 있지만 '고려'는 그대로 고수하였다.

1989년 3월 28일 개최된 제2차 남북체육회담은 순조로운 분위기를 반영하듯 수많은 국내외 취재진이 몰렸다.

특히 '고려'와 'KOREA'를 따로 떼어서 협상하지 않겠다는 입장도 공개하였다. 북한 측은 'KOREA'를 자신들이 수용했으니 '고려'를 우리나라가 받아들이라는 전술적 의도를 보인 셈이다.

결국 이 문제는 다시 3차 회담에서 다루기로 합의하였다.

부분적이지만 2차 회담에서도 상당한 진전이 있었다. 3차 회담이 기대되는 분위기였다. 그러나 당시 문익환 목사가 당국의 허가 없이 방북을 하고, 이로 인해 사법적 처리를 받게 되었는데 북한 측은 이를 비난하며 3차 회담을 거부하였다. 정치적 문제를 체육회담에 끌어들인 것은 유감이지만 기다릴 수밖에 없었다.

3차 회담은 7개월 만인 1989년 10월 20일에 평화의집에서 열렸다. 베이징 아시안게임이 1년밖에 남지 않은 시점이었다. 그동안의 공백이 회담 진행에 부담이 되고 부정적 영향을 미칠 거라 염려한 중재는 수석대표로서 리더십을 강하게 발휘하기로 했다. 이학래 차석의 회고이다.

> 장충식 수석대표는 이와 같이 회담이 장기화될수록 목적을 달성하기 어려워질 것으로 보았다. 회담이란 어차피 양보를 해가면서 전략적 목적을 달성해야 보람이 있을 것이므로 우리 측이 좀 더 전향적으

로 나가자고 회담 대표들과 합의하였다. (이학래, 『남북체육교류와 한반도평화』, p.192, 노스보스, 2020.)

회담이 시작되고 김형진 수석은 "(지난 1, 2차 회담에서 상당한 합의사항이 나온 것에 대해 열거한 뒤)이것은 지난 시기 북남체육회담이 열렸으나 아무런 결실이 없었고, 쌍방 대표들이 서로 마주 앉았으나 회담과 인연이 없는 불필요한 논쟁으로 시간만 보내다가 결렬된 대화와 비교해 볼 때 큰 진전이라고 말할 수 있다."고 평가했다. 이같은 연설의 이면에는 자신들의 전향적 자세에 대한 자찬도 있지만 중재가 이끄는 우리 측 대표단의 적극적이고 유연한 협상이 큰 힘을 발휘하고 있다는 암시이기도 했다.

중재 역시 화답이라도 하듯 "남북단일팀을 기필코 성사시키겠다는 결의를 다짐하고 이 회담에 임했다."는 솔직한 마음을 공개하며 남북단일팀이 "평화통일의 훌륭한 디딤돌을 마련하는 일"이라 규정했다. 단일팀 구성이 가진 역사적 의의를 강조함으로써 양측의 진솔하고도 화합하는 회담 진행과 가시적 성과를 만들려는 중재의 진심이 담긴

1989년 10월 제3차 회담에서 남북은 선수단 단기에 합의했다. 흰색 바탕에 하늘색 한반도 지도를 넣기로 했다.(1989.10.20)

연설이었다.

연설에 담긴 의지를 실천이라도 하듯이 중재는 북한 측이 제시한 단일팀 단기(백색 바탕에 한반도 지도를 청색으로 그리는 안)를 그대로 받아들였다. 제안을 한 북한 측이 놀라고 당황할 만큼 파격적 수용이었다. 이 단일팀 단기는 그 후로 단일팀 응원에 실제 활용되었고 현재까지도 각종 국제무대에서 한민족의 화합, 평화통일에 대한 염원의 상징으로 자리 잡고 있다. 이날 회담의 성과는 4가지로 압축된다.

> 첫째, 단일팀 구성을 위한 선수 선발은 경기력이 가장 우수한 선수로 하는 것을 원칙으로 하되, 가능한 한 균형을 보장하기로 하였다.
>
> 둘째, 대표선수선발전은 일정 기간 공동 훈련을 진행한 다음에 하되, 각 종목의 특성을 고려하여 남북 공동위원회(선발위원회)에서 합의하여 처리하기로 하였다.
>
> 셋째, 선수단 호칭을 영어로 'KOREA'로 하고 우리 말로도 영어 발음 그대로 '코리아'로 하는 것을 원칙으로 하되, 제4차 회담 때 최종 합의, 결정하기로 하였다.
>
> 넷째, 선수단 단기는 흰색 바탕에 하늘색 한반도를 그려 넣기로 하였다. (이학래, 『남북체육교류와 한반도평화』, p.194, 노스보스, 2020.)

단일팀을 성사시키려는 발걸음이 착실하게 전진하고 있었다. 특히, 단기는 우리 측이, 단일팀 명칭은 북한 측이 서로 양보하면서 이뤄진 점이 남북협상에 큰 선례를 남긴 셈이었다. 물론 이같은 변화를 모두 환영한 것은 아니었다. 중재가 북한 측에 너무 유화적이고 양보를 한다는 비판도 있었다.

> 우리 측도 시끄러웠다. '장충식 대표가 북한 의견을 너무 쉽게 받아들인다'는 비판이 있다고 했다. 북한을 적대 관계로만 풀려는 이들이 대부분인 상황이기에 그 비판은 힘을 얻었다. 아마추어 수석대표가 북한에 놀아난다는 말까지 나올 정도였다. 그러나 내 신념은 확고했다. 회담을 하는 이유는 선전, 선동이 아니라 관계 개선을 위한 것이다. 한 걸음씩 서로 앞으로 나아가지 않는다면 무엇 때문에 회담을 한단 말인

가. (장충식, 『시대를 넘어 미래를 열다』, p.447, 노스보스, 2011.)

당시만 해도 한반도는 여전히 냉전 논리가 남북한을 지배하고 있었다. 사회민주화가 진행되고 있었지만 소련은 여전히 마지막 냉전 체제를 근거로 거대 제국의 숨길을 이어가고 있었다. 노태우 정부의 북방정책으로 새로운 역사적 전환의 새싹이 움트고 있었지만 북한을 불신하는 강경한 시각은 엄연히 존재하고 있었다. 비록 노태우 대통령의 신임을 받고 있는 중재라 하더라도 분단 체제에서 철옹성처럼 실존하는 대북 강경론을 혼자 몸으로 무시할 수는 없었을 것이다. 그럼에도 중재는 '유연한 대북협상', '양보하며 설득하는 대북협상'을 견지해 나갔다. 스포츠를 통해 다져놓은 담력, 국제 스포츠 외교 무대에서 쌓아온 탈냉전적 세계 인식과 사명감이 있었기에 가능한 일이었다.

4. 미래에 꽃 필 절반의 성공

제4차 회담은 1989년 11월 16일, 통일각에서 열렸다. 3차 회담에서 양측 대표단이 합의한 사항들을 4차 회담에서 최종 결론짓자 했는데 이에 대해 상당한 진전이 이뤄진 회담이었다. 중재는 기조 발언을 통해 "민족 화해와 스포츠 정신을 발휘해 반드시 단일팀을 성사시킨다는 결의를 새롭게 하자."고 당부했다. 또한 "상당한 합의가 있었지만 선수단 구성, 공동 추진 기구 구성 등에 대해서는 토의조차 못했으니 10개 항 전체에 대한 합의를 이룰 토대를 만들자."고 강조했다. 흐르는 시간 속에서 단일팀에 대한 남북한 양측의 부정적 인식이 확산되지 않도록 협상을 서둘러야 한다는 중재의 인식이 담긴 기조연설이었다.

이에 대해 김형진 북측 수석대표도 그동안 이뤄진 합의에 대해 만족감을 밝히며 "쌍방이 같은 의견을 가진 사항들은 합의서를 통해 명문화하고 오늘은 선수단 구성, 이를 추진할 공동기구, 선수 선발 방법 등에 대해서 집중 토의하자."는 요지로 기조연설을 하고 자신들이 작성한 합의서를 제시했다.

이에 따라 단일팀 명칭을 3차 회담에서 논의된 대로 최종 합의가 된 것이 큰 성과였다. 그러나 정작 본 회담을 개시하자 선수단 선발 방법, 선수단의 단장, 종목별 감독과 코치 선임 문제 등에 대한 구체적 논의는 대책도 방안도 제시하지 않았다. 그보다는 자신들이 남한 측의 제안을 받아들였으니 나머지 문제는 '남북공동위원회'에 위임하자는 주장을 되풀이했다.

그러나 이 주장은 겉으로는 회담의 효율성을 높이자는 취지로 이해할 수 있지만 속으로는 이를 수용하기 힘들었다. 왜냐하면 베이징 아시안게임이 1990년 9월에 개막하기에 다시 공동위원회를 설치해 추가적인 문제들을 논의하고, 합의를 이룰 시간이 없다고 판단했기 때문이다. 이 회담은 단일팀을 만들 사전 제약 조건을 논의해 그 해결 방안을 확정하고, 기타 단일팀 선발과 운용에 필요한 제반 사항까지 합의하고, 그래서 회담을 가진 것이기 때문이었다. '단일팀'을 만들자

1989년 11월 24일 판문점 남측 평화의 집에서 제5차 회담이 열렸다. 장충식 대표는 회담을 통해 단일팀의 단가와 단기, 호칭에 대해 합의하는 등 남북간에 상당한 의견 접근이 이뤄지고 있다고 말했다.

는 합의만 하고 후속될 여러 문제들을 다시 '남북공동위원회'에서 토의하고 합의를 거친다는 것은 시간상 가능한 일이 아니었다. 물리적인 시간이 그리 넉넉지 않았고 사전에 짚어야 할 문제가 한둘이 아니었다. 단가, 단기, 단일팀 명칭은 물론 중요하지만 선수들을 선발할 합숙 훈련이나 선발전을 어떻게, 어디에서 할 것인지도 중요하고, 이에 관련된 취재단, 응원단의 방문, 이동 방법 등도 못잖게 중요한 것이다. 결국 양측은 일단 서로의 견해 차이를 인식한 선에서 만족하고 서로의 입장을 정리해 5차 회담에서 매듭을 짓기로 했다.

마치 이제 할 일은 다 했으니 합의서에 도장 찍고 나머지는 남북공동위원회로 넘기고 끝내자는 북한 측의 자세였다. 그 와중에 미묘한 분위기의 변화도 나타났다.

> 사실 회담 중에도 북한은 끊임없이 회담장 뒤에서 쪽지가 들어왔다. 예전 서울올림픽 단일팀 회담에서도 그렇지만 쪽지가 들어오면 점잖았던 북측 대표가 갑자기 정치 공세를 늘어놓거나 장광설을 펼치며 회담 분위기를 엉망으로 만들곤 했다. 나는 그것이 해당되는 대표가 원해서가 아니라 북측의 회담 전술을 짜고 지시하는 전문가가 있기 때문이라는 점을 이해했다. 그래서 우리 측 대표들에게도 어떤 험담을 듣더라도 흥분하지 말고 우리가 역사상 최초로 단일팀을 엮어 낸다는 목표에만 충실하자고 몇 번이고 당부했다. (장충식, 『시대를 넘어 미래를 열다』, p.447, 노스보스, 2011.)

회고를 통해 체육회담을 이끄는 수석대표로서 남한 측 강경파와 북한 측의 전술적 선동 틈새에서 고뇌하는 중재의 내면이 읽히는 대목이다. 5차 회담은 1989년 11월 24일, 평화의 집에서 열렸다. 4차 회담에서 약속한 대로 선수단 구성을 위한 세부 사항에 대해 논의를 했다. 북한 측은 선수 선발에 있어서 '공동 훈련하고 선발전은 선수를 혼합하여 실시하자'고 했다. 하지만 장소나 시기 같은 구체 방법에 대해 얘기하면 역시 공동위원회에서 정하자고 했다. 북한 측의 제안은 매우 대범한 듯했지만 문제가 있었다. 스포츠는 그 취지도 중요하지만 형식도 중요하다. 즉 '공동 훈련, 선수 혼합 경기'로 얘기가 끝나

평화의집 5차 남북체육회담에 앞서 남측 장충식 대표(좌)와 북측 김형진 대표(우)가 취재진 앞에서 악수하고 있다.(1989. 11. 24)

지 않는 것이고, 어디서 할 것이냐도 중요한 것이다. 평양에서 할 건지, 서울에서 할 건지, 아니면 돌아가면서 교류전으로 할 건지, 그리고 경기 종목만 27개 종목 308개 세부 종목(베이징 아시안게임 기준)에 이르는데 단일팀 구성의 최대 마감 시한은 언제로 하거나 그 이후는 양측이 어떻게 할 것인지도 합의를 해둬야 할 문제이다. 베이징 아시안게임의 참가 신청이 늦어도 대회 6개월 전까지는 이뤄져야 한다는 것이 우리 측의 생각이었다.

그런데 북한 측은 이같은 사안에 대해 지극히 부정적인 반응을 보였다. 선수단 선발을 위한 경기를 공개적으로 할 수 없다는 입장을 견지하는 것이다. 선발 경기 공개는 남북 화합을 위한 단일팀 구성 정신에 위배된다는 주장이었다. 공개 경기를 하는 게 '남북 대결을 조장하는 일'이라는 비판이었다. 스포츠는 경쟁을 통해 서로를 격려하고 우정을 쌓는 일이다. 공개 경기를 하면 적개심이 쌓여 대결 국면이 된다는 주장은 아무리 남북한의 특수성을 고려해도 스포츠의 근본을 무시하는 일이었다. 북한은 회담이 끝난 후 이제까지와는 다르게 "남한 측이 사소한 일을 갖고 자꾸 시간을 끈다."며 선발전 공개 경기를 혹독하게 비난했다. 회담이 어려운 국면으로 빠지고 있었다.

제6차 회담은 1989년 12월 22일, 통일각에서 열렸다. 5차 회담에서 날카로운 대립의 기미를 보였던 북한은 다시 유화적 자세를 보였다. 앞서 열린 실무자 회담을 통해 "선수 선발에서 남북을 왕래하면서 공개리에 선발전을 실시한다."고 입장을 바꾼 것이다. 이어서 김형진 수석대표는 "북측의 거듭되는 양보와 아량에 의해 (중략) 거의 완전한 합의에 이르도록 했다."고 자신들의 입장 변화를 정당화시켰다.

이같은 6차 회담에서의 성과를 바탕으로 수석대표인 중재는 "이것은(북한 측이 사전 실무 회담을 통해 전달한 합의사항을 긍정적으로 본다는 취지에서) 단일팀의 성사를 고대하는 7천만 온 겨레에게 커다란 희망을 갖게 하는 것"이라 평가하며 '남북단일팀 구성, 참가에 관한 합의서(10개 항)'와 7개 항의 부칙, '단일팀 공동위원회 구성, 운영에 관한 부속 합의서' 등과 베이징 아시안게임 조직위원회 위원장 앞으로 보내는 '합의서' 등을 제시하였다.

북한 측은 이 합의서, 특히 베이징 아시안게임 조직위에 보내는 합의서에 대해 매우 부정적 반응을 보였다. "단일팀으로 출전한다는 합의서가 중요한 게 아니고 반드시 단일팀으로 출전한다는 '보장'을 해야 한다"는 취지였다. 북한 측의 주장은 "우리가 단일팀 명칭이나 선수 선발 경기 공개 같은 민감한 문제를 남한 측의 요구대로 수용했으니 이제 '단일팀으로 참가한다'는 합의서가 아니라 '반드시 단일팀으로 참가한다는 보장'을 명시하자"는 것이었다. 합의와 보장은 차이가

1989년 12월 22일 판문점 북측 통일각에서 열린 6차 회담에서 장충식 대표는 합의사항 이행을 보장하기 위한 여섯 가지 사항을 제안하였다.

있고, 민감하면서도 위험한 폭발력이 있는 문제였다. 중재는 이 '보장' 문제의 위험성을 이렇게 지적했다.

> (북한 측은) 남북한 단일팀을 반드시 구성한다는 보장이 있어야 한다고 고집했다. 그 말 속에는 단일팀이 구성 안 되면 베이징 아시안게임에 출전하지 않는다는 약속이 포함되길 바라는 것이다. (중략) 만약 북한의 말대로 합의서에 '단일팀 구성 불발 시 아시안게임 불참'이라는 조건을 명시하면 그것은 남북한 모두 자기 목을 조이는 셈이 된다. 정부의 정치 외교적 전략은 차치하고 젊은 선수들이 가꿔온 아시안게임 참가의 꿈은 어찌하란 말인가. (장충식, 『시대를 넘어 미래를 열다』, p.447, 노스보스, 2011.)

실제로 이같은 단일팀 구성 협상을 하다가 우리나라가 국제대회 참가를 못했던 사건이 있었다. 제35회 세계탁구선수권대회가 1979년 4월에 평양에서 열리기로 되어 있었다. 대회를 2개월 앞두고 북한 측은 이 대회에 참가할 단일팀 구성을 하자며 회담을 제의했다. 촉박한 시간으로 협상을 낙관하기 힘들었지만 우리나라는 이에 응해 3월 12일까지 4차에 걸친 회담을 진행했다. 좋은 말과 내용이 오갔지만 마지막 결론에서 우리 측은 '단일팀 구성이 안 되더라도 남한 측 선수단이 대회에 참가할 수 있는 길을 열어놔 달라'고 주장했지만 북한 측은 단일팀으로 참가한다는 합의서에 먼저 서명하라는 주장을 되풀이했다. 대회를 20여 일 앞두고 같은 주장을 반복하던 북한 측은 "제2차 회담에서 제시한 합의서에 서명하지 않는 한 대한탁구협회의 대회 참가 기득권을 인정할 수 없다"는 엉뚱한 주장을 펴 회담을 결렬시키고 그 책임을 우리에게 전가하려는 자세를 보였다. 결국 한국 선수단의 대회 출전에 대한 북측의 확답은 이뤄지지 않았고 이후 대한탁구협회는 국제탁구연맹을 거쳐 평양 대회에 출전하기 위해 많은 노력을 기울였으나 수포로 돌아갔다.

이같은 전례가 있던 북한 측이 다시 베이징아시안게임에 단일팀으로 출전한다는 보장을 하라는 주장을 하는 데 대해 수석대표인 중재는 물론이고 우리 측은 당혹할 수밖에 없었다. 우리나라 정부도 같은 입장이었다. 베이징 아시안게임은 체육계만의 문제가 아니라 노태우 정부의 북방정책이 가시화되고, 중국과의 관계 개선에 긍정적 반전을 이룰 중요한 계기였기 때문이다. 아시안게임을 계기로 한국의 젊은이들이 적성국으로 지내던 중국의 수도에서 스포츠 정신을 드높인다면 상호 간의 대국민 이미지와 여론 형성에 미칠 영향은 누구나 알만한 사실이었다. 반대로 북한으로서는 베이징 아시안게임으로 높아질 한국과 중국의 우의가 결국 양국 수교로 이뤄질 수 있다는 가능성에 누구보다 예민해질 수밖에 없던 현실이었다.

동시에 우리 측이 '부속합의서'에서 제기한 단일팀 선수 선발 경기의 공개에 대한 구체적 조건을 명기한 것도 북한 측은 심각한 이의를 제기했다.

> 예를 들면 선수 선발을 위한 평가전 때 상대측 참관단(기자 100명 내외, 일반관중 500~2,000명)이 자유롭게 경기를 관람하고 경기 내용을 라디오나 TV로 공개 방송한다는 것이 당시 그들에게는 부담이 될 수도 있었을 것이다. (이학래, 『남북체육교류와 한반도평화』, p.210, 노스보스, 2020.)

북한 같은 폐쇄 사회에서 남한의 취재진과 참관단이 수천 명 씩 평양을 비롯한 북한 지역을 집단 방문한다는 사실은 당시의 인식에서 보면 '천지개벽'에 가까운 충격이 될 수 있다. 회담을 진행하며 선수 선발이나 훈련을 비밀리에 할 수는 없는 일인데 그렇다고 이를 수천 명씩 상호 방문시키며 왕래하고, 지면과 방송으로 보도된다면 이는 북한의 전면 개방과 다름없는 일이 아니겠는가? 북한 측이 원하는 공개는 이런 공개가 아니었다는 점이 합의서 작성 중에 저절로 드러난 것이다. 그렇다고 우리 측도 이 같은 실제적 조건을 정하지도 않고 북한 측이 요구하는 '단일팀 구성과 단일팀으로 참여 보장'만 발표할 수는 없는 일이었다. 단일팀이 아니면 베이징 아시안게임에 가지 않겠다는 것을 보장한 뒤 선수 선발이나 참관단 방문 등의 세부 방법을 북한 측이 거부해 단일팀 구성이 실패로 끝났을 때를 가정하면 우리나라가 받을 상처와 후유증은 북한보다 더 클 것이다. 그래서 우리 역시 '선합의서 및 부속 조건 수용'을 주장할 수밖에 없는 상황이었다. 분위기는 더욱 경색되었다. 7차 회담(1990.1.18, 평화의집)을 끝내는 자리에서 김형진 수석대표는 "남한 측이 굳이 30여 개의 합의서 부속 조항들을 제시해 회담을 어렵게 만들었다."고 불만을 제기했다.

1990년 1월 29일에 열린 8차 회담에서 중재는 회담을 성공시키기 위한 중요한 수정안을 기조 연설을 통해 제시한다.

> (이미 중요한 10개 사항에 대해 합의했음을 열거한 뒤) 남측은 지난 제7차 회담 때 북측에 제시한 합의서(안)에 포함된 친선 교환 경기, 시설 사전 답사, 수송 수단 등과 같은 내용이 합의사항의 성실한 이행을 위해 필요하다 생각하지만 북측의 주장을 고려하여 이를 삭제한다."고 공표했다.

김형진 북한측 수석대표가 제기한 비판을 수용하겠다는 유화적 제안이었다. 중재가 수석대표로서 회담 성공을 어떻게든 이끌어내야 한다는 고민이 담긴 수정안이었다. 그러나 북한 측 대표들은 이미 모종의 결심을 하고 온 듯한 자세였다. 단일팀 선수 선발 경기에 기자나 일반인의 참관을 수용하기 힘들다는 주장으로 일관했다. 동시에 반드시 단일팀으로 출전한다는 '합의 사항 이행 보장 각서'도 줄기차게 요

7차 남북체육회담(1990.01.18)은 '부속합의서' 문제로 분위기가 경색되었다.

구했다. 그 논리의 기본은 우리 측이 제시하고 있는 37개 항의 부칙이 부당한 일이고 회담 진행을 방해한다는 것으로 이를 전면 철회하라는 것이다.

결국 8차 회담 역시 진전없이 끝낼 수밖에 없었다. 중재는 수석대표로서 이렇게 소회를 밝혔다.

"우리는 단일팀 선수 선발 시합에 일반 관중이 참여하고 기자들이 경기 장면을 취재한다는 것을 기본적인 상식으로 이해하고 있었으나 북측에서는 이것이 마치 북측 사회를 혼란스럽게 하려는 음모인 것으로 오해하고 있는 듯했다."며 안타까워했다. 또한 "'합의사항 이행 보장 장치'도 1979년 평양세계탁구선수권대회 남북단일팀 구성을 위한 회담 때의 불미스런 일이 재발되지 않도록 사전에 예방하자는 것이었고, '합의서'에 이런 보증 장치들을 설정하는 것은 (회담의) 기본 상식이기도 한데 이것이 마치 불신을 조장하는 행위인 것같이 과민한 반응을 보이고 있다."고 북한 측의 경직된 인식을 지적했다.

중재로서는 '남북한단일팀 구성해서 베이징 갑시다.'라는 선포가 중요한 것이 아니라 '이러저러한 방식으로 단일팀을 구성하고, 이 과정에서 남북한이 필요한 부대 조건들도 잘 이행한다.'는 약속이 회담의 목표였다. 결과론이지만 베이징 아시안게임이 끝나고 갖게 된 남북한 경평전이나 탁구 단일팀 구성 과정에서 북한은 자신들이 그토록 비판했던 문제의 부속 조항들에 담긴 내용과 취지를 받아들였다. 합

8차 남북체육회담은 북측의 '합의 사항 이행 보장 각서' 요구로 진전 없이 끝났다(1990.01.29).

의서와 부속 조항이 회담의 걸림돌이 아니라 북한측의 남북회담 운용 전술, 회담에서 거두고자했던 전략적 목표에 따라 주장이 바뀌고, 달라진다는 것이 정확한 지적일 수 있다.

결국 회담은 난항을 겪으며 9차 회담을 맞이했다. 1990년 2월 7일 열린 9차 회담에서도 북한측은 회담 공전의 책임을 우리 측에 돌리며 강하게 비판하면서 3가지 조건을 제기했다. 핵심을 요약하면 다음과 같다.

> 첫째, 1990년 베이징 아시안게임에 절대로 개별팀으로 가지 않으며 어떤 일이 있어도 유일팀으로 참가할 것이라는 데 쌍방이 합의하고 내외에 선포할 것.
>
> 둘째, 남측이 회담 지연시킨 사실을 시인하고 각종 부칙을 깨끗이 철회할 것.
>
> 셋째, 베이징 아시안게임에 별개 팀으로 참가한다고 한 발언(체육부 장관과 체육회장)을 즉각 철회할 것.

이에 대해 중재는 그동안 이룬 합의사항이 남북체육회담 사상 유례없는 성과라 평가하면서 '합리적 방안'을 마련하는 데 노력하자고 북한측에 당부했다. 동시에 몇 가지 입장을 강조했다.

> 첫째, 합의서에 사용된 용어들을 정의하려는 남측 부칙은 합의서 문안 정리를 위해서도 필수적이고, 합의사항 이행 보장을 위한 장치이다.
>
> 둘째, 귀측은 단일팀 아니면 국제경기 참가 안된다는 것을 명문화하자면서 합의사항을 이행 안했을 때 어떤 조치를 취해야 할지는 명문화하지 않으려 한다. 이 회담이 결코 상대방의 국제경기 참가를 방해하는 수단이 되어서는 안 된다.
>
> 셋째, 베이징 아시안게임까지의 일정이 한정되어 있음을 감안, 현재 이룬 합의사항의 이행할 일정을 명확히 해두어야 한다.

이같은 입장을 상호 간에 기조 연설에서 밝히고 회담을 했지만 분위기는 상당히 부정적이고 비방전으로 흘러갔다. 북한측은 사실상 앞

1990년 2월 7일 판문점 남측 지역 평화의 집에서 열린 9차 회담은 그동안의 합의가 무색하게 이견을 좁히지 못하고 언성이 높아지기도 했다.

의 원칙을 통해 암시하듯 회담 결렬을 확정시키려는 자세였다. 심지어 회담 중간에 기존까지는 자제해 왔던 우리나라 대통령에 대해 경칭도 안 붙이고 막말을 하는 도발을 하기도 했다. 이후 김형진 수석대표는 기자회견을 통해 "남측이 우리가 제기한 문제에 긍정적인 회답을 주면 언제든 회담은 다시 열릴 것이다."라고 밝혔지만 그 말은 "우리 의견을 수용하지 않으면 회담은 없다."는 뜻의 반어법이기도 했다.

이후 회담은 다시 열리지 않았고, 양측은 개별팀으로 베이징 아시안게임에 출전했다. 10개 항의 합의는 이뤘지만 '디테일'에서 남북한은 진전을 이룰 수 없었다. 우리 측은 단일팀으로 가는 길목에서 생길 문제들을 북한측이 얼마나 성실하게 이행해 나갈지 사전에 보장을 받고 싶었다. 북한 측은 단일팀을 만들테지만 만약 실패하면 남북한 모두 베이징 아시안게임을 포기하자는 약속을 먼저 하라는 것이었다. 너무 뻔한 북한 측의 전술은 우리 측의 신뢰를 받기 힘들었다. 그러나 이 과정에서 얻은 10개 항의 합의는 이후 남북체육 교류나 민간교류의 대원칙으로 적용되었다. 회담을 이끌었던 중재는 당시 정황을 이렇게 회고했다.

> 남북한 모두 굉장한 관심을 받으며 회담을 진행했고, 나는 체력의 한계를 느낄 정도로 신경과 에너지를 기울이지 않을 수 없었다. 그러

> 나 남북단일팀의 호칭, 단기, 단가, 공동단장제, 선수단 구성 및 실무 사무국 설치 등의 구체적 합의를 끌어낸 것은 남북 양측 모두 자부할 만한 성과였다. 회담을 통해 얼개를 완성했지만 최종 협상의 마무리를 지어야 하는 시점에서 북측은 더 이상의 용기를 내지 못했다. 남측도 원로 체육인들은 해당 경기 종목이 단일팀 구성으로 메달을 못 따면 뒤따를 불이익을 두려워하는 기색이 역력했다. 정부 쪽에서는 북경아시안 게임에서 종합순위 2위를 지켜야 한다는 주장, 일본에 질 수 없다는 주장도 득세를 해갔다. (장충식, 『학연가연』, p.241, 노스보스, 2021.)

단일팀이라는 대의 앞에 남북한 모두 최선을 다하려 애썼지만 그럼에도 상호불신의 벽은 높았고, 남북한 모두 각자 체육계나 정치계에 얽힌 속셈 역시 완전히 씻어내기 힘들었다. 절반의 성공, 그러나 언젠가는 꽃 피울 단일팀의 꿈, 이것이 베이징 아시안게임 단일팀 구성을 위한 남북체육회담의 성과였다. 그 나머지 절반의 결실을 맺는 데는 그리 오랜 시간이 필요하지 않았다. 그리고 그 결실을 거둘 주인공 역시 중재 장충식의 몫이었다.

제3절 감동의 남북단일팀과 장충식 단장

1. 베이징 아시안게임 비밀협상

체육회담이 무산되고 1990년 3월, 정동성 의원(민정당)이 체육부 장관에 임명되었다. 정 장관은 당시 4선 의원으로 민정당 원내총무를 지낸 중진 정치인이자 학생 시절 유도 선수로도 이름을 날린 체육인이기도 했다. 평소 중재의 체육계 후배이자 사립대학을 경영하는 교육계 후배로서 교분이 두터운 사이였다. 정 장관은 취임하면서부터 남북한 체육 교류를 적극 추진하겠다는 방침을 천명했다. 같은 해 4월 정 장관은 남북체육교류 기본 계획을 공식적으로 발표했다. "북한의 개방과 남북 화해 무드 조성에 일익이 될 수 있도록 북한과의 체육교류를 적극 추진하되, 북한의 입장을 고려하여 쉬운 것부터 하나하나 추진한다"는 것이 정책의 핵심이었다. 특히, '북한의 입장에서 쉬운 것부터 하자'는 점이 실용적 남북교류를 하겠다는 의지를 담고 있어 시사하는 바가 컸다.

얼마 지나지 않아 정동성 장관은 장충식 KOC 부위원장(주 : 이하 아호를 인용해 중재로 호칭함)을 찾았다. 노태우 대통령의 지시에 따라 지침을 전달하려 만난 것이다.

> 세 가지 지침을 받았다. 하나, 베이징 아시안게임의 선수단장을 맡아 달라. 둘, 베이징 아시안게임이 성공적으로 진행되도록 중국과 우호 관계를 구축해 달라. 셋, 아시안게임이 끝나면 이어지는 국제대회

에서 남북한이 단일팀으로 참가하도록 비밀리에 성사시키라는 것이었다. (장충식, 『학연가연』, p.242, 노스보스, 2021.)

정동성 장관은 이 지침이 대통령의 지시임을 밝히며 본인도 지원을 아끼지 않겠다는 약속을 했다. 이에 대한 중재의 마음은 복잡했다.

나는 이미 유니버시아드 단장을 네 번이나 역임을 했다. 그 당시 (북방 정책의 일환으로 미수교국을 방문해 민간교류의 물꼬를 트는 일도 동시다발적으로 진행했음) 헝가리, 몽골, 남북체육협상 등으로 육체적으로 지치고, 정신적으로도 힘들었다. 그러나 거절할 수 없었다. 좌절한 남북체육협상의 불씨를 되살리고 싶었다. 노태우 대통령의 북방정책이 결국은 남북 간의 화해로 이어져야 그 값어치가 살고, 우리 민족

1990년 베이징 아시안게임 한국 대표 선수단 결단식에서 선수단장으로서 선전을 다짐하는 중재

에도 도움이 된다는 생각을 떨칠 수 없었다. 다섯 번째 선수단장직을 수락하기로 했다. (장충식, 『학연가연』, p.243, 노스보스, 2021.)

중재는 다시 남북체육교류의 최전방에서 뛰기로 했다. 당시만 해도 미수교국이자 적성국이었던 중국의 수도 베이징을 무대로 단일팀의 숙원을 풀어야 하는 사명을 맡은 것이다. 다른 한편으로 1990년 7월, 정동성 장관은 베이징에서 열리는 제1회 다이너스티컵 국제축구대회에 김용균 당시 체육부 차관을 보냈다. 대회 참관이라는 명분을 걸었지만 그 속에는 같은 대회 참가국인 북한의 고위층과 단일팀 추진 가능성을 타진하는 임무가 주어졌다. 이번에는 단일팀이 아니라 '경평전'이라는 축구 대회를 부활해 보자는 제안이었다. 경평전은 1929년부터 1946년까지 서울과 평양에서 번갈아 열렸던 축구대회

1990년 9월 베이징 아시안게임 개회식에 입장하는 대한민국 선수단. 이 대회에서 대한민국 선수단은 금메달 54, 은 54, 동 73으로 종합 성적 2위를 기록하였다.

의 애칭이었다. 분단이 되기 전이었던 만큼 남북 지역의 대표 선수를 구성해 기량을 겨루며 애향심을 고취하던 친선 축구 경기였다.

대회 기간 중 만난 북한측 강득춘 조선체육위원회 부위원장(차관급)은 이 제안을 "우리도 바라는 바"라며 적극적인 자세로 받아들였고 나중에 판문점을 통해 연락하겠다 했다. 이때까지도 우리 측은 설마 했지만 뒤이어 9월에 판문점을 통해 "경평축구대회 개최에 기본적으로 동의한다."는 메시지가 왔다. 뒤이어 얼마 전까지 중재의 북한 측 회담 파트너였던 김형진 수석대표가 이번에는 베이징 아시안게임 북한선수단장으로 등장해 남북한 체육장관회담이 열릴 수 있다는 가능성을 외신에 흘렸다. 우리 측에 보내는 긍정적 신호였다. 남북한의 체육부 장관이 회담을 열겠다는 의지가 확고하고, 거기에 얼마 전까지 단일팀 구성을 위한 회담을 이끌었던 양쪽 수석대표가 선수단장으로 베이징을 간다는 것은 이미 협상 테이블이 열려 있음을 의미하는 일이기도 했다.

심신이 지쳐 있었던 중재였지만 이 같은 우호적 분위기를 놓칠 수 없었다. 중재는 새롭게 각오를 다지며 베이징을 향했다. 베이징 아시안게임은 1990년 9월 22일 개막했다. 바로 다음 날 '남북체육장관회담'이 열렸다. 정동성 장관과 김유순 조선체육지도위원회 위원장(장관급)의 회담은 비공개로 진행되었다. 스포츠 단일팀 구성과 스포츠 교류, 두 가지 문제를 집중적으로 논의했다. 양측 모두 경평축구대회의 부활에 기본적으로 필요성을 인정한다고 합의했다. 이를 위해 베이징대회 기간 중에 구체적 협의를 계속하기로 약속했다. 국제 대회에 단일팀을 구성해 참가하자는 데도 의견을 모았고, 이와 관련해 남북한 간에 스포츠 교류를 실행할 관련 회담도 조속히 개최하기로 뜻을 모았다. 정동성 장관은 바로 중재를 만났다. 자신이 서울평화상 시상식이 있어 귀국해야 하니 협상의 구체 사항을 마무리 지어 달라는 것이었다.

남북체육장관회담 당시 우리나라 측 언론의 취재 열기가 너무 높아서 북한 측이 이를 싫어하고 회담 자체를 거부하려는 정도로 반응이 나빴다. 그러나 언론 입장에서는 정부의 보안 정책으로 핵심을 알 수는 없었지만 베이징 아시안게임을 계기로 남한과 북한, 남한과 중

제11회 베이징 아시안게임 참가 한국대표선수단 결단식 (1990.09.14)

베이징 아시안게임에서 한국은 종합 2위라는 좋은 성적을 거두었다. 동시에 중국 국민에게 한국의 국력과 발전된 면모를 재인식시키는 계기가 되기도 했다. 귀국 뒤 중재 선생이 청와대에 초청된 선수단을 대표해 인사말을 하고 있다.

국 등이 매우 중요한 협상을 할 것이라는 것을 알 수 있었다. 무언가 있지만, 그렇다고 공개적으로 내놓고 얘기를 해서는 안되는 분위기, 그것이 '장충식 한국선수단장'이 '김유순 북한선수단장'과 비밀 협상을 개시할 당시의 분위기였다. 관련된 정황을 잘 표현하고 있는 당시 기사를 인용한다.

베이징 아시안게임은 한중 관계 개선의 측면에서 뿐만 아니라 남북 관계에서도 만만치 않은 의미를 갖고 있다. 즉, 북경은 아시안게임의 무대로서 자연스럽게 남북 보누에게 '만남의 광장' 역할을 해줄 것으로 보인다.

이는 현재 북경에 모여들고 있는 남북 VIP들의 면면이 하나둘씩 밝혀지면서 더욱 확실해지고 있다. 우리 측의 경우 대북 문제에는 가장 정통하다는 박철언 의원 외에 현직 각료로서 4선 의원인 정동성 체육장관, 고건 서울시장 등 정 • 관계 인사들이 북경에 머물고 있다. 여기에 전직 안기부장으로 역시 대북 관련 업무를 관장했던 박세직 전 서울올림픽 조직위원장과 김운용 IOC위원, 김종하 OCA부회장 등이 가

세해 있다.

그런가 하면 북한을 직접 방문, 대북 경협 문제를 실질적으로 다뤄왔던 정주영 현대그룹 명예회장과 김우중 대우그룹회장 등 재계 인사들이 동참하고 있는 것도 눈길을 모으고 있다.

여기에 화답이라도 하듯 북한 측의 소위 '대남 대화 전문가' 수명도 북경에 도착한 것으로 알려져 더욱 관심을 끌고 있다. 현직 고위 관료인 리종옥 부주석의 북경 체류는 이미 확인된 사실이지만 백남준 정무원 참사실장과 전금철 조평통부위원장의 북경 체류가 거의 확실한 것으로 알려지고 있다.

이들은 각각 지난 1차 남북총리회담대표와 국회회담 대표로서 우리에게는 낯이 익은 인물들이며 모두 남북대화의 북측 주역으로 평가받고 있다. 이들과 함께 IOC위원으로 북한 체육계의 최고 실력자인 김유순은 우리 측 정 체육장관과 만난 데 이어 우리 측 다른 인사들과 접촉이 이뤄진다면 많은 '대화'가 가능한 인사로 꼽혀지고 있다.

이렇듯 유수한 남북의 VIP들이 같은 시기에 한자리에 모인 것은 유례가 없는 일이다. 게다가 '단결 · 우의 · 진보'라는 아시안게임 표어가 상징하듯 아시안게임 기간 동안 북경을 감쌀 친선과 화해 무드도 남북의 북경 커넥션 성사에 큰 도움을 줄 것으로 보인다.

하지만 이 같은 우리의 호의적 기대에 비해 북측의 반응은 아직까지는 그리 시원스럽지 못하다는 게 현지로부터의 소식이다. 북측은 특히 우리 언론인들이 아시안게임 개막을 전후해 정부의 각종 대북 유화 정책을 잇따라 보도하는 데 대해 강한 거부감을 표시하고 있다는 것. (한국일보, 1990.09.24. 신효섭 기자)

이같은 언론의 분석 기사에서 지적하듯 북한은 남한의 스포츠 교류를 통한 유화 제스처에 선전 선동을 위한 평화 공세가 아닌가라는 불신과 거부감이 있었다. 이를 피하려면 최대한 비밀회담을 유지해야 했고, 그런 의미에서 양측 정부는 한국선수단장과 북한선수단장이 대회 기간 중에는 경기 진행 및 선수단 관리에 바쁘기에 체육회담과 관련해 언론의 주시를 받기 힘들거라는 상식을 역이용한 것이다. 이미 베이징 아시안게임 입국 전에 단일팀 및 체육교류에 대한 최고위층의 지침과 성사 의지를 확인받은 상태였고, 거기에 중재와 김형진, 두 사람은 인간적 우정마저 남다른 사이였다.

회담이 갖는 중대성과 못지않은 보안성을 달성하기 위해 정부는 김우중 회장 개인 사무실을 사용토록 준비했다. 당시 국내 굴지의 그룹이었던 대우그룹의 총수였던 김우중 회장은 축구협회 회장으로 베이징아시안게임에 많은 지원을 하고 있었다. 체육계 인사들이 드나들어도 이상하게 보일 일도 아니었다.

> 한국 선수단장으로 베이징에 입성하고 나니 김우중 대우그룹 회장의 집무실이 준비되어 있었다. 겉은 김우중 회장의 집무실이지만 남북한 협상 관계자들이 여기에서 비밀회담을 할 수 있도록 배려를 해놓았다. 언론의 이목을 피해 조용히 협상할 수 있어 얘기가 빠르게 진행되었다. (장충식, 『학연가연』, p.243, 노스보스, 2021.)

2. 통일축구, 분단을 넘는 남북의 승리

회담은 순조롭게 진행되었다. 대회 실행에 필요한 협상인 만큼 실무적 얘기가 중심을 이뤘다. 사실 지난 2월까지 판문점을 넘나들며 9차례에 걸쳐 진행된 단일팀 구성 체육회담을 통해 서로가 나눈 얘기가 한두 가지가 아니었고, 많은 합의도 이뤄 놓은 상태였다. 서로 내놓고 때로는 갈등과 대립을 겪으며 점검한 사항들도 이미 여러 번 반복되었기에 빠른 속도로 진행할 수 있었다.

회담을 개시한 지 4일 만에 합의서 작성을 완료하고 9일 중재와 김형진 선수단장이 베이징 메인프레스센터에서 공식 기자회견을 갖고 통일축구 성사를 공개했다. 이로써 분단 45년 만에 단 한 번도 이뤄지지 않은 남북한의 스포츠 교류를 회담을 통해 이뤄냈다. 특히, 베이징 아시안게임 단일팀 구성을 위한 체육회담의 수석대표를 맡았던 두 사람이 이를 마무리 지은 것도 특별히 기억할 일이었다. 양측이 작성한 문서의 명칭은 「남북통일축구 합의서」였다. 핵심 내용은 크게 5가지로 요약할 수 있다.

- 남과 북(남자 · 여자)이 축구 경기를 평양(10월 11일)과 서울(10월 23일)에 갖는다.
- 명칭은 '남북통일축구'로 한다.
- 남측 선수단은 10월 9일, 베이징에서 북측이 제공하는 비행기편으로 평양으로 직행, 4박 5일 체류 후 판문점을 통해 귀환한다.
- 북측 선수단은 10월 21일 판문점을 통하여 서울로 들어가 4박 5일 체류 후 판문점을 통해 귀환한다.
- 경기장에서 쌍방은 아무런 표시 없이 유니폼 색깔로 구분한다. (장충식, 『시대를 넘어 미래를 열다』, p.451, 노스보스, 2011.)

분단 45년 만에 최초로 남북한이 서로를 방문하며 스포츠로 우정을 나누는 쾌거를 이룬 것이다. 경기 진행보다 합의가 더 어려운 일은 '취재단의 제한' 문제였다.

남측은 인솔단, 선수단, 기자단을 포함한 방북 선수단 80명의 명단을 10월 3일 북측에 전달하였으나, 최종 방북단의 규모는 76명으로

베이징 아시안게임 기간 중인 1990년 9월 29일 베이징 메인 프레스센터에서 남북은 평양과 서울에서 남북 통일 축구 경기를 개최한다는 합의문을 발표했다.

> 조정되었다. 북측에서는 남측 언론사들의 '과잉 보도'를 문제 삼아 보도진을 7명으로 제한할 것을 강력히 주장했다. 그러나 장충식 수석대표의 끈질긴 설득으로 12개 언론사 20명을 보도진으로 하는 데 동의를 이끌어냈다. (이학래, 『남북체육교류와 한반도평화』, p.241, 노스보스, 2020.)

북한의 언론에 대한 과민 반응, 강경한 취재 제한 조치를 완화하도록 설득하는 데 중재와 김형진 북한측 수석대표의 신뢰 관계가 큰 작용을 했다. 뒤이어 중재는 축구단을 인솔하여 방북하는 것을 포기하고 대회 마무리에 전력을 기울렸다. 미수교 국가였던 중국에서 한국 선수단이 좋은 성적을 거두고, 대회장 안팎에서 한국의 이미지를 높이는 것 역시 중요한 일이었기 때문이다. 결국 한국은 10월 7일 폐막까지 선전을 펼쳐 금 54, 은 54, 동 73의 메달을 획득하여 4년 전 서울아시안게임에 이어 종합 2위의 호성적을 기록했다. 베이징 아시안게임은 협상가로서 동시에 스포츠 외교가이자 스포츠 지도자로서 중재의 미덕을 아낌없이 발휘한 자리이기도 했다. 그 미덕은 평소 대학 경영에서, 제자를 길러내는 교육 현장에서 중재가 일관되게 유지해 온 자세였다. "상대방의 입장에 귀 기울이고, 존중하라. 상대방의 곤경을 도와주고 그 대가를 바라지 말아라."는 것이다. 형편이 어려운 사람을 돕는 일은 중재의 생활 자세이고 평생을 유지한 습관 같은 생활철학이었다. '덕(德)으로 사람을 가까이 만드는 힘'이 '중재 리더십'의 원천이었고, 이 힘이 남북협상, 중국과의 스포츠 외교에 진가를 발휘했다.

베이징 아시안게임을 앞두고 이런 일이 있었다.

> 북경 아시안 게임 조직위원회의 부위원장으로 있었던 장백발(張百發) 체육위원회 부위원장(우리나라 차관급)은 나와 오랜 인연이 있었다. 그는 86 서울아시안게임, 88 서울올림픽에 맞춰 열린 스포츠과학학술대회에 중국 대표단을 인솔하고 참석하여 많은 활동을 펼쳤다. 이 대회의 조직위원장인 나와는 각별히 자주 만났는데 성(姓)이 같은 장 씨에다 나이도 나보다 훨씬 위라 사석에서는 나를 동생이라고 호칭하면서 가깝게 지냈다.

1990년 10월 11일 남북통일축구가 열린 북한 평양의 능라도 5.1경기장에서 어깨를 나란히 하고 우의를 다지는 남북 여자 축구대표팀 선수들

그와 만나다 보니 베이징 아시안게임이 눈앞에 왔는데 가장 큰 걱정은 자동차 문제라는 고백을 들었다. 각국 선수단 단장과 임원들이 사용해야 할 차량이 500여 대 정도 필요한데 예산 형편이 감당키 어려워 택시를 활용할 실정이라 했다. 당시만 해도 중국은 자동차를 생산하기 힘들었고, 아시아에서는 한국과 일본이 자동차 생산 국가였으나 이를 수입하는 일이 만만치 않았다. 장 부위원장은 한국에서 자동차를 생산하니 협조를 부탁한다고 통사정하였다. 나는 정주영 현대그룹 회장님을 찾아가 이 문제를 전달했다. 정주영 회장은 도량이 큰 기업가였다. 현대차 500대를 북경대회에 기증하겠다는 의사를 전해왔다. 조직위원회는 대단히 기뻐하고 진심으로 고맙다는 뜻을 나와 정주영 회장에게 전해왔다.

내가 북경대회에 선수단장으로 참석하였을 때 장백발 위원장이 가장 크게 기뻐했다. 한국선수단에 관련된 일이라면 조직위원회는 내 요구를 대부분 다 들어주었다. 우선 선수촌에 입촌하려고 남북한 선수단의 숙소 위치를 알아보니 동과 서, 양쪽 끝으로 배치되어 있었다. 혹시나 가까이 배치했다가 불상사가 일어날까 염려해 격리하다시피 떨어뜨려 놓은 것이다. 같은 민족인데 이렇게 떨어져 있으면 젊은이들의 마음이 어떻겠느냐 설득했다. 그들은 선선히 나의 요구를 들어줬다. 대회 기간 중에 남북한 선수들은 조금씩 마음을 열었고 나중에는 반가

1990년 10월 11일 평양 능라도 5·1경기장에서 열린 남북통일 축구경기(좌)와 경기가 끝난 뒤 남북한 선수들이 서로를 격려하며 유니폼을 바꿔 입는 모습(우)

1990년 10월 23일 잠실올림픽경기장에서 열린 남북통일축구 경기는 7만 관중의 응원(좌) 속에서 성공적으로 치러졌다. 분단 이후 최초로 서울에서 남북한 체육교류가 실현되는 역사적 순간이었다. 경기 후 남북 선수들이 함께 손을 잡고 환호하는 관중들에게 인사하고 있다(우).

> 운 인사를 나눌 정도로 가까워지기도 했다.
>
> 또한 선수촌 가까이 한식 식당을 차리도록 허가를 내달라 부딕을 했다. 대회 기간 중 한국 손님들이 많이 올 텐데 식당이 멀리 있으면 귀빈들과 관광객들이 불편할 거라며 협조를 구했다. 이 역시 허가를 받아 내 많은 이들이 한국 음식을 먹으며 임무를 수행할 수 있었다. (장충식, 『학연가연』, p.247, 노스보스, 2021.)

사석에서 북한 측 김형진 수석대표가 중재를 형님이라 부르며 개인적 고민도 상의할 만큼 인간적 신뢰를 쌓은 것도 이 같은 중재의 인품이 낳은 결과가 아니겠는가.

우여곡절 끝에 1990년 10월11일 오후 평양 능라도 5·1경기장에서 남북 축구 친선 경기가 펼쳐졌다. 대회 명칭은 '남북통일 축구경기'. 경기장에 운집한 15만 평양 시민들은 주요 장면마다 함성과 박수를 쏟아내며 열광했다. 객석에는 온통 지난해 남북체육회담에서 양측이 합의를 하여 공표한 '단일기', 흰색 바탕에 하늘색 한반도를 그려 넣은 그 깃발이 넘실거렸다. 경기 결과는 2 대 1, 북측의 승리였지만 승패는 중요하지 않았다. 분단 이후 첫 남북 친선 경기라는 상징적 의미가 훨씬 컸다. 대결의 엄혹한 시대에 축구를 통해 작은 통일을 이룬 셈이었다. 남측 선수단 고문 자격으로 방북한 이회택 당시 포항제철 축구단 감독은 꿈에 그리던 아버지와 감격적인 상봉도 했다. 온 국민이 눈물을 흘리며 축구 경기와 상봉 장면을 지켜봤다.

12일 후 이번에는 서울 잠실 올림픽주경기장에서 남북한 젊은이들이 재회했다. 이번에는 남측이 1 대 0으로 이겼다. 승패는 이미 남북한 국민의 관심이 아니었다. 1990년 10월 25일, 북한 측 선수단이 환송회를 갖고 북한으로 떠났다. 환송식장에서나 판문점에서의 송별회에서나 젊은 선수들은 포옹과 악수 속에 웃음과 눈물을 감추지 못했다. 잔혹한 전쟁과 냉전의 가시밭길을 걸어온 남북한의 현실에 평화의 싹이, 그것도 젊은이들의 땀과 눈물을 거름 삼아 움터 오르고 있음을 실감한 역사적 사건이었다.

3. 마침내 성공한 남북단일팀

1990년 10월 12일 저녁, 평양시에 있는 인민문화궁전 앞 목련관에서 통일축구 평양경기를 마친 뒤 송별 만찬이 있었다. 이 만찬이 끝내고 23시 20분부터 양측 체육장관과 체육회담 관련 배석자들은 통일축구를 정례화하고 단일팀을 구성하여 국제대회에 출전키로 합의했다. 이를 논의할 회담을 조속히 갖자는 데도 합의했다. 이날 합의된 내용은 이튿날 「평양 남북체육장관 공동합의문」이라는 이름으로 발표했다. 뒤이어 서울에서 열린 통일축구경기가 끝난 뒤 앞서 평양 합의를 바탕으로 구체적인 회담 추진 방안을 공표했다.

장충식 KOC 부위원장과 김형진 NOC 부위원장을 주축으로 한 양측 대표단은 「서울 남북 체육장관 공동합의문」을 발표했다. 주요 내용은 다음과 같다.

> 첫째, '주요 대회 남북 단일팀' 구성 · 참가를 위한 1차 회담은 1990년 11월 29일 갖는다.
>
> 둘째, 회담 대표단은 지난 베이징 아시안게임 단일팀 회담 대표로 구성하는 것을 원칙으로 한다.
>
> 셋째, 제41회 세계탁구선수권대회, 제25회 바르셀로나올림픽, 제3회 삼지연 동계아시안게임 및 기타 주요 국제경기 단일팀 구성, 참가하는 문제를 의제로 한다.
>
> 넷째, 통일축구대회 정례화와 기타 남북 체육교류도 협의, 결정한다.

이에 따라 1990년 11월 29일부터 1991년 2월 12일까지 본회담 4차례, 실무 접촉 4차례(축구와 탁구 각각 2차례)를 가졌다. 회담 당시 분위기는 매우 긍정적이었다.

> 이미 베이징 아시안게임 단일팀 구성 회담, 통일 축구 등 2년 간에 걸친 수많은 회담, 실무 협의 등을 치러서 그런지 우리는(남북한 양측 대표단을 말함) 담배를 나눠 피우는 일은 물론이요, 개인사를 물어볼 만큼 서로를 알게 되었다. 김형진 수석과 내가 갖고 있는 인간적 유대감은 회담을 안정되면서도 빠르게 진행하게 했다.

중재는 이러한 친밀감과 신의를 바탕으로 이전에 회담을 진행하며 쌓은 노하우를 접목해 특유의 회담 전술을 구상하고 있었다.

> 나는 지난 회담(베이징 아시안게임 단일팀 회담)에서 느꼈지만 회담이란 차수를 늘려 갈수록 합의가 어렵다고 생각했다. 왜냐하면 남북한 모두 회담을 둘러싼 정치적 계산과 이를 달성하는 방법에 대한 강온파가 있는데 시간이 길어지면 이런 방정식이 더 복잡해지고 결국 없던 일로

체육장관 공동합의문에 따라 남북은 단일팀 구성을 위한 협상을 시작해 나갔다. 1990년 11월 29일 판문점 북측 통일각에서 제1차 회담이 열렸다. 남측 장충식 수석대표(우)와 북측 김형진 수석대표(좌)

하자는 결론이 나기 쉬웠다. 회담이 성공해도 만약 실천 단계에서 일이 어긋나면 그 후유증을 책임지려는 사람은 없기 때문이었다. (장충식, 『시대를 넘어 미래를 열다』, p.456, 노스보스, 2011.)

중재의 이 같은 생각과 전술은 회담에 큰 영향을 미쳤다. 1차 회담에서부터 중재는 기조연설을 통해 "남북한 간에도 분단 이래 처음으로 쌍방 총리들이 서울과 평양을 방문하는 가운데 교류·협력 실현과 대결 상태 해소 등 관계 개선을 위한 고위급 회담이 진행되고 있다."며 고무적인 회담 배경을 강조하면서 차질 없는 회담 성사를 위해 남북통일축구대회 정례 개최와 세계탁구선수권대회 단일팀 구성 및 참가에 관련된 합의서 초안을 제시했다. 즉 의제를 2개로 단순화시킨 것이다.

반면에 북한 측은 기존 합의서를 기준으로 세계탁구선수권대회, 바르셀로나올림픽 아시아지역 축구 예선, 세계청소년축구대회 등을 제의했다. 장관급 회담에서 이 같은 대회가 언급되었지만 이를 실현하려면 국제올림픽위원회, 아시아올림픽위원회, 국제축구연맹 등 유관 기구의 사전 승인과 협조를 받아야 하는데 이를 추진할 여건이 어려웠다. 1차 회담(1990.11.29)에서는 이 같은 입장 차이를 확인했다.

2차 회담(1991.1.15)에서 중재는 앞서 논의한 의제들이 갖는 현실적 한계를 지적하면서 북한 측의 의견을 크게 반영한 의제 제안을 했다. 회담 토의 순서를 첫째, 제41회 세계탁구선수권대회와 제6회 청소년축구선수권대회의 단일팀 구성, 둘째, 통일축구대회 정례화 문제, 셋째, 전반적인 남북체육교류 문제 등의 순으로 정리, 제안을 한 것이다.

북한 측도 전향적인 자세로 호응을 했다. 탁구선수권대회와 청소년축구선수권대회 단일팀 구성을 우선 추진하자는 의견을 받아들였다. 다만 다른 합의서는 제시하지 않고 탁구대회 합의서만 제시했고 선수 선발 방식에 대해서도 남한 측이 '공정한 선발전'을 주장한 반면, 북한 측은 '적당한 안배'를 견지했다. 비록 합의는 없었지만 북한 측은 우리 측의 제안에 이를 이해하고 변화하려는 모습을 보여 긍정적이었다.

3차 회담에서 김형진 수석대표는 당시 한국과 미국이 진행하던 팀스피리트훈련을 강하게 비판하면서도 회담 전체 취지는 그대로 존중한다는 입장을 강조했다. 탁구 단일팀 구성 방법은 기존처럼 선발 시

1991년 1월 15일 판문점 평화의 집에서 열린 제2차 남북체육회담. 뚜렷한 합의사항은 없었지만 양측은 서로의 입장을 이해하고 단일팀 성사에 대한 강한 의지를 보였다.

합으로 하지 말고 '합의제'로 하자는 기존 방식을 고집했지만 합동 훈련을 경기가 열리는 일본에서 하자는 제안을 했다. 이를 위해 '탁구유일팀실무위원회'를 구성, 운영하자고 덧붙였다.

중재는 기조 연설을 통해 앞서 2차 회담보다 더 전향적이고 구체적인 방안을 제시했다. 중재는 "지난 2차 회담에서 미결로 남은 선수 선발, 훈련, 선수단장 문제를 서로 한 걸음씩 양보하여 일괄타결할 것을 희망한다."고 전제하며 세 가지 타협안을 제시했다.

- 세계탁구선수권대회 선수 선발은 '단일팀 공동추진기구'에서 협의 선발함
- 세계청소년축구선수권대회 선수 선발은 서울과 평양에서 평가전 실시, 이를 기초로 '단일팀 공동추진기구'에서 협의, 선발함
- 선수 강화훈련은 청소년 축구뿐만 아니라 탁구의 경우에도 서울과 평양에서 각각 1회씩 실시함
- 선수단 단장 문제는 두 경기 종목의 현재 기량 수준이 남북한 간에 비슷하므로 선수의 선발될 인원도 양측이 비슷할 가능성이 큼. 따라서 탁구는 북측이, 축구는 남측이, 또는 그 반대로 맡아도 무방함. 남과 북이 사이좋게 하나씩 나누어 맡으면 될 것임 (국토통일원, 『남북체육교류 및 단일팀구성 제3차 체육회담』, 1991, p.109. 발췌 요약)

중재의 제안을 보면 북한의 '경쟁적 선수 선발'을 피하려는 마음을 그대로 수용했고, 단장 임명에 대해서도 북한에 일임하는, 그야말로 북한 측을 최대한 존중하려는 의지가 가득했다. '상호 존중'과 '상호 양보'가 남북협상의 근본이고, 이 같은 자세가 결국 남북 화해와 평화공존에 이르는 유일한 길이라는 중재의 평소 생각이 잘 드러난 대목이다. 수석 대표인 중재를 비롯한 남측 대표들은 이만한 내용이면 3차 회담(1991.1.30, 통일각)에서 합의가 끝날 것이라는 기대를 했었다. 그러나 북한 측은 파격적 제안에도 선뜻 수용하지 않았다. 탁구와 축구를 하나로 묶지 말고 우선 탁구만 합의하고 축구는 재논의를 하자는 역제안을 했다. 전체적으로는 수용을 하지만 축구 선발 문제를 미룬다는 것은 아마도 중재의 파격적 제안이 별로 흠잡을 데가 없지만 최

종 합의를 하기 전에 북한 측 최종 책임자의 승인과 검토가 필요했기 때문이라 추측된다. 결국 합의는 이뤄지지 못하고 다시 4차 회담을 갖게 되었다.

4차 회담을 앞둔 중재는 '오늘이 아니면 안 된다'는 결심을 했다. 통일축구의 감동이 온 국민의 가슴속에 타오르는 이 시기가, 양측 정치 지도자들이 평화에 대한 의지가 살아 있는 지금이 적기라는 생각이 더욱 굳어졌다. 중재는 4차 회담을 단일팀 구성의 마지막 회담으로 만들기 위한 회담 운영 전략을 강구했다.

> (북한 측의 최종 합의를 끌어내기로 목표를 정한 상태에서) 그러려면 북측의 제안을 내가 받아들이면서 당일 합의를 완결하도록 압박을 해야 겠다고 구상했다. 물론 내가 이렇게 회담을 진행하면 우리 쪽 강경파도 '장 수석이 또 북한에 졌다'는 등의 비판이 있을 것이다. 그러나 나는 두렵지 않았다. 통일축구대회에서도 드러났듯이 스포츠가 가진 힘은 컸다. 교류는 결국 사람이 만나는 일이니 이처럼 대규모 교류가 이뤄지면 북한의 경직성도 서서히 유연화될 것이다. 당시 냉전체제의 붕괴가 세계적 흐름이었는데 이런 때 북한의 문을 열지 못하면 다음 기회에도 어렵다고 믿었다. 오히려 이런 정세에서라면 북한이 문을 닫으려 할 것이다. 우리가 먼저 양보하고 그들의 문에 작은 틈을 열어야 한다고 생각했다. 회담은 승리와 패배를 따질 전장이 아니고 서로 이기는 상생의 마당이 아닌가. (장충식, 『시대를 넘어 미래를 열다』, p.457, 노스보스, 2011.)

당시 1990년 10월에 이미 동독과 서독이 통일이 되었고, 냉전체제의 핵심인 구 소련 역시 빌트3국의 독립 요구로 연방 체제가 흔들리고 있었다. 중재의 결심에는 이 같은 세계사적 전환기에 대한 정확한 이해와 이를 바탕으로 한 회담 대표로서의 사명감이 깔려 있었다. 양보와 관용을 기조로 한 중재의 학원 경영이나 스포츠 외교 활동이 성공적 결실을 맺을 수 있었던 원인도 이 같은 냉철한 지성과 고민의 결과였던 셈이다.

1991년 2월 12일, 결심을 굳힌 중재는 4차 회담장인 평화의 집에서 북한 측 대표를 맞이했다. 김형진 북측 수석대표에게 악수를 건네며 중재는 뼈 있는 농담을 건넸다.

"오늘 합의를 못 보면 이 회담장을 못나가요."

이미 회담장을 들어오는 김형진 수석의 표정이 환한 웃음을 띠고 있는 것을 본 중재는 좋은 결과가 나올 것을 직감했다. 중재의 속마음을 알기라도 하는 듯 김형진 수석은 기조연설을 통해 "단일팀 선수 선발전을 2차례 상호왕복 방문하여 갖자. 훈련 역시 2차례 왕복 방문하여 갖자."고 수정안을 제시했다. 3차 회담에서 유예되었던 문제를 진일보시킨 것이다. 사실 남북한 선수들의 양측 왕복 훈련이나 경기를 하자는 우리 측의 제안을 북한은 받아들이기 힘들었다. 대규모 인원이 왕래하고 보도진들이 오가는 것은 통제나 폐쇄적 통치를 근간으로 하는 '북한식 사회주의'로 쉽게 받아들일 수 없는 문제였기 때문이다.

1991년 2월 12일 판문점 평화의 집에서 열린 제4차 회담에서 장충식 수석대표는 이번 회담에서 결론을 내야 겠다는 판단으로 회담에 임했고, 과감한 결단으로 역사적인 '코리아 단일팀' 합의를 이끌어냈다.

이를 받아들였다는 것은 북한 내부 강경파의 주장이 잦아들었다는 것을 의미하는 것이기도 했다. 중재는 회담 성공이 막바지에 왔음을 감지하며 아예 한 걸음 더 나아갔다.

"단일팀 선수단 단장은 북한이 하자는 대로 할게요."

즉, 북한이 탁구단장을 맡아도 좋고, 축구단장을 맡아도 좋으니 먼저 택일하면 남한은 그 뒤를 따르겠다는 뜻이다. 이 역시 북한의 고민을 완전히 해소시키려는 중재의 배려였다. 세계탁구선수권대회는 일본에서 열린다. 일본에는 재일교포, 그것도 조총련계 교포들이 많아서 여러 지원이나 응원단 구성 등에서 북한에 유리하다. 반면에 세계청소년축구대회가 열리는 포르투갈은 양측의 대사관은 있지만 북한 교민들은 전무한 상태이기에 여러모로 남한 측 단장에게 일을 맡기는 게 좋다는 것이 북한 측의 판단이었다. 별 문제도 아니지만 이 역시 북한 내부에서는 자존심과 정치적 이해득실이 개입하고 있던 문제였다. 이를 양보했으니 이제 그동안 보였던 난제들은 다 해결한 셈이었다.

중재가 "자 이제 실무 접촉을 해서 문안만 가다듬어 오늘 합의문을 발표합시다."라고 서둘렀다. 행여 엉뚱한 정치적 사단이 나거나 배후에 있는 정치인들의 '쪽지 개입'을 차단하려는 계산이었다. 그러자 김형진 수석대표가 오히려 당황해 했다. 다 합의했어도 그 합의 자체를 상부의 최종 허락을 받아야 겠다는 심산이었다. 중재는 특유의 리더십을 발휘했다. 중재는 웃음을 건네며 북한 측을 설득했다.

'지금 기자들이 추운 데서 결과를 기다리느라 얼마나 고생이 많겠어요. 오늘 우리가 끝내는 게 양측에 모두 이로울 겁니다. 뭐 합의 볼 것이 따로 있는 것도 아니고 한데...'

김형진 수석은 그제서야 내가 오늘 보인 자세에 담긴 속뜻을 파악한 듯했다. 무언가 감을 잡은 듯 '그러면 좋습니다. 오후 1시부터 실무접촉을 해서 문안 정리하고 오후 5시에 우리 다시 마주 앉아 사인합시다.' 하면서 적극적인 자세를 보였다. (장충식, 『시대를 넘어 미래를 열다』, p.457, 노스보스, 2011.)

〈남북 스포츠 단일팀 구성 합의문〉

첫째, 선수단 호칭은 우리말로 코리아, 영어로 KOREA(약자: KOR)로 함.

둘째, 선수단 단기는 흰색 바탕에 하늘색 한반도 지도로 함.

셋째, 선수단 단가는 1920년대 남북이 함께 부르던 아리랑으로 함.

넷째, 선수 선발

- 제41회 세계탁구대회는 단일팀 공동추진기구에서 협의·선발함.
- 제6회 세계청소년축구대회는 평가전을 기초로 단일팀 공동추진기구에서 협의·선발하고, 평가전은 서울(5.4)과 평양(5.8)에서 각각 1회씩 공개 실시함.

다섯째, 선수단장에 있어서 탁구단장은 북측, 축구단장은 남측이 맡기로 함.

여섯째, 선수 훈련

- 탁구는 대회 현지 일본에서 실시함.
- 축구는 남북을 왕래하며 1회씩 실시함.

일곱째, 단일팀 공동추진기구 :

- 탁구 단일팀 실무위원은 5명으로 함.
- 축구 단일팀 실무위원은 5명으로 함.

1991년 2월 12일

대한올림픽위원회	조선올림픽위원회
부위원장 장충식	부위원장 김형진

결국 양측이 합의문을 만들고 양측 모두 최종 결재권자의 인가를 받았다. 다행히 어느 쪽에서도 이견이 없었다. 장장 8시간에 걸친 회담이 끝났다. 분단 이래 최초로 '코리아 단일팀'이라는 신기원이 이뤄졌다. 누구는 "이번에도 안될 것이다"라며 냉소적이었고, 어떤 이는 "북한의 책략에 말려든다"며 걱정하거나 반대했지만 결국 합의를 이뤄낸 것이다. 그것도 고성이나 욕설, 다툼과 언쟁도 없이 순전히 '협상의 법칙'으로. 우리 민족 스스로 차분히 회담장 책상에 앉아 토론으

로써 서로의 주장을 경청하며 '단일팀'의 과제를 풀어냈다는 그 사실만으로도 국민과 언론은 감동하고 기뻐했다. 다시 한번 남북한 모두가 승리한 사건이었고 그 중심에 스포츠맨십에 뿌리를 둔 중재의 리더십이 있었던 것이다.

4. 코리아 단일팀, 세계를 울리다

1991년 2월 12일의 합의문 발표 이후 탁구 및 청소년 축구 단일팀 구성이 눈앞의 과제로 다가왔다. 중재는 축구 단일팀 단장직에 임명되어 1차 평가전(서울, 1991. 5. 6~9)과 2차 평가전(평양, 1991. 5. 10~16)부터 남북 양측 선수단의 화합을 주도하는 중책을 떠맡았다.

단일팀 구성을 위한 선수 평가전인 만큼 승패를 따지는 부담은 없었다. 중재에게는 경기 자체보다는 남북한 간의 경제력이나 생활습관, 스포츠 문화의 차이로 인한 뜻밖의 이슈가 터져 단일팀 구성의 취지가 훼손되거나 갈등이 드러나는 것이 더 염려스러운 일이었다. 특히 스무살 미만의 청소년들이 단일팀 선수이기에 더 신경이 쓰였다.

일례로 남한 측 선수들의 반바지 사건이 있었다. 평양으로 평가전을 떠나는 당일 남한 선수단은 모두 정장을 입고 있었다. 국가대표인 만큼 정장을 입는 것은 당연한 관례였다. 그러나 평양을 도착하고 나서 남한 측 청소년 대표들의 복장을 본 북한 측 인사들은 아연실색할 수밖에 없었다. 선수들이 모두 정장과 구두 같은 단체복을 벗어버리고 각자 원하는 대로 자유 복장으로 갈아입고 나온 것이었다. 선수들 생각에는 서울에서 환송식이 끝났고 이제 숙소에 들어가 경기 준비를 해야 겠다는 마음이 앞섰고, 마침 날씨가 더워져 넥타이에 정장을 입는 것이 더욱 갑갑했다. 누구는 슬리퍼를 신고 또는 운동화를 구겨 신고, 노랗고 파랗고 빨간 셔츠를 입고 기차에서 내리려 하는 마당이었다. 북한 측 선수들은 전원 정장을 입고 대기하고 있었다. 이를 마주친 북한 측 영접 위원들은 당황함을 넘어 불쾌감을 감추지 않았다. 자신들을, 북한 체제를 무시한다는 생각으로 이어진 것이다.

중재는 몇 번이고 고개 숙여 사과를 하여 갈등을 막았다. 또한 선수단 환복을 묵인한 감독과 코치진에게도 이 같은 북한의 정서를 항상 먼저 고려하여 행동할 것을 당부했다. 이 일이 주는 교훈을 중재는 이렇게 회고했다.

> 남과 북의 청소년 축구 선수들의 만남은 처음부터 이질화 현상이 나타났지만 이를 계기로 남측 선수들도 새로운 교훈을 얻었다. 이후 남과 북의 선수들은 기본적 예의는 지키려고 서로 조심하려는 기색이 역력했다. (중략) 선수들은 절대로 정치에 대해서 묻지도 않았고 물어도 대답하지 않았다. 우리도 선수 간의 대화에서 일상생활에 대한 얘기는 해도 경제와 정치에 대한 문제, 특히 북한 지도자에 대한 질문은 절대로 하지 않도록 여러 번 당부했다. 서로가 함께 있다는 것이 즐겁고 유쾌하기보다 여러 가지로 불편하고 서로가 구속받는 일이 많았다. (장충식, 『시대를 넘어 미래를 열다』, pp.464~465, 노스보스, 2011.)

이처럼 긴장된 서울-평양 교환 평가전과 합동 훈련을 마치고 1991년 5월 21일 청소년축구 단일팀 결단식(서울 워커힐호텔)이 열렸다. 단장은 장충식 단국대 총장이, 부단장은 북한 체육위원회의 이명성 부위원장(차관격)이 맡았다. 단복은 북한 측이, 운동복과 운동화는 남한 측이 제공하기로 했다. 임원을 포함 선수단은 모두 72명이었다.

장충식 단장을 비롯한 임원진들은 단일팀의 경기력보다 뜻밖의 불행한 사건이 날까 더 걱정이었다. 이 걱정은 포르투갈 출발 전이나 대회 기간 내내 한결같이 이어졌다.

> 북측 (선수단의) 생활은 '정치 우선'이었다. 노동당 지침을 현지 생활에서도 그대로 적용하는 듯했다. 나이 어린 선수들이 혹시라도 돌발행동을 하거나 사상 무장이 약화될까 임원들의 걱정이 큰 듯했다. 나는 남측 선수들이 너무 튀는 행동을 하여 북측 선수들을 자극할까 근심, 북측 부단장은 사상이 물들까 걱정, 이래저래 지도자로서 스트레스가 있는 법이니 임원들끼리는 동병상련의 교감도 있었다. (장충식, 『시대를 넘어 미래를 열다』, pp.464~465, 노스보스, 2011.)

제6회 세계청소년축구선수권대회에 참가할 남북 단일팀 구성을 위한 1차 평가전이 잠실경기장에서 펼쳐졌다.(1991.05.08)

남북 단일팀 구성을 위한 2차 평가전을 하기 위해 한반도기를 앞세우고 남북 선수들이 손을 잡고 능라도5·1경기장으로 입장하고 있다.

능라도5·1경기장에서 치뤄진 2차 평가전에 남북청소년 축구 선수들이 손을 잡고 입장하고 있다.(1991.05.11)

세계청소년축구대회가 열리는 포르투갈 리스본에 도착해서도 이러한 긴장은 그대로 유지되었다. 장충식 단장의 회고처럼 양측 임원, 선수단은 서로를 배려하는 마음과 자세로 이질적인 체제가 가져온 원칙을 존중하고 공동 생활을 이어갔다. 남한 측 선수들은 훈련이 끝나면 자유시간을 즐기고 개인 행동도 허용되지만 북한 측 선수들은 철저히 단체 행동을 하고, 외부 출입도 하지 않았다. 여권도 남한 측은 선수 개인들이 갖고 있게 하는데 북한 측은 특정인이 모두 회수하여 갖고 있었다. 장충식 단장은 이런 북한 측 임원진의 고충을 잘 이해해 저녁 식사 시간에 포르투갈 현지 식당으로 데리고 나가 단합 대회를 명분으로 술과 음식을 사주곤 했다. 그 회식 자리를 통해 임원진들의 닫힌 마음이 많이 열리기도 했다. 나중에 남북한 대사가 공동으로 주최한 회식에서는 서로가 농담과 음담패설을 주고받을 만큼 가까워지기도 했다. '중재 스타일'의 겸손함과 관용성이 남북한 임원들의 얼어붙은 마음을 녹이는 힘이 된 것이다. 서서히 마음을 연 선수단은 열심히 훈련을 했다.

1991년 6월 15일 제6회 세계청소년 축구대회가 개막되었다. 대회 개막 전에 현지 언론은 포르투갈과 아르헨티나를 강력한 우승 후보로 보도했다. 우리 코리아팀은 A조로 개최국 포르투갈, 아르헨티나, 아일랜드와 같은 조였다. 모두 유럽과 남미의 강호들이라 국내 언론은 8강이 겨루는 결승 토너먼트 진출도 어려울 것으로 봤다. 그러나 코리아팀은 16일 아르헨티나와의 예선 첫 경기에서 극적인 승리를 거두었다. 경기 종료 2분 정도를 남겨 놓고 조인철 선수가 25m 정도의 중거리슛을 성공시키면서 승리를 가져왔다. 당일 현장은 마치 코리아팀의 홈그라운드 같았다. 양측 대사관 직원들, 교민, 취재진들이 모두 남북한의 경계를 떠나 한마음, 한목소리로 코리아팀을 외치고 응원을 했다. 거기에 포르투칼 국민도 단일팀의 이야기를 듣고 공감을 해 응원을 보탰다. 한반도기와 아리랑, 코리아를 외치는 함성으로 가득했다. 코리아팀은 현지 언론의 뜨거운 관심을 받았다. 한국에서도 뜻밖의 승리로 8강 진출 가능성이 높아지자 단일팀에 환호했다.

이후 아일랜드와 2차전에서는 종료 직전 최철의 극적 동점골로 1-1 무승부를 기록했다. 3차전은 개최국 포르투갈에 0-1로 졌지만,

1승1무1패 조 2위로 결국 8강 진출의 쾌거를 이뤘다. 이후 8강 전에서 강호 브라질을 만나 패배를 하고 말았다. 비록 8강에 머물렀지만 한국은 물론 세계 언론은 코리아팀이 이룬 전적에 박수를 보냈다. 사실 남북한 선수와 코치진이 합숙을 하며 호흡을 맞춘 것은 한 달이 전부였기 때문이다. 선수 개개인의 장단점을 가려 실력 위주로 선수를 선발한 것도 아니었다. 단일팀의 정신을 살려 '실력'보다는 '남북한 균형'에 더 무게를 두고 선수를 운영해야 했기에 더욱 경기력 극대화가 어려운 형편이었다.

그러다보니 강철, 이임생 등 남측 선수들이 수비를 책임졌고, 최철, 조인철 등 북측은 주로 공격을 맡았다. 이러한 편성은 정치적 배려가 작용했기 때문이다. 언론에 보도되지는 않았지만 실제로 선수 운용을 놓고 남북한 코치진은 주먹 다툼 직전까지 간 적도 있었다. 중재의 회고를 듣는다.

> (아르헨티나 전을 끝내고) 승리의 감격을 다스리고 잠자리에 들려 하는데 한 임원이 다급하게 단장실로 달려왔다. 양측 감독과 코치들이 언성을 높여 싸우고 있다는 것이다. 코치들이 있는 방문을 열고 들어가니 남북한 감독과 코치가 상기된 얼굴과 흥분된 표정으로 고함을 지

1991년 포르투갈에서 열린 세계청소년축구대회에 참가한 남북 임원단은 비교적 자유롭게 접촉하며 우의를 다졌다.

르고 있었다. 다음 시합을 위한 선수 포지션 배분을 놓고 양측 감독 간에 의견과 구상이 달라서 합의점을 보지 못한 것이다. 나가서 말리지 않았으면 당장 주먹싸움으로 이어질 판이었다. (장충식, 『시대를 넘어 미래를 열다』, p.487, 노스보스, 2011.)

남한 측은 선수 컨디션과 상대방 전술에 따라 포지션을 바꾸자고 했지만 북한 측은 당의 지침이 있으니 현장에서 그런 얘기는 하지 말라는 주장이었다. 선수단 구성 때부터 북한 측은 자국 선수가 공격을 맡겠다고 나섰다. 득점 기회가 많은 공격수를 출전시켜야 북한 축구의 우월함을 선전할 수 있다는 생각의 결과였다. 그러나 중재를 비롯한 남한 측은 그런 북한의 생각을 알면서도 반박하지 않았다. 단일팀이 남북 화합이라는 대승적 차원에 기초를 두고 있어서였다. 북한 지도부의 생각은 여기에서 더 나아갔다. 북한 축구계에서는 당원 선수가 공격수로, 비당원 선수들은 이 당원 공격수를 지원하는 역할을 맡는 게 당연하다는 당성 우선의 원칙이 지배하고 있다는 설명이었다.

중재는 마음속으로 북한 측의 주장에 당장 화를 내고 싶었지만 내색을 하지 않았다. 중재는 화를 참고 남한 측 임원진을 달랬다. '승리'도 중요하지만 '화합'을 이루기 위해서라면 한쪽이 참아야 하기에 그랬다. 이런 남한 측의 인내와 양보에도 불구하고 북한 선수들은 심지어 시합장에서도 남한 측 선수들에게 의도적으로 볼을 주지 않을 때가 있었다. 임원진들이 이 문제로 목소리를 높여 항의하고 서로 고성을 지르기도 했지만 북한 측 역시 나름 인내를 발휘해 큰 파국을 드러내지는 않았다. 이 문제 외에는 대체로 서로 존중하고, 협력하며 코리아팀을 가꿔 나가려는 자세를 보였다.

세계 청소년 축구 선수권 대회가 열린 포르투갈에서 선수들 앞에서 유머러스한 묘기를 선보이는 중재

대회를 마치고 코리아팀은 처음 계획대로 평양으로 가서 1991년 6월 28일, 해단식을 가졌다. 북한 주민들이 뜨거운 환영을 보냈다. 이별을 앞두고 임원진들은 아쉬움에 눈물을 흘리기도 했

국제 스포츠에 쌓은 공적으로 IOC로부터 올림픽 훈장을 수상한 중재 KOC 부위원장 (1996.04.01)

고, 부둥켜안으며 서로를 격려했다. 어느새 한 달 여의 시간을 보내면 다들 형님, 아우가 되어 있었다. 스포츠는 인간의 가장 깊은 내면을 뒤흔드는 힘이 있다. 남북단일팀, 코리아팀은 이런 스포츠의 숨은 힘을 잘 드러낸 사례이다. 스포츠를 통해 정치적 굴레와 이념적 단절을 뛰어넘고, 경쟁을 해도 결국은 우정의 눈물을 흐르게 만드는 힘이 스포츠의 힘이다.

스포츠 정신을 누구보다 잘 이해하는 중재는 남북한의 화해에 스포츠만한 통로가 없음을 신념화했고 이를 실천했다. 그 진지한 노력이 수차례의 좌절 끝에 대망의 코리아팀 결성이라는 열매를 맺었다. 코리아 단기, 아이랑 단가, 양보와 관용의 원칙은 그 뒤로 남북한 체육 교류는 물론이고 각 문화적, 정치적 협상에 가장 기본이 되는 상징으로 여전히 살아 숨 쉬고 있다. 그 살아 있는 상징의 중심에 중재의 정신이 있는 것이다. '스포츠를 통한 인류애의 실천'이라는 중재의 신념이.

제3부 단국을 빛낸 스포츠인 70

JEON.H.
9
KANG.S.G
30
KIM.Y.J
37

단국을 빛낸 스포츠인 70(가나다순)

강낙연(1986학번, 상경대학 경영학과)

강문길(1988학번, 체육대학 경기지도학과)

고태현(1972학번, 사범대학 체육교육과)

권영철(1988학번, 사범대학 한문교육학과)

김광래(1975학번, 사범대학 체육교육과)

김기훈(1986학번, 상경대학 경영학과)

김길식(1997학번, 사범대학 체육교육과)

김남응(1971학번, 공과대학 건축공학과)

김도훈(2006학번, 대학원 체육학과)

김영렬(1964학번, 문리과대학 체육학과)

김영인(1969학번, 문리과대학 체육학과)

김윤영(1988학번, 체육대학 경기지도학과)

김진해(1980학번, 상경대학 경영학과)

김태형(1986학번, 체육대학 체육학과)

김현우(2012학번, 스포츠과학대학원 레저스포츠학과)

김홍집(1989학번, 경상대학 경영학과)

나상호(2015학번, 사범대학 체육교육과)

나윤수(1981학번, 사범대학 체육교육과)

마해영(2012학번, 대학원 체육학과)

모지수(1988학번, 사범대학 수학교육과)

박병주(1998학번, 사범대학 체육교육과)

박병철(1991학번, 사범대학 체육교육과)

박지원(2015학번, 사범대학 체육교육과)

박태환(2008학번, 사범대학 체육교육과)

배경철(1981학번, 사범대학 체육교육과)
배기태(1984학번, 상경대학 경영학과)
백문종(2004학번, 대학원 체육학과)
서용빈(1990학번, 경상대학 경영학과)
손태진(2007학번, 체육대학 태권도학과)
송경택(2002학번, 사범대학 체육교육과)
안광운(1972학번, 사범대학 체육교육과)
어재석(1976학번, 상경대학 경영학과)
오승환(2001학번, 스포츠과학부 생활체육학전공)
위성우(1991학번, 사범대학 체육교육과)
유재천(1974학번, 사범대학 체육교육과)
윤영선(2007학번, 체육대학 생활체육과)
이국희(2017학번, 사범대학 체육교육과)
이기완(1989학번, 체육대학 경기지도학과)
이병규(1993학번, 경상대학 경영학과)
이소연(2012학번, 체육대학 생활체육학과)
이승원(2022학번, 국제스포츠학부 국제스포츠전공)
이언주(2010학번, 체육대학 스포츠경영학과)
이용철(1984학번, 체육대학 체육학과)
이재용(1982학번, 사범대학 체육교육과)
이정민(1996학번, 체육대학 스포츠과학부 스포츠경영학)
이정수(2008학번, 사범대학 체육교육과)
이준희(1976학번, 사범대학 체육교육과)
이희영(1986학번, 체육대학 경기지도학과)
장광수(1964학번, 문리과대학 체육학과)
전영해(1983학번, 상경대학 경영학과)
전주원(2015학번, 대학원 석박사통합과정 체육학과)
정호연(2019학번, 스포츠과학대학 국제스포츠학과)
제갈성렬(1989학번, 사범대학 특수교육과)
지춘만(1983학번, 사범대학 체육교육과)
진선유(2007학번, 사범대학 체육교육과)
진한근(1981학번, 사범대학 체육교육과)
최문성(1996학번, 사범대학 체육교육과)
최석현(2022학번, 국제스포츠학부 국제스포츠전공)
최원호(1992학번, 경상대학 경영학과)
최재봉(1999학번, 사범대학 체육교육과)
최정명(1966학번, 문리과대학 체육학과)
최종후(1968학번, 문리과대학 체육학과)
최준영(1999학번, 스포츠과학부 스포츠경영학전공)
최훈재(1985학번, 인문과학대학 국어국문학과)
홍경호(1988학번, 체육대학 사회체육학과)
홍성표(1968학번, 문리과대학 체육학과)
홍연기(1994학번, 사범대학 체육교육과)
홍장표(1967학번, 문리과대학 체육학과)
홍　철(2009학번, 체육대학 운동처방재활학과)
황성하(1979학번, 사범대학 체육교육과)

유망주 발굴에 헌신하는 알파인 스키의 선구자

강낙연

1967년 강원도 평창 출생 | 1986학번

유년기부터 스키를 시작하여, 강릉제일고등학교 재학 중에 알파인 종목 국가대표로 선발될 정도로 재능을 인정받았다. 대학에 들어와 자신의 좌우명인 '정성을 다해 노력한다'는 원칙을 지키는 성실파로 인정받으며 척박했던 1980년대 한국 알파인 스키에 신기원을 이루는 기량을 과시했다. 1986년 삿포로 동계 아시안게임 회전 부문 4위의 성적을 기록해 국제대회 메달 가능성을 높였다. 1988년 캐나다 캘거리 동계 올림픽, 1992년 프랑스 알베르빌 동계 올림픽에 출전하여 입상권에 들지 못했지만 우수한 기록을 거둬 후배들에게 신선한 자극을 주었다. 이러한 공로를 인정받아 1990년 대한체육회 최우수선수상을 수상하며 선후배로부터 '한국 알파인 스키계의 전설'이라는 찬사를 받았다.

선수 은퇴 이후 강낙연은 평소의 소신을 살려 지도자로 활동했다. 용평리조트 감독, 국가대표 코치 및 감독, 홍천군청 감독을 역임하면서, 선수들에게 경기력에 앞선 '노력과 성실'의 자세를 가르치는 데 주력했다. 한국의 스키 경쟁력 강화의 기초가 될 유소년스키클럽을 창설하기도 했고, 고향 인근 지역 초등학교를 찾아가 재능기부 교육봉사를 펼치기도 했다. 2021년 서울시청 스키팀의 창단 감독을 맡아 현재까지 후진 양성에 헌신하고 있다.

대표 실적 및 활동

- 1986 일본 삿포로 동계 아시안게임 4위(회전)
- 1988 캐나다 캘거리 동계 올림픽 참가
- 1990 일본 삿포로 동계 아시안게임 참가
- 1992 프랑스 알베르빌 동계 올림픽 참가
- 2003~2009 대한민국 국가대표 코치, 감독
- 2014 러시아 소치 동계 올림픽 알파인 스키 KBS 해설위원
- 2021~2024 현재 서울시청 스키부 감독

학적

- 1990 단국대학교 상경대학 경영학과 졸업: 학사

강문길

1950년 대구 출생 | 1988학번

경북고등학교와 실업 야구 한일은행에서 선수 생활을 한 뒤, 1976년 경북고등학교 감독을 시작으로 지도자 생활을 시작했다. 1984년 우리 대학 야구부 2대 감독으로 선임되어 2008년까지 재직했다. 부임 당시 신생팀으로 우수 선수를 확보하기 힘들었고, 약체였던 단국대 야구부를 24년 동안 책임지며 탁월한 지도력을 발휘해 우승 12회, 준우승 12회 등의 성과를 거두어 대학 야구의 전설을 연출했다.

강문길은 '승리' 그 자체보다도 아직 미완성인 선수들을 선발하고, 가르쳐 거목으로 길러내는 능력으로 유명하다. 김태형 감독, 최원호 감독, 이병규 감독, 오승환 투수 등 걸출한 야구인들이 강문길 감독의 제자들이다. 오른팔 팔꿈치 부상으로 투수 생명이 끝난 것처럼 보였던 오승환 선수를 우리 대학으로 오게 해 인대접합 수술을 시키고, 이후 3년 동안 투수로 부활토록 교육시켜 마침내 시속 148㎞의 구위를 가진 한국 최고의 마무리 투수로 길러낸 일은 지금도 야구계의 미담으로 전해지고 있다.

재직 중 1991년 올림픽 대표팀, 2003 야구월드컵 대표팀 등을 비롯하여 각종 국제대회 감독을 역임했으며, 대한야구협회 기술위원장, 한국야구위원회 규칙위원회 위원 등으로 활동하면서 대한민국 야구 발전에 크게 이바지했다.

대표 실적 및 활동

- 1984~2008 단국대학교 야구부 감독 (우승 12회, 준우승 12회)
- 1991 스페인 바르셀로나 올림픽 예선 국가대표팀 감독
- 2001 아시아야구선수권대회 국가대표팀 감독
- 2003 야구월드컵 국가대표팀 감독
- 2007 야구월드컵 국가대표팀 감독
- 2007 제일화재 프로야구대상 아마야구 지도자상 수상
- 2011 야구인의 밤 공로상

학적

- 1992 단국대학교 체육대학 경기지도학과 졸업: 학사

집념 어린 노력으로 설원을 지배한 알파인의 최강자

고태현

1954년 강원도 평창 출생 | 1972학번

고태현과 그의 형제들은 모두 스키 선수 생활이나 관련 사업으로 한국 스키의 발전에 큰 기여를 한 이력을 갖고 있다. 큰형 고창복은 용평스키장 건설의 산파역을 했고, 둘째 형인 고태복은 어재식 선수와 라이벌로 한국 알파인 스키의 수준을 한 단계 끌어올린 명선수로 활약했다. 강원도 평창 일대에서'고씨 형제'는 스키 명문가로 인정받고 있으며 단국대 스키부의 성장에도 많은 도움을 주었다.

고태현 역시 그런 집안 환경으로 도암초 시절에 본격적으로 스키에 입문, 강릉중을 거쳐 선인종고 3학년에 이미 알파인 스키 국가대표에 발탁되어 재능을 인정받았다. 단신의 핸디캡을 극복하려 자신만의 주법을 연마하려고 끈질긴 노력을 기울였다. 이후 우리 대학에 진학하여 같은 팀에서 선배인 김남응 선수, 후배인 어재석 선수와 라이벌이자 파트너로 당시 동국대와 함께 대학의 양대 강호로 군림했다. 1976년 고태현은 한국스키협회 최우수 선수로 선정되기도 했다.

8년 동안 국가대표를 지낸 뒤 은퇴 이후 국가대표 감독으로 스키 후진 양성에 힘썼다. 우리 대학에 행정직으로 근무하며 스키부 초대 감독과 체육부장을 거쳐 총무처장을 역임하면서 모교에 봉사했고, 대학스키연맹 회장을 지내고, 유소년을 위한 '중재배 스키대회'를 창설하는 등 스키발전에 노력했다.

대표 실적 및 활동

- 1971~1977 대한스키협회 알파인 스키 국가대표
- 1987~1988 대한스키협회 알파인 스키 국가대표 감독
- 1988 캐나다 캘거리 동계 올림픽 알파인 스키 코치
- 2008~2010 단국대학교 총무처장

학적

- 1976 단국대학교 사범대학 체육교육과 졸업: 체육학 학사

현역 시절 경기력 바탕으로 발군의 지도력 발휘하는 유망주

권영철

1969년 경기도 의정부 출생 | 1988학번

초등학교 시절부터 단국대학교 선수들과 함께 훈련하면서 자연스럽게 단국대학교에 진학하게 되었다. 입학 뒤에는 1989년 소피아 동계 유니버시아드대회 5000m 계주 1위, 1990년 동계 아시안게임 1000m 동메달과 5000m 계주 금메달, 1992년 세계쇼트트랙스피드스케팅선수권대회 1500m와 3000m에서 2위를 거두는 등 빼어난 기량을 과시했다. 국제대회를 통해 한국스포츠의 명예를 높인 공적을 인정받아 1989년 체육훈장 백마장과 1992년 체육훈장 맹호장을 수훈했으며, 1993년에는 쇼트트랙 최초로 거행된 선수 은퇴식의 남자 선수 대상자로 선정되어 화제를 만들기도 했다.

대학 졸업 직후 2년 간 모교에서 후배들을 지도하면서 다수의 국가대표 선수를 배출했고 국제적 명성을 얻어 영국 국가대표팀 코치(2011~2012)를 역임하기도 했다. 2019년부터 의정부시청 빙상팀에서 동문 선배인 제갈성렬 감독과 함께 쇼트트랙 담당 코치로 재직하면서 국내는 물론 국제대회에서 눈부신 전적을 거두었다. 대회 실적만이 아니라 소속 선수들의 대부분이 국가대표에 선발되는 쾌거를 이뤄 의정부시가 '빙상스포츠의 메카'라는 평가를 받기도 했다. 이후 쇼트트랙 선수의 저변을 넓히고자 현재는 부산에서 유소년 선수를 지도하고 있다.

대표 실적 및 활동

- 1989 불가리아 소피아 동계 유니버시아드대회 남자계주 1위(5000m)
- 1989 대한민국 체육발전유공 체육훈장 백마장 수훈
- 1990 일본 삿포로 동계 아시안게임 동메달(1000m), 계주 금메달(5000m)
- 1992 대한민국 체육발전유공 체육훈장 맹호장 수훈
- 1992 세계쇼트트랙스피드스케이팅선수권대회 2위(1500m, 3000m), 종합 2위
- 2011~2012 영국 국가대표팀 코치
- 2019~2023 의정부시청 직장운동부 쇼트트랙 코치

학적

- 1992 단국대학교 사범대학 한문교육과 졸업 : 학사

학생체육, 보건 혁신에 헌신한 '교사 정치인'

김광래

1948년 강원도 양양 출생 | 1975학번

대표 실적 및 활동

- 1989 제70회 전국체전 관중 섹션 총연출 장관상
- 2007 대한축구협회장 감사패
- 2008 대한체육회장 공로패
- 2010~2014 경기도의회 교육의원
- 2012 경기도의회 학교폭력근절대책 특별위원회 위원장
- 2013 스포츠조선 대한민국 자랑스러운 혁신한국인상 수상

학적

- 1977 단국대학교 사범대학 체육교육과 졸업: 학사
- 1984 고려대학교 교육대학원 체육교육전공: 교육학 석사

김광래는 1970년 삼척시 심포초등학교에서 교사 생활을 하고 우리 대학에 입학했다. 졸업 이후 경기도 호국교육원 연구관을 시작으로 광명교육청 장학사, 경기도교육청 사회교육체육과 장학사 등으로 본격적인 교육 행정가로 활동하고, 수원시, 평택시, 오산시 등에서 학교장으로 근무했다. 교육청에서는 전공을 살려 성인들의 스포츠 분야 평생교육이나 각급 학교들의 체육활동, 급식 제도 개선 등에 많은 노력을 기울였다. 체육과 및 체육보건급식과장으로 근무하는 등 다양한 교육경력을 가지고 있다. 이같은 공로로 대한체육회 공로표창을 받기도 했다.

특히, 2008년부터 성남시 교육장으로 부임하면서 유아교육기관의 교사와 학부모를 대상으로 한 '성남 교육페스티벌'을 개최해 주민들에게 새로운 소통의 광장을 마련했다는 호평을 받기도 했다. 활발한 활동을 펼치던 중 경기도의회의 교육의원이 선출제로 바뀜에 따라 성남, 광주, 하남, 구리지역의 의원에 도전, 당선이 되었다. 당선 이후 4년 동안 정치인으로 변신해 경기도 교육정책과 예산 심의 등에서 두드러진 활약을 펼쳤고 학교폭력근절 특별위원회 위원장을 맡아 다양한 제도 마련에 애썼다. 후배들에 애정도 깊어 체육교육과 총동문회 회장을 맡아 모교애를 실천하고 있다.

김기훈

1967년 서울 출생 | 1986학번

그는 전설이다. 한국의 쇼트트랙을 있게 한 '처음'이고 '뿌리'이다. 현대 쇼트트랙 주법의 전형인 '호리병 주법'과 오른발을 이용한 코너워크, '날내밀기' 등이 그가 개발해 전 세계가 채택한 기술이다. 그의 혁신과 끝없는 도전, 그리고 연습이 낳은 성과는 결국 조국을 동계스포츠 강국의 반열에 올려놓았고, 단국대를 그 중심에 우뚝 세웠다.

김기훈 동문은 우리 대학 재학 때인 1988년, 캘거리 동계올림픽 쇼트트랙 1500m에서 금메달을 획득했다. 시범종목이었지만 한국 최초의 금메달이었다. 정식종목으로 채택된 프랑스 알베르빌 동계 올림픽 1000m와 5000m 계주 금메달을 땄으며, 노르웨이 릴레함메르 동계 올림픽 1000m에서도 금메달을 목에 걸었다. 세계선수권대회, 동계 아시아경기대회, 동계 유니버시아드 등 국제대회에서 따낸 금메달만 21개에 달하며 많은 후배들이 그를 우상으로 삼아 쇼트트랙에 입문하게 됐음을 고백한 바 있다.

1998년 선수 은퇴 이후 국가대표 상비군 지도자, 주니어대표팀 감독, 남자대표팀 코치를 역임하면서 쇼트트랙 강국의 전통을 이어가는데 최선을 다했다. 동시에 우리 대학원 석사, 한체대 박사학위를 취득하였고 2011년부터 울산과학대학교 교수로 재직하면서 후학을 양성하고 있다.

대표 실적 및 활동

- 1988 캐나다 캘거리 동계 올림픽 금메달(1500m)
- 1990 일본 삿포로 아시아경기대회 금메달(1000m, 1500m), 계주 금메달(5000m)
- 1992 프랑스 알베르빌 동계 올림픽 금메달(1000m), 계주 금메달(5000m)
- 1994 노르웨이 릴레함메르 동계 올림픽 금메달(1,000m)
- 2002 쇼트트랙 주니어국가대표팀 감독
- 2010 캐나다 밴쿠버 동계 올림픽 쇼트트랙 대표팀 감독
- 2010 불가리아 소피아 ISU 세계선수권대회 대표팀 감독
- 2011~현재 울산과학대학교 사회체육과 교수
- 2018 대한민국 평창 동계 올림픽 강릉 선수촌장

학적

- 1990 단국대학교 상경대학 경영학과 졸업: 학사
- 1996 단국대학교 대학원 체육학과 졸업: 체육학 석사
- 2007 한국체육대학교 대학원 졸업: 박사

선수에서 최연소 구단 경영인을 거친 풍운아

김길식

1978년 경기도 안산 출생 | 1997학번

풍생고를 거쳐 우리 대학 축구부에 진학한 김길식은 4학년 때인 2000년 험멜코리아 대학선수권대회에서 우승을 이끌었고 MVP를 차지하며 정상급 미드필더로 이름을 날렸다. 같은해 허정무 감독이 이끄는 시드니 올림픽 국가대표로 선발되었다.

2001년 전남 드래곤즈에 입단하여 프로축구 선수 생활을 시작해 시즌 초반 프로 데뷔골을 터뜨리는 등 주목을 받았지만 무릎연골이 파열되는 부상을 당했다. 이후 부상이 겹치며 좋은 기록을 만들지 못하는 불운을 겪었다. 제주 유나이티드 FC, 대전 시티즌 등에서 뛰다가 2007년 루마니아의 FC 오첼룰 갈라치에 입단했는데, 이는 한국 축구 선수 최초의 루마니아 1부 리그 진출이었다. 이적 과정에서 갈등이 겹쳐 좋은 활동을 펼치지 못하기도 했다.

2009년 은퇴한 뒤 대한축구협회 2급 지도자 교육을 이수해 지도자로 새 출발을 했다. 2010년 시흥 정왕중학교에서 지도자 생활을 시작하여 전남 드래곤즈 스카우터, 광주 FC 코치, U-16 청소년 국가대표팀 코치, 대전 시티즌 코치를 거쳐 2020년 안산 그리너스 FC 감독으로 부임했고 2022년 같은 구단의 단장으로 취임해 경영하다가 최근 물러났다.

대표 실적 및 활동

- 2000 제1회 전국대학축구대회 최우수 선수상
- 2000 오스트레일리아 시드니 올림픽 본선 대표
- 2007 루마니아 1부 리그 FC 오첼룰 갈라치 입단
- 2014 U-16, U-17 청소년대표팀 코치
- 2018 U-15 청소년대표팀 감독
- 2019 안산 그리너스 FC 감독
- 2022~2024 현재 안산 그리너스 FC 단장

학적

- 2001 단국대학교 사범대학 체육교육과 졸업: 학사
- 2021 단국대학교 대학원 운동의과학과 졸업: 석사

건축대를 창설한 70년대 알파인 부동의 절대강자

김남응

1952년 강원도 평창 출생 | 1971학번

스키의 고장 횡계에서 태어나 눈밭을 놀이터 삼아 자랐고 강릉중부터 선수로 두각을 보이기 시작했다. 김남응 동문의 일가도 평창 일대에서 '고씨 형제'나 '어씨 형제' 처럼 스키 명문으로 잘 알려져 있다. 형인 김남규 씨는 크로스컨트리 선수로 동국대 스키팀의 주장으로 뛰었고, 사촌형 김남선 씨도 뛰어난 기량을 가진 알파인 강자였다.

평창지역 청소년들을 동계스포츠 유망주로 육성하고자 후원사업에 앞장서있던 장충식 당시 총장의 믿음을 얻어 단국공고에 진학했다. 대한체육회가 선정하는 1970년도 '대한민국 우수선수'에 고등학생 신분으로 선정되었고, 1971년 전국체전을 계기로 남고부에서 동료 선수들을 압도하면서 알파인을 완전 석권하였다. 이때부터 대학이나 일반 성인 선수들보다 좋은 기록을 보여 당시 언론을 떠들썩하게 하면서 1970년대 부동의 알파인 스키 챔피언으로 최장수, 최다관왕 선수로 활약하며 단국대의 위용을 높혔다.

은퇴 후에는 1994년 독일 다름슈타트 공대에서 박사학위를 취득하였으며 1980년부터 우리대학 건축공학과 교수로 부임했다. 한국의 '온돌'을 비롯한 한국 전통주거시설의 강점을 알리는데 열심이었고, 건축학과를 현재의 건축대로 승격시키는 등 활발한 활동을 펼치던 중 2008년 4월에 영면했다.

대표 실적 및 활동

- 1970, 1974, 1978 스키협회 최우수선수
- 1972 알파인 스키 국가대표
- 1973 제54회 전국동계 체전 남대부 활강 금메달
- 1975 제27회 전국학생스키선수권대회 대회전 우승: 4연패
- 1976 제57회 전국체전 알파인 스키 우승
- 1980~2008 단국대학교 건축공학과 교수
- 2000~2003 단국대학교 건축대학 학장
- 2008 단국대학교 대학원 원장

학적

- 1975 단국대학교 공과대학 건축공학과 졸업: 학사
- 1979 단국대학교 대학원 건축공학과 졸업: 석사
- 1994 독일 다름슈타트공과대학 대학원 졸업: 건축공학 박사

최고 골잡이에서 한국 최고 '박사감독'에 정진중

김도훈

1970년 경상남도 통영 출생 | 2006학번

대표 실적 및 활동

- 1993 미국 버팔로 유니버시아드대회 득점왕
- 1995 전북 다이노스 입단
- 1998 J리그 비셀 고베 입단
- 1998 프랑스 FIFA 월드컵 대표
- 2000, 2003 K-리그 득점왕
- 2004 AFC 챔피언스리그 득점왕
- 2015~2016 인천 유나이티드 FC 감독
- 2017~2020 울산 현대축구단 감독
- 2021~2022 싱가포르 라이언시티 세일러스 감독
- 2024 2026 북중미월드컵 2차 예선 감독

학적

- 1993 연세대학교 학사
- 2005 서울대 스포츠대학원 스포츠경영학 석사
- 2011 단국대학교 대학원 체육학과 스포츠마케팅 박사학과 졸업: 이학박사

1988년 청소년대표 선발을 시작으로 1990년대 황선홍, 최용수 등과 함께 대한민국의 간판 스트라이커로 활약했다. 뛰어난 위치 선정 능력과 골 감각으로 어떤 팀에서든 득점을 책임지는 '타겟 맨'의 역할을 수행했다. 김도훈은 K-리그와 K-리그 컵대회 통산 6번의 해트트릭을 기록했는데 한국 선수로는 유일한 기록이다. 그만큼 골 결정력이 뛰어나다는 평가를 받았다. 1994년 9월 13일 우크라이나와의 친선경기에서 대한민국 국가 대표로 첫 출전하여 데뷔전에서 득점을 올렸다. 1998년 FIFA 월드컵 등에 참가하였고, 2003년까지 근 10년 동안 대표팀의 공격수로 활약하며 A매치 72경기에 출장해 30골을 넣었다. 아쉽게도 2002년 FIFA 월드컵에는 나서지 못했다.

2005년 은퇴 후 성남 일화 천마의 코치로 지도자 경력을 시작해 U-19 국가대표팀 수석코치를 거쳐 인천 유나이티드 FC의 감독으로 부임해 FA컵 준우승을 이끌었다. 2011년에 우리 대학 대학원에서 체육학을 전공해 박사학위를 취득해 '박사 감독'의 자질을 겸비했다. 2015년부터 울산 현대를 이끌면서 2020 AFC 챔피언스리그 우승을 달성하는 등 뛰어난 지도력을 입증해 한국축구대표 감독의 강력한 후보로 촉망받고 있다.

교사이자 지역 스포츠문화 발전에 헌신한 1기 입학생

김영렬

1945년 충남 청양 출생 | 1964학번

체육교육과의 전신인 체육학과 1기로 입학한 원로 동문이다. 충남 공주중에서 유도에 입문했고, 고교 시절에는 씨름 선수를 하기도 했다. 유인현 교수의 지도를 받고 싶어 우리 대학에 진학했고, 학회장을 지내며 체육학과 학생활동의 기초를 닦았다.

1971년, 수원의 수성중에서 첫 교편을 잡고 이후 정년까지 체육 교사로 중등학교와 교육청을 오가며 청소년 지도에 헌신하는 한편으로 수원시 육상경기연맹 회장을 맡는 등 청소년의 스포츠에 대한 애정을 북돋고 지역 체육문화 발전에 열정을 바쳤다. 특히, 김 동문은 1989년에 열린 제70회 전국체육대회에서 두드러진 활약을 했다. 제1회 세계한민족 체육대회를 겸해 열린 이 대회에서 김영렬 동문은 지역 청소년 1천200여 명이 참가한 수원시의 문화유산과 전통을 살린 매스게임과 카드섹션, 마칭밴드 공연 등을 기획 연출해 큰 박수를 받았다. 특히 카드섹션에 일반 관객들이 공연에 참여토록 연출했는데 이 장면이 전국적 호평을 받기도 했다. 대회 이후 김 동문은 이 공로를 인정받아 대통령 표창을 받았다.

경기도교육청 장학사 및 수일고등학교 교장으로 근무하면서 교육행정 개선에 힘쓰면서 수원육상연맹 회장, 무예 24기 보존회 실무이사를 역임해 지역 체육문화 발전에 기여하였다.

대표 실적 및 활동

- 1985 수원시 육상경기연맹 회장
- 1989 제70회 전국체전 공로 인정 대통령 표창
- 1994 경기도 수원교육청 장학사
- 1997 경기도교육청 장학사
- 2001 수일고등학교 교장
- 2006 무예 24기 보존회 실무이사
- 2007 대한민국 홍조 근정훈장 수훈

학적

- 1967 단국대학교 문리과대학 체육학과 졸업: 학사

이론과 지도력을 겸비한 태권도 '국대' 조련사

김영인

1951년 인천 출생 | 1969학번

김영인은 제자를 아끼고, 온화한 카리스마로 정평이 나 있는 지도자이다. 초등학교 3학년 때부터 태권도에 입문, 우리 대학에 입학한 뒤 태권도부에서 각종 대회에 나가는 등 꾸준히 실력을 쌓아나갔다. 서울캠퍼스와 인접한 곳에 있던 해병대 태권도부 훈련장을 활용했고, 이들과 대련을 하면서 실력을 키웠다고 한다.

김영인은 1975년, 청산여상(영신여고 전신)에서 교내 학생회를 위한 태권도 강사로 출발, 체육 교사로 교단에 섰다. 김영인 동문은 여기에서 태권도부를 창설하고 본격적인 지도에 나서면서 국내 최고 수준의 선수들을 배출시켰고, 1982년부터 국가대표 코치로 맹활약을 펼쳤다. 88 서울올림픽 태권도 종목에서 첫 금메달을 획득한 추난율 선수(당시 영신여고 2학년)가 김영인 동문의 제자이고, 이후 많은 국가대표 선수를 길러냈다. 1991년부터는 대만의 초청을 받아 국가대표 코치에 부임해 1992 바르셀로나올림픽에 출전하기도 했다.

태권도 보급과 선수 양성에 힘쓴 공로로 1987년, 체육훈장 백마장을 수훈한 김영인은 이후 우리 대학에서 박사 학위를 취득하고 중부대학 사회체육과 교수에 부임했다. 2003년부터 체육대학 태권도 전공 창설 교수로 모교에 와서 태권도의 국제적 보급, 태권도 지도방법 등에 정진하고 2017년에 정년을 맞이했다.

대표 실적 및 활동

- 1985 세계태권도선수권대회 대한민국 국가대표 여자팀 코치
- 1987 세계태권도선수권대회 대한민국 국가대표팀 코치
- 1987 대한민국 체육발전유공 체육훈장 백마장 수훈
- 1988 서울 올림픽 국가대표 여자 태권도팀 코치: 금메달 획득
- 1992 스페인 바르셀로나 올림픽 대만 국가대표 태권도팀 코치: 금메달 획득
- 2003~2017 단국대학교 교수
- 2021 세계대학태권도선수권대회 국가대표팀 감독

학적

- 1973 단국대학교 문리과대학 체육학과 졸업: 학사
- 1989 단국대학교 대학원 체육학과 졸업: 체육학 석사
- 2001 단국대학교 대학원 체육학과 졸업: 이학박사

김윤영

1969년 경기도 평택 출생 | 1988학번

소프트볼은 미국에서 처음 시작했다. 야구와 비슷하지만 축소된 경기장과 부드러운 공을 사용하는 덕분에 성별과 나이 제한을 뛰어넘는 스포츠로 인기를 끌고 있다. 우리나라에는 주한미군의 주둔과 함께 보급이 되었고, 1989년에야 '대한소프트볼협회'가 창설될 만큼 신생 스포츠이다. 김윤영은 선수로서도 1세대이고 여자감독으로서도 1세대에 속하는 '소프트볼 개척자'의 입장에 있다.

김윤영의 소프트볼 입문은 우리 대학 체육대에 입학해 소프트볼 동아리에 가입한 것이 계기가 되었다. 체육대 선후배의 군기에 힘입어 강도 높은 훈련을 받았고, 그 과정에서 신선한 성취감을 느껴 '선수'로 입지하게 된 것이다. 입문 직후부터 빼어난 경기력을 발휘하여 우리 대학 여자소프트볼팀을 한국 정상의 팀으로 올려놓은 데 견인차 역할을 맡았다.

1989년부터 국가대표로 활약해 베이징 아시안게임, 아시아선수권대회 등 국제대회에서 활약했다. 이후 양평여자종합고에서 코치로 지도자 생활을 시작, 국가대표 감독직도 여러 차례 수행했다. 2013년부터는 대구도시공사 소프트볼팀을 창단 초기부터 이끌면서 여러 차례 우승을 거두었다. 연구하는 지도자가 되기 위해 단국대학교 교육대학원에서 석사 학위를, 대학원에서 박사 학위를 취득했다. 이론과 실제를 겸비한 지도자로 평가받고 있다.

대표 실적 및 활동

- 2001 북경컵 국제여자소프트볼대회 대표팀 감독
- 2015 동아시아컵대회 대표팀 감독 3위
- 2019 여자소프트볼아시아컵, 동아시아컵대회, 캐나다컵대회 대표팀 감독
- 2019 일본 도쿄 올림픽 아시아지역 최종 예선전 감독
- 2006~2010 부산광역시체육회 감독
- 2013~2024 현재 대구도시개발공사 감독

학적

- 1992 단국대학교 체육대학 경기지도학과 졸업: 학사
- 2001 단국대학교 교육대학원 교육학과(체육교육) 졸업: 교육학 석사
- 2007 단국대학교 대학원 체육학과 졸업: 이학박사

21세기형 한국스키 선진화를 끌어갈 지도자

김진해

1962년 강원도 평창 출생 | 1980학번

대표 실적 및 활동

- 1984 유고슬라비아 사라예보 동계 올림픽 스키 알파인 국가대표
- 1994~1997 동계 올림픽 알파인 스키 국가대표 감독 역임
- 2002~2024 현재 국제스키연맹(FIS) 기술대표(TD)
- 2008~2012 알파인스키협회 알파인 스키 강화위원장 역임
- 2021~2024 현재 대한스키협회 부회장
- 2002~2024 현재 한국체육대학교 체육학과 교수

학적

- 1984 단국대학교 상경대학 경영학과 졸업: 학사
- 1996 한국체육대학교 사회체육대학원 졸업: 체육학 석사
- 2000 단국대학교 대학원 체육학과 졸업: 이학박사

김진해는 평창의 또다른 스키 명가인 '김씨 6남매'의 막내이다. 부친이 크로스컨트리 원로 선수이고, 맏형인 김진록은 경희대에 진학 국가대표 및 코치, 감독을 거친 명선수이다. 다른 형제자매도 뛰어난 전적을 갖고 있다. 김진해는 이들 형제의 막내로 단국대학교가 동계 스포츠 강자로 자리 잡는 데 중추적인 역할을 담당했다. 바로 위의 누나 김진희와 함께 우리 대학에 진학해, 남매가 모두 국가대표로 활약해 관심을 모았다.

김진해는 1982년 전국선수권대회에서 3관왕에 올라 알파인 최강자의 위치를 굳히면서 김남응-고태현-어재석을 잇는 '단국 알파인 명문'의 전통을 확고히 했다. 1984년 사라예보 동계올림픽에 출전, 회전 종목에서 31위를 기록 당시까지 한국 선수가 거둔 최고의 성과를 거두었지만 복장 규정을 어겼다는 지적을 받고 실격하는 불운을 당했다.

이후 은퇴를 하고 체육학 이론, 경기 운영, 지도방법 등을 파고들어 프랑스국립스키학교를 수료해 인스트럭터 자격증을 따고, 한체대에서 석사 및 박사학위를 취득하는 등 학구파로 변신, 국내 최고의 전문가로 성장했다.

알파인 국가대표 감독을 거쳐 2002년부터 한체대 교수로 재직 중이며 대한스키협회 부회장, 국제스키연맹 기술대표 등을 맡으며 한국 스키의 업그레이드를 주도하고 있다.

김태형

1967년 서울 출생 | 1986학번

신일고 재학 중 국가대표 상비군에 선발될 만큼 탁월한 기량을 가졌지만 야구협회의 행정 실수로 특기생 자격을 얻지 못해 전문대에 진학했다. 이 소식을 접한 강문길 감독이 우리 대학 편입을 권유해 선수 생활을 이어가도록 도왔다.

대학 재학 중 체계적인 지도와 훈련을 통해서 꾸준하게 성장하여, 1988년 서울올림픽 대표팀에 선발되었고, 1990년 OB 베어스에서 프로야구 선수 생활을 시작했다. 1990년대를 대표하는 '수비형 포수'로 활약, 2000년까지 주장이자 믿음직한 선배로 선수들을 이끌었다.

두산 베어스 플레잉 코치, SK 와이번스 배터리 코치를 거쳐 2015년부터 8년 간 두산 베어스 감독으로 재임하며 강력한 카리스마를 바탕으로 뛰어난 지도력을 발휘하여 세 번이나 한국시리즈 우승으로 이끌었으며, 7년 연속으로 한국시리즈에 진출시켰다. 1995년 현역 시절, 2001년 코치 시절, 2015년 감독 시절에 한국시리즈 우승을 차지해 한 팀에서 선수, 코치, 감독으로 모두 우승한 기록을 세웠다. 2016년과 2019년에 '올해의 감독상'을 수상했다. 2023년에는 야구 해설위원으로 활동했는데, 경기의 전체 맥락을 분석하는 역량이 탁월하다는 평가를 받았다. 현재 롯데 자이언츠 감독으로 활동하고 있다.

대표 실적 및 활동

- 1988 대한민국 서울 올림픽 국가대표
- 2015~2022 두산베어스 감독, 한국시리즈 2연패(2015, 2016)
- 2016, 2019 프로야구 스포츠서울 올해의 감독상 수상
- 2023 SBS 스포츠 야구 해설위원
- 2024 현재 롯데 자이언츠 1군 감독

학적

- 1990 단국대학교 체육대학 체육학과 졸업: 학사

나보다 더 땀 흘린 선수가 있다면 금메달을 가져가도 좋다

김현우

1988년 강원도 원주 출생 | 2012학번

대표 실적 및 활동

- 2012 영국 런던 올림픽 그레코로만형 금메달(66kg급)
- 2013 헝가리 부다페스트 세계선수권 대회 금메달(74kg급)
- 2014 한국 인천 아시안게임 그레코로만형 금메달(74kg급)
- 2016 브라질 리우데자네이루 올림픽 그레코로만형 동메달(75kg급)
- 2018 헝가리 부다페스트 세계선수권 대회 그레코로만형 동메달(77kg급)

학적

- 2011 경남대학교 사범대학 체육교육과 졸업: 학사
- 2015 단국대학교 스포츠과학대학원 레저스포츠학과 졸업: 석사

2010년대 한국 레슬링을 대표하는 선수로서 2012 런던올림픽 금메달 리스트이다. 2002년, 2003년 전국소년체전에서 연속 우승을 해 같은 연령대에서 대적할 선수가 없다는 평가를 받았다. 감량 실패나 컨디션 난조로 국제대회에서 불운을 겪어 '국내용 선수'라는 비판을 받기도 했다.

우리 대학 스포츠과학대학원에 진학한 뒤 런던 올림픽 남자 그레코로만형 66kg급에 출전하게 되었는데 인터뷰에서 "나보다 더 땀 흘린 선수가 있다면 금메달을 가져가도 좋다"라는 말을 남겨 주목받았고, 오른쪽 눈가에 부상을 당했지만 대회 내내 압도적 기량을 보이면서 금메달을 획득했다. 2013년부터 체급을 올려 아시아선수권대회와 세계선수권대회에서 우승을 차지했다. 2014년 인천 아시안게임에서 금메달을 획득하여 한국 선수 중 세 번째로 '그랜드슬램'을 달성했다.

2016년 리우데자네이루 올림픽에서는 편파 판정 논란 속에서 시련을 딛고 동메달을 획득한 뒤 태극기에 큰절을 하며 눈물을 흘리는 모습이 중계되어 국민들에게 큰 감동을 주었다. 이후 펜데믹 사태로 각종 대회가 지연되면서 도쿄 올림픽 출전이 무산되는 등 자신의 기량을 마음껏 펼치지 못했고, 갈비뼈 부상이 겹치면서 아쉬움 속에서 선수 생활을 마감했다. 현재는 방송인으로 재능을 발휘하고 있다.

단국야구의 절정기를 이끌고 '141구 완투'를 빛어낸 근성의 투수

김홍집

1971년 인천 출생 | 1989학번

대학 입학 직후 주전 투수로 등판할 만큼 실력이 뛰어났다. 타자에 비해 투수가 약했던 상황에서 1990년 전국대학야구 춘계리그와 실업팀이 참가한 백호기대회 우승을 이끌면서 최우수투수로 선정되었다. 같은해 중국 베이징 아시안게임에서 한국 야구팀이 준우승을 차지하는 데 기여했다.

당시 구대성, 이상훈과 함께 '좌완 빅3'로 인정받았다. 인천 태평양 돌핀스의 지명을 받아 좌완 에이스로 1994년 '태평양 돌핀스 돌풍'을 견인했다. 특히, 방위병으로 복무하며 홈경기에만 출전하면서도 12승을 거두며 정규리그 승률 1위를 기록하기도 했다. 1994년 한국시리즈 1차전에서 선발로 출전하여 호투를 펼쳤다. 연장 11회까지 가는 접전 끝에 분패했으나, 이 경기에서 김홍집이 던진 141구는 한국 프로야구 역사의 명장면으로 자주 언급되고 있다. 과로로 어깨 건초염이 심해졌지만 주요 경기마다 역량을 발휘해 현대 유니콘스가 준우승을 차지하는 데 기여했다. 이후 2003년, 한화 이글스에서 현역을 마감했다.

2008년부터 인천 부평구 리틀 & 주니어야구단 감독을 맡아 KBO배 전국 리틀야구대회에서 여러 번의 우승을 연출했고, 리틀야구 월드시리즈 코칭스태프로 선발되는 등 지도력을 인정받고 있다.

대표 실적 및 활동

- 1990 중국 베이징 아시안게임 준우승
- 1993 태평양 돌핀스 입단
- 1993~2001 태평양 돌핀스, 현대 유니콘스 선수
- 1994 프로야구 정규리그 승률 1위
- 2001~2003 한화 이글스 선수
- 2008~현재 인천 부평구 리틀 & 주니어야구단 감독

학적

- 1993 단국대학교 경상대학 경영학과 졸업: 학사

뛰어난 축구지능과 감투정신을 갖춘 전천후 공격수

나상호

1996년 전라남도 담양 출생 | 2015학번

대표 실적 및 활동

- 2018 인도네시아 자카르타-팔렘방 아시안게임 금메달
- 2018 K리그 챌린지 득점왕, 베스트11, MVP
- 2019 EAFF E-1 풋볼 챔피언십 우승
- 2022 카타르 FIFA 월드컵 16강 진출
- 2024 현재 일본 J1 FC 마치다 젤비아 선수

학적

- 2015 단국대학교 사범대학 체육교육과 입학

U-23 축구 국가대표를 거쳐, 2018 팔렘방 아시안게임 금메달 획득, 2022 카타르 FIFA 월드컵 16강 진출을 견인했다. 한국 축구의 대표적 공격수로 탁월한 위치 선정으로 상대 수비수를 분산시키는 빌드업 플레이가 우수하다.

초등학생 때부터 유망주로 인정받아 중학교 때는 득점왕, 고등학교 때는 최고 수준의 선수로 평가받았다. 대학 진학 후 신연호 감독의 지도를 받으며 주전 선수로 활약했는데, 1학년 때 게임을 주도하는 플레이어를 뜻하는 등번호 7번, 2학년 때는 팀의 에이스를 뜻하는 등번호 10번을 달았다. 특히 FA컵 현대 모터스와의 경기에서 수비를 흔들며 결정적인 득점 기회를 만드는 인상적인 플레이를 펼쳐 전문가는 물론 축구팬들의 찬사를 받았다.

2학년을 마친 후, K리그 광주 FC의 콜업을 받아 프로 선수 생활을 시작했다. 2018년 리그에서 맹활약하여 K리그 2 득점왕, 베스트11, MVP 등을 석권했다. 광주 지역에서 나상호의 플레이 스타일을 분석하는 특집 프로그램이 방영될 정도로 인기가 높았다.

일본 J리그에 진출했다가 2020년부터 성남FC와 FC서울에서 활약하고, 2022년 카타르 FIFA 월드컵 국가대표로 대표팀의 16강 진출에 기여했다. 현재 J리그 FC마치다 젤비아로 이적하여 활동하고 있다.

한국 남자빙속 2세대를 열어준 스타 개척자

나윤수

1962년 서울 출생 | 1981학번

2000년대 전까지 한국 스피드 스케이팅은 이영하·나윤수·배기태·제갈성렬 등으로 이어진다. 나윤수는 1세대인 이영하를 이은 2세대 스프린터로서 선배의 외로운 단독 질주가 부를 안일함을 깨면서 차세대 배기태, 제갈성렬 선수와 경쟁을 해 그들의 승부 근성과 앞길을 열어주는 역할을 했다.

나윤수는 덕수중과 경기고 시절 선수권을 차지하는 기염을 토했고, 한국 선수들이 일반적으로 단거리에 치중하는 데 비해 장거리에서도 강력한 파워를 과시했다. 2000년에 태릉실내링크가 생기기 전까지 한국에는 국제규격의 스피드 스케이팅 실내 경기장이 전무한 현실이었다. 국가대표라도 겨울이 와야 스케이팅을 할 수 있는 실정에서 나윤수 동문은 꾸준히 노력을 거듭해 1986 삿포로 동계 아시안게임 은메달을 비롯한 국내외 여러 대회에서 다수의 실적을 냈다.

스피드 스케이팅의 초석을 다진 공로를 인정받아 대한체육회 우수선수 표창, 국무총리 표창 등을 수상했으며, 체육훈장 기린장을 수훈했다. 선수 은퇴 이후에는 대학에서 후학을 양성하면서 KBS 스포츠 해설위원, 스피드스케이팅 국제심판, 한국국가대표은퇴선수협동조합 이사장으로 활동 중이다. 평창 동계 올림픽 유치위원 및 조직위원을 역임했으며, 현재 가톨릭관동대학교 스포츠지도학전공 교수로 재직하고 있다.

대표 실적 및 활동

- 1986 일본 삿포로 동계 아시아경기대회 스피드스케이팅 은메달(500m)
- 1988 대한민국 체육발전유공 체육훈장 기린장 수훈
- 1995~2023 ISU 스피드스케이팅 국제심판
- 1999~2023 동계 올림픽 스피드스케이팅 KBS 해설위원
- 2013~2024 현재 가톨릭관동대학교 관광스포츠대학 스포츠지도학과 교수
- 2019 문화체육부장관 표창

학적

- 1985 단국대학교 사범대학 체육교육과 졸업: 학사
- 1988 단국대학교 대학원 체육학과 졸업: 석사
- 1995 한양대학교 대학원 체육학과 졸업: 이학박사

감동을 주던 강타자, 박사학위로 새 출발

마해영

1970년 부산 출생 | 2012학번

대표 실적 및 활동

- 1995~2007 프로야구 롯데, 삼성, 기아, LG 선수
- 1999 프로야구 타격왕
- 2002 프로야구 한국시리즈 MVP 및 골든글러브 지명타자 부문 수상
- 2010 대경대학교 겸임교수
- 2012~2014 XTM 야구 해설위원
- 2018~2019 성남 블루팬더스 감독
- 2019~현재 대한민국 야구 국가대표팀 기술위원회 위원
- 2022~현재 한국리틀야구연맹 본부장

학적

- 1993 고려대학교 체육교육학과 졸업: 학사
- 2010 고려대학교 대학원 졸업: 석사
- 2015 단국대학교 대학원 체육학과 졸업: 이학박사

고려대 재학 시절 이상훈 투수와 팀의 전성기를 이끌었다. 졸업 후 상무야구단을 거쳐 1995년 롯데 자이언츠에서 프로 생활을 시작했다. 국내 타자 최초로 3년 연속 30홈런을 기록하며 올스타에 9회 선정되었다. 1999년 타격왕을 차지하면서 커리어 하이를 기록했고 2002년 삼성라이온즈에서 펼친 한국시리즈 6차전 끝내기 솔로 홈런은 지금까지 야구팬에게 손꼽히는 결정적 장면이다. 이 홈런으로 만년 준우승으로 치부되던 삼성 라이온즈는 창단 이후 17년 만에 두 번째 우승의 감격을 누렸다. 마해영은 이 대회에서 한국시리즈 MVP 및 골든글러브(지명타자부문)를 수상하였다. 또한 양준혁, 이승엽과 함께 공포의 트리오로 불리기도 했다.

이후 여러 가지 불운과 갈등으로 자신의 기량을 마음껏 펼치지 못하고 기아 타이거즈, LG 트윈스를 거치다 은퇴를 했다. 해설위원으로 변신해 KNN과 IPSN, XTM에서 해박한 지식과 경험으로 주목을 받기도 했다. 이 과정에서 우리 대학 대학원 박사과정에 입학해 스포츠심리학을 전공하며 연구에 몰두해 2015년 박사학위를 취득해 새로운 출발을 암시했다. 독립야구단인 성남 블루팬더스 감독으로 활동했고, 소프볼협회의 이사직을 맡기도 하는 등 다양한 방면에서 활동하고 있다.

모지수

1969년 서울 출생 | 1988학번

한국 동계스포츠의 새벽을 연 1992년 프랑스 알베르빌 동계올림픽 금메달리스트이다. 당시 한국은 동계올림픽에서 별다른 성적을 내지 못했으나, 모지수가 같은 단국대 동료인 김기훈, 송재근 등과 함께 5000m 계주에서 금메달을 따면서 쇼트트랙 왕국의 서막을 열었다. 1988년 세인트루이스 세계선수권대회 동메달을 시작으로 유니버시아드대회, 아시안게임 등을 거치며 착실히 실력을 쌓아온 결과였다.

체육훈장으로는 최고등급인 체육훈장 청룡장을 수훈한 모지수는 1994년 은퇴식에서 "빙상교실을 통해 후배들을 키우는 것을 시작으로 언제 어디서나 빙상과 관계되는 일을 하겠다"는 결의를 밝혔는데 지금도 그 약속을 지키며 성실하게 지도자의 길을 걷고 있다.

그는 2007년부터 고양시청에서 쇼트트랙 감독으로서 후진 양성에 헌신하여, 소속 선수들이 국내외 여러 대회에서 우수한 성과를 거두도록 도왔다. 이호석, 조해리, 곽윤기, 김아랑 등 한국 쇼트트랙 간판 선수들이 모지수의 지도를 받아 한국을 대표하는 선수로 성장할 수 있었다.

특히 조해리 선수의 경우 올림픽 출전이 좌절되어 은퇴를 하려했지만 코치였던 모지수의 조언과 체계적인 훈련 덕분에 재기할 수 있었는데 지도자의 중요성을 일깨우는 빙상계의 미담으로 기억되고 있다.

대표 실적 및 활동

- 1989 불가리아 소피아 동계 유니버시아드대회 2위(1500m), 3위(3000m 3위), 계주 1위(5000m)
- 1990 일본 삿포로 동계 아시안게임 계주 금메달(5000m)
- 1991 일본 삿포로 동계 유니버시아드대회 1위(3000m)
- 1992 프랑스 알베르빌 동계 올림픽 계주 금메달(5000m)
- 1992 미국 덴버 세계쇼트트랙선수권대회 2위(1500m, 3000m), 종합 2위
- 2007~2024 현재 고양시청 쇼트트랙 팀 감독

학적

- 1992 단국대학교 사범대학 수학교육과 졸업: 학사

한국 크로스컨트리의 전통을 잇는 설원의 투사

박병주

1979년 강원도 강릉 출생 | 1998학번

동계스포츠 불모지인 한국, 그 중에서도 가장 취약한 크로스컨트리 스키 및 바이애슬론 분야에 청춘을 걸고 도전해 경기력 향상을 이끌어 온 선수이다. 초등학교 시절 크로스컨트리 스키에 입문, 강릉농공고 재학 당시부터 두각을 나타냈고 우리 대학 스키부에 진학, 체계적 지도를 받으면서 국제대회에서 주목할 만한 성적을 거두었다.

1988년부터 30여 년 동안 크로스컨트리 스키와 바이애슬론 국가 대표선수로 활약했다. 1998년 일본 나가노, 2002년 미국 솔트레이크시티, 2006년 이탈리아 토리노까지 연속 3회 동계올림픽에 참가하였고, 1999년 우리나라 강원, 2003년 일본 아오모리, 2007년 중국 창춘, 2011년 카자흐스탄 이스타나-알마티 아시안게임에는 선수로, 2017년 일본 삿포로 아시안게임에는 지도자로 참가했다.

2008년에 아킬레스건을 다쳐 수술을 받아 선수 생활이 끝났다는 평가를 받았지만 강한 의지와 뚝심을 발휘한 끝에 재활 훈련을 이겨내며 2010년 국가대표로 복귀해 재기에 성공했다. 이후 2011년 아시안게임에 출전해 남자 계주 동메달, 팀스프린트 동메달이라는 놀라운 결실을 거둬 인간 승리의 감동을 선사했다.

2015년부터 지도자로 변신해 국가대표팀 코치와 감독을 역임했으며, 후학 양성에 힘쓰고 있다.

대표 실적 및 활동

- 1999 대한민국 강원 동계 아시안게임 계주 동메달(40km)
- 2011 카자흐스탄 아스타나-알마티 동계 아시안게임 남자 계주 동메달, 단체 팀스프린트 동메달
- 2015~2017 크로스컨트리 스키 국가대표 코치
- 2018~2020 크로스컨트리 스키 국가대표 감독

학적

- 2002 단국대학교 사범대학 체육교육과 졸업: 학사

박병철

1972년 강원도 평창 출생 | 1991학번

평창 도암초 4학년 때 스키를 시작했으며, 도암중 재학 때 국가대표로 선발될 정도로 재능이 뛰어났다. 불모지에 가까웠던 한국 크로스컨트리 스키의 존재를 세계에 알리는 역할을 수행했다. 크로스컨트리의 국제대회 출전은 1960년 미국 스쿼밸리 동계올림픽이 처음이었다. 그러나 국제대회에서 입상한 것은 박병철이 1990년 일본 미야사마 국제 스키대회 남자 주니어 15km 종목에서 금메달을 획득한 것이 최초였고, 비로소 한국 스키계의 저력을 국제적으로 알릴 수 있었다.

박병철은 1999년 은퇴까지 한국 스키를 대표하는 선수로 세계 무대에서 활약했다. 1992년 프랑스 알베르빌 동계올림픽 10km 경기에서 40위의 성적을 거두었는데, 이는 2018년 평창 동계올림픽에서 김마그너스가 45위를 차지한 것을 포함하더라도 스키 남자 선수가 올림픽에서 거둔 유일한 최고의 성적이다.

이어 그는 노르웨이 릴레함메르 동계올림픽(1994), 일본 나가노 동계올림픽(1998)까지 총 3차례 올림픽에 출전했다. 또 1990년 삿포로 동계 아시안게임에서 은메달, 1996년 하얼빈 동계 아시안게임에서 동메달, 1999년 강원 동계 아시안게임에서 동매달을 획득하는 성과를 거두며 설원을 누볐다. 1998년부터 국가대표팀 트레이너로 활동하기도 했다.

대표 실적 및 활동

- 1990 일본 삿포로 동계 아시안게임 계주 은메달(40km)
- 1996 중국 하얼빈 동계 아시안게임 동메달(10km)
- 1997 FIS NSW컨티넨탈컵 1위(10km)
- 1997 오스트레일리아 FIS 크로스컨트리 스키 대륙컵대회 자유 종목 1위(15km)
- 1999 대한민국 강원 동계 아시안게임 계주 동메달(40km)

학적

- 1998 단국대학교 사범대학 체육교육과 졸업: 학사

집념어린 폭발적 스퍼트로 세계 정상에 오르다

박지원

1996년 강원도 강릉 출생 | 2015학번

대학 1학년 때 국가대표로 발탁된 이후 세계 강호와 경쟁하며 중요 국제대회에서 다수의 메달을 지녔다. 강인한 체력을 기반으로 중장거리 종목에 강점을 보이는 데 뛰어난 순발력을 겸비해 코너에서 가속을 붙이는 특기가 있어 코스를 크게 타면서도 폭발적 스퍼트로 상대방을 압도하는 기술이 박지원 선수의 캐릭터이다.

특히 ISU 쇼트트랙 월드컵의 최근 3개 시즌(2019-2020, 2022-2023, 2023-24)에서 종합우승을 차지하는 독보적 성취는 그의 집념어린 노력이 세계 수준에 이르렀음을 반증하는 결과였다. 박지원은 국제빙상경기연맹이 작년에 신설한 '크리스털 글로브'의 초대 수상자로 선발되었고, 2024년에도 수상하는 영광을 누리기도 했다.

박지원은 이러한 성과를 거두기까지 적지 않은 시련을 이겨내야 했다. 2024년 네덜란드 로테르담 세계선수권대회에서는 충돌 사고를 당해 어려움을 겪었다. 하지만 국내 선발전에 집중하여 결국 시련을 이겨내고 국가대표로 선발되었다. 박지원은 이같은 시련과 견제를 '세계 랭킹 1위로서 감내해야 할 과제'로 생각한다는 과감한 자세를 보이기도 했다. 2025년 중국 하얼빈 동계 아시안게임, 2026년 이탈리아 밀라노·코트리나 담페초 동계 올림픽에서의 활약이 기대된다.

대표 실적 및 활동

- 2017 카자흐스탄 알마티 동계 유니버시아드대회 금메달(1500m), 은메달(1000m)
- 2019 러시아 유니버시아드대회 금메달(500m), 동메달(1000m), 계주 금메달(5000m)
- 2019-20 ISU 쇼트트랙 스피드 스케이팅 월드컵 종합 1위
- 2022-23 ISU 쇼트트랙 스피드 스케이팅 월드컵 종합 1위, 크리스털 글로브 수상
- 2023 ISU 세계선수권대회 금메달(1000m, 1500m)
- 2023-24 ISU 쇼트트랙 스피드 스케이팅 월드컵 종합 1위, 크리스털 글로브 수상

학적

- 2019 단국대학교 사범대학 체육교육과 졸업: 학사
- 2024 단국대학교 스포츠과학대학원 스포츠산업학과 석사 재학 중

온 국민을 열광시킨 은빛 물결의 지배자

박태환

1989년 서울 출생 | 2008학번

중학교 재학 중인 2004년 국가대표로 발탁되었으며, 2006년부터 세계 무대에서 본격적으로 활약했다. 수영에 대한 타고난 자질에 더해 성숙한 품성으로 국제수준의 실력을 선보이면서 국민들의 관심을 받고 있었다. 2006년 고교생 신분으로 카타르 도하 아시안게임에서 3관왕을 차지하고 대회 최우수 선수로 선발되는 등 두각을 보여 언론의 집중을 받았다. 이후 대학들은 박태환의 입학을 놓고 뜨거운 스카우트 경쟁을 불러일으키기도 했다.

우리 대학 입학 이후 안정적으로 훈련과 학업을 병행하면서 선수로서의 기량도 급성장하여 국가적 기대를 받았다. 온 국민의 성원 속에서 2008년 중국 베이징 올림픽에 출전, 자유형 400m 금메달, 자유형 200m 은메달을 획득했다. 박태환의 금메달 획득 장면은 42%가 넘는 시청률을 기록했으며, 수영부문에서 최초의 올림픽 금메달이기에 온 국민은 열광적인 환호와 감동에 휩싸였다.

이후에도 성실한 자기 관리로 2010년 중국 광저우 아시안게임 금메달, 2012년 영국 런던 올림픽 은메달 등의 성과를 이어갔으며, 우리나라 수영 역사상 처음으로 올림픽 2회 연속 메달을 획득한 선수로 기록되었다. 방송인으로 활약하면서 2024년 파리 올림픽 해설위원으로 활동했는데, 전문 지식에 기반을 둔 안정적인 해설로 호평을 받았다.

대표 실적 및 활동

- 2006 카타르 도하 아시안게임 자유형 금메달(200m, 400m, 1500m), 은메달(100m). 최우수선수 선정
- 2007 오스트레일리아 멜버른 세계수영선수권대회 자유형 금메달(400m)
- 2008 중국 베이징 올림픽 자유형 금메달(400m), 은메달(200m)
- 2010 중국 광저우 아시안게임 자유형 금메달(자유형 100m, 200m, 400m), 은메달(1500m), 혼계형 은메달(400m)
- 2012 영국 런던 올림픽 자유형 은메달(200m, 400m)
- 2022 중국 항저우 아시안게임 수영종목 SBS 해설위원
- 2024 파리 올림픽 수영종목 SBS 해설위원

학적

- 2012 단국대학교 사범대학 체육교육과 졸업: 학사
- 2015 단국대학교 대학원 체육학과 졸업: 체육학 석사

38년 교직 통해 전국 최고의 고교를 일군 '모범선생'

배경철

1960년 대구 출생 | 1981학번

대표 실적 및 활동

- 1988 선덕고등학교 부임
- 2003 서울시교육감 표창
- 2014 교육부장관 표창
- 2017 선덕고등학교 교감
- 2018~2024 현재 선덕고등학교 교장
- 2020~2024 현재 도봉구체육회 이사

학적

- 1988 단국대학교 사범대학 체육교육과 졸업: 학사
- 1992 단국대학교 대학원 체육학 전공 졸업: 체육학 석사

공주고에서 유격수로 활약, 라이벌팀 천안북일고의 김영덕 감독의 추천으로 우리 대학 야구부 창설 멤버로 스카웃되었다. 초·중·고교에서 모두 주장을 맡을 만큼 리더십이 좋고 안정된 수비와 성실성으로 기대를 받았지만 어깨 부상이 심해져 2학년 때 선수 생활을 그만두었다. 그러나 배경철은 더욱 분발해 학과 생활에 정성을 다했다. 학과 학회장도 맡아 학우들을 이끌었고, 1987년에는 사회민주화 열풍에 영향받아 대학이 혼란을 겪을 때 총대의원회를 창립하고 1대 의장에 선출되어 안정된 분위기를 조성하는 데 공헌했다.

배경철 동문은 교직에 진출하여 더 큰 활약을 보였다. 1988년 당시 신생학교였던 선덕고등학교(서울시 도봉구 소재) 체육교사로 부임했는데 이후 사명감을 갖고 학생 지도에 헌신했다. 배 동문은 학생주임부터 교감, 교장에 이르는 38년 간 동료 교사들과 한결같은 성실성을 발휘해 다양한 방법으로 학생들의 인성교육과 학습성취 향상에 최선을 다했다는 평가를 받고 있다.

선덕고등학교는 현재 자사고로서 전국 최고의 학업성취도를 거두며 지역사회의 자랑이자 학부모의 믿음을 받는 학교로 자리잡았다. 배 동문은 이미 정년 기한을 지났지만 학교 재단이 퇴직을 만류하고, 교장 임기 2년 연장 조치를 취할 정도로 지역사회의 신망을 받고 있다.

배기태

1965년 경기도 의정부 출생 | 1984학번

중학교에서 스피드 스케이팅을 시작, 고교시절 국가대표에 선발된 유망주였다. 대학에 진학하여 체계적 지도를 받으면서 절정기를 맞아 1986년 삿포로 동계 아시안게임에서 금메달과 동메달을 획득했다. 1987년 네델란드 히렌빈 세계 스피드스케이팅 선수권대회와 1990년 노르웨이 세계 스프린트선수권대회에서 종합우승을 차지하는 등 모두 4차례나 세계 정상에 오르는 기염을 토했다. 이 기록은 당시 '한국 빙속 65년 역사의 신기원'이라는 찬사를 받고 온 국민을 열광케 했다.

배기태는 아시아 선수들의 한계로 지적된 1000m와 1500m 종목에서도 정상의 기량을 지닌 점이 기존 한국의 스프린터와 다른 강점이었다. 배기태의 실적은 곧바로 우리나라 동계 스포츠의 새 역사였고, 세계적인 도약 가능성에 대한 증명이었다.

1990년 일본 삿포로 동계 아시안게임에서 1000m와 1500m 금메달, 500m 은메달을 획득하는 활약을 펼치고 은퇴를 했다. 배기태의 활약은 한국인도 스피드스 케이팅의 세계 최강자가 될 수 있다는 희망을 북돋는 계기가 되고 오늘의 동계스포츠 강국을 일구는 밑거름이 되었다.

선수 은퇴 이후 1995년부터 1999년까지 국가대표 빙상 코치와 감독을 맡았으며, 2004년에는 한화그룹에서 개발하는 대덕테크노밸리 홍보업무를 담당하기도 했다.

대표 실적 및 활동

- 1986 일본 삿포로 동계 아시안게임 스피드스케이팅 금메달(1000m), 동메달(500m)
- 1987 네델란드 히렌빈 세계 스피드스케이팅 선수권 대회 우승(500m)
- 1990 일본 삿포로 동계 아시안게임 스피드스케이팅 금메달(1000m, 1500m), 은메달(500m)
- 1990 노르웨이 트롬쇠 세계스프린트 선수권대회 종합우승
- 1995~1998 국가대표 빙상 코치 및 감독

학적

- 1988 단국대학교 상경대학 경영학과 졸업: 학사
- 1990 단국대학교 대학원 체육학과 졸업: 석사

‘우즈베키스탄 태권도의 아버지’가 일군 금자탑

백문종

1970년 강원도 춘천 출생 | 2004학번

대표 실적 및 활동

- 2009 우즈베키스탄 내 ‘백문종태권도 챔피온십’ 대회 개최(이후 국제대회로 승격)
- 2012 영국 런던 올림픽 우즈베키스탄 국가대표 감독
- 2013~2016 우즈베키스탄 국립체육대학교 부총장
- 2021 일본 도쿄 올림픽 우즈베키스탄 국가대표 감독(우즈베키스탄 최초 금메달 획득)
- 2021 대한민국 대통령 표창
- 2012~2024 현재 우즈베키스탄 국립체육대학교 교수

학적

- 1989 중부대학교 환경공학과 졸업: 학사
- 2006 단국대학교 대학원 체육학과 졸업 : 체육학 석사
- 2009 단국대학교 대학원 체육학과 졸업 : 이학박사

“우즈베키스탄 최초 올림픽 태권도 금메달, 영화 같은 감동의 올림픽 2연패 실화” 울루그벡 라시토프 선수(남자 68kg급)가 지난 2021 도쿄올림픽에 이어 올해 파리올림픽에서도 조국에 금메달을 선사하자 우즈베키스탄 국민들은 열광했다. 이 때, 선수 못지않은 박수와 주목을 받은 이가 있는데 그가 백문종(우즈베키스탄국립체육대학교) 교수이다.

백문종은 한국 정부의 태권도 세계화 프로그램의 일환으로 2008년 우즈베키스탄에 파견되었다. 교수로서 국가대표 감독도 겸임하면서 선수 경기력을 극적으로 향상시켜 정부의 신뢰와 인기를 쌓았다. 국립대학교에 태권도학과를 신설할 만큼 국가의 애정은 있었지만 여건과 문화는 불모지에 가까웠다.

백문종은 이같은 어려운 환경 속에서 태권도 교육을 체계화하는 동시에 국제대회를 유치하고, 우수 선수를 길러낼 제도 정비와 태권도장 개설 등 산적한 과제를 온몸으로 풀어나갔다. 이제는 그의 이름 딴 ‘백문종 박사 컵 국제 태권도 대회’가 해마다 열리고 있다. 등록 도장은 천오백여 개, 수련생은 2만여 명에 달하며 국립 체육대학교에서 80명의 태권도 엘리트가 배출될 만큼 ‘국민스포츠’로 자리잡은 태권도는 한-우즈벡 친섭협력의 상징이 되고 있다.

서용빈

1971년 서울 출생 | 1990학번

고교 시절에는 주목을 받지 못했지만 우리 대학 진학 뒤, LG 트윈스 2군과의 연습경기에서 주목받아 같은 구단의 지명으로 프로 생활을 시작했다. 1994년 입단 첫해에 공격과 수비 양쪽에서 탁월한 역량을 발휘한 서용빈은 LG 트윈스의 한국시리즈 우승을 견인했다. 당시 LG 트윈스는 자율야구로 유명한 이광환 감독 체제였다. 이 감독의 야구 철학과 잘 어울렸던 서용빈은 류지현, 김재현과 신인 돌풍을 일으키며 LG의 우승을 이끌었고 1루수 골든글러브를 수상하며 '신바람 야구'라는 새로운 문화를 상징하는 선수로 인기를 끌었다.

1998년 시즌 개막 직전에 큰 교통사고를 당해 난조에 빠져 끝내 기량을 회복하지 못하고 2006년에 은퇴했다. 2006년까지 통산 828경기 타율 2할9푼 760안타 22홈런 350타점 307득점 31도루를 기록했다.

은퇴 뒤에는 일본 주니치 드래곤스에서 지도자 연수를 받았다. 2008년 LG 트윈스에 복귀하여 코치로 활동하다가 방송 해설위원으로 활약하기도 했다. 서용빈은 2021년 지도자로 복귀하여 KT 위즈에서 2군 감독과 수석코치를 담당해 본격적인 지도자 길을 걷기 시작했다. 2023년, LG 트윈스 2군 감독으로 선임되어 친정팀의 후진들을 양성하던 중, 2024년 5월부터 전력강화 코디네이터로 승격해 친정팀의 도약을 위해 주력하고 있다.

대표 실적 및 활동

- 1994~2006 LG 트윈스 프로야구 선수
- 1994 KBO 골든글러브 1루수 수상
- 2018~2020 SPOTV 야구 해설위원
- 2021~2022 KT 위즈 2군 감독
- 2023 LG 트윈스 2군 감독
- 2024 LG 트윈스 전력강화 코디네이터

학적

- 1994 단국대학교 경상대학 경영학과 졸업: 학사
- 2021 한국체육대학교 대학원 졸업: 석사
- 2024 한국체육대학교 대학원 박사: 재학

탈골의 고통도 어쩌지 못한 강렬한 열망

대표 실적 및 활동

- 2008 중국 베이징 올림픽 남자 금메달(68kg급)
- 2009 대한체육회 체육상 경기 부문 우수상 수상
- 2010 중국 베이징 스포츠어코드 컴뱃게임 금메달(-68kg급)
- 2016~2023 올림픽 태권도 KBS 해설위원
- 2020~2024 현재 경일대학교 태권도학과 교수 겸 태권도선수단 감독

학적

- 2012 단국대학교 스포츠과학대학 태권도학과 졸업: 학사
- 2014 용인대학교 교육대학원 교육학과 졸업: 석사
- 2017 동아대학교 대학원 태권도학과 수료: 박사

손태진

1988년 경북 경산 출생 | 2007학번

2007년, 다음해 펼쳐질 베이징 올림픽 출전권을 둘러싼 세계태권도대회가 열렸다. 당시 손태진은 16강 진출을 위한 경기에서 상대 선수에게 깔리며 왼손 팔꿈치가 탈골되는 부상을 당했다. 그럼에도 손태진은 팔을 압박붕대로 몸통에 묶어 고정시킨 채 시합에 나갔다. 바늘로 찌르는 듯한 격심한 통증으로 백지장 같은 얼굴은 고통으로 일그러졌으나 손태진은 아픔을 참으며 승리를 거듭해 결국 대회 우승을 차지하여 올림픽 출전 티켓을 거머쥐었다.

이처럼 어렵게 획득한 출전권으로 진출한 2008 베이징 올림픽에서 손태진은 한국 태권도의 천적이라 불리던 마크 로페스 선수를 3라운드 종료 직전 오른발 돌려차기로 물리치며 금메달의 영광을 조국에 선사했다. 그가 한 해 앞서 보여준 세계 정상급의 인내력과 투혼, 기량을 보면 손태진의 금메달은 어쩌면 당연한 결실이었다.

이후 스포츠어코드 컴뱃게임, 국제클럽오픈 태권도대회를 비롯한 국내외 여러 대회에서 탁월한 경기력을 보여주면서 세계 최고의 기량을 과시했다. 2016년 선수 은퇴 이후 브라질 리우데자네이루 올림픽부터 이 파리 올림픽까지 해설위원으로 활약하며 많은 인기를 끌고 있다. 2020년부터 경일대학교 태권도학과 교수 겸 태권도선수단 감독으로 재직하고 있다.

송경택

1983년 대구 출생 | 2002학번

2005년부터 3~4년 간 안현수, 이호석 등과 함께 쇼트트랙 국가대표로 활약하며 중국의 왕멍, 미국의 안톤 오노 등과 치열한 경쟁을 펼쳤다. 178cm의 큰 키에 체력을 바탕으로 중장거리에서 특기를 발휘했다. 특히, 인 코스나 아웃코스 패싱 기술이 뛰어나 1500m 부문에서 세계 탑 수준의 경쟁력을 발휘했다.

2007 장춘 동계아시안게임 5000m 계주에서 금메달을 획득, 2007 쇼트트랙 세계선수권대회에서 3000m S.F 우승을 비롯하여 두 차례의 세계선수권대회에서 모두 4개의 금메달을 따는 활약을 펼쳤다.

선수 은퇴 이후 2019년에 쇼트트랙 국가대표 코치와 감독을 역임하기도 했다. 2022년 대선 당시에는 안철수 대표(국민의 당)가 국토대종주 달리기를 할 때 선두에서 끝까지 함께 달려 화제를 낳았고, 이후 문화·체육 분야 특별보좌로 임명되어 정계에 입문했다. 2024년부터 서울시의회에 국민의 힘 비례제로 시의원으로 선임되었고 문화체육관광위원회 부위원장으로 활동 중이다.

대표 실적 및 활동

- 2005 대한민국체육상 거상장
- 2007 제6회 중국 창춘 동계 아시안게임 은메달(500m), 계주 금메달(5000m)
- 2007 ISU 쇼트트랙 스피드 스케이팅 세계선수권대회 금메달(3000m), 계주 금메달(5000m)
- 2008 ISU 쇼트트랙 스피드 스케이팅 세계선수권대회 금메달(1500m), 계주 금메달(5000m) 개인종합 3위
- 2015~2016 쇼트트랙 국가대표 코치
- 2018~2019 쇼트트랙 국가대표 감독
- 2022~2024 현재 서울특별시의회 의원

학적

- 2006 단국대학교 사범대학 체육교육과 졸업: 학사

교육현장에 '럭비정신' 보급 위해 앞장서다

대표 실적 및 활동

- 1980~2002 경기도 성남서중학교, 부천북고등학교, 김포중학교, 하성고등학교, 덕산중학교 체육교사
- 2002~2008 토평중학교, 계남중학교, 성주중학교 교감
- 2007~2011 경기도 광명 광문고등학교 교장
- 2011~2015 경기도 부천 상동고등학교 교장
- 2014 단국대학교 체육교육과 동문회장 역임
- 2018 대한럭비협회 공로상 수상

학적

- 1976 단국대학교 사범대학 체육교육과 졸업: 학사
- 1988 단국대학교 교육대학원 체육교육과 졸업: 교육학 석사

안광운

1953년 인천 출생 | 1972학번

인천기계공고에서 선수 생활을 시작해 우리 대학 럭비부에 진학했다. 입학 당시 우리 대학 럭비부는 대학 강자로 군림하고 있었는데, 안광운 동문은 윙백과 풀백을 오가며 강인한 투지를 발휘했다. 당시 제53회 전국체육대회, 1973년 전국 럭비 종별선수권대회에서 우승을 차지하는 등 발군의 성적을 기록했다.

교직을 꿈꾸던 안광운은 1979년 동인천고등학교를 시작으로 체육교사 생활을 성실히 수행해 광명시 광문고등학교와 부천 상동고등학교 교장을 역임하고 2015년 정년퇴임했다. 안광운은 스포츠로서 럭비가 '투지와 협동심'을 길러주는 교육적 효과가 크다는 믿음을 갖고 있어 36년의 교직 생활 가운데 특별히 럭비를 교육 일선에 보급하는 데 앞장섰다. 그는 1982년 성남서중학교 재직 시 럭비부를 창설했고, 1986년에는 부천북고등학교에서도 럭비부를 창단하고 초대 감독을 맡으며 자신의 소신을 실천했다. 부천북고 럭비부는 안광운이 재직하던 당시 신생팀임에도 전국체육대회 고등부 우승을 차지하는 기염을 토했고, 지금도 럭비 명문으로 인정받고 있다.

안광운은 애교심도 탁월해 단국대 럭비동문회, 체육교육과동문회 회장을 역임하며 다양한 후원사업도 실천했다. 대한럭비협회는 럭비 발전에 이바지한 안광운의 공로를 인정해 공로상을 증정하기도 했다.

어재석

1957년 강원도 평창 출생 | 1976학번

한국 스키의 명문인 '어재식 형제' 9남매 중 8번째 아들로 태어난 어재석은 도암초에서 스키에 입문, 고교 재학부터 국가대표에 선발되 대학부 선수들과 기량을 겨뤘다. 우리 대학 재학 중에 이미 알파인 스키를 대표하는 선수로 성장했다.

1975년에 용평스키장이 신설되고 강원도 출신 선수들이 한국 스키를 끌어가기 시작했는데, 고태현과 함께 새로운 차원의 알파인 스키 기량을 선보인 선수가 어재석이었다. '어재식과 고태복', '고태현과 어재석'으로 이어지는 계보는 형제와 선후배로 엮인 한국 스키 도약기의 황금 라인이다.

실업팀 진출을 마다하고 졸업 후에 단국대학교에서 교직원으로 근무하면서 행정 일선에서 수고하면서도 배움의 길을 잃지 않았다. 스키 보급을 위한 기초 입문서와 여러 전문 서적을 펴내면서 교직원을 사직하고 연구에 몰두해 체육학 박사 학위를 취득했고, 영어와 일어를 자습해 결국 한국 알파인 스키인 최초로 경기장 규격 등을 심사하는 국제 기술위원(TD)이 되었다. 2013년부터 2018년까지 대한민국 평창 동계 올림픽 조직위원회 설상베뉴(경기장 및 관람시설) 운영부장을 성공적으로 수행해 체육훈장 기린장을 받았다.

대학 교수 진출을 꿈꾸며 진로를 준비하던 중 2020년 별세하였다.

대표 실적 및 활동

- 1973~1978 알파인 스키 국가대표
- 2000 국제스키연맹 알파인 기술위원(TD)
- 2005~2008 대한스키협회 알파인 기술대표위원회 위원장
- 2009~2011 단국대학교 체육대학 생활체육학과 초빙교수
- 2006~2014 동계 올림픽 알파인 스키 해설위원
- 2011~2013 단국대학교 교양학부 연구전담 전임강사
- 2019 대한민국 체육발전유공 체육훈장 기린장 수훈

학적

- 1980 단국대학교 상경대학 경영학과 졸업: 학사
- 2000 한국체육대학교 사회체육대학원 졸업: 석사
- 2006 경희대학교 체육대학원 스포츠레저산업전공 졸업: 이학박사

통산 500세이브를 향해 정진하는 '돌부처'

오승환

1982년 전라북도 정읍 출생 | 2001학번

고교시절 강속구 투수로 해외 스카우터들의 관심을 받았지만 팔꿈치 부상으로 타자로 전향한 뒤 큰 활약을 보이지 못했다. 프로 진출을 희망했지만 우리 대학 강문길 감독의 권유로 대학에 진학했다. 강 감독의 지도로 투수 복귀를 시도하였고, 다시 팔꿈치를 다쳐 인대 접합 수술을 받았다. 역경에 굴하지 않고 성실하게 재활훈련을 해 정상급의 구위를 갖게 되었다.

2005년 삼성라이온즈에 입단하자마자 마무리 투수로 10승 1패 16세이브 11홀드, 평균자책점 1.18의 맹활약을 펼쳐 팀의 한국시리즈 우승을 이끌고 신인왕, 한국시리즈MVP를 차지하는 돌풍을 일으켰다. 2014년 일본 한신 타이거스에서도 2년 연속 '세이브왕'을 차지하며 수호신으로 활약했고, 2016년에는 메이저리그에 진출하여 세인트루이스 카디널스, 토론토 블루제이스, 콜로라도 로키스 등에서 활약했다. 2019년 한국으로 돌아와 삼성 라이온즈에 복귀하여 현재까지 선수 생활을 계속하고 있는데 올해 4월, KBO리그 개인 통산 408번째 세이브를 쟁취해 '단일리그 아시아 통산 최다 세이브' 신기록의 역사를 썼다.

현재도 삼성라이온즈의 마무리 투수로 마운드를 지키고 있는 오승환은 한국, 미국, 일본을 아우를 '통산 500세이브' 기록을 향해 '돌부처'처럼 전진하고 있다.

대표 실적 및 활동

- 2005 KBO 신인상, 정규리그 승률 1위
- 2005, 2011 KBO 한국시리즈 MVP
- 2006, 2007, 2008, 2011, 2012 KBO 정규리그 세이브 1위
- 2014 일본프로야구 센트럴리그 클라이맥스시리즈 MVP
- 2016~2019 메이저리그 세인트루이스 카디널스, 토론토 블루제이스, 콜로라도 로키스
- 2021 한국 프로야구대상 최고구원투수상
- 2024 '아시아 단일리그 통산 최다 세이브' 기록

학적

- 2005 단국대학교 스포츠과학부 생활체육전공 졸업: 학사

위성우

1971년 부산 출생 | 1991학번

2024년 1월, 위성우 감독은 한국 여자농구 사상 최초의 300승 고지를 밟았다. 언론은 '노력과 성실의 표상', '전인미답', '농구의 새 역사' 등으로 위성우의 업적을 칭찬했다.

재학 중 위성우는 뛰어난 수비수로 전문가들의 인정을 받았다. 1995년 농구명문 현대전자를 거쳐 안양 SBS 스타즈에서 프로 생활을 시작했다. 슈팅 가드로 활약했지만 큰 빛을 보지 못하던 위성우는 2005년, 과감하게 은퇴를 선언한 뒤 신한은행 여자농구단 코치로 변신했다.

지도자로 출발한 위성우는 엄청난 잠재력을 발휘했다. 신한은행 에스버드 코치 재직 중에 7번의 우승을 이끌었다. 그의 능력을 인정한 우리은행은 2012년, 그에게 감독직을 맡겼다. 그의 성실성과 카리스마, 유연한 작전 능력은 놀라운 결과를 낳았다. 위 감독은 리그 꼴찌였던 우리은행 여자농구단을 혹독한 훈련으로 담금질해 부임한 첫해부터 3연속 우승을 차지하였다. 2023년까지 정규리그 우승 9회, 챔프전 우승 7회라는 성과를 거두었으며, 정규리그 지도자상을 3회 수상했고, 2014 인천아시안게임에서 여자국가대표단 감독으로 금메달을 획득했다.

현재까지 '패배의 두려움은 강한 훈련만으로 극복된다'는 신념으로 한국 여자농구의 정상을 질주하고 있다.

대표 실적 및 활동

- 2008 중국 베이징 올림픽 여자농구 국가대표팀 코치
- 2012~현재 아산 우리은행 우리WON 감독(정규리그 우승 9회, 챔프전 우승 7회)
- 2013~2015 국가대표 여자농구 감독
- 2017~2022 한국여자프로농구 정규리그 지도자상(2017, 2021, 2022)
- 2024 여자프로농구 최초 300승 위업 달성

학적

- 1995 단국대학교 사범대학 체육교육과 졸업: 학사
- 2017 단국대학교 스포츠산업대학원 스포츠마케팅학과 졸업: 석사

신설 학교를 명문으로 만든 뜨거운 감투정신

유재천

1955년 충청남도 예산 출생 | 1974학번

예산고에서 배구 선수를 하고 우리 대학에 진학, ROTC를 거쳐 대위로 예편했다. 1985년, 당시 개교 첫해인 서울 대진고등학교의 초빙을 받아 체육교사로 첫 발을 디뎠고, 동시에 학생부장을 맡았다. 남녀공학에 개교 초기였던 학교의 안정된 면학분위기 조성을 위해서 그는 혼신의 노력을 다했고, 서울 대진고는 빠른 시간에 강북에서 가장 공부 잘하는 학교라는 명성을 쌓았다.

유재천은 학생지도 능력을 인정받아 교직 입문 10년 만인 1995년에 교감으로 승진했다. 교감으로 부임할 학교는 일산 대진고등학교였다. 이 학교 역시 공교롭지만 그 해가 개교 첫 해를 맞는 신설 학교였다. 더군다나 당시 일산은 비평준화 지역으로 많은 학생들은 신설 학교인 '일산 대진'을 꺼려하는 풍토였다. 악조건 속에서 유재천 교감은 학교에 기숙하다시피 학생들에게 매달려 면학열을 고취하고 선생님들을 독려했다. 학부모들마저 걱정하던 개교 첫해 입시 결과는 지역 내 전통 있는 공립학교와 어깨를 겨루고 남을 정도의 수준이어서 일약 입학 희망학교 1순위로 오를 정도였다.

이후 유 교감은 2011년에 일산 대진고와 같이 생겼던 특성화학교인 대진디자인고등학교의 교장으로 부임했고, 특유의 저돌적인 추진력으로 '대학진학율 50%, 취업률 50%'라는 전통을 만들고 정년을 맞았다.

대표 실적 및 활동

- 1985 서울 대진고등학교 학생부장
- 1995 일산 대진고등학교 교감
- 1996 경기도교육감 표창
- 1997 교육부장관 표창
- 2011 서울 대진디자인고등학교 교장

학적

- 1978 단국대학교 사범대학 체육교육학과 졸업: 학사
- 1982 동국대학교 대학원 졸업: 석사
- 2005 성균관대학교 대학원 졸업: 체육학 박사

강인한 체력과 투지로 수비라인을 이끄는 '윤장군'

윤영선

1988년 경기도 고양 출생 | 2007학번

고등학교 때부터 축구계의 주목을 받았으며, 대학에 진학하자마자 주력 선수로 활약했다. 재학시절부터 강인한 체력과 탁월한 위치 선정과 대인 마크 능력이 뛰어나다는 칭찬을 받았다. 2009년 대학축구 U리그에서 중앙 수비수로 막강한 수비 라인을 구축해 우리 대학이 감격의 우승을 차지하는 쾌거를 끌어냈다.

2010년 성남 일화에서 프로선수 생활을 시작, 입단 첫해에 아시아축구연맹 챔피언스리그에 출장하여 팀의 우승에 기여했고, 2011년과 2014년 대한축구협회 FA컵 우승을 견인했다. 상무 FC에서 군복무를 했고, 2019년 울산 현대로 이적한 이후 FC 서울, 수원 FC, 전북 현대 모터스에서 활약했다. 울산 현대의 2020 아시아축구연맹 챔피언스 리그 우승, 전북 현대 모터스 2022 대한축구협회 FA컵 우승을 주도해 축구팬들로부터 수비 라인을 지휘하는 리더십을 인정받아 '윤장군'이라는 애칭을 얻었다.

2018년 러시아 월드컵 독일과의 조별리그 최종전에서 수비수로서 몸을 던져 독일의 결정적 슛을 막아내는 등 무서운 투지를 발휘해 독일을 물리치는 주역으로 떠올라 국민적 사랑을 받았다. 국가대표와 프로리그 통산 200경기 이상 출전한 베테랑 선수로, 2024년부터 성남 FC에 복귀해 안정감 있는 수비 라인을 이끌고 있다.

대표 실적 및 활동

- 2009 세르비아 베오그라드 유니버시아드대회 국가대표
- 2015~2018 대한민국 축구 국가대표
- 2017 EAFF E-1 풋볼 챔피언십 우승
- 2018 러시아 FIFA 월드컵 본선 국가대표
- 2018 KEB 하나은행 K리그 대상 챌린지 베스트11 수비수 부문

학적

- 2011 단국대학교 체육대학 생활체육학과 졸업: 학사
- 2024 단국대학교 스포츠과학대학원 석사 재학 중

모교 사랑도 두터운 '역사급'의 절대 강자

대표 실적 및 활동

- 2017~2019 전국체전 역사급 우승
- 전국씨름대회 대학부 15회 우승
- 2018~2019 씨름 대학부 우수선수상 수상
- 2021 추석장사대회 2위, 평창장사대회 2위, 천하장사대회 4위
- 2021~2023 증평군청 씨름단
- 2024 현재 양평군청 씨름단

학적

- 2021년 단국대학교 사범대학 체육교육과 졸업: 학사

이국희

1998년 충청북도 청주 출생 | 2017학번

친형의 권유(단국대 씨름부 이용희)로 초등학생 때 씨름에 입문, 중고등학교 내내 빼어난 성적을 거두었다. 형을 따라서 단국대학교 입학해 재학 중 총 15회 우승의 금자탑을 쌓으며 대학 최우수 선수의 면모를 보였다.

2018년 춘천소양강배 전국장사씨름대회 대학부 단체전에서 우리 대학이 10년 만에 왕좌를 다시 차지하는데 이용희, 이국희 두 형제가 에이스로 활약했다. 75kg 이하 경장급에서 이용희가 선도했고, 140kg 이하 장사급에 출전한 이국희가 마무리했다. 특히 이국희는 본래 105kg 이하 역사급 선수였으나, 팀에 장사급 선수가 없어 체급을 올려 출전하여 자신보다 30kg이나 많이 나가는 상대 선수를 압도하는 경기력을 펼쳐 주목을 받았다.

2019년에 개최된 학산배 전국장사씨름대회에서는 형제가 나란히 우승을 거머쥐기도 했다. 형 이용희는 일반부 경장급에서, 동생 이국희는 대학부 역사급에서 정상을 차지한 것이다.

이국희는 2021년, 대학 졸업 뒤 실업단에 진출하며 "모교의 전폭적인 지원과 씨름부의 체계적인 지도 덕분에 정상의 기량을 얻었다"며 발전기금을 기부해 박수를 받기도 했다.

증평군청 씨름단(2021~2023)을 거쳐 2024년부터는 양평군청 씨름단 소속으로 '역사급'에서는 여전히 절대 강자의 위세를 떨치고 있다.

실력을 바탕으로 프로 구단의 '프로CEO'로 성장중

이기완

1970년 경상남도 남해 출생 | 1989학번

한국프로농구연맹 고양 소노 스카이거너스 프로농구단 단장인 이기완은 고등학교 때까지 배드민턴 선수로 활약했으나, 대학에 진학한 뒤 본격적으로 전공에 매진하여 2002년 영국의 옥스퍼드브룩스대학교에서 경영학 석사 학위(M.B.A.)를 취득했다.

스포츠경영학 전공을 살려 FIFA 에이전트로 활약했다. 이 직업은 FIFA에 등록된 선수와 클럽을 대리해 선수 이적을 중개하도록 FIFA가 공인한 직업인데 한국에는 대여섯 명밖에 안되는 희귀 직종이다. 이 동문은 이 가운데 중국통으로 활발한 활동을 펼치면서 스포츠 구단의 경영자로 경력을 쌓았다. 2016년 대명그룹이 창단한 아이스하키팀 킬러웨일즈의 단장을 맡아 열악한 상황에서도 선진적인 경영기법을 적용해 해당 구단을 아시아리그 정규시즌에서 우승시켜 많은 호평을 받았다.

이기완은 2023년부터 프로농구 구단인 '고양 소노 스카이거너스'의 창단을 주도하고 단장을 맡았다. 이 팀은 고양시에 연고를 둔 다른 구단이 해체 위기를 맞자 대명소노그룹이 시민들의 열망을 반영하여 지역연고를 유지하며 제10구단으로 창단했다. 이기완은 단장으로서 브랜딩 전략을 새로이 구상하고 팬서비스를 통해 코트에 새로운 바람을 불러일으킨다는 각오로 2024 시즌을 분투하고 있다.

대표 실적 및 활동

- 2002~2016 국제축구연맹(FIFA) 에이전트(선수 및 매치)
- 2017~2021 대명 킬러웨일즈 아이스하키팀 단장
- 2018 대명그룹 상무이사
- 2018 소노인터내셔널 상무이사
- 2023~2024 현재 한국프로농구연맹(KBL) 이사
- 2023~2024 현재 고양 소노 스카이거너스 프로농구단 단장

학적

- 1997 단국대학교 체육대학 경기지도학과 졸업: 학사
- 2002 영국 옥스퍼드브룩스대학교 졸업: 경영학 석사(M.B.A.)

LG 신바람야구의 전통을 상징하는 '천재타자'

이병규

1974년 전라북도 김제 출생 | 1993학번

대표 실적 및 활동

- 1997 KBO 신인상
- 1999, 2000, 2001, 2005 KBO 정규리그 안타 1위
- 1997, 1999, 2000, 2001, 2004, 2005 KBO 골든글러브 외야수상
- 2013 KBO 정규리그 타율 1위, KBO 골든글러브 지명타자상
- 2018~2022 LG 트윈스 코치와 2022년 호주 프로야구 리그 질롱 코리아 3대 감독
- 2023 삼성 라이온즈 수석코치
- 2024 LG트윈스 2군 감독

학적

- 1997 단국대학교 경상대학 경영학과 졸업: 학사

천재 타자, 적토마, 3할 타율, 두자리 홈런, 천재 외야수, LG트윈스 영구결번(9번). 그를 이르는 다양한 애칭처럼 이병규는 지금도 야구 팬들의 사랑을 받는 LG트윈스와 한국 프로야구의 레전드이다. 1993년, 프로구단의 러브콜 대신 우리 대학 입학을 선택했다. 1994년 대학춘계리그에서 11타점을 기록하여 한국 아마추어야구 한 경기 최다 타점을 기록하는 등 맹활약으로 우리 대학을 아마야구 정상의 위치에 올려놓았다.

1997년 역대 최고의 계약금으로 LG 트윈스에 입단한 이후 2006년까지 역량을 아낌없이 발휘하여 신인왕, 타율 1위, 안타 1위, 득점 1위, 외야수 부문 골든글러브 6회 등의 탁월한 실적을 거둔다. 2007년 일본에 진출, 주니치 드래건스에서 팀의 우승을 견인했다. 2010년 LG 트윈스로 복귀하여 다시 활약하면서 팬들의 절대적 사랑을 받았다.

2012년에는 통산 2,000안타 기록을 달성했으며, 2013년에는 10타석 연속 안타를 쳤으며, 한국 프로야구 최고령 사이클링히트와 타격왕 기록을 갱신했다. 팀내 최고참이면서도 늘 솔선수범하는 자세로 '신바람 야구'를 주도해 팬들의 존경을 받았다. 2016년 은퇴 당시 그의 등번호 9번이 영구결번 처리되었고 2024년부터 LG트윈스 2군 감독을 맡고 있다.

이소연

1993년 경기도 수원 출생 | 2012학번

취미로 쇼트트랙을 시작했으며, 우리 대학 신입생 때 바로 국가대표에 발탁되었다. 힘든 훈련과 압박감을 이겨내고 처음 출전한 국제대회인 ISU 쇼트트랙 스피드 스케이팅 월드컵 1차 대회 1000m 결승에서 금메달을 목에 걸어 재능을 인정받았다.

이후 2013년에는 이탈리아 트렌티노 동계 유니버시아드대회 계주 3000m 금메달, ISU 쇼트트랙 스피드 스케이팅 월드컵 3차 대회 1500m 금메달, 6차 대회 1000m 금메달 등을 획득해 많은 사랑을 받았다. 입학 직후 국가대표 생활을 하느라 학교 생활이 부족해 모교애가 뭔지 몰랐다는 이소연은 "3학년 재학 때부터 학교에서 함께 모여 같이 운동을 하고 단국의 이름으로 경기에 출전하면서 애교심이 커졌다"는 경험담을 밝혔다.

다른 최정상급 선수들에 비해 피지컬이 딸린다는 평을 받았지만 이소연은 철저한 자기관리와 기복없는 꾸준함으로 자신의 경쟁력을 유지하면서 2022년, 오랜 슬럼프를 극복하고 5년 만에 국가대표로 복귀하며 재기에 성공했다. 2023년 ISU 쇼트트랙 스피드 스케이팅 사대륙선수권대회 3000m 계주 금메달, 세계선수권대회 3000m 계주 은메달을 획득했다. 현재 스포츠토토 빙상단에서 활약하며, 국가대표 맏언니로 훈련에 매진하고 있다.

대표 실적 및 활동

- 2012 ISU 쇼트트랙 스피드 스케이팅 월드컵 1차 대회 금메달(1000m)
- 2013 이탈리아 트렌티노 동계 유니버시아드대회 쇼트트랙 여자 계주 금메달(3000m)
- 2013 ISU 쇼트트랙 스피드 스케이팅 월드컵 3차 대회 금메달(1500m), 6차 대회 은메달(1000m)
- 2023 ISU 쇼트트랙 스피드 스케이팅 사대륙선수권대회 계주 금메달(3000m)
- 2023 ISU 쇼트트랙 스피드 스케이팅 세계선수권대회 계주 은메달(3000m)

학적

- 2016 단국대학교 체육대학 생활체육학과 졸업: 학사
- 2018 단국대학교 교육대학원 체육교육과 졸업: 석사

한국축구의 미래를 짊어진 만능 미드필더

이승원

2003년 경기도 용인 출생 | 2022학번

고교시절부터 실력을 인정받은 유망주인 이승원은 문체부장관배 전국대회에서 최우수선수상을 수상하며 프로구단 입단 제의를 받았으나, 전국체전에서 발가락 부상을 당해 계약이 무산되었다. 이후 재활에 성공했고, 2022년 우리 대학에 입학, 주전 미드필더로 활약하며 대학축구 U리그 왕중왕전 우승을 견인했다. 2023년 K리그 강원 FC에 입단하며 프로축구 선수 활동을 시작했다. 2024년 입대하여 상무 FC에서 군복무 중이다.

대학 재학 중 펼친 활약으로 U-20 국가대표로 선발되었다. 2023년 AFC U-20 아시안컵과 같은 해 FIFA U-20 월드컵 모두 주장을 맡아 연이어 4강 진출을 이끌었다. U-20 월드컵에서 이승원은 7경기 3골 4도움의 개인 성적을 거두었는데, 이러한 성과를 인정받아 브론즈볼(MVP 3위)을 받았다. 당시 활약상을 본 유럽 전문가들에게서 "놀라운 패스와 시야를 갖고, 위대함을 향한 운명을 타고 났다"는 찬사를 받기도 했다.

미드필더이지만 수비와 공격, 어떤 임무도 두루 소화하는 능력과 코너킥 전문 키커, 그라운드 시야가 넓어 한국축구의 미래를 짊어질 인재로 촉망받고 있다. 2024년 2월 영국의 축구 전문지 『월드 사커』에서 발표한 '전 세계 최고 유망주 50인'으로 선정되기도 했다.

대표 실적 및 활동

- 2023 AFC U-20 아시안컵 4강 진출
- 2023 FIFA U-20 아르헨티나 월드컵 4강 진출, 도움왕 및 브론즈볼(MVP 3위) 수상
- 2024 『월드 사커』 선정 '전 세계 최고 유망주 50인'

학적

- 2024 단국대학교 스포츠과학대학 국제스포츠학부 국제스포츠전공 휴학

이언주

1977년 부산 출생 | 2010학번

고교 졸업 뒤 1995년 한국화장품 여자농구단에서 프로 생활을 시작했다. 1998년 신세계 쿨캣으로 이적해 1999년 겨울 리그, 2000년 여름 리그, 2001년 여름 리그, 2002년 겨울 리그 등 총 4차례의 우승을 주도했으며, 한국 여자농구 부동의 슈팅 가드로 평가받았다. 또 국가대표팀을 이끌면서 2000년 오스트레일리아 시드니 올림픽 4위, 2002년 부산 아시안게임 2위라는 성과를 거두기도 했다.

2003년 금호생명 팰컨스로 이적, 침체했던 분위기를 일신해 2004 겨울리그에서 창단 후 최초 우승을 만들었다. 인대 파열 등의 부상을 딛고 일군 성과여서 더 큰 찬사를 받았다. 2009년까지 노련한 리더십으로 팀을 이끌다 은퇴를 선언했다. 이후 우리 대학에 진학하여 미뤄두었던 학업을 계속하면서 선수로 활동했고, 플레잉 코치도 병행했다.

우리 대학 여자농구팀은 동아리 수준의 약체팀이었는데, 이언주의 헌신적 노력으로 팀의 면모가 반전했다. 졸업 후에도 모교에 남아 감독직을 맡아 본격적으로 농구부를 육성해 2012 총재배 여자대학농구대회 4강을 비롯, 여자대학농구의 신흥 강자로 자리잡도록 했다.

2015년까지 단국대학교 여자농구팀 감독을 역임했으며, SBS ESPN 여자프로농구 해설위원으로 활동하기도 했다.

대표 실적 및 활동

- 2000 오스트레일리아 시드니올림픽 여자농구 4위
- 2002 대한민국 부산 아시안게임 여자농구 은메달
- 한국여자프로농구 우승 신세계 쿨캣(1999 겨울, 2000 여름, 2001 여름, 2002 겨울), 금호생명 팰컨스(2004 겨울). 여자프로농구 310경기(평균 31분) 출장
- 2010~2015 단국대학교 여자농구팀 감독
- SBS ESPN 여자프로농구 해설위원

학적

- 2012 단국대학교 체육대학 스포츠경영학과 졸업: 학사
- 2014 단국대학교 교육대학원 교육학과(체육교육) 졸업 : 교육학 석사

데뷔 첫해에 신인왕과 KS 우승을 차지한 미완의 해설자

이용철

1964년 서울 출생 | 1984학번

이용철은 일반 학생으로 들어와 야구부에 입단해 프로선수가 된 특이한 경력을 갖고 있다. 사이드 암 투수이기에 잦은 부상에 시달려 야구를 그만두려 했지만 강문길 당시 감독의 강력한 권유와 지도에 힘입어 언더핸드로 재기에 성공했다.

1987년 추계 대학야구 선수권대회에서 동국대와 결승전에 펼친 경기는 비록 패했지만 드라마틱한 승부와 두 대학 2만 여 재학생들이 손잡고 동대문구장에서 한남캠퍼스까지 펼친 가두행진이 겹쳐 지금도 가을야구의 전설이 되고 있다. 당시 이용철 선수는 최훈재 선수, 김형주 선수 등과 우리 팀을 결승까지 이끌었고, 동국대는 송진우, 이강철, 박준태 등이 맞섰다.

구속은 시속 130km 중반이었지만 싱커를 주무기로 마운드를 지켰다. 1988년 졸업하면서 프로야구 1차 지명을 받아 MBC 청룡에 입단한 이후, 연패의 늪에 빠진 소속팀을 수렁에서 건지고 같은 해 한국시리즈 우승까지 차지해 실력을 인정받으며 신인왕을 차지하는 영광을 누렸다. 1994년 선수 은퇴 후 스카우트와 코치를 거쳐, 2001년부터 고 하일성 해설위원의 지원을 받아 KBS 야구 해설위원으로 활동했다. 한국 야구 발전을 위해 다방면으로 노력했는데, 특히 은퇴 선수들의 권익과 진로 모색에 도움을 주고자 앞장섰고 현재 새로운 출발을 준비하고 있다.

대표 실적 및 활동

- 1988 KBO 신인상, 언론사 신인상 수상
- 1998~2000 삼성 라이온즈 투수코치
- 2001~2019 KBS 야구 해설위원, KBSN 스포츠 해설위원
- 2009~2017 KBO 야구발전실행위원회 위원
- 2013~2019 한국프로야구은퇴선수협회 사무총장

학적

- 1988 단국대학교 체육대학 체육학과 졸업: 학사
- 2020 단국대학교 대학원 체육학과 졸업: 이학박사

침체 운동부, 열정으로 부활시킨 중등체육 마술사

이재용

1964년 경기도 용인 출생 | 1982학번

인천체육고등학교에서 유도 선수로 활약하다가 교직에 뜻을 두고 우리 대학 체교과에 입학했다. 선수 생활은 접었지만 학과에서 유도 선수 출신 선배들과 유도 동아리를 만들어 학과 생활을 열심히 꾸리기도 했다. 교직에의 꿈을 이뤄 교단에 선 이재용은 안중고교를 거쳐 용인중학교에 전근하면서 두드러진 활약을 한다.

이름 있고 실체가 없어진 용인중 육상부의 현실을 안타깝게 여긴 이재용은 2003년, 관내의 초등학교를 순회하면서 소질이 있는 학생들을 면담, 선발하여 재창단 수준으로 면모를 일신했다. 비록 육상을 전공하지 않았지만 이재용은 전문서적을 읽고, 공부하면서 어린 선수들을 지도했다. 선수들은 전국 어린이 체육대회 등에서 우승을 차지하는 파란을 일으켜 지역사회에 큰 반향을 일으켰다. 이같은 지도력을 인정받아 2005년에 교육부총리상을 수상하기도 했다.

이후 경기도 안성고 재직 중에는 다시 소프트테니스 팀의 감독을 맡아 침체되어 있던 팀 분위기를 일신하고 선수들의 투지를 끌어올려 전국체육대회에서 남고부 우승을 차지하기도 했다. 덕분에 이재용은 소프트테니스 고등부 국가대표 감독을 맡기도한 이색 경력을 갖고 있다. 이후 이재용은 교직에 매진해 오산시 성호중학교 교감을 거쳐 현재 파주시 해솔중학교 교장으로 재임 중이다.

대표 실적 및 활동

- 2005 부총리상 수상
- 2012~2019 경기도 안성시 안성고등학교 교사 발령
- 2019~2020 경기도 안성시 안성중학교 교사
- 2020~2022 경기도 화성시 향남중학교 교감
- 2022~2024 경기도 오산시 성호중학교 교감
- 2024~현재 경기도 파주시 해솔중학교 교장

학적

- 1986 단국대학교 사범대학 체육교육과 졸업: 학사

축구심판 꿈꾸던 열정, 심판위원장으로 결실

이정민

1975년 강원도 정선 출생 | 1996학번

선수 출신 특기자도 아닌 일반 전형으로 입학을 했지만 재학 시절부터 축구심판이 되기 위해 노력해 졸업 전인 2002년에 대한 축구협회 심판3급 자격을 취득했다. 특별한 양성 프로그램이 없는 축구 심판 자격증임에도 이정민은 과감히 자학자습하며 이후 심판 1급 취득(2006) , FIFA 국제심판자격을 취득(2009)해 2009년부터 2016년까지 FIFA 국제심판으로 활약했으며, 2011년 콜림비아 U-20 월드컵 결승전 등 주요 국제대회에 참가하여 명성을 쌓았다.

2011년부터 한국 프로축구 심판으로 데뷔해 한국프로축구연맹 전임심판으로 활동하면서, 2017년 K리그 최우수 부심상, FA컵 최우수 부심상, 2000년 대한축구협회 올해의 부심상, 2022년 FA컵 최우수 부심상을 수상했다. 특히 2022년 5월에 국내 심판 중 5번째로 '400경기 출장 기록'을 세우고 그라운드에서 물러나 축구협회 심판부위원장으로 임명되어 행정가로 활동하고 있다. 2023년에 심판위원장으로 선임되었는데 '심판들과 벽 없는 소통을 하고, 심판 배정 시스템을 더욱 완벽하고 투명하게 만들겠다"는 각오로 현장을 누비고 있다.

대표 실적 및 활동

- 2009~2016 FIFA 국제심판
- 2011~2022 한국프로축구연맹 전임심판
- 2011 콜롬비아 U-20 월드컵 결승 심판
- 2017 K리그 최우수 부심상, FA컵 최우수 부심상
- 2020 대한축구협회 올해의 부심상
- 2022 FA컵 최우수 부심상, 현역심판 최다 400경기 출장 기록
- 2023~2024 현재 대한축구협회 심판위원회 위원장

학적

- 2003 단국대학교 체육대학 스포츠과학부 스포츠경영학전공 졸업: 학사

좌절이 오면 도전으로 응답하는 빙판의 오뚝이

이정수

1989년 서울 출생 | 2008학번

고교 시절 2006~2008 주니어세계선수권 종합 1위와 2위를 차지한 세계적 유망주로 우리 대학에 입학하면서 재능이 본격적으로 개화해 2009년 쇼트트랙 월드컵에서 3관왕에 올랐고, 2010년 밴쿠버 동계 올림픽 1000m와 1500m 금메달, 5000m 계주 은메달을 획득하여 국민적 박수를 받았다.

대한민국 쇼트트릭의 대들보로 국가적 신망을 받았지만 파벌경쟁에 휘말려 상처를 받고, 부상이 겹치면서 극심한 부진이 이어졌다. 스피드 스케이팅으로 전환해보기도 했지만 큰 성과를 거두지 못했다. 이정수는 시련에 굽히지 않고 꾸준히 노력한 끝에 2016년에 재기했다. 2017 일본 삿포로 동계 아시안게임에서 주장을 맡아 후배들을 통솔하여 대표팀을 이끌면서 1500m에서 동메달, 5000m 계주에서 은메달을 획득했다. 이후 평창 동계올림픽에서 다시 한번 태극마크를 꿈꿨지만 만족할 만한 성과를 거두지 못했다.

그렇지만 이정수는 포기하지 않았다. 2018년부터 2022년까지 KBS 해설위원으로 활동하던 그는 2022-23 시즌 국가대표 선발전에 참가 7위를 차지해 비록 후보였지만 국가대표팀에 합류했고, 2024-25시즌에서는 5위로 국가대표로 출전 자격을 확보하는 불굴의 투지로 쇼트트랙 후배들에게 큰 자극이 되고 있다.

대표 실적 및 활동

- 2010 캐나다 밴쿠버 동계 올림픽 금메달(1000m, 1500m), 계주 은메달(5000m)
- 2010 제15회 코카콜라 체육대상 신인상 수상
- 2016 ISU 쇼트트랙 스피드 스케이팅 월드컵 2차 금메달(1500m), 3차 금메달(1500m), 4차 금메달(1500m)
- 2017 제8회 일본 삿포로 동계 아시안게임 계주 은메달(5000m)
- 2017 대한빙상경기연맹 최우수선수상
- 2018 대한민국 평창 동계 올림픽 쇼트트랙 스피드 스케이팅 KBS 해설위원
- 2022 중국 베이징 동계 올림픽 쇼트트랙 스피드 스케이팅 KBS 해설위원

학적

- 2012 단국대학교 사범대학 체육교육과 졸업: 학사

씨름에 스포츠 정신을 심은 '모래판의 신사'

대표 실적 및 활동

- 1982~1987 프로씨름 선수(천하장사 3회, 백두장사 7회)
- 1994 LG투자증권 씨름단 감독
- 2002 신창건설 씨름단 감독
- 2006 한국씨름연맹 경기위원장
- 2013 대한씨름협회 경기부장
- 2023~현재 대한씨름협회 경기운영총괄본부장

학적

- 1980 단국대학교 사범대학 체육교육과 졸업: 학사

이준희

1957년 경상북도 예천 출생 | 1976학번

한영고에서나 우리 대학 진학 뒤, 나중에 프로 선수와 감독을 할 때 이준희는 언제나 한국 정상에 서 있었다. 씨름 팬들에게 그는 비겁한 승리보다 모래밭에 대한 사명감을 지키는 '신사'였다. 씨름의 전성시대였던 1980년대 초중반에 장사대회 시청률은 70%에 육박하는 국민적 인기를 끌고 있었다. 당시 이준희는 '모래판의 신사'로 불리며 이만기, 이봉걸과 함께 '3이(李)'로 불리며 전국적 사랑을 받았다. 이만기가 기술 씨름을, 이봉걸이 큰 키를 앞세운 힘의 씨름을 대변하면 이준희는 힘과 기술을 모두 겸비한 올라운드 플레이어였다.

1982년 프로선수 생활을 시작한 이후 백두장사 7회, 천하장사 3회를 차지했다. 큰 키를 이용한 다양한 기술을 발휘하는 정상급 기량을 가진 선수로 평가되었고, 준수한 외모와 깔끔한 경기 매너로 '모래판의 신사'라는 별명으로 불리며 인기가 높았다.

1987년에 은퇴한 이후 소속팀이었던 일양약품 씨름단에서 코치를 역임했고, 1994년 LG투자증권 씨름단 감독을 거쳐, 2002년 신창건설 씨름단에서 감독을 지냈다. 2013년부터 대한씨름협회 경기부장을 맡아 행정가로 활동하기 시작하여, 2024년 현재 각종 씨름 대회의 경기 운영을 관리하는 현장 책임자인 경기운영총괄본부장으로 활동하고 있다.

믿음으로 제자를 키우는 한국역도의 최고 감독

이희영

1966년 경기도 평택 출생 | 1986학번

1984년 창단한 역도부 선수로 기량을 연마했다. 경기 실적보다는 경기지도학과 소속으로 면학에 주력했다. 학과 교수들로부터 겸손함을 갖춘 성실한 학생으로 평가받았고, 이같은 품성이 역도 지도자로서의 자질을 기르는 데 밑거름이 되었다.

1997년, 모교에서 체육교육학 석사과정을 마친 이희영은 2000년부터 경북개발공사 역도팀의 창단감독으로 탁월한 지도력을 발휘하기 시작했다. 특히, 이 감독은 선수들에 대해 인간적인 배려와 소통을 바탕으로 개인별 조건에 맞는 훈련을 진행하는 것으로 정평이 나 있다. 여자역도의 간판으로 활약한 윤진희 선수의 경우 운동을 그만둘 결심까지 했으나 이 감독은 재기 가능성을 믿고 선수로 받아들여 초심을 찾도록 독려했다. 윤진희 선수는 2008 베이징 올림픽에서 은메달, 2010 인천 아시안게임에서 은메달, 2016년 브라질 리우 올림픽에서 동메달을 수상하며 한국 여자 역도 1인자로 다시 우뚝 섰다. 이배영(아테네올림픽 은메달), 김민재(런던올림픽 은메달) 등이 이 감독의 손을 거친 소속 선수들이다.

경북개발공사팀을 국내 정상의 역도팀으로 키우고, 세계적 선수를 길러낸 공로로 2016년 제54회 대한민국 체육상 시상식에서 체육훈장 맹호장을 받았으며 현재까지 현장에서 역도 발전의 선봉에 서 있다.

대표 실적 및 활동

- 1999~2019 대한역도연맹 지도상 수상(5회)
- 2006 문화관광부장관 표창
- 2008 중국 베이징 올림픽 국가대표 코치
- 2016 대한민국 체육발전유공 체육훈장 맹호장 수훈
- 2021~2024 현재 대한역도연맹 훈련이사
- 2000~2024 현재 경상북도개발공사 역도팀 감독

학적

- 1990 단국대학교 체육대학 경기지도학과 졸업: 학사
- 1997 단국대학교 교육대학원 체육교육전공 졸업: 체육교육 석사

지역교육 발전, 후배돕기에 열정쏟은 체교과 '큰형'

장광수

1944년 경기도 용인 출생 | 1964학번

대표 실적 및 활동

- 2004 용인시 교육청 교육장
- 2006 경기체육고등학교 교장
- 2006~2012 경기도농구협회장 역임(7대, 8대, 9대)

학적

- 1967 단국대학교 문리과대학 체육학과 졸업: 학사

체육교육과의 전신인 체육학과 1기 출신으로 재학 시절 농구부에서 활약했다. 4학년 때는 대학의 어려운 여건으로 지원이 넉넉하지 못한 현실에서 후배들을 이끌고 각종 대회에 나가 고군분투한 선배로 기억되고 있다.

졸업 후 경기도 용인시와 수원시 지역의 중고등학교에서 체육교사로 활동하던 중 1975년 창단한 수원여고 농구부 코치를 맡았다. 재학 시절의 경험을 살려 선수 지도에 역량을 발휘, 농구부를 여고 농구 강자로 끌어올리는 저력을 발휘했다. 이후 교육청에서 장학사와 장학관으로 재직하면서 교육행정 전반을 두루 경험했고, 2004년 용인시 교육청의 교육장으로 지역 교육행정의 책임자로 활동했다. 당시 용인외대부고가 개교한 직후였는데 면밀한 지원으로 전국 최고의 특성화고교로 발전하는 데 기여했다.

장광수는 특히, 모교 체육교육과 후배들이 교단에 진출하는 데 자신의 역량을 기울였다. 경기 남부에 걸친 동문 네트워크를 이끌면서 졸업생들의 교단 진출을 솔선해서 도와줘 많은 후배들이 여전히 장 동문의 후의를 기리고 있다. 2006년 경기체육고 교장을 끝으로 은퇴하고 경기도 농구협회장을 6년간 역임하며 봉사하기도 했다. 2017년 지병으로 별세했다.

전영해

1964년 강원도 평창 출생 | 1983학번

한국 스키의 본고장인 평창에서 나무 스키를 타며 입문한 뒤 1981년부터 1990년까지 국가대표로 활동하였다. 대학 재학 중 올림픽, 아시안게임, 유니버시아드대회, 세계선수권대회 등 각종 국제대회에 참가하여 다양한 성과를 거두었다.

우리나라의 자연환경이 주는 한계로 세계의 벽을 넘기 어려운 상황에서 알피인보다 환경이 더 척박한 크로스컨트리 분야에서 묵묵히 선수의 길을 걸어온 전영해는 한국 스키의 수준을 한 단계 높였다는 평가를 받았다. 1986년 일본 삿포로 동계 아시안게임에서는 은메달과 동메달을 획득하였는데 이 성적은 한국 크로스컨트리 스키 역사상 최초의 국제대회 입상의 전설로 남아 있다.

현역에서 물러난 뒤 국제스키연맹(FIS)의 기술대표(TD)를 역임하기도 했으며, 우리나라 스키 발전에 기여한 공로를 인정받아 1988년 체육훈장 기린장을 수훈했다. 2013년에는 대한스키협회 제19대 집행부에서 크로스컨트리 위원장을 역임하기도 했다.

전영해는 선수 은퇴 이후 스키 전문점을 운영하면서, 동계 스포츠에 대한 대중의 인식 개선과 저변 확대에 기여했다. 특히 알파인 스키, 크로스컨트리 스키, 바이애슬론, 프리스타일 스키, 노르딕 복합, 스키점프, 스노보드를 아우르는 설상 종목에 대한 관심 확산을 위한 노력도 지속하고 있다.

대표 실적 및 활동

- 1981~1990년 국가대표 역임
- 1986 일본 삿포로 동계 아시안게임 동메달(15km, 30km), 단체 은메달(40km)
- 1988 캐나다 벤쿠버 동계 올림픽 출전
- 1986~1987 대한체육회 최우수선수상 수여
- 1988 대한민국 체육발전유공 체육훈장 기린장 수훈

학적

- 1987년 단국대학교 상경대학 경영학과 졸업: 학사

여성 감독의 새 길을 여는 여자농구 간판스타

전주원

1972년 서울 출생 | 2015학번

선일여고 재학 중 이미 국가대표급 실력을 과시한 전주원은 1990년, 실업팀의 치열한 스카우트 경쟁 속에서 현대산업개발(신한은행 한새팀 전신) 여자농구단에 입단했다. 탁월한 경기력을 발휘하면서 1991년 농구대잔치 신인상, 1991, 93, 94, 95, 96, 97, 98년 농구대잔치 베스트 5에 선정되는 등 한국 여자농구를 대표하는 포인트가드로 인정받았다. 입단과 함께 국가대표에 발탁되었고 1990년대 한국 여자농구의 간판으로 활약했다.

2002 부산 아시안게임 은메달에 이어 2004 시드니올림픽 4강 진출 등의 성과를 거두었는데 이 성적은 현재까지도 깨지지 않고 있다. 이러한 성과를 인정받아 체육훈장 거상장을 수훈했고, 여자프로농구 최고령 선수, 영구결번 선수 등의 기록을 남겼다.

한국 여자농구 최초의 플레잉 코치로 뛰다가 2012년 위성우 동문이 우리은행 감독으로 가자 코치로 옮겼다. 코치 부임 첫해에 시즌 우승과 챔피언 결정전 우승을 동시에 차지해 다시 한번 실력을 인정받았다. 이후 자신의 약속대로 우리 대학 대학원 석박사통합과정에 입학했다. 2021년에는 여성 최초로 국가대표팀 감독을 맡아 도쿄올림픽에 참가했는데 편파 판정 등으로 팬들의 동정을 받기도 했고 지금도 국대 감독 복귀를 바라는 여론이 높다.

대표 실적 및 활동

- 여자프로농구 21시즌 최고령 선수 타이틀, 영구결번 선수
- 2002 대한민국 부산 아시안게임 여자농구 은메달
- 2004 오스트레일리아 시드니 올림픽 4강
- 2005 대한민국 체육발전유공 체육훈장 거상장 수훈
- 2017 제12회 MBN 여성스포츠대상 지도자상
- 2011~2012 한국여자프로농구 신한은행 에스버드 코치
- 2013~2024 현재 여자프로농구 우리WON 여자프로농구단 코치
- 2020 일본 도쿄 올림픽 여자농구 대표팀 감독

학적

- 2024 단국대학교 대학원 석박사통합과정: 박사 수료

미드필더 가뭄을 해결할 한국 축구의 살림꾼

정호연

2000년 전라남도 목포 출생 | 2019학번

고교시절 2018년 전국 고교축구선수권대회에서 우승을 이끈 정호연은 최우수선수로 선정었다. 단국대학교에 진학한 이후 기량이 더욱 성장하여 2019년 태백기 전국추계대학연맹전 준우승, KBS N 1·2학년 대학축구연맹전 준우승을 견인했고, 2021년 대학축구 U리그 5권역 우승을 이끌었다.

이런 성과를 인정받아 2022년 광주 FC에 입단한 정호연은 미드필더로서 본격적인 명성을 쌓고 있다. 팀이 K리그2 단일 시즌 최다 승점 기록을 거두는데 기여했고, 2023년 K리그1 영플레이어상에 선정되었으며, 2024년 K리그1 개인 통산 100경기를 달성했다.

U-23 국가대표팀에 선발되어 중국 항저우 아시안게임에서 중원을 지배하는 기량을 발휘해 금메달 획득의 쾌거를 거두었고, 2024년부터 국가대표로 발탁되어 FIFA 2026월드컵 지역 예선에서 활약하고 있다.

체력은 물론이고, 진술 이해도가 높아 '어느 위치에 세워도 제 몫을 해내는 살림꾼'이라는 호평을 받고 있다. 그럼에도 정호연은 "자신이 대단한 선수라고 느낀 적은 단 한 번도 없다"며 "꾸준히 출전 기회를 받고 이를 통해 성장했다는 점에 항상 감사한다"라고 특유의 성실성을 밝히기도 했다. 중앙 미드필더가 부족한 한국 축구의 미래 희망주로 촉망받고 있다.

대표 실적 및 활동

- 2023 중국 항저우 아시안게임 축구 금메달
- 2023 K리그1 영플레이어상 수상
- 2024 FIFA 2026 북중미월드컵 2차 예선 대표 선발

학적

- 2024 단국대학교 스포츠과학대학 국제스포츠학과 휴학

지도자로 거듭난 열정과 투혼의 '총알탄 사나이'

제갈성렬

1970년 경기도 의정부 출신 | 1989학번

대표 실적 및 활동

- 1996 중국 하얼빈 동계 아시안게임 스피드스케이팅 금메달(500m)
- 1997 ISU 스피드스케이팅 월드컵 우승(500m, 1000m)
- 2001 대한민국 체육발전유공 체육훈장 거상장 수훈
- 2004, 2005 시즌 국가대표 스피드스케이팅 감독
- 2010~2022 동계 올림픽 스피드스케이팅 SBS 해설위원
- 2016~2024 현재 의정부시청 빙상팀 감독

학적

- 1992 단국대학교 사범대학 특수교육과 졸업: 학사
- 1999 단국대학교 대학원 체육학과 졸업: 석사
- 2008 단국대학교 대학원 체육학과 졸업: 이학박사

뜨거운 가슴을 가진 1990년대 한국 남자 단거리 스피드스케이팅의 간판 스타이다. 중국 하얼빈 동계 아시안게임 금메달, 노르웨이 하마르 ISU 세계 종목별 스피드스케이팅선수권대회 동메달, 강원 동계 아시안게임 은메달을 획득하는 등 여러 국제대회에서 성과를 거두면서 '총알탄 사나이'라는 애칭을 받았다. 부상과 빙상계의 고압적인 문화로 시련을 겪으면서도 남자 빙속의 발전에 기여하겠다는 각오로 투혼을 불살랐다. 2003 일본 아오모리 동계 아시안게임에서 이규혁을 전담하여 1000m와 1500m 금메달을 획득하도록 도와 후배들에게 모범을 보였다. 한국 빙상 발전에 이바지한 공로를 인정받아 2001년 체육훈장 거상장을 수훈했다.

선수 은퇴 이후 SBS 해설위원으로 변신했다. 2010년부터 밴쿠버 동계올림픽을 시작으로 평창 동계올림픽, 베이징 동계올림픽, 강원 동계청소년올림픽 등의 해설위원으로 참여했는데 평소 열정적인 성격이 잘 담긴 멘트로 큰 화제를 불러 모았다.

제갈성렬은 춘천시청 감독을 거쳐 2016년부터 의정부시청 빙상팀 감독에 재직하면서 소속팀을 한국 최고의 빙상팀으로 육성했고, 2022 베이징동계올림픽에서 큰 활약을 보여준 차민규, 김민선, 장재원 선수 등을 길러내며 후진 양성에 힘 쓰고 있다.

지춘만

1964년 서울 출생 | 1983학번

씨름 특기생으로 입학해 씨름부 단체생활 속에서 수업에 빠지지 않을 정도로 최선을 다하고, 학과 생활도 열심히 하던 '모범생' 친구로 알려졌다. 선수 시절인 1986년 대통령배 전국장사씨름대회 대학부 단체전에서 80kg급인 지만춘 선수가 2m가 넘는 장신에 130kg인 상대 선수를 꺾어 우리 대학을 결승전에 올려놓은 일은 지금도 생생한 전설로 전해진다. 이 대회에서 지춘만은 우승을 차지못한 팀의 선수임에도 '수훈상'을 받아 화제가 되었다.

1987년 졸업을 한 뒤, 서울 대일고등학교에서 교단에 섰다. 이 때 대일고에 씨름부가 생기면서 초대 감독을 맡기도 했다. 이후 대일고등학교와 특성화학교인 대일관광고등학교에서 교직 생활을 이어갔고, 현재 대일관광고 교장으로 재직중이다.

교단을 지키면서도 서울특별시 씨름협회 경기부장, 전국생활체육 씨름연합회 경기위원을 역임하고, 현재는 대한씨름협회 스포츠 공정위원회 공정위원 등을 역임하면서 씨름문화 발전에 앞장 서고 있다.

대표 실적 및 활동

- 1987 서울 대일고등학교 발령
- 2012~2016년 전국생활체육 씨름연합회 경기위원장
- 2021~2024 현재 대한씨름협회 스포츠 공정위원회 공정위원
- 2022 대일관광고등학교 교감
- 2023~2024 현재 대일관광고등학교 교장

학적

- 1987 단국대학교 사범대학 체육교육과 졸업: 학사
- 2000 단국대학교 교육대학원 졸업: 교육학 석사

한국 동계스포츠의 신화를 쓴 '빙상의 여왕'

진선유

1988년 대구 출생 | 2007학번

대표 실적 및 활동

- 2006 이탈리아 토리노 동계 올림픽 금메달(1000m, 1500m), 계주 금메달(3000m)
- 2007 ISU 세계선수권대회 금메달(1000m, 3000m), 계주 금메달(3000m), 종합우승
- 2011~2024 현재 단국대학교 쇼트트랙팀 코치
- 2016 대한민국 체육발전유공 체육훈장 청룡장 수훈
- 2018 대한민국 평창 동계 올림픽 쇼트트랙 KBS 해설위원
- 2022 중국 베이징 동계 올림픽 쇼트트랙 KBS 해설위원

학적

- 2011 단국대학교 사범대학 체육교육과 졸업: 학사
- 2016 단국대학교 스포츠과학대학원 스포츠마케팅학과 졸업: 체육학 석사
- 2023 단국대학교 대학원 체육학과 졸업: 이학박사

초등학생 때부터 빙판에 섰지만 고교 진학 후 2004년 국가대표 선발전 1위를 차지하면서 주목을 받았다. 이후 폭발적인 기량을 발휘하여 2005년 ISU 쇼트트랙 월드컵 1차 대회에서 세계 신기록을 세웠으며, 2006년 이탈리아 토리노 동계 올림픽에서 여자 쇼트트랙 사상 처음으로 금메달 3관왕을 차지하여 국민을 열광케 했다.

2007년 단국대학교에 입학한 전선유는 이후로도 중국 창춘 동계 아시안게임 금메달, ISU 세계선수권대회 3년 연속 우승을 달성했다. 2008년 미국 솔트레이크시티에서 개최된 월드컵에서 중국 선수의 반칙으로 인대가 끊어지는 부상을 당했다. 이후 재활에 전념했으나, 이전 기량을 회복하지 못하고 결국 은퇴를 선택하였다.

2011년 단국대학교 졸업과 동시에 모교에서 쇼트트랙 코치로 지도자 활동을 시작했다. 대학원에 진학하여 2016년에 스포츠마케팅 석사 학위를, 2023년에 운동생리학 박사 학위를 취득하면서, 이론과 실제를 겸비한 지도자로 거듭났다.

2017년부터 KBS 해설위원을 맡아, 일본 삿포로 동계 아시안게임, 2018 대한민국 평창 동계 올림픽, 2022 중국 베이징 동계 올림픽 등에서 명료한 해설을 진행하여 호평을 받았다. 2016년 대한민국 빙상 발전에 헌신한 공적을 인정받아 체육훈장 청룡장을 수훈했다.

진한근

1962년 경상남도 진주 출생 | 1981학번

조정부 선수로 입학해 국가대표 선수를 거쳤고 1982년 뉴델리 아시안게임에서 한국 조정 역사상 최초로 동메달을 획득하면서 대통령 체육포장을 받기도 했다. 졸업 후 체육 교사로 재직하던 중 인제대학교의 초빙을 받아 1987년부터 조정부 감독으로 활약했다. 재직 중 인제대 조정부를 전국대회 종합우승을 여러 차례 차지할 만큼 대학부 최강자로 올려놓아 화제를 모았다. 이같은 공로를 인정받아 교육부 장관 표창을 받았다.

2013년부터 8년 동안 인제대 체육부 부장으로 재직하면서 대학 스포츠를 총괄하는 한편 이후 2021년에 가야대학에 조정부가 생기면서 스포츠재활학부 교수로 자리를 옮겨 강단에서 후학들을 길러냈다. 특히, 진한근은 태권도 8단, 유도 5단, 합기도 8단 등을 보유한 종합무술인으로도 정평이 나있다. 모로코 등에 무술사범으로 파견되기도 했고, 피지공화국 대통령 경호실에 대한 무술 및 체력단련 교육을 맡았던 인연으로 경호실 무술교관을 맡아 양국 교류에 큰 기여를 하고 있다.

조정 스포츠 확산에 대한 열의도 여전해 가야대학교가 있는 김해시에 조정협회 창립을 주도한 뒤 회장을 맡았고, 현재는 피지공화국 대통령경호실 무술교관 겸 교수로서 피지 국립체육대학 설립 작업을 맡아 향후 피지의 중등체육교사를 양성할 기초를 닦고 있다.

대표 실적 및 활동

- 1981 인도 뉴델리 아시아경기대회 조정 동메달
- 1982 대통령 체육포장
- 1985~1986 경기도 청평공업고등학교 체육 교사
- 1987~2005 인제대학교 조정 감독
- 2004 부총리 겸 교육인적자원부장관 표창
- 2013~2021 인제대학교 체육부장
- 2018 피지 정부 감사패
- 2021~현재 김해시 조정협회 및 김해시 장애인조정협회 회장
- 2021~2022 가야대학교 스포츠재활복지학부 교수
- 2022~현재 피지 정부 대통령 경호원실 무술교관

학적

- 1985 단국대학교 사범대학 체육교육과 졸업: 학사
- 2000 단국대학교 대학원 체육경영전공 졸업: 체육학 석사
- 2008 부산대학교 대학원 체육행정 졸업: 체육학 박사

90년대 알파인 스키 중흥을 이끈 명선수

최문성

1977년 강원도 강릉 출생 | 1996학번

스키 명문 강릉고등학교 재학 시절부터 알파인 스키 선수로 활약하면서 주목을 받았다. 한창 기량이 무르익던 1994년, 연습 도중 갈비뼈 부상을 입어 뜻밖의 공백기를 가져야 했다. 재활 과정에서 우리 대학에 입학했고, 강낙연 코치의 지도를 받으면서 꾸준하게 훈련을 거듭해서 선수로 복귀할 수 있었다.

최문성은 1996년 국제알파인스키대회 대회전 1위, 전국학생종별스키대회 알파인 스키 활강과 대회전 1위, 전국동계체육대회 3관왕 등의 성적을 거두면서 알파인의 강자로 위상을 굳혔다. 당시 전문가들은 선배 세대인 허승욱 선수와 함께 한국 스키의 차세대를 이어갈 선수라 평가했고, 다른 대학 유망주들과 치열한 경쟁을 벌여 알파인 스키의 활성화에 디딤돌이 되기도 했다. 1999년 대한민국 강원 동계 아시안게임 알파인 슈퍼대회전과 회전 부문에서 동메달을 획득했다. 이같은 성과를 인정받아 2004년 대통령 체육포장을 수훈했다.

국가대표 상비군 코치로 활동했으며, 은퇴 후에는 대한스키지도자연맹 공인 스키 지도자인 '데몬스트레이터'로 활동했다. 이후 곤지암 스키·보드 스쿨을 운영하면서, 체계적인 프로그램 운영과 섬세한 기술 지도를 통해 호평을 받았다. 이후로도 스키 대중화를 위한 활동에 힘썼다.

대표 실적 및 활동

- 1996 캐나다 앨버타 국제알파인스키대회 1위(대회전)
- 1996 전국학생종별스키대회 알파인 스키 1위(활강, 대회전)
- 1996 전국동계체육대회 3관왕
- 1999 대한민국 강원 동계 아시안게임 알파인 스키 동메달(슈퍼대회전, 회전)
- 2004 대통령 체육포장 수훈
- 2003~2007 대한스키지도자연맹 데몬스트레이터

학적

- 2000 단국대학교 사범대학 체육교육과 졸업: 학사
- 2005 단국대학교 대학원 체육학과 졸업: 석사

투지와 속도로 승리를 개척하는 '골잡이 수비수'

최석현

2003년 서울 출생 | 2022학번

2023년 6월, 한국 U-20 축구대표팀이 나이지리아와의 8강전, 연장 전반 5분에 터진 헤딩슛이 골망을 흔들면서 2회 연속 FIFA 20세 이하 월드컵 4강 진출의 역사를 썼다. 남자 축구 역사상 다섯 번째 '세계 4강' 진출이라는 새로운 전설을 만든 이 골의 주인공이 최석현이다.

최석현은 우리 대학에 입학하면서 센터백으로 안착했지만 특유의 투지와 민첩성, 높은 축구 지능으로 대학 축구계에서는 두려운 멀티플레이어로 인정받고 있었다. 2022년 대학축구 U리그 왕중왕전에서 단국대학교의 우승을 견인했다. 국가대표 활동도 활발하게 전개했는데, 리스본 국제 U-18 토너먼트(2022), AFC U-20 아시안컵(2023)과 FIFA U-20 월드컵(2023)에서 펼친 맹활약으로 한국 축구의 새로운 희망이라는 찬사를 받았다.

작년, 국제적 권위를 인정받고 있는 '문디알 스카우트' 리포트는 최석현에 대해 헤딩 클리어링 능력, 플레이 예측능력, 지점 미드필드로 침투할 수 있는 센터백으로서 최고 수준의 선수라 평했다.

2024년 울산 현대에 콜업되면서 프로 생활을 시작했으며, 입단과 동시에 K리그2 청주 FC로 임대되어 중앙수비수로 뛰면서 팀의 9경기 무패 행진을 이끄는 등 착실히 성장하고 있다.

대표 실적 및 활동

- 2023 AFC U-20 아시안컵 4강 진출
- 2023 FIFA U-20 아르헨티나 월드컵 4강 진출

학적

- 2024 스포츠과학대학 국제스포츠학부 국제스포츠전공 휴학

투수, 체육학 박사, 감독을 거친 학구파 야구인

최원호

1973년 인천 출생 | 1992학번

대표 실적 및 활동

- 1995 대학 야구 다승왕
- 1998 태국 방콕 아시안게임 금메달
- 2013~2020 최원호 피칭연구소 대표
- 2014~2015 XTM 야구 해설위원, SBS 야구 해설위원
- 2019 야구 국가대표팀 불펜코치
- 2023~2024 한화 이글스 감독

학적

- 1996 단국대학교 경상대학 경영학과 졸업: 학사
- 2015 단국대학교 대학원 체육학과 졸업: 체육학 석사
- 2018 단국대학교 대학원 체육학과 졸업: 이학박사

고교시절 황금사자기 우승의 주역으로 우리 대학에 진학할 때 많은 기대를 받았다. 강속구와 낙차 큰 커브를 자유롭게 구사한 최원호는 저학년 때부터 주전 투수로 활약했다. 1993년 아시아선수권대회와 인터콘티넨털컵, 1994년 일본 히로시마 아시안게임에 국가대표로 참가했고, 1995년 대학 야구 다승왕으로 선정되었다.

이런 성과를 인정받아 최원호는 1996년 현대 유니콘스에 1차 지명으로 입단했다. 1998년에 팀의 제5선발로 뛰며 10승 투수에 올라 두각을 나타냈다. 같은 해 태국 방콕 아시안게임에 출전하여 금메달을 획득했지만 이후 잦은 부상에 시달렸다. 1999년 LG 트윈스로 트레이드되어 2010년까지 선수로 활동했다. 당시 LG는 지독한 침체기였는데 최원호는 최선을 다해 마운드를 지켰고 결국 팔꿈치 부상 등을 당하며 은퇴를 했다. 이후 재활코치와 투수코치로 지도자 경력을 쌓았으며, 2013년에 '최원호 피칭연구소'를 개원하고 모교의 체육학 석사과정에 진학해 야구 이론 정립과 체계적인 훈련에 힘썼다. 2014년 XTM, 2015년 SBS 야구 해설위원으로 활동하면서 깊이 있는 분석으로 호평을 받았다.

2020년부터 한화이글스의 2군 감독으로 있다가 2023년부터 1군 감독에 취임했으나 팀의 난조를 책임지고 2024년 5월에 물러났다.

지도자로도 쾌속 질주 중인 한국 빙속 간판스타

최재봉

1980년 충청북도 충주 출생 | 1999학번

고교 재학 중 스피드 스케이팅 국가대표에 발탁된 재능을 바탕으로 우리 대학에 진학 후 꾸준하게 기량을 연마해 단거리 부문 간판 스타로 활약했다. 특히 1999 강원 동계 아시안게임에서 2관왕에 오르며 두각을 나타내기 시작했다. 2000 세계남녀스피드선수권대회, 월드컵대회, 아시아선수권대회에서 우승을 거두었고, 2002 미국 솔트레이크 동계올림픽, 2006 이탈리아 토리노 동계올림픽에 국가대표로 참가했다. 졸업 후 실업팀에서 2004 아시아 종목별스피드스케이팅선수권대회 2관왕에 올랐다.

2010년 스케이팅 선수 은퇴 이후에는 경륜 선수로 활동하기도 했다. 스케이트와 경륜은 사용하는 근육이 같고 스케이팅의 필수인 하체 단련을 위해 현역 시절 사이클 훈련을 받았던 경험을 살린 것이다. 최재봉은 경륜에 입문하자마자 우수한 성과를 거두었다. 2013년 부산특별경륜 등에서 우수급 우승을 차지하는 등 남다른 재능을 발휘했다.

2016년 스포츠토토 빙상단이 창단하자 다시 빙판으로 돌아와 지도자로 활동하기 시작해 같은 팀에서 최다 국가대표를 배출하여 주목을 받았다. 2018 평창 동계 올림픽 국가대표팀 코치와 대한빙상경기연맹 스피드스케이팅 경기 이사로 능력을 발휘해 체육훈장 청룡장을 수훈했다. 현재 스포츠토토 빙상단의 감독으로 후진 양성에 땀흘리고 있다.

대표 실적 및 활동

- 1999 대한민국 강원 동계 아시안게임 금메달(1000m, 1500m)
- 2000 미국 밀워키 세계남녀스피드선수권대회 스피드 1위(500m)
- 2000 ISU 월드컵대회 1위(1000m)
- 2006 이탈리아 토리노 동계 올림픽 스피드 스케이팅 국가대표
- 2018 대한민국 평창 동계 올림픽 스피드 스케이팅 국가대표팀 코치
- 2018 대한체육회 체육상 지도자상
- 2019 국민체육진흥공단 최우수지도자상
- 2019 대한민국 체육발전유공 체육훈장 청룡장 수훈

학적

- 2003 단국대학교 사범대학 체육교육과 졸업: 학사
- 2008 단국대학교 대학원 체육학과 졸업: 체육학 석사

청소년에게 스포츠 즐거움 일깨워준 '큰 스승'

최정명

1945년 인천 출생 | 1966학번

대표 실적 및 활동

- 1973~1990 인천 강남중학교, 강화중학교, 강화종합고등학교, 부천고등학교, 강화여자종합고등학교, 강화여자중학교, 강화고등학교 근무
- 1993 부천교육청 장학사
- 1996~1999 덕산중학교, 성주중학교 교감
- 1999~2005 부천부곡중학교, 부명고등학교 교장
- 2005~2008 경기도 교육연구관
- 2006 대통령 표창
- 2008 대한민국 녹조 근정훈장 수훈

학적

- 1972 단국대학교 문리과대학 체육학과 졸업: 학사

강화고등학교 유도부로 선수 생활을 하고 우리 대학 체육학과에 입학했다. 고등학교 시절 인천지역 유도 명문인 제물포고등학교와 강력한 라이벌이었고 중심 선수로 활약했다. 대학에서는 당시 교내방송국(DKBS)를 주도하던 박용호 동문과 아나운서로 활동하기도 했다.

입학 당시부터 품었던 체육 선생의 꿈을 이뤄 1973년, 강화도에 있는 강남중, 강남고에서 교직에 입문, 강화중, 강화여중, 강화종고, 강화여종고, 강화고 등 강화도의 주요 학교를 모두 섭렵하며 지역 내 중등학교의 청소년 스포츠와 스포츠 교육을 현대화하는 데 땀흘렸다.

특히, 부천교육청 장학사로 근무할 때 일선 학교들이 형식적인 체육 수업에서 벗어나 학생들의 건강과 스포츠 체험을 활성화하도록 독려하고 지원하는 사업을 실행하는 데 노력했다. 이같은 노력으로 최정명은 2007년 한국일보사가 제정해 교육부와 함께 진행하는 제26회 한국교육자대상에서 '스승의 상' 수상자로 선정되는 영광을 누렸다. 이 밖에도 3차례의 대통령 표창 수상에서도 알 수 있듯이 근면성실한 교육행정가로 지역의 존경을 받았다.

부천부곡중학교와 부명고등학교 교장을 역임한 후 경기도교육청 호국교육원의 교육연구관으로 근무하다가 정년을 맞은 2008년, 녹조 근정훈장을 수훈했다.

'최고'를 창조하는 성실한 리더십의 상징

최종후

1949년 경기도 김포 출생 | 1968학번

고교시절 유도부 선수로 활약하던 기백을 발휘해 대학에서도 성적장학생, ROTC명예위원장으로 리더십을 발휘했다. 공부와 스포츠 양쪽에 성실한 노력을 기울인 끝에 경기지역 임용고사에서 수석을 차지했다. 근무 학교가 원하는 지역으로 배정되지 않아 1974년, 사립학교인 오산중학교에서 교단에 섰다. 이듬해 다시 서울지역 임용고사에 응시해 3등을 차지했지만 그대로 오산중·고에서 정년을 맞은 이색 경력을 갖고 있다.

최종후는 대표적 사학 명문인 오산학원에서 전설같은 교사로 기억되고 있다. 오산고에서 갑자기 학급 담임을 맡았는데 평균 성적이 꼴찌였던 이 학급을 한 달 만에 학년 1위 성적의 학급으로 반전시킨 것이다. 이에 학교 측이 고 3반 담임을 맡기자 한 반에서 서울대 7명, 연고대 20명을 비롯해 전체 반원들이 4년제 대학에 진학하는 성적 향상을 이뤄냈다. 학생들과 1 : 1로 밀착해 고민 상담, 학습 방법 등을 지도하면서 학생들을 감동시키는 헌신이 이룬 결실이었다.

이후 최종후는 오산중 교감과 오산고 교장을 역임하며 오산학원의 전통에 빛을 더하고 2021년에 퇴임했다. 최 동문은 대학시절부터 연마한 미술 실력을 동양화 수련에 전념하면서 전국서화작가연합회의 전국 공모전에서 사군자 부문 대상을 수상하고 현재 전업 화가로 활동하고 있다.

대표 실적 및 활동

- 1975~1976 죽산중상업고등학교 체육 교사
- 1976~1981 오산중학교 체육 교사
- 1981~2010 오산고등학교 체육 교사
- 2010~2016 오산중학교 교감
- 2016~2021 오산중학교 교장
- 2014~2024 대한민국문화예술작가연합회 운영위원장. 초대작가.
- 2020 전국공모전 사군자 부문 대상 수상

학적

- 1972 단국대학교 문리과대학 체육학과 졸업: 학사
- 1982 단국대학교 대학원 체육학과 졸업: 석사

학생창업 경험 바탕으로 모바일 광고 정상에 도약

최준영

1981년 서울 출생 | 1999학번

재학 중에 자신의 전공을 현실에 적용하려는 의욕을 갖고 창업을 했다. 각종 스포츠 종목의 경기별 점수나 관련 정보를 온라인으로 쉽게 알아낼 수 있는 통합 서비스 포털을 만들겠다는 목표로 'LIVE스코어'를 창업해 학생창업의 선두 주자로 화제를 모았다. 졸업 후에는 디지털 미디어, 특히 모바일을 기반으로 한 광고네트워크의 선두 주자인 ㈜에프에스엔에서 활동했다. 이 회사의 광고플랫폼인 카울리의 제휴사업팀장으로 있을 때 1만2,000개의 미디어를 끌어들여 네트워킹하는 등 해당 회사를 국내 최고의 광고네트워크 회사로 키우는 데 큰 기여를 했다.

최준영은 이같은 역량을 인정받아 지난 2018년에 ㈜에프에스엔의 계열사인 ㈜애드맥스의 대표이사로 승진했다. 이 회사는 페이스북 같은 소셜미디어의 광고대행을 전문으로 하는 회사인데 최준영은 이 회사에서 같은 분야 세계 최대 회사인 스냅챗의 한국 광고 영업권을 확보하는 활약을 보였다. 최근에는 ㈜핑거버스의 대표이사를 함께 맡기도 했다. 각종 온라인 미디어나 포털에서 주는 포인트를 생활에 실용적으로 사용토록 돕는 서비스를 주는 회사이다.

최준영의 활약으로 애드맥스는 국내 1위의 모바일 광고플랫폼으로 자리잡았고, 핑거버스 역시 2023년에 스마트 앱 어워드 생활서비스부문 대상을 받기도 했다.

대표 실적 및 활동

- 2005~2014 LIVE스코어 사업대표
- 2014~2018 FSN 제휴사업 총괄
- 2018~현재 FSN 계열 (주)애드맥스 대표이사
- 2023~현재 FSN 계열 (주)핑거버스 대표이사
- 2023 (주)핑거버스 '메타클럽' 서비스 ICT AWARD KOREA 2023 장관상 수상
- 2023 (주)핑거버스 '메타클럽' 서비스 스마트앱어워드 생활서비스부분 통합 대상 수상

학적

- 2006 단국대학교 체육대학 스포츠과학부 스포츠경영학전공 졸업: 학사

80년대 재학생의 열광을 불렀던 '제왕의 반지' 콜렉터

최훈재

1967년 서울 출생 | 1985학번

고교시절부터 슬러거의 자질을 보인 최훈재는 우리 대학에 진학한 이후 강문길 감독의 지도를 받으며 투타 모두 균형잡힌 실력을 갖췄고, 재학 중에 1988 서울올림픽 국가대표로 출전했다. 1986년 전후 재학생들은 상대적으로 약했던 투수진을 구원하듯 장타와 홈런을 날리며 우리 대학을 대학리그전의 강호로 끌어올린 최훈재 선수에게 열광했던 추억을 갖고 있다. 1989년 MBC 청룡(LG 트윈스)에 프로에 입문, 해태 타이거즈, 두산 베어스 등에서 주력 선수로 활약했다.

최훈재는 자신이 현역으로 뛴 모든 구단이 한국시리즈 우승을 차지하게 한 진기한 기록을 갖고 있어 '우승반지 콜렉터'라는 별명도 갖고 있다. 특히 1997년 해태 타이거즈의 우승 당시 3번 타자로 1, 2번 타자의 단타와 진루를 득점으로 잇거나 4, 5번 타자의 결정디를 만들게 하는 전방위적 역할을 실현해 야구팬들의 뜨거운 환호를 받았다.

2003년부터 두산 베어스 코치를 시작으로 2010년까지 1루나 타격 부문 코치를 맡았다. 2011년에 NC 다이노스, 2017년 KT 위즈에서 활동하면서 후배들을 길렀다. 2021년 서울고등학교 야구부 코치를 맡았으며, 2022년부터 'KBO 찾아가는 티볼 교실' 프로젝트의 일환으로 후진 양성에 헌신하고 있다.

대표 실적 및 활동

- 1988 서울 올림픽 국가대표
- 1989~2003 MBC 청룡, LG 트윈스, 해태 타이거즈, 두산 베어스 프로야구 선수
- 2003~2020 두산 베어스, NC 다이노스, KT 위즈 코치
- 2021 서울고등학교 야구부 코치
- 2022 KBO 찾아가는 티볼 교실, 전국 초 중 134개 학교 순회 지도자 활동

학적

- 1989 단국대학교 인문과학대학 국어국문학과 졸업: 학사

스포츠정신으로 '창업 신화'를 일군 청년 기업인

홍경호

1969년 경기도 김포 출생 | 1988학번

2013년 무렵, 전 직원에게 둘째 자녀를 출산하면 1000만 원, 셋째 출산 시 2000만 원을 주는 기업이 큰 화제를 끈 적이 있었다. '착한 기업, 통큰 기업'으로 칭찬받고 있는 이 기업은 굽네치킨이고, 이 출산장려정책을 실행한 이가 CEO이자 대주주인 홍경호였다.

홍경호는 졸업 뒤 파파이스에서 최 단시간에 점장으로 승진하고, 점포 개발 담당 책임자에 올랐다. 10년 동안 식음료업계의 성장 비밀을 몸으로 익힌 홍 동문은 퇴직금 1,400만원을 들고 2005년 굽네치킨을 개점했다. 이 가게가 성공하자 친구와 지인들의 점포 개설이 줄을 이어 그 해에만 10개의 가맹점이 생겼다. 이후 홍 동문은 저돌적 추진력과 '역지사지' 경영철학을 바탕으로 오븐으로 굽는 건강한 치킨이라는 강점을 극대화해 굽네치킨을 성장 가도에 올려놓았다. 굽네치킨은 2024년, 치킨프랜차이즈업계에서 매출액 기준 4위에 이른 대기업이 되었다.

굽네치킨은 '제4회 프랜차이즈산업인의 날'에 대통령 표창을 수상했고 2023년 '100만 불 수출의 탑'을 수상했다. 홍경호는 사회 공헌에 적극적인데 프로축구 K리그 2부 김포 FC 대표이사로 선임되어 고향의 스포츠 발전에 앞장서면서 최근 모교 후배와 체육동문회를 위해 2억 원을 기부해 박수를 받기도 했다.

대표 실적 및 활동

- 2005~2019 ㈜지앤푸드 대표이사
- 2018~2020 서울시테니스협회 협회장
- 2021 제22회 한국프랜차이즈대상 대통령 표창
- 2022~2023 프랜차이즈산업협회 수석부회장
- 2023 무역의 날 '100만불 수출의 탑' 수상
- 2023~2024 현재 ㈜지앤그룹(굽네치킨) 회장
- 2023~2024 현재 프로축구 K2 (재)김포FC 대표이사

학적

- 1992 단국대학교 체육대학 사회체육학과 졸업: 학사

후배 챙기는 선배로 소문난 충남교육계의 큰 어른

홍성표

1942년 대전 출생 | 1968학번

초등학교 교사에서 대학 교수, 교육감을 거쳐 대덕대 총장까지 50년 동안 선생의 길만을 고집한 교육자이자 교육행정가이다. 고교시절에는 야구 선수로 활약했지만 공주사범대 졸업 뒤에 우리 대학에 진학, 학과 생활에 열심이었던 학우로 정평이 나 있다.

이후 한양대학교에서 박사학위를 받고 1976년부터 충남대학교 체육학과 교수로 봉직했다. 교수로 재직하면서 수필을 써서 등단한 이색 경력도 갖고 있다. 특히 충남대 교수로 재직 중 1999년부터 2005년까지 9대, 10대 대전광역시 교육감에 압도적 표차이로 선출되어 대전 초중등 교육계를 이끄는 중책을 맡기도 했다. 홍 동문은 재직 당시 충남지역에서의 연고를 바탕으로 모교의 추천을 받은 인재들이 교직 진출에 필요한 지원을 베풀고, 조언을 아끼지 않아 동문들의 자랑스러운 선배로 기억되고 있다.

체육인으로서 한국스포츠 관련 단체 활동도 활발하게 전개하여 한국체육교육학회 회장, 대한체육회 조직·재정 선진화위원회 부위원장 등을 역임하는 등 대한민국 스포츠 발전에 이바지했다.

2012년부터 대덕대학교 총장에 재직하면서 어렵던 학내 갈등을 진정성 있는 대화로 풀어내 지역의 박수를 받았고, 유아교육 부분에서 대학의 경쟁력을 키우는 데 공헌하고 대학발전을 선도하였다. 2019년에 지병으로 별세했다.

대표 실적 및 활동

- 1995~1996 대한핸드볼협회 부회장
- 1976~2001 충남대학교 교수
- 1997~2005 대전광역시 교육청 교육감 (9대, 10대)
- 2001 대한민국 황조 근정훈장 수훈
- 2012~2015 대덕대학교 총장
- 2019.07.10. 별세

학적

- 1972 단국대학교 문리과대학 체육학과 졸업: 학사
- 1974 중앙대학교 대학원 석사 졸업: 체육학 석사
- 1991 한양대학교 대학원 박사 졸업: 이학박사
- 2004 충남대학교 자치행정학 명예박사

선수로 못핀 꿈, 축구의류 제작으로 활짝

홍연기

1975년 서울 출생 | 1994학번

축구 명문 대신고를 거쳐 재학 중 수비수로 뛰었다. 졸업 뒤, 실업팀 대전 코레일에서 뛰다가 2003년 창단한 수원시청팀에 창단 멤버로 들어갔다. 의지와 달리 선수로서 보람을 거두지 못고 2005년 은퇴를 했다. 아마추어클럽의 감독으로 지도자 생활을 준비하던 중 대전 코레일 동료 선수였던 박한동의 권유로 2007년부터 세계적인 스포츠 의류, 용품 전문 업체인 엄브로에서 유통업무를 배웠다. 7년 여 동안 밑바닥부터 관련 업무를 배우고 비즈니스를 파악한 홍연기는 박한동과 함께 국내 스포츠 의류업체인 '애플라인드'브랜드로 자체 제작, 유통사업을 시작했다.

이후 2014년에 축구용품과 의류에 특화된 '싸커애플라인드' 브랜드를 독립시켜 회사를 설립해 홍인기, 박한동 공동대표 체제로 경영하고 있다. 경쟁이 치열한 축구의류업계에서 싸커애플라인드는 강원FC, 안산 그리너스FC, 아주대, 청주대 등과 용품 계약을 맺고 있으며 2024년 현재, 2019년 대비 2배 가까운 매출액 성장을 기록하고 있어 축구계의 주목을 받고 있다.

2021년에는 축구 선수를 육성하고 글로벌 매니지먼트를 지원하는 회사 'P&H SPORTS'를 설립하여 운영하고 있다. 아울러 국제 봉사단체 및 스포츠 단체에 참여하여 활발한 활동을 전개하는 중이다.

대표 실적 및 활동

- 2007~2024 현재 (주)사커애플라인드 대표이사
- 2017 (주)P&H SPORTS 설립
- 2021~2024 현재 (주)P&H SPORTS(경영컨설팅) 대표이사
- 2023~2024 현재 국제라이온스 354-D지구 청우라이온스 회장
- 2024 세계휠체어컬링선수권대회 조직위원회 위원
- 2024 현재 한국청년회의소 여의도 JC 회장
- 2024 현재 파주시축구협회 부회장

학적

- 1998 단국대학교 사범대학 체육교육과 졸업: 학사

진취적 운동부 창단으로 지역 스포츠문화 발전기여

홍장표

1949년 경기도 평택 출생 | 1967학번

1971년 임용고사를 통해 여주농업고등학교에서 체육교사 생활을 시작했다. 홍정표가 교육자로서 큰 빛을 발휘한 것은 수원 매탄고등학교의 교감을 거쳐 교장으로 재직할 때였다. 그는 삼성그룹 산하의 프로축구 구단인 '삼성 블루윙스'가 수원시를 연고로 하고 있고, 지역내 청소년축구단 육성을 해야 한다는 점에 착안했다. 삼성그룹 체육부와의 논의를 통해 매탄고 축구단이 K리그 수원 삼성 블루윙즈의 U-18 청소년팀으로 창단하는 협약을 체결했다. 이 협약에 따라 매탄고 축구부는 블루윙스의 청소년구단 연고지팀이 되고, 훈련 및 운영비 지원을 받게 되었다. 이후 매탄고는 2008년 창단 이후 고교 축구 최정상의 위치를 차지하고 있다.

홍장표는 국내 처음으로 고교 당구부를 창단한 것으로도 유명하다. 학교 체육으로 당구의 장점을 일찍부터 깨달은 그는 학생들에게 건전한 당구 스포츠를 보급한다는 취지에서 2007년, 당구단을 창단했다. 세계 무대에서 한국을 대표하는 김행직, 오태진, 조명우 선수 등이 매탄고 출신일 만큼 큰 성과를 거두고 있다.

이같은 공로를 인정받아 이후 40년 동안 교직에 있으면서 교육감 표창 17회, 교육부 및 체육부장관상 3회 수상했으며, 홍조 근정훈장을 수훈했다.

대표 실적 및 활동

- 1972~1999 여주농업고등학교, 안일여자종합고등학교, 수원농생명과학고등학교, 수원청명고등학교 근무
- 1999~2003 군자공고, 동수원중학교 교감
- 2003~2011 운천고등학교, 수원 매탄고등학교 교장
- 2006~2010 경기도 고등학교 교장협의회 회장
- 2011 대한민국 홍조 근정훈장 수훈

학적

- 1971 단국대학교 문리과대학 체육학과 졸업: 학사
- 1984 단국대학교 대학원 체육학과 졸업: 석사

수비와 크로스 모두 최강, 강철 풀백

대표 실적 및 활동

- 2010 중국 광저우 아시안게임 축구 동메달
- 2014, 2015, 2018, 2019 K리그 대상 시상식 베스트11 선정
- 2015 EAFF E-1 풋볼 챔피언십 우승
- 2018 러시아 FIFA 월드컵 국가대표
- 2019 UAE 아시안컵 8강
- 2019, 2020 K리그 대상 K리그1 EA Most Selected Player상
- 2022 카타르 FIFA 월드컵 국가대표 본선 16강 진출

학적

- 2015 단국대학교 체육대학 운동처방재활학과 졸업: 학사

홍철

1990년 경기도 화성 출생 | 2009학번

초등학생 때 축구에 입문, 고교시절까지 공격수로 활동하다가 대학 입학 이후 수비수(풀백)로 포지션을 전환했다. 신연호 감독의 지도를 받으며 신입생 때부터 주력 선수로 활약했다. 홍철은 2009년 대학축구 U리그 왕중왕전에서 단국대학교의 우승을 견인했으며, 그 활약을 인정받아 U-20 국가대표로 선발되기도 했다.

2010년 성남 일화 천마의 콜업을 받아 프로 생활을 시작, 풀백과 윙어를 오가며 2010 AFC 챔피언스 리그 결승 진출을 주도했으며, 2011년 대한축구협회 FA컵 우승을 이끌었다.

이후 수원 삼성 블루윙즈, 상주 상무, 울산 현대, 대구 FC 등의 팀에서 활약했는데 수비와 크로스에 모두 뛰어나, '강철 풀백'이라는 캐릭터로 팬들의 사랑을 받았다. 2024년 2월 기준으로 프로리그 360경기에 출전하는 기록을 세웠으며, 대구 FC 주장으로 소임을 다하고 있다.

홍철은 국가대표로도 활발하게 활동했다. 2010년 중국 광저우 아시안게임에서 동메달 획득에 이바지했고, 2018년 러시아 FIFA 월드컵과 2022년 카타르 FIFA 월드컵에서 인상적인 플레이를 보여줬다. 특히 러시아 FIFA 월드컵 3차전 독일과의 경기에서 상대의 공격을 무력화하는 공간 장악력과 빠른 역습 능력을 선보여 국내외 팬들에게 환호를 받았다.

황성하

1961년 경기도 성남 출생 | 1979학번

재학 시절 테니스에 재능을 보였고 체육교사를 희망했으나 우연히 연습장에서 취미로 시작한 골프에 재능을 발견해 주변의 추천과 격려로 프로 골프의 길을 걷기로 결심했다. 본격적인 수련을 늦게 시작해 하늘의 별따기라는 프로 골퍼 자격, 한국프로골프협회(KPGA) 정회원 가입은 1994년에 이뤄졌다.

1995년부터 성실히 투어 생활을 하던 중 2001년 경북오픈 골프대회에서 우승을 차지했다. 이 대회에서 황성하는 4R 합계 13언더파 275타로 데뷔 7년 만의 우승을 차지해 무관의 설움을 씻는 쾌거를 이뤘다. 이에 앞서 열린 포카리스웨트오픈에서는 2위를 차지해 2001년이 황성하에게 프로로서 최고의 전적을 쌓은 해이기도 한 셈이다.

이후 2004년부터 KPGA 이사, 전무이사를 맡아 사실상 행정가로 변신했다. 당시 한국 프로골프는 회장이 협회 재정을 무원칙하게 운용하여 신뢰를 잃고, 계파 갈등으로 사분오열되어 내홍이 극심한 실정이었다. 황성하는 이같은 혼란 속에서 선후배들의 추대로 선거에 출마해 2012년 KPGA 16대 회장에 취임했다. 회장 재임 기간 동안 대회운영제도 개선, 프로골퍼 복지 개선, 100여 건이 넘는 소송 등을 정리해 협회가 안정적으로 활동할 기반을 조성하는 업적을 쌓기도 했다.

대표 실적 및 활동

- 2000 포카리스웨트오픈 골프선수권대회 3위
- 2001 포카리스웨트오픈 골프선수권대회 2위, 경북오픈 골프대회 우승
- 2005 가야오픈 3위
- 2012~2015 제16대 한국프로골프협회(KPGA) 회장

학적

- 1986 단국대학교 사범대학 체육교육과 졸업: 학사

부록

- 재직 교원
- 퇴직 교원
- 체육위원회 위원장 및 체육부 실장·부장
- 운동부 지도자
- 학위 수여자 현황
- 스포츠 관련 인사 명예박사 수여 현황
- 스포츠 분야 출신 국내외 대학 전임교원
- 단국스포츠 70년사 연표
- 찾아보기

• 재직 교원(2024.09.01 기준)

가. 석좌교수

성명	연구분야	부임일
최종진	스포츠행정학	1987.03 전임교원 2023.03 석좌교수

나. 사범대학 체육교육과

■ 전임교원

성명	직급	연구분야	부임일
허진영	교수	스포츠심리학	1997.03
권민혁	교수	스포츠사회학	2008.03
최형준	교수	체육측정평가	2012.03
이윤수	교수	스포츠교육학	2015.03
정선희	조교수	여가레크리에이션	2023.09

■ 특별교원

성명	직급	연구분야	부임일
정병근	초빙교수	스포츠교육학	2022.09

다. 스포츠과학대학 생활체육학과

■ 전임교원

성명	직급	연구분야	부임일
김지태	교수	특수체육	2005.09
강현욱	교수	여가 및 레크리에이션	2013.09
김기홍	부교수	운동생리학	2013.03
손원호	조교수	스포츠사회학	2021.09

■ 특별교원

성명	직급	연구분야	부임일
이지현	겸임교수	특수체육	2022.09
서재필	초빙교수	스포츠마케팅	2024.03
강지선	초빙교수	특수체육	2024.03

라. 스포츠과학대학 스포츠경영학과

■ 전임교원

성명	직급	연구분야	부임일
김용만	교수	스포츠마케팅	1997.09
김애랑	교수	스포츠마케팅	2011.03
전용배	교수	스포츠시설경영	2014.12
이병관	부교수	스포츠경영학	2011.09
장지석	조교수	스포츠소비자행동	2022.03

■ 특별교원

성명	직급	연구분야	부임일
문선호	초빙교수	스포츠경영학	2023.09
이동진	겸임교수	스포츠경영학	2024.03
지명근	겸임교수	스포츠경영학	2024.03

마. 스포츠과학대학 국제스포츠학부

■ 전임교원

성명	직급	연구분야	부임일
신윤아	교수	운동생리학	2008.03
김정훈	부교수	운동생화학	2011.03
황지현	부교수	스포츠경영학	2011.03
박우영	부교수	운동생리학	2011.09
홍미화	부교수	스포츠사회학	2012.03
진승태	부교수	스포츠산업경영	2013.03
이장규	부교수	운동생리학	2019.03
박종화	조교수	스포츠심리학	2019.09
이진욱	조교수	운동생리학	2021.03
오정수	연구전담조교수	스포츠사회학	2015.09
고대선	연구전담조교수	스포츠정보	2020.09
전민수	강의전담조교수	체육측정평가	2023.03

바. 대학원 · 특수대학원 · 연구소

성명	소속 및 직급	연구분야	부임일
이호성	대학원 운동의과학과 교수	운동생리학	2011.03
이동준	대학원 운동의과학과 연구전담조교수	스포츠사회학	2014.03
임봉우	대학원 운동의과학과 산학협력전담조교수	스포츠사회학	2014.03
소영호	대학원 운동의과학과 연구전담조교수	스포츠심리학	2020.09
이종학	대학원 운동의과학과 겸임교수	운동생리학	2024.03
김세윤	대학원 e스포츠학과 조교수	e스포츠마케팅	2023.03
김아름	대학원 스포츠헬스케어학과 초빙교수	스포츠사회학	2019.09
정환종	대학원 스포츠헬스케어학과 초빙교수	운동생리학	2023.03
이상현	대학원 스포츠헬스케어학과 초빙교수	운동생리학	2023.09
손재헌	대학원 스포츠헬스케어학과 초빙교수	운동생리학	2024.03
송상협	대학원 스포츠헬스케어학과 겸임교수	스포츠생리학	2022.09
홍찬정	대학원 스포츠헬스케어학과 겸임교수	스포츠사회학	2024.03
유진호	대학원 특수체육학과 초빙교수	특수체육	2024.09
조현익	대학원 특수체육학과 초빙교수	스포츠심리학	2024.09
전용균	교육대학원 교육학과 교육부교수	운동생리학	2014.03
조홍식	교육대학원 교육학과 교육부교수	스포츠교육학	2014.09
윤인애	교육대학원 교육학과 부교수	스포츠심리학	2019.09
변경원	경영대학원 강의전담조교수	스포츠경영학	2021.03
변용현	스포츠과학대학원 부교수	운동생리학	2014.09
이양주	스포츠과학대학원 연구전담조교수	스포츠심리학	2014.03
왕유월	스포츠과학대학원 초빙교수	스포츠	2017.10
김찬양	스포츠과학대학원 스포츠의학과 초빙교수	스포츠의과학	2024.09
이지은	MEDI-Sports연구소 초빙교수	스포츠의학	2024.03

• 퇴직 교원(2024.09.01 기준)

성명	소속	재직기간	연구분야
민태욱	체육학과	1955.09~1958.03	체육학
김유하	체육학과	1962.03~1962.08	체육학
정병호	체육학과	1963.06~1963.10	체육학
이병구	체육학과	1962.10~1964.07	체육학
김종선	체육학과	1965.06~1966.06	체육학
노득환	사범대학 체육교육과	1965.06~1979.02	체육학
이관영	체육교육과	1964.07~1980.08	체육학
유인현	사범대학 체육교육과	1963.03~1988.02	체육지도법
김지학	사범대학 체육교육과	1967.03~1990.07	스포츠심리학
오종한	사범대학 체육교육과	1979.03~1995.08 1995.09~2000.08 대우교수	체육지도
임경순	사범대학 체육교육과	1968.03~1996.02 1996.03 명예교수	스포츠사회학
김재규	체육대학 스포츠과학부	1978.11~1998.09	체육사
강용호	스포츠과학대학 생활체육학과	1973.03~1999.08 1999.09 명예교수	체육관리
강찬금	스포츠과학대학 생활체육학과	1980.03~2006.08 2006.09 명예교수	트레이닝방법론
정재환	체육대학 생활체육학과	1991.09~2007.02	체육철학
오현환	사범대학 체육교육과	1974.03~2008.02	스포츠경영학
정찬모	사범대학 체육교육과	1984.12~2011.08 2011.09 명예교수	체육측정평가
유태균	사범대학 체육교육과	1980.03~2012.08	체육철학
최종진	스포츠과학대학 스포츠경영학과	1987.03~2013.08 2023.03 석좌교수	스포츠행정학
이종철	사범대학 체육교육과	1978.03~2014.02 2014.03 명예교수	스포츠교육학
박광동	스포츠과학대학 국제스포츠학부	1988.03~2015.02 2015.03 명예교수	생체역학
김영인	스포츠과학대학 태권도학과	2003.03~2017.02	스포츠리더십
옥정석	스포츠과학대학 운동처방재활학과	1986.03~2018.02	운동생리학
조현익	스포츠과학대학 스포츠경영학과	1991.03~2020.02 2024.09 초빙교수	스포츠심리학
강신욱	스포츠과학대학 국제스포츠학부	1989.03~2021.02 2021.03 명예교수	스포츠사회학
이유찬	스포츠과학대학 생활체육학과	1991.03~2022.02 2022.03 명예교수	스포츠사회학
김재호	사범대학 체육교육과	1997.09~2022.08 2022.09 명예교수	운동생리학
심상신	사범대학 체육교육과	1988.08~2023.02 2023.03 명예교수	여가 및 레크리에이션
장석암	스포츠과학대학 국제스포츠학부	2000.09~2023.08	운동처방재활
이석준	스포츠과학대학 국제스포츠학부	2009.03~2024.08	운동심리학

• 체육위원회 위원장 및 체육부 실장·부장(2024.09.01 기준)

가. 체육위원회 위원장 명단

연번	성명	소속	부임일
1	이규창	경영학과	1988.03
2	구광조	수학과	1992.03
3	강용호	생활체육학과	1993.03
4	권용우	법학과	1997.03
5	장석권	법학과	1998.09
6	윤내현	사학과	1999.09
7	장호성	전자공학과	2000.10
8	이종철	체육교육과	2001.04
9	강찬금	운동처방재활학과	2006.03
10	조현익	스포츠경영학전공	2006.09
11	강신욱	생활체육학과	2011.07
12	김용만	스포츠경영학과	2019.04
13	이석준	국제스포츠전공	2021.03
14	전용배	스포츠경영학과	2022.03
15	장지석	스포츠경영학과	2023.03

나. 체육부 실장 및 부장 명단

연번	성명	직급	부임일
1	윤원호	체육부장	1980.04
2	윤원호	체육담당부처장서리	1983.03
3	윤원호	체육부장	1984.01
4	윤원호	체육실장	1990.12
5	민정식	체육실장	1995.02
6	정찬모	체육부장	1995.03
7	오교한	체육부장	1999.04
8	고태현	체육부장	2002.12
9	최재석	체육부장	2009.01
10	장봉군	체육부장 직무대리	2015.11
11	염경호	체육부장 직무대리	2022.09

• 운동부 지도자(2024.09.01 기준)

운동부	직급	성명	부임일
럭비부	코치	김기복	1955.12
	코치	정천수	1958
	코치	윤원호	1964.03
	감독	윤원호	1973.03
	코치	김연수	1977.03
	감독	김연수	1980.03
	감독	박은보	1996.03
	코치	김연기	1996.07
	現감독	김연기	2006.11
	現코치	신우식	2006.01
	現코치	박성민	2024.08
축구부	코치	이동진	1976.03
	코치	하상섭	1986.07
	감독	하상섭	1994.03
	코치	박종관	2003.01
	감독	신연호	2009.04
	現감독	박종관	2003.04
	現코치	이성우	2023.05
농구부	도서과장	장용식	1955.12
	코치	서한균	1968.03
	코치	서한균	1976.03
	감독	하눈수	1982.03
	감독	장봉군	1994.08
	코치	석승호	2006.01
	現감독	석승호	2016.07
	現코치	권시현	2023.12
야구부	감독	배수찬	1981.03
	감독	강문길	1984.07
	코치	김경호	1988.03
	수석코치	김유진	1998.03
	감독	김경호	2008.03
	타격코치	이용민	2015.03

운동부	직급	성명	부임일
	現감독	김유진	2002.05
	現코치	김태우	2022.09
	現코치	김정민	2023.02
조정부	지도교수	유인현	1966.03
	지도교수	황남일	1974.01
	감독	이경학	1981.01
	現감독	이기현	2112.11
스키부	감독	고태현	1977.05
	코치	염경호	1997.03
	감독	염경호	2007.07
	코치	김형철	2014.12
	現감독	김형철	2024.09
	現코치	박상용	2022.11
빙상부	코치	조윤식	1976.03
	코치	최재석	1982.03
	現감독	오용석	2002.03
	現코치	진선유	2014.12
	現코치	유영재	2022.11
씨름부	감독	허형욱	1982.03
	코치	주두식	2008.07
	現감독	주두식	2018.09
	現코치	임대혁	2024.09
골프부	지도교수	조현익	2005.03
	現지도교수	박우영	2024.03
볼링부	지도교수	조현익	1994.03
	現지도교수	이병관	2020.03
	現감독	윤병민	2005.11
소프트볼부	지도교수	정재환	1988.03
	現지도교수	김지태	2010.01
	現감독	우제덕	2006.03
승마부	지도교수	장석암	2005.03
	現지도교수	이진욱	2023.03
여자농구	現지도교수	김용만	2003.03
	감독	이언주	2008.03
	감독	김태유	2017.07

운동부	직급	성명	부임일
	現감독	백지은	2022.07
여자배구	지도교수	최종진	1999.03
	지도교수	김용만	2013.09
	지도교수	이유찬	2016.03
	現지도교수	김기홍	2022.03
	現감독	정상옥	2006.03
여자축구	지도교수	이석준	2016.03
	現지도교수	홍미화	2024.02
	감독	김선영	2016.01
	現감독	오원재	2016.04
수영부	지도교수	유인현	1969
	지도교수	정재환	미상
	現지도교수	김기홍	2013.03
태권도부	지도교수	김영인	2003.03
	現지도교수	진승태	2013.03
	코치	진천수	2011.07
	감독	민병석	2017.09
	코치	이법선	2017.10
	감독	남진아	2019.05
	코치	안형원	2019.12
	코치	김종민	2022.09
	現감독	박경훈	2022.03
	現감독	이법선	2023.03
	現코치	이진영	2021.09
소프트테니스	지도교수	강신욱	2002.03
	지도교수	강현욱	2013.09

• 학위 수여자 현황(2024.09.01 기준)

가. 학사학위

			초급대학	학사학위														
				서울·죽전캠퍼스		천안캠퍼스												
졸업연도	졸업회수	전후기	체육학과	체육학과	체육교육과	체육	경기지도	사회체육	무용	생활체육학	운동처방재활학	운동처방학	운동처방재활전공	스포츠경영학	태권도학	태권도전공	국제스포츠학	국제스포츠전공
1963학년도	14회 (초급대학 1회)	전기	28															
		후기																
1964학년도	15회 (초급대학 2회)	전기	31															
		후기	1															
1965학년도	16회	전기																
		후기																
1966학년도	17회	전기																
		후기																
1967학년도	18회	전기		15														
		후기		1														
1968학년도	19회	전기		16														
		후기																
1969학년도	20회	전기		21														
		후기																
1970학년도	21회	전기		21														
		후기																
1971학년도	22회	전기		30														
		후기		2														
1972학년도	23회	전기		32														
		후기																
1973학년도	24회	전기		33														
		후기																
1974학년도	25회	전기			32													
		후기																
1975학년도	26회	전기			19													
		후기																
1976학년도	27회	전기			61													
		후기																
1977학년도	28회	전기			31													
		후기			2													

졸업 연도	졸업 회수	전후기	초급대학	학사학위															
				서울·죽전캠퍼스		천안캠퍼스												
			체육 학과	체육 학과	체육 교육과	체육	경기 지도	사회 체육	무용	생활 체육학	운동처방 재활학	운동 처방학	운동처방 재활전공	스포츠 경영학	태권도 학	태권도 전공	국제스 포츠학	국제스포 츠전공
1978 학년도	29회	전기			35													
		후기																
1979 학년도	30회	전기			36													
		후기			2													
1980 학년도	31회	전기			31													
		후기			4													
1981 학년도	32회	전기			35													
		후기			1													
1982 학년도	33회	전기			37													
		후기			8													
1983 학년도	34회	전기			36													
		후기			3													
1984 학년도	35회	전기			48													
		후기			1													
1985 학년도	36회	전기			53													
		후기																
1986 학년도	37회	전기			47													
		후기			1													
1987 학년도	38회	전기			42	19												
		후기			1													
1988 학년도	39회	전기			41	22	12											
		후기			1													
1989 학년도	40회	전기			37	35	15											
		후기			1	3												
1990 학년도	41회	전기			45	19	13	25										
		후기																
1991 학년도	42회	전기			52	39	34	28										
		후기				4												
1992 학년도	43회	전기			47	29	36	28	33									
		후기			1													
1993 학년도	44회	전기			47	24	18	24	29									
		후기			1	4	4	1										
1994 학년도	45회	전기			30	29	49	35	36									
		후기			3	3												
1995 학년도	46회	전기			33	31	31	33	31									
		후기				3	3											

졸업연도	졸업회수	전후기	초급대학	학사학위														
				서울·죽전캠퍼스		천안캠퍼스												
			체육학과	체육학과	체육교육과	체육	경기지도	사회체육	무용	생활체육학	운동처방재활학	운동처방학	운동처방재활전공	스포츠경영학	태권도학	태권도전공	국제스포츠학	국제스포츠전공
1996학년도	47회	전기			34	34	38	41	31									
		후기						2	3									
1997학년도	48회	전기			40	40	30	30	30									
		후기				1	2	4	3									
1998학년도	49회	전기			37	42	38	35	29									
		후기			2				3									
1999학년도	50회	전기			37				27	27		28		39				
		후기			1				8	2		1		4				
2000학년도	51회	전기			30				33	52		35		37				
		후기							3			1		5				
2001학년도	52회	전기			32				36	42		21		46				
		후기			5				11	7		3		6				
2002학년도	53회	전기			34				29	42		18		40				
		후기			9				1	10		5		5				
2003학년도	54회	전기			48				44	42		27		44				
		후기			9				5	12		9		10				
2004학년도	55회	전기			38				32	45		35		36				
		후기			7				5	8		12		13				
2005학년도	56회	전기			29				31	54		56		40	6			
		후기			5				8	2		15		9	1			
2006학년도	57회	전기			37				25	50		48		41	5			
		후기			8				8	8		16		9	1			
2007학년도	58회	전기			44				35	46		25		50	7			
		후기			7				7	5		9		15	5			
2008학년도	59회	전기			31				31	52		42		38	23			
		후기			5				3	4		10		15	3			
2009학년도	60회	전기			28				43	67		40		39	26			
		후기			8				3	4		14		13	5			
2010학년도	61회	전기			32				28	44	1	37		26	23			
		후기			12					5	6			5	5			
2011학년도	62회	전기			41					33	56			48	32			
		후기			7					3	3			15	6			
2012학년도	63회	전기			26					44	46			51	28			
		후기			5					7	11			14	7			
2013학년도	64회	전기			33					38	48			47	35			
		후기			2					7	10			13	4			

			초급대학	학사학위															
				서울·죽전캠퍼스		천안캠퍼스												
졸업연도	졸업회수	전후기	체육학과	체육학과	체육교육과	체육	경기지도	사회체육	무용	생활체육학	운동처방재활학	운동처방학	운동처방재활전공	스포츠경영학	태권도학	태권도전공	국제스포츠학	국제스포츠전공
2014 학년도	65회	전기			41					58	49			54	27			
		후기			6					17	6			5	4			
2015 학년도	66회	전기			33					66	58			47	25			
		후기			5					5	7			5	5			
2016 학년도	67회	전기			31					37	40			41	32		18	
		후기								6	8			6	5		2	
2017 학년도	68회	전기			22					37	36			41	36		24	
		후기			11					8	7			9			3	
2018 학년도	69회	전기			30					35	37			46	4		58	
		후기			8					12	7			9			9	
2019 학년도	70회	전기			42					37	41			29	1		62	
		후기			9					9	7			10			6	
2020 학년도	71회	전기			35					42	43			57			68	
		후기			11					6	9			12			2	
2021 학년도	72회	전기			29					40	44			43			49	
		후기			7					5	9			9			9	
2022 학년도	73회	전기			27					49	28			42			49	
		후기			8					7	3			10			1	6
2023 학년도	74회	전기			22					39	7		9	51		11		42
		후기			7					6	3		3	18			1	6
합계			60	171	2,012	381	323	286	684	1,283	630	507	12	1,317	361	11	361	54

나. 석사 및 박사학위

			석사학위																박사학위	
			일반대학원		경영대학원			교육대학원		스포츠과학대학원										
졸업연도	졸업회수	전후기	체육학과	운동의과학과	스포츠경영학과	골프경영 전공	스포츠마케팅 전공	체육교육	체육교육(천)	스포츠의학과	스포츠마케팅	스포츠·레저지도	태권도	레저및경기지도학과	스포츠산업학과	무도학과	경호안전기획학과	레저스포츠학과	체육학과	운동의과학과
1987학년도	38회	전기	10		6															
		후기																		
1988학년도	39회	전기	9		6															
		후기																		
1989학년도	40회	전기	11		8															
		후기																		
1990학년도	41회	전기	6		5															
		후기																		
1991학년도	42회	전기	6		2															
		후기																		
1992학년도	43회	전기	6		5															
		후기																		
1993학년도	44회	전기	11		11															
		후기																		
1994학년도	45회	전기	6		11														4	
		후기																		
1995학년도	46회	전기	8		6														1	
		후기																		
1996학년도	47회	전기	7		10														4	
		후기																		
1997학년도	48회	전기	13		8														5	
		후기																		
1998학년도	49회	전기	9					7											7	
		후기						2												
1999학년도	50회	전기	13					7											8	
		후기						5												
2000학년도	51회	전기	10					6											16	
		후기						8												

			석사학위																박사학위	
			일반대학원		경영대학원			교육대학원		스포츠과학대학원										
졸업연도	졸업회수	전후기	체육학과	운동의과학과	스포츠경영학과	골프경영 전공	스포츠마케팅 전공	체육교육	체육교육(천)	스포츠의학과	스포츠마케팅	스포츠·레저지도	태권도	레저및경기지도학과	스포츠산업학과	무도학과	경호안전기획학과	레저스포츠학과	체육학과	운동의과학과
2001학년도	52회	전기	10					9											7	
		후기						11		3	6									
2002학년도	53회	전기	8		2			5			4								11	
		후기			2			16		4	6	1								
2003학년도	54회	전기	7					1		5	5	3							15	
		후기			2			27		15	4	3								
2004학년도	55회	전기	7		4			5		7	1								11	
		후기			5			29		9	3	2								
2005학년도	56회	전기	11		4			3		4	4	5					3		14	
		후기			4			32		2	4	4					2			
2006학년도	57회	전기	14		5			2		8	3						2		8	
		후기			4			22		7	2	2								
2007학년도	58회	전기	6		2			6		5		2							9	
		후기			4			21		12	3	3	4				1			
2008학년도	59회	전기			3			38		5	2	1							20	
		후기			2					3	3	3	3							
2009학년도	60회	전기						38		8	4	1							18	
		후기								13	5	11	4							
2010학년도	61회	전기			6			46		2		1	2						13	
		후기			8					6	5		8					3		
2011학년도	62회	전기				3	2	35	9	7	2							2	23	
		후기				2	2			3	2		5					3		
2012학년도	63회	전기				1	2	30	17	4	1		2					2	12	
		후기					1			14			3					1		
2013학년도	64회	전기				5		18	17	6			2						9	
		후기				1				4	1		6					5		
2014학년도	65회	전기				5	2	25	14	7									17	
		후기				1				6			4					8		
2015학년도	66회	전기		5				16	16	7	2							3	9	
		후기				2	2			10		1	5					5		

졸업연도	졸업회수	전후기	석사학위																박사학위	
			일반대학원		경영대학원			교육대학원		스포츠과학대학원										
			체육학과	운동의과학과	스포츠경영학과	골프경영 전공	스포츠마케팅 전공	체육교육	체육교육(천)	스포츠의학과	스포츠마케팅	스포츠·레저지도	태권도	레저및경기지도학과	스포츠산업학과	무도학과	경호안전기획학과	레저스포츠학과	체육학과	운동의과학과
2016학년도	67회	전기		3		5	1	17	18	4	2		2						13	3
		후기					2			13			1	3	1	1				
2017학년도	68회	전기	3	3		3	4	17	18	4				3	1				13	1
		후기	3	1		1				8				2	3			1	3	1
2018학년도	69회	전기	2				2	14	16	5				2	1	1			8	
		후기	1	3		1	1			5				3	1				3	3
2019학년도	70회	전기	7	4		2		20	16	5									11	6
		후기	5							5				2	1				11	2
2020학년도	71회	전기	2	4			5	18	17	4				2					12	1
		후기	5	1						6				2	2				19	3
2021학년도	72회	전기	1	1		1	3	15	20	5					2				14	
		후기	7	1			1			4				2	3				6	
2022학년도	73회	전기	2	1			3	10	14	5				2					8	1
		후기		3			3			5				5	2				15	
2023학년도	74회	전기		1			2	7	16	2				1					11	1
		후기	1	3			3			6				1	3				6	
합계			327	34	135	33	41	588	208	272	74	43	51	30	20	2	8	33	394	22

• 스포츠 관련 인사 명예박사학위 수여 현황(2024.09.01 기준)

학위명	성명	국적	경력	수여일
명예법학박사	루이 기랑두 은디아예 (Louis Guirandou-N'Diaye)	코트디브아르	국제올림픽위원회(IOC) 부위원장	1982
명예법학박사	아흐마드 알파하드 알사바 (Ahmad Al-Fahad AL-SABAH)	쿠웨이트	국제올림픽위원회(IOC) 위원	1986
명예법학박사	조상호	대한민국	제6대 체육부 장관 대한체육회장 제10회 아시안게임(1986, 서울) 조직위원장	1990
명예교육학박사	한양순	대한민국	대한올림픽위원회(KOC) 위원	1994
명예경영학박사	오타비오 친콴타 (Ottavio Cinquanta)	이탈리아	국제올림픽위원회(IOC) 위원 국제빙상경기연맹(ISU) 회장	1999
명예철학박사	우칭궈(吳經國)	타이완	국제올림픽위원회(IOC) 위원 국제아마추어복싱연맹(AIBA) 회장	2004
명예정치학박사	토마스 바흐(Thomas Bach)	독일	국제올림픽위원회(IOC) 위원장	2018
명예이학박사	조정원	대한민국	세계태권도연맹(WT) 총재	2022
명예경영학박사	에릭 생트롱(Eric Saintrond)	벨기에	국제대학스포츠연맹(FISU) 사무총장	2024

• 스포츠 분야 출신 국내외 대학 전임교원(2024.07.31 기준)

가. 서울캠퍼스 및 죽전캠퍼스 학부 졸업자

연번	대학	학과, 입학연도	성명
1	상지영서대학교	초급대학 체육과, 62	조창남
2	혜전대학교	초급대학 체육과, 63	채광호
3	인천전문대학교	이공학부 체육학과, 64	박상호
4	단국대학교	문리과대학 체육학과, 66	최종진
5	백석대학교	문리과대학 체육학과, 67	고석중
6	단국대학교	문리과대학 체육학과, 67	유태균
7	대덕대학교	문리과대학 체육학과, 68	홍성표
8	단국대학교	문리과대학 체육학과, 68	이종철
9	강남대학교	문리과대학 체육학과, 68	양재용
10	단국대학교	문리과대학 체육학과, 69	김영인
11	경상대학교	문리과대학 체육학과, 70	강진홍
12	단국대학교	공과대학 건축공학과, 71	김남응
13	한국체육대학교	문리과대학 체육학과, 72	오세진
14	용인대학교	체육교육과, 73	김의환
15	인천전문대학교	체육교육과, 73	김동원
16	상지대학교	체육교육과, 75	강명학
17	단국대학교	체육교육과, 75	이유찬
18	가천대학교	체육교육과, 76	김우원
19	단국대학교	체육교육과, 76	심상신
20	국제대학교	체육교육과, 76	김종신
21	충청대학교	체육교육과, 76	최대원
22	신한대학교	체육교육과, 77	이영애
23	디지털서울문화예술대학교	체육교육과, 77	장대갑
24	단국대학교	체육교육과, 78	장석암
25	상지영서대학교	체육교육과, 79	박운찬
26	단국대학교	체육교육과, 80	김용만
27	단국대학교	체육교육과, 80	허진영

연번	대학	학과, 입학연도	성명
28	한국체육대학교	경영학과, 80	김진해
29	한국체육대학교	국어국문학과, 80	최강진
30	단국대학교	체육교육과, 80	정재환
31	가톨릭관동대학교	체육교육과, 81	나윤수
32	가야대학학교	체육교육과, 81	진한근
33	대덕대학교	체육교육과, 81	김민섭
34	울산과학대학교	체육교육과, 82	김성배
35	단국대학교	체육교육과, 83	이석준
36	세한대학교	체육교육과, 83	김영기
37	일본 대동문화대학(大東文化大学)	체육교육과, 84	김형준
38	울산과학대학교	경영학과, 86	김기훈
39	단국대학교	체육교육과, 87	이상섭
40	공주교육대학교	체육교육과, 88	문제민
41	단국대학교	체육교육과, 89	조홍식
42	대덕대학교	체육교육과, 89	고동우
43	한국체육대학교	체육교육과, 89	이승철
44	경동대학교	체육교육과, 90	이용준
45	단국대학교	체육교육과, 91	변경원
46	미국 이타카 대학(Ithaca College)	일어일문학과, 92	배원열
47	단국대학교	체육교육과, 93	전용균
48	디지털서울문화예술대학교	체육교육과, 94	이동복
49	서경대학교	체육교육과, 94	김재환
50	미국 일리노이 대학(University of Illinois)	체육교육과, 95	염재범
51	디지털서울문화예술대학교	체육교육과, 95	박선기
52	강원대학교	체육교육과, 99	최헌혁
53	서울현대실용전문학교	체육교육과, 00	김기환
54	육군사관학교	체육교육과, 00	조원제
55	경인교육대학교	체육교육과, 00	윤성준
56	인천대학교	체육교육과, 02	이승용

나. 천안캠퍼스 학부 졸업자

연번	대학	학과, 입학연도	성명
1	강원관광대학교	체육학과, 84	박상호
2	서울시립대학교	체육학과, 84	오유성
3	동덕여자대학교	체육학과, 85	김창선
4	나사렛대학교	체육학과, 85	박명수
5	상지영서대학교	경기지도학과, 86	김우기
6	단국대학교	사회체육학과, 87	박우영
7	단국대학교	경기지도학과, 87	이병관
8	단국대학교	사회체육학과, 87	오정수
9	단국대학교	체육학과, 87	이호성
10	단국대학교	체육학과, 87	임봉우
11	부경대학교	사회체육학과, 88	문선호
12	수원여자대학교	사회체육학과, 89	손경환
13	단국대학교	체육학과, 90	김기홍
14	카톨릭관동대학교	체육학과, 90	윤영구
15	단국대학교	무용학과, 91	김선정
16	단국대학교	무용학과, 92	최은용
17	경동대학교	경기지도학과, 93	김　범
18	단국대학교	경기지도학과, 93	이양주
19	단국대학교	경기지도학과, 94	소영호
20	교통대학교	체육학과, 94	안근옥
21	남부대학교	경기지도학과, 94	유종상
22	동신대학교	체육학과, 94	조지훈
23	동원대학교	체육학과, 95	양상진
24	단국대학교	사회체육학과, 95	강현욱
25	세경대학교	경기지도학과, 95	조현웅(웅기)
26	한양대학교	스포츠경영학전공, 99	권재윤(일권)
27	인천대학교	운동처방학전공, 00	고주필
28	한국골프대학교	생활체육학전공, 00	하상원
29	단국대학교	스포츠경영학전공, 01	김세윤
30	충북보건과학대학교	태권도학과, 03	원세종
31	신성대학교	태권도학과, 06	전혁수
32	경일대학교	태권도학과, 07	손태진
33	원광대학교	태권도학과, 08	이해성
34	대전과학기술대학교	생활체육학과, 11	유정빈

다. 대학원 졸업자

연번	대학	학과, 입학연도	성명
1	성결대학교	체육학과 석사, 82	안정훈
2	충남도립대학교	체육학과 박사, 90	염동삼
3	건국대학교	체육학과 박사, 91	원종세
4	충남대학교	체육학과 박사, 91	이용인
5	세종대학교	체육학과 박사, 92	최청자
6	용인대학교	체육학과 박사, 94	임순길
7	가천대학교	체육학과 박사, 97	나순복
8	가천대학교	체육학과 박사, 98	박상용
9	가천대학교	체육학과 박사, 99	김창균
10	성결대학교	체육학과 박사, 99	안완식
11	건국대학교	체육학과 박사, 99	최청락
12	미국 쿠츠타운대학교(Kutztown University)	스포츠마케팅학과 석사, 00	김수진
13	경기대학교	체육학과 박사, 00	류양섭
14	유원대학교	체육학과 박사, 00	이종근
15	신성대학교	체육학과 박사, 00	조병섭
16	단국대학교	체육학과 박사, 00	최소빈
17	충청대학교	체육학과 박사, 01	박인태
18	용인대학교	체육학과 박사, 02	이재원
19	청주대학교	체육학과 박사, 02	지용석
20	신성대학교	체육학과 박사, 02	한권상
21	중국 하얼빈체육학원(哈尔滨体育学院)	체육학과 석박사, 04	마차이리(馬彩麗)
22	숭실대학교	체육학과 석박사, 04	이계석
23	가톨릭관동대학교	스포츠의학과 석사, 05	이승엽
24	대덕대학교	체육학과 석박사, 05	임현묵
25	인천대학교	체육학과 박사, 05	전경규
26	가천대학교	체육학과 박사, 08	최미리
27	우즈베키스탄국립체육대학교(O'zbekiston davlat jismoniy tarbiya va sport universiteti)	체육학과 석박사, 06	백문종
28	한국체육대학교	체육학과 박사, 06	정영희
29	국제사이버대학교	체육학과 석박사, 08	신정엽

연번	대학	학과, 입학연도	성명
30	단국대학교	스포츠의학과 석사, 08 체육학과박사,12	이진욱
31	한국골프대학교	체육학과 석박사, 09	염정환
32	두원공과대학교	스포츠의학과 석사, 09 체육학과박사,15	이근호
33	강릉영동대학교	체육학과 석박사, 09	조명진
34	디지털서울문화예술대학교	체육학과 석박사, 12	안재빈
35	원광대학교	체육학과 박사, 12	서은철
36	우석대학교	체육학과 박사, 13	김현륜
37	디지털서울문화예술대학교	체육학과 박사, 13	양상훈
38	단국대학교	체육학과 박사, 13	박종화
39	단국대학교	체육학과 석박사, 14	손원호
40	중국 심양체육학원(沈阳体育学院)	체육학과 박사, 14	왕관(王冠)
41	나사렛대학교	레저스포츠학과 석사, 14 체육학과 박사, 17	우주연
42	중국 사천대학(四川大学)	체육학과 박사, 14	주오앤(卓岩)
43	동덕여자대학교	체육학과 박사, 16	박순희
44	가톨릭관동대학교	체육학과 석박사, 16	이승훈
45	중국 태원이공대학(太原理工大学)	운동의과학과, 16	임혜걸(任慧杰)
46	중국 정저우대학(鄭州大學)	체육학과 박사, 17	리송푸(李松璞)
47	중국 남통대학(南通大学)	체육학과 박사, 17	왕쓰멍(王诗萌)
48	영진전문대학교	체육학과 박사, 17	정상훈
49	김천대학교	체육학과 박사, 17	정우민
50	중국 허난사범대학(河南师范大学)	체육학과 박사, 18	라이샤오강(来晓刚)
51	중국 산시대학(山西大学)	체육학과 박사, 18	창아회이(常亚辉)
52	중국 산시약과직업대학	체육학과 석박사, 18	수멍(苏萌)
53	중국 심양체육학원(沈阳体育学院)	체육학과 박사, 18	야오쯔야오(姚子尧)
54	중국 하남농업대학(河南农业大学)	체육학과 박사, 18	량위(梁昱)
55	중국 하남금융재정학원(河南财政金融学院)	체육학과 박사, 18	왕루이(王睿)
56	중국 연성사범대학(盐城师范学院)	체육학과 박사, 18	왕홍량(王宏亮)
57	중국 상남학원(湘南学院)	체육학과 박사, 18	위위(喻瑜)
58	중국 화남이공대학(华南理工大学)	체육학과 박사, 18	저우차우(周超)

연번	대학	학과, 입학연도	성명
59	중국 칭다오과학기술대학(青岛理工大学)	체육학과 박사, 18	취페이페이(屈培培)
60	중국 하얼빈체육학원(哈尔滨体育学院)	체육학과 박사, 18	쩡진회이(郑金慧)
61	중국 하얼빈체육학원(哈尔滨体育学院)	체육학과 박사, 19	비앤위한(卞宇涵)
62	중국 강서사범대학(江西師範大學)	체육학과 박사, 19	티앤즈보(田智博)
63	중국 산서과기학원(山西科技学院)	체육학과 박사, 20	마천위앤(马晨渊)
64	중국 중경삼협학원(重庆三峡学院)	체육학과 박사, 20	쭈천(朱晨)
65	중국 연성사범학원(盐城师范学院)	체육학과 석사, 20	류쉐한(刘雪含)
66	중국 요성대학(聊城大学)	체육학과 박사, 20	홍차오(洪超)
67	재능대학교	체육학과 박사, 21	김근국
68	중국 동인유아사범고등전문학교(铜仁幼儿师范高等专科学校)	체육학과 박사, 21	리바오쿤(李宝坤)
69	중국 황회학원(黄淮学院)	체육학과 박사, 21	왕성(王圣)
70	중국 징강산대학(井冈山大学)	체육학과 박사, 21	장샤오회이(蒋小慧)
71	중국 회음사범학원(淮阴师范学院)	체육학과 박사, 21	장치우쓰(张秋实)

• 연표

〈일러두기〉

- 이 연표는 대한민국 현대사와 단국대학의 교사를 스포츠 중심으로 선택, 구성하였습니다.
- 대한민국 현대사는 한국스포츠 일반에 영향을 미칠 만한 사안(■색 글자로 표시)을 선택하였습니다. 단국대학 교사에서는 우리 대학에 영향을 크게 미친 사안과 스포츠 행정 일반(■색 글자로 표시), 개별 종목의 전적과 기록(■색 글자로 표시)을 상술하였습니다.
- 70년의 전통이 있는 만큼 수많은 승리와 영광의 추억을 모두 기재해야 하지만 지면 관계상 일일이 모두 다루지 못함을 양해 바랍니다.

■ 대한민국 현대사/스포츠사 | ■ 단국대학사/단국스포츠사 | ■ 단국대 운동부 실적

연도	월	내용
1947	04	• 서윤복, 보스톤 마라톤대회(51회) 우승
	06	• 대한올림픽위원회, 제40차 IOC 스톡홀름 총회에서 국제올림픽위원회로부터 승인
	11	• 재단법인 단국대학 설립 인가
		• 3일, 서울특별시 종로구 낙원동 282번지에서 2개 학부 5개 학과 정원 960명으로 개교
1948	01	• 광복 후 최초, 제5회 생모리츠 동계올림픽 출전
	07	• 초대 대통령에 이승만 선출
	08	• 광복 후 최초, 제14회 런던 올림픽 출전
		• 대한민국 정부수립 공포
	09	• 조선체육회(1945년 11월 부활)를 대한체육회로 개칭
		• 조선올림픽위원회(1947년 6월 설립)를 대한올림픽위원회(KOC)로 개칭
1949	06	• 김구 선생 피살
	12	• 신당동 교사로 이전
1950	06	• 6·25 전쟁 발발, 전국체육대회(31회) 중지
		• 6·25 전쟁으로 인한 무기한 휴교
1951	02	• 부산 전시연합대학 개강
	06	• 6·25 사변 후 첫 전국체육대회(32회) 전남 광주 개최
		• 대한체육회, 부산에서 '남하 체육인' 등록 실시
	09	• 대구 덕산국민학교에서 제1회 졸업식
1952	01	• 정부 수립 후 최초 제15회 헬싱키 올림픽 6·25 전쟁 중 참가
		• 부산 대청동 가교사 임시 개교
	10	• 서울 수복 후 첫 전국체육대회 서울 개최, 재일교포 선수단 처녀 출전
1953	07	• 휴전협정 조인
	09	• 부산 피난교에서 신당동 교사로 복귀
	10	• 한국체육학회 발족

연도	월	내용
1954	03	• 대한체육회, 사단법인 체제로 개편
	05	• 정부 수립 후 최초 제2회 마닐라 아시안게임 출전, 6개 종목 78명
1955	12	• 농구부, 레슬링부, 럭비부 창단
1956	02	• 한남동 신교사 신축 정초식 거행
	04	• 대한학교체육회 창립
1957	06	• 한남동 신교사 입교
	07	• 정구부(테니스부 전신) 창단
	12	• 홍명희 북한올림픽위원회 위원장, 제17회 로마 올림픽에 남북 단일팀 출전 제의
		• 공수부(태권도부 전신) 창단
1958	03	• 응원가(이희승 작사, 김동진 작곡) 제정
	05	• 럭비부 춘계럭비축구리그전 준우승
	08	• 단국대학 대학원 3개 학과, 정원 30명으로 설치 인가
	10	• 제39회 전국체육대회, 「정부수립 10주년 기념대회」 개최
1959	03	• 싸이클부 창단
	08	• 전국일주 자전거경기대회 창설 (경향신문사)
	09	• 국제마라톤대회 창설 (한국일보사)
	11	• 럭비부 제12회 럭비축구선수권대회 준우승
1960	02	• 싸이클부 해체
	04	• 4·19혁명 발생, 이승만 대통령 하야
	08	• 윤보선 대통령 취임
1961	04	• 럭비부 한일경기 한국대표팀에 선발
	05	• 5·16 군사정변 발생
	11	• 『체육대사전』발간
	12	• 복싱부 창단
1962	02	• 군사정부의 조치로 1부대학 폐지
		• 신당동 2부대학 교사 한남캠퍼스로 이전
		• 복싱부 김성출 제4회 아시안게임 국가대표 선발대회 라이트웰터급 우승
	03	• 병설 실업초급대학(2년제) 설립인가
		• 병설 실업초급대학 내 체육과 신설(정원 80명)
	04	• 럭비부 한중친선럭비경기대회 국가대표팀 선발
		• 럭비부 춘계럭비축구리그전 우승
	05	• 20일, 제1회 5월 체육전 개최
	07	• 북한올림픽위원회 남북체육 회의 제의: 제18회 도쿄 올림픽 남북한 단일팀 구성
	08	• 대한올림픽위원회 제59차 IOC 모스크바 총회 결정에 동의: 1964 도쿄올림픽 남북 단일팀 참가 회담
	09	• 「국민체육 진흥법」 공포(법령 1146호)
1963	01	• 대한체육회, 최초 선수 정밀 체력검사 실시
		• 로잔 IOC 본부에서 분단 이후 최초 단일팀 구성 위한 남북체육회담 진행

	03	• 정부, 체육진흥법 시행령 공포
		• 장형 선생 대한민국건국공로훈장 수훈
		• 필드하키부, 미식축구부 창단
	04	• 대한체육회, 「체육주간」행사 창설
		• 단우체육회 결성
		• 전국춘계럭비리그전 대학부 우승
	05	• 로잔 체육회담 후속 제1차 홍콩 남북체육회담 개최
	06	• 장충식 교수 부학장 취임
		• 럭비부 종합럭비선수권대회 우승
		• 럭비부 제3회 전국럭비축구종합선수권대회 우승
	09	• 미식축구부 미식축구 서울시 대표선발 예선경기 출전
		• 필드하키부 제11회 서울특별시체육대회 겸 44회 전국체육대회 서울특별시 예선대회 3위
	10	• 럭비부 제44회 전국체육대회 우승 제3회 전국럭비축구종합선수권대회 우승, 제16회 전국종별선수권대회 우승으로 전성기 구가
	12	• 박정희 대통령 취임
1964	01	• 국내 최초 실내스케이트장 개장(서울 종로구 창신동)
	02	• 1부대학 부활 (이공학부 체육과 80명 포함)
		• 초급대학 체육과 폐지
		• 문리과대학에 체육과(4년제) 신설: 전임교원 유인현, 이병주, 김유하, 정병호
	04	• 체육위원회 구성 및 규정 제정
		• 필드하키부 해체
	05	• 미식축구부 춘계대학미식축구리그전 출전
	09	• 대한체육회와 대한올림픽위원회(KOC) 분리
		• 럭비부 제45회 전국체육대회 준우승
	10	• 홍명희 북한올림픽위원회 위원장, 제18회 도쿄 올림픽 불참 담화 발표
		• 제18회 도쿄 올림픽(아시아 최초 올림픽) 15종목 224명 선수단 파견
		• 한국 역대 올림픽 최다 메달 획득: 정신조(복싱) 은메달, 장창선(레슬링) 은메달, 김의태(유도) 동메달
	11	• 럭비부 제17회 전국종별럭비선수권대회 우승
	12	• 올림픽 수상자에게 대통령 표창 최초 수여
		• 30일, 설립자 장형 선생 영면
1965	02	• 농구부 해체
		• 장충식 부학장, 대학배드민턴협회 회장 취임
	05	• 복싱부 전국학생아마추어복싱선수권대회 이금택 라이트미들급 우승
	06	• 한일협정 정식 조인
	07	• 이승만 초대 대통령 서거
		• 체조부 제43회 전국종별체조선수권대회 단체 2위
	09	• 복싱부 제2회 아시아아마추어권투선수권대회 이금택 라이트미들급 금메달

		· 장충식 부학장, 대학육상경기연맹 회장 취임
	10	· 럭비부 제46회 전국체육대회 준우승
		· 럭비부 전국종별선수권대회 공동우승
	11	· 대한민국 체육상 시상 규정 공포
		· 체조부 전국남녀기계체조선수권대회 단체 2위
		· 미식축구부 추계대학미식축구리그전 출전
1966	03	· 배드민턴부, 조정부 창단
		· 공수부 태권도부로 개칭
		· 미식축구부 해체
	06	· 태릉선수촌 건립
	07	· 경제개발 5개년 계획 발표
		· 복싱부 제5회 아시안게임파견 한국대표복싱 3차선발전 이금택 라이트미들급 우승
	10	· 제9대 학장 장충식 교수 취임
		· 조정부 제8회 전국조정선수권대회 에이트 3위
1967	01	· 남북한 스포츠 호칭 문제 세계여자배구선수권 대회(5회)에서 첫 발생
		· 한국 KOREA 북한 NORTH KOREA 호칭, 공산권 보이코트
	02	· 종합대학교 승격 인가
		학부 : 3개 대학, 17개 학과, 정원 390명/석사과정 : 7개 학과, 정원 90명/박사과정 : 7개 학과 정원 25명
		· 문리과대학 체육학과 인가
	03	· 초대 총장 장충식 교수 취임
		· 2부대학 폐지
		· 남자농구부 재창단, 체조부 창단, 배드민턴부 해체
	04	· 럭비부 춘계럭비리그전 우승
	07	· 태권도부 제2회 전국학생선수권태권도대회 강용모 웰터급 우승
	08	· 국제대학스포츠연맹(FISU)총회(10회, 도쿄)에서 FISU 회원국 가입
		· 도쿄 유니버시아드 첫 출전 (107명 파견)
		· 장충식 총장, 대학육상경기연맹 회장 취임
		· 복싱부 전국학생복싱선수권대회 전용호 미들급 우승, 문정삼 페더급 우승
		· 체조부 전국종별선수권대회 준우승
	09	· 단국대, 제49회 전국체육대회에서 대학생으로는 최초 매스게임 공연(문교부장관 표창 수상)
	10	· 조정부 제48회 전국체육대회 에이트 3위, 너클포어 2위: 조정계에 단국대학교 각인 계기
		· 조정부 제9회 전국조정선수권대회 에이트 2위, 너클포어 1위
		· 복싱부 제48회 전국체육대회 문정삼 라이트급 은메달, 전용호 라이트헤비급 동메달
1968	01	· 검도부 창단
	03	· 스키부 창단
		· 대한체육회, 대한올림픽위원회, 대한학교체육회 통합
		· 대한체육회, 「스포츠과학위원회」발족

04 · 조정부 춘계조정선수권대회 종합우승

06 · 체조부 제23회 체조종별선수권대회 단체 2위

· 조정부 춘계조정선수권대회 종합우승

07 · 조정부 하계조정대회 에이트 1위, 너클포어 1위

08 · 태권도부 전국대학태권도개인선수권전 강용모 미들급 우승

09 · 조정부 하계조정대회 헬포어 1위, 에이트 2위, 너클포어 3위

10 · 대학입시 예비고사제 도입 발표

· 조정부 제10회 전국조정선수권대회 종합우승

· 럭비부 전국종별럭비선수권대회 우승

12 · 국민교육헌장 선포

1969 01 · 「한국체육인동우회」 창립

· 수영부 창단

· 스키부 제50회 전국동계체육대회 노르딕 30km경주 우승

02 · 스키부 제21회 전국학생스키대회 신인자 노르딕 5km경주 1위, 10km경주 1위, 노르딕 40km계주(김병기, 장래경, 최선복, 최장헌) 1위

· 스키부 제50회 전국동계체육대회 김명기 노르딕 30km경주 1위

05 · 태능선수촌 코치아카데미 개설

06 · 조정부 춘계전국경조대회 에이트 1위, 너클포어 1위, 페어 1위

07 · 수영부 제16회 수구리그전 및 다이빙대회 수구 준우승

· 수영부 제24회 전국남녀초중고대학별수영대회 이형화 자유형 1500m 1위, 개인혼영 400m 1위, 단체 혼계영 400m 1위

08 · 조정부 제50회 전국체육대회 너클포어 1위, 헬포어 1위, 에이트 2위, 페어 2위

· 조정부 하계조정대회 너클포어 1위, 헬포어 1위, 에이트 2위, 페어 2위

· 수영부 제41회 전국남녀학생수영대회 신영상 자유형 400m 1위, 이형화 자유형 1500m 1위, 개인혼영 400m 1위, 노중환 접영 100m 1위

· 수영부 제50회 전국체육대회 노중환 개인혼영 400m 1위, 접영 100m 2위, 이형화 자유형 1500m 2위, 신용해 평영 100m 2위, 200m 2위

10 · 조정부 제11회 전국조정선수권대회 종합우승

1970 02 · 스키부 제51회 전국동계체육대회 주홍섭 노르딕 15km, 30km 1위(2관왕), 신인자 노르딕 5km경주 1위, 노르딕 40km계주(김명기, 주관식, 주흥섭, 최임동) 1위

· 스키부 제22회 전국학생스키대회 김윤희 알파인 활강 1위, 신인자 노르딕 5km경주 1위

03 · 육상부 창단

· 장충식 총장, 대학스키연맹 회장 취임

04 · 체조부 제25회 전국남녀종별선수권대회 단체 2위

· 육상부 제1회 전국대학육상대회 양희열 200m 1위, 김상중 400mR 1위

· 육상부 제51회 전국체육대회 서울시예선 박수권 창던지기 1위(한국신기록)

· 육상부 제1회 단거리대회 양희열 200m 1위, 단국대 400mR 1위

· 육상부 제6회 아시아대회파견 최종선발대회 박수권 창던지기 1위

05 · 농구부 제15회 전국종별농구선수권대회 3위: 처녀 출전

06 · 미국 서던오레곤 대학과 MOU 체결

· 조정부 하계조정대회 종합우승

07 · 경부고속도로 개통

08 · 수영부 제25회 전국남녀초중고대학별수영대회 이형화 배영 200m 1위

09 · 제1회 럭비 단경전(檀慶戰: 단국대 vs 경희대) 실시

10 · 수영부 제51회 전국체육대회 이형화 배영 100m 2위, 배영 200m 2위

· 육상부 박수권 투창 한국 신기록

· 럭비부 제23회 전국종별선수권대회 우승

11 · 태권도부 제5회 전국대학태권도개인선수권대회 김장환 금메달, 신인식 은메달, 정진동 은메달

12 · 호남고속도로 개통

· 육상부 제6회 방콕 아시안게임 박수권 창던지기 은메달

1971 02 · 스키부 제23회 전국학생스키선수권대회 및 제33회 전국학생선수권대회 신인자 노르딕 10km경주 1위

03 · 문리과대학 체육학과를 체육교육학과로 개편

· 장충식 총장, 대학스키연맹 회장 취임

05 · 기존 한남체전을 '한남축전'으로 명칭 변경하고, 5월 체전 및 11월 개교기념축제를 통합함

· 조정부 제12회 전국조정선수권대회 쉘포어 1위, 에이트 2위, 너클포어 3위

07 · 조정부 춘계경조대회 쉘포어 1위, 에이트 3위

08 · 조정부 제1회 해군참모총장배쟁탈조정대회 준우승

· 수영부 제26회 전국남녀초중고대학별수영대회 이형화 개인혼영 200m 1위, 이정훈 접영 200m 1위, 이동학 평영 200m 1위

· 수영부 제43회 전국남녀수영대회 이형화 자유형 1500m 1위, 서정연 자유형 400m 1위, 이정훈 개인혼영 400m 1위

09 · 제2회 럭비 단경전 개최 후 폐지

· 수영부 제16회 전국수영선수권대회 이형화 개인혼영 400m 1위, 박석기 배영 100m 1위

10 · 남자농구부 제52회 전국체육대회 금메달

· 조정부 제52회 전국체육대회 에이트 2위, 쉘포어 3위, 너클포어 3위

· 수영부 제52회 전국체육대회 이형화 자유형 1500m 1위, 개인혼영 200m 1위, 박석기 배영 200m 1위

11 · 럭비부 제24회 전국종별선수권대회 우승

12 · 영동고속도로 신갈~새말 구간 최초 개통

1972 02 · 스키부 제24회 전국학생스키선수권대회 종합 1위

· 스키부 제24회 전국학생스키대회 종합우승

· 스키부 제53회 전국동계체육대회 김남응 활강경기 1위, 함경희 15km경주 1위, 40km계주 2위

· 스키부 제26회 전국스키대회 최종복 30km경주 1위

03 · 체육위원회 규정 일부 개정

· 사격부 창단 (1년 후 해체)

04 · 펜싱부 창단 (1년 후 해체)

05 · 사격부 제1회 회장기쟁탈전 김은순 여자 개인 2위, 남자단체 4위

06 · 스포츠소년단 창단

· 제1회 전국스포츠소년대회(전국소년체육대회 전신) 개최

· 조정부 춘계대학조정대회 쉘포어 1위, 에이트 1위

· 검도부 제14회 전국춘계대학검도연맹전 단체 3위

· 수영부 제27회 전국남녀초중고대학별수영대회 이형화 개인혼영 400m 1위, 자유형 1500m 2위

07 · 남북공동성명 발표, 자주·평화·민족 통일 기본 원칙 확인

· 펜싱부 전국체전 서울예선 남자(박일한, 이상익, 이주경, 전용길) 사브르 우승

· 조정부 하계조정대회 쉘포어 1위, 에이트 1위

· 조정부 제2회 해군참모총장배쟁탈조정대회 에이트 1위, 쉘포어 2위

08 · 수영부 제44회 전국남녀수영대회 이형화 개인혼영 400m 1위, 개인혼영 200m 2위, 이규성 자유형 1500m 1위, 개인혼영 400m 2위

09 · 남북체육교류 공동성명 발표: 김택수 대한체육회장, 오현주 북한올림픽위원회 위원장

· 서울캠퍼스 노천극장 준공

· 육상부 제1회 전국종별남녀육상경기선수권대회 오세진 100m 2위, 400mR 2위, 홍경생 넓이뛰기 2위, 장금규 해머던지기 2위

10 · 럭비부 제53회 전국체육대회 우승

· 펜싱부 제53회 전국체육대회 준우승

· 조정부 제53회 전국체육대회 쉘포어 2위, 에이트 3위, 너클포어 3위

· 조정부 제14회 전국조정선수권대회 쉘포어 2위, 에이트 2위, 너클포어 2위

· 수영부 제53회 전국체육대회 이규성 자유형 800m 2위, 최재현 배영 200m 1위

11 · 국기원(서울 강남구 역삼동 소재) 건립

12 · 유신헌법 공포

· 사범대학 신설, 체육교육학과 소속 변경

· 농구부 재해체

· 중앙도서관 완공

1973 01 · 스키부 제25회 전국초중고대학스키대회 종합우승

· 스키부 제54회 전국동계체육대회 노르딕 4종목 금메달, 알파인 3개 종목 금메달

03 · 북한, 아시아경기연맹(AGF) 가입

· 사격부 제2회 문교부장관배사격대회 최미자 여자부 우승

04 · 씨름부 제6회 회장기쟁탈장사씨름대회 우승: 창단 전

05 · 한국스포츠기자단, 국제스포츠기자협회(AIPS) 가입

· 첫 세계태권도선수권대회 서울에서 개최

· 씨름부 제4회 새마을씨름대회 3위(창단 전 시범 출전)

· 조정부 춘계경조대회 너클포어 2위, 1포어 2위, 에이트 2위,

06 · 조정부 하계조정대회 에이트 1위, 쉘포어 2위

· 조정부 제3회 해군참모총장배쟁탈조정대회 에이트 2위

· 수영부 제28회 전국남녀초중고대학별수영대회 김영길 자유형 400m 1위, 자유형 1500m 1위, 최재현 배영 200m 1위

· 육상부 제2회 전국남녀종별선수권대회 오세진 100m 1위, 400mR 1위

07 · 사범학관 준공

08 · 수영부 제45회 전국남녀수영대회 김영길 자유형 1500m 1위

09 · 육상부 제27회 전국남녀육상경기선수권대회 겸 제1회 아시아육상경기선수권대회 파견 최종 선발대회 오세진 100m 1위, 200m 1위

10 · 럭비부 제54회 전국체육대회 우승

· 럭비부 제26회 전국종별선수권대회 우승

· 수영부 제54회 전국체육대회 최재현 배영 200m 2위, 김영길 자유형 1500m 2위

· 육상부 제54회 전국체육대회 오세진 100m 1위, 200m 2위

· 조정부 제15회 전국조정선수권대회 쉘포어 1위, 에이트 3위, 너클포어 3위

12 · 체육교육과 10명 증원

· 일반대학원 체육학과(정원 10명) 신설

· 단과대학별 학장배쟁탈 체육대회 개최 시작(월일 미상)

1974 02 · 스키부 제55회 전국동계체육대회 노르딕 2종목 금메달, 알파인 3종목 금메달

· 스키부 제28회 전국스키선수권대회 및 제4회 알파인 3종목 1위

03 · 일반대학원 체육학과 석사과정 개설

· 씨름부 창단(지도교수: 강용호 교수 지도): 이종록, 송돈영, 박문규 3명

04 · 조정부 제16회 전국조정선수권대회 에이트 1위

05 · 테니스부 학생서클에서 정식 테니스부로 창단(코치 표건웅)

· 체조부 전국대학일반체조선수권대회 단체 준우승

· 체조부 춘계종별체조선수권대회 단체 종합 2위

· 럭비부 춘계대학리그전 우승

06 · 육상부 제3회 전국종별육상경기선수권대회 400m 계주 1위(대회신기록)

· 태권도부 전국내학내권노개인선수권대회 김무영 1위, 최재헌 2위, 황진수 2위

07 · 체육과 동창회지 「단우회보」 창간

· 조정부 제4회 해군참모총장배쟁탈조정대회 쉘포어 1위, 에이트 2위, 너클포어 2위

08 · 서울시, 잠실종합경기장 청사진 발표

· 박정희 대통령 영부인 육영수 여사 피격

· 체조부 제29회 전국종별남녀선수권대회 종합 준우승

· 수영부 제29회 전국남녀초중고대학별수영대회 김영길 자유형 400m 1위, 자유형 1500m 1위

09 · 대한체육회, 국제대회 입상 가능자의 병역면제 추천

· 서울캠퍼스(한남동 소재) 종합운동장 1차 완공

· 육상부 제28회 전국육상선수권대회 400m 계주 1위, 1600m 계주 1위, 곽유선 3단뛰기 1위

10 · 조정부 제55회 전국체육대회 너클포어 1위, 에이트 2위

· 조정부 추계종합선수권조정대회 우승

12 · 대한체육회 국제대회 입상 체육인 종신연금 확정

· 단국대학교 '체우회' 결성(12월 22일): 초대회장 최종진(체육학과 3회) 동문

1975 02 · 스키부 제27회 전국학생스키선수권 및 초중고대학스키대회 종합우승

04 · 체조부 전국대학일반선수권대회 종합 3위

· 테니스부 종별테니스대회 여대부 복식 우승

05 · 복싱부 해체

· 설립자 장형 선생 묘소 애국지사 묘소 지정

· 서울캠퍼스(한남동 소재) 종합운동장 2차 완공

· 대만 담강대학과 자매결연 체결

· 럭비부 제18회 전국대학럭비리그전 우승

· 태권도부 제2회 세계태권도 한국대표선발전 김무영 은메달, 최재헌 은메달, 나종렬 동메달

06 · 조정부 춘계조정선수권대회 종합우승

· 럭비부 제9회 전국럭비리그전 우승

07 · 조정부 제1회 장보고기쟁탈전국조정대회 종합우승

09 · 조정부 제5회 해군참모총장배쟁탈조정대회 쉘포어 2위, 에이트 2위, 너클포어 2위

10 · 제1회 단국대학교 총장기쟁탈 전국특수학교체육대회 개최

· 조정부 제17회 전국조정선수권대회 에이트 1위, 쉘포어 2위

· 태권도부 제2회 대학부태권도개인선수권대회 김무영 미들급 금메달

11 · 복싱부 제21회 몬트리올 올림픽 파견 복싱1차선발전 겸 아마튜어최고우수선수권대회 우광식 헤비급 우승

· 검도부 제6회 추계전국대학검도연맹전 3위

· 테니스부 제29회 추계대학연맹전 여자복식 준우승

12 · 「국민체육진흥기금에 관한 법률」 국회 통과: 매년 10억 체육진흥기금 출연

1976 02 · 스키부 제28회 전국대학스키대회 종합 준우승

· 스키부 제57회 전국동계체육대회 이성종 복합경기 15km 금메달

03 · 빙상부, 요트부 축구부 창단

· 농구부 재창단

· 남자축구부 제12회 춘계대학축구연맹전 처녀 출전

· 스키부 제30회 전국스키선수권대회 고태현 활강 대회전 1위

04 · 씨름부 제6회 회장기쟁탈장사씨름대회 단체 우승

05 · 대한축구협회(회장 김윤하) 북한 축구팀 서울 초청

· 체조부 전국체조선수권대회 준우승

· 테니스부 제14회 전국남녀대항전 여대부 준우승

06 · 서울캠퍼스 범정체육관 신축 기공

· 조정부 제2회 장보고기쟁탈전국조정대회 에이트 2위

· 조정부 춘계조정대회 에이트 2위

· 태권도부 제2회 아세아태권도선수권대회 파견선수 제1차 한국대표선수선발대회 김무영 미들급 1위

07 · 수영부 제31회 전국남녀초중고대학별수영대회 오창균 개인혼영 400m 1위

08 · 양정모(레슬링) 제21회 몬트리올 올림픽 광복 후 최초 금메달 획득

· 수영부 제48회 전국남녀학생수영대회 오창균 자유형 1500m 1위, 개인혼영 400m 1위

09 · 씨름부 제5회 KBS배쟁탈전국장사씨름대회 단체 준우승

10 · 조정부 제17회 전국조정종별선수권대회 에이트 1위

· 수영부 제57회 전국체육대회 오창균 자유형 400m 2위

12 · 검도부 해체

· 빙상부 제1회 공인기록대회 최재석 3000m 1위, 5000m 1위, 김영일 1500m 2위

· 빙상부 고빙상인추모빙상대회 최재석 5,000m 1위, 10000m 2위, 김영일 1500m 2위, 여대부 오근복 500m 2위, 1000m 2위

1977 01 · 빙상부 제2회 공인기록대회 최재석 3000m 1위, 5000m 1위

· 빙상부 제58회 전국동계체육대회 최재석 5000m 2위, 10000m 2위, 김영일 1500m 2위, 여대부 오근복 500m 2위, 1000m 2위

02 · 빙상부 제7회 회장기쟁탈전국남녀빙상대회 단체 준우승, 최재석 3000m 2위, 5000m 2위, 김영일 1500m 2위, 여대부 오근복 500m 2위, 1000m 3위

03 · 국민체조 제정

· 학생회 산하 응원부 설치(월일 미상)

· 장충식 총장, 대학축구연맹 회장 취임

· 스키부 제29회 전국학생스키선수권대회 6종목 1위

· 스키부 제29회 전국초중고대학스키대회 종합 1위

04 · 잠실학생체육관 개관

· 충남 천안시 안서동에 제2캠퍼스 산업대학(천안캠퍼스) 설립 의결

· 남자농구부 제14회 춘계전국대학농구연맹전 3위

05 · 남자축구부 한일대학친선경기(와세다대) 1차전 3:0 승리: 창단 첫 국제경기

· 씨름부 제7회 회장기쟁탈장사씨름대회 단체 준우승

06 · 육상부 제1회 전국대학대항육상경기대회 400m 1위, 400m허들 1위, 200m 3위, 넓이뛰기 3위

· 씨름부 제14회 대통령기쟁탈전국장사씨름대회 단체 우승

· 태권도부 제4회 대학태권도개인선수권대회 최재헌 페더급 금메달, 이낙휘 밴텀급 금메달, 김무영 미들급 은메달, 민영기 페더급 은메달

07 · 조정부 하계조정대회 에이트 1위, 너클포어 1위

· 수영부 제32회 전국남녀초중고대학별수영대회 정영덕 평영 100m 1위, 개인혼영 200m 2위

08 · 천안캠퍼스 신축 착공

· 조정부 제17회 일본옥스퍼드배조정대회 에이트 1위

· 수영부 제49회 전국남녀학생수영대회 계영 400m 2위, 수구 2위

09 · 씨름부 제6회 KBS배쟁탈전국장사씨름대회 대학단체 1위

· 육상부 제1회 서독 뒤셀도르프월드컵육상대회 오세진 계주 대표 출전

10 · 육상부 제31회 전국육상경기선수권대회 400m릴레이 3위

· 씨름부 제58회 전국체육대회 대학 단체 3위

11 · 대학 개교 30주년 기념식

· 서울캠퍼스 범정체육관 준공

1978 02 · 문교부장관, 올림픽대회 유치 계획 발표

· 스키부 제30회 전국초중고대학스키대회 종합 1위, 노르딕 40km계주 1위

· 스키부 제59회 전국동계체육대회 노르딕 40km계주 은메달

03 · 천안캠퍼스 개교

04 · 씨름부 제8회 회장기쟁탈전국씨름대회 대학 단체 2위

07 · 수영부 제33회 전국수영대회 수구 1위, 계영 800m 2위, 계영 400m 2위, 혼계영 400m 2위, 남대부 종합 1위

08 · 남자농구부 한일대학친선경기 릿교대(立敎大)전 승리

· 수영부 제50회 전국남녀학생수영대회 경영 1위, 수구 1위

09 · 대한사격연맹(회장 박종규) 제24회 세계사격선수권대회 북한 초청 방침 발표

· 천안캠퍼스 대운동장 개장

10 · 장충식 총장, 대학태권도연맹 회장 취임

· 씨름부 제59회 전국체육대회 금메달

· 남자축구부 제20회 아시아청소년축구선수권대회 설정현 대표 출전

11 · 씨름부 제32회 전국씨름선수권대회 1위

1979 01 · 단국대학교 체우회를 단국대학교 체육과 동문회로 개칭

02 · 북한 탁구협회장, 평양에서 개최되는 제35회 세계탁구선수권대회 남북한 단일팀 구성 및 출전을 위한 회담 제의: 대한체육회장 및 대한탁구협회장 수락하였으나 최종 결렬

· 대한농구협회(회장 이병희) 제8회 세계 여자농구선수권대회(4.29~5.13)에 북한 선수단 초청

· 장충식 총장, 대학농구연맹 회장 취임

· 빙상부 제9회 회장기쟁탈 남녀빙상대회 남대부 단체전서 창단 첫 종합우승

· 스키부 제31회 전국초중고대학스키대회 종합 1위, 여대 종합 3위

· 스키부 제31회 전국학생스키선수권대회 종합 2위

· 스키부 제60회 전국동계체육대회 노르딕 40km계주 은메달

04 · 서울 잠실실내체육관 개관

· 씨름부 제9회 회장기쟁탈전국씨름대회 대학 단체 2위

05 · 남자농구부 제16회 춘계대학연맹전 3위

06 · 태권도연구소 개설

· 남자농구부 제34회 전국남녀종별농구선수권대회 3위

· 태권도부 제6회 전국대학태권도개인선수권대회 김광원 라이트미들급 1위

· 육상부 제8회 전국종별육상경기선수권대회 삼단도약 1위, 400m허들 2위, 400m릴레이 2위

07 · 수영부 제34회 전국수영대회 수구 1위, 계영 400m 2위, 계영 800m 2위, 혼계영 400m 2위, 남대부 종합 3위

08 · 남자농구부 제34회 전국종별농구선수권대회 3위: 창단 첫 대회 입상

		· 수영부 제51회 전국남녀학생수영대회 수구 1위, 평영 200m 1위, 계영 400m 2위, 계영 800m 2위, 혼계영 400m 2위, 자유형 200m·400m·1500m 2위, 접영 100m 2위, 혼영 300m 2위, 남대부 종합 2위
	09	· 남자축구부 제10회 멕시코시티 유니버시아드대회 이용성 국가대표 출전
	10	· 10·26사태, 박정희 대통령 서거
		· 비상계엄령으로 휴교
		· 수영부 제60회 전국체육대회 계영 400m 1위, 계영 800m 1위, 혼계영 400m 2위, 접영 100m 3위, 접영 200m 3위
		· 씨름부 제60회 전국체육대회 은메달
	11	· 씨름부 제16회 대통령기쟁탈전국장사씨름대회 실업/대학 단체 1위
	12	· 최규하 대통령 취임
		· 북한올림픽위원회 김유순 위원장, 제22회 모스크바 올림픽 남북 단일팀 구성 제의
1980	01	· 단국대학교 종합개발위원회 발족
	02	· 정부, 제22회 모스크바 올림픽 불참 결정
		· 스키부 제32회 전국초중고대학스키대회 종합 1위
		· 스키부 제32회 전국학생스키선수권대회 노르딕 40km계주 3위
	03	· 여자조정부 창단
		· 럭비부 송노일, 이종만 국가대표 선발
	04	· 윤원호 체육부장 부임
		· 남자농구부 제27회 전국춘계대학농구연맹전 3위
	05	· 부속기관 체육부 승격
		· 남자농구부 제45회 전국종별농구선수권대회 4강
		· 씨름부 제10회 회장기쟁탈전국씨름대회 실업/대학 단체 1위
		· 비상계엄령 전국 확대 조치
		· 비상계엄령 휴교
	07	· 수영부 제35회 전국수영대회 수구 1위, 평영 200m 1위, 계영 400m 2위, 계영 800m 2위, 혼계영 400m 2위, 자유형 200m 2위, 자유형 400m 2위, 자유형 1500m 2위, 접영 100m 2위, 혼영 400m 2위, 남대부 종합 2위
	08	· 전두환 대통령 당선
	10	· 씨름부 제61회 전국체육대회 대학 단체 은메달
	11	· 교육대학원 설치 인가
	12	· 국내 첫 프로축구팀 할렐루야 창단
1981	01	· 체육위원회 체육활동 지도기능 강화 위한 위원 보강 등 개편 실시
		· 스키부 제33회 전국초중고대학스키대회 종합 1위, 노르딕 40km계주 1위
		· 스키부 제33회 전국학생스키선수권대회 노르딕 40km계주 1위
	02	· 스키부 제6회 용평배쟁탈전국스키대회 40km계주 1위
		· 스키부 제62회 전국동계체육대회 40km계주 금메달
	03	· 야구부 창단

· 야구부 제15회 대통령기쟁탈전국야구대회 3위

05 · 석주선기념민속박물관 개관

· 천안캠퍼스 제1회 천웅축제 개막

· 남자농구부 제2회 전국대학농구대회 3위

· 육상부 제10회 전국종별육상경기선수권대회 여 400m릴레이 3위

06 · 조상호 대한올림픽위원장, 제23회 로스엔젤레스 올림픽(7.28~8.12) 남북 단일팀 구성과 참가 등 남북한 체육 교류 협력 제의

07 · 장충식 총장 제11회 루마니아 부쿠레슈티 하계유니버시아드대회 단장으로 파견

· 육상부 제2회 회장기쟁탈학생대항육상경기대회 200m 1위, 400m 1위, 800m 1위, 1500m 1위, 400m 2위, 400m허들 2위, 세단뛰기 2위

08 · 국내 최초 국제육상대회인 서울국제주니어육상경기대회 개최: 12개국 218명 참가

· 국내 기록 경기에 첫 전자사진 판정기 등장

· 조정부 제21회 일본옥스퍼드배조정대회 에이트 1위

· 수영부 제1회 아산기쟁탈전국수영대회 수구 1위, 경영 2위, 계영 400m 2위, 계영 800m 2위, 혼계영 400m 2위, 자유형 200m 2위, 평영 100m 2위, 평영 200m 2위, 접영 100m 2위, 혼영 400m 2위, 종합 2위

09 · 84차 IOC총회(서독 바덴바덴)에서 1988년 제24회 올림픽 개최지 서울로 결정

· 장충식 총장 제12회 캐나다 에드먼턴 유니버시아드대회 단장 피선

· 씨름부 제18회 대통령기쟁탈전국장사씨름대회 대학 단체 1위

10 · 조정부 제1회 동아시아조정대회 국가대표 출전

· 남자축구부 제17회 전국추계대학축구연맹전 우승: 창단 5년 만에 첫 우승

11 · 서울올림픽대회조직위원회(SLOOC) 위원장에 김용식 선출

· 아시아경기연맹(AGF), 1986년 제10회 아시안게임 개최지 서울로 결정

· 「서울올림픽대회 국회 지원 특별위원회」설치

· 교육대학원 내 체육교육전공 신설

· 럭비부 제34회 전국종별선수권대회 우승

12 · 한국프로야구위원회(KPBC) 창립

· 「서울 아시안게임·올림픽대회 조직위원회 지원법」공포

· 육상부 해체

1982 02 · 손재식 국토통일원장관, 제10회 서울 아시안게임 및 제24회 서울 올림픽에 북한 선수단 참가 제의(남북 친선 교환경기, 국제경기 단일팀 구성 및 참가, 비무장지대 내 공동경기장 마련 및 이용에 관한 협의 제의)

· 스키부 제7회 용평배쟁탈전국스키대회 노르딕 40km계주 1위

· 스키부 제63회 전국동계체육대회 40km계주 금메달

03 · 대한민국 체육부 발족 (초대장관 노태우)

· 테니스부 전국종별테니스대회 여대 단식 1위

04 · 프로야구 출범

· 테니스부 춘계대학연맹전 여대 단식 1위

	08	• 체육부, 86 아시안게임 및 88 서울올림픽 시행 위한 종합 계획 확정
	10	• 천안캠퍼스 4개 단과대학으로 개편, 이공대학 내 체육학과 신설
		• 테니스부 제63회 전국체육대회 여대 단체 3위
		• 씨름부 제36회 전국씨름선수권대회 대학 단체 1위
	11	• 조정부 제9회 뉴델리 아시안게임 무타페어 동메달: 단국대 단일팀 출전
		• 개교35주년 기념
		• 제1회 마라톤 대회 실시
	12	• 대한체육회 국민체육진흥법상 특수법인으로 지정
		• 빙상부 제9회 전국남녀빙상스프린터선수권대회 남자 종합 1위, 종합 3위
1983	02	• 미국 올림픽위원회 개최 스포츠과학학술대회 집행위원회에 조사단 파견
		• 스키부 제8회 용평배쟁탈전국스키대회 노르딕 40km계주 1위
		• 스키부 제64회 전국동계체육대회 40km계주 은메달
	03	• 씨름 프로화를 위한 「민속씨름협회」 발족
		• 천안캠퍼스 이공대학에 체육학과 개설
	04	• 제1회 천하장사대회(프로씨름) 개최
		• 수영부 제38회 전국수영대회 혼계영 400m 3위
		• 씨름부 제1회 장사씨름대회 백호군 태백급 2위
	05	• 슈퍼리그(프로축구) 출범(5.8)
		• 조정부 제9회 장보고기쟁탈조정대회 에이트 1위, 너클포어 1위, 2위, 쉘포어 1위, 2위
		• 장충식 총장 KOC 부위원장·대한대학스포츠 위원장에 선임
	06	• FIFA U 20 멕시코 월드컵 4강 신화 연출
	07	• 장충식 총장 제12회 캐나다 에드먼턴유니버시아드대회 단장
		• 테니스부 제12회 에드먼턴 유니버시아드대회 김혜정, 박양자 대표선수 출전
	08	• 일양약품 씨름단 창단 원년선수로 이준희 등 7명 입단
		• 조정부 제23회 일본 옥스퍼드배조정대회 에이트 1위
		• 씨름부 제13회 회장기쟁탈전국씨름대회 대학 단체 1위
	09	• 테니스부 제38회 전국학생테니스선수권대회 여대 단식 1위
		• 씨름부 제2회 천하장사 겸 제4회 장사씨름대회 백두급 청룡군 3위
	10	• 아웅산 테러 발생
		• 씨름부 제64회 전국체육대회 대학 단체 3위
	11	• 씨름부 제5회 장사씨름대회 청룡군 백두급 3위, 백호군 태백급 3위
	12	• 수영부 해체
		• 빙상부 회장기쟁탈전국남녀빙상경기대회 4연패, 전국남녀대학대항빙상경기대회 3연패, 전국남녀인도어쇼트트랙스피드스케이팅대회 종합우승 등 전성기 구가
1984	01	• 스키부 제36회 전국학생스키선수권대회 종합 1위, 노르딕 40km계주 1위
		• 스키부 제36회 전국학생스키경기대회 종합 1위, 노르딕 40km계주 1위
	02	• 스키부 제9회 용평배쟁탈전국스키대회 노르딕 40km계주 1위

· 스키부 제65회 전국동계체육대회 노르딕 40km계주 2위
· 스키부 제38회 전국스키선수권대회 노르딕 40km계주 1위
03 · 김유순 북한올림픽위원장, 제23회 로스앤젤레스 올림픽 및 국제경기 단일팀 파견 회담 제의
· 북한올림픽위원회, 제23회 로스앤젤레스 올림픽 불참 선언
· 레슬링부 재창단
· 역도부 창단
· 테니스부 전국종별테니스대회 여대 단식 1위, 3위, 여대 복식 3위
· 씨름부 제14회 회장기쟁탈전국씨름대회 대학 개인 1위
· 역도부 제32회 춘계전국역도대회 변우섭 90kg급 인상 1위, 용상 1위, 합계 1위, 김기홍 100kg급 인상 1위, 용상 1위, 합계 1위, 김구춘 56kg급 인상 2위, 용상 2위, 합계 2위
05 · 테니스부 제39회 전국춘계대학테니스연맹전 여대부 2위
06 · 88올림픽고속도로 개통
· 조정부 제1회 밀라노대학생선수권대회 국가대표 출전
· 조정부 제10회 장보고기쟁탈전국조정대회 종합우승
07 · 1984년 로스앤젤레스 올림픽학술대회 한국대표단 파견: 단장 장충식
· 씨름부 제38회 전국씨름선수권대회 대학 단체 3위
08 · 잠실올림픽경기장 개장기념대회(육상) 개최
· 여자농구 로스앤젤레스 올림픽에서 올림픽 사상 구기종목 최초 은메달 획득
09 · 치과대학 교사 개관 및 부속치과병원 개원
· 테니스부 제39회 전국학생테니스선수권대회 여대 단식 1위, 2위, 여대 복식 1위, 3위
10 · 단국대, 제10회 서울 아시안게임, 제24회 서울 올림픽 스포츠과학학술대회 수행기관으로 지정
· 조정부 제65회 전국체육대회 에이트 우승
11 · 86아시안게임 & 88서울올림픽 스포츠과학학술대회조직위원회 사무처 설치
· 테니스부 제10회 대통령하사기쟁탈테니스대회 일반부 3위
미상 · 천안캠퍼스 제1회 단얼마라톤대회 개최

1985 01 · 86서울아시안게임 & 88서울 올림픽 스포츠과학학술대회 조직위원회 발족: 위원장 장충식 총장
· 빙상부 제15회 회장기쟁탈전국남녀빙상경기대회 남대부 종합 1위
02 · 스키부 제66회 전국동계체육대회 노르딕 40km계주 금메달
· 스키부 제37회 전국학생스키선수권대회 종합 1위
· 스키부 제10회 용평배쟁탈전국스키대회 노르딕 40km계주 1위
03 · 천안캠퍼스 이공대학에 경기지도학과 신설
04 · 씨름부 제15회 회장기쟁탈전국씨름대회 대학 개인 1위
05 · 미문화원 점거사건 발생
· 대학가 금서파동 발생
· 테니스부 제40회 전국춘계대학테니스연맹전 여자단체 1위
· 테니스부 제15회 회장배전국여자테니스대회 여대 단식 1위, 2위, 여대 복식 1위, 2위
06 · 천안캠퍼스 스포츠과학연구소(소장 오종한) 설립

07 • 북한 정준기 부총리, 제24회 서울 올림픽 공동 주최 주장 담화 발표
• IOC 중재로 스위스 로잔회담 개최(남측 수석대표 김종하, 북측 수석대표 김유순), 장충식 총장 남측 차석대표로 참가
• 레슬링부 제9회 전국대학선수권대회 이상호 그레꼬로만형 플라이급 1위, 조영진, 자유형 밴텀급 1위, 손석봉 그레꼬로만형 미들급 3위
08 • 조정부 제2회 나고야 동아시아조정대회 국가대표 출전
09 • 럭비부 추계전국대학럭비풋볼리그전 우승
• 테니스부 제37회 일본 가다오께배 여자 단식 1위
10 • 조정부 홍콩 아시아조정선수권대회 국가대표 출전
• 테니스부 제66회 전국체육대회 여대 단체 1위
• 테니스부 제5회 무궁화배 전국여자테니스대회 여자 단식 1위
• 씨름부 제66회 전국체육대회 대학 개인 2위
12 • 체조부 해체

1986 01 • 천안캠퍼스 스포츠과학연구소(소장 오종한) 설립
• 운동부 전용 기숙사 준공
02 • 야구부 중화컵대회 3위: 대만 개최
• 럭비부 제1회 범태평양대학럭비선수권대회 종합 3위
03 • 빙상부 5개국국제스피드스케이팅대회 배기태 500m 1위
• 빙상부 제1회 삿포로 동계아시안게임 배기태 1000m 1위, 나윤수 500m 2위, 황익환 1500m 3위, 김기훈 쇼트트랙 1500m 3위 등 전성기 구가
• 스키부 제1회 삿포로 동계아시안게임 전영해 노르딕 40km계주 은메달, 15km 동메달, 30km 동메달
05 • 태권도부 건국대학교총장배쟁탈 전국대학태권도대회 최옥진 여자부 중량급 금메달, 김재란 여자부 중량급 은메달, 김영기 남자부 헤비급 동메달
06 • 씨름부 제67회 전국체육대회 대학 개인 1위
07 • 야구부 제1회 태평양컵대학야구대회 2위: 캐나다 개최
• 야구부 제29회 세계야구선수권대회 2위: 네덜란드 개최
• 씨름부 제23회 내농령기쟁탈전국장사씨름대회 대학 단체 2위
08 • 운동부 전용 기숙사 준공 (서울캠퍼스 내 694평)
09 • 제10회 서울 아시안게임 개최(9.20~10.5)
• 86아시안게임 스포츠과학학술대회 천안캠퍼스 개최(9.16~9.18)
• 테니스부 제10회 서울 아시안게임 박양자 은메달 1개, 동메달 1개
• 조정부 제10회 서울 아시안게임 에이트 동메달, 무타페어 동메달
11 • 천안캠퍼스 체육대학(초대 학장 유인현) 및 사회체육학과 신설
• 이공대학 체육학과, 경기지도학과를 체육대학으로 소속 변경
12 • 테니스부, 레슬링부, 역도부 해체

1987 02 • 빙상부 제68회 전국동계체육대회 첫 5개 부분 우승
• 빙상부 배기태 1987세계 스피드스케이팅선수권대회 500m 1위

		• 스키부 제12회 용평배쟁탈전국스키대회 노르딕 40km계주 2위
		• 스키부 제68회 전국동계체육대회 노르딕 40km계주 동메달
		• 스키부 제39회 전국학생스키선수권대회 종합우승
	05	• 조정부 제3회 대통령기시도대항조정선수권대회 무타페어 우승, 에이트 우승
	06	• 체육교육과 졸업 20주년 및 체육대학(천) 승격 기념 동문회 개최: 천안캠퍼스 농학관 국제회의장(6.20)
	07	• 장충식 총장 제14회 유고 자그레브유니버시아드대회 단장
	09	• 야구부 추계전국대학야구선수권대회 2위: 최훈재 타점상, 최다홈런상
	10	• 야구부 전국대학야구추계리그전 준우승
1988	01	• 북한올림픽위원회, 서울올림픽 불참 선언
	02	• 빙상부 김기훈 제15회 캘거리 동계올림픽 쇼트트랙 1500m 금메달
	03	• 오종한 교수(체육학과) 체육대학 학장 발령
	04	• 야구부 전국대학야구춘계리그전 준우승
	06	• 조정부 제30회 전국조정선수권대회 3종목 우승, 싱글스컬 준우승
	07	• 조정부 제8회 체육부장관배전국조정경기대회 4종목 우승, 종합우승
	08	• 조정부 제18회 해군참모총장배전국조정대회 종합우승
		• 천안캠퍼스 체육관 건립
	09	• 제24회 서울 올림픽 개최(9.17~10.2)
		• 「88서울올림픽 스포츠과학학술대회」 천안캠퍼스 개최(9.9~9.15)
	10	• 체육대학 무용학과 신설(교육부 인가)
	11	• 대학원 체육학과 박사과정 신설 인가
	12	• 김유순 북한올림픽위원장, 제11회 베이징 아시안게임(9.22~10.7) 남북 단일팀 구성 회담 제의
		• 「서울올림픽 스포츠과학학술대회」 경과보고서 간행
		• 빙상부 5개국초청국제빙상대회 배기태 500m 우승
1989	02	• 장충식 총장 베이징 아시안게임 단일팀 구성 위한 남북체육회담 남한측 수석대표 임명
		• 빙상부 제70회 전국동계체육대회 2개 부분 우승
	03	• 남북체육회담 제1차 회담 실시(3.9)
		• 빙상부 소피아 동계유니버시아드대회 김기훈 쇼트트랙 1000m 금메달, 3000m 금메달, 5000m계주 금메달(3관왕), 모지수 1500m 은메달, 3000m 동메달
		• 대학원 체육학과 박사과정 개설
		• 체육대학 무용학과 신입생 선발
	04	• 서울올림픽기념국민체육진흥공단 설립
	08	• 조정부 제9회 체육부장관배전국조정대회 종합우승
	09	• 임경순 교수(체육교육과) 사범대학 학장 발령
		• 조정부 제31회 전국조정선수권대회 에이트 우승, 유타포어 우승, 경량급 무타페어 우승, 종합우승
		• 조정부 제10회 회장기쟁탈조정경기대회 에이트 1위
	10	• 남자축구부 전국대학축구추계리그전 준우승
		• 야구부 제70회 전국체육대회 준우승

	11	• 「국민생활체육진흥 종합계획(호돌이계획)」 수립
1990	02	• 남북체육회담 제9차 회담 실시, 최종 결렬(2.7)
		• 빙상부 제21회 세계스프린트선수권대회 배기태 스피드 종합 1위, 1000m 2위
		• 빙상부 세계남자빙상선수권대회 배기태 스피드 500m 1위
	03	• 노태우 정부. 「국민생활체육진흥종합계획(일명 호돌이 계획)」 수립
		• 강용호 교수(체육학과) 체육대학 학장 발령
		• 빙상부 제2회 삿포로 동계아시안게임 배기태 스피드 1000m 금메달, 1500m 금메달(2관왕), 김기훈 쇼트트랙 1000m 금메달, 1500m 금메달, 5000m계주 금메달(3관왕), 모지수, 권영철 5000m계주 금메달
		• 스키부 제2회 삿포로 동계아시안게임 전영해 노르딕 40km계주 은메달
	04	• 야구부 회장기 전국대학야구 춘계리그 우승
		• 농구부 제27회 전국춘계대학농구연맹전 3위
		• 조정부 제6회 대통령기시도대항조정대회 유타포어 우승, 무타페어 우승
	05	• 야구부 제40회 백호기전국종합야구선수권대회 우승
		• 농구부 제45회 전국종별농구선수권대회 3위
	06	• 스포츠과학연구소 2대 소장 정찬모 교수(경기지도학과) 발령
		• 야구부 제40회 전국종합야구선수권대회 우승
	07	• 올림픽파크텔 개관
		• 한국체육산업개발(주) 설립
	08	• 조정부 제2회 해군참모총장배조정대회 에이트 우승, 싱글스컬 우승
	09	• 장충식 총장 제11회 베이징 아시안게임 단장
		• 베이징에서 개최된 남북체육회담에서 분단 이후 최초'남북통일축구경기' 개최 합의: 남측 수석대표(장충식 대한올림픽위원회 부위원장), 북측 수석대표(김형진 북한올림픽위원회 부위원장)
		• 조정부 제11회 베이징 아시안게임 이기현, 조준형 무타페어 은메달, 조준형, 장현철 무타포어 동메달, 이기현 에이트 동메달
	10	• 남북통일축구 평양경기 개최(능라도 5·1 경기장: 10.11)
		• 남북통일축구 서울경기 개최(잠실올림픽경기장: 10.23)
		• 영동캠퍼스 부지(강남구 내곡동 소재·현 국가정보원 자리), 정부 고시가격으로 매각
		• 야구부 제71회 전국체육대회 우승
		• 조정부 제71회 전국체육대회 에이트 우승, 무타페어 우승
	11	• 장충식 수석대표 김형진 북한수석대표와 4차에 걸친 남북체육회담 실시 (11.29~2.12),
	12	• 체육부를 체육실로 승격
1991	01	• 체육청소년부 발족(전신 체육부)
	02	• 국민생활체육협의회 설립(2009. 6.17 국민생활체육회로 개칭)
		• 장충식 대표가 이끈 남북체육회담, 최초 국제대회 남북 단일팀 구성·참가에 대한 합의서(1991.2.12) 발표: 제41회 세계탁구선수권대회와 제6회 세계청소년축구선수권대회에 단일팀 파견
		• 스키부 및 빙상부 제72회 전국동계체육대회 6개 부문 우승
		• 빙상부 1991시드니 세계쇼트트랙선수권대회 김기훈 500m 1위, 3000m 1위

03 · 빙상부 1991삿포로 동계유니버시아드대회 쇼트트랙 김기훈 500m 금메달, 1000m 금메달, 1500m 금메달, 3000m 금메달(4관왕), 모지수 3000m 동메달

04 · 제41회 세계탁구선수권대회 남북단일팀 구성: 일본 지바현에서 개최, 최초로 한반도기 공식 단기 사용, 여자 단체전 우승. 56명의 단일팀 선수단 금메달 1, 은메달 1, 동메달 2개 획득 종합 3위

· 야구부 제25회 대통령기전국대학야구대회 준우승

· 럭비부 1991 전국대학럭비풋볼춘계리그전 준우승

05 · 제6회 FIFA 세계청소년축구선수권대회 남북 단일팀 조직을 위한 평가전 서울과 평양 개최

· 장충식 총장, 포르투갈 세계청소년축구대회 단장에 임명

· 조정부 제7회 대통령기시도대항조정대회 무타페어 우승

· 야구부 제25회 대통령기전국대학야구대회 준우승

06 · 제6회 세계청소년축구선수권대회 남북 단일팀 참가(1991.6.14~6.30): 장충식 단장을 필두로 72명의 남북한 임원과 선수 참가하여 8강 진출

07 · 국민생활체육협의회와 (재)세계한민족체전위원회와 통합

08 · 국민체육진흥공단 스포츠산업 융자사업 실시

· 조정부 제21회 해군참모총장배조정대회 무타페어 1위

09 · 조정부 제11회 체육부장관배조정대회 싱글스컬 1위

· 럭비부 제29회 전국럭비풋볼종합선수권대회 준우승

10 · 야구부 제72회 전국체육대회 우승

· 야구부 91전국대학야구추계리그전 준우승

· 조정부 제72회 전국체육대회 무타페어 우승

1992 02 · 스키부 및 빙상부 제73회 전국동계체육대회 4개 부문 우승

· 스키부 제42회 전국학생종별스키선수권대회 단체우승

· 빙상부 김기훈 1992 덴버 세계쇼트트랙선수권대회 종합우승

· 빙상부 김기훈 제16회 알베르빌 동계올림픽 쇼트트랙 1000m, 5000m계주 2관왕, 모지수, 송재근, 이준호 쇼트트랙 5000m계주 금메달

· 빙상부 세계쇼트트랙팀선수권대회 송재근 1000m 1위, 1500m 1위, 3000m 1위(3관왕)

· 빙상부 세계쇼트트랙선수권대회 모지수 1500m 2위, 3000m 2위, 종합 2위

04 · 조정부 제22회 해군참모총장배조정대회 무타페어 1위

05 · 남자축구부 춘계대학축구연맹전 3위

· 제12회 아산기전국수영대회 임철성 자유형100m 우승

07 · 조정부 제8회 대통령기시도대항조정대회 무타페어 1위

08 · 조정부 제12회 체육부장관배조정대회 무타페어 1위

10 · 야구부 제73회 전국체육대회 동메달

1993 02 · 빙상부 및 스키부 제74회 전국동계체육대회 7개 부문 우승

03 · 문화체육부 발족(전신 체육청소년부)

· 빙상부 제16회 자코파네 동계유니버시아드대회 이준호 쇼트트랙 4관왕, 송재근 5000m계주 금메달

04 · 조정부 제23회 해군참모총장배전국조정대회 종합우승

06 · 럭비부 제46회 전국종별럭비풋볼선수권대회 준우승

· 제13회 문화체육부장관배전국조정대회 싱글스컬 우승

07 · 교육부, 우리 대학 특별 감사(7.20~31)

· 김영삼 정부, 「제1차 국민체육진흥5개년계획(1993~1997)」 수립

· 조정부 제9회 대통령기시도대항조정대회 우승

· 조정부 제35회 전국조정선수권대회 우승

· 남자축구부 제17회 버팔로 유니버시아드대회 송경섭 대표 선발

· 럭비부 제4회 대통령기전국종합럭비선수권대회 준우승

10 · 〈단국인 한마당〉 잠실 주경기장에서 개최

· 야구부 제74회 전국체육대회 동메달

12 · 국민체육진흥공단 스포츠TV 설립

1994 01 · 서울캠퍼스 이전 방침 언론 보도

02 · 이종철 교수(체육교육과) 서울캠퍼스 학생처장 발령

· 빙상부 제17회 릴레함메르 동계올림픽 쇼트트랙 김기훈 1000m 금메달

· 빙상부 및 스키부 제75회 전국동계체육대회 7개 부문 우승

03 · 스키부 제46회 전국대학스키대회 박용철 알파인 활강 1위, 대회전 1위, 유창우 활강 2위, 회전 1위, 복합 1위

· 볼링부 최초 선수 선발(창단): 스포츠경영학과 소속

04 · 단국대학교병원 개원식

· 조정부 제24회 해군참모총장배전국조정대회 종합우승

06 · 스포츠과학연구소 3대 소장 정찬모 교수(경기지도학과) 발령

· 조정부 제14회 문화체육부장관배전국조정대회 종합우승

07 · 국민생활체육협의회에 재단법인 세계한민족체전위원회 통합

· 조정부 제11회 서울시장기조정대회 에이트·유타포어 2종목 우승

· 조정부 제15회 회장기조정대회 에이트·유타포어 2종목 우승

· 제14회 아산기전국수영대회 임철성 자유형100m 우승

10 · 국민체육진흥공단 경륜 사업 개시

· 제3캠퍼스(현 죽전캠퍼스) 부지 매입(경기도 용인군 수지면 일대 32만평)

· 야구부 제75회 전국체육대회 우승

· 레슬링부 제75회 전국체육대회 박영욱 우승

· 제3회 전국대학수영선수권대회 김범 3관왕(평영50m, 평영100m, 계영400m)

12 · 문화체육부 내 체육지원국 폐지

1995 02 · 김덕 부총리 겸 통일원장관, 4월 평양에서 개최 예정인 국제체육문화축전에 남쪽의 이산가족들과 해외동포들이 함께 참관할 것을 제안

· 신캠퍼스 설립추진위원회(위원장 장충식) 발족

· 민정식 체육실장 부임

· 스키부 및 빙상부 제76회 전국동계체육대회 10개 부문 우승

03 · 유태균 교수(체육교육과) 천안캠퍼스 학생처장 발령

· 체육실에서 체육부로 명칭 환원, 정찬모 교수(경기지도학과) 체육부장 부임
· 빙상부 자코파네 동계유니버시아드대회 쇼트트랙 송재근 5000m계주 금메달, 500m 동메달
04 · 조정부 제25회 해군참모총장배전국조정대회 종합우승
05 · 올림픽공원, 미사리경정공원 무료 개방 실시
· 김재규 교수(사회체육학과) 체육대학 학장 발령
· 남자축구부 전국춘계대학축구연맹전 준우승
06 · 기존 단과대·학과 체제를 학부제로 개편키로
07 · 조정부 제11회 대통령기시도대항조정대회 우승
· 조정부 제37회 전국조정선수권대회 에이트 우승
10 · 야구부 제76회 전국체육대회 금메달
· 남자농구부 제76회 전국체육대회 동메달
· 씨름부 제76회 전국체육대회 김영현 금메달

1996 01 · 정몽준 대한축구협회장, 북한의 월드컵 공동 개최 제의 환영
· 스키부 및 빙상부 제77회 전국동계체육대회 8개 부문 금메달
02 · 김운용 대한올림픽위원장 제6차 세계생활체육총회(서울 4.21~4.24)에 북한 초청
· 스키부 제3회 하얼빈 동계아시안게임 박병철 노르딕 10km 동메달
· 스키부 제26회 회장배스키대회 종합우승
· 스키부 제21회 용평배전국스키대회 알파인 크로스컨트리 종합우승
· 빙상부 제26회 회장기전국남녀빙상대회 종합우승
· 빙상부 제30회 전국남녀대학대항빙상경기대회 종합우승
· 빙상부 제16회 연맹회장배빙상대회 종합우승
03 · 스포츠과학부 스포츠경영전공 신설
· 스포츠과학부로 통합되어 생활체육전공, 스포츠경영전공, 운동처방전공으로 편제 개편
· 스포츠과학부 운동처방전공을 운동처방재활전공으로 변경
· 스키부 캐나다 앨버컵국제스키대회 최문성 알파인 대회전 우승
04 · 제6차 IOC 세계생활체육총회 개최
· 장충식 전 총장, IOC 올림픽 훈장 수훈
· 빙상부 제10회 전국남녀학생종별쇼트트랙스피드스케이팅선수권대회 이호응 종합우승, 최광복 종합 준우승
05 · 2002 FIFA월드컵 Korea/Japan 유치 확정
· 럭비부 제49회 전국종별럭비풋볼선수권대회 우승
· 남자축구부 전국춘계대학축구연맹전 준우승
· 조정부 제26회 해군참모총장배전국조정대회 우승
07 · 신캠퍼스(현 죽전캠퍼스) 기공식(경기도 용인군 수지면)
· 남자축구부 애틀랜타 올림픽 오광훈 국가대표 출전
· 럭비부 제7회 대통령기전국종별럭비선수권대회 우승
· 조정부 제12회 대통령기시도대항조정대회 에이트 우승
· 조정부 제1회 해군참모총장기대학조정대회 에이트 우승

09 · 최종진 교수(스포츠경영전공) 천안캠퍼스 학생처장 발령

· 야구부 전국대학야구추계리그전 준우승

· 조정부 제38회 전국조정선수권대회 에이트 1위, 싱글스컬 1위

10 · 남자농구부 제77회 전국체육대회 동메달

· 야구부 제77회 전국체육대회 은메달

· 야구부 전국대학야구추계리그전 준우승

12 · 이사장에 장충식 이사 취임

· 스키부 캐나다 엘버컵국제대회 최문성 대회전 우승

1997 01 · 제18회 무주·전주 동계유니버시아드대회 개최

· 북한대학생체육협회, 1997 무주·전주 동계유니버시아드대회(12.4~2.2) 불참 통보

· 국민체육진흥공단 국민체육센터 건립 지원 사업 개시

· 빙상부 제18회 무주전주 동계유니버시아드대회 이호응 3000m, 5000m 우승 2관왕

02 · 한국프로농구(KBL: Korea Basketball League) 출범

· 한국여자프로농구(WKBL: Women's Korea Basketball League) 출범

· 스키부 및 빙상부 제78회 전국동계체육대회 11개 부문 우승

03 · 국회, 북한 동아시아경기대회 참가 촉구 결의안 채택

· 정찬모 교수(체육교육과) 서울캠퍼스 학생처장 발령

· 럭비부 전국춘계대학럭비풋볼리그전 우승

04 · 조정부 제27회 해군참모총장배전국조정대회 종합우승

· 조정부 제2회 동아시안게임 싱글스컬 동메달

· 럭비부 1997 전국춘계대학럭비풋볼리그전 우승

06 · 스포츠과학연구소 4대 소장 옥정석 교수(운동처방재활전공) 발령

07 · 문화체육부 소속 청소년보호위원회 발족

· 경영대학원 레저스포츠산업전공 신설

1998 01 · 스키부 제2회 쌍용컵국제스키대회 박병철 대회전 1위, 슈퍼대회전 1위

02 · 문화관광부 발족(전신 체육청소년부)

· 전면 학부제 실시 및 행정구조 개혁안 발표

· 빙상부 및 스키부 제79회 전국동계체육대회 11개 부문 우승

· 빙상부 제18회 나가노 동계올림픽 쇼트트랙 이호응 5000m계주 은메달

· 스키부 회장배전국스키대회 박병철 노르딕 10km, 20km 1위

· 스키부 용평컵스키대회 최문성 회전 1위, 김주성 대회전 1위

03 · 대학법인 부도 및 구교대책위원회 발족

· 씨름부 제28회 회장기 전국장사시름대회 임홍재 95Kg 1위

04 · 야구부 제32회 대통령기전국야구대회 준우승

· 조정부 제28회 해군참모총장배전국조정대회 에이트 2위

09 · 강찬금 교수(운동처방학전공) 체육대학 학장 발령

· 야구부 회장기 전국대학야구 추계리그 우승

10 • 김대중 정부, 「제2차 국민체육진흥5개년계획(1998~2002)」 수립
• 정주영 회장 일행, 북한 조선아세아태평양평화위원회와 실내종합체육관 건설 및 민간 체육 교류에 관한 합의서 체결
• 체육대학 무용학과를 예술대학으로 소속 변경
• 남자축구부 제53회 매일유업배전국대학축구선수권대회 준우승
• 야구부 전국대학야구추계대회 우승
• 럭비부 제79회 전국체육대회 동메달
11 • 고건 서울시장 서울월드컵경기장 기공식 중 평양시에 경평축구 부활 공식 제의
12 • 김운용 대한체육회장 겸 대한올림픽위원장 용평· 무주 동계아시안게임 북한 참가 제의
• 럭비부 제13회 방콕 아시안게임 김연기 코치, 박진배, 우태일, 김동선 15인제 금메달

1999 01 • 대한펜싱협회, 1999 대우그랑프리국제펜싱선수권대회에 북한팀 참가 제의(2.26~2.28)
• 제4회 강원 동계아시안게임 개최(1.30~2.6)
• 체육과학연구원 국민체육진흥공단과 통합
• 빙상부 제4회 강원 동계아시안게임 최재봉 1000m 1위, 1500m 1위(2관왕), 노르딕 신두선 10km프리 1위, 복합 1위
• 스키부 99서울컵 국제알파인스키대회 최문성 대회전 3위, 회전 3위
• 스키부 제4회 강원 동계아시안게임 최문성 슈퍼대회전 동메달, 회전 동메달, 박병철, 박병주, 안진수, 신두선 노르딕 40km계주 동메달
• 스키부 제29회 회장배전국스키대회 노르딕 박병주 15km클래식 1위, 신두선 2위
02 • 스키부 및 빙상부 제80회 전국동계체육대회 9개 부문 우승
03 • 학부제 전면 실시
• 조정부 해체 결정(10월 전국체육대회까지 공식 활동 이후 폐지키로)
• 여자배구부 스포츠경영학과 소속으로 창단
• 『한한대사전』 제1권 출간
• 스키부 제4회 강원 동계아시안게임 박병철, 박병주 40km계주 동메달
04 • 오교한 교수(천안캠퍼스 행정학과) 체육부장 발령
06 • 제109차 IOC총회 개최
• 조정부 제9회 문화관광부장관배전국조정대회 무타포어 1위, 무타페어 3위
07 • 경영대학원 스포츠마케팅 전공 신설
08 • 이진수 북한 직업총동맹 중앙위원회 부위원장, 남북노동자통일 축구대회 개최 제의
09 • 남북노동자축구대회 평양 양각도경기장과 김일성경기장에서 개최
• 남북통일농구대회 평양 경기 개최
10 • 옥정석 교수(운동처방재활전공) 대한임상운동사협회 회장 취임
• 남자축구부 제54회 매일유업배전국대학축구선수권대회 준우승
• 남자축구부 제80회 전국체육대회 동메달
• 야구부 제80회 전국체육대회 동메달
• 남자농구부 제80회 전국체육대회 동메달

		· 럭비부 제80회 전국체육대회 준우승
		· 조정부 제80회 전국체육대회 에이트 은메달
	11	· 정몽준 대한축구협회장, 방북 중 북한 체육지도위원장 등과 월드컵 포함 국제축구경기대회 남북 단일팀 구성 원칙적 합의
		· 유성일 북한 체육지도위원회 대외사업국장 2002 월드컵축구 예선 불참 선언
		· 천안캠퍼스 스포츠과학대학원 설립 인가, 초대 대학원장 : 최종진 교수(스포츠경영전공) 학과 : 생활체육학과, 스포츠의학과, 스포츠마케팅학과 정원 : 30명
		· 조정부 공식 해체
	12	· 남북통일농구대회 서울 경기 개최
2000	01	· 국민체육진흥공단 '한국스포츠TV' 매각
		· 정찬모 교수(체육교육과) 한국체육사학회 회장 취임
	02	· 대한아이스하키협회 남북한 아이스하키 교환경기 제의
		· 강찬금 교수(운동처방학전공) 체육대학 학장 연임 발령
		· 빙상부 및 스키부 제81회 전국동계체육대회 5개 부문 우승
		· 스키부 제30회 회장배스키대회 최문성 슈퍼대회전 1위, 회전 1위, 복합 1위, 대회전 2위, 박병주 클래식 1위, 프리 2위, 복합 2위
		· 스키부 제52회 학생종별스키대회 황준남 클래식 1위, 박병주 프리 1위
		· 빙상부 밀워키 세계남녀스피드선수권대회 최재봉 스피드 500m 1위
		· 조정부 대한요트협회장배조정경기대회 일반부 종합우승
	03	· 경영대학원 레저스포츠산업 전공 신설, 스포츠마케팅 전공 신설
	04	· 한국체육박물관 개관
	05	· 야구부 제34회 대통령기전국대학야구대회 우승
		· 럭비부 전국춘계럭비리그전 준우승
	06	· 남자축구부 험멜코리아배 제1회 전국남녀대학축구선수권대회 우승
		· 조정부 제16회 대통령기시도대항조정대회 싱글스컬 1위
	07	· 스포츠과학대학원 모집 정원 30명에서 40명으로 증원
	08	· 야구부 제32회 대통령기전국대학야구대회 우승
	09	· 제27회 시드니 시드니 올림픽(9.15~10.1) 개·폐회식 남북 선수단 동반 입장
	10	· 장호성 교수, 체육위원회 위원장 발령
		· 체육부를 체육위원회로 통합 운영
		· 럭비부 2000 삼성컵 전국7인제럭비선수권대회 준우승
	12	· 국민체육진흥공단 올림픽파크텔 수익시설 민간위탁
		· 스포츠과학연구소 5대 소장 박광동 교수(운동처방재활전공) 발령
2001	01	· 교육대학원 체육교육 전공(천안) 복수 개설
	02	· 황봉영 조선태권도위원장 남북 태권도시범단 교환 실무 접촉 제의
		· 스키부 및 빙상부 제82회 전국동계체육대회 11개 부문 우승

03 • 한국농민회총연맹과 북측 농근맹 대표 6·15 남북공동선언 1주년 기념 농민통일토론회와 민족체육경기 개최 협의
• 김한길 문화관광부장관 방북 중 북측과 문화, 관광, 체육 분야 교류 협력 방안 협의
• 제46회 세계탁구선수권대회 남북 단일팀 구성 합의
• 스포츠과학대학원 생활체육학과를 스포츠레저지도학과로 명칭 변경
• 소프트볼부 최초 선수 선발(창단): 생활체육전공 소속
• 빙상부 자코파네 동계유니버시아드대회 쇼트트랙 오세종 5000m계주 금메달
04 • 이종철 교수(체육교육과) 체육위원장 부임
05 • 국민체육진흥공단 서울국제올림픽박람회(SPOEX) 개시
• FIFA 컨페더레이션스컵 개최 (5.30~6.10)
• 유태균 교수(체육교육과) 한국체육철학회 회장 취임
• 야구부 제51회 전국종합야구선수권대회 우승
06 • 천안캠퍼스 스포츠과학부 태권도학전공 신설
• 럭비부 제12회 대통령기전국종별선수권대회 준우승
07 • 국민생활체육안전공제회 설치 및 운영
• 금강산 자동차질주경기대회에 남측 228명 참가
09 • 국민체육진흥공단, 서울올림픽기념관 개관
10 • 국민체육진흥공단, 체육진흥투표권(스포츠토토) 사업 개시
• 천안캠퍼스 제82회 전국체육대회 학술세미나 개최
• 농구부 제82회 전국체육대회 동메달
• 럭비부 2001 삼성컵 전국7인제럭비선수권대회 준우승
11 • 파주 NFC(National Football Center) 완공

2002 01 • 빙상부 제32회 회장배전국남녀빙상경기대회에서 20년 연속 종합우승 대기록 달성
02 • 스키부 및 빙상부 제83회 전국동계체육대회 11개 부문 우승
• 스키부 제32회 회장배전국스키대회 박병주 노르딕 10km클래식 1위, 30km 1위, 복합 1위
• 스키부 제56회 전국스키선수권대회 김형철 알파인 대회전 1위, 슈퍼대회전 1위
03 • 문화관광부 내 생활체육과 신설, 체육교류과를 국제체육과로 변경
• 강찬금 교수(생활체육학전공) 체육대학 학장 연임 발령
• 체육대학 스포츠과학부 스포츠경영학전공으로 편제 개편
• 체육대학 스포츠과학부 생활체육학전공으로 편제 개편
• 체육대학 스포츠과학부 운동처방재활전공으로 편제 개편
• 태권도학과 신설: 신입생 선발
04 • 럭비부 2002 전국럭비춘계리그 우승
• 태권도부 제29회 전국대학태권도개인선수권대회 금3, 은2, 동5개: 김휘 최우수선수상
05 • 제17회 2002 한일월드컵 개최(4강 진출)
06 • 국민체육진흥공단 경정사업 실시
08 • 제14회 부산 아시안게임 북한 선수단 참가와 남북 동반 입장 실무 회담 진행

09 · 제14회 부산 아시안게임(9.29~10.14) 개최: 남북한 동시 입장, 북한은 18개 종목, 318명의 대규모 선수단과 응원단 파견
· 럭비부 제14회 부산 아시안게임 김연기 코치, 선수: 김동선, 김광모, 박진배, 신우식 금메달
· 럭비부 스리랑카 2002싱어 에어라인컵 7인제럭비대회 우승

10 · 스포츠과학대학원 경호안전기획과 신설
· 남자농구부 제83회 전국체육대회 동메달
· 야구부 제83회 전국체육대회 동메달

11 · 국민체육진흥공단 경륜훈련원 개원(경북 영주)

12 · 고태현(빙상부 감독) 체육부장 발령

2003 02 · 제5회 아오모리 동계아시안게임(2.1~2.8) 개·폐회식 남북한 선수단 동반 입장
· 빙상부 제5회 아오모리 동계아시안게임 쇼트트랙 송석우 3000m 금메달, 송석우, 오세종 5000m계주 금메달
· 스키부 및 빙상부 제84회 전국동계체육대회 10개 부문 우승
· 스키부 제33회 회장배전국스키대회 강민혁 종합우승, 최임헌 노르딕 10km클래식 1위, 15km프리 1위, 40km계주 1위

03 · 김용만 교수(스포츠경영학전공) 팀, 교육인적자원부 학술진흥재단 1단계 2주기 BK21 선정(3년)
· 스포츠과학대학원 경호안전기획과 신입생 선발
· 빙상부 타르비시오 동계유니버시아드대회 쇼트트랙 송경택, 조남규 1500m 금메달, 5000m계주 금메달
· 소프트테니스부 24회 회장배전국정구대회 단체 2위

05 · 소프트테니스부 81회 전국여자정구대회 단체 2위
· 소프트테니스부 39회 전국대학정구춘계연맹전 단체 2위, 복식 1, 2위, 단식 1, 2, 3위

06 · 노무현 정부, 「제3차 국민체육진흥5개년계획(2003~2007)」 수립

08 · 제22회 대구 유니버시아드대회 개최(북한 선수 및 임원 189명과 응원단 303명 참가)
· 소프트테니스부 2003 전국대학정구추계연맹전 단체 2위, 복식 2, 3위, 단식 1, 3위
· 소프트테니스부 2003 전국정구종별선수권대회 복식 1, 2위, 단식 1, 2, 3위

09 · 국민체육진흥공단 올림픽공원 올림픽홀 개관

10 · 평양 정주영체육관 개관 기념 남북한 친선 경기
· 야구부 전국대학야구추계리그전 준우승
· 럭비부 제84회 전국체육대회 동메달

11 · 제1회 스포츠과학연구소 운동처방학술대회 개최

2004 01 · 이종철 교수(체육교육과) 한국스포츠교육학회 회장 취임
· 스키부 아시아대륙간컵 김형철 슈퍼대회전 1위
· 스키부 FIS 서울컵국제알파인스키대회 강민혁 대회전 1위
· 스키부 FEC 용평컨티넨탈스키대회 강민혁 대회전 1위

02 · 스키부 및 빙상부 제85회 전국동계체육대회 11개 부문 우승: 강민혁 최우수선수상 수상
· 스키부 제85회 전국동계체육대회 강민혁 최우수선수상 수상
· 빙상부 2004스웨덴 예테보리 세계쇼트트랙선수권대회 송석우 500m 1위, 1500m 3위, 종합 2위

03 • 소프트테니스부 제25회 회장배전국정구대회 단체 2위

04 • 국민체육진흥공단 체육복권과 로또복권 통합

• 야구부 회장기 전국대학야구 춘계리그 우승

05 • 럭비부 2004 코리안럭비리그 준우승

• 소프트테니스부 제82회 전국여자정구대회 단체 2위

06 • 국민체육진흥공단 난지골프장 준공

• 럭비부 제15회 대통령기전국종별선수권대회 준우승

• 럭비부 2004 전국7인제럭비선수권대회 PLATE 우승

07 • 최종진 교수(스포츠경영전공) 체육대학 학장 발령

• 이유찬 교수(생활체육전공) 천안캠퍼스 학생처장 발령

08 • 제28회 아테네 올림픽(8.13~8.29) 남북한 선수단 동반 입장

09 • 태권도부 제27회 회장기전국대학태권도대회 종합우승

• 야구부 회장기 전국대학야구 추계리그 우승

10 • 농구부 제85회 전국체육대회 동메달

• 야구부 제85회 전국체육대회 동메달

• 럭비부 제85회 전국체육대회 동메달

11 • 문화관광부 체육국에 스포츠여가산업과 신설

• 태권도부 2004 세계태권도한마당 강영석 1위

12 • 스포츠과학연구소 제6대 소장 장석암 교수(운동처방재활전공) 발령

2005 01 • 장호성 부총장 2005 인스부르크 동계유니버시아드대회 단장

02 • V리그(프로배구) 출범

• 스키부 및 빙상부 제86회 전국동계체육대회 8개 부문 우승

• 스키부 제35회 회장배전국스키대회 함종균 알파인 슈퍼대회전 1위, 대회전 1위, 복합 1위, 홍진호 노르딕 10km클래식 1위, 40km계주 1위

03 • 천안캠퍼스 태권도부 창단

• 승마부 창단(운동처방재활전공 소속)

05 • 태권도부 제40회 대통령기전국단체대항 태권도대회 고준호 페더급 2위

• 태권도부 제5회 코리아오픈춘천국제태권도대회 고준호 페더급 3위

• 소프트테니스부 제83회 전국여자정구대회 단체 2위, 단식 1, 2, 3위

06 • 럭비부 제16회 대통령기전국종별선수권대회 준우승

07 • 평생교육원 제6대 원장 심상신 교수(체육교육과) 취임

• 박광동 교수(운동처방재활전공) 체육대학 학장 발령

09 • '스포츠 7330' 범국민 캠페인 선포식

• 골프부 제1회 로드랜드컵 매경여자오픈골프대회 이가나 우승

• 소프트테니스부 2005 전국정구종별선수권대회 복식 1, 2, 3위

10 • 국민체육진흥공단 경정 국제등급 등록

• 농구부 제86회 전국체육대회 동메달

	11	• 대한장애인체육회 설립
	12	• 스포츠과학연구소 제7대 소장 조현익 교수(스포츠경영학전공) 발령
2006	01	• 국민체육진흥공단 장애인체육복지사업 이관
		• 야간학부 신설
	02	• 국민체육진흥공단 '광명스피돔' 개장
		• 스키부 및 빙상부 제87회 전국동계체육대회 6개 부문 우승
		• 빙상부 제20회 토리노 동계올림픽 쇼트트랙 진선유 1000m 금메달, 1500m 금메달, 3000m계주 금메달(3관왕)
		• 스키부 평창컵국제알파인스키대회 김우성 회전 1위, 김민성 2위, 강창혁 3위
		• 스키부 제58회 전국종별스키선수권대회 김우성 알파인 슈퍼대회전 1위, 대회전 1위, 회전 1위, 복합 1위, 노르딕 계주 1위
	03	• 제15차 국가올림픽위원회연합회(ANOC)총회 개최
		• 교육인적자원부 학술진흥재단 2단계 BK21 선정(7년): 책임연구자 김용만 교수(스포츠경영학전공)
		• 경호안전기획과를 태권도학과로 명칭 변경
		• 스포츠과학대학원 스포츠의학과에 운동치료전공과 운동처방전공 신설
		• 여자농구부 창단: 스포츠경영학전공 소속
		• 씨름부 제36회 회장기전국장사씨름대회 단체전 우승
	04	• WBC대회 4강 수훈 동문에 공로패 수여: 김재걸, 오승환, 이병규
	07	• 이종철 교수(체육교육과) 사범대학 학장 발령
		• 강신욱 교수(생활체육학전공) 천안캠퍼스 학생처장 발령
	09	• 조현익 교수(스포츠경영학전공) 체육위원장 발령
		• 태권도부 제2회 코리아오픈국제태권도대회 김보혜 1위
		• 태권도부 제15회 국방부장관기전국태권도대회 고준호 라이트급 2위
		• 태권도부 제29회 한국대학연맹회장기태권도대회 고준호 라이트급 1위
		• 태권도부 전국남녀우수선수선발대회 겸 국가대표선발예선대회 고준호 라이트급 1위
2007	01	• (재)체육인재육성재단 문화체육관광부 산하 설립
		• 스키부 제3회 KTF컵전국스노보드선수권대회 정연욱 스노보느 알파인 회전 1위
		• 스키부 평창컵국제알파인스키대회 김민성 회전 1위
		• 빙상부 학생종목별종합빙상선수권대회 최진용 500m 1위, 단국대 종합 2위
	02	• 태권도부 고준호 국가대표선발 최종대회 라이트급 1위
		• 스키부 제6회 장춘 동계아시안게임 알파인 강민혁 회전 은메달, 대회전 은메달, 김우성 대회전 동메달
		• 빙상부 제6회 장춘 동계아시안게임 쇼트트랙 진선유 1000m 금메달, 1500m 은메달, 3000계주 은메달
		• 스키부 및 빙상부 제88회 전국동계체육대회 7개 부문 우승
		• 스키부 제37회 회장배스키대회 노르딕 임의규 10km클래식 1위, 복합 1위, 40km계주 1위(3관왕), 임의규 15km프리 2위
		• 스키부 서울컵국제알파인스키대회 김민성 회전 1위, 복합 1위(2관왕), 김우성 대회전 1위, 슈퍼대회전 1위(2관왕)

· 스키부 제61회 전국스키선수권대회 스노보드 정연욱 대회전 1위

03 · 북한 청소년 축구팀 23명 2007 FIFA 청소년(U·17) 월드컵대회(8.18~9.9) 대비 전지훈련 실시
· 야구부 전국대학야구춘계리그전 우승
· 럭비부 전국춘계대학럭비리그전 3위
· 빙상부 국제빙상연맹(ISU)세계쇼트트랙선수권대회 진선유 1000m, 3000m 1위 종합우승
· 빙상부 대학대항빙상경기대회 남자 최진용 500m 1위, 이기호 1500m 1위, 여자 이보라 500m 1위, 1000m 1위(2관왕), 단국대 종합우승
· 스키부 제22회 전국학생종별선수권대회 강창혁 알파인 대회전 우승, 김우성 슈퍼대회전 우승, 노르딕 여자부 김영희 5km클래식 우승, 10km프리 우승, 복합 우승, 스프린트 우승(4관왕)
· 씨름부 제37회 회장기전국장사씨름대회 윤호준 경장급 1위
· 태권도부 2007 국가대표 최종선발전 고준호 라이트급 1위: 국가대표 선발

04 · 「국민체육진흥법」 시행
· 북한의 장웅 IOC 위원과 북한 태권도 시범단 48명 방한: 춘천과 서울에서 2차례 시범행사 실시
· 빙상부 2007 밀라노 세계쇼트트랙선수권대회 쇼트트랙 진선유 1000m 1위, 1500m 2위, 3000m 1위, 종합 1위

05 · 「스포츠산업진흥법 시행령」 제정(5.8)
· 럭비부 멕쿼리배코리안리그 1차대회 준우승
· 태권도부 제34회 전국대학태권도개인선수권대회 한태환 라이트급 1위
· 소프트테니스부 제85회 동아일보기전국정구대회 단체 3위, 단식 1, 2, 3위

06 · 한국 12세 이하 유소년 축구팀 평양 방문하여 북한 팀과 친선경기
· 남자농구부 원주시장배 제44회 전국대학농구1차연맹전 준우승

07 · 체육부 천안캠퍼스로 이전(학사재 1호관)
· 야구부 전국대학야구선수권대회 준우승
· 씨름부 제21회 전국시도대항장사씨름대회 길선일 청장급 1위
· 골프부 LPGA 투어 HSBC 매치플레이챔피언십 이선화 우승

08 · 2007 FIFA 청소년(U· 17) 월드컵대회 북한 팀 참가
· 죽전캠퍼스 준공, 서울캠퍼스에서 죽전캠퍼스로 대학 이전
· 씨름부 제4회 학산김성률배전국장사씨름대회 정지웅 소장급 1위

09 · 국민체육진흥공단 'Tour de Korea' 개최 개시
· 특기(체웅)장학금 지급 시작: 체육부 관리 종목은 청룡장학금, 체육대학 관리 종목은 체웅장학금 지급
· 씨름부 제61회 전국씨름선수권대회 정지웅 소장급 1위
· 태권도부 제30회 한국대학연맹회장기전국태권도대회 이종현 밴텀급 1위, 조승진 페더급 1위

10 · 남북정상회담에서 제29회 베이징 올림픽에 남북한 응원단이 경의선 열차 이용해 참가 키로 합의
· 남북권투대회 개성 학생소년궁전체육관 개최
· 야구부 제41회 대통령기전국대학야구대회 준우승
· 남자농구부 제88회 전국체육대회 동메달
· 씨름부 제88회 전국체육대회 이경수 장사급 1위

12 · 중국 흑룡강성 체육국과 자매 결연
· 남자농구부 KB국민은행배 농구대잔치 3위
· 씨름부 대학장사씨름대회 안동한마당 겨울시즌 단체전 우승

2008 01 · 제1회 중재배 전국초등학교스키대회 개최
· 빙상부 38회 회장배스피드스케이팅대회 단체 종합 2위
· 빙상부 제23회 회장배쇼트트랙스케이팅대회 박진환 1500m 1위, 단국대 종합 2위
· 빙상부 학생종별종합빙상선수권대회 단체 종합 2위

02 · 문화체육관광부 설립(전신 문화관광부)
· 제15대 장호성 총장 취임
· 스키부 및 빙상부 제89회 전국동계체육대회 8개 부문 우승
· 스키부 지산컨티넨탈컵국제알파인스키대회 김우성 회전 1위

03 · 천안캠퍼스 체육대학 학과제로 바뀌면서 생활체육학과, 스포츠경영학과 및 운동처방재활학과로 편제 개편
· 야구부 전국대학야구춘계리그전 준우승
· 스키부 제60회 전국종별스키선수권대회 알파인 강창혁 회전 1위, 대회전 1위, 복합 1위(3관왕), 노르딕 40km계주 1위, 여자부 김영희 5km클래식 1위, 10km프리 1위, 복합 1위, 스프린트 1위(4관왕)
· 스키부 제23회 전국학생종별스키대회 알파인 김우성 회전 1위, 대회전 2위
· 빙상부 제41회 대학대항빙상경기대회 남자 김영호 500m 1위, 유성환 5000m 1위, 여자 이보라 500m 1위, 조혜수 3000m 1위, 남자팀추월 1위, 남자종합 1위, 여자팀추월 1위, 단국대 종합우승
· 빙상부 전국남녀학생종별선수권대회 남자부 이정수 500m 1위, 1000m 1위, 3000m 1위, 종합 1위, 여자부 정바라 500m 1위, 1000m 1위, 1500m 1위, 3000m 1위, 종합 1위(5관왕)
· 빙상부 제22회 학생종별종합쇼트트랙선수권대회 단체 종합우승
· 수영부 제3회 제주한라배전국수영대회 박태환 자유형 200m 1위

04 · 빙상부 제22회 종합선수권대회 겸 국가대표 선발전 정바라 1500m 1위
· 씨름부 제45회 대통령기전국장사씨름대회 길선일 용장급 1위
· 수영부 제80회 동아수영대회 박태환 자유형 200m 1위, 400m 1위(아시아신기록)

05 · 동대문종합운동장 철거 완료
· 천안캠퍼스 개교 30주년 기념 지역교사 초청 총장배 테니스내회

06 · 골프부 LPGA 투어 긴트리뷰트대회 이선화 우승

07 · 심상신 교수(체육교육과) 죽전캠퍼스 학생지원처장 발령
· 옥정석 교수(운동처방재활학과) 체육대학 학장 발령
· 골프부 LPGA 투어 P&G뷰티 NW아칸소챔피언십 이선화 우승
· 남자농구부 제63회 전국종별농구선수권대회 준우승
· 씨름부 제62회 전국씨름선수권대회 이경수 장사급 1위, 단체전 준우승

08 · 박태환(수영) 제29회 베이징 올림픽 한국역사상 수영 종목 첫 금메달 획득
· 장충식 명예총장 추대
· 수영부 제29회 베이징 올림픽 박태환 수영 남자 400m자유형 금메달(아시아신기록)
· 태권도부 제29회 베이징 올림픽 손태진 태권도 남자 68kg급 금메달

· 씨름부 제9회 증평인삼배 전국장사씨름대회 단체전 우승, 이경수 통일장사부 1위

· 야구부 제29회 베이징 올림픽 오승환 금메달

09 · 국민체육진흥공단 서울 올림픽 개최 20주년 기념식 개최

· 우칭궈 IOC위원(대만) 명예철학박사학위 수여

· 경영대학원 골프경영 전공 신설

· 태권도부 제17회 국방부장관기전국태권도대회 한용민 라이트급 2위, 이규환 핀급 2위

· 태권도부 제30회 한국대학연맹회장기전국태권도대회 이규환 핀급 2위

10 · 남자농구부 제89회 전국체육대회 동메달

· 야구부 제89회 전국체육대회 동메달

· 씨름부 제89회 전국체육대회 서남규 용사급 1위

· 수영부 제89회 전국체육대회 박태환 자유형 50m 1위, 100m 1위, 혼계영400m 1위, 계영400m 1위, 계영 800m 1위(5관왕: 대회 MVP)

11 · 빙상부 제24회 회장배쇼트트랙스케이팅대회 조수훈 500m 1위, 남자계주 1위, 남자종합 1위, 단체 종합우승

12 · 이명박 정부, 「문화비전 2008~2012」 수립

· 강신욱 교수(생활체육학과) 한국스포츠사회학회 회장 선출

· 빙상부 제63회 전국남녀종합선수권대회 최진용 500m 1위

· 빙상부 제35회 스프린트빙상선수권대회 단체 종합 2위

· 제1회 전국대학 싱크로나이즈드 댄스스포츠 페스티벌 단체 1위

2009 01 · 국민체육진흥공단 개방형 다목적 학교체육관 건립 지원사업 개시

· 최재석(빙상부) 체육부장 부임

· 조정부 재창단

· 제2회 중재배 전국초등학교스키대회 개최

· 스키부 제39회 회장배스키대회 알파인 강창혁 슈퍼대회전 1위, 대회전 1위, 회전 2위, 김현태 회전 1위

· 스키부 제64회 전국스키선수권대회 김현태 대회전 1위

· 빙상부 제39회 회장배스피드스케이팅대회 김영호 1000m 1위

02 · 스키부 및 빙상부 제90회 전국동계체육대회 8개 부문 우승

· 스키부 서울컵국제알파인스키대회 김우성 대회전 1위, 김현태 회전 1위

· 스키부 지산대륙간컵국제알파인스키대회 김우성 회전 1위

· 스키부 제37회 전국학생스키대회 알파인 김현태 대회전, 슈퍼대회전 1위, 크로스컨트리 클래식10km 1위, 김영희 클래식5km 1위, 최태순 복합(남) 1위, 김영희 복합(여) 1위

· 스키부 제24회 전국학생종별스키대회 박상용 10km클래식 1위, 15km프리 1위, 20km계주 1위, 여자부 김영희 7.5km클래식 1위, 10km프리 1위

· 스키부 제62회 전국종별스키선수권대회 스노보드 정연욱 크로스 1위, 크로스컨트리 최태순 클래식10km, 복합, 프리15km, 팀스프린트 1위(4관왕)

· 빙상부 제42회 대학대항빙상경기대회 남자부 김영호 1500 1위, 공병원 3000m 1위, 홍성곤 5000m 1위, 남자팀추월 1위, 여자부 조혜수 1000m 1위

03 • 국민체육진흥공단 스포츠강좌이용권사업 개시
• 스포츠과학대학원 스포츠레저지도학과를 레저스포츠학과로 변경
• 씨름부 제39회 회장기전국장사씨름대회 개인전 정지웅 소장급 1위
• 빙상부 2009 국제빙상연맹(ISU) 세계쇼트트랙팀선수권대회 박진환, 이정수 1위
• 스키부 제90회 전국동계체육대회 김현태 회전 1위, 김우성 복합 1위, 박상용 10km 클래식 1위
• 빙상부 하얼빈동계유니버시아드대회 쇼트트랙 남자부 김성일 1500m 은메달, 3000m 은메달, 5000m계주 동메달, 여자부 정바라 1000m 동메달, 3000m계주 은메달
• 스키부 제39회 회장배스키대회 알파인 김현태 복합 1위
• 럭비부 전국춘계대학럭비리그전 준우승
04 • 빙상부 제24회 쇼트트랙스피드스케이팅종합선수권대회 겸 국가대표 선발전 이정수 1000m, 3000m 1위
• 소프트테니스부 제45회 전국대학정구춘계연맹전 복식 1위
05 • 장충식 명예총장 제1회 청관대상 공로상 수상
• 씨름부 제6회 학산김성률배전국장사씨름대회 개인전 길선일 용사급 1위
06 • 대한체육회·KOC 완전 통합 → 대한체육회(KOC)
• 국민생활체육협의회 국민생활체육회로 명칭 변경
07 • 최종진 교수(스포츠경영학과) 대외협력부총장 발령
• 스포츠과학대학원 2대 원장 박광동 교수(운동처방재활학과) 취임
• 스포츠과학대학원 스포츠레저지도학과를 레저스포츠학과로 명칭 변경
• 조정부 제4회 화천평화배전국조정대회 싱글스컬 1위, 무타포어 2위
• 남자농구부 제7회 아시안대학농구챔피온십 3위
08 • 국민체육진흥공단 난지골프장 서울시 양도
• 체육인 동문 가족 '희망단국 후원기금' 3,600만 원 기탁
• 천안캠퍼스 대운동장 인조잔디 식재 개장식
• 남자축구부 제10회 전국대학축구대회 준우승
09 • 경영대학원 레저스포츠산업 전공 폐지
• 경영대학원 골프경영 전공 신설
• 골프부 KLPGA 그랜드 드림투어 10차전 남지민 우승
• 빙상부 ISU World Cup 이정수 1000m, 5000m계주 1위, 김성일 5000m계주 1위
• 빙상부 ISU World Cup 2009/2010 이정수, 김성일 5000m계주 1위
10 • 야구부 제90회 전국체육대회 준우승
• 럭비부 제90회 전국체육대회 동메달
• 소프트볼부 제90회 전국체육대회 동메달
• 빙상부 제24회 전국남녀쇼트트랙스피드스케이팅경기대회 김찬욱(남자) 500m 1위, 허희빈(여자) 500m 1위, 진선유 1000m, 1500m 1위
11 • 남자축구부 KUSF 대학축구 U리그 왕중왕전 우승
• 씨름부 대학장사씨름군산한마당 개인전 정지웅 청장급 1위, 길선일 용장급 1위
• 빙상부 ISU World Cup 2009/2010 이정수 1500m, 5000m계주 1위, 김성일 5000m계주 1위

· 빙상부 제25회 회장배쇼트트랙스케이팅대회 여자부 진선유 1000m 1위, 1500m 1위, 박효정 500m 1위, 여자계주 1위, 여자종합 1위

12 · 김재호 교수(체육교육과) 한국웰니스학회 회장 취임

· 씨름부 MBC ESPN 대학장사씨름 횡성한마당 개인전 이경수 장사급 1위

· 빙상부 전국대학쇼트트랙선수권대회 여자부 진선유 1500m 1위, 3000m 1위, 종합 1위, 정바라 1000m 1위

2010 01 · 제3회 중재배 전국초등학교스키대회 개최

· 우즈베키스탄 우즈벡국립체육대학교와 MOU체결

· 우즈베키스탄 태권도협회와 MOU체결

· 스키부 FIS 평창컵국제알파인스키대회 김현태 회전 1위

· 스키부 제24회 전국학생종별스키선수권대회 알파인 회전 1위, 복합 1위, 노르딕 박상용 15km프리, 박용 복합 1위, 40km계주 1위

· 볼링부 제15회 아시아청소년볼링선수권대회 김연주 여자 2인조 2위, 4인조 3위, 종합우승

02 · 제21회 밴쿠버 동계올림픽 김연아 피겨 사상 첫 최고점 금메달 획득

· 스포츠과학대학원(원장 박광동 교수) 개원 10주년 세미나 개최

· 스포츠과학대학원 동창회 발대식 개최: 초대회장 이엽

· 빙상부 제21회 밴쿠버 동계올림픽 쇼트트랙 이정수 1000m 금메달, 1500m 금메달(2관왕), 5000m계주 은메달, 김성일 5000m계주 은메달

· 스키부 및 빙상부 제91회 전국동계체육대회 8개 부문 우승

· 스키부 제37회 전국학생스키대회 남자부 김현태 알파인 대회전 1위, 슈퍼대회전 1위, 최태순 노르딕15km프리 1위, 복합 1위, 팀스프린트 1위, 여자부 김영희 노르딕 5km클래식 1위, 10km프리 1위, 복합 1위

· 스키부 제40회 회장배스키대회 남자부 김현태 대회전 1위, 슈퍼대회전 1위, 복합 1위(3관왕), 여자부 김설경 대회전 1위, 노르딕 하태복 10km클래식 1위, 박상용 15km프리 1위, 박용 복합 1위, 40km계주 1위

03 · KUSF, 대학농구를 시작으로 U리그 시스템 도입, 출범

· 체육대학 생활체육학과 정원 60 → 55로 조정

· 체육대학 스포츠경영학과 정원 50 → 55로 조정

· 경영대학원 내 스포츠경영학과 경영학과로 통합

· 스포츠과학대학원 CEO골프과정 신설

· 스키부 제26회 전국학생종별스키대회 노르딕 하태복 15km프리 1위, 복합 1위, 40km계주 1위(3관왕)

· 스키부 제64회 한국대학스키연맹배알파인대회 남자부 박혁 슈퍼대회전 1위, 여자부 김설경 대회전 1위

· 빙상부 제43회 대학대항빙상경기대회 김성규 500m 1위, 김영호 1000m 1위

· 씨름부 제40회 회장기전국장사씨름대회 유상 용장급 1위

04 · 스포츠산업전문인력양성 사업 선정(1차 4년간 문화체육관광부 지원): 사업단장 김용만 교수(스포츠경영학과)

· 승마부 KRA CUP CSI 2Star Seoul 2010 정철희 단체전 1위, 황대헌 단체전 3위

· 승마부 제39회 KRA컵전국승마대회 정철희 A클래스 장애물경기 1위, 마장마술경기 2위

· 소프트테니스부 46회 전국대학정구춘계연맹전 단식 1위

05 · 2010 전국대학교수테니스대회 개최
· 태권도부 제45회 대통령기전국단체대항태권도대회 한용민 웰터급 1위
06 · 한국대학스포츠총장협의회(Korea University Sport Federation: KUSF) 창립(현 한국대학스포츠 협의회 전신)
· 최재석 체육부장 한국인 최초 ISU 스피드스케이팅 기술위원 선출
· 소프트볼부 제10회 평화통일배전국여자소프트볼대회 우승
07 · 2010 FIFA U-20 독일여자월드컵 3위
· 이유찬 교수(생활체육학과) 체육대학 학장 발령
· 조정부 제4회 화천평화배전국조정대회 싱글스컬 1위, 무타포어 2위
· 남자농구부 제63회 전국종별농구선수권대회 준우승
· 럭비부 제21회 대통령기전국종별럭비선수권대회 3위
· 수영부 2010 MBC배 전국수영대회 박태환 자유형 200m 1위, 개인혼영 200m 1위
08 · 장호성 총장 제1회 세계청소년올림픽 선수단장 선임
· 2010 세계청소년볼링선수권대회 김연주 개인전 1위, 단체전 1위, 마스터즈 1위
· 수영부 팬퍼시픽수영선수권대회 박태환 자유형 200m 1위, 400m 1위
09 · 2010 FIFA U-17 트리니다드토바고 여자월드컵 우승
· 스포츠과학대학원 CEO골프과정을 스포츠문화CEO과정으로 명칭 변경
· 스포츠과학연구소 8대 소장 이유찬 교수(생활체육학과) 발령
· 씨름부 제11회 증평인삼배전국장사씨름대회 임석원 경장급 1위
· 소프트볼부 제22회 전국종별여자소프트볼대회 우승
10 · F1 코리아 그랑프리대회 개최(10.22~24)
· 천안캠퍼스 씨름장 준공
· 씨름부 제91회 전국체육대회 박수룡 청장급 1위
· 볼링부 제91회 전국체육대회 3인조 금메달
· 여자농구부 제91회 전국체육대회 창단 첫 동메달
· 소프트볼부 제91회 전국체육대회 창단 첫 은메달
· 조정부 제91회 전국체육대회 무타페어 3위
· 빙상부 제27회 전국남녀쇼드드렉스피드스케이팅대회 남자부 한승수 500m 1위, 김성일 1000m 1위, 1500m 1위, 여자부 진선유 1500m 1위, 3000m 1위
11 · 장호성 총장, 대학스포츠 발전에 이바지하여 충남체육회로부터 공로상 수상
· 럭비부 제16회 광저우 아시안게임 김연기 감독, 김원용(선수) 동메달
· 수영부 제16회 광저우 아시안게임 박태환 자유형 100m 금메달, 200m 금메달, 400m 금메달(3관왕), 400m혼계영 은메달, 1500m자유형 은메달, 400m계영 동메달, 800m계영 동메달
· 빙상부 2010 ISU세계주니어월드컵 1차 김성규 500m, 1000m 1위
12 · 남자농구부 KB국민은행 2010농구대잔치 3위

2011 01 · 제4회 중재배 전국초등학교스키대회 개최
· 빙상부 2011 에르주름 동계유니버시아드대회 정바라 3000m 1위, 1500m 2위, 김성일 1000 동메달, 1500m 동메달

• 스키부 제41회 회장배스키대회 박상용 크로스컨트리 프리15km 1위, 스프린터 1위, 계주 1위
• 스키부 제38회 전국학생스키대회 박상용 크로스컨트리 프리15km 1위, 박용 복합 1위, 계주 1위, 최태순 스프린터 1위
• 스키부 평창컵국제알파인스키대회 김현태 회전 1위

02 • 스키부 제7회 알마티 동계아시안게임 알파인 김우성 대회전 3위, 슈퍼콤바인 3위, 크로스컨트리 박병주 팀스프린트 3위, 박병주, 하태복, 임의규 40km계주 3위
• 스키부 및 빙상부 제92회 전국동계체육대회 8개 부문 우승
• 빙상부 2011 세계주니어선수권대회 김성규 500m, 1000m 2관왕
• 빙상부 제44회 대학대항빙상경기대회 박승주 500m 1위, 1000m 1위
• 스키부 제65회 한국알파인스키챔피언십 김현태 대회전 1위
• 스키부 제6회 전국스키기술선수권대회 박상용 크로스컨트리 프리15km 1위, 박용 복합 1위, 계주 1위

03 • 장호성 총장 미국 오레곤주립대학교로부터 Academy of Distinguished Engineers상 수상
• 빙상부 2010 ISU세계주니어월드컵파이널 김성규 500m 1위
• 스키부 제26회 전국학생종별스키대회 하태복 크로스컨트리 클래식10km 1위, 박상용 프리15km 1위, 박용 복합 1위, 40km계주 1위
• 스키부 제63회 전국종별스키선수권대회 하태복 크로스컨트리 클래식10km 1위, 40km계주 1위

04 • 국민체육진흥공단 경정훈련원 개원(영종도)
• 빙상부 2011 아시아트로피쇼트트랙스피드스케이팅대회 송명호 1000m, 5000m계주 1위

05 • 야구부 제4회 KBO총재기 전국대학야구대회 준우승
• 소프트테니스부 제47회 전국대학정구춘계연맹전 단체 2위, 복식 1, 2위, 단식 1, 2, 3위

06 • 수영부 산타클라라 국제그랑프리대회 박태환(100m, 200m, 400m) 3관왕

07 • 최종진 교수(스포츠경영학과) 천안캠퍼스 부총장 발령
• 김재호 교수(체육교육과) 죽전캠퍼스 학생지원처장 발령
• 스포츠과학대학원 3대 원장 조현익 교수(스포츠경영학과) 취임
• 강신욱 교수(생활체육학과) 체육위원장 발령
• 수영부 2011세계수영선수권대회 박태환 남자 400m 자유형 1위
• 씨름부 제48회 대통령기전국장사씨름대회 홍성용 소장급 2위

08 • 2011 대구 세계육상선수권대회 개최(8.27~9.4)
• 장호성 총장 제26회 중국 선전 유니버시아드대회 선수단 단장
• 남자농구부 제66회 전국종별농구선수권대회 우승
• 조정부 제27회 대통령기전국시도대항조정대회 더블스컬 1위
• 빙상부 제2회 뉴질랜드환태평양동계대회 정바라 1500m, 3000m계주 1위
• 씨름부 제25회 전국시도대항장사씨름대회 선택 용장급 2위
• 소프트테니스부 2011 전국대학정구추계연맹전 단체 1위, 복식 1, 2위, 단식 2, 3위

09 • 대한체육회 스포츠영웅선정위원회 제1회 스포츠영웅으로 손기정, 김성집 선정
• 씨름부 2011 전국대학충주장사씨름대회 선택 용장급 2위

10 • 진천 국가대표선수촌 1단계 공사 준공

- 빙상부 2011/2012 2차 ISU월드컵쇼트트랙스피드스케이팅대회 이정수 5000m계주 1위
- 볼링부 제92회 전국체육대회 2인조 금메달 및 은메달, 3인조 금메달
- 소프트볼부 제92회 전국체육대회 동메달

11
- 올림픽공원 핸드볼전용경기장 개장
- 씨름부 2011 전국대학문경장사씨름대회 유상 용장급 2위

12
- 체육과학연구원 유네스코 석좌기관 선정
- 태권도부 해체, 태권도학과로 일원화
- 수영부 2011· 2012 맥도날드 퀸즈랜드챔피언십 박태환(400m, 1500m) 2관왕
- 씨름부 2011전국대학장사씨름대회 4차 개인전 경장급 라상엽 1위, 청장급 정준영 1위
- 빙상부 제66회 전국남녀종합스피드스케이팅선수권대회 김영득 500m 1위

2012 01
- 제5회 중재배 전국초등학교스키대회 개최
- 빙상부 2012 아시아스피드스케이팅선수권대회 김영호 500m, 1000m 1위
- 빙상부 제42회 회장배스피드스케이팅대회 박승주 500m 1위
- 스키부 제42회 회장배 전국스키대회 알파인 김현태 슈퍼대회전 1위, 대회전 1위, 복합 1위
- 스키부 제42회 회장배 전국스키대회 크로스컨트리 하태복 10km클래식 1위, 15km프리 1위, 복합 1위, 40km계주 1위, 박상용 스프린트 1위
- 스키부 용평컵국제알파인스키대회 1일차 김현태 대회전 2위, 2일차 김현태 대회전 2위

02
- 국민체육진흥공단 '국민체력100사업' 시행
- 스포츠과학연구소 부설연구소로 재승격
- 장호성 총장, 한국대학스포츠총장협의회 2대 회장 취임
- 제1회 경기도 다문화 가정 스키 캠프 개최
- 수영부 뉴사우스웨일스 스테이트오픈 박태환(200m, 400m, 1500m) 3관왕
- 빙상부 2011/2012 5차 ISU월드컵쇼트트랙스피드스케이팅대회 이정수 1500m 1위
- 빙상부 세계주니어쇼트트랙스피드스케이팅선수권대회 박세영 1000m, 1500m 개인종합 1위
- 빙상부 2012전국남녀종별종합스피드스케이팅선수권대회 박승주 500m 1위
- 빙상부 제45회 전국남녀대학대항스피트스케이팅대회 김우진 500m, 1000m 1위, 김영득 1500m, 이경훈 5000m 1위, 팀추월(남자) 1위, 박승주 500m, 1000m 1위, 김보라 1500m, 3000m 1위, 팀추월(여자) 1위, 단체 종합우승
- 빙상부 쇼트트랙 세계주니어선수권대회 박세영 우승
- 스키부 제64회 한국대학스키연맹배알파인스키대회 김설경 대회전 1위
- 스키부 제39회 전국학생스키대회 알파인 박혁 슈퍼대회전 1위, 김설경 대회전 1위
- 스키부 제39회 전국학생스키대회 크로스컨트리 박상용 스프린트 1위
- 스키부 및 빙상부 제93회 전국동계체육대회 8개 부문 우승

03
- 빙상부 2011/2012 주니어월드컵파이널 김우진 500m 1위, 1000m 1위
- 빙상부 제26회 종별종합쇼트트랙선수권대회 이소연 3000m 1위
- 빙상부 제27회 종합선수권대회 겸 국가대표선발전 박세영 500m 1위
- 스키부 제27회 전국학생종별스키대회 크로스컨트리 계주 40km 1위

- 스키부 제64회 전국종별선수권대회 크로스컨트리 황준호 클래식 10km 1위, 계주 40km 1위, 팀스프린트 6km 1위
- 스키부 제64회 전국종별선수권대회 알파인 회전 박혁 1위, 대회전 박혁 1위, 복합 김설경 1위
- 스키부 제27회 전국학생종별스키대회 알파인 슈퍼대회전 김설경 1위, 대회전 박혁 1위, 회전 김설경 1위, 복합 김설경 1위

04 · 한국대학스포츠총장협의회(회장 장호성) 간담회 개최
- 씨름부 2012 전국대학문경장사씨름대회 단체전 우승
- 소프트볼부 제21회 회장기전국여자소프트볼대회 우승
- 소프트테니스부 제48회 전국대학정구춘계연맹전 단체 2위, 복식 1위

05 · 장호성 총장(한국대학스포츠총장협의회장) '대학스포츠 정상화를 위한 성명서' 발표
- 씨름부 제9회 학산김성률배전국장사씨름대회 정준영 청장급 1위, 문윤식 용장급 1위, 선택 용사급 1위, 조성환 역사급 2위
- 조정부 제38회 장보고기전국조정대회 더블스컬 1위

06 · 민진홍 동문(체육학과, 90졸) 발전기금 5천만 원 기탁
- 씨름부 제26회 전국시도대항장사씨름대회 문윤식 용장급 1위
- 소프트볼부 제12회 평화통일배전국여자소프트볼대회 우승

08 · 남자축구, 2012 제30회 런던 올림픽에서 한국 축구역사 최초 동메달 획득
- 남자농구부 제67회 전국종별농구선수권대회 3위
- 수영부 제30회 런던 올림픽 박태환 남자 자유형 200m 은메달, 자유형 400m 은메달
- 레슬링 제30회 런던 올림픽 레슬링 김현우 그레코로만형 66kg 금메달
- 씨름부 제66회 전국씨름선수권대회 선택 용사급 1위
- 씨름부 2012 KBSN 전국대학청도장사씨름대회 개인전 정준영 청장급 1위, 황교필 경장급 2위
- 조정부 제1회 충주탄금호배전국조정대회 더블스컬 1위 강우규, 최수빈
- 소프트볼부 제24회 전국종별여자소프트볼대회 우승

09 · 씨름부 제13회 증평인삼배전국장사씨름대회 개인전 문윤식 용장급 1위, 라상엽 경장급 2위
- 씨름부 2012 KBSN 전국대학충주장사씨름대회 개인전 정준영 청장급 1위
- 조정부 제1회 충주탄금호배전국조정대회 더블스컬 1위

10 · 볼링부 제93회 전국체육대회 개인전 금메달, 2인조 금메달
- 럭비부 제93회 전국체육대회 동메달
- 소프트볼부 제93회 전국체육대회 동메달
- 빙상부 제1차 ISU월드컵대회 쇼트트랙 이소연 1000m 1위
- 빙상부 제29회 전국남녀스피드스케이팅대회 쇼트트랙 박세영 500m 1위, 1000m 1위
- 씨름부 2012 KBSN 전국대학고령장사씨름대회 정준영 청장급 2위

11 · 빙상부 제3차 ISU월드컵대회 쇼트트랙 이소연 1500m 1위
- 빙상부 제28회 회장배피드스케이팅대회 쇼트트랙스 박세영 500m 1위, 1500m 1위, 남자계주 1위, 남자종합 1위, 단체 종합우승

12 · 빙상부 2012 대학스피드스케이팅대회 쇼트트랙 김성일 1000m 1위, 남자계주 1위, 남자종합 1위, 단체

종합우승

2013 01 · 제6회 중재배 전국초등학교스키대회 개최
· 스포츠과학연구소 2013 단국 어린이 건강캠프 개최: 단국대학교 병원 공동
· 스키부 제40회 전국학생스키대회 노르딕 김민욱 10km클래식 1위, 황준호 15km프리 1위, 계주 40km 1위, 스프린트 1위, 복합 황준호 1위
· 스키부 제67회 전국스키선수권대회 노르딕 황준호 10km클래식 1위, 스프린트 황준호 1위, 복합 황준호 1위
· 스키부 제43회 회장배전국스키대회 스노보드 하프파이프 이광기 1위
· 빙상부 제43회 회장배스피드스케이팅대회 김성규 500m 1위

02 · 스키부 및 빙상부 제94회 전국동계체육대회 7개 부문 우승
· 빙상부 2013 세계주니어선수권대회 박세영 500m 1위, 1500m파이널 1위, 종합우승
· 빙상부 2013 세계주니어스피드선수권대회 서정수 1500m 1위, 종합 1위, 임준홍 1000m 1위
· 스키부 제43회 회장배전국스키대회 알파인 박혁 회전 1위, 복합 1위(2관왕), 노르딕 황준호 10km클래식 1위, 15km프리 1위, 복합 1위(3관왕)

03 · 체육대학을 스포츠과학대학으로 변경 및 인원 조정
· 스포츠경영학과: 정원 55 → 40, 생활체육학과: 정원 55 → 40, 운동처방재활학과: 정원 50 → 40, 국제스포츠학과 신설: 정원 30
· 일반대학원 운동의과학과 신설
· 이유찬 교수(생활체육학과) 스포츠과학대학 학장 연임 발령
· 스키부 제65회 전국종별스키선수권대회 스노보드 이광기 1위 및 제67회 전국스키선수권대회 하프파이프 1위
· 빙상부 2013 세계주니어선수권대회 쇼트트랙 단체 종합우승
· 빙상부 2013 세계주니어스피드선수권대회 단체 종합우승

04 · 빙상부 제28회 종합선수권대회 겸 국가대표 선발전 박세영 500m 1위
· 승마부 제42회 KRA컵전국승마대회 양지원 종합마술 3위
· 소프트볼부 제25회 회장기전국여자소프트볼대회 우승
· 소프트테니스부 49회 전국대학정구춘계연맹전 단체 2위

05 · 제1회 단국대학교 전국대학배드민턴대회 개최
· 외국인 유학생 체육대회 개최
· 씨름부 제14회 증평인삼배전국장사씨름대회 홍성용 소장급 1위

06 · 럭비부 전국7인제럭비선수권대회 1위
· 조정부 제11회 K-water사장배전국조정대회 더블스컬 2위
· 승마부 제45회 이용문장군배전국승마대회 양지원 장애물 A클래스 우승
· 소프트볼부 제13회 평화통일배전국여자소프트볼대회 우승

07 · 럭비부 제24회 대통령기전국종별럭비선수권대회 준우승

08 · 박근혜 정부, 「스포츠비전 2018」 수립
· 남자축구부 제44회 전국추계대학축구연맹전 준우승
· 소프트볼부 제25회 전국종별여자소프트볼대회 우승

09 · 한국연구재단 BK21플러스사업(전문인재양성형) 선정(7년): 책임연구자 옥정석 교수(운동처방재활학과)

· 씨름부 제10회 학산김성률배전국장사씨름대회 라상엽 경장급 1위, 선명 소장급 1위, 유상 용장급 1위, 홍성용 소장급 2위
· 소프트테니스부 2013 전국대학정구추계연맹전 단체 3위, 단식 1, 3위

10 · 야구부 제94회 전국체육대회 준우승
· 씨름부 제94회 전국체육대회 홍성용 소장급 1위
· 볼링부 제94회 전국체육대회 2인조 금메달
· 소프트볼부 제94회 전국체육대회 은메달

11 · 빙상부 제30회 전국남녀쇼트트랙스피드스케이팅대회 남자 한승수 500m 1위, 임경원 1000m 1위, 이소연 500m 1위, 1000m 1위(2관왕)
· 빙상부 제29회 회장배쇼트트랙스피드스케이팅대회 남자부 한승수 500m 1위, 임경원 1000m 1위, 남자계주 1위, 여자부 이소연 500m 1위
· 씨름부 2013 KBSN 전국대학서산장사씨름대회 선명 소장급 2위, 단체전 3위

12 · 대한체육회 스포츠영웅선정위원회 2013스포츠영웅으로 서윤복 선정
· 빙상부 트렌티노 동계유니버시아드대회 쇼트트랙 이소연 3000m계주 금메달, 스피드 박승주 500m 은메달
· 씨름부 KBSN 전국대학장사씨름대회 문경최강전 황교필 경장급 1위, 홍성용 소장급 2위, 한송근 용사급 2위, 단체전 3위
· 스키부 FIS월드컵스키대회(중국겐팅리조트) 알파인 박제윤 회전 1위
· FIS FEC 알파인국제스키대회(중국완룽) 박제윤 회전 2위

2014 01 · 국민체육진흥공단 대한민국 체육유공자 보상제도 개시
· 제7회 중재배 전국초등학교스키대회 개최
· 스키부 제44회 회장배전국스키대회 스노보드 이광기 1위
· 스키부 제66회 전국종별스키선수권대회 알파인 박제윤 회전 1위, 대회전 1위, 슈퍼대회전 1위, 복합 1위(4관왕), 여자부 이현지 대회전 1위, 크로스컨트리 하태복 10km클래식 1위, 복합 1위, 40km계주 1위(3관왕), 황준호 15km프리 1위
· 빙상부 제44회 회장배스피드스케이팅대회 김성규 500m 1위

02 · 제22회 소치 동계올림픽(러시아, 2.7~2.23) 이상화 빙상 최초 올림픽 2연속 금메달 획득
· 장호성 총장 한국대학스포츠총장협의회 3대 회장 취임
· 스키부 및 빙상부 제95회 전국동계체육대회 13개 부문 우승
· 빙상부 세계쇼트트랙선수권대회 박세영 1000m 3위, 1500m 3위

03 · 스포츠과학대학 입학 정원 조정: 생활체육학과 정원 40 → 35, 운동처방재활학과 40 → 36, 스포츠경영학과 40 → 37, 태권도학과 40 → 29, 국제스포츠학과 30 → 40
· 스포츠과학대학원 스포츠마케팅학과 스포츠산업학과로 명칭 변경, 스포츠과학대학원 레저스포츠학과 레저및경기지도학과로 명칭 변경, 스포츠과학대학원 태권도학과 무도학과로 명칭 변경

04 · 태권도원 개원(전북 무주)
· 스포츠산업전문인력양성 사업 선정(2차 5년간 문화체육관광부 지원): 사업단장 김용만 교수(스포츠경영학과)
· 국민체육진흥공단과 MOU 체결
· 빙상부 제29회 종합선수권대회 겸 국가대표 선발전 박세영 1000m 1위

· 씨름부 제44회 회장기전국장사씨름대회 라상엽 경장급 2위, 홍성용 소장급 2위

· 소프트볼부 2014 회장기전국여자소프트볼대회 우승

05 · 체육부 이전(천안캠퍼스 학사재 4호관)

· 제2회 단국대학교 전국대학배드민턴대회 개최

· 소프트테니스부 50회 전국대학정구춘계연맹전 단체 1위, 복식 1, 2, 3위, 단식 1, 2, 3위

06 · 야구부 전국대학야구 하계리그전 준우승

· 럭비부 전국7인제럭비선수권대회 1위

07 · 조현익 교수(스포츠경영학과) 스포츠과학대학 학장 발령

· 조정부 제8회 화천평화배전국조정대회 무타페어 1위

· 씨름부 제52회 대통령기전국장사씨름대회 이용희 경장급 1위

· 소프트볼부 제26회 전국종별여자소프트볼대회 준우승

08 · 문화체육관광부 소속 동계올림픽특구기획단 신설

· 남자농구부 제69회 전국종별농구선수권대회 우승

· 씨름부 제29회 전국시도대항장사씨름대회 황교필 경장급 2위

09 · 제17회 인천 아시안게임 개최(9.19~10.4): 북한 선수단 참가

· 국민체육진흥공단 국민체력100 대표센터 개소

· 승마부 제17회 인천 아시안게임 홍원재 종합마술 단체 금메달

· 빙상부 국가대표 선발전 3차대회 정지웅 1000m 1위, 1500m 1위, 김보라 1500m 1위

10 · 문화체육관광부 관광체육레저정책실 신설

· 제28회 광주 유니버시아드대회 공식파트너 대학으로 선정

· 남자축구부 제95회 전국체육대회 우승

· 여자농구부 제95회 전국체육대회 동메달

· 볼링부 제95회 전국체육대회 2인조 금메달

11 · 대한체육회 스포츠영웅선정위원회 2014스포츠영웅으로 민관식, 장창선 선정

· 2014 국제 스포츠산업 컨퍼런스 개최: 스포츠산업전문인력양성사업단 주최

· 골프부 '2014년 KLPGA 무안CC 카이도골프 드림투어 Presented by 현대증권 18차전' 유승연 2위

· 남자축구부 카페베네 U리그 왕중왕전 준우승

· 빙상부 동계유니버시아드대표 선발전 박세영 1000m 1위

· 빙상부 제30회 회장배쇼트트랙스피드스케이팅대회 김동욱 1500m 1위, 이소연 1000m 1위

· 씨름부 2015 KBSN 전국대학청양장사씨름대회 단체전 2위, 이용희 경장급 2위, 황교필 소장급 2위

12 · 스키부 중국완룡 극동컵국제스키대회 박제윤 회전 2위

2015 01 · 문화체육관광부 관광체육레저정책실을 체육관광정책실로 명칭 변경

· 국민체육진흥공단, 체육지도자 자격제도 전면 개편

· 제8회 중재배 전국초등학교스키대회 개최

· 스키부 제42회 전국학생스키대회 남자부 김현수 회전 1위, 대회전 1위, 복합 1위(3관왕), 홍동관 슈퍼대회전 1위, 여자부 이현지 회전 1위, 대회전 1위, 슈퍼대회전 1위, 복합 1위(4관왕)

· 빙상부 종별종합스피드선수권대회 임준홍 500m 1위

02 • 빙상부 제27회 그라나다 동계유니버시아드대회 박세영 1000m 금메달, 1500m 금메달(2관왕)
• 스키부 제27회 그라나다 동계유니버시아드대회 프리스타일 스키 하프파이프 김광진 2위
• 빙상부 세계주니어선수권대회 박초원 팀스프린트 1위, 팀추월 2위, 팀매스 2위
• 빙상부 세계쇼트트랙주니어선수권대회 박지원 1500m, 1500m슈퍼파이널 1위 종합우승
• 스키부 및 빙상부 제96회 전국동계체육대회 10개 부문 우승
• 빙상부 피겨 국가대표 이준형, 이동원 입학으로 스피드, 쇼트트랙 및 피겨 3종목 모두 갖춘 빙상부 완전체 구성
• 럭비부 전국 7인제럭비선수권대회(PLATE) 2위

03 • 국민생활체육회 생활체육진흥법상 특수법인으로 지정
• 스포츠과학대학 태권도학과 폐지
• 남자축구부 프로구단 입단 동문 3인 발전기금 4천만 원 기탁
• 빙상부 제29회 종별종합쇼트트랙스케이팅선수권대회 박지원 1000m 1위, 3000m슈퍼 파이널 1위, 종합 1위, 이일용 500m 1위, 단체 종합 1위
• 빙상부 중·고·대학 및 실업대항 스피드스케이팅대회 대학부 김우진 1000m 1위, 서정수 1500m 1위, 남자팀추월 1위, 여자 박초원 1500m 1위, 단체 종합우승

04 • 제1회 스포츠경매 행사 스포츠경영학과 개최
• 빙상부 KB금융 제30회 종합선수권대회 겸 국가대표선발전 박지원 3000m 슈퍼파이널 1위
• 소프트볼부 2015 회장기전국여자소프트볼대회 우승

05 • 국제학생(유학생) 체육대회 개최: 천안캠퍼스 체육관
• 여자배구부 2015 전국대학배구대회 우승
• 소프트테니스부 제51회 전국대학정구춘계연맹전 단체 1위, 복식 1, 2, 3위, 단식 1, 3위

06 • (사)한국동계스포츠영재센터 문화체육관광부 산하 설립
• 조정부 제12회 K• water사장배물사랑전국조정대회 종합우승, 쿼드러플 1위, 싱글스컬 1위

07 • 제28회 광주 유니버시아드대회 개최
• 대학스포츠총장협의회(회장 장호성 총장) 대학운동부 평가 및 지원 사업 시행
• 남자농구부 제70회 전국종별농구선수권대회 준우승

08 • 조정부 제57회 전국조정선수권대회 무타페어 1위
• 스키부 뉴질랜드컵국제스키대회 크로스컨트리 김은호 스프린트 1위, 황준호 15km클래식 1위
• 소프트볼부 제27회 전국종별여자소프트볼대회 우승
• 소프트테니스부 2015전국대학정구추계연맹전 단체 2위, 복식 1, 2, 3위, 단식 1, 3위

09 • 대한체육회 스포츠영웅선정위원회 2015스포츠영웅으로 양정모, 박신자, 김운용 선정
• 조정부 제9회 화천평화배전국조정대회 더블스컬 2위

10 • 남자축구부 제96회 전국체육대회 우승: 대학 최초 2연패
• 여자농구부 KUSF 대학농구 U리그 3위

11 • 고척스카이돔 개장: 대한민국 최초의 돔구장
• 한국프로스포츠협회 출범(11.2)
• 제3회 단국대학교 전국대학동아리배드민턴대회 개최
• 장봉군 체육부장 직무 대리 부임

12 · 장호성 이사장(아시아대학스포츠연맹 부회장) 2015 제1회 아시아 대학스포츠 지도자 연수 프로그램 개최
· 스키부 FIS국제알파인스키대회(중국 겐팅리조트) 알파인 홍동관 회전 1위
· 스키부 S-OIL알펜시아국제알파인스키대회 알파인 박제윤 회전 1위, 대회전 1위(2관왕)
· 빙상부 제31회 회장배전국남녀쇼트트랙스케이팅대회 이소연 1000m 1위

2016 01 · 체육인재육성재단, 국민체육진흥공단으로 통합
· 여자축구부 창단: 국제스포츠학과 소속
· 제9회 중재배 전국초등학교스키대회 개최
· 스키부 제46회 회장배전국스키대회 알파인 박제윤 회전 1위, 대회전 1위, 슈퍼대회전 1위, 복합 1위(4관왕), 여자부 이현지 대회전 1위, 크로스컨트리 조용진 10km클래식 1위, 15km프리 1위, 복합 1위(3관왕)
· 빙상부 제70회 피겨스케이팅종합선수권대회 이준형 종합 1위
· 빙상부 2016 전국남녀종별종합스피드스케이팅대회 박초원 1000m 1위, 1500 1위, 종합 1위, 단체 종합 1위

02 · 빙상부 ISU 쇼트트랙월드컵5차 박지원 1500m 1위, 쇼트트랙월드컵 6차 박세영 1000m 1위
· 빙상부 세계스피드주니어선수권대회 박초원 스피드 팀추월 2위
· 스키부 및 빙상부 제97회 전국동계체육대회 11개 부문 우승
· 스키부 제70회 전국스키선수권대회 크로스컨트리 조용진 30km프리 1위
· 남자농구부 제32회 MBC배전국대학농구대회 준우승

03 · 대한체육회(KOC)·국민생활체육회 통합 → 대한체육회(KSOC: Korean Sport & Olympic Committee)
· 이세돌(바둑) 세기의 대결에서 인공지능 알파고 제압
· 김용만 교수(스포츠경영학과) 한국스포츠산업경영학회 회장 취임
· 스키부 평창컵국제알파인스키대회 알파인 박제윤 회전 1위
· 빙상부 2016세계쇼트트랙선수권대회 박지원 5000m계주 3위
· 빙상부 제49회 대학대항빙상대회 박초원 1500m 1위, 3000m 1위, 김민석 매스스타트 1위
· 씨름부 제70회 전국씨름선수권대회 이용희 경장급 1위

04 · 소프트볼부 2016 회장기전국여자소프트볼대회 우승

05 · 장호성 총장 헝가리 최고 '십자공로훈장' 수훈
· 제4회 리닝 · 단국대학교 전국대학배드민턴대회 개최
· 조정부 제10회 화천평화배전국조정대회 싱글스컬 2위, 더블스컬 2위
· 소프트테니스부 52회 전국대학정구춘계연맹전 단체 1위, 복식 2, 3위, 단식 1, 2, 3위

06 · 중국 심양체육대학과 MOU 체결
· 체육교육과 동문회 발전기금 5백만 원 기탁
· 여자배구부 2016 전국대학배구대회 우승
· 조정부 제42회 장보고기전국조정대회 더블스컬 2위

07 · 국민체육진흥공단, 체육인 진로지원 통합센터 개소
· 심상신 교수(체육교육과) 사범대학 학장 발령
· 장석암 교수(운동처방재활학과) 스포츠과학대학 학장 겸 제4대 스포츠과학대학원장 발령
· 럭비부 제27회 대통령기전국종별럭비선수권대회 준우승
· 씨름부 제53회 대통령기전국장사씨름대회 이동준 용사급 2위

· 승마부 제33회 대통령기전국승마대회 오재훈 마장마술부 금메달

08 · 제31회 리우 올림픽(브라질, 8.5~8.21) 박인비 골프 커리어 골든 슬램 달성

· 야구부 대통령기 전국대학야구대회 준우승

· 조정부 제58회 전국조정선수권대회 더블스컬 1위

· 씨름부 제13회 학산김성률배전국장사씨름대회 임대혁 청장급 2위

· 소프트볼부 제28회 전국종별여자소프트볼대회 준우승

· 소프트테니스부 2016 전국대학정구추계연맹전 단체 1위

09 · 대학특성화사업(CK Ⅱ) 스포츠비즈니스 창의인재육성사업단 선정 (2016.9.1~2019.2.28): 책임자 전용배 교수(스포츠경영학과)

· 스포츠과학대학원 무도학과(무도전공) 폐지

· 스키부 뉴질랜드 FIS컵국제스키대회 크로스컨트리 조용진 10km프리 2위

· 조정부 제13회 K· water사장배물사랑전국조정대회 더블스컬 2위, 싱글스컬 3위

10 · 대한체육회 스포츠영웅선정위원회 2016스포츠영웅으로 김연아 선정

· 씨름부 제97회 전국체육대회 신현수 소장급 금메달

· 볼링부 제97회 전국체육대회 3인조 금메달

· 여자농구부 제97회 전국체육대회 동메달

· 럭비부 제97회 전국체육대회 동메달

· 씨름부 제97회 전국체육대회 신현수 소장급 금메달, 권순만 청장급 은메달

· 씨름부 제46회 회장기전국장사씨름대회 이상원 용장급 2위

11 · 스포츠경영학과 스포츠비지니스창의인재양성사업단 신설

12 · 남자농구부 신한은행배 농구대잔치 준우승

· 스키부 중국완룡 국제스키대회 알파인 김소희 대회전 1위

· 스키부 알펜시아컵국제알파인스키대회 알파인 홍동관 회전 1위, 김현수 회전 1위

· 빙상부 제32회 회장배쇼트트랙스피드스케이팅대회 박지원 1500m 1위, 정지웅 3000m 1위, 남자계주 1위, 남자종합 1위, 단체 종합우승

· 빙상부 2017 동계유니버시아드대회 대표선발전 박지원 1500m 슈퍼 파이널 1위

2017 01 · 장호성 총장 한국대학교육협의회 회장 피선

· 강신욱 교수(생활체육학과) 한국체육학회 회장 취임

· 스키부 제47회 전국회장배스키대회 크로스컨트리 조용진 10km클래식 1위, 15km프리 1위, 김은호 복합 1위

· 스키부 제71회 전국스키선수권대회 크로스컨트리 김은호, 조용진 1km팀스프린트 1위, 김은호 10km클래식 1위

· 빙상부 2017 종별종합스피드선수권대회 노혁준 1500m 1위, 박초원 3000m 1위

02 · 「2018평창 동계올림픽 지원법」 국회 통과

· 장호성 총장 한국대학스포츠총장협의회 제4대 회장 취임

· 빙상부 제28회 알마티동계유니버시아드대회 쇼트트랙 박지원 1500m계주 금메달, 1000m 은메달, 스피드 박초원 팀추월 금메달

- 스키부 및 빙상부 제98회 전국동계체육대회 13개 부문 우승
- 스키부 제47회 전국회장배스키대회 알파인 홍동관 대회전 1위, 조광호 슈퍼대회전 1위
- 스키부 제44회 전국학생스키대회 크로스컨트리 조용진 15km프리 1위, 1.4km스프린트 1위, 복합 조용진(3관왕)

03 · 스키부 제69회 전국종별스키선수권대회 알파인 이한희 슈퍼대회전 1위, 크로스컨트리 조용진 10km클래식 1위
- 스키부 제32회 전국학생종별스키선수권대회 알파인 이한희 슈퍼대회전 1위, 크로스컨트리 조용진 7.5km클래식 1위
- 스키부 제71회 전국스키선수권대회 알파인 홍동관 대회전 1위
- 스키부 평창컵국제알파인스키대회 홍동관 대회전 1위

04 · 제23회 평창 동계올림픽 아이스하키 여자선수권대회(테스트 이벤트)에 북한 선수단 참가
- 아시아축구연맹(AFC) 여자아시안컵대회 한국 선수단 참가(평양 개최, 5개국 참가)
- 범정 종목 프로 및 실업 진출 동문 6인 발전기금 4,500만 원 기탁
- 씨름부 제14회 학산배전국장사씨름대회 권순만 청장급 2위
- 소프트볼부 2017 회장기전국여자소프트볼대회 우승

05 · 2017 제21호 FIFA U-20월드컵 코리아 개최(5.20-6.11)
- 제5회 리닝 · 단국대학교 전국대학배드민턴대회 개최
- 제2회 스포츠경매 행사 스포츠경영학과 개최
- 씨름부 제18회 증평인삼배전국장사씨름대회 단체전 2위

06 · 2017 무주 세계태권도선수권대회 공사 준공 개최
- 제29회 88서울올림픽기념 국제스포츠과학학술대회 개최
- 여자배구부 2017 전국대학배구대회 우승

07 · 심상신 교수(체육교육과) 교육대학원장 발령
- 럭비부 제28회 대통령기전국종별럭비선수권대회 3위
- 남자농구부 제33회 MBC배전국대학농구 영광대회 3위
- 여자농구부 제33회 MBC배전국대학농구 영광대회 3위

08 · 남자축구부 제53회 전국추계대학축구연맹전 우승
- 골프 KLPGA 드림투어 12차전 지영민 우승
- 소프트볼부 제29회 전국종별여자소프트볼대회 우승
- 소프트테니스부 2017전국대학정구추계연맹전 복식 2, 3위, 단식 2, 3위

09 · 진천 국가대표선수촌(2단계) 개촌
- 부속기관 체육부 체육팀 폐지 후 스포츠과학대학 체육팀 신설
- 소프트테니스부 제53회 국무총리기 전국정구대회 복식 1, 2위, 단식 2, 3위

10 · 야구부 제98회 전국체육대회 금메달
- 씨름부 제98회 전국체육대회 이국희 역사급 금메달
- 소프트볼부 제98회 전국체육대회 대학일반부 은메달
- 여자축구부 제98회 전국체육대회 창단 첫 동메달

11 · 대한체육회 스포츠영웅선정위원회 2017스포츠영웅으로 차범근 선정

2018 02 · 제23회 평창 동계올림픽 개회(2.9~2.25)

· 평창 동계올림픽에 남북한 선수단 동반 입장 및 여자아이스하키 단일팀 출전: 북한 선수단 외 고위급 대표단, 올림픽위원회 대표단, 응원단, 예술단, 참관단, 태권도 시범단, 기자단 등 최대 규모 사절단 파견

· 스키부 및 빙상부 제99회 전국동계체육대회 11개 부문 우승

· 소프트테니스부 54회 전국대학정구춘계연맹전 복식 1, 2위, 단식 1, 3위

03 · 문재인 정부, 「2030 스포츠비전」 수립

· 제12회 평창동계패럴림픽 개최

· 토마스 바흐 IOC 위원장 명예정치학박사학위 수여

· 스포츠과학연구소 제9대 소장 강신욱 교수(생활체육학과) 발령

· 씨름부 제48회 회장기 전국장사씨름대회 이국희 역사급 1위

· 빙상부 제32회 전국남녀종별종합쇼트트랙스피드스케이팅선수권대회 박지원 종합 1위

· 빙상부 제53회 빙상인추모전국남녀스피드스케이팅대회 박초원 3000m 1위

· 스키부 제70회 전국종별스키선수권대회 김소희 슈퍼대회전 1위, 대회전 1위, 복합 1위(3관왕)

· 스키부 2018 평창컵FIS국제알파인스키대회 남자부 이한희 회전 1위, 여자 김소희 회전(1일차) 1위, 회전(2일차) 1위, 대회전 1위

04 · 27일, 남북정상회담(문재인 대통령과 김정은 위원장

· 씨름부 제72회 전국씨름선수권대회 이국희 역사급 1위

05 · 세계탁구선수권대회(4.29~5.6 스웨덴 할름스타드 개최) 남북한 단일팀 구성

· 제6회 피셔 · 단국대학교 전국대학배드민턴대회 개최

· 2017 미스터 인터내셔널선발대회 이승환 우승

06 · 남자축구부 2018 브라질월드컵 윤영선 국가대표 출전

· 소프트볼부 제18회 평화통일배전국여자소프트볼대회 우승

07 · 평양 정주영 체육관에서 남북통일농구대회 개최(7.4)

· 코리아오픈 국제탁구대회(7.17~7.22) 남북한 단일팀 참가: 단일팀 혼합복식 우승

· 국민체육진흥공단 올림픽공원 KSPO DOME(구 체조경기장) 재개관

· 김용만 교수(스포츠경영학과) 스포츠과학대학 학장 겸 5대 스포츠과학대학원 원장 발령

· 농구부 제73회 전국종별남여농구선수권대회 준우승

· 씨름부 제32회 전국시도대항장사씨름대회 이국희 역사급 1위

· 씨름부 제55회 대통령기전국장사씨름대회 단체전 준우승, 이국희 역사급 1위

· 조정부 제34회 대통령기전국시도대항조정대회 동규민, 김민성 더블스컬 2위

· 여자농구부 제34회 MBC배전국대학농구 상주대회 3위

08 · 제18회 자카르타 팔렘방 아시안게임 남북 단일팀 출전(여자농구, 카누 용선, 조정)

· 한국대학스포츠총장협의회, 한국대학스포츠협의회(KUSF)로 명칭 변경

· 씨름부 제15회 학산배전국장사씨름대회 신희호 용장급 1위

· 씨름부 제4회 춘천소양강배전국장사씨름대회 단체전 우승, 이용희 경장급 1위

· 여자배구부 2018 전국대학배구대회 우승

· 소프트볼부 2018 회장기전국여자소프트볼대회 우승

09 · 국민체육진흥공단 서울올림픽 개최 30주년 기념식 개최
· 김기홍 교수(생활체육학과) 천안 학생처장 발령
· 씨름부 제9회 구례여자장사 및 전국대학장사씨름대회 단체전 우승, 신희호 용장급 1위, 이국희 역사급 1위
10 · 여자농구부 제99회 전국체육대회 동메달
· 씨름부 제99회 전국체육대회 이국희 역사급 1위, 신희호 용장급 1위
· 볼링부 제99회 전국체육대회 3인조 금메달 및 은메달, 마스터즈 금메달 및 은메달
11 · 제1회 2018 충남대학스포츠대제전 개최: 충남체육회 주최, 스포츠경영학과 주관
· 씨름부 2018 창녕부곡온천 전국장사씨름대회 박태중 소장급 1위
· 빙상부 제35회 전국남녀쇼트트랙스피드스케이팅대회 김대환 3000m 1위
· 빙상부 2018/2019 제1차 ISU 쇼트트랙월드컵대회 박지원 5000m 계주 2위, 2000m 혼성 계주 2위
· 빙상부 제34회 회장배전국남녀쇼트트랙스피드스케이팅대회 남자대학부 종합 준우승, 여자대학부 종합 준우승
12 · 대한체육회 스포츠영웅선정위원회 2018스포츠영웅으로 김일, 김진호 선정
· 빙상부 제45회 전국남녀스프린트 및 73회 종합스피드선수권대회 노혁준 500m 1위

2019 01 · 2019 세계남자핸드볼선수권대회 남북 단일팀 출전
· 빙상부 세계쇼트트랙선수권대회 박지원 5000m계주 1위, 김건희 여자3000m계주 1위
· 빙상부 제49회 회장배 전국남녀 스피드스케이팅대회 박초원 1500m 1위, 3000m 1위
· 빙상부 2019 전국남녀종별종합스피드스케이팅선수권대회 노혁준 3000m 1위, 박초원 종합 1위
· 스키부 제49회 전국회장배스키대회 이한희 슈퍼대회전 1위, 대회전 1위(2관왕), 김소희 대회전 1위, 회전 1위(2관왕)
· 스키부 제73회 전국스키선수권스키대회 김소희 대회전 1위, 회전 1위(2관왕)
· 스키부 제49회 전국회장배스키대회 크로스컨트리 김은호 10km클래식 1위, 10km프리 1위, 복합 1위(3관왕)
02 · 스키부 및 빙상부 제100회 전국동계체육대회 13개 부문 우승
· 빙상부 2018/2019 제4차 ISU쇼트트랙월드컵대회 박지원 1000m 1위
· 빙상부 제100회 전국동계체육대회 피겨 이준형 남자대학부 종합 1위, 박소연 여자대학부 종합 1위
· 스키부 2019 용평컵FEC국제알파인스키대회 김소희 회전 1위
· 소프트테니스부 제55회 전국대학정구춘계연맹전 복식 1, 2, 3위, 단식 1위
03 · 평생교육원 제11대 원장 김재호 교수(체육교육과) 취임
· 스포츠과학연구소 제10대 소장 김기홍 교수(생활체육학과) 발령
· 씨름부 제49회 회장기 전국장사씨름대회 이국희 역사급 1위
· 씨름부 제40회 증평인삼배전국장사씨름대회 이국희 역사급 1위
· 빙상부 제29회 그라스노야르스크 동계아시안게임 박지원 500m 금메달, 5000m계주 금메달(2관왕), 1000m 동메달
· 빙상부 2019 ISU 세계쇼트트랙선수권대회 박지원 5000m 계주 1위, 김건희 3000m 계주 1위
· 빙상부 제33회 전국남녀종별종합쇼트트랙스피드스케이팅선수권대회 김건희 종합 1위, 김민석 3000m 슈퍼파이널 1위

- 빙상부 제52회 전국남녀대학스피드스케이팅대회 노혁준 3000m 1위
- 스키부 제71회 전국종별스키선수권대회 이재준 회전 1위
- 스키부 제33회 전국학생종별스키대회 최민석 슈퍼대회전 1위, 이재준 회전 1위
- 소프트볼부 제31회 전국종별여자소프트볼대회 준우승

04 • 스포츠혁신위원회 구성과 운영에 관한 규정 제정
- 김용만 교수(스포츠경영학과) 체육위원장 발령
- 빙상부 2019/20 쇼트트랙국가대표선발전1차 박지원 종합 1위
- 빙상부 제34회 전국남녀종합쇼트트랙스피드스케이팅선수권대회 겸 2019/20 국가대표 선발전 2차 박지원 남자부 국가대표, 김건희 국가대표

05 • 제7회 YD · 단국대학교 전국대학배드민턴대회 개최

06 • FIFA U-20 폴란드월드컵 준우승
- 이희범 평창 동계올림픽 조직위원장 성화봉 기증
- 2019 KUSF 대학운동부 평가 및 지원사업에서 최우수대학으로 평가 받음
- 럭비부 전국종별럭비선수권대회 준우승
- 씨름부 제33회 전국시도대항장사씨름대회 이국희 역사급 1위

07 • 남자축구부 KBS N 제15회 1,2학년대학축구연맹전 준우승
- 씨름부 제73회 전국씨름선수권대회 이국희 역사급 1위
- 씨름부 제56회 대통령기전국장사씨름대회 이국희 역사급 1위
- 여자농구부 제35회 MBC전국대학농구 상주대회 3위

08 • 남자농구부 제74회 전국남녀종별농구선수권대회 우승
- 남자축구부 제55회 전국추계대학축구연맹전 준우승
- 씨름부 제16회 학산배전국장사씨름대회 이국희 역사급 1위
- 빙상부 2019 아시아오픈쇼트트랙스피드스케이팅대회 이시형 1500m 1위, 이준서 1000m 1위, 이시형, 이준서, 김민석 3000m 계주 1위
- 소프트볼부 제19회 평화통일배전국여자소프트볼대회 우승
- 소프트테니스부 2019 전국대학소프트테니스추계연맹전 단체 2위, 복식 1, 3위

09 • 스포츠과학연구소, 스포츠과학 국제학술대회 개최: 글로벌 축구산업과 스포츠과학
- 스포츠와 음악의 만남, '삶, 음악 그리고 열정' 개최

10 • 대한체육회 스포츠영웅선정위원회 2019스포츠영웅으로 엄홍길 선정
- 씨름부 이국희 2019 시즌 7관왕 위업 달성
- 소프트볼부 제100회 전국체육대회 동메달
- 여자축구부 제100회 전국체육대회 동메달
- 여자농구부 KUSF 대학농구 U리그 2위
- 씨름부 제100회 전국체육대회 이국희(역사급) 금메달: 3연속 금메달
- 빙상부 제36회 전국남녀쇼트트랙스피드스케이팅대회 남자 대학부 김민석 1000m 1위, 서범석 3000m 1위, 여자대학부 김윤선 3000m 1위

11 • 단국역사관 개관

· 2019 충남대학스포츠대제전 개최
· 2019 단국대학교 체육부 총동문회 개최
· 체육교육과 총동문회 장학금 2,200만 원 기탁: 누적 장학금 2억
· 빙상부 제35회 회장배전국남녀쇼트트랙스피드스케이팅대회 남자대학부 종합 준우승, 여자대학부 김건희 1000m 1위

12 · 씨름부 2019 춘천대학장사 씨름한마당 신휘호 용사급 1위, 이국희 역사급 1위
· 빙상부 2019 전국남녀주니어쇼트트랙선수권대회 겸 2020 세계주니어선수권선수권선발대회 김건희 1500m, 1500m 슈퍼 파이널 1위

2020 01 · 김지태 교수(생활체육학과) 한국특수체육학회장 취임
· 빙상부 2020 ISU 세계주니어쇼트트랙선수권대회 김태성 1500m 1위, 3000m 계주 1위, 여자부 김건희 1500m 1위
· 스키부 제50회 전국회장배스키대회 이한희 슈퍼대회전 1위, 이재준 회전 1위, 복합 1위
· 스키부 제47회 전국회장배스키대회 배준우 회전 1위

02 · 스키부 및 빙상부 제101회 전국동계체육대회 6개 부문 우승

06 · 이석준 교수(국제스포츠학과) 스포츠과학대학 학장 발령
· 2020 KUSF 대학운동부 평가 및 지원사업 2연속 최우수대학 평가
· 소프트볼부 2020 회장기전국소프트볼대회 준우승

07 · 대한체육회 창립 100주년
· 여자배구부 2020 전국대학배구대회 우승
· 소프트테니스부 56회 전국대학소프트테니스춘계연맹전 복식 1, 2, 3위, 혼복 1, 2, 3위, 단식 1, 2, 3위

08 · 스포츠윤리센터 출범
· 스포츠과학연구소 학제간 융복합 학술세미나 개최: 코로나19 대응과 학문 및 산업의 방향
· 야구부 제75회 전국대학야구선수권대회 우승

09 · 소프트볼부 제32회 전국종별소프트볼대회 우승

10 · 대한체육회 스포츠영웅선정위원회 2020스포츠영웅으로 조오련 선정
· 씨름부 제57회 대통령기전국장사씨름대회 단체전 준우승
· 소프트테니스부 2020년도 전국대학소프트테니스추계연맹전 복식 1, 2, 3위, 혼복 1, 2, 3위, 단식 1, 2, 3위

11 · 대한체육회 '대한민국 체육 100년 기념식' 올림픽홀에서 개최
· 여자배구부 2020 KUSF 대학배구 U-리그 초대 우승: 최우수단체 선정
· 빙상부 제37회 전국남녀쇼트트랙스피드스케이팅대회 이성우 남자대학부 3000m 1위, 김건희 여자대학부 3000m 1위

12 · 씨름부 제17회 학산배전국장사씨름대회 신희호 용장급 1위

2021 02 · 국민체육진흥공단 내 스포츠산업종합지원센터 개관
· 스키부 제51회 대한스키협회장배 전국스키대회 이한희 회전 1위
· 소프트테니스부 57회 전국대학소프트테니스춘계연맹전 복식 1, 2위, 혼복 1, 2, 3위, 단식 1, 2, 3위

03 · 이석준 교수(국제스포츠학과) 체육위원장 발령
· 빙상부 제36회 회장배전국남녀쇼트트랙스피드스케이팅대회 김찬서 여자대학부 3000m 1위

· 빙상부 제56회 빙상인추모전국남녀스피드스케이팅대회 김지수 매스스타트 1위
· 스키부 제73회 전국종별스키선수권대회 크로스컨트리 전성민 프리 1위, 전성민, 이진복 팀스프린트 1위, 전성민, 이진복, 함기영, 김태훈 계주 1위

04 · 체육대학 동문회 발전기금 1억 원 기탁
· 씨름부 이국희 동문 발전기금 2천만 원 기탁
· 씨름부 제51회 회장기 전국장사씨름대회 홍승찬 소장급 1위, 이병용 청장급 1위
· 빙상부 제35회 전국남녀종별종합쇼트트랙스피드스케이팅선수권대회 김태성 남자대학부 1000m 1위

05 · 2021 KUSF 대학운동부 평가 및 지원사업 3연속 최우수대학 평가
· 체육대학 총동창회 강의실(체육관 201호) 현판식 개최
· 빙상부 2021/22 쇼트트랙국가대표선발전1차 김태성 1000m 1위
· 여자농구부 KUSF 대학농구 U리그 1차대회 3위
· 여자농구부 KUSF 대학농구 1차 플레이오프 준우승
· 소프트볼부 2021회 회장기전국소프트볼대회 우승

06 · 장호성 이사장 대한대학스포츠위원회(KUSB: The Korea University Sports Board) 위원장 피선
· 씨름부 제75회 전국씨름선수권대회 홍승찬 소장급 1위, 이병용 청장급 1위
· 여자농구부 KUSF 대학농구 U리그 3차대회 1위
· 여자농구부 KUSF 대학농구 2차 플레이오프 준우승

07 · 여자농구부 제37회 MBC배 전국대학농구 상주대회 우승
· 씨름부 제58회 대통령기장사씨름대회 유정훈 역사급 1위: 씨름부 홍승찬 소장급 2021년 5관왕, 이병용 청장급 3관왕
· 여자배구부 2021 전국대학배구대회 우승
· 씨름부 제58회 대통령기전국장사씨름대회 유정훈 역사급 1위

08 · 「스포츠기본법」 제정
· 한국연구재단 공동연구지원과제 선정: 책임연구자 김용만 교수(스포츠경영학과)
· 소프트볼부 제33회 전국종별소프트볼대회 우승
· 소프트테니스부 2021년도 전국대학소프트테니스추계연맹전 복식 1, 2, 3위, 혼복 1, 2, 3위, 단식 1, 2, 3위

09 · 일반대학원 스포츠사이언스융합학과 신설: 죽전캠퍼스
· 일반대학원 스포츠헬스케어학과 신설: 천안캠퍼스
· 대한씨름협회 발전기금 1천만 원 기탁
· 남자농구부 프로구단 입단 동문 3인 발전기금 1,180만 원 기탁
· 여자농구부 2021 KUSF 대학농구 U리그 플레이오프 우승
· 씨름부 제35회 전국시도대항장사씨름대회 홍승찬 소장급 1위, 이병용 청장급 1위

10 · 씨름부 제18회 학산배전국장사씨름대회 홍승찬 소장급 1위
· 빙상부 2021 루체른 동계유니버시아드 파견선수 선발대회 김태성 남자대학부 500m 1위, 김찬서 여자대학부 1500m 슈퍼 파이널 1위

11 · 야구부 프로야구단 입단 동문 3인 발전기금 1천만 원 기탁
· 빙상부 제37회 회장배전국남녀쇼트트랙스피드스케이팅대회 서범석 남자대학부 500m 1위, 여자대학부

김찬서 500m 1위, 3000m 1위, 김건희 1000m 1위, 천유빈 3000m 계주 1위, 여자대학부 종합 우승, 남자대학부 종합 준우승

12 · 대한체육회 스포츠영웅선정위원회 2021스포츠영웅으로 김홍빈(산악인) 선정
· 체육교육과 동문회 발전기금 1,400만 원 기탁: 누적 2억 원 돌파
· 씨름부 구례대학장사씨름대회 신희호 용사급 1위
· 씨름부 제13회 구례여자장사 및 전국대학장사씨름대회 홍승찬 청장급 1위

2022 01 · 전용배 교수(스포츠경영학과) 한국스포츠산업경영학회회장 취임
· 빙상부 제38회 전국남녀쇼트트랙스피드스케이팅대회 이시형 남자대학부 1500m 1위, 여자대학부 김건희 1500m 1위, 전유민 1000m 1위, 김찬서 500m 1위
· 스키부 제52회 회장배스키대회 이재준 알파인 대회전 1위
· 스키부 제49회 전국학생스키대회 이재준 알파인 회전 1위, 대회전 1위
· 스키부 제52회 회장배전국스키대회 크로스컨트리 전성민 클래식 1위, 이진복 프리 1위
· 스키부 제74회 전국종별스키선수권대회 김종환 슈퍼대회전 1위, 복합 1위, 이재준 대회전 1위, 회전 1위
· 스키부 제74회 전국종별스키선수권대회 크로스컨트리 이진복 클래식 1위, 이진복, 이준서 팀스프린트 1위, 전성민, 이준서, 함기영, 김태훈 계주 1위

02 · 스키부 및 빙상부 제103회 전국동계체육대회 9개 부문 우승
· 빙상부 제103회 전국동계체육대회 피겨 김예림 여자싱글 1위
· 스키부 제49회 전국학생스키대회 크로스컨트리 이진복 클래식 1위, 프리 1위, 복합 1위
· 스키부 제36회 전국학생종별스키대회 이진복 클래식 1위, 프리 1위, 계주 1위
· 태권도부 제17회 제주평화기전국태권도대회 품새 종합우승
· 소프트테니스부 58회 전국대학소프트테니스춘계연맹전 복식 1, 2위, 혼복 1, 2, 3위, 단식 1, 2, 3위

03 · 조정원 세계태권도연맹 총재에게 명예이학박사학위 수여
· 전용배 교수(스포츠경영학과) 스포츠과학대학 학장 및 체육위원장 발령
· 경영대학원 골프경영 전공 폐지
· 일반대학원 e스포츠학과 신설
· 빙상부 제57회 빙상인추모전국남녀스피드스케이팅대회 차의륜 남자대학부 5000m 1위
· 스키부 제37회 전국학생종별스키대회 김종환 회전 1위, 대회전 1위, 슈퍼대회전 1위, 복합 1위

04 · 씨름부 제19회 학산김성률장사배 전국장사씨름대회 단체전 우승
· 씨름부 제36회 전국시도대항장사씨름대회 송영천 역사급 1위
· 씨름부 제76회 전국씨름선수권대회 이병용 청장급 1위
· 빙상부 제36회 전국남녀종별종합쇼트트랙스피드스케이팅선수권대회 쇼트트랙 남자대학부 이성우 3000m 슈퍼 파이널 1위, 여자대학부 김건희 종합 1위, 김찬서 1500m 1위
· 빙상부 제55회 전국남녀대학스피드스케이팅대회 남자대학부 차의륜 5000m 1위, 8주 팀추월 2위
· 태권도부 제49회 전국대학태권도개인선수권대회 여자 1조 단체전 1위

05 · 2022 KUSF 대학운동부 평가 및 지원사업 4연속 최우수대학 평가
· 씨름부 제19회 학산김성률장사배전국장사씨름대회 단체전 우승, 홍승찬 소장급 1위, 이병용 청장급 1위
· 씨름부 위더스제약 2022 강릉단오장사씨름대회 송영천 한라급 1위

- 빙상부 2022/23 쇼트트랙국가대표선발전1차 여자대학부 김건희 종합 1위, 김찬서 3000m 슈퍼 파이널 1위
- 빙상부 KB금융 제37회 전국남녀종합쇼트트랙스피드스케이팅 선수권대회 겸 2022/23시즌 쇼트트랙 국가대표 2차 선발대회 남자대학부 김태성 500m 1위: 종합 5위 국가대표 발탁, 여자대학부 김건희 3000m 슈퍼 파이널 1위: 종합 2위 국가대표 발탁
- 소프트볼부 제34회 전국종별소프트볼대회 우승

06
- 씨름부 강릉단오장사씨름대회 송영천 한라장사 등극
- 씨름부 제23회 증평인삼배 전국장사씨름대회 홍승찬 소장급 1위
- 소프트볼부 제22회 평화통일배전국소프트볼대회 우승

07
- 문화체육관광부 스포츠 유산팀 신설
- 스포츠과학대학원 제6대 원장 이석준 교수(국제스포츠학과) 취임
- 단국역사관, 천안 체육관 내 「스포츠과학학술대회기념관」 설치
- 씨름부 제52회 회장기 전국장사씨름대회 홍승찬 소장급 1위
- 씨름부 제59회 대통령기 전국장사씨름대회 홍승찬 소장급 1위
- 빙상부 2022 ISU주니어그랑프리파견선수선발전 겸 2023 레이크플레시드 동계세계대학경기대회 파견선수선발전 피겨 김예림 싱글 1위
- 여자농구부 KUSF 대학농구 U리그 3위
- 여자농구부 제38회 MBC배 전국대학농구 상주대회 3위

08
- 태권도부 제13회 고신대학교총장배전국태권도대회 여자대학 1부 체공격파 1위
- 태권도부 제20회 한국여성태권도연맹회장배전국태권도대회 여자 체공 도약 격파 1위, 남자 체공 도약 격파 2위, 남자 수직축 회전 격파 2위, 남자 공인 품새 개인전 2위, 남자 공인 품새 단체전 2위
- 소프트테니스부 2022년도 전국대학소프트테니스추계연맹전 복식 1, 2위, 혼복 1, 2위, 단식 2, 3위

09
- 빙상부 2022 피겨 챌린저 시리즈 레이크플래시드 피겨 김예림 싱글 1위

10
- 제26차 국가올림픽위원회연합회(ANOC) 총회 개최
- 대한체육회 스포츠영웅선정위원회 2022스포츠영웅으로 이봉주 선정
- 국민체육진흥공단 서울올림픽레거시럼 개최
- 여자축구부 제103회 전국체육대회 은메달
- 소프트볼부 제103회 전국체육대회 동메달
- 태권도부 제103회 전국체육대회 여자 -67kg 동메달
- 여자농구부 2022 KUSF 대학농구 U리그 플레이오프 우승
- 빙상부 2023 레이크 플래시드 동계유니버시아드 파견선수선발대회 김태성 1000m 1위
- 빙상부 2022-23 ISU 쇼트트랙 월드컵1차 남자대학부 김태성 5000m 계주 1위, 여자대학부 김건희 2000m 1위, 혼성계주 1위
- 빙상부 2022 피겨 챌린저 시리즈 핀란디아트로피 피겨 김예림 싱글 1위

11
- 2027 유니버시아드대회 유치(장호성 이사장 유치위원)
- 단국역사관 「단국스포츠, 세계와 미래로」 특별전 개최
- 2022 충남대학스포츠대제전 개최
- 2022 체육부 총동문회 개최 및 발전기금 2천만 원 기탁

· 씨름부 동문 2인 발전기금 2천만 원 기탁
· 남자축구부 KUSF 대학축구 U리그 왕중왕전 우승
· 빙상부 ISU 피겨 시니어그랑프리시리즈 5차대회 김예림 여자싱글 1위: 김연아 이후 13년 만에 첫 우승
· 제42회전국장애인체육대회 휠체어 육상 부분 윤경찬(특수교육대학원 중등특수교육전공) 100m, 200m, 400m 계주 3관왕(대회 MVP)
· 빙상부 2022-23 ISU 쇼트트랙 월드컵2차 남자대학부 김태성 2000m 혼성계주 1위, 김건희 3000m 계주 1위, 2000m 혼성계주 1위
· 빙상부 제1회 국무총리배전국남녀쇼트트랙스피드스케이팅대회 김찬서 1500m 1위, 1000m 1위, 김은서 500m 1위
· 빙상부 제53회 회장배 전국남녀스피드스케이팅대회 남자대학부 홍성빈 3000m 1위, 남자대학부 종합 2위
· 빙상부 2022 피겨 ISU 시니어그랑프리시리즈5차대회 피겨 김예림 싱글 1위

12 · 윤석열 정부, 「제1차 스포츠진흥 기본계획(2024~2028)」 수립
· 국가스포츠정책위원회 출범
· 국민체육진흥공단 체육인복지 전담기관 지정
· 빙상부 2022· 23 ISU 쇼트트랙월드컵3차 김태성 500m 1위
· 빙상부 제38회 회장배전국남녀쇼트트랙스피드스케이팅대회 남자대학부 종합 준우승, 여자대학부 김찬서 1000m 1위, 1500m 1위

2023 01 · 대한민국 최초 동계유니버시아드대회 김예림 여자피겨 동메달 획득
· 빙상부 제30회 레이크플래시드 동계아시안게임 김태성 1500, 5000계주 1위 2관왕, 김예림 피겨 여자싱글 3위
· 스키부 제50회 전국학생스키대회 김종환 회전 1위
· 스키부 제38회 전국학생종별스키대회 크로스컨트리 이준서 클래식 1위, 이진복 스케이팅 1위, 복합 1위, 이진복, 전성민, 김태훈, 이준서 계주 1위
· 태권도부 제18회 제주평화기태권도대회 공인품새 남자개인전 1위, 공인품새 여자개인전 1위, 공인품새 남자단체전 1위

02 · 스키부 및 빙상부 제104회 전국동계체육대회 11개 부문 우승
· 축구부 한산대첩기 제59회 춘계대학축구연맹전 우승
· 빙상부 2022· 23 ISU 쇼트트랙 월드컵6차 김태성 5000m 계주 1위
· 빙상부 2023 전국남녀 종별종합스피드스케이팅대회 전규담 1500m 1위
· 스키부 제53회 대한스키협회장배전국스키대회 크로스컨트리 이진복 클래식 1위, 프리 1위, 복합 1위, 스프린트 1위, 김태훈, 이진복, 전성민, 이준서 계주 1위
· 스키부 제50회 전국학생스키대회 크로스컨트리 이진복 클래식 1위, 스프린트 1위, 복합 1위
· 소프트테니스부 59회 전국대학소프트테니스춘계연맹전 복식 2위, 혼복 1, 2위, 단식 1, 3위

03 · 장호성 이사장 2027 하계U대회 집행위원 선임
· 장지석 교수(스포츠경영학과) 체육위원장 취임
· 씨름부 이병용 동문 발전기금 1,500만 원 기탁
· 남자축구부 제59회 전국춘계대학축구연맹전 우승
· 씨름부 제53회 회장기전국장사씨름대회 송영천 역사급 1위, 김지율 장사급 1위

- 스키부 제74회 전국종별스키선수권대회 김종환 알파인 회전 1위, 대회전 1위, 복합 1위
- 스키부 제75회 전국종별스키선수권대회 크로스컨트리 이진복 클래식 1위, 프리 1위, 복합 1위, 전성민, 이준서, 이진복, 전제균 계주 1위
- 빙상부 제58회 빙상인추모전국남녀스피드스케이팅대회 스피드 차의륜 3000m 1위, 전규담 1500m 1위
- 빙상부 제56회 전국남녀대학스피드스케이팅대회 스피드 전규담 1000m 1위, 8주 팀추월 2위
- 태권도부 제50회 전국대학태권도개인선수권대회 남자 개인종합 격파 개인전 2위

04
- 평창동계훈련센터 개관
- 씨름부 제20회 학산김성률장사배 전국장사씨름대회 단체전 우승, 송영천 역사급 1위
- 씨름부 제24회 증평인삼배전국장사씨름대회 송영천 역사급 1위
- 빙상부 제37회 전국남녀종별쇼트트랙스피드스케이팅대회 쇼트트랙 이동현 1500m 1위
- 빙상부 KB금융그룹 제38회 전국남녀 종합 쇼트트랙스피드스케이팅 선수권대회 겸 2023/24시즌 쇼트트랙 국가대표 2차 선발대회 쇼트트랙 김태성 종합 3위: 1, 2차 합산 종합 6위 국가대표 선발
- 태권도부 제22회 여성가족부장관기태권도대회 공인품새 남자개인전 1위, 남자수직회전격파 1위, 여자도약격파 1위, 남자단체전 3위

05
- 체육팀 폐지, 체육부 부활
- 제8회 비트로 · 단국대학교 전국대학배드민턴대회 개최

06
- FIFA U-20 아르헨티나월드컵 4강
- 2023 KUSF 대학운동부 평가 및 지원사업 5연속 최우수대학 평가
- FIFA U-20 월드컵 이승원, 최석현(국제스포츠학과) 4강 견인
- 씨름부 제15회 구례대학장사씨름대회 홍승찬 소장급 1위

07
- 씨름부 제60회 대통령기전국장사씨름대회 대학부 단체전 우승: 홍승찬 소장급 2관왕
- 씨름부 제77회 전국씨름선수권대회 홍승찬 소장급 1위
- 여자농구부 KUSF 대학농구 U리그 3위
- 여자농구부 제39회 MBC배 전국대학농구 상주대회 3위
- 여자배구부 2023 전국대학배구고성대회 우승

08
- 남자농구부 제78회 전국종별농구선수권대회 우승
- 씨름부 송영천 2023 역사급 3관왕, 김지율 장사급 2관왕
- 스키부 제27회 회장배 롤러스키대회 크로스컨트리 이준서 스프린트 1위
- 여자배구부 2023 전국대학배구제천대회 우승
- 소프트테니스부 2023 전국대학소프트테니스추계연맹전 복식 1위, 혼복 2위

09
- 프로축구단 입단 축구부 4인 발전기금 1천 5백만 원 기탁
- 여자배구부 2023 KUSF 대학배구 U리그 통합 우승
- 여자농구부 KUSF 대학농구 플레이오프 3위
- 빙상부 2023 Asia Open Short Track Speed Skating Trophy 쇼트트랙 남자시니어 이선호 1500m 1위, 1000m 1위, 2000m 혼성계주 1위, 여자시니어 한다희 1500m 1위, 1000m 1위, 2000m 혼성계주 1위

10
- 바이오헬스 피트니스센터 개관(천안캠퍼스 체육관 내)
- 야구부 제104회 전국체육대회 금메달

- 남자축구부 제104회 전국체육대회 은메달
- 여자농구부 제104회 전국체육대회 동메달
- 빙상부 2023 ISU CS Finlandia Trophy(FIN) 피겨 김예림 여자부 싱글 1위

11
- 대한체육회 스포츠영웅선정위원회 2023스포츠영웅으로 남승룡 선정
- 국민체육진흥공단 스포츠가치센터 개관(경남 진주)
- 장호성 이사장 국제대학스포츠연맹(FISU) 집행위원 선출
- 김기홍 교수(생활체육학과) 온천산업 발전 유공 행정안전부장관상 수상
- 스포츠경영학과 2023 충남대학스포츠대제전 개최
- 빙상부 제54회 회장배전국남녀스피드스케이팅대회 스피드 남자대학부 팀추월 2위
- 빙상부 제2회 국무총리배전국남녀쇼트트랙스피드스케이팅대회 쇼트트랙 김태성 1500m 1위, 이동현 1000m 1위, 전유민 2000m 혼성계주 1위

12
- 국가스포츠정책위원회 출범, 스포츠기본법 9조에 근거(12.20), 제1차 스포츠 진흥 기본계획(2024~2028) 발표
- 체육기관 통합청사(올림픽회관) 재개관식
- 스포츠과학대학 D-SPORONT(응원 동아리) '기부미(米) 단국' 프로젝트로 지역사회 쌀 500kg 기부 행사 개최
- 스포츠과학연구소 충남도지사 표창
- 빙상부 제39회 회장배전국남녀쇼트트랙스피드스케이팅대회 쇼트트랙 김태성 1000m 1위, 이동현 500m 1위, 김태성, 권동현, 이동현, 이선호 3000m 계주 2위, 여자대학부 전유민, 김찬서, 김은서, 한다희 3000m 계주 2위

2024 01
- 2024 강원 동계청소년올림픽 개최
- 대한체육회 '2024 대한민국 체육인대회' 올림픽공원 SK핸드볼경기장에서 개최
- 스키부 제54회 평창군수배전국학생스키대회 강신지 회전 1위, 대회전 1위
- 스키부 제54회 대한스키협회장배전국스키대회 남자부 김종환, 대회전 1위, 슈퍼대회전 1위, 여자부 김신지 대회전 1위, 슈퍼대회전 1위
- 스키부 제39회 전국학생종별스키대회 크로스컨트리 이준서 클래식 1위, 프리 1위, 복합 1위, 이진복, 전제균, 전성민, 이준서 계주 1위

02
- 장충식 명예이사장 '제70회 대한체육회 체육상' 특별공로상 수상
- 스포츠경영학과 CS경영센터 학과만족도 우수학과 선정
- 축구부 제60회 춘계대학축구연맹전 3위
- 빙상부 및 스키부 제105회 전국동계체육대회 9개 부문 우승
- 스키부 제51회 전국학생스키대회 크로스컨트리 이진복 클래식 1위
- 빙상부 2024 전국남녀종별종합스피드스케이팅선수권대회 스피드 정인우 종합 1위
- 빙상부 2024 ISU 세계 주니어 쇼트랙선수권대회 쇼트트랙 한병찬 3000m 계주 1위, 2000m 혼성 계주 2위, 김민우 3000m 계주 1위, 2000m 혼성 계주 2위
- 빙상부 제38회 전국남녀 종별종합쇼트트랙스피드스케이팅선수권대회 쇼트트랙 전유민 1000m 1위

03
- 제42회 대한볼링협회장배 전국남녀종별볼링선수권대회: 강예영, 이지현 2인조 금, 강예영, 유서영, 이지현 3인조 은, 강예영 개인종합 은, 강예영 마스터즈 은
- 스키부 제76회 전국종별스키선수권대회 크로스컨트리 이준서, 이진복 팀스프린트 1위, 이진복 클래식 1위,

프리 1위, 전제균, 전성민, 이준서, 이진복 계주 1위

- 빙상부 2024 전국남녀대학스피드스케이팅대회 스피드 정인우 매스스타트 1위, 1500m 1위, 차이륜 3000m 1위, 차이륜, 김민재, 정인우 8주 팀추월 1위

04 · 스키부 동문회·(주)고스트에이전시 발전기금 3천만 원 기탁
- 범정 종목 프로구단 입단 동문 6인 발전기금 6천 6백만 원 기탁
- 소프트볼부 제36회 전국종별소프트볼대회 우승
- 씨름부 제2회 대한체육회장기전국장사씨름대회 성민수 소장급 1위, 송영천 역사급 1위

05 · 2024 KUSF 대학운동부 평가 및 지원사업 6연속 최우수대학 평가
- 제9회 트라이온·단국대학교 전국대학배드민턴대회 개최
- 조정부 제18회 화천평화배 전국조정대회 1위 3개, 단체전 2위

06 · 씨름부 제1회 괴산유기농배 전국장사씨름대회 개인전 1위, 단체전 2위
- 씨름부 제10회 춘천소양강배전국장사씨름대회 성민수 소장급 1위

07 · 국제대학스포츠연맹(FISU) 사무총장(에릭 생트롱) 명예박사학위 수여(7.10)
- 체육교육과 창설 60주년 기념 발전기금 5천만 원 기탁: 누적 기부액 3억 1,613만 원
- 대한씨름협회 단국대학교 씨름 전승교육관 지정
- 허진영 교수(체육교육과) 사범대학 학장 발령
- 여자농구부 제40회 MBC배 전국대학농구 상주대회 준우승
- 여자배구부 2024 전국대학배구고성대회 우승
- 씨름부 제61회 대통령기전국장사씨름대회 송영천 역사급 1위
- 소프트볼부 제24회 평화통일배전국소프트볼대회 준우승
- 남자농구부 제79회 전국종별농구선수권대회 3위

08 · 제33회 파리 올림픽 여자양궁 단체전 10연패 및 양궁 전종목(5종목) 석권 위업 달성
- 대한체육회 일본올림픽위원회와 국가올림픽위원회(NOC) 간 스포츠교류협정 체결
- 충청남도체육회 발전기금 1억 기탁
- 스포츠경영학과 선도학과 육성사업(10· 10사업) 선정

09 · 프로야구 1시즌 관중 최초 1,000만 돌파
- 체육교육과 창설 60주년 기념행사 개최

10 · 소프트볼부 제105회 전국체전 은메달
- GN 그룹 홍경호 회장 발전기금 1억 기탁

11 · 스포츠경영학과 2024 충남대학스포츠대제전 개최

*2024년 11월 기준

찾아보기(인명)

[ㅇ]

단국스포츠70년사 편찬위원회

위 원 장 최종진 석좌교수
부위원장 김남필 용인특례시미디어센터장
집필위원 김용만 스포츠과학대학 스포츠경영학과 교수
집필위원 박성순 문과대학 사학과 교수
집필위원 이종수 문과대학 사학과 교수
집필위원 변경원 경영대학원 조교수
집필위원 전용균 교육대학원 교육학과 부교수
집필위원 최수웅 예술대학 문예창작과 교수
실무간사 성두현 단국미디어센터 출판미디어운영팀장
실무간사 김희진 단국역사관 교사자료팀
자료수집 김선형 단국역사관 교사자료팀
교정교열 박광현 단국미디어센터 출판미디어운영팀
교정교열 임현수 단국미디어센터 출판미디어운영팀

도전과 영광의 길 단국스포츠 70년사

2024년 12월 24일 초판 인쇄
2024년 12월 31일 초판 발행

지은이 스포츠사편찬위원회
펴낸이 _ 안순철
기 획 _ 양영유
편 집 _ 성두현
펴낸곳 _ 단국대학교출판부
등 록 _ 1968.2.27 : No. 제03-00095호
주 소 _ 경기도 용인시 수지구 죽전로 152
전 화 _ 031-8005-2402
팩 스 _ 031-8021-7154

값 70,000원

ISBN 978-89-7092-845-6 93600